钱学森建筑科学思想探微

鲍世行　顾孟潮　编著

中国建筑工业出版社

图书在版编目(CIP)数据

钱学森建筑科学思想探微/鲍世行,顾孟潮编著. —北京:中国建筑工业出版社,2008(2022.10重印)

ISBN 978-7-112-10274-7

Ⅰ. 钱… Ⅱ. ①鲍…②顾… Ⅲ. 钱学森-建筑学-学术思想-研究 Ⅳ. K826.16 TU

中国版本图书馆 CIP 数据核字(2008)第 121288 号

钱学森建筑科学思想探微

鲍世行 顾孟潮 编著

*

中国建筑工业出版社出版、发行(北京西郊百万庄)

各地新华书店、建筑书店经销

北京鸿文瀚海文化传媒有限公司制版

北京中科印刷有限公司印刷

*

开本:787毫米×1092毫米 1/16 印张:48½ 字数:1175千字

2009年5月第一版 2022年10月第二次印刷

定价:**168.00**元

ISBN 978-7-112-10274-7

(39241)

钱学森建筑科学思想是建筑科学史、建筑理论史上具有划时代意义的重大创新。钱学森建筑科学思想的内涵十分丰富，它主要包括建筑、园林和城市三个学科。同时，钱学森又用系统论的观点，把它分成宏观和微观两个层次，即将城市科学纳入"宏观建筑"层次，将建筑纳入"微观建筑"层次。

本书共分为三个部分：即书信、论文和附录。第一部分是钱学森和大家来往的信件，共收入来往书信近 480 封，其中包括钱学森给大家的信件 233 封；第二部分是论文，收入钱学森院士有关建筑科学的著作 9 篇，从这些论文中可以领会到钱学森建筑科学思想的精髓；本书也收入了作者撰写的文章，反映了作者对钱学森建筑科学思想的研究和探索；最后部分是附录。

本书可供广大建筑科学工作者、城市规划师、建筑师、城市管理人员以及广大建筑院校师生学习参考。

* * *

责任编辑：吴宇江　刘颖超
责任设计：董建平
责任校对：孟　楠　陈晶晶

序：城市及其区域——
一个典型的开放的复杂巨系统

周干峙

钱学森先生提出的开放的复杂巨系统的思想，推动了建筑科学的发展。建筑科学本是一门古老的学科。近半个多世纪以来，随着社会经济和科学技术的迅速发展，随着城市化现象的迅速推进，这门学科大大地向广度和深度发展了。现在论建筑，已经离不开城市和区域，完全按照系统工程的规律形成了一个开放的复杂巨系统，可称之为广义建筑学或人居环境学(图1)。

广义的建筑学，从实际工作看主要包括四大分支，即：建筑、城市、风景园林和建筑工程。如果按：大学科→一级学科→二级学科→大专题(学科专题)→课题→构成课题的因子，五个层次剖析，大体上是一个按多次方递增的几何增长，其知识结构呈巨大的、多层次的金字塔式，其基本因子是海量的，其复杂度也是高的。

这四大分支中，每一个分支都具有4的2次方以上的二级学科(表1)。

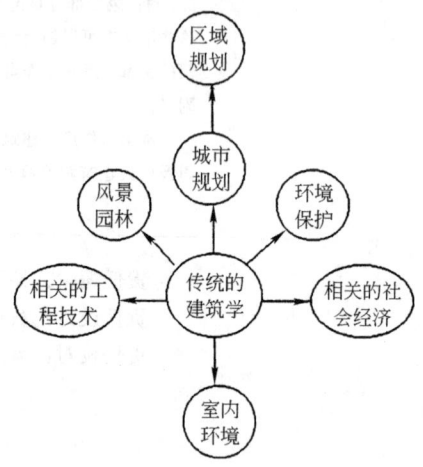

图1 广义建筑学(人居环境学)

上述70多个2级学科，以下有更多的大专题，大专题下又有更多的课题、构成课题的"基因"(因子、要素)，则更为复杂繁多，估计共有8位数以至9位数的因子，影响着一个地区和城市的生存与发展(图2、图3)。

这一复杂的巨系统具有一切复杂巨系统的特点：

(1)系统结构具有相互紧密联系的层次和系列。城市系统具有层层叠叠的大系统套小系统，既有串行树枝状结构，也还有横向蔓延的网络状、链状、原子结构状的"系统元"，各子系统之间既有统一性，又有非均质性和各向异性，如经济系统、生活系统，实际上都是一种以人的活动和意识作为子系统而构成的社会系统，可算是一种特殊复杂的巨系统。

表1

城 市	建 筑	风景园林	建筑工程
区域规划	建筑历史	公园设计	房地勘测
城市规划	建筑设计原理	风景区设计	开发经营
城市经济	建筑构造	庭园设计	建筑施工

城　市	建　筑	风景园林	建筑工程
工业布局	室外环境设计	城市绿化系统设计	基础工程
人口结构	室内环境设计	植物配置	结构工程
交通运输	家具设计	造园历史	土石工程
房地产开发	装饰装修	叠　石	地下工程
居住规划	居住建筑	花　卉	声学工程
道路系统	工业建筑	苗　木	供电照明
商贸服务	办公建筑	动物园	采暖通风
供水设施	学校建筑	植物园	给水排水
废水处理	交通建筑	园林台榭	古建维修
固体废物	体育建筑	园林小品	门　窗
燃气供应	剧院建筑	通道意境	墙　体
电力供应	地下建筑	室内绿化	地　面
信息网络	宗教建筑	盆景艺术	顶　盖
文体休闲	陵寝建筑		电　梯
卫生保健	纪念建筑		消　防
防灾设施	CAD 制图		
GIS 应用			

（学科分类极为复杂，以上概括不可能完全，仅作为研究参考。）

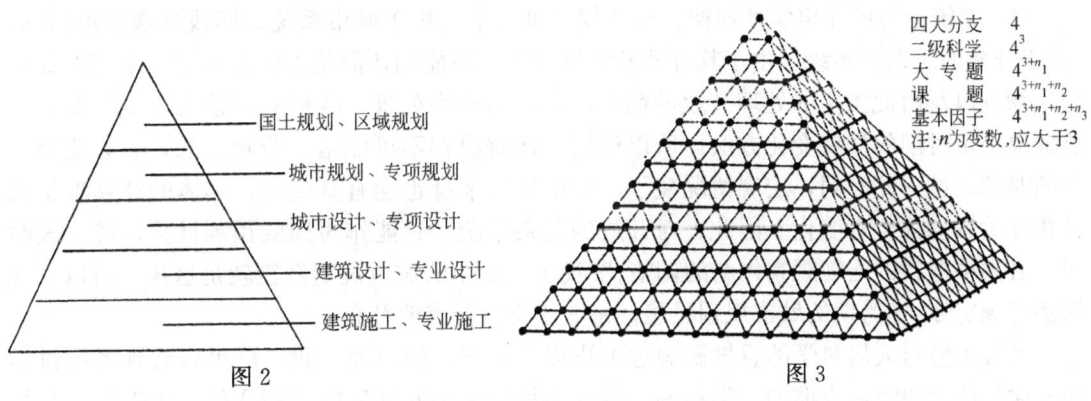

图 2

图 3

四大分支　　4
二级科学　　4^3
大 专 题　　4^{3+n_1}
课 题　　　 $4^{3+n_1+n_2}$
基本因子　　$4^{3+n_1+n_2+n_3}$
注：n 为变数，应大于3

图2标注：
国土规划、区域规划
城市规划、专项规划
城市设计、专项设计
建筑设计、专业设计
建筑施工、专业施工

（2）系统的作用大于系统各部分的简单的总和。城市系统的所谓整体优势、整体作用十分明显，这就是所谓的聚集效应。只有聚居到一定程度，有了优化组合，城市就具有诸如经济的、文化的、新的特有的中心作用。城市中完整的硬件，良好的软件，以及软硬件的配合，城市的职能就得到强化，效益就增强；反之，各自为政，各搞一套；建设不错，管理不善，也仍然缺乏吸引力。总之，就是我们常说的搞得好，会 1+1＞2；搞不好，也可能 1+1＜2。

（3）巨系统中，总是上一层次的大系统决定性地影响下一层次的小系统。在城市系统中一切相对处于低层次的系统都受高一层次系统的决定性影响。所以，做好规划不能没有全局，不能不受更大系统的影响。但众多的小系统也会反过来影响大系统。

（4）系统有边界，并总是和更大的系统、旁系统进行种种交换。城市系统的边界具有封闭的和渗透的，静态的与运动的，有势的和无势的，实质的和虚拟的。随着时代发展，城市内部系统日益复杂，外部系统影响日益增强，无论城市经济、城市建设、城市文化与外界关系日益密切。而且总是通过边界与外界进行资源交换、信息交换、物质交换和能量交换等等，相互影响、相互作用。这种交换贯穿规划编制、控制全过程，如果停止，城市生活也就停止。

（5）系统的非匀质性和相互作用。这是区域中常碰到的城镇布局不均匀和强、弱不同的相互作用。各类城市的凝聚和扩散作用也各不相同。如：在高密集、高城市化地区，由于城镇间距紧缩到只有自行车行驶距离（几公里），城镇的强相互作用显著，形成一种优势使区域的功能更为突出，但也带来问题，认识这一点，就要加强规划的控制，更加注意防治负面影响，如：综合解决环境问题，注意交通联系，提高生活质量，等等。

（6）系统的自组织和自适应性。城市系统本身有一定的学习功能，系统具有一定的自适应性和自组织性。许多规划建设中考虑不到而实际生活中必须解决的问题，往往通过这种功能得以暂时解决。如某些建筑改变使用性质，某些缺陷通过管理方法适应实际需要。这种通过自适应、自组织作用往往反过来取得经验，最终取得接近优化解决的方案。

（7）系统的复杂性。对巨系统的复杂性的认识，对城市决策有重要作用。正因为简单化地对待复杂的系统问题，如对一些政策性本来很强的问题，由于看不到种种相关因素，就产生决策失误，控制失误。

还有对重大工程，由于不认识其长远影响及深度影响，不肯花必要的调查研究时间，而仓促决定，造成根本性缺陷和难以挽回的损失。

只有认识了复杂性特点，才能慎重决策、民主决策，避免主观性、表面性、片面性。

（8）系统运行的非定常性规律。这个规律也完全适用于城市系统。即钱学森所指出的，"关于开放的复杂巨系统，由于其开放性和复杂性，不能用还原论方法处理它，不能像经典统计物理以及由此派生的处理开放的简单巨系统方法来处理，我们必须依靠宏观观察，只求解决一定时期的发展变化方法，所以任何一次解决都不可能是一劳永逸的，它只能管一定的时期。过一段时间，宏观情况变了，系统成员本身也会有其变化，具体的计算参量及其相互关系也都会有变化。因此，对开放的复杂系统，只能作短期的预测计算，过一段时间，必须根据新的宏观观察作新的调整。"我国几十年的城市规划经验就是这样，所以，规划法已规定20年为期的城市规划设想，每5年应进行修改补充。

系统思想对人居科学的思想影响远不止以上8点，但仅此，我们已可以看到系统科学的规律是放之四海而皆准的。学科的、科学的哲学在不同学科间是相通的，各学科是互相促进、互为参照、互为依存而本身也是形成大系统的。

此外，还有系统学的方法论，如泛涵协调、系统优化，等等，把复杂问题的解决由定性到定量，由粗略到比较准确，有可能使城市规划、城市设计和城市管理更加科学合理，对提高效益，节约资金，优化生活，具有不可估量的巨大作用。

在城市工作的实践中，我们体会到，钱学森掌握了科学的普遍规律，登上科学思想的高峰，他的思想就超出了一般的专业范围，进入了科学的系统和系统的科学殿堂，探索到集人类智慧之大成的问题。自然地提出了科学知识系统的若干大门类，他列出了建筑科学（或人居科学）应作为一大门类（图4）。还进一步研究了这一门类中的主要特点、主要矛盾和主要矛盾方面，他抓住了建筑科学的关键——人与环境的关系，还考虑到中国传统的文化艺术和自然特色等种种因素，形象地提出了建设山水城市的理念，这一思想也对建设具有中国特色的、与自然环境结合的、具有高度文明的城市，具有深远的意义。

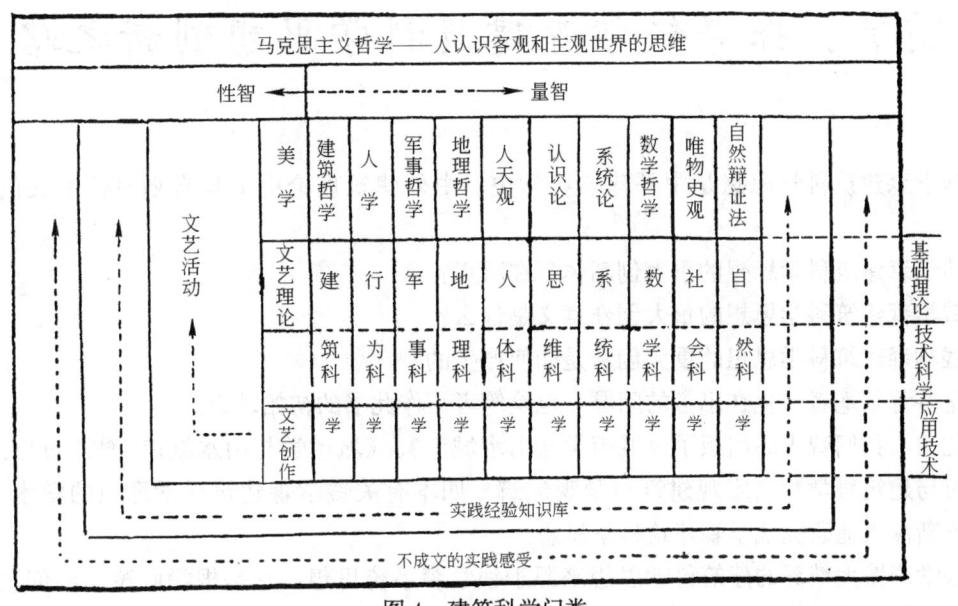

图4　建筑科学门类

特别是在当今，我国城市化还将迅速发展，随着西部大开发，全国城镇体系将日趋完善，并出现了位于世界前列的高密集、高城市化地区，即：珠江三角洲、长江三角洲及京津唐地区。正像一些国外学者预见，城市系统将日益扩大，有一部分大城市地区还要与世界接轨，进入世界城市体系。以上这些发展对于社会经济的不断提高，必将发挥越来越大的难以估计的作用。所以我们认为，钱学森的建筑科学思想光辉在人居环境领域中的作用是历史性和原创性的。他的科学思想一定将发扬光大，结出丰硕的果实。

前言：探寻钱学森建筑科学思想创新之路

钱学森建筑科学思想是中外建筑科学史、中外建筑理论史上具有划时代意义的重大创新。

钱学森建筑科学思想的重大创新体现在哪里？

钱学森建筑科学思想的重大创新意义是什么？

钱学森建筑科学思想的重大创新是如何产生的？

这些都是笔者一直在思考的问题，也是笔者写作此书的初始动力。

此前，我们曾先后出版了《城市学与山水城市》、《城市学与山水城市（增补版）》、《山水城市与建筑科学》、《宏观建筑与微观建筑》四本有关钱学森建筑科学思想的学术专著，力求不断深入地研究钱学森建筑科学思想。

钱学森博大精深的建筑科学思想来源于钱学森系统思想，它是根深叶茂、郁郁葱葱的森林，它是品质极优、含金量极高的富矿，它是宽广、深厚、丰富的思想洪流。

钱学森系统思想是钱学森建筑科学理论的灵魂。

钱学森系统思想在钱学森建筑科学思想中的核心内容是什么呢？

钱学森系统思想认为，建筑科学的对象是一个具有复杂性、开放性和大科学性质的开放的复杂巨系统（Open Complex Giant System）。

从这一观点出发，钱学森指出，研究建筑科学不能用还原论的思想，而要用还原论与整体论相结合的系统论的思想。钱学森提出的从定性到定量，综合集成研讨厅体系（Hall for Workshop of Metasynthetic Enggineering）是解开建筑科学这个开放复杂巨系统的金钥匙。

从定性到定量的综合集成研讨厅体系就是把专家体系、机器体系和知识体系有机地结合起来，构成一个统一的人机结合的巨型智能系统和问题求解系统，进行从定性到定量、从感性到理性，再到实践，循环往复，逐步深入与提高的分析与综合，以解决开放复杂巨系统的问题。

在此基础上，要建立建筑科学的大部门，要理清建筑科学与哲学、基础理论、技术科学和工程技术以及现代科学技术体系中的其他十个大科学部门的纵横关系。

钱学森建筑科学思想的形成历尽艰辛，大约经历了近40年的时间。1996年钱学森正式提出了著名的建立建筑科学大部门的理论，把建筑科学提高到一个前所未有的高度。

我们认为，钱学森关于建筑科学的对象是开放的复杂巨系统的思想是研究钱学森建筑科学思想的思想源头，也是我们研究建筑科学的"开源、发流、探微、创新"之思想源头。

钱学森建筑科学思想是他潜心研究、吸收前人积累的理论成果，总结前人实践经验凝聚而成的。在这一思想形成的过程中，甚至那些看起来似乎与建筑科学关系不大的学科也都在他认真研究之列（如环境科学、环境心理学、生态学、语言学、社会学、技术美学、人体工程学、行为科学、图式理论等）。可以说，钱学森建筑科学思想是钱学森在 20 世纪大量新学科涌现出来、建筑科学长足前进的形势下，集大成深化提炼而成的科学思想。

从这个意义上讲，凡是参与同钱学森先生就有关建筑科学议题对话、讨论、阅读的人或资料，都有着为钱学森建筑科学思想增砖添瓦、对比切磋的意义。因此，在本书中我们特别收入 200 多封给钱学森先生的信和有关的资料。

钱学森建筑科学思想的内涵十分丰富，从建筑专业角度讲，它主要包括建筑、园林和城市三个学科，同时钱学森又用系统的观点，把它分成两个层次，即将城市科学纳入"宏观建筑"（Macroarchitectuer）层次，将建筑纳入"微观建筑"（Microarchitectuer）层次。

建筑是艺术的科学，又是科学的艺术，其内涵是永掘不竭的。源流有多么宽广、多么深厚、多么丰富，其思想的洪流就有多么宽广、多么深厚、多么丰富。

我们力求在本书中探寻钱学森建筑科学思想开源、发流、探微、创新之路，期望对我国建筑科学的发展有所裨益。

我们也期待着得到各方面的专家和读者朋友的指正。

鲍世行　顾孟潮

2008 年 6 月于北京

目　　录

三、附录篇

一、书 信 篇

1961 年 6 月 30 日致天津大学材料力学教研室共青团员

（关于提高理论水平与培养实验技术）

天津大学材料力学教研室共青团员们：

你们在 6 月 22 日的来信中所提出的问题是很重要的问题：如何系统地提高理论水平，如何培养实验技术，这两方面都要求一定的基础：理论需要数学及数学运算的技巧，而实验技术需要测量的物理原理和实验误差的处理方法。如果这些基础还太差，就应该在这方面花些工夫；但这是说弄清楚原理原则和最基本的必需东西，而不是长年累月地打基础。有了初步基础，就可以开始理论的学习。最主要的学科是弹性力学，学的时候要注意弹性力学的理论纲要。什么是基础假设，假设的可靠程度，处理具体问题的几个典型方法等。总之，学是学概貌，不是把一点一滴都记下来，那是办不到的。有了弹性力学的理论纲要，下一步是反过来看材料力学中一些简单理论，如梁的理论，要问在什么情况下这个简单理论不够准确（例如太短的梁不能用一般梁的理论）？为什么不够准确？如何改进理论？当然，如何改进简单的理论是长期的工作，但如果知道材料力学简单理论的弱点所在，那对材料力学本身也就掌握得更深了。

要掌握实验技术就必须多做实验，而且用心去做。这是说把一个实验重复几次，再把一个数据用不同的方法去测，看看能不能得到相接近的结果。重复实验是考验实验的"偶然"误差（即对实验条件的控制），不同方法是考验实验方法本身的误差，不能得到相接近的结果时一定要研究其中原因，如何改进。

人们的认识过程是一个发现矛盾和解决矛盾的过程，要学理论就得对理论提问题，然后去解答问题。要学实验技术就得对实验技术提问题，再去解答问题。

钱学森

1961 年 6 月 30 日

1980 年 1 月 20 日致陈明松

（关于园林艺术）

陈明松①**同志：**

　　1 月 17 日来信收到，你对我的称呼我是不敢当的，你是园林事业的专业工作者，而我顶多也不过是一个业余爱好者。24 年前我的短文②对你有影响，就算是你的老师吧。而现在，24 年后，你成了专家，你是我的老师了。这正是青出于蓝而胜于蓝，师生关系也不会一成不变。

　　关于园林艺术问题，我现在该向你请教。

　　我看我 24 年前的文章局限性太大，我现在想，园林艺术要吸取外国的好经验，加以发展。似可以分成若干尺度大小不同的层次：从小里说起，第一层次是我国的盆景艺术，尺度是 0.3 米；第二层次是苏州的窗景，即窗外几尺空间的布景，尺度是米；第三层次是庭院园林，尺度是几十米到几百米；第四层次是像颐和园、北海那样的公园，尺度几公里；第五层次是一个风景区，如太湖、黄山，尺度是几十公里。有没有第六层？也就是几百公里范围的大风景游览区？像美国的所谓"国家公园"？从第一层次的园林到第六层次的园林，尺度跨过了六个数量级，但也有共性，那就是园林学、园林艺术的理论。

　　"游"盆景可以坐着不动看，"游"窗景可能要移步；游庭院园林是要漫步的；游颐和园就得走些路了；游一个风景区要有交通工具了；将来的大风景区也许要用直升飞机。所以第五层次的园林要布置公路，而第六层次的园林除公路外要有直升机场。这就是不同层次园林的个性了。

　　我这些话有没有点道理？向你请教。国家城市建设总局的园林绿化局，顾名思义，可能只管第三层次和第四层次的园林，小的一头和大的一头都不管。但因为园林学是一门完整的学问，小可以喻大，大也可以喻小，我希望《中国园林》③最好能包括所有层次的园林。

　　你要我为《中国园林》写文章，我没下功夫，所以也写不出来。但近见《同济大学学报》1979 年第 4 期(建筑版)内有几篇讲园林的文章，可请你们编辑部看看，也可能是个稿源。我希望《中国园林》成为我国园林界的权威性刊物，能集园林艺术之大成。当然，权威不能自封，要靠艰苦的工作，要靠团结园林界的同志。

　　信已过长，就此停笔。

　　此致

革命的敬礼！

钱学森

1980 年 1 月 20 日

注释：

　　① 陈明松，时任《中国园林》杂志编辑，1958 年读大学绿化专业时读到钱学森"不到园林，怎知春色如许——谈园林学"一文，坚定了从事园林事业的信心。1979 年筹备《中国园林》期刊，首先想到向崇敬的钱学森先生约稿，故写信汇报了自己的学习和工作情况，并请钱学森为杂志创刊号撰稿。

　　② 系指"不到园林，怎知春色如许——谈园林学"一文。

　　③《中国园林》，为中国风景园林学会主办的学术月刊。

1982 年 6 月 18 日致陈明松

（关于成立中国园林学会①）

陈明松同志：

6 月 10 日信收到，很高兴园林事业有了新发展，祝您取得更大的成就！

文稿②略有增改，送上请审阅，不知合用否？

学会的事，中国科协也难办，东一个学会，西一个研究会，谁也不让，各有山头。您们要成立中国园林学会，但您当然知道还有个中国圆明园学会（筹委会）。您说说，为什么不能合并？要合并，您首先要说服汪之力同志，您试过吗？所以事情不容易，请不要性急，还要做点实实在在的工作，以待矛盾的转化。

此致

敬礼！

钱学森

1982 年 6 月 18 日

注释：

① 钱学森给陈明松回第一封信（1980 年 1 月 20 日）后不久，筹办两年的《中国园林》期刊因故暂停，由《园林与花卉》杂志作为《中国园林》期刊的试刊，陈明松将钱学森的回信摘录改成文章的形式寄给他，并在信中谈到对成立"中国园林学会"的阻力和困惑。钱学森给他回了这封信。

② 系指"再谈园林学"一文，原文刊《园林与花卉》1983 年创刊号，见本书第 443 页。

贺德馨同志：

近见《科学画报》1982 年 10 期科技新闻栏有一短条如下：

其各台叶片似有重叠，不知何意。您能解释吗？

又前接到风能利用研究会的一文件，建议造一台太阳能旋风塔式发电试验装置。对此，我认为还不是时候。我们应先用理论估计、计算、分析现有三种方案（美国的两种，西班牙——西德的一种）的性能，比较其优缺点，然后就可以改进得出更好的方案。再进一步可做局部模型试验，由此再改进设计，得出比较成熟的巨型风力——太阳能发电设计。只有这时才是提出试验装置的时候。这也是应用力学工作者从本世纪初开创的有效工作方法，十分巧妙地运用分析计算来代替大的花费。

你们是否富日子过惯了？动不动就开口要建试验装置！望深思之！我们国家还很穷嘛。

此致

敬礼！

钱学森

1982 年 10 月 18 日

1983 年 7 月 20 日致陈明松

(关于园林是艺术)

陈明松同志：

一年多以前曾给您写信，寄过稿子①，后来又追回过一次，便终归了无音信。真是"春去也，更无消息"！《园林与花卉》杂文大概又告吹了吧？

陈从周②教授总把他的著述寄给我读，我也很爱读，得益很多。但也深感在今日我国此道难行！陈教授那里培养研究生，但我要来教学计划一看，原来是讲建筑工程多，讲美术艺术少，讲历史少。这叫什么园林专业！

您一年多以前也说成立园林学术组织之难，中国科协不感兴趣。由以上这两件事使我想到：也许我们把路子走错了，园林不是科学，不是工程，是艺术。例如舞台艺术、电影、电视等虽然都以科学技术为基础，但都是文艺活动，不是科学技术活动。园林是艺术，不是建筑科学也不是工程。园林的学术团体应归文联，不归科协。这个想法有没有道理？请你考虑。

此致
敬礼！

钱学森

1983 年 7 月 20 日

注释：

① 系指"再谈园林学"一文，原文刊《园林与花卉》1983 年创刊号。

② 陈从周(1918 年 11 月 27 日—2000 年 3 月 15 日)，曾用名郁文，原籍浙江绍兴，生于杭州。1942 年毕业于杭州之江大学，先习文史，不久即转入古建筑、园林专业，获学士学位。后在沪杭等地高级中学、师范学校任教。1946 年拜张大千为师学习绘画。1950 年以来先后在苏州美术专科学校、圣约翰大学建筑系、之江大学、苏州工业专科学校建筑学科任教。1952 年调上海同济大学建筑系，开始专事中国古建筑、古园林的教学研究工作，为建筑系建筑历史教研室教授、博士生导师，并担任中国园林学会顾问、上海市文物管理委员会委员、中国

建筑学会建筑史委员会副主任、美国贝聿铭建筑事务所顾问等。主持设计、建造有美国大都会博物馆的明轩、上海豫园东部、云南昆明的楠园等，主持修复有上海龙华塔影园、杭州西湖郭庄、绍兴东湖景点等。出版著作有：《徐志摩年谱》、《陈从周画集》、《说园》、《园林谈丛》、《苏州园林》、《扬州园林》、《中国名园》、《绍兴石桥》、《梓室余墨》、《书带集》、《春苔集》、《帘青集》、《随宜集》、《世缘集》、《山湖处处》等 20 余种。2000 年 3 月 15 日病逝于上海。

1983 年 12 月 7 日致《城市规划》编辑部

(关于寄"园林艺术是我国创立的独特艺术部门"一文)

《城市规划》①编辑部:

11 月 26 日信②收到。吴翼同志整理的稿子③已改写成短文"园林艺术是我国创立的独特艺术部门"④,现奉上请审阅。不知可用否?

此致

敬礼!

钱学森

1983 年 12 月 7 日

注释:

①《城市规划》杂志为中国建筑学会城市规划学术委员会主办的学术刊物,双月刊。

② 系指《城市规划》编辑部在收到吴翼整理的钱学森讲课录音整理稿后,于 1983 年 11 月 26 日写信给钱学森请他审阅稿件的信。

③ 系指 1983 年 10 月 29 日钱学森在第一期市长班上讲话的一部分。钱学森在市长班讲授的题目为"城市建设与园林艺术",内容分为两大部分:第一部分讲的是用马克思创立的历史唯物主义、辩证唯物主义观点,科学地预见未来;第二部分着重讲述园林艺术问题。吴翼同志整理的文稿主要是钱学森讲授的第二部分。

④ "园林艺术是我国创立的独特艺术部门"一文见本书第 445 页。

吴翼[①]**副市长：**

去年 12 月 25 日信及材料都收到，非常感谢您花费精力整理出我的发言。我不能和您比，您是专家，我是业余爱好者，差远了。我将仔细学习您的"城市园林绿化发展战略的探讨"。

我那篇发言稿，经您整理后，我因《城市规划》编辑部索稿，又加了加工，题为"园林艺术是我国创立的独特艺术部门"[②]。如刊出，将奉上抽印本。

此致

敬礼！并贺新春！

钱学森

1984 年 1 月 6 日

注释：

① 吴翼，时任合肥市副市长，园林专家。

② "园林艺术是我国创立的独特艺术部门"一文刊载于《城市规划》1984 年第 1 期。

1984年1月6日致《城市规划》编辑部

（关于同意将"公园"改为"宫苑"）

《城市规划》编辑部：

　　去年12月26日信①收悉。

　　我同意您们的建议：将"公园"改为"宫苑"。谢谢您们！

　　此致

敬礼！并贺新春！

钱学森

1984年1月6日

注释：

　　① 系指1993年12月26日《城市规划》编辑部给钱学森的信。此信建议将来稿"园林艺术是我国创立的独特艺术部门"一文中，关于中国园林中的第四层次原文"公园"改为"宫苑"。

1984 年 6 月 19 日致陈际平

（关于农村沼气技术）

陈际平同志：

5 月 29 日信和《两步发酵农村沼气工厂成套技术及物流能流定量模式的设计研究》报告都收到。

您的困难在于领导还暂时不认识，支持不了。对此有两个办法：(1)待领导有朝一日认识了再干；(2)自负盈亏，办沼气技术服务，打开局面。第一个办法，好就好在稳，吃大锅饭；第二个办法，有风险，但现在国家已放宽政策，鼓励科技人员这样干。究竟如何为好，您自己考虑吧。

此致

敬礼！

钱学森

1984 年 6 月 19 日

1984 年 8 月 31 日致王小勤

（关于园林艺术设计专业的设想和计划）

王小勤同志：

您院与苏州大学联合开设园林艺术设计专业的设想和计划收到了，我很希望这个专业能办成、办好！谨提以下三点意见，供参考：

1. 基础课方面能否加上美术素养的课，以培养学生欣赏和鉴别能力？

2. 政治理论课应包括马克思主义艺术理论。

3. 为了解决学生分配问题，可否考虑招收进修生？即由原单位选送，交相当的费用，毕业后回原单位。

此致

敬礼！

钱学森

1984 年 8 月 31 日

1984年9月10日致周曼殊

周曼殊同志：

您8月30日发自太原的信收到，那本《县级发展规划总体设计初步探讨》也看了。前次的信中您提出把我那篇东西的题目缩短一下，我将考虑。

两件事加在一起，我以为您们海伦县的设计太保守了。难道到2000年，一个县的生产还建立在今天的那一套看法吗？总要走向我所谓的"知识密集型产业"吧。不考虑多层次深度加工行吗？不考虑沼气行吗？……这些都能来资金呀。总之，到2000年人均产值一年不到1000元，怎么行！

请您们解放思想！方法有了，就看人的头脑了。

此致

敬礼！

钱学森

1984年9月10日

1984 年 9 月 14 日致张帆

（关于技术美学）

张帆同志：

9 月 11 日信及技术美学提纲都收到。请不要怪李泽厚同志，我们并没有专门谈技术美学，只是泛泛地讲了有关思维科学的问题。我也不是搞美学的，对技术美学也只是有些感受而已（见附上短文①）。我知道在北京工业学院有个技术美术训练班，负责人是该院基础部程淑英同志，您可找她谈谈。

当然，北京工业学院同志的技术美术不是您讲的技术美学，您的技术美学也不同于我说的技术美学。您的技术美学范围好像很宽，包括我讲的技术美学，也包括环境，即我讲的建筑美学和其相邻的园林美学。我以为研究学问，也宜从个别到一般，不然空泛之论，不能推进学术。

以上不知可对，请指教。

来信请寄国防科工委。

此致

敬礼！

钱学森

1984 年 9 月 14 日

注释：

① 从内容和时间推断，所附短文应是钱学森的"对技术美学和美学的一点认识"，刊载于《技术美学》丛刊 1984 年第 1 卷。

1984 年 11 月 21 日致《新建筑》①编辑部

(为了 2000 年我想到的两件事②)

《新建筑》编辑部：

我曾先后从陶世龙③同志那里收到贵刊 1983 年第 1 期和 1984 年第 1 期，他也向我传话说，要我向编辑部讲讲对建筑学问题的意见。已经过了一段时间了，讲什么呢？现在想到的是两件事，都是关系到 2000 年我国建筑事业的，关系到 21 世纪我国建筑事业的，但我想我们现在就该动手，不然就晚了，会误事。

（一）

第一件事是发展工业化的建筑体系，发展建筑构配件和制品的专业化、社会化生产。这在外国也叫体系建筑，搞了几十年了，但看来问题不少，没有完全实现。我想我国人口众多，而且到 20 世纪末、21 世纪初，生产将有历史上前所未有的发展，人民生活将大大提高，建筑业的任务是十分繁重的，要高效益地完成这项艰巨任务，再靠现在的老办法是远远不够了。用什么现代化方法呢？当然是工业化大批量流水线生产方法。专业化工厂生产建筑构配件和制品，然后运到现场装配成建筑物。

这不只是个建筑施工和生产问题，可能更根本的问题在于建筑学思想的革新如何用标准化的建筑构配件和制品造成多样化、能适应各种要求的美观建筑物？建筑师的才华不是受到束缚，而是要求更高；要设计的不是一座大楼，而是设计整个建筑体系，整整一个时代各种各样建筑所组成的体系。也许就是因为这个原因，在分散经营而又缺乏全局规划的资本主义国家，体系建筑难于实现。那么，这不正是我们社会主义制度优越性大有可为的场所吗？

（二）

第二件事是构建园林式的城市。我从前讲过点这方面的看法。但近日读到上海市未来研究会印的《2000 年的上海》，其中有一篇梅松林、陈正发、徐根宝、曹林奎和瞿元弟等五位同志写的"初论 2000 年上海的立体农业"，把这个问题发展了，讲得好。我现在把它录在下面：

"日本横滨市是仅次于东京的全国第二大城市，在《横滨 21 世纪》规划中确定：'为了向市民提供新鲜蔬菜和保护绿化，并为万一遇到灾害时准备空地，要考虑采取措施和发展市内的农业。'主要措施有三：第一，生活区四周要增添绿化，不论在路边、宅旁或窗前、屋顶上，要动员市民绿化。第二，筹建公园和绿地3万亩。第三，确保市区有优良的农地。1980年市内农田为5.9万亩，同时要扩大城市化调整区内的农用田。横滨之所以如此高度重视市区农业，是因为随着日本经济的高速发展，横滨市人口急剧增加，城市宝贵的绿地和农田越来越小，1965～1974年十年内，全市减少农业和山林面积18万亩，转变为住宅等用地。'急剧的城市化，损害了美丽的田园景色，把市民接触自然场所缩小了，使市民的生活变得枯燥无味，'在横滨21世纪规划中提到确立有生命力的横滨经济时，把稳定城市农业生产作为首要任务。国外，不仅仅日本，即使像加拿大这样一个地多人少的国家，仍在发展市区农业。像日本70%的谷物靠进口的国家，还如此重视和发展市区农业，那么，作为上海，发展市区农业的重要性是毋庸置疑的。

"我国大多数城市的建筑用地和铺装路面，约占整个城市用地面积的2/3以上，剩下的土地，即使全部用于绿化，也不能从根本上改善城市的环境。特别是上海，问题更突出，人口密，建筑拥挤，工厂林立，环境污染严重，平均每人所占绿地面积极少，为全世界各大城市中倒数第三名，仅占0.46m²；而华盛顿为40.8m²、巴黎24.7m²、伦敦12m²、东京1.2m²。因此，发展城市立体农业有着特殊的地位。城市农业可以种攀缘植物(爬山虎、葡萄、猕猴桃等)，依附建筑物生长，基本不占地；也可以发展屋顶农业、阳台农业，种花草、蔬菜和经济作物；更可以利用庭园内空间，如棚架、门庭、栅栏或者宅旁空地种各作物，这样就能使城市无处不绿，恢复田园风光。如南市区，近年来共种十多种藤本植物一万多棵，发展棚架绿化2600m²，窗台、阳台和室内盆栽123400多盆，已收到了明显的绿化、美化效果。市区的立体农业有以下四个方面：

"1. 屋顶绿化。预计到2000年上海平屋顶绿化将有较大的发展。现在多处已试验成功，种的作物有花卉、蔬菜、果木和花生、棉花等，收到了保护建筑、减少污染、美化环境、增加收益等多种效果。由于高空阳光充足、温差大、湿度较小、通气好，屋顶农作物长势和生长力都比地面良好。有的单位利用五层楼屋顶栽培葡萄，葡萄下的土壤表面覆盖草莓，葡萄病害少、着色好、糖分含量高。屋顶承压为300～400kg/m²的，可造屋顶花园；承压中等的，可种橘子、美人蕉等林木和花卉、蔬菜；承压较差的，可种草皮。

"屋顶绿化要解决两大难题，即防治风害和制造培养土——要求轻质、无毒、价廉、来源广、适合农作物生长。今后屋顶绿化要和无土栽培、太阳能、风能的利用结合起来。上海市区目前绿化覆盖率仅6.14%，要实现近期内绿化覆盖率30%，平屋顶绿化势在必行，而且潜力很大。上海每年要建筑 300 万 m² 新房，如其中一半屋顶实行绿化，每年即可增加绿化覆盖 25 万 m²。

"2. 阳台绿化。由于城市不断发展，高层建筑已越来越多，发展窗前与阳台的垂直农业尤为重要。窗前与阳台绿化，一般采用：(1)窗前设有种植槽，布置悬垂的攀缘植物。(2)植物依附墙面格子架进行环窗绿化。(3)阳台栏栅绿化。(4)阳台上下之间垂直绿化。

"3. 墙面垂直绿化。上海市区车水马龙，噪声极大。据科学研究，墙面布满枝叶稠密的植物后，墙面温度能降低 6～7℃，空气湿度增加 10%～12%，噪声减少 26%，还有净化空气、美化环境等功效。根据国家建委要求，城市绿化覆盖率近期内要达到 30%，远期内要求 50%，墙面绿化在实现这个目标中，有着重要的作用。目前上海墙面绿化已有发展，预计到 2000 年将有很大的发展。

"4. 宅旁空间绿化。城市建筑的房前屋后和庭院之中，还有相当多空间，可以种花草、蔬菜、果木等作物：(1)棚架垂直绿化。在庭院中，棚架绿化应用较多，而且式样不一，有水平棚、拱形棚、扇形棚等。(2)门庭垂直绿化。用棚架绿化装饰大门，也是利用空间的途径。有的门庭出入口，利用棚架，种丝瓜和扁豆，既美化了环境，增加绿化面积，又收到一些农副产品。凡有条件的地方照此办理，就可得到更多的经济效益。(3)栏栅绿化和建筑物间隔垂直绿化。由于新住宅区的不断出现，怎样充分利用建筑物之间的间隔空地，是一个十分重要的问题。可在栏栅、围墙上利用攀缘植物进行垂直绿化。除了种植一些高大的乔木外，还可在地面配置一些地被植物，组成一个人工群落。要使市区的垂直绿化得到快速的发展，关键是制定合理的政策，调动广大城市居民的积极性，特别是广大退休职工的积极性，使专业队伍和群众活动紧密结合起来。现在有的地方统得太死，把居民种的草花、果木全部砍光，禁止种植，而他们自己又不认真管理，造成杂草丛生，这种情况应当改变。近年来，国外对城市环境有了更高要求，如日本正开展'田园都市'的研究。上海如能把以上四方面经验大力推广，到 2000 年，将会变成一个东方美丽的大花园，大大增进居民的健康，也为国内其他城市提供借鉴。"

为了形象点，我附上 1984 年 11 月 17 日《光明日报》四版上劳恩同志作的一幅"屋顶花园"的木刻。

要迎接中国的新时代，我们的建筑界同志不应该研究园林式现代城市吗？这也是时代对我们的挑战呵。

以上供参考。

此致

敬礼！

钱学森

1984 年 11 月 21 日

注释:

①《新建筑》杂志,华中理工大学建筑系主办的建筑科技期刊,季刊,1983年创刊。

②原文刊于《新建筑》1985年1期。

③陶世龙,科普作家,时任中国科普作协副会长。《新建筑》杂志主编陶德坚之胞弟,当时应其姐要求向钱学森征集对建筑学的意见。

张帆同志：

1 月 8 日信收到。

我和您的学术交往并不是我自己工作以外的事，而是整个工作的一个不可缺少的部分。所以请不要以为这是给我添加什么负担。不，这是我必须做的！

但弄个什么顾问名义，写什么题词，都不是学术工作，所以一概不干。我从来不干！请您谅解，也请《技术美学译丛》的编辑同志谅解。这当然不是不关心技术美学，我完全支持您当编委、义务编委，我当您的后勤！

您要写点工业美学研究的文章，当然好。但千万不能说成是我的什么"教诲"！同志间的讨论，从来不是谁给谁的"教诲"！

文学艺术的表现总是用物质的手段的，所以科学技术的发展必然影响这些物质的手段，也就必然影响文学艺术。至于像建筑这种艺术，技术手段的影响就更显著，这也许就是您信中讲的历史唯物主义的基本方法吧。我在《科学文艺》（四川）1980 年第 2 期 3～7 页有篇东西[①]，就讲这个观点，您以为如何？

此致

敬礼！

钱学森

1985 年 1 月 15 日

注释：

① 《科学文艺》1980 年第 2 期刊载钱学森文"科学技术现代化一定要带动文学艺术现代化"。

1985 年 2 月 4 日致李铁映

（关于请您看看一篇讲城市理论的论文）

李铁映同志[①]：

　　附上一篇论文，是讲城市理论的，而这您有研究，请您看看。作者是一位六十多岁的民主人士，现任湖南省人民政府参事室参事，是位热心人。如有可能应给以鼓励。

　　请代问新华同志[②]好。

　　此致

敬礼！

钱学森

1985 年 2 月 4 日

注释：
　　① 李铁映同志时任辽宁省省委书记。
　　② 新华同志是李铁映的夫人秦新华。

江美球同志：[①]

3月20日来信及材料都收到。我很高兴您和您的同事们在研究人类生态学、资源学和城市学，并同时授课教学生。

我自己对这方面的看法还要更综合性一些，也就是我称之为"地球表层学"的学科[②]（见《新华文摘》1983年9期214页），即把您讲的三门学问都包括进去了，而且是用系统科学的定量方法来分析研究的，沟通自然科学和社会科学。也可以换另一个名字，叫"数量地理学"。中国科学院地理研究所浦汉昕同志对此颇有兴趣，您和他联系过吗？何不联合起来攻关？

　　此致
敬礼！

钱学森

1985年3月27日

注释：

①江美球，北京大学社会系教授。

②《新华文摘》1983年第9期转载钱学森文"保护环境的工程技术——环境系统工程"，此文刊载于《环境保护》1983年第6期。

1985年4月19日致吴健

（关于城市科学的层次）

吴健同志：[①]
　　4月11日的信收到了，非常感谢您对我那篇东西[②]的评论。
　　对城市的总的学问是城市科学，它具有现代科学技术体系的共性。城市科学分三个层次，即基础学科的数量地理学、技术理论学科的城市学和工程技术性的城市规划。这是我的根本出发点。
　　现在熊映梧同志建立了生产力经济学，我想中央党校应该开这门课。不知有没有这种打算？
　　此致
敬礼！

钱学森

1985年4月19日

　　又：我国的农村在下个世纪将集中到集镇，即"城镇"。

注释：
　　① 吴健，中央党校政治经济学教研室教授
　　② "那篇东西"即"关于建立城市学的设想"一文，原刊《城市规划》1985年第4期，见本书第448页。

张沁文同志：

在《农村发展探索》1985 年第 2 期上读了您和王云山同志、王文德同志的大作"山区治穷致富的理论政策探讨"，觉得是篇好文章，有调查材料、有分析、有建议。但我也感到您们似乎回避了要害问题：文化、知识水平太低，而要害之要害是干部文化、知识水平太低，不能领导农民治穷致富！同期 169 页的那篇介绍美国家庭农场的文章说，场主马丁是高中文化水平。那就是说县级干部必须具有大学文化水平。您们为什么不讲这一点呢？97 页到 99 页那段"大抓农村智力开发，力争在人才合理流动上有所突破"，如果没有大学文化水平的县级干部，也是空的，事情办不成，全文的好意见也都实现不了。

其他的县大概也急需有大学文化水平的干部，山西省 96 个县，要几百名大学生。难道山西省还没有这几百位有志气的大学文化水平的人吗？省领导要下决心呵。

原来的县领导可以入校培养，调任其他职务。这个看法如何？请教。

此致

敬礼！

钱学森

1985 年 5 月 6 日

又：169 页那篇译文中，把美国的 1 acre 作为 6 市亩，不太准，1 acre＝6.0703 市亩，所以 659 acre 是 4000 市亩。

1985年8月6日致程鑫

（关于城市学专业）

程鑫同志：

7月23日来信及材料收到。我对高等院校教学工作不甚了了，所以您来问我您系城市学专业的事，我不能很好地回答。下面只提些感想式的看法，供参考：

1. 四年三十一门必修课、十八门选修课，每年大约十门之多，似太繁琐。应系统化一下，归并一下，每年大约五六门才是。

2. 必修课中的逻辑学、运筹学、科学学，以及选修课中的秘书学似无必要。

3. 法制课只一门法学通论，够吗？警察呢？城市交通、第三产业等都在市政管理学中了吗？

4. 集镇、小城市、中心城市、大城市如何区别对待？

5. 新设专业要根据办好教学设计教育计划，不能本校有什么教师教什么课，凑足学时。本校缺老师可在校外聘请兼职教师。

此致

敬礼！

钱学森

1985 年 8 月 6 日

（关于技术美术可分成三个部类）

张帆同志：

我以前宣传过法国讲的"第三文化"，它包括科学技术，包括服装设计和烹饪。现在我想，我讲的技术美术还不够彻底，不够现代化，不算面向 21 世纪！

如果要彻底当个历史唯物主义者，我认为我们的高等艺术教育要大大扩大范围，不能用旧眼光看问题，把一些所谓雕虫小技看低了。所以技术美术可以分成三个部类：

1. 工艺美术，也就是《人民画报》每期最后一版的内容；要办工艺美术学院。现在有吗？

2. 技术美术，这就是您研究的领域。要办学，似宜在有关院校中设系或专业，如北京工业学院可开工业美术系。

3. 技术艺术，包括服装、烹饪、盆景等。这些领域都有一个主观实践与客观实际相互作用后的主观与客观的统一问题，所以是美，是艺术。吃喝也不能乱来，乱来就不美了。"寒夜客来茶当酒"，不是很美吗？这进茶就是艺术！所以要设技术艺术学院培养大学水平的技术艺术家。

我想这都是 21 世纪中国文化所必需的。您以为如何？

此致

敬礼！

钱学森

1986 年 2 月 17 日

1986年10月4日致张在元

（关于我想的城市学）

张在元副教授:[①]

9月29日信及材料都收到。

我想的城市学是:(1)以马克思主义哲学为指导的;(2)用系统科学的观点和方法的。

所以不是只讲一个城市的内部结构,兼及与周围的关系,而是首先讲一个国家的城市体系,小到几户的居民点,大到千万人口的城市。而且要研究这个体系的动态变化,随着生产力发展、文化进步而产生的变化。

我认为我国的改革和现在正在世界范围出现的新的产业革命("第五次产业革命")以及在下个世纪将出现的以知识密集型的农业型产业为主导的"第六次产业革命",必将逐步使我国95％以上的人口居住在万人以上的各类城市、集镇。万人左右的小城镇最多,然后是小城市、中心城市、大城市、特大城市。而这又构成一个密切协作的体系。它们之间有高度发达的交通运输网和邮电信息网。研究这个变化和实施这个变化是城市学的任务。

城市学的又一方面任务就是一个城市、集镇内部的组织管理。这才是外国的所谓"城市学"。

所以我们搞城市学要站得高些,看得远些,要看到建国100周年!

以上是我的看法,请指教。

此致

敬礼!

钱学森

1986年10月4日

注释:

① 张在元,时任武汉大学城市科学系筹备组负责人。

1987年5月4日致顾孟潮[①]

（关于建筑文化）

顾孟潮同志：

4月30日信及大作"新时期中国建筑文化的特征"[②]都收到，十分感谢，文章我将仔细学习！

以前答应"以后写"，想无时限。我现在还是写不出东西，请宽限时间吧。

此致

敬礼！

钱学森

1987年5月4日

注释：

① 此信系对顾孟潮1987年4月30日信的答复。顾孟潮寄去"新时期中国建筑文化的特征"一文，同时请钱学森写点意见。信中回忆1986年为组织《建筑·社会·文化》征文事访问钱学森时，便曾请他写点文章，他曾同意"以后写"。

② "新时期中国建筑文化的特征"一文原载《世界建筑》1987年第2期。

1987 年 6 月 18 日致陈从周

（关于收到《帘青集》）

陈从周教授：[①]

《帘青集》[②]已送来，见手书题赠，十分感谢！

我们都非常爱读您的文章，它把我们带到一个异常和优美的境界。您的这本书将同您其他著作一样，是我们书桌上常备的读物。

读《帘青集》才知蒋定同志[③]去世已两年有余！希望您以超越的思想来排遣愁情！从您的文章看，我们相信您是能做到这一点的。

您如见到苏步青教授，亦请代我们问安！

此致

敬礼！

又：《帘青集》封面似为子恺先生画？若是，应注明。

钱学森

蒋　英

1987 年 6 月 18 日

注释：

① 陈从周的女儿陈胜吾 2000 年 4 月 26 日来函称：此信是钱学森"与蒋英同写的。蒋英是我的堂房姨妈，蒋百里(编者注：蒋方震是蒋英的父亲)是我叔公。"

②《帘青集》，同济大学出版社出版，1987 年 5 月。

③ 蒋定系陈从周夫人。

（关于文化是包括文学艺术和科学技术的）

张帆同志：

7 月 19 日信及《帘青集》都收到。

看来陈从周教授比我更能帮助您，他的书使您真懂得了"文理相通"，好极了！文化是包括文学艺术和科学技术的：今天的文艺人不懂科技不行；今天的科技工作者不懂文艺也不行！可惜这个道理还未被同志们普遍接受。

此致
敬礼！

钱学森

1987 年 7 月 28 日

1987 年 8 月 7 日致汪浩

（关于决策的民主化和科学化）

汪浩政委：①

　　7 月 12 日信收到，十分感谢！

　　洞庭湖的规划问题在您的领导下、在各方的支持下做出了成绩，实在要庆贺！至于找我把关，我不敢当，也不想牵连到这类事。所以免了吧，敬请谅解。我也与北京的中国系统工程学会的同志商量了，我们都以为这件事既是您主持的，而您又是中国系统工程学会副理事长、中国科协的全国委员、湖南省科协的领导人，除费孝通、马洪外，您自己担当此任是十分合适的。

　　在目前政治体制下，决策往往既不民主也不科学。所以要办点事很不容易，只有审时度势，努力为之。我总盼望随着改革的进程，决策的民主化和科学化终于要实现，届时在社会主义中国系统工程一定大有作为！

　　茶叶收到，谢谢您的关心！但钱必须奉还，决不能不算账。具体事由涂元季②同志和您的秘书商办。

　　此致

敬礼！

钱学森

1987 年 8 月 7 日

注释：

① 汪浩，时任国防科学技术大学政委。

② 涂元季，钱学森秘书。

（关于我们一定要区别技术美学与技术艺术）

张帆同志：

10 月 18 日来信及来件都收到。

您要我办的事，我实无法办到。我不为他人写的书写序，我也不能仔细修改您的稿子，没有这个功力呀。所以存在我这里的稿子没有发挥作用，可惜了。因此随函奉还。

另外奉上几个材料，供参考。

以下我再提点意见：

我们一定要区别技术美学与技术艺术。前者是讲技术设计产品为什么美，是工业制品的审美理论，近乎哲学的学问；而后者是怎样设计工业制品才能美，是造美理论，是指导技术选美的理论，居于文艺理论层次。您好像对这个区别不坚定：有时这样，又有时那样。审美是技术美学的核心，而造美是技术艺术的核心。

看来文艺理论都是讲造美的，绘画不是造美吗？作曲不是造美吗？写诗也是造美呀！

我也想：您为什么分不清美学与文艺理论？我想也许是因为您不接触技术艺术的实践，同搞"工业设计"的人没一起工作过，真是藏在"象牙之塔"呵。所以研究技术美学的人不能脱离"工业设计"，而研究技术艺术自然更不能脱离"工业设计"。我在 10 月 14 日中国工业设计协会成立会上就呼吁搞"工业设计"的要和搞技术美学的联合起来，中国工业设计协会要和你们那个技术美学学会联合起来。那天会上大家鼓掌赞成，柳冠中同志也站起来表示赞成。

柳冠中同志还告诉我：您将去日本考察。又说您已同意去他那个系任教。

马克思主义哲学说理论不能脱离实际，我是空谈技术艺术的人，请您不要向我学！书您自己写，不能靠我，靠我会落空的！

您致蒋英信，我已交给她了。

此致

敬礼！

钱学森

1987 年 11 月 2 日

又：南开大学出版社出的《技术美学与工业设计丛刊》第一册您见到了吧。

1987 年 11 月 2 日致张嘉宾

（关于我是想把学科系统化）

张嘉宾同志：

10 月 16 日信及《自然保护学导论》、"国家林委结构"都收到。

我觉得现在世界各国都重视环境问题，于是有人提出环境科学在高等院校开专业；也有人提出生态经济学也开专业；还有人提出灾害学，出期刊……您现在又提出自然保护学，真是洋洋大观，众说纷纭。前几年，我看到这种情况提出从系统的观点建立一门理论性的学科，叫地球表层学，包括所有这些东西，并把地球表层学作为地理科学（一大门自然科学与社会科学交汇的科学技术部类）的基础学科。我现在还是这样想，想把学科系统化！

林业部或林委，不在于称呼，要害在中国的林业或林产业应该如何组织管理。您的方案似乎又是国家什么都直接管，这与现在的放权、放活精神相合吗？十三大刚结束，国务院一定要在明年人大之前拿出实施方案，但这方案必须贯彻十三大报告的原则：国家只管大政方针。您似应好好考虑。

以上供您参考。

此致

敬礼！

钱学森

1987 年 11 月 2 日

严宏谟局长: ①

我国过去未顾得上去开发南海诸岛，而周围一些国家因此有染指之念（见近日《参考消息》复制件）。现在国家已决定建立海南省，虽以海南岛为主，但似亦应包括东沙群岛、西沙群岛、中沙群岛及南沙群岛等。

今天开发这些离岸较远的小岛，其必要的科学技术是具备了的，如风力发电、海水温差发电、海水淡化、无土栽培等，所以我以为国家应列入议事日程。而您是主管海洋的，我谨向您反映这个意见。请酌!

此致

敬礼!

钱学森

1987 年 12 月 9 日

注释:

① 严宏谟，时任国家海洋局局长。

1988 年 1 月 11 日致江美球

（关于我是把"城市学"作为地理科学的技术学科看待的）

江美球教授：

1 月 3 日信、《城市学》目录、四本城市开发规划论文都收到，十分感谢！

您要我为《城市学》写序，这使我为难：我是从来不会为别人的著述写序的，所以这次也不例外了吧。敬恳谅解！

我是把"城市学"作为一门地理科学中间层次的技术学科看待的，因为城市及城市体系的形成，地理因素非常重要，而这一点您们的书中似未能给以足够的重视。北京大学地理系朱德威教授对这类问题是关心的，您们有交往吗？

此致

敬礼！

钱学森

1988 年 1 月 11 日

张帆同志：

好久未通信了，而这次却来了这么一大部宏篇伟著！

我上次（1987 年 11 月 2 日）信中已向您说明，书是您的创作，我决不是写作者，一切请您独立自主。因此前面的"致读者"及"钱学森同志谈美学、技术美学与技术艺术"决不能入书。其实这种做法也太出格了，不伦不类！

您的"后记"可以前移，略加修改后可以作为书的"自序"。这样才是个好格局。如果出版社一定要有名人写序，那么名人是李泽厚先生，他也是会长嘛。这样我想您要说的话也都说了，又不出格，岂不很好吗？

另外，老实讲，我那些书信中的意见，原是信手写来，同志之间交流思想嘛，并不准备发表。所以我请求不发表！

怕耽误您出书，赶快写这封信，来件皆奉还。未能遵命，请谅！

此致

敬礼！

钱学森

1988 年 4 月 22 日

附："马克思恩格斯认识论的形成和发展"收下，谢谢！请读《光明日报》1988 年 4 月 21 日 2、3 版美学文章。

1988 年 8 月 24 日致郝文荣、朱克敬

（关于中国的林业现况令人着急）

郝文荣、朱克敬同志：

　　这几年我一直与云南省林业规划设计院的张嘉宾同志讨论林业系统工程问题，学习他所倡导的森林生态经济学。我们都认为按森林生态经济学办事，就是林业系统工程。前者为理论，后者为技术。

　　因此，我想你们之间应加强联系合作。为此，我把张嘉宾同志最近给我的信转呈，让你们了解他的工作及近期计划，我也函告张嘉宾同志把信转给您二位了。

　　中国的林业现况欠佳，令人着急！但社会主义林业，一定有远大的前途，要为之团结奋斗！

　　此致

敬礼！

钱学森

1988 年 8 月 24 日

郑孝燮[①]**委员：**

昨日下午得聆您作的报告，内容丰富，深受教益与启发，谨此向您表示感谢！

不久前，孙凯飞同志（中国社会科学院马克思列宁主义毛泽东思想研究所副研究员）和我在《求是》杂志有篇文章[②]讲精神文明，以及文化事业问题，其中提出十三方面的文化事业，包括建筑园林（古迹），展览馆、博物馆、科技馆和旅游三种文化事业（文章复制件附呈请教）。我想这三种文化事业正好是您昨日报告中讲的"文物古迹"、"风景名胜"和"历史文化名城"。不知当否？请指教。

此致

敬礼！

钱学森

1988 年 12 月 8 日

注释：

① 郑孝燮，建设部高级建筑师，原中国人民政治协商会议委员、国家文物委员会委员、国家历史文化名城专家委员会副主任委员。

② 系指随信附寄"建立意识的社会形态的科学体系"一文，见本书第 451 页。

1989年3月2日致全石琳

（关于地理科学中人的作用非常重要）

全石琳教授：[1]

您去年10月签赠的尊作《综合自然地理学导论》我前几天才收到，赶快写信也迟了，请原谅！我要向您表示感谢！提修改意见是说不上了，我实在没有研究过地理学。在下面我只是说些感想，向您请教：

1. 我近年一直认为，正如您说的，地理学是研究地理环境规律(性)的科学，但与地学不同。地学是自然科学的一大门学问，它要解决的是地球长期、亿万年变化及将来的发展。而地理是今天的地理环境和这个环境与人的活动相互作用的学问，所以是自然科学与社会科学交织在一起的学问。据说竺可桢先生早就指出这一点。因此我主张把地理同地学分开，甚至树起与现代科学技术体系中自然科学这一大部门"平起平坐"的又一大部门地理科学。地理科学的时间尺度比较短，十年、几十年；不是地学的万年、百万年。

2. 这样地理科学中人的作用非常重要，您书中的第八章专门讲这个问题，第七章也是人利用地理环境。但这方面还应深入发展，要吸收生态学的成果，也要考虑环境保护问题等。

3. 我这几年说的地球表层学是作为地理科学的基础学科提出来的，所以不属地学（当然要用地学的研究成果）。地球表层学应该把地球表层包括人在内的发展规律讲清楚，以指导国家的建设。

4. 当然地理科学这一现代科学技术大部门也同其他大部门一样，除基础学科外，还有技术应用理论学科，如城市学等；也还有工程技术学科，如城市规划等。

5. 河南大学地理系能成为我国地理科学的教学和研究基地吗？

我以上说了些外行话，请批评指正！

此致

敬礼！

钱学森

1989年3月2日

注释：

①全石琳，河南大学地理系教授。

又：近见一本讲高技术发展对城市居民点的影响的书，"The Future of Urban Form—The Impact of New Technology" Edited by J. Brotchie, P. Newton, P. Hall & P. Nijkampl Croom Helm, Nichols Publishing Co., 1985。可一读。

1989 年 6 月 2 日致中国艺术研究院

（关于"中国 80 年代建筑艺术优秀作品"评选）

"中国 80 年代建筑艺术优秀作品" 评选组织委员会：

5 月寄来邀请信及材料都收到。

我不是搞建筑的人，所以不能参加评选工作。恳请谅解！

材料全部奉还。

此致

敬礼！

钱学森

1989 年 6 月 2 日

1989 年 10 月 23 日致《灾害学》编辑部

（关于不考虑人为灾害的灾害学是不全面的）

《灾害学》编辑部：

我一直收到贵刊各期，十分感谢！

但在阅读中也发现：您们似乎把灾害学的研究对象限于自然灾害，不考虑人为的灾害。而人为灾害发生非常频繁，损失很大，不容忽视。不考虑人为灾害的灾害学是不全面的。请参阅《自然杂志》1989 年 6 期范维澄讲火灾科学文，他说近年来我国每年因火灾受的损失即达 8 亿元。

有什么人为灾害？我想到的有：(1)各种爆炸事故；(2)火灾；(3)核工厂事故；(4)化工厂泄放毒物事故等。

当然《灾害学》有上述情况也有其原因：以前参加灾害学研究的同志大都来自地学领域，扩大也只是扩大到"天、地、生"，这就有其局限性。我认为，大家要从建立和发展对中国社会主义建设有重要意义的灾害学出发，开阔眼界，全面地看灾害学，不要忽视人为灾害。

以上请酌。

此致

敬礼！

钱学森

1989 年 10 月 23 日

于景元同志：

12 月 11 日信读了，感到如何搞社会主义建设的计划的确是个尚待回答的问题。我想有两条原则：(1)社会系统的概念要落实；(2)用定性与定量相结合的综合集成法。第二个问题在我们三人送《自然杂志》文①讲了，而第一个问题还要进一步明确。请您考虑再写篇文章。

社会主义建设之所以是社会主义的，在于坚持四项基本原则。这样，社会主义建设包括三个方面，即社会主义物质文明建设，社会主义政治文明建设和社会主义精神文明建设。但还有一个基础或环境，是以上三个社会主义建设所依赖的：这就是社会主义地理建设，也即地理系统的建设。社会主义地理建设包括：

1. 资源考察；

2. 交通运输建设；

3. 信息事业建设；

4. 能源(发电供电、供气)建设；

5. 水资源建设；

6. 环境保护及绿化；

7. 城市、镇集建设；

8. 气象事业建设；

9. 防灾；

10. 其他。

这其他也许包含金融事业。地理建设是我国现在最得不到注意的，因为好像都是 10 年、20 年后的事！我们在犯错误！王任重同志在不久前的七届全国政协常委八次会议上讲："我们不只是看到今后十年到 20 世纪末的问题，而是看得更远一点，看它一百年、几百年、上千年，我们国家到底怎么建设？没有这样的战略考虑，将来对我们的后代贻害无穷，说明我们这些人短见、近视！"对此我完全赞同。王任重同志举的事例就是铁路、发电、水资源等，都是上面讲的社会主义地理建设。

社会主义建设要持续、稳定、协调地发展就要求四个社会主义建设配套，不只是以前说的三个社会主义建设。这个原理要深入人心才行。所以请您这位大行家写文章，叫那些搞"社会发展总体规划"的人清醒过来！

请酌。布热津斯基的东西在王寿云同志处了。

此致

敬礼！

钱学森

1989 年 12 月 14 日

注释：

①"送《自然杂志》文"是指钱学森、于景元、戴汝为同志联合署名的"一个科学新领域——开放的复杂巨系统及其方法论"一文，后刊载于《自然杂志》1990 年第 1 期，见本书第 459 页。

1990 年 6 月 18 日致陈从周

（关于继承和弘扬我园林艺术）

陈从周教授：

　　蒋英同志和我再次得到您新出版的文集《随宜集》及《山湖处处》①，我们非常感谢！

　　我读后确实感受到您谈的都是中华民族优秀文化，而《求是》杂志 1990 年 10 期上有李瑞环同志 1990 年 1 月 10 日在全国文化艺术工作情况交流座谈会上的讲话"关于弘扬民族优秀文化的若干问题"，您也说"应该再为社会主义建设事业活着"。所以我建议您去信李瑞环同志，附上您的著作对继承和弘扬我园林艺术及昆曲京戏提出您的意见。这是件国家大事！

　　此致
敬礼！

钱学森

1990 年 6 月 18 日

注释：

　　①《随宜集》，同济大学出版社出版，1989 年。《山湖处处》，浙江人民出版社出版，1985 年 7 月。

1990 年 6 月 26 日致吴良镛

（关于"广义建筑学"）

吴良镛[①]**教授：**

尊作《广义建筑学》[②]已由周林同志转来。翻看后认为：您提出的问题及观点是重要的，而且是我国社会主义物质文明建设和社会主义精神文明建设中必须研究的。所以应该搞下去是无疑的。

但是否称"广义建筑学"？我无把握。近见这方面的议论颇多，如园林、小区规划、城镇规划、大城市规划等。这些也涉及您讲的内容。定什么名称，由同行共议吧。

此致

敬礼！

钱学森

1990 年 6 月 26 日

注释：

① 吴良镛，北京清华大学建筑学院教授、中国科学院院士和中国工程院院士。

②《广义建筑学》，吴良镛著，清华大学出版社出版，1989 年 9 月。

吴良镛教授：

　　我近日读到 7 月 25 日、26 日《北京日报》1 版，7 月 30 日《人民日报》2 版，关于菊儿胡同危旧房改建为"北京的'楼式四合院'"①的报道，心中很激动！这是您领导的中国建筑大创举！我向您致敬！

　　我近年来一直在想一个问题：能不能把中国的山水诗词、中国古典园林建筑和中国的山水画融合在一起，创立"山水城市"②的概念？人离开自然又要返回自然。社会主义的中国，能建造山水城市式的居民区。

　　如何？请教。

　　此致

敬礼！

钱学森

1990 年 7 月 31 日

注释：

　　① 北京菊儿胡同"楼式四合院"，为吴良镛教授主持的北京旧有四合院改造的试点工程，分　期、二期工程。该项工作获联合国人居环境奖等奖项。

　　②"山水城市"概念在此信中首次见诸文字。

1990 年 12 月 31 日致惠子厚

（关于宣传风力发电似应从保护环境入手）

惠子厚副总工程师：

12 月 21 日来信及《风力发电》都收到，十分感谢！

宣传风力发电似应从保护环境入手，故我拟向国家环境保护局曲格平局长写信，并把您给我的那期《风力发电》（内有肖功任很好的文章，讲到风力发电是环保措施）附去；也想把我在《世界能源导报》提的意见随信送去。这是您信中给我的任务：向上反映。

为此，麻烦您把那期《世界能源导报》上我致中国风能技术开发中心的信复制一份寄我。可以吗？拜托了。

即此向您拜个早年！

钱学森

1990 年 12 月 31 日

潘云鹤教授：

2月28日来信及尊作《形象思维中的形象信息模型的研究》都收到。读后深受启发，十分感谢！

大作对形象思维的重要性及抽象思维之不足有深入的分析，是对1984年8月会议的认识的一次重大发展。我们对思维学的研究方向更加明确了。

其实过去计算机科学与工程以及人工智能的工作都未能解决形象思维的本质问题。这些工作都用计算机，而一直到现在的计算机都以抽象思维的一阶逻辑为基础的。所以它们都先把形象（心象）M_1变为抽象A_1，然后加以处理，发挥计算机之所长，最后再把抽象结果A_2变为形象（心象）A_2。动画电影片的制作是如此，现在更开拓为各种计算机画图（见《Scientific American》杂志1991年2月号88页文）也如此。戴汝为同志他们搞的计算机识别手书汉字也如此。您1982年的工作想也是如此。

这本来也是自然的，因为要用计算机，而计算机只会"计算"，可以说笨透了，一点聪明都没有！我们的任务是找突破口！您指出了突破口，这了不起！下面就是攻关任务了。

怎样攻关？有什么作战方案？我认为您注意到心理学方面的研究成果，这是很必要的，思维学要靠建立在心理学上的精神学（mentalics）嘛。但还要深入。有两方面，我提请您注意：

1. 形象与拓扑学有关，陈霖同志的工作应该重视。

2. 直觉主义元数学涉及概念到判断的问题，要研究直觉数学、Martin-Löf的类型理论，以扩展单线思考的局限性。见《自然杂志》1991年2期章远阳文。

这两点我在自己的工作中都有些体会，创新来源于跳出老思路、老框框，而启发来自初看是无关的方面，大跨度跳跃！

鉴于上述问题的重要性，"863"课题的智能计算机组何不开个讨论会？请酌。

此致

敬礼！

钱学森

1991年3月13日

1991年4月27日致鲍世行①

（关于建立城市学）

鲍世行秘书长：

4月18日来信及《城市环境美学研究》②都收到，十分感谢！我读后，有以下几点想法，写下来请教：

1. 您们城市科学研究会要研究全部有关城市的科学。这里面学科繁多：城市建筑学、城市道路学、城市通信学、城市环境美学、城市规划学，等等。各方专家可以分头去研究，但应当有个牵头的理论学科，不然怎么汇总？《城市环境美学研究》一书中的争议也表明没有汇总的理论是不行的。

2. 这门理论学科是我以前提出的"城市学"，研究一个大城市、一个小城市，以及一个乡镇的整体功能和发展的学问。每一个城市都是复杂的集合体，所以研究城市要用系统科学的观点和方法。

3. 首先我们要认识：城市是变与不变的统一。说变，就是随着科学技术的发展、生产力的发展，最后是社会的发展，城市一定要成长发展。在现代，这种变化是很快的，十年面貌大变！但一个城市的功能，如国都、商埠、港口……又是比较稳定的。比如北京作为国都已有七百年了，天津、上海也有百年的商埠港口历史。

4. "城市学"就要建立这种功能稳定与迅速发展相统一的理论。这就需要从整体看问题，从整体上认识一个城市。有了整体的理论就可以站得高、看得远，也就可以辩证地解决世界一体化与保持固有特色的问题。

5. 有了"城市学"才能有理有据地搞城市规划。

6. 认识到城市是变与不变的统一，那么对一座有特色的建筑就不是以拆了另建的方法去现代化，而是保护维修外部，同时改造内部功能设施，做到现代化。

基于以上想法，我建议中国城市科学研究会办两件事：(1)开系统科学研讨班，以熟悉此中观点和方法论；(2)逐步建立"城市学"的理论研究。

以上意见是否妥当，请指教。

此致

敬礼！

钱学森

1991年4月27日

注释:

① 此信发表在 1991 年 5 月 27 日《科技日报》第一版。该报编者按:"科学家书简"今天与大家见面了。本栏旨在架设科学家与广大科技人员、科技爱好者之间相互交流和了解的桥梁,把他们的想法、思绪以及愿望介绍给广大读者,以期进一步推动我国科技事业的进步与发展。欢迎大家供稿。今天先发表钱学森同志和中国城市科学研究会副秘书长鲍世行同志的通信,相信读者能从中获得裨益。

后《中国市容报》、《中国建设报》、《中国城市导报》也相继在第一版显要位置刊出这封信。

②《城市环境美学研究》,中国城市科学研究会编,中国社会出版社出版,1991 年 2 月。

附:鲍世行 1991 年 4 月 18 日信①

敬爱的钱老:

呈上我城市科学研究会编辑的《城市环境美学研究》一书,请指正。

城市学学科的建立是由您首先提出的。它也是一门自然科学与社会科学综合的交叉学科。自从 1984 年 1 月中国城市科学研究会成立以来,我们在学科发展方面做了一些工作。《城市环境美学研究》一书的编辑出版就是我们近年来在这方面的尝试。

城市环境美学是城市科学范围内新开拓的领域。过去城市工作者多是工程技术人员出身,工作大多只涉及工程技术层次,研究仅及城市发展的自然过程,较少涉及社会、经济等领域。这次我们召开的"全国城市环境美学研讨会"拆除了学科之间的"围墙",广泛邀请了城市规划、建筑、园林、生态、美学、哲学方面多学科的专家。由于有多学科协同,博采众学科之长,这样就使问题的研究跨入了一个新的高度,进入较高的层次;由于有了哲学、美学、生态学等部门参加,共同探索城市环境美的客观规律,使研讨进入了理论性层次,工程技术界人员普遍反映较好;又由于讨论结合了城市建设实践,使美学从哲学家的科学殿堂里走出来了,从美学家的书斋里走出来了。美学工作者把当前美学结合社会的建设实践、美学结合群众的生产和生活,作为当前美学发展的主要特征之一。为了使这次研究不是仅仅作为一次纯理论的讨论,我们还邀请了城市领导(主要是市长)参加了我们的研讨会,以便使城市环境美的创造得到他们的重视和支持。这就使智力与权力结合起来了。

为了推广这些研讨成果，使之能尽快付诸实践并转化为生产力，我们还举办了一次研讨班。各地报名人数空前踊跃，其中包括市长等城市各级领导和城市规划、设计、建设的实际工作者，这充分反映了大家对城市美的追求。我们深知学科发展的路途是漫长的，学科之间的融合、交叉还要做大量艰苦的工作。在工作中，我们还感到：由于历史原因，我国社会科学部门相对比较薄弱，在学科协同中往往表现出渗透无力的现象。这些正需要我们继续努力工作。

我们恳切希望您能对城市科学学科的发展给予指示。

此致

敬礼！

鲍世行

1991 年 4 月 18 日

注释：

① 此信先后发表在 1991 年 5 月 27 日《科技日报》、1991 年 6 月 14 日《中国建设报》和 1992 年 1 月 30 日《中国市容报》。

杨国权总工程师[①]：

5 月间两次来信及附来大作及材料，都收到，十分感谢！惜当时因科协"四大"正在开会，未能面谈，甚歉！

您的"因素辩证分析图法"与我们近年来在搞的开放的复杂巨系统研究有联系，我们在发展的从定性到定量综合集成法时要吸取您的意见。因此我们在学术上也要感谢您！附上拙文两篇[②]，请指教。

此致

敬礼！

钱学森

1991 年 6 月 12 日

注释：

① 杨国权，高级工程师，原郑州市建筑设计院总工程师。

② 两篇文章为"一个科学新领域——开放的复杂巨系统及其方法论"和"再谈开放的复杂巨系统"，见本书第 459、468 页。

附：杨国权 1991 年 6 月 20 日信

尊敬的钱老：

您好！6 月 12 日函收悉。您年高事繁，肩负重任，百忙之中，不辞辛劳，关怀后学，并作出较高评价，使我深受鼓舞与感动，惟有向您学习，奋力攀登，以资报答。

我在京寄给您并请您指正的"因素辩证分析图法——一种全面质量管理基础性的新方法"一文，返郑后经进一步深入思考又作了局部补充，并将修改稿附上，请以此为准，并盼您指正。

您作为世界著名并作出巨大贡献的科学家在年高、任重、事繁的情况下，仍坚持老骥伏枥、志在千里的精神，实在令我感佩不已。您的两篇巨作我认为是基础与前沿相结合的重大突破，是您渊博知识、精辟见解、创新精神、求实方法的综合结晶。由于我对某些科学前沿了解不深，因此，在连夜拜读大作数遍之后，仅能谈一些粗浅的初步认识。谬误之处，尚请您多加指教。

1. 系统具有普遍性。

2. 时至今日，而且随着时代的加速发展，愈加显示出系统如此分类的科学性与必要性。

3. 当代某些重要或复杂目标的实现，自然、人、社会必须作为一个整体考虑。应寻求真正的"统一场观"。

4. 定性、定量相结合的综合集成方法是现阶段唯一可行而有效地处理开放复杂巨系统的方法，这是由于：

(1)科学哲学、科学前沿、科学手段的综合。(2)理性的、感性的、科学的、经验的、群众实践、专家智慧的补充与综合。(3)反复调整而逼近目标并积累升华建立起其理论基础。

5. 该方法的巨大意义：涉及科学技术社会的发展与进步、民主与集中、科学与政治的有机结合，体现历史唯物主义的一个主题和原理——人民群众是历史的创造者。

个人在多年的工作实践中深有体会的是：一个复杂的系统多全其美是极为罕见的，其总体优化往往是以某些局部不那么"优化"为前提的。问题的关键在于：从总体上要别具特色，且得大于失，而不失在要害处，并失之不重。去年6月在全国第11届高层建筑结构学术会议上我发表了"概论高层建筑结构的总体协调与优化"一文具体地阐述了上述观点，今附上该文，请您指正。为了调剂生活、活跃思维，我常利用出差开会之机随手写生，有时也写些散文抒发感情，当然这仅是副业，很不像样，意在可能有助您缓解紧张的思考，特不揣浅陋，附上我的《风景名胜建筑画选》和散文"牵牛花赞"，请您雅正。

写得多了，太打扰您了。

专此敬祝

健康长寿！

杨国权　敬上

1991 年 6 月 20 日

附：杨国权：因素辩证分析图法
——一种 TQC 新方法的使用与探讨

全面质量管理(简称 TQC)是现代的、综合的、有效的科学管理方法，适用于极其广泛的领域。它对美国、日本等国的经济起飞起到了直接的推动作用。近几年来，在我国亦广泛推行，逐步深入，取得了明显的社会效益与经济效益。江泽民同志、李鹏同志对之十分重视，前不久还为此作了专门指示。全面质量管理是在传统质量管理基础上广泛包容现代基础科学、哲学方法论和先进管理经验的产物。值得注意的是：看来是"舶来品"的全面质量管理，实际上吸取了不少社会主义国家的成功经验，如质量管理小组(QC 小组)强调广大职工的参与。由美国质量管理专家戴明创立而被广泛运用、卓有成效的 PDCA 循环(戴明环)实质上是毛主席实践论中有关论述的简明图示，这些均表明如何发挥我们的优势，有所创新，丰富 TQC 的方法，以推动我国经济发展是十分必要的。

"因素辩证分析图法"就是基于以上思想对 TQC 方法的一个创新。它是唯物辩证法某些内容应用于全面质量管理的简明图示，通过有关影响因素及其客观现实条件和主观可能采取的措施对实现目标所起的正负效应及适度关系的分析，达到扬长避短、目标优化的目的，它比一般习用的因果分析图法更具有普遍及本质意义。它很深刻，适用于各行各业，且易于广大职工所掌握。正由于这一新的方法将唯物辩证法这一锐利武器引入全面质量管理，其成效将更为显著。推而广之，将会产生巨大的社会效益与经济效益。这就是这篇论文，这一全面质量管理新方法的涵义、目的和主旨。

1991年7月30日致陈植

（关于建筑园林事业应与教科文事业并列）

陈植先生[①]：

7月9日来示敬悉。《林社[②]九十周年纪念册》也收到。虽然您说"切勿示复"，但先生的信，我怎能不复？

第一，蒋英和我都非常感谢您，您使我们受到教育。您纠正了我以为叔老[③]在求是任教之误。

第二，一个中国人的一生是应该有记录，以备国家要总结某一方面工作时，可以提供资料。过去，此事太繁，不可能全面做到；但现在已有电子信息记录、存贮、分档及提取的技术，所以是可以实现的。将来历史研究应该采用。

第三，我想建筑园林事业是社会主义文化建设的一个重要方面，应与教育事业、科学技术事业、文学艺术事业等并列。不知当否？

谨此再次表示感谢！蒋英和我祝您健康长寿！并恭致

敬礼！

钱学森

1991年7月30日

注释：

① 陈植是陈叔通的侄儿，建筑园林学家。

② 林社位于杭州西湖区后孤山路，是为纪念"求是学院"（即浙江大学前身）创始人林启而建的。

③ 钱学森尊称的"叔老"是陈叔通老先生，建国初期担任中华全国工商业联合会主任委员、主席，曾任全国政协副主席和全国人大常委会副委员长，在营救钱学森回国问题上发挥了关键作用。

陈秉钊[①]**教授：**

7月10日及尊作《城市规划系统工程学》[②]都收到，十分感谢！

我对城市规划的意见已见致鲍世行同志信，您大概知道，我不多说了。

奉上拙文[③]一篇，供参阅。将来大城市的规划可能要用这种方法。

此致

敬礼！

钱学森

1991年7月30日

注释：

① 陈秉钊，上海同济大学教授。

②《城市规划系统工程学》，陈秉钊编著，同济大学出版社，1991年1月。

③ 系指"一个科学新领域——开放的复杂巨系统及其方法论"一文，作者为钱学森、于景元、戴汝为。

附：陈秉钊1991年7月10日信

钱老：

在您的倡导下，系统工程学已深入到各个领域。

本人从事城市规划工作多年，深感这学科还基本停留在定性分析和经验判断的阶段上，阻碍了城市规划学科的进一步发展。城市规划是个复杂的系统工程。它的理论突破一定程度上有赖于技术手段的现代化。引进系统工程学的理论与方法，将有利于推进城市规划将定性分析与定量分析的结合。

《城市规划系统工程学》则是这方面的尝试。但一定有许多不成熟之处，敬请赐教。

祝健康。

陈秉钊　上

1991年7月10日

1991 年 8 月 12 日致鲍世行

（关于用现代科技改造城市）

鲍世行同志：

近见《世界经济科技》1991 年 8 月 6 日（新华通讯社版）有篇材料①，讲用现代科技改造城市，很值得注意。故奉上复制件，供参阅。

此致

敬礼！

钱学森

1991 年 8 月 12 日

又及：我知道在美国的华人科学家袁绍文先生就搞太阳能全年利用系统。

注释：

① 钱学森来信向城市科学研究会介绍一篇关于用现代科技改造城市的文章。这篇发表在《世界经济科技》上的文章，题目是"住房建筑设计需要考虑的方方面面"。作者是美国著名建筑师玛丽·斯蒂文斯，原文载美国《世界箴言》月刊。

原文提要：今天，使住宅舒适简洁的最先进方法，是同古罗马人和美洲土著人少投入多办事的方法相联系的———位建筑师的看法。

文章谈到利用太阳能、地热来解决住宅的热量。必须使我们的房屋温暖、凉爽和（或）有湿度，使人们可以居住，这是在整个历史上用许多方法来解决的一个必办的事。解决的办法从来不只是技术问题；它们也总是由文化和社会的舒适标准和对环境采取的态度来决定。在这里钱老批示："这才是社会主义文明！"

文章还说："你必须把一些事情结合起来：雨水的保存、土地利用规划、废物处理再循环、农业。最后这两者甚至在城市地区也往往结合起来。"

文章最后说："所有这种过程都能帮助回答这样一个问题，当我们建筑时，我们实际上在干什么？这是个大问题——不是风格，而是我们对地球做了些什么？这个建筑物对周围的环境产生了什么影响？你必须像关心人们的冷暖那样关心人们的内心活动和感情上的幸福。"

侯仁之教授：

您见此信时，想已是赴国外讲学归来，北京也已暑去秋初了。

我尚未能见到大百科全书的《地理卷》；但读了您寄来的尊著"历史地理学的理论与实践"后，感到您说的历史地理学实有以下三部分内容：

1. 一部分是"历史上的地理"，其成果可表达为历史年代的地图。由于古代测量科学技术不发达，古地图不精确，精确的历史年代地图是研究历史的需要。这部分也许就是沿革地理，是为历史学服务的地理学。

2. 一部分是讲"城市地理的发展与变迁"的，这对研究城市科学意义重大，是城市科学理论学科——城市学的基础。所以这部分应归属城市科学。

3. 一部分是地理科学；在您书中这部分又有三个内容：(1)地理学家传述；(2)地理哲学；(3)地理环境的发展变化。

从地理科学的当今任务看，而社会主义的地理建设，第3部分中的(3)是非常重要的；希望早日有一本专著：《中国地理环境历史变化的经验与教训》。

以上当否？请指教。

1979年出版的尊作很宝贵，不敢放在我这里，不发挥更大的作用；故奉还。谨此致谢！

此致

敬礼！

钱学森

1991年8月26日

奉上复制件供参阅。

1991年9月20日致鲍世行

（关于不再重刊"关于建立城市学的设想"一文）

鲍世行同志：

9月9日信[①]及附件收到，十分感谢！

"关于建立城市学的设想"既已于1985年在《城市规划》刊物上发表了，现在就不要再重新刊登了。所以您要我做的事，请免！敬恳谅解。

此致

敬礼！

钱学森

1991年9月20日

注释：

① 1991年9月9日鲍世行给钱学森的信，主要内容是请求将1985年《城市规划》第4期上刊出的"关于建立城市学的设想"一文重新在《城市发展研究》杂志上刊出。附件，系指刊有钱学森信件的有关报刊。

（关于杭州方谷园旧居）

陈从周教授：

11 月 16 日来示奉悉。方谷园旧居①照片使我想起 1933 年至 1935 年住在那里的情况，近 60 年前事矣。您的关心使我由衷感谢！

但像我这样的人，杭州不止有成百上千！真不必还在门前挂块牌子，太不严肃了。年前市文管委曾问我的意见，我就答：不要挂。现在还是挂了，无可奈何！有此类情况，我也就不想再回杭州！

再次谢谢您！

此致

敬礼！

钱学森

1991 年 11 月 27 日

注释：

① 系指杭州马市街方谷园 2 号钱学森旧居。

1991 年 12 月 16 日致梅保华[①]

（关于建立城市学）

梅保华同志[②]：

您和刘岐同志张跃庆同志合著的《城市学》[③]及来信[④]均收到，十分感谢！

可能因为新观点的"城市学"尚在初创时期，概念还不十分明确，洋人又有什么 urbanology 来干扰，所以你们写《城市学》确有许多困难！我提出以下几点意见供您们考虑：

1. 城市学应是各门城市科学的理论基础，所以层次要高一些。

2. 城市学首先要讲城市体系，即一个国家的居民集中点和小区的分布和相互关系，因而是个体系。如从集镇起，即集镇、县城市、市、中等城市、大城市直到国家首都的国家城市体系。这要从我说的地理科学观点来考虑：城市体系是国家地理系统的一个重要组成部分；在我国大约有一万个城市组成此体系。

3. 要树立新概念的城市学，就必须清理思想。对过去城市建设中的自发性、盲目性及主观主义要用马克思主义哲学的洞察力来批判。当然我们承认：过去有时代的局限性，想不到关系全社会的城市学概念，但今天还能再糊涂下去吗？

4. 城市学也要分清在现代社会中各种功能不同的城市类别，并研究每一类城市的特点。如，首都、港口、工矿城、科技城、文化城等等。

这四条也不全面，仅仅是个导引。更多的、更完善的城市学思想还得你们研究。

此致

敬礼！

钱学森

1991 年 12 月 16 日

此信已复制送鲍世行同志。

注释：

① 此信刊 1992 年 1 月 16 日《中国建设报》。该报编者按：本报去年 6 月 14 日曾刊出中国科协名誉主席钱学森和中国城市科学研究会专职副秘书长鲍世行关

于建立"城市学"的通信。经钱学森同意本报今天再刊出钱学森同志给北京城市科学研究会常务理事梅保华的信，信中进一步阐明了他对城市学的一系列看法，值得同志们一读。

② 梅保华，北京社会科学院城市问题研究所副研究员、时任北京市城市科学研究会常务副秘书长。

③《城市学》由刘歧、张跃庆、梅保华合著，燕山出版社出版，1990年9月。该书曾获1991年北京哲学社会科学二等奖。

④ 系指1991年11月25日梅保华给钱学森的信。

附：梅保华1991年11月25日信

钱老：

您好！您早就提倡研究"城市学"，近日在与鲍世行的通信中又一次提及。现寄上一本我们合著的《城市学》，希望得到您的指教。这是北京市哲学社会科学"七五"规划项目。我们认为，"城市学"是在马克思主义哲学指导下，运用有关的城市科学理论研究城市自身运动变化规律的一门综合的独立学科，是基础理论学科，是城市科学这个学科群中的新成员。《城市学》就是在这个总的指导思想下的研究成果。限于水平，还很粗糙。热切地希望得到您的批评指正。作者：刘歧（北京市房改办副主任、高级经济师）、张跃庆（北京财贸学院教授）、梅保华（北京市社会科学院城市问题研究所副研究员）。

顺祝

冬安！

梅保华

1991年11月25日

附：梅保华1991年12月27日信

钱老：

来信收到，拜读后，很受启发。

"城市学"是一门新的基础理论学科，所面对的研究对象应是全国范围内的城市体系，因此观察问题的立足点需要高一些，研究方法最根本的是两个：一是马克思主义哲学，一是系统科学。我们当沿此方向继续深入研究，望多加指导。鲍世行同志建议将您的来信及我给您的信，同时在《城市问题》杂志上发表，以引起学术界对"城市学"的重视和研究，不知您是否同意，望函告，并将我的信寄回（因我没留底），谢谢。

《城市问题》杂志是北京市社会科学院主办的国内外公开发行的、已有9年历史的综合性学术双月刊。

顺祝

身体健康！

梅保华

1991 年 12 月 27 日

（关于寄交致梅保华函）

鲍世行同志：

附上致梅保华同志信复制件^①，供参阅。他们写的《城市学》想您必早已见到。

即此向您拜个早年！

并致

敬礼！

钱学森

1991 年 12 月 16 日

注释：

① 指 1991 年 12 月 16 日关于建立城市学给梅保华信的复制件。

附：鲍世行 1991 年 12 月 28 日信

钱老：

12 月 16 日手书及附来您给梅保华同志的信收到。

您对建立城市学的指示十分精辟，已经引起城市科学学者广泛的重视，不少杂志开展了这方面的讨论。现先寄上《咸阳城市科学》^①，请您一阅。

您给梅保华的信已在中国城市科学研究会《会讯》（内部发行）刊出，是否在公开报刊刊登请您酌定。我和梅保华同志商议拟在明年年初召开研讨会，座谈有关您对建立城市学学科的指导思想，以便加深理解您的指示。这将对城市科学学科建设有重大的意义，对此您有何意见，望提出。

祝您

新年快乐 身体健康！

鲍世行

1991 年 12 月 28 日

注释：

① 系指《咸阳城市科学》1991 年第 2～3 期。

1992年1月5日致鲍世行

（关于赞成召开城市学研讨会）

鲍世行同志：

去年12月28日信①及《咸阳城市科学》②都收到。

梅保华同志要把他和我的信件公开发表，我同意，已告他。

您们要在年初开研讨会，我也赞成；但我现在没有什么再要说的了，将来读了同志们的发言再说吧。

此致

敬礼！

钱学森

1992年1月5日

注释：

① 系指1991年12月28日鲍世行给钱学森的信。该信主要是征求关于公开发表1991年12月16日钱学森关于建立城市学给梅保华的信的意见。

② 系指《咸阳城市科学》1991年2～3期。该刊发表了1991年4月27日钱学森复鲍世行的信和1991年4月18日鲍世行给钱学森的信，还同时加了编者按。

窦宽荣同志：

元月 25 日来信已由鲍世行同志转来，十分感谢！我是不收任何礼品的，那尊错金银铜犀牛就留在鲍世行同志那里吧。

我也从来不会搞题写和题词之类事，所以您给的任务我完成不了。敬恳谅解！

祝您为城市科学多作贡献，并致

敬礼！

钱学森

1992 年 2 月 10 日

此信复制件送鲍世行同志。

注释：

① 1991 年 12 月 28 日鲍世行将刊登有钱学森信件的《咸阳城市科学》1991 年 2～3 期寄送钱学森阅。1992 年 1 月 5 日钱学森收到杂志后即予回信。1992 年 1 月 25 日，咸阳城市科学研究会秘书长、《咸阳城市科学》主编窦宽荣给钱学森去信报告信刊出后已引起广大读者重视，并准备在杂志上展开讨论。信上恳请钱老为杂志题词，还请鲍世行转送仿古青铜犀牛一尊。此信即钱学森给窦宽荣的复信。

1992 年 3 月 14 日致吴翼①

（关于山水城市）

吴翼副市长：

3 月 2 日信及所赠尊著《当代城市园林——合肥的探索》②都收到，十分感谢！

您在书的总论中把园林绿化概括为三个方面的作用：生态效益、审美效益及游憩效益。很好！我想这也就是社会主义城市文化了。

近年来我还有个想法：在社会主义中国有没有可能发扬光大祖国传统园林，把一个现代化城市建成一大座园林？高楼也可以建得错落有致，并在高层用树木点缀，整个城市是"山水城市"。如何？请教。

此致
敬礼！

钱学森

1992 年 3 月 14 日

注释：

① 此信是钱学森有关"山水城市"复吴翼副市长 1992 年 3 月 2 日的信。吴翼同时寄赠《当代城市园林——合肥的探索》一书，书中认为：园林绿化可概括为三个效益，即生态效益、审美效益和游憩效益。还认为应该把整个城市作为一个大园林建设好。

②《当代城市园林——合肥的探索》一书，吴翼著，中国展望出版社出版，1991 年 5 月。

附：吴翼 1993 年 2 月 16 日信

钱老：您好！

1992 年 3 月来信收到，因当时身体不适，元月份去湖北江陵县召开全国根艺研究会成立大会时又遇车祸，腰部受伤(腰椎压缩性骨折)，回肥后卧床三个月，至9月份方才下床活动，新年以来趋于好转。您的来信未能及时奉复，请见谅！

钱老：您的一生为我国科技事业作出了杰出贡献，是中国知识分子的楷模。大家出自心底无限尊敬您。

拙著《当代城市园林》一书，得到您的赞赏和鼓励，感到十分荣幸。

来信中提出"把一个现代化城市建成一座大园林，高楼也可以建得错落有致，并在高层用树木点缀，整个城市是"山水城市"。我非常同意您的见解。上周在合肥举行第三届全国两梅(梅花，腊梅)展览时，我在会上把您的建议向与会的各位园林工作者作了一番介绍，大家听后很受鼓舞。参加这次会议的还有《中国园林》杂志主编何济钦同志和《中国花卉报》主编冯德珍同志，他们很想在刊物上刊登您建设"山水城市"的建议，我随即将您的来信作了复印，他们兴致勃勃接受了复印件。

合肥市的绿化也是按"把城市建设成一座大园林"的概念进行的。这次与北京、珠海共同荣获全国首批"园林城市"的光荣称号。虽在建设成果上未能达到您提出的那样高的境界，但却说明这一目标和路子是正确的、可行的。

今年下半年，建设部将在合肥举行全国城市绿化工作会议。我想届时将会把这一课题列上议事日程。通过大家讨论，从而在统一认识基础上形成我国城市园林建设的纲领。

专此

敬祝

春安！

吴翼　上

1993 年 2 月 16 日

1992 年 6 月 10 日致张嘉宾

（关于林学的现代理论有了）

张嘉宾同志：

好久不通信了，忽然收到大作《系统林学》，印刷精美，真非常高兴；特此表示感谢！但您在"后记"中对我过奖了，我不敢当！

书出版了，林学的现代理论有了，现在是用以实施开发社会主义中国的林产业了。而今日我国各种事业都在高速发展，林产业如何？云南省有什么打算？甚念。

祝贺您十多年来努力有了成果！

并致

敬礼！

钱学森

1992 年 6 月 10 日

1992 年 8 月 14 日致王仲①

（关于城市山水）

王仲②同志：

7 月 15 日来信及所赐《美术》③四册都收到。"绘画专号"中的尊作也读了。十分感谢！但信中对我过奖了，我还远未达到您所要求的标准！

翻开这四册（《美术》）也颇有感触：作品都属已经过去岁月或尚未进入改革大潮的中国，今天中国的突飞猛进呢？美术家和绘画家不该讴歌中国的改革开放和现代化建设吗？

近见 6 月 18 日《人民日报》8 版《大地》页有一组图画（注：深圳画院画家画深圳），是颇有新意的，今复制附上。

我特别要提出的是：我国画家能不能开创一种以中国社会主义城市建筑为题材的"城市山水"画？所谓"城市山水"即将我国山水画移植到中国现在已经开始、将来更应发展的、把中国园林构筑艺术应用到城市大区域建设，我称之为"山水城市"。这种图画在中国从前的"金碧山水"④已见端倪，我们现在更应注入社会主义中国的时代精神，开始一种新风格为"城市山水"。艺术家的"城市山水"⑤也能促进现代中国的"山水城市"建设，有中国特色的城市建设——颐和园的人民化！复制件中郭炳安、裴友昌、宋玉明、周凯的作品是个发端。

以上请教。

　　此致

敬礼！

钱学森

1992 年 8 月 14 日

注释：

① 此信是对王仲 1992 年 7 月 15 日信的复信。原载《美术》杂志 1992 年第 8 期。当时王仲为《美术》杂志编辑

② 王仲（1944.6—），四川重庆人。1964 年毕业于中央美术学院附中，时任中国文联出版公司美术编辑室副主任，中国美术家协会会员。擅长版画、美术理论。

③《美术》杂志，中国美术家协会主办的专业性机关刊物，其前身为《人民

美术》，创刊于 1950 年 2 月，现为月刊。

④ 金碧山水，以唐代李思训、李昭道父子为代表的青碧山水画。《宫苑图》、《江帆楼阁图》为其代表作，所绘山水，峥嵘青郁、碧波浩渺、桃竹掩映，有浓厚的装饰性。

⑤ "城市山水" 系此信提出的倡议，后来得到许多画家的响应，并曾在深圳市召开过 "城市山水画" 研讨会推动此事。

1992 年 9 月 15 日致王学仲

（关于敬求墨宝）

王学仲教授：[①]

近在《新华文摘》（1992 年 8 期 138 页）读到贺茂之的"'三怪'王学仲"，对先生油然产生敬仰之心，因写此信。

我是什么人？先生与我行业相距甚远，故奉上专题资料一本，其中 29 页第 4 行有句话表明我对艺术的认识。这算是自我介绍了。

自我介绍，目的在于向先生敬求墨宝。

但我连您"润笔只要纸"的纸也没有，不能奉上了。请恕我无礼！

祝先生

光大中华文明！

钱学森

1992 年 9 月 15 日

注释：

① 王学仲，天津大学教授。

1992 年 10 月 1 日致王学仲

（关于读先生《狂草赋》使我神思飞扬）

王学仲教授：

　　先生 9 月 27 日来示及所赠墨宝长卷《狂草赋》和《夜泊画集》皆收到，十分感谢！先生对我奖誉太过，而自称"后学"，使我难当！

　　今日为中华人民共和国建国 43 周年，我凝视画集第一幅《怀思》，心情激动，碑刻上的人物又现眼前。伟大的中国人民！伟大的中国共产党！伟大的中华人民共和国！

　　读先生《狂草赋》，使我神思飞扬，如火箭升空，"巡天遥看一千河"矣。

　　故先生所赠书画将为我余生中的精神粮食，受用不尽，万万不敢再劳先生神作画了。请先生首肯我这一请求，不再赐画！我实在不敢当！

　　为了表示我对先生的感谢，本应遵先生命，出席今年 11 月 26 日在北京人大会堂的先生艺术研讨会。奈我近来因年老体弱，对这类活动，一概婉谢。如 11 月的会我去了，将何以对那些被我谢绝了的人呢？所以这次也不例外了，敬恳谅解！想先生是会恕我无礼的。

　　对文艺、教育和文化问题，我也发表过一些意见，门外汉之见而已。今附上这类文字 9 篇，呈请先生指教。

　　即此恭祝　先生在书画文教事业中取得更加辉煌的成就！

钱学森

1992 年 10 月 1 日

1992 年 10 月 2 日致顾孟潮[①]

(关于山水城市)

顾孟潮同志：

您赠的《奔向 21 世纪的中国城市——城市科学纵横谈》[②]已收到，十分感谢！9 月 24 日信也收到。

现在我看到，北京市兴起的一座座长方形高楼，外表如积木块，进去到房间则外望一片灰黄，见不到绿色，连一点点蓝天也淡淡无光。难道这是中国 21 世纪的城市吗？

所以我很赞成吴良镛教授提出的建议："我国规划师、建筑师要学习哲学、唯物论、辩证法，要研究科学的方法论"也就是要站得高看得远，总览历史文化。这样才能独立思考，不赶时髦。对中国城市，我曾向吴教授建议：要发扬中国园林建筑，特别是皇帝的大规模园林，如颐和园、承德避暑山庄等，把整个城市建成为一座超大型园林。我称之为"山水城市"。人造的山水！当时吴教授表示感兴趣的。

我看书中也有好几篇文章似有此意。所以中国建筑学会[③]何不以此为题，开个"山水城市讨论会"？[④]

以上请教。

此致

敬礼！

钱学森

1992 年 10 月 2 日

注释：

① 此信系对顾孟潮 1992 年 9 月 24 日信的复信。顾孟潮随信寄去《奔向 21 世纪的中国城市——城市科学纵横谈》一书。为促进首都城市规划建设，顾孟潮给北京市长写信，并附上此信，得到北京市领导和有关部门的重视。北京市城市规划委员会 1992 年 12 月 18 日给顾孟潮的复信说："我们将……认真汲取营养，改进工作"。此信先后刊发于《中国城市导报》1992 年 10 月 29 日，《中国建设报》1992 年 11 月 10 日，《建筑师》杂志第 49 期(1992 年 12 月)，《城市》杂志 1992 年第 4 期，《新建筑》1992 年第 4 期，《人民论坛》1993 年 2 月，《华中建筑》1993 年第 1 期，《中国日报》(英文版)1993 年 3 月 16 日等报刊。此信收入杨永生

主编《建筑百家书信集》中国建筑工业出版社出版，2000年3月，第102页。

②《奔向21世纪的中国城市——城市科学纵横谈》，陈为邦、张希升、顾孟潮主编，山西经济出版社出版，1992年8月。

③中国建筑学会是全国建筑科学技术工作者的学术性群众团体，1953年创立，为中国科学技术协会的组成部分。业务主管部门为中华人民共和国建设部。

④根据钱学森提议，山水城市讨论会于1993年2月27日在北京召开。主办单位为中国城市科学研究会、中国城市规划学会、中国建筑文化艺术协会环境艺术委员会。

附：顾孟潮1992年9月24日信

钱学森同志：

您好！

今将我们编著的《奔向21世纪的中国城市》一书寄给您，希望得到您的指教。近年来，您一直关注城市问题并有不少重要论述，这些已成为我们研究城市问题的重要指导思想和工作依据。

近十几年，是中国城市化进程加速的十几年，特别是今年邓小平同志南巡讲话之后，我国城市的改革和发展更加迅速地向深度广度大发展，急需有理论上的指导和科学决策引路。非常需要认真总结已有的经验，并上升到系统理论的高度，以便能促进有关方面及时地作出科学决策和采取相应的合理措施。基于这一目的，我们研究了目前和今后若干年可能的城市化方面的重点、热点、难点和薄弱环节，而后邀请各方面的专家或主管城市建设的领导同志，撰写文章论述他们所熟悉的领域，提出自己的观点和珍贵的资料供读者参考。本书是找到合适的作者，采取"命题作文"方式集成的。是否能达到我们构想的初衷，希望您给予批评指正。

致

敬礼！

顾孟潮　上

1992年9月24日

1992 年 11 月 24 日致马弘毅

(关于国家及社会是开放的复杂巨系统)

马弘毅同志：

11 月 19 日来信，大作"关于建立人民建议征集制度的建议"及附件都收到，十分感谢！

您的建议已见报刊，领导批示也是热情的，所以建议是会被接纳的。其实这也是我们党的党章规定的，要虚心听取人民群众的意见，走群众路线；最后在民主的基础上，才能实现正确的、实事求是的集中。

在党和国家制度方面，各级都设有信访接待单位。各级人民代表大会、政治协商会议每次会议（还有平时）都接受意见书和议案，还有其他措施。所以人民的意见、建议是有许多渠道上送党和国家的。再设人民建议征集制度可以更增加一个渠道。

我的经验体会是：国家及社会是开放的复杂巨系统，一个人、一个集体的见解是从其个人、小集体的实践体会得来的、一点一滴、有实践依据，有其真理性，但不可能全面。因此立即按其建议去实行，又会遇到许许多多原建议所没有考虑到的问题。过去，这就是这方面困难之所在。

因此，近年来我们一直在研究如何吸取各方面多渠道意见，综合集成为全面的、可行的科学方法——系统工程方法。我们称之为从定性到定量（即定性与定量相结合）的综合集成法，并建议党和国家设专做此工作的咨询性总体设计部。这些想法见附上拙文两篇。

以上当否？请教。

此致

敬礼！

钱学森

1992 年 11 月 24 日

附：1. "一个科学新领域——开放的复杂巨系统及其方法论"
    2. "再谈开放的复杂巨系统"

1992 年 11 月 29 日致鲍世行^①

（关于当前城市问题）

鲍世行同志：

11 月 20 日来信及所附材料^②都收到，十分感谢！

近见报刊上有些材料对我国城市问题颇有参考价值，故复制奉上。

1. 看来在保护历史建筑文化方面日本比我们做得好。

2. 我们有的地方搞现代假造"古建筑"，实在太不像样。

3. 建筑现代花园村的思想应该研究。

4. 低级趣味的"游乐宫"是应该禁止的。

5. 用现代电子技术可以使人享受奇特的幻境，即所谓 Virtual Reality，我称之为灵境技术。

以上当否？请教。

此致

敬礼！

钱学森

1992 年 11 月 29 日

附复制件四。^③

注释：

① 此信系对鲍世行 1992 年 11 月 20 日信的复信，刊于 1993 年 3 月 9 日《中国建设报》。该报编者按：该信所指问题在当前城镇建设中普遍存在着，可谓切中要害，十分及时。

② 系指在天津、北京召开的城市学学科建设座谈会纪要。

③ 复制件 1：1992 年 11 月 24 日《经济日报》第 4 版照片，照片说明为："日本大阪东大寺是世界最大的木造建筑，已有 1200 多年的历史。"

复制件 2：1992 年 11 月 23 日《经济参考报》第 1 版"给旅游热提个醒儿"。

钱学森批语：

1. 现造"古迹"是作假，是对中国文化的破坏！要禁止！

2. 对现存文物要保护，精心修缮。

3. 注意环境建设，使古意盎然。

4.（略）

5. 应该用灵境技术筑构专馆，专为幻境游。

复制件3：1992 年 11 月 28 日《北京日报》（周末）第 5 版"京城游乐宫一瞥"。

钱学森批语：没有文化观念！

复制件4：1992 年 11 月 25 日《人民日报》第 8 版"京津花园首家推出京城四合院式庭园别墅"。

附：鲍世行 1992 年 11 月 20 日信

尊敬的钱老：

好久没有给您写信问候，今悉您给建筑学会顾孟潮同志复函谈及关于"山水城市"的建议，我已和他联系，将遵照您的指示由中国城市科学研究会和中国建筑学会一起召开山水城市讨论会。

自从您提出关于建立"城市学"的倡导以后，已引起国内学者广泛重视，中国城科会先后在天津、北京召开了座谈会。中国城科会领导对此事十分重视，理事长都出席了这两次会议。现把两次座谈会的纪要寄上，请您一阅，并提出宝贵意见。与此同时，一些杂志开辟专栏讨论这个问题。但是，我们深知，这是一项长期的、艰巨的任务，只有踏踏实实地工作，才有可能获得成果，为此，北京、天津都准备列出课题，由专人来研究城市学问题。

近年来，城市经济发展迅速，形势十分喜人，特别是房地产业的发展使城市建设的资金有了更广泛的渠道，过去认为无法办到的事，现在可以办到了，这就大大推动了城市的发展。但是，在计划经济向市场经济的转变中也给城市带来很大的冲击。一些城市偏重眼前利益和经济效益，忽视长远利益和综合效益，城市生态环境和艺术质量面临很多问题，正在经受严重的考验。

从主观上来说，过去的城市规划主要是按计划经济的模式来搞的，经受不住市场经济浪潮的强大冲击。可以说，我们现有的城市总体规划已经普遍地不能适应目前城市发展的形势，为此，不少城市正在修订总体规划。我国的城市大多是在 20 世纪 50 年代进行过一次规划。当时的规划完全是按"城市规划是国民经济计划的继续与具体化"的指导思想进行的。后来，20 世纪 80 年代又进行了第二版规划。当时刚从"十年浩劫"中苏醒过来，规划人员自诩社会主义有计划经济和土地国有两大优越性。在这种思想指导下，当时基本上还是按照计划经济的模式来考虑规划的。可想而知，这样的规划很快就被现实的城市发展突破了。所以，这次20世纪90年代的第三版城市规划，不少城市都注重了城市研究。例如，最近刚完成的北京的城市总体规划就大大加强了前期工作，总共进行了70项分项研究，因此不少地方有较大的突破。其他城市也有类似的情况。但是，总的来说，城市规划如何适应城市经济发展由计划经济向市场经济转变，目前还处在起步和摸索阶段，虽然有一些尝试，但尚不系统，更没有形成理论，还需要做大量的工作。

您对规划师提出的"要学哲学、唯物学、辩证法，要研究科学的方法论"，"要站得高，看得远，总览历史文化"和"要把整个城市建成一座超大型园林"的设想是高瞻远瞩的见解，对城市科学发展具有重大战略意义，一定会在我国城市发展中产生深远的影响。

敬祝

大安

鲍世行

1992年11月20日

附：鲍世行1993年2月13日信

尊敬的钱老：

您11月29日来信收到。该信谈及关于保护历史建筑文化、修建假古建、建设现代花园村、游乐宫建设中没有文化观念以及灵境技术等问题。上述问题正在当前城镇建设中较普遍地存在着。来信切中要害，十分及时，十分重要，为此已准备印发给参加"山水城市讨论会"的代表。同时此信件已呈建设部及中国城市科学研究会领导。领导批示："可否摘要在报刊公开发表"（有关机构问题不宜公开发表）。为此将恳请您能同意此事。

专此敬祝

近好！

鲍世行

1993年2月13日

顾孟潮同志：

2 月 3 日信①及附件都收到，谢谢！

我现在身体比较弱，2 月下旬的"山水城市讨论会"能否去参加还难定。到时再说吧，我能说的也都说过了，您们也复制并发给大家，请大家讨论就可以了。

此致

敬礼！

钱学森

1993 年 2 月 7 日

注释：

① 顾孟潮在给钱学森的信中报告了"山水城市座谈会"的筹备情况，并提出大家希望他能到会并作指示。

附：鲍世行、顾孟潮 1993 年 1 月 30 日信

钱学森同志：

您好！

根据您的创议和建设部几位部领导的批示，我们正在准备召开"山水城市讨论会"。最近又见到您 1992 年 11 月 29 日寄来的信和材料，非常高兴。会议拟于 2 月下旬在建设部召开。会前拟将您的几封信和有关资料复印寄给准备邀请的各位专家和领导，使到会者有所准备，以便对您"山水城市"的科学设想有深入的研究和讨论。

准备这次会议的过程中，我们更迫切地感到，很有必要将您的有关论述汇编到一起，供大家系统研究。因此我们建议，能否和涂秘书一起编一

本《钱学森论城市与城市科学》的文集，作为推动城市学和山水城市研究的重要参考文献。书中将您的论著、书信、谈话记录等有关内容编入，或附上相关的其他内容。具体怎么办可以再研究。首先想征得您同意这一选题。此后具体工作由鲍、顾、涂我们三人做，可否？请批示。

我们恳切地希望您能在百忙中抽出一点时间到会与专家和领导见面，讲几句话，这将对大家是一个极大的鼓舞。

此致

敬礼!

鲍世行　顾孟潮

1993 年 1 月 30 日

1993年2月11日致顾孟潮

（关于祝"山水城市讨论会"成功）

顾孟潮同志：

　　我现在身体还比较弱，本月下旬的"山水城市讨论会"我不能去出席了。所以只能按通知准备了一个1000多字的稿子[①]，现送上20份备用。祝会议成功！

　　此致

敬礼！

钱学森

1993年2月11日

注释：

　　① 系指钱学森"社会主义中国应该建山水城市"一文，是为"山水城市讨论会"准备的书面发言，见本书第469页。

附：顾孟潮1993年2月16日信

钱学森同志：

　　您好！

　　您的2月3日、2月11日两信和"社会主义中国应该建山水城市"的书面发言均收到了。非常感谢您对这次会议的关心、重视和支持。在您工作忙、身体弱的情况下，如此支持我们的工作，使我们十分感动，大大加强了开好这次"山水城市讨论会"的信心和决心。预计所邀请的到会代表也会因此很受鼓舞。

　　鉴于您的身体状况请多保重。但您不能出席此会对我们来说总是一件憾事，故建议：您是否派秘书涂元季同志或您认为合适的代表到会？听听有关专家、领导同志的讨论发言，以便及时向您汇报有关情况。您2月3

日和 2 月 11 日的信和发言将在大会上宣读，并印发给大家学习领会。

　　另外，希望您能提供几幅您的生活照或工作照片(或底版)，以便有关报刊发表您的信和文章时配合使用(前次《城市》杂志便提出此要求，我电告涂秘书，因时间来不及未能如愿)。

　　此致
敬礼!

顾孟潮

1993 年 2 月 17 日

（关于寄交深圳材料）

顾孟潮同志：

奉上一份深圳寄来的材料①，供参阅。

此致

敬礼！

钱学森

1993 年 2 月 18 日

注释：

① 系指综合开发研究院（中国·深圳）1993 年 2 月 14 日给钱学森寄去的一份研究城市建设的未来发展的报告。报告题目为《追求经济和文化的双向复兴——兼论筹建深圳"中国文化城"的意义》，作者为徐新得、赵海鸣、唐志建、龙隆。

附：深圳综合开发研究院 1993 年 2 月 14 日信

尊敬的钱学森教授：

您好！

最近，我们从光明日报看到了您对中国城市建筑生态失衡表示忧虑的报道，深有同感。的确，中国城市的这种病状发展形态已经越来越严重。长此以往，中国的城市景观将越来越单调、枯燥、乏味，最终将因生态失衡而走向衰亡。我们认为，您对 21 世纪中国城市建设模式的设想是非常有远见的，也应该引起中国城市的市长、规划师们的高度重视。正巧，我院受托撰写的一份研究报告对深圳城市建设的未来发展也提出了类似的反思和一项具体建议。特此呈上，请您拨冗一阅，并盼赐教。

专此，即颂

春祺！

综合开发研究院（中国·深圳）

1993 年 2 月 14 日

1993 年 3 月 8 日致谢凝高

（关于建山水城市样板）

谢凝高教授[1]：

我谢谢您和董黎明教授[2]、朱畅中教授[3] 2 月 27 日来信！

我不是作城市规划的行家，对海南省通什市也一无所知，所以不麻烦你们来和我谈了。祝你们成功，把通什建为山水城市的样板！

此致

敬礼！

钱学森

1993 年 3 月 8 日

注释：

① 谢凝高，北京大学城市与环境学系教授。

② 董黎明，北京大学城市与环境学系教授。

③ 朱畅中，北京清华大学建筑学院教授。

附：朱畅中、谢凝高、董黎明 1993 年 2 月 27 日信

钱老：

您好！

我们正在规划设计一座山水文化旅游城——海南岛通什市。初步方案已于元月十五日在当地完成，现正在北大作正式总体规划设计。欣闻您对山水城市深有研究，十分高兴，如果您对通什市规划感兴趣，在您方便时，拟给您作详细汇报，以求指导。

通什市地处特区，自然、社会条件好，市委和市政府十分重视规划设计，投资者也多，规划建设速度快，这就有可能作为山水城市的样板进行建设。这样，其意义就更大了。未知尊意如何，盼赐教。

顺颂

大安！

通什市总体规划组

顾问：朱畅中(清华大学建筑学院教授)

组长：谢凝高(北京大学城市与环境学系教授)

董黎明(北京大学城市与环境学系教授)

1993 年 2 月 27 日

1993 年 4 月 7 日致吴良镛

（关于梁思成的建议）

吴良镛教授：

4 月 1 日信① 及尊作 "'山水城市' 与 21 世纪中国城市发展纵横谈"② 都收到，我十分感谢！

读了您的文章更使我感到，在建国初年如北京市能采纳梁先生的建议③，将新城建于西山脚下，那今日的北京可以都如香山饭店④ 那样优美了！

我们要吸取教训呵！

此致

敬礼！

钱学森

1993 年 4 月 7 日

注释：

① 此信系对吴良镛先生 1993 年 4 月 1 日的复信。

② "'山水城市' 与 21 世纪中国城市发展纵横谈" 系吴良镛先生于 1993 年 2 月 27 日在山水城市讨论会上的发言稿。

③ 梁先生的建议，指梁思成与陈占祥于 1950 年 2 月合写的 "关于中央人民政府行政中心区位置的建议"，见《梁思成文集》（四）第 1 页。

④ 香山饭店系指由美籍华裔著名建筑师贝聿铭设计的北京香山饭店。

附：吴良镛 2004 年 2 月 5 日信

尊敬的钱老：

春节好！

好久未见到您，但不时从不同渠道见到您的谈话短笺，至以为慰！奉上拙著一本，也许过于烦琐，怕您费神，故一直未敢奉上。知您一如既往关心建筑学的发展，托人顺便转上。敬请指正，祝

健康长寿！

吴良镛　敬上

2004 年 2 月 5 日

1993年4月11日致鲍世行

（关于把城市筑成人造山水）

鲍世行同志：

3月10日及4月7日信及附来《中国建设报》^①、《中国名城》^②都收到，十分感谢！在此期间我还接到吴良镛教授来信和他在2月27日会上的发言稿"'山水城市'与21世纪中国城市发展纵横谈"。他强调城市建设要同自然山水优美地结合，而我是更雄心勃勃地要把城市筑成人造山水，我的目标也许太高，登上月球了！

现实的问题是没有钱。昨天《人民日报》8版讲中央乐团的报道不就是今日高雅艺术之困境！所以，您要学会弄钱，这是社会主义市场经济中所必需的。这使我想到有艺术修养的爱国侨胞，找他们。建筑大师中有贝聿铭，不能找他吗？可以有多种形式的活动：办展览会，办学术研讨会，办高级建筑师培训班……不知您们考虑过没有？

以上请酌。

此致

敬礼！

钱学森

1993年4月11日

注释：

① 系指1993年3月9日《中国建设报》。该报第3版以整版篇幅刊出2月27日"山水城市讨论会"上的部分发言。

② 系指《中国名城》1993年第1期。该期杂志刊出钱学森在2月27日"山水城市讨论会"上的书面发言"社会主义中国应该建山水城市"一文，见本书第469页。

附：鲍世行 1993 年 3 月 3 日信

尊敬的钱老：

2 月 19 日您批示的材料已收到。我已将该信件转《科技日报》、《中国建设报》发表。

2 月 27 日，由中国城市科学研究会、中国城市规划学会和中国建设文化艺术协会环境艺术委员会召开的"山水城市座谈会"开得十分成功。清华大学吴良镛教授(学部委员)、建设部周干峙副部长(学部委员)、建设部储传亨总规划师、中国城科会廉仲理事长(原建设部副部长)等 50 余位在京的城市科学、城市规划、园林、地理、旅游、建筑、美术、雕塑方面的专家、学者以及作家、记者出席了会议。会上首先宣读了您的书面发言，吴良镛、廉仲同志作了主题发言，周干峙、储传亨同志作总结，会上发言的总共有 27 位专家。会议引起了各地广泛重视，一些地方的专家寄来了发言稿，桂林还派人专程前来参加会议。周干峙、储传亨同志在总结发言中指出：我国的迅速城市化时期已经来到。中国的城市发展不能再重复西方国家走过的老路。钱老提出的"山水城市"构想和建议有深远的意义，是适时的。它是一颗引导我们发挥创造性的导弹。

座谈会上清华大学朱畅中教授(是我的老师)介绍了他们在进行海南通什市城市规划时，如何把它规划成一座山水文化旅游城市的构想和体会。现把他给您的信呈上。

敬祝

大安！

鲍世行

1993 年 3 月 3 日

附：鲍世行 1993 年 3 月 10 日信

尊敬的钱老：

2 月 27 日的"山水城市座谈会"开得十分成功。3 月 1 日《科技日报》已经首先刊出了您的书面发言稿，谅您已见到。《中国建设报》也于 3 月 9 日在第 3 版以整版的篇幅选登了会上的部分发言，还有一些人的精彩发言，由于没有发言稿，尚未见报。我们将整理录音或请本人整理发言稿。现将这份报纸奉上，请阅并提出宝贵意见。

我们想把这次座谈会的发言连同您的有关来往信件汇编成集子。只是钱和出版社还没有着落。我们准备去请一些城市的领导支持和赞助，否则就印不成，因为发言的也都是学者、文化人，是没有钱的。不知您有什么好主意？

此致

敬礼！

鲍世行

1993 年 3 月 10 日

附：鲍世行 1993 年 4 月 7 日信

尊敬的钱老：

您好！

奉上《中国名城》1993 年第 1 期，这里有您的大作"社会主义中国应该建山水城市"。不少报纸已经刊载您的大作，但杂志可能还是第一家。稿费已经邮寄上，谅不久就可收到。这期杂志有"别忘了文物"一文，也值得一读。

最近，建设部召开保护历史文化名城在京专家座谈会，大家认为，去年以来经济形势发展很快，带来城市建设的崭新局面，但对一些古城的冲击有愈演愈烈之势，且矛盾复杂，因素多种多样，其中主要是经济因素。过去对旧城的方针是利用、改造；现在是争相改造，因为经济效益好，急于改变面貌，市长、市民、投资者都有积极性。这样下去要不了几年旧城就没有了。大家担心，大好形势下，保存文物的责任重大；还担心，认识不统一，仓促上阵，准备不足，将来改造完了，是否满意，还难说。建设部有关部门正在把这些意见整理后，向上反映。

此致

敬礼！

鲍世行

1993 年 4 月 7 日

附：鲍世行 1993 年 4 月 17 日信

尊敬的钱老：

4 月 11 日来信收悉。

感谢您的关心，为了出版《城市学与山水城市》一书，我曾向合肥市吴翼市长呼吁，请求他的支持。后打电话到他家询问。吴不在家，他爱人答复，吴市长到处奔走，但是碰到了一些困难。为此，我只好写信给中国科协刘恕同志，请求她的支持。现将此信复印件送上。

您对城市学与山水城市的论述目录，只是初步收集的。还有什么应该编入，请您提供。

给刘恕同志的信寄出后不久，就收到吴市长来信说："出书的事，经费已经落实。"真是特大喜讯。

吴来信还邀请您能去合肥看看这些年的城市建设，包括有些山水情趣的园林布局。现将吴的来信附上。

随信寄奉4月17日《中国建设报》第3版，有关于保护历史文化名城座谈会部分发言的纪要，供您参阅。

此致
敬礼！

鲍世行
1993 年 4 月 17 日

附：涂元季[①]1993 年 4 月 24 日给鲍世行信

鲍世行同志：

您1993年4月17日信钱老已阅，所列钱学森关于城市学和山水城市的论述目录钱老已过目，他没有提出什么不同意见，也无补充；只是提出："这是一本各家言的文集，我的东西千万不应压倒大家的"，并要我和您们保持联系。我事情较忙，无暇具体帮助，只有请您们按钱老的意见去办，全书目录列出后，请送我一阅。

此致
敬礼！

涂元季
1993 年 4 月 24 日

注释：

① 涂元季：钱学森的秘书。

1993年5月24日致鲍世行

（关于建几座山水城市）

鲍世行秘书长：

5月20日信收到。又得佰元稿酬，谢谢！

您在国际城市生态建设学术研讨会上成功地作了报告，受到包括国际友人在内的热烈欢迎，我谨向您表示祝贺！

至于我那篇城市论文①不过是将梁思成先生②、吴良镛教授、贝聿铭先生等的思想用"山水城市"一词表达出来而已，发明权应归他们几位大师！

现在既然明确地提出"山水城市"，那中国人就该真建几座山水城市给全世界看看，您似应考虑如何推动此事。对吗？

此致！

敬礼！

钱学森

1993年5月24日

注释：

① 系指钱学森在"山水城市讨论会"上发表的论文"社会主义中国应该建山水城市"，见本书469页。

② 梁思成（1901～1972），广东新会人。1923年毕业于清华学校。1924年在美国宾夕法尼亚大学学习，获建筑学士和硕士学位，1927年后在美国哈佛大学研究世界建筑史，1928年回国创办东北大学建筑系。1931～1946年任中国营造学社法式部主任。1946年创办清华大学建筑系，任系主任。1949年起先后任北平都市计划委员会副主任和北京市建设委员会副主任，1953年起任中国建筑学会副理事长，于1955年被选为中国科学院技术科学部学部委员。

附：鲍世行 1993 年 5 月 20 日信

尊敬的钱老：

邮寄上稿费 100 元，请查收。这是《中国市容报》刊出大作①的稿酬，由我转寄给您。

最近我去天津参加由联合国教科文支持的一次国际城市生态建设学术研讨会（还有台湾学者参加），会上，我系统地介绍了目前国内开展的关于"山水城市"学术讨论的情况。我的报告引起了与会者的强烈反响，特别是国外专家对此很感兴趣。报告后一些国外专家上来和我握手，表示衷心祝贺。报告以后德国学者 Frederic Vester 教授发言（因为时间关系，只允许有一人提问）。Vester 教授是生态控制论的创导者，是这方面的学术权威。他在发言中说：鲍先生的学术报告引起我强烈的兴趣。我不是提问题，而是评论。我已经没有什么问题可以发问了，因为鲍先生的报告是无可指责的，是无懈可击的。从我个人的实践谈一点看法：这就是高的生活质量与城市交通的关系问题。生活质量低时，会使城市交通增加。环境质量差，人们愿意到郊区去，因而引起城市交通的巨大压力。相反，如果城市生活质量提高了，人们不必到郊区去度假，这样就使城市交通的压力也可以相对地减轻，所以"山水城市"不仅在生态、社会、文化方面有巨大的效益，而且还有巨大的经济效益。Vester 教授的发言引起了热烈的掌声。

从上述情况可以看出，"山水城市"不仅在国内有重大意义，而且在国际上必然会引起巨大反响。不知上述看法对吗？

《城市学和山水城市》一书正在编辑中。

此致

敬礼！

鲍世行

1993 年 5 月 20 日

注释：

① 系指钱学森在 1993 年"山水城市座谈会"上发表的"社会主义中国应该建山水城市"论文。

1993年7月28日致鲍世行

（关于研究城市空间的利用）

鲍世行同志：

附上《自然杂志》1993年第2期文复制件①，供参阅。我国的建筑设计师们也在研究这个问题吗？

此致

敬礼！

钱学森

1993年7月28日

注释：

① 系指《自然杂志》1993年第2期上熊世德"城市空间的利用——分层建造"一文。该文介绍未来高层建筑。文章说，由于城市人口不断膨胀，东京的土地和住房的矛盾非常突出，日本的建筑学家们研究了一种城市住宅的新设计——分层建造。这种建造方式是用巨型钢管作斜杆，由球状接头组成立体桁架，构造人造土地，然后在每个台阶上建造各种集合式住宅，并配以独家庭园，在附近还可设置上下交通、站房、商店、办公处等。

1993 年 8 月 6 日致顾孟潮

（关于贝聿铭[①]）

顾孟潮同志：

　　我近读王天锡[②]著《贝聿铭》[③]及连日来《参考消息》上的"科学与艺术的凝炼——华裔世界建筑大师贝聿铭成功之路"，心里真不知多么高兴，中国人里出了这样一位人才！但又看到贝先生从祖国接受的荣誉只是在1984 年上海同济大学授予的建筑学名誉教授而已。太不相称了！

　　我认为中华人民共和国对这样一位华人应该授予国家最高荣誉（如同"国家杰出贡献科学家"），以鼓励后学，并团结港台同胞及海外侨胞。要为中华民族增添光彩呵！

　　此事可否由中国建筑学会[④]推动？请酌。

　　此致

敬礼！

钱学森

1993 年 8 月 6 日

注释：

　　①贝聿铭，美籍华裔著名建筑师，1917 年 4 月 26 日生于中国广州，1935 年赴美留学。1940 年毕业于麻省理工学院获建筑学士学位，1954 年加入美国国籍。

　　②王天锡，著名中国建筑师，1940 年 10 月生，1963 年毕业于清华大学建筑系，1980 年始在贝聿铭事务所学习两年余。

　　③《贝聿铭》，王天锡著，中国建筑工业出版社，1990 年 8 月。

　　④根据钱学森倡议，中国建筑学会已授予贝聿铭中国建筑学会金质奖。

1993 年 10 月 6 日致鲍世行①

（关于 21 世纪的中国城市）

鲍世行同志：

我想中国城市科学研究会②不但要研究今天中国的城市，而且要考虑到 21 世纪的中国城市该是什么样的城市。所以我前些日子曾寄上《自然杂志》上的一篇讲未来高层建筑的材料③。现在我再奉上《科学画报》1993 年第 9 期④，其中将来城市的文章及图片可供参看。

所谓 21 世纪，那是信息革命的时代了，由于信息技术、机器人技术，以及多媒体技术、灵境技术和遥作技术（belescience）的发展，人可以坐在居室通过信息电子网络工作。这样住地也是工作地，因此，城市的组织结构将会大改变：一家人可以生活、工作、购物，让孩子上学等都在一座摩天大厦，不用坐车跑了。在一座座容有上万人的大楼之间，则建成大片园林，供人们散步游息。这不也是"山水城市"吗？这个想法对不对？请教。

此致
敬礼！

钱学森

1993 年 10 月 6 日

注释：

① 此信摘要刊在 1993 年 11 月 9 日《中国建设报》，并加按语："钱学森同志十分关心城市科学研究。最近，他在给鲍世行同志的信中就'山水城市'又提出了重要意见。"

② 中国城市科学研究会，1984 年 1 月在北京成立，是在建设部和中国科协指导下，由全国城市科学研究方面的专家、学者、实际工作者、城市的建设发展相关部门和单位自愿组成，经民政部登记成立的全国性学术团体。

③ 系指《自然杂志》1993 年第 2 期上，熊世德"城市空间的利用——分层建造"一文。

④ 系指《科学画报》1993 年第 9 期上，美新"明日的超级城市"一文。文章说："在 21 世纪，人类的居住、工作空间将向地下、海上和空中发展。这是世界发展理事会主席、美国著名的未来学家麦金利·康韦最近向人们描绘的。文章介绍了地下城市、海上城市，一幢大楼就是一座城市，以及建在圆顶建筑中的城市等新型城市。"

1993 年 10 月 23 日致鲍世行

（关于山水城市概念）

鲍世行同志：

您 10 月 21 日来信及所附汪德华同志文章①、《中国名城》1993 年 2、3 两期、《城市研究》1993 年 2 期、《会讯》第 5、6 期②都收到，我十分感谢！

我给您的 10 月 6 日信，按您的意见，可以公开发表。我为此在复制件上做了些文字修改，请酌。复制件附上。

前些日子我收到在 6 月 15 日召开的"艺术山水生态建筑研讨会"的纪要，此会您出席了。我翻看了所附材料，感到要注意区别"建筑"与"城市"；我说的是"山水城市"，不是"山水建筑"。所以要研究的问题属城市科学，不是建筑科学，范围要大得多。我认为这一点很重要，不知您以为如何？

此致
敬礼！

钱学森

1993 年 10 月 23 日

注释：

① 系指汪德华"古文化与山水城市"一文。

②《中国名城》1993 年第 2、3 两期，《城市研究》1993 年第 2 期和中国城市科学研究会《会讯》第 5、6 期，均系刊载有"社会主义中国应该建山水城市"一文的刊物。

附：鲍世行 1993 年 10 月 21 日信

尊敬的钱老：

刚出差回来见到您 10 月 6 日来信。

您 7 月 28 日来信早已收到。您提请城市规划师、建筑师注意城市空间利用，并推荐文章一事，已在中国城市科学研究会《会讯》第 5、6 期（8 月 20 日）刊出，推荐的文章也拟在不久即将出版的学报上刊出。

10 月 6 日来信中，您提到城市科学研究会不但要研究今天的中国城市，而且还要考虑 21 世纪中国的城市该是怎么样的。对于当时的城市您也作了具体的设想。这就大大丰富了"山水城市"的内涵，上述内容对指导我们的城市科学研究有极为重要的意义。为此特向您请示：10 月 6 日您的来信可否在有关报刊公开发表？请您批复。

随信附上拙文"论山水城市"和汪德华同志"我国古文化与风水学的关系"两篇文章，请指正。

此致

敬礼！

鲍世行

1993 年 10 月 21 日

（关于我为"'把古都风貌夺回来'讨论"写了一篇短文）

安伟同志：

我为"'把古都风貌夺回来'讨论"，写了一篇短文①。现附上，请考虑。

此致

敬礼！

钱学森

1993 年 11 月 19 日

注释：

① 所附短文后来刊载于《北京日报》1993 年 12 月 3 日第 1 版，题目为"紫禁城东西侧建小公园"。使钱学森感到欣慰的是，北京市政府已于 2001 年国庆节前夕在紫禁城的筒子河东建成皇城根遗址公园，尽管他本人早已卧床不能出门了。

附：钱学森："紫禁城东西两侧要建小公园"

我从前在旧北京待过 15 年；1955 年回来后，在新北京也已 38 年了。在这前后 53 年中，曾无数次到中山公园北面筒子河旁的树荫下坐望紫禁城，看城上建筑，看那构筑别致的城上角楼，真有说不尽的滋味。

由此感受，我想到一件可以不但"把古都风貌夺回来"，而且可以增添古都风貌的事：

在南长街北长街街道东侧，从中山公园西北角起，把现有民房拆去；再在南池子、北池子街道西侧，从劳动人民文化宫东北角起，也把现有民房拆去。在空出来的地段，移植高大常青树，多种花卉，形成人民公园。北面筒子河北岸、景山前街南侧也移植些高大常青树。这样紫禁城四围都在公园中，朝阳夕照，风貌一定胜过旧时！

1993年12月22日致中国建筑工业出版社①

（关于为什么对中国古代建筑感兴趣）

中国建筑工业出版社②：

我写这封信是为了向您社送《刘敦桢③文集》（一卷）及《刘敦桢文集》（三卷）表示衷心的感谢！

我已有该文集二卷及四卷，赠书补全了四卷书，我可以好好学习了。您们也许会问，我为什么对中国古代建筑感兴趣。这说来话长：

我自3岁到北京，直到高中毕业离开，1914～1929年，在旧北京呆过15年。中山公园、颐和园、故宫，以至明陵都是旧游之地。日常也走进走出宣武门。北京的胡同更是家居之所，所以对北京的旧建筑很习惯，从而产生感情。1955年在美国20年后重返旧游，觉得新北京作为社会主义新中国的国都，气象万千！的确令人振奋！

但也慢慢感到旧城没有了，城楼昏鸦看不到了，也有所失！后来在中国科学院学部委员会议上遇到梁思成教授，谈得很投机。对梁教授爬上旧城墙，抢在城墙被拆除前抱回几块大城砖，我深有感触。中国古代的建筑文化不能丢啊！70年代末，我游过苏州园林，与同济大学陈从周教授有书信交往，更加深了我对中国建筑文化的认识。

这一思想渐渐发展，所以在80年代我就提出城市建设要全面考虑，要有整体规划，每个城市都要有自己的特色，要在继承的基础上现代化。我认为这是一门专门的学问，叫"城市学"，是指导城市规划的。

再后来读到刘敦桢教授的文集两卷，结合我对园林艺术的领会，在头脑中慢慢形成要把城市同园林结合起来的想法，要建有中国特色的城市。到今年初就提出"山水城市"的概念。上面我向您社汇报了我的思想，我已得到今年2月11日"山水城市讨论会"上许多专家的支持。因此我希望中国建筑工业出版社能支持我的这一想法，多出版这方面的书。这能做到吗？

此致

敬礼！并恭贺新年！

钱学森

1993年12月22日

注释：

① 中国建筑工业出版社 1994 年 1 月 20 日给钱学森写信征得同意，将此信刊在《建筑师》上，并加了编者按语：

21 世纪中国城市发展问题已为有识之士特别关注，著名科学家钱学森先生高瞻远瞩，提出了"山水城市"的科学构想。1993 年 12 月 22 日，钱老致函中国建筑工业出版社，怀着对中国古代建筑文化的深厚感情，提出了对城市建设的看法，并重申"山水城市"思想，读来备感亲切。本刊特发表钱老这封信及中国建筑工业出版社的复信，以飨读者。

② 中国建筑工业出版社，为建设部直属的出版社，成立于 1954 年。

③ 刘敦桢(1897～1968)，中国科学院院士、教授、著名建筑教育家、建筑理论历史学家。

附：中国建筑工业出版社 1994 年 1 月 20 日信

钱学森同志：

11 月 22 日来信收到。您能在百忙中给我社写信，同我们交流对城市建设问题的看法，表达了您对我国城市建设的极大关注和对出版工作的肯定和期望，这使我们深受感动。

您对中国古代建筑文化的珍惜，对城市建设的意见，以及关于建设"山水城市"的设想，都可谓是真知灼见，金玉良言。您提出"每个城市都要有自己的特色，要在继承的基础上现代化"，"要把城市同园林结合起来"等意见，至少已经为城市建设要创造中国特色指明了一条现实的途径。

事实上，我国古代建筑在这些方面本来具有很好的传统：住宅与园林毗连而建，园林实际上是住宅的延伸和扩大。众多住宅组成街坊，众多街坊又构成城市。传统的住宅建筑与园林艺术，从理论和实践上为我们建设现代的山水城市提供了极其丰富的可供借鉴参考的养料。本着因地制宜、适用经济的原则，处理好这个问题本不应该成为难题，关键是要在有关专业人员和负责同志中形成共识。就这一点而言，我们的书刊出版物在加强建设山水城市的宣传方面，负有义不容辞的责任。这是我们今后要努力做好的一件大事。

您的来信，我们拟转报建设部领导参阅，同时拟在我社编辑出版的《建筑师》期刊上发表。您是否同意，请酌定后通知我们(函复或电话均可)。

为了感谢您对我社工作的关心和支持，我们从已出版的"历史文化名城丛书"中选了《苏州》、《杭州》、《扬州》、《桂林》四本书，连同《建筑师》第 56 期一册一并送上，供您暇时翻阅，敬请多提意见。

　　今年 5 月是我社成立 40 周年的日子。如有可能，我们恳请您为我社挥笔题词。专函另附。

　　春节将临，谨致诚挚的祝贺！

　　顺颂

安康！

中国建筑工业出版社

1994 年 1 月 20 日

（关于《城市学与山水城市》一书）

鲍世行同志、顾孟潮同志：

您们元月 2 日给我的信及书的目录、前言稿①都收到，可以说是 1994 年开年的头件好消息！十分感谢！

我是从来不为书写序的，此戒不能开！所以我建议：

1. 前言由您二位署名；

2. 序由吴翼同志写。

这样安排我想是妥当的。请酌。

遵命奉上我近照一帧。

城市学的英译可否就直译为 Science of City Planning？ 省得误解。请您二位定吧。

用 Shan-shui City 好，可以引起他们的好奇心。

我感谢您二位利用业余时间的辛勤编辑劳动！读者们要感谢你们的！

此致

敬礼！

钱学森

1994 年 1 月 6 日

注释：

① 系指《城市学与山水城市》一书的目录和前言。

附：鲍世行、顾孟潮 1994 年 1 月 2 日信

尊敬的钱老：

最近，我们利用业余时间已将《城市学和山水城市》编辑完成，现先将目录和前言寄上，请您提出宝贵的意见。此书出版单位已落实，不久即可发稿。

在编辑过程中，我们不断领会您关于要把这本书编成"一本各家言的文集"的指示精神，为此经过多次修改，最后在"上篇"中除了收入您的文章和书信外，也编入了大家给您写的信。我们认为这样可以更好地体现出您和大家平等讨论的情况，不知这样做是否妥当？

此外，还有几件事要向您请示：

1. 关于"序"，目前全书还缺少提纲挈领的文字，为此我们恳请您能为本书写一个"序"。

2. 本书拟在封底做一个英文封面，包括英文书名和全书简介。关于《城市学和山水城市》的英文译法。我们想"山水城市"，采取音译，为"Shan-shui City"，因为意译很难体现"山水城市"的丰富内涵，至于"城市学"，易和西方的 Urbanology 混淆，如何译法，我们还得向您求教。

3. 封面内页，我们拟刊出"山水城市讨论会"会场的像片，但遗憾的是您当天未能出席会议，所以我们恳请您寄给我们一张您的近照，如能约定一个时间和我们一起照一个像，那就更好了（到时我们将请吴翼市长来京一起合影）。

以上意见是否可行，请函复，如果需要，我们将当面向您作一次汇报。

敬祝

新年好！

鲍世行　顾孟潮

1994 年 1 月 2 日

1994 年 1 月 7 日致鲍世行[1]

（关于立交桥是现代城市的一景）

鲍世行同志：

我近日读报，见北京市的立交桥到 1993 年已建成 108 座，而且还在建新桥，可以说立交桥是现代城市的一景了。但此景怎样才能美化？将它们融入山水城市？

我想这是可以做到的，方法就是把我国传统的园林艺术与立交桥结合起来，建设园林化的立交桥小区。

具体讲：

1. 立交桥车道桥身下的空间仍可作经营性利用，如设停车场。

2. 在车道桥之间的空间营造园林，造假山、种树木花卉、开水池。

3. 造假山也要用现代技术；如山内为钢筋混凝土的"楼"，有水管、电路，假山是在"楼"外面垒山石、植花木，把"楼"藏在山内。

这是现代化的中国园林了。

这一设想可能吗？请酌。

此致

敬礼！

钱学森

1994 年 1 月 7 日

注释：

① 1994 年 3 月 13 日《中国市容报》以"钱学森致函中国城科会，园林艺术与立交桥建设结合"为题发表此信时加了"编者按"：我国著名科学家钱学森同志，十分关心我国的城市建设。今日本报刊发钱老致中国城市科学研究会鲍世行同志的信。钱老在信中对如何把我国的园林艺术与建立交桥结合起来，提出了具体的建议。我们希望有关部门在城市建设方面，更多地考虑融入一些我们民族自己的建筑特色，创造出更多具有民族风格的建筑来。

附：鲍世行 1994 年 2 月 19 日信

尊敬的钱老：

您 1 月 7 日的来信收到了。

正如您来信说的那样：立交桥已经成为现代城市的一景了。到 1993 年年底北京已经建成了 108 座立交桥，而且目前西三环等地的立交桥还正在建设中，今后还会不断增加。城市中的立交桥占地大（一般的立交桥占地 6～7 公顷，如阜成门桥、复兴门桥，大的如三元桥，占地达 30 公顷），花钱多，而且一经形成，对整个城市的交通组织影响极大，因此在规划、建设、管理中必须给以充分的重视。

北京建了这么多立交桥，确实对解决城市交通起了很大的作用。有些立交桥把机动交通与非机动交通（主要是自行车）分开（如西直门桥），国外同行对此很感兴趣。这也可以说是一个创造。建国门桥建设时，将附近的古天文台保留了下来，并把它组织在周围的建筑群中。德胜门桥和西厢工程建设中，把德胜门和西便门等古建筑都融合进去了。这也算是建设现代化城市和保护传统文化完美结合的范例。北京的立交桥很重视绿化，树种选择也比较注意。这些都值得各地学习。

今天您提出立交桥与我国传统的园林艺术结合的问题，并且将它与山水城市联系起来，这就将此问题提到了一个更高的层次。

立交桥的规划、建设、管理中还有很多问题值得进一步探讨，例如，如何从城市全局出发，考虑立交桥的总体战略布局的问题，立交桥尽量采用通用设计问题，立交桥的管理问题（有些立交桥下空间作为停车场、商店，立交桥附近设集市贸易、劳动力市场、老年人的活动场所等），以及立交桥的交通标志的设计及设置问题等等。

您的信件我已送理事长阅，并转首都规划建设委员会建筑艺术委员会研究，还送造园专家吴翼、孙筱祥、城市交通专家郑祖武研究实施。是否可以在报刊公开，以扩大影响，实现您的思想，请酌，附上来信复印件。

此致

敬礼！

鲍世行

1994 年 2 月 19 日

1994 年 2 月 20 日致顾孟潮[①]

（关于要重视建筑与人的心身状态）

顾孟潮同志：

我收到您于元月 24 日寄来的巨著《世界建设科技发展水平与趋势》[②]，非常感谢！

此书共 1029 页，编撰人员有 75 人，您和叶耀先[③]同志、米祥友[④]同志为主编，真洋洋大观！够我长时间学习的了。

此书内容极为丰富，就连核能发电还有专论。但我翻阅后也感到还有一个极为重要的建设科技问题似未得到重视，即建设环境与人的心身状态。现在国外不是已有所谓"高楼病"吗？在我国，许多住在高层建筑的人家不也诉苦，望出去一片灰黄吗？所以的确有个建筑与心态的课题要研究。我倡议"山水城市"也是想纠正此偏差。此意未知当否？请参考。

得此价为 98 元的伟作，我再次表示感谢！

此致

敬礼！

钱学森

1994 年 2 月 20 日

注释：

① 此信系对顾孟潮 1994 年 1 月 24 日信的答复。顾孟潮随信寄去《世界建设科技发展水平与趋势——城市·建筑·土木·高技术》一书。

②《世界建设科技发展水平与趋势——城市·建筑·土木·高技术》，中国科学技术出版社，1993 年 8 月。

③ 叶耀先，时任中国建筑技术发展研究中心主任、高级工程师。

④ 米祥友，时任中国土木工程学会办公室副主任、学会咨询中心副主任、工程师。

附：顾孟潮 1994 年 2 月 27 日信

尊敬的钱学森同志：

您好！收到您 2 月 20 日来信，看到您对《世界建设科技发展水平与趋势》一书的评价及指出它的不足之处，我非常高兴，特向您表示衷心的感谢！

正如您在给我的这封信中所指出的，建设环境与人的心身状态这个极为重要的建设科技问题未得到重视，建筑与心态的课题亟需研究。这个问题涉及或者属于城市生态学、建筑生态学、环境建筑学、环境心理学等范畴，是应用基础理论学科。不重视基础理论研究，包括应用基础理论学科的建立和研究，是我国学术界和应用科学技术的业务部门的通病。正像您倡议城市科学要研究城市学的情况一样，建筑科学的发展必须重视建筑学，特别是环境建筑学、环境生态学、环境心理学的研究。而目前的情况恰恰相反，对于软科学（或半软的建筑学），很少有人下大力气去研究，国家和政府对这方面的支持也不够。如建筑科学研究院就不研究建筑学，没有设专门研究建筑学、建筑设计、建筑理论的部门，甚至不研究建筑经济。因此编撰《水平与趋势》一书时，有些章节就找不到合适的撰稿人，如建筑设计这章只好由我动手撰写，极为重要的建筑经济一章最后只好放弃，暂缺。我想，这大概是建国 40 多年来，建筑业在我国国民经济领域未能成为支柱产业的重要原因。我把这种情况叫作"有业无学"，因此无法发挥"科学技术是第一生产力"的作用。作为建筑业，相应的建筑立法、计划管理、市场机制等都未能合理形成，不断重蹈历史上基本建设"膨胀—压缩—再膨胀—再压缩"的覆辙。另外，出版社曾同意我的"建筑生态学"选题，也列了个提纲，但不作为正式任务，没有资金，没有助手，又没有时间保证作深入研究，全靠业余爱好是不行的，所以搁置至今未能启动。

最近，我对信息的属性、分类和对策作了一些思考，认为有必要建立"信息塔"的概念，即信息按其属性是有层次的，由下而上依次为：原始信息、操作性信息、认识性信息、理论性信息、综合性信息。从运作的角度看，这五类信息，从下至上为原生层、需求层、经验学科层（应用基础理论）、理论概括层（基础理论）、指导层（哲学、行政层），从空间地位来分析，这五层：原始层处于边缘地位；操作层处于专业工作领域；认识层处于程序地位；理论层处于思路地位；哲学、综合、指导层才处于我们要抓住的"中心地位"、龙头地位。不知您认为我的上述认识是否正确，十分希望得到您的指正。因为在商品、市场大潮的冲击下，目前社会上相当普遍地存在一个大问题，对于信息、对于电子计算机的认识正在步入新的误区。具体表现在 8 个方面：（1）迷信电子计算机；（2）重视"手段"等硬件建设，忽视软件开发、利用与建设；（3）重视自然科学信息，轻视社会科学信息；（4）迷信信息数量，忽视信息质量；（5）重视与生产、市场有关的经济、商业信息，忽视文化信息；（6）重视管理、操作性信息，忽视宏观智慧、思想、理论、调控信息；（7）重视典型、地方、局部、个体信息，忽视综合、整体、预测性信息；(8)重视形式包装变化等表层信息，忽视本体、人的观念、心态、动态等方面的信息。总之，我国目前对于信息认识与对策的商品化、市场化倾向非常明显，这当然有其进步积极的一面，但其错误与消极的方面决不应忽视。最重要的应当是，对信息的认识和对策要科学化。在上述"误区"的背景下，推动城市学、建筑学、环境生态学等这类综合学科的建立和发展困难是不少的，资金、人力、时间都是具体问题。最近我和鲍世行同志联系出版《城市学与山水城市》一书碰到的最为难的也是这些问题。前几天，在您的直接关怀和支持下，中国建筑工业出版社已明确作为重点选题，争取年内6月份出版。这里向您报告这个好消息，同时感谢您。

春节前，在电视上，报刊广播中，看到听到李瑞环同志给您拜年的情况，知道您的身体、精神都非常好，最近又收到您这封信，我非常高兴，衷心祝愿您健康长寿。

关于您指出的建设环境与人的心身状态这个极为重要的建设科技问题，我将尽自己的力量作一些研究和促进工作，若有新的成果时再向您汇报。对这个问题，近年我已有所感觉，故在我和张钦楠同志担任责任主编的《建筑师学术·职业·信息手册》一书中开宗明义地列为第1章建筑与人，第2章建筑与环境，第3章建筑与社会，第4章建筑与经济，第5章建筑与文化……全书分学术、职业、信息三篇，共15章。待最近书到京后我一定送您一本指正。但"手册"与"水平与趋势"一书的编撰情况类似，寻找合适的撰稿人十分不易，最终的成品也未尽人意，国内的基础条件就是这个现实，只好在再版时再作修改弥补不足的工作了。

此致
敬礼！

顾孟潮

1994 年 2 月 27 日

1994 年 3 月 1 日致顾孟潮^①

（关于现代科学技术体系）

顾孟潮同志：

我很感谢您 2 月 27 日晨写来的信及附件"个人业务自传"，您使我学到了许多东西！

我国建国后一切学老大哥，一切都是计划经济，体制也如此。建筑科学研究院属国家建设部门，自然只重工程，对建筑工程的上层学问就一概顾不得了！尤其是建筑这门学问是横跨自然科学、社会科学与艺术的，老一套体制是无法办好的。幸而现在党中央在邓小平建设有中国特色的社会主义思想指导下，破旧立新，建筑科学将大有可为了！我看气氛已经在变，近见《建筑师》杂志 1993 年 54 期就刊载了"建筑与文学"学术研讨会的论文，55 期刊有"建筑与心理学"学术研讨会的论文。

您在信中谈了信息体系，很好。我在这几年也一直宣传现代科学技术的体系，与您不谋而合！我的想法见附上钱学敏同志文^②，请指教。

此致

敬礼！

钱学森

1994 年 3 月 1 日

注释：

① 此信系对顾孟潮 1994 年 2 月 27 日信的答复。信中报告顾孟潮有关信息属性、分类和对策的思考，以及《世界建设科技发展水平与趋势》、《建筑师学术、职业、信息手册》两书编撰情况的说明。此信收入杨永生主编《建筑百家书信集》，中国建筑工业出版社，2000 年 3 月，第 106 页。

② 系指钱学敏"科技革命和社会革命——学习钱学森有关思想的心得"一文。

附：鲍世行、顾孟潮 1994 年 3 月 24 日信

尊敬的钱学森同志：

您好！

在您的直接关怀和支持下，《城市学与山水城市》一书几经周折后，在中国建筑工业出版社领导和各方大力支持下，今日总算发厂排版了。为了保证该书的学术理论和历史文献价值，以及文字、版式、译英等各方面的质量，今送上目录、插页、内容提要、跋，请您最后过目审定（前言您已看过），有些具体工作您可安排涂元季秘书与我们联系。特别是有关信件的日期、您的手迹复印和一些文字修改等事，要烦涂秘书帮忙。

几个具体事分别列后：

1. 第 3 页安排您在授奖仪式上的照片，背面是您山水城市讨论会上的书面发言手迹，请提供一份清晰的复印件，以便制版。

2. 目录上篇中第一篇文章是 26 年前发表在《人民日报》上，我们未能查到具体时间，您或涂秘书能否告知准确时间，现在我们填写的是《旅游》杂志重登的时间。

3. "一个科学的新领域——开放的复杂巨系统及其方法论（摘要）"这一篇的时间不详，请告。

4. 关于钱学敏文前的编者按语您有何指正，也望一并告知。

此致

敬礼！

鲍世行　顾孟潮

1994 年 3 月 24 日

1994 年 3 月 21 日致鲍世行

（关于应发动专家深化讨论山水城市）

鲍世行同志：

您 3 月 17 日来信及领导批示件（复制件）都收到，十分感谢！

您应该发动专家们就此题（指山水城市——编者）深化讨论下去。召开全国性的学术研讨会："立交桥——现代城市一景"可以作为上述探讨的发端，我当然赞成。以后如有想法再向您报告吧！

此致

敬礼！

钱学森

1994 年 3 月 21 日

附：鲍世行 1994 年 4 月 4 日信

尊敬的钱老：

您好！3 月 21 日来函收悉。

《城市学与山水城市》一书已付梓。

山水城市的讨论正在逐步引向深入。3 月 20 日《文汇报》刊出您的大作"中国应建山水城市"并设专栏展开讨论。此举引起社会较强烈反响。昨日该报又发表有关文章，并称今后还将陆续刊出这方面来稿。上海《城市导报》也与我中国城市科学研究会联合主办征文。一种先进的思想只有经过广泛宣传，被群众真正掌握了，才能使理想变成现实，理论成为行动。我想将来如有可能通过电视这种传媒加以传播，那么一定会收到更好的作用。

自从您提出建设山水城市的宏伟设想后，长沙市领导十分重视，长沙市城市科学研究会已组织专家召开了一次座谈会。这次会议开得很好，报道也反映比较全面。我认为这次座谈会有如下特点：（1）用回忆对比的办法，指出建国之初的领导有远见，重视城市规划、城市建设；（2）理论结合实践，结合山水城市理论，指出了当前存在的一些问题；（3）指出领导重视是关键。

　　此致
敬礼！

鲍世行

1994 年 4 月 4 日

1994 年 3 月 23 日致顾孟潮[①]

（关于对"科技革命与社会革命"一文编者按）

    钱学森在顾孟潮寄给他的"科技革命与社会革命"编者按语稿前面用红笔写：

    寄给顾孟潮同志。

钱学森

1994 年 3 月 23 日

注释：

    ① 此信系对顾孟潮 1994 年 3 月 20 日信的答复。顾孟潮的信报告了与钱学敏联系的情况，并送上为"科技革命与社会革命——学习钱学森有关思想和心得"一文撰写的编者按语，请钱学森审定。

    钱学森在按语中用红笔加上了一句话："但现代城市本身就是一个开放的复杂巨系统"，接下去是原稿："实质上，此文是钱先生建立城市学、建设山水城市构想的总的思路背景，极为重要，特载于此。"

1994 年 4 月 8 日致曹家骧[①]

（关于"人造景观"）

曹家骧同志：

您 3 月 23 日来信及贵报 3 月 20 日刊都收到，十分感谢！

请恕我无知：我对"人造景观"的含义不清楚，当然不能乱写什么文章。所以您报将来发表丁文魁教授、谢凝高教授、杭州市王市长、建设部负责同志的文章时，请寄我一份学习。我学习之后，如有想法，再写成文字送上。[②]

麻烦您了！

此致

敬礼！

钱学森

1994 年 4 月 8 日

注释：

① 当时社会上正出现一股"人造景观热"，曹家骧受命向钱学森等人约稿，目的是请专家、学者和领导者，就"人造景观热"这种不正常的情况，从各自的角度说说话。

② 对于假造"古建筑"和低级趣味的"游乐宫"，钱学森早在 1992 年 11 月就有评述。他认为这"是对中国文化的破坏"，是"没有文化观念"。（参阅 1992 年 11 月 29 日给鲍世行的信，见本书第 81 页）

1994 年 4 月 21 日致顾孟潮

（关于《建筑师学术、职业、信息手册》）

顾孟潮同志：

　　您送来的《建筑师学术、职业、信息手册》[①]已收到，我十分感谢！

　　此手册第 1 章至第 3 章均为讲建筑与人的，其中人心影响也讲了[②]。我将好好学习。

　　此致

敬礼！

钱学森

1994 年 4 月 21 日

注释：

　　① 《建筑师学术、职业、信息手册》，中国建筑学会编，河南科学技术出版社，1993 年 10 月。顾孟潮为该书责任主编之一。

　　② 顾孟潮将此书寄给钱学森，是因为钱学森在 1994 年 2 月 20 日给他的信中提出"要重视建筑与人的心身状态问题"。而"手册"中第 1 章有人类工程学、建筑卫生学、建筑心理学章节，第 3 章有社会学、行为科学、民俗学、社会效益评价等内容。

1994 年 5 月 6 日致顾孟潮①

（关于对顾孟潮来信的批语）

顾孟潮同志：

同意译词。英译不用"the eminent scientist"，只用"our"，更亲切些，也更合国外习惯。

此致

敬礼！

钱学森

1994 年 5 月 6 日

注释：

① 此信是对顾孟潮 1994 年 4 月 27 日信的答复。顾孟潮的信报告了负责此书译英稿的老专家顾启源先生探讨关于"城市学"词的译法等事项。

附：顾孟潮 1994 年 4 月 27 日信

钱学森同志：

您好！

今将《城市学与山水城市》一书提要及目录的译英稿送上，请您审阅。翻译者为出版社协助请的留美归来的老专家顾启源先生。顾启源先生十分重视此书的译英工作，反复查证，探讨不同译法。特别是关于"城市学"一词的译法，他还专门写信说明斟酌的情况（详见附信）。另外，关于"建立意识的社会形态的科学体系"等，均需要您最后审定。

还需要说明的是，该书拟作双封面设计，即正面为中文封面，底面为英文封面，封面上出现的文字需简要，故英文提要的书名和文字作了一点精简，妥否，也请指示。

此致

敬礼！

顾孟潮

1994 年 4 月 27 日

1994 年 5 月 10 日致潘云鹤

（关于还是人、机结合才行）

潘云鹤教授：

您 5 月 4 日信及大作《综合推理的研究》都收到，我十分感谢！

您把形象思维提炼到关键点集的对比，从而纳入逻辑运行，这是一大进步。但我认为关键点集是要害，而对此计算机是无能为力的，还得人来干。而人对关键点集的选择也不一定能一次成功，要多次尝试。所以还是人、机结合才行。此意当否？请教。

此致

敬礼！

钱学森

1994 年 5 月 10 日

1994 年 6 月 8 日致顾孟潮

(关于建筑文化)

顾孟潮同志：

我近读《建筑学报》①1994 年 5 期中尊作"后新时期中国建筑文化的特征"，想到几个问题，故写此信向您报告。

1. 您把我国改革开放起步阶段的建筑称为新时期的中国建筑文化，而从 1989 年以后的建筑划为后新时期的中国建筑。这是强调了这两段时间的我国建筑界解放思想，实事求是，开创了我国建筑文化的历史新时期，我认为这很有意义。

2. 另外，我也想，从 1978 年到现在我国建筑界真的找到了我国要走的中国新时期建筑文化的道路了吗？我看似乎还在求索之中，您的上述论文也显示了这一点。在同刊 8 页上记贝聿铭先生获奖的文章中，就说他在回答学生关于中国未来建筑道路时指出："应走中国的路，与欧美不同。如高层建筑要到美国去看，而基本的东西要看中国的习惯、生活。"这是完全正确的。贝先生的香山饭店不就具有中国风味吗？（所以我不同意史建②同志在《文艺研究》③1994 年 1 期"后现代建筑及其对中国的影响"一文中，竟把香山饭店归入后现代建筑！）

3. 什么是新时期中国建筑应有的特征？上引《文艺研究》文 107 页上就说香港建筑师李允钰④认为中国建筑精神（即《华夏意匠》）表现在群体之中，没有群体，中国建筑将失去异彩。我很同意，我的"山水城市"就有此意。

4. 但看来我国建筑界对中国该走什么样的自己的路尚在探讨中。您把"山水城市"作为后新时期中国建筑文化现象的第一条，我认为过早了，大家认可了吗？

5. 总之，什么是新中国的建筑精神，尚待探讨，最后才能明确。请读附上复制件⑤（《新华文摘》第 1994 年 5 期），那才是中国味呵。

以上所述，不知是否得当？请指教。

中国建筑文化的新的辉煌时代恐怕要等到 21 世纪 20 年代后才会到来！

此致

敬礼！

钱学森

1994 年 6 月 8 日

注释：

①《建筑学报》，1954 年创刊，中国建筑学会主办的建筑科技学术期刊，现为月刊，国内外发行。

② 史建，时任天津社会科学院出版社副社长。

③《文艺研究》，中国艺术研究院主办的学术期刊，双月刊。

④《华夏意匠》，李允鉌著，香港广角镜出版社，1982 年初版，1984 年再版，中国建筑工业出版社 1985 年重印。

⑤ 复制件（《新华文摘》1994 年第 5 期）指一些著名作家关于北京的胡同的论述摘录。

顾孟潮同志：

您来信贺我当选为中国工程院院士，对此我表示感谢！您也许注意到，我是现在中国工程院院士中最老的。院章中本来规定凡年过 80 岁的改为名誉院士，以让出名额给更年轻的人，现因是首届，暂缓执行而已。

您信中所附尊作"信息化的误区与对策"充分表示了您对"信息革命"的关心和重视。其实"信息革命"，即我们所谓第五次产业革命，实是全球范围的。奉上一复制件，是中国工程院院士、计算机科学技术专家汪成为给我的信①，从中可见一斑。供参阅。

此致

敬礼！

钱学森

1994 年 6 月 14 日

注释：

① 系指汪成为院士参加国际会议后向钱学森汇报会议情况的材料。

1994 年 7 月 21 日致王明贤①

（关于继承我国历史悠久的文化传统）

王明贤②责任编辑：

您 7 月 11 日来信及所赠《建筑师》③第 57 期都收到，我十分感谢！

读看了此刊 30 页上楠溪江中游乡土建筑④照片及说明，也读了此刊 36 页上您的文章，深受启示。今后我还要再读看这两篇文画。但书既在台湾出版，购买不便，我也不麻烦陈志华⑤教授了，等待我们自己的版本吧。

我翻看这本《建筑师》，也感到今天我国建筑师对怎样在继承我国历史悠久的文化传统之基础上，又开拓前进，创造出 21 世纪的中国建筑文化，似尚无明朗的认识。正如这期封面上曹扬的摄影，从历史走向未来，历史是光明的，而未来呢？搞清这个大问题恐是我国建筑师们的首要任务。此言当否？请教。

此致

敬礼！

钱学森

1994 年 7 月 21 日

注释：

① 此信系对王明贤 1994 年 7 月 11 日信的复信。

② 王明贤，1954 年生于福建泉州，1982 年毕业于厦门大学中文系，时任《建筑师》副主编、副编审。此信收入杨永生主编《建筑百家书信集》一书，中国建筑工业出版社，2000 年 3 月，第 107 页。

③《建筑师》杂志，中国建筑工业出版社主办，1980 年创刊，双月出版。

④《楠溪江中游乡土建筑》，为陈志华教授主持，由清华大学师生调研完成的科研成果。

⑤ 陈志华，北京清华大学建筑学院教授。

鲍世行秘书长：

您 7 月 25 日来信收到，谢谢了。

中国风景园林学会、中国城市规划学会和中国城市科学研究会要在 10 月召开"立交桥——现代城市一景"座谈会，当然是件大好事。但您说会前要向我汇报会议准备情况，这我万万不敢当。我能说的已说了，下面再写几句，供你们参考。

1. 城市建设要有规划，要搞城市学的研究，都是说整体考虑的重要性。城市也是一个大系统，没有系统的整体考虑怎么行！这里要满足一个城市系统的特殊要求，即城市整体景观。这就涉及艺术了。

2. 古代帝王，不论在中国还是在西方国家，为了显示王朝的威仪，也非常重视帝京的整体布局。这是封建王朝的城市整体设计。中国的隋唐长安、燕都北京、西方的故都罗马，都是如此。

3. 但是后来在资本主义国家，城市的建筑主要是资本家个人一座一座建的，他爱怎么建就怎么建，没有整体观了。建筑美成了单座建筑的美！

4. 这就引起建筑师们不考虑城市的整体景观，只顾一座建筑的美。建筑与城市分家了！建筑学是讲美的，是科学技术与艺术的结合。而城市学、城市科学就只讲科学技术与社会科学，不顾艺术了。这一分家也体现了中国既有中国建筑学会，义有中国城市规划学会、中国城市科学研究会。

5. 我认为这种分家是不正常的，是受西方资本主义的影响。中国的建筑学要同城市学结合起来，形成科学技术、社会科学与艺术的融合的"中国学问"。我们既讲究单座建筑的美，更讲城市、城区的整体景观、整体美。

6. 北京市不是要夺回古都风貌吗？不研究整体美行吗？例如：北京市中心区的建筑已定型，是围绕故宫、天安门广场形成的，当然是古都风貌。城区西北有各高等院校、中国科学院、颐和园、西山，也已形成文化景区，也是古都风貌了。但其他各区呢？北区？东区？东南区？要有整体景观规划啊，不然是不能夺回古都风貌的。

7. 立交桥的景如何搞？也要与其所在城区的整体景观相协调。只能形成整体景观美，而不能不协调。天宁寺立交桥的旧城遗址搞好了，是一景嘛。

以上几条，不知当否？我向诸位与会者请教。

就写到这里。并致

敬礼！

钱学森

1994 年 7 月 28 日

附：鲍世行 1994 年 7 月 25 日信

尊敬的钱老：

您好！许久没有收到您的来信，常在惦记您。

《城市学与山水城市》一书，早已发稿，编辑工作也已做完，正在印刷之中。

您提出建设山水城市的号召，不少城市正在按此要求做，湖北随州市就是其中的一个。当地市长认为，城市建设要和园林建设结合起来，这里"建设山水城市"是一条贯穿始终的"红线"。他们在修订城市规划和名胜区开发工作中都按此要求做了。街巷宅院都在逐步绿化，失去了数十年的护城河也准备重新开挖。他们提出要把随州恢复建设成为山环水绕、风光秀丽、有"楚地重镇"个性特征的历史文化名城，还认为如果一座历史文化名城没有建设山水城市的观点和实践，那保护和建设名城将落得个只抓"芝麻"，而丢了"西瓜"。

"立交桥——现代城市一景"座谈会正在积极准备，计划由三个学会联合召开，时间初步定在十月中旬，您有什么想法，请指示，或作书面发言。附上给周干峙同志（他是三个学会的副理事长、中国科学院院士）的报告和他的批示，供参阅。

此致

敬礼！

鲍世行

1994 年 7 月 25 日

又及：呈上武汉大学黄添教授主编《现代城市科学词典》一书，请指正。

附：鲍世行 1994 年 8 月 11 日信

尊敬的钱老：

7 月 28 日来信收到。

我们正在积极筹备中国城市科学研究会的刊物——《城市发展研究》。周干峙副理事长希望创刊号上能刊出您对城市学的有关论述，为此恳请您的 7 月 28 日来信能在杂志上公开刊出。这肯定会对推动全国的城市科学研究起积极的作用。

您来信提及北京今后的整体规划问题，为此，我特寄上有关北京 2010 年城市总体规划的资料两本，其中一本为图集——《迈向 21 世纪的北京》，另一本为文字资料，相信您一定会喜欢这两本书。时值暑期，希望您多保重。

敬祝
身体健康！

鲍世行

1994 年 8 月 11 日

附：鲍世行 1994 年 9 月 14 日信

敬爱的钱老：

寄上《北京规划建设》两本谅已收到。这两期杂志开始对山水城市和立交桥——现代城市一景展开讨论。今年 4 月起上海的《城市导报》组织了"建设生态城市的讨论"，上海《文汇报》展开"中国应建山水城市"的讨论。这些讨论正在不断引向深入。

《城市学与山水城市》一书清样已看过，不久就可以开印、见书。

"立交桥——现代城市一景"座谈会的通知已发出(附上)，定在 10 月中旬召开。我们准备把您 1 月 16 日和 7 月 28 日的来信印发给到会的专家。等开完会后再向您汇报情况。

此致
敬礼！

鲍世行

1994 年 9 月 14 日

1994 年 8 月 17 日致陈志华、楼庆西、李秋香①

（关于我悟出一个"山水城市"理想）

陈志华教授、楼庆西教授、李秋香教授②：

您 3 位 8 月 13 日来信及所赐尊著《楠溪江中游乡土建筑》③、《中国宫殿建筑》都收到，我十分感谢！4 本台湾出版的书，定价共计台币 1530 元，要是去买，我会难于下决心的。真是太感谢了！

你们专心研究我国传统建筑和乡土建筑文化，使我很感动！我们都是有几千年高度文明的中国人，怎么能丢了自己的文化传统，一味模仿洋人的建筑，搞高层方盒子？我不懂建筑这门学问，但心里总怀着这个问题，也总念念不忘梁思成教授！

有没有去路？当然要下气力研究中国的传统建筑文化，但这还不够，还应该把中国建筑风格融入中国的现代建筑中去。我近年来一直宣传我们中国人贝聿铭先生和他的创作北京香山饭店。香山饭店是现代化的，但又全是苏州园林的风味！我也从此悟出一个理想，即"山水城市"。这是出路吗？

我以上这些外行话，请你们指教。

此致

敬礼！

钱学森

1994 年 8 月 17 日

注释：

① 此信收入杨永生主编《建筑百家书信集》，中国建筑工业出版社，2000 年 3 月，第 108 页。

② 陈志华(1929—)，北京清华大学建筑学院教授。

楼庆西(1930—)，北京清华大学建筑学院教授。

李秋香(1955—)，北京清华大学建筑学院工程师。

③《楠溪江中游乡土建筑》，陈志华、楼庆西、李秋香著，台湾汉声杂志社出版。

鲍世行同志：

您寄来的《北京规划建设》1994 年第 3 期①及第 4 期②均收到；此刊印刷精美，我对您表示感谢！第 3 期 1、2 页还有我们讨论立交桥景的信。

翻看了这两期刊物也想到一个北京市规划问题似未得大家注意。人们讨论到京津唐大区域的规划，但北京市区本身不要有个安排吗？难道北京市就是扩大城区加建设几个外围小市镇吗？这就是 21 世纪的首都北京了吗？

我记得 60 年代初，毛泽东主席曾经夸过当时西德建都于一个小城市 Bonn（波恩），而工业等则分别集中于临近的几个城市，在 Rhein 河（莱茵河）下游形成一个城市职能各异而又通盘协调合作的城市体系。毛主席的这一指示是批评一味扩大老北京市区，而不建设远郊区。我现在想这里还有一个保护农田面积的问题，我国人口多，耕地少，已是大家注意的问题。这样，21 世纪的北京为什么不选市区近郊山区几个点分建有专业功能的小城市，它们与老北京作为政治、文化中心，相配合，形成大北京的有机整体，这是可能的吧！

例如金融业是现代社会中一个大行业，目前的城市规划因西二环阜成门外已有中国银行大楼，所以就设想将西二环中段建成将来的金融区。为什么不选一个近郊山区开发个金融城呢？距北京中心区几十公里，不占农田，空气也清新，不更好吗？

一主多辅，北京成为一个功能齐全的城镇体系，保护耕地。此设想有无道理呢？请指教。

此致
敬礼！

钱学森

1994 年 9 月 15 日

注释：

①《北京规划建设》1994 年第 3 期第 1、2 页发表有 1994 年 1 月 16 日钱学森

给中国城市科学研究会常务副秘书长鲍世行的一封信和 1994 年 2 月 19 日鲍世行给钱学森的复信，以及当时中共北京市委主要负责人对这两封信的批示。上述两封信都是讨论进一步美化北京城市立交桥，并将其融入山水城市的问题。该杂志在刊出这两封信时加了如下的编者按：钱学森先生对北京的城市建设一直十分关心。今年年初，他在给中国城市科学研究会副秘书长鲍世行同志的一封信中，提出了进一步美化北京城市立交桥并将其融入山水城市的建议。希望此问题能引起规划建设及学术界人士的关注，展开研究和探讨，提出切实可行的方案，以期把首都北京建设得更加美好。

②《北京规划建设》1994 年第 4 期，刊出檀馨"用'山水城市'的构思创造首都城市建设的新景气"和朱祖希"天人和谐和'徽派建筑'——从钱学森先生提出的'山水城市'说起"两篇文章。同时加了编者按：本刊上期(1994 年第 3 期)曾刊登了著名科学家钱学森先生提出的关于把首都北京的立交绿化环境融入"山水城市"的设想。为了更广泛地吸收城市规划和园林设计专家的意见，进一步完善北京的立交绿化环境设计，实现钱学森先生的构想，我们将陆续组织并刊登一组文章。欢迎各界人士投稿，就这一问题从不同侧面展开深入研讨。

1994 年 11 月 4 日致顾孟潮

顾孟潮高级建筑师：

您 11 月 1 日来信及尊作"关于城镇规划与建设优化的思考"都收到。您的文章是一篇高层次的作品，实是讲建筑哲学。我们高等院校的建筑专业有这门建筑哲学课吗？

那本由您和鲍世行同志主编的书，我想要 10 本，书费 115.5 元就从稿酬中扣吧。麻烦您了！

此致

敬礼！

钱学森

1994 年 11 月 4 日

1994 年 11 月 4 日致鲍世行

（关于成功地召开了"立交桥——现代城市一景"座谈会）

鲍世行同志：

您 10 月 31 日信收悉。

"立交桥——现代城市一景"座谈会，由周干峙院士主持，开得很成功！这里面也有您的辛勤劳动啊！我只是一个外行人，引起专家们的认真议论实一幸事，我将好好学习与会者发表的意见。

谢谢您了！

此致

敬礼！

钱学森

1994 年 11 月 4 日

附：鲍世行 1994 年 10 月 31 日信

尊敬的钱老：

9 月 15 日大扎收到。来信谈及北京城市总体规划事宜。我已将此信的复印件转北京城市规划设计研究院柯焕章院长。他来电话说，您对北京城市发展的意见十分中肯。他已将信转呈有关领导，还将给您写信汇报他们最近修改总体规划的情况。

"立交桥——现代城市一景"座谈会已于 10 月 19 日召开。会议由周干峙同志（科学院院士）主持，20 余位专家、学者出席。您 7 月 28 日给大家的信已转给到会专家。会上大家热烈发言，会议开得很成功。

与会专家认为，城市立交桥引起钱老的重视，说明这是件重要的事。大家认为您来信说，建筑与城市，科学技术、社会科学、艺术要综合起来考虑，十分正确。这次座谈会由城市科学研究会、风景园林学会和城市规划学会三个学会来召开就很有意义。它说明立交桥问题牵涉整个城市，需要综合考虑。同时，立交桥也是个复杂的事。我国目前修建的立交桥有个共同的特点，即都是在保持快慢车混行的条件下的立体交叉，这就增加了复杂性。

会上北京市介绍了立交桥建设的经验，特别是绿化美化的成功经验，他们认为菜户营桥的绿化搞得比较好，天宁寺桥把两棵大槐树保下来了，成了一景。今后立交桥设计中应把绿化美化的问题统一考虑起来，以免事后再来修改设计。垂直绿化不仅美化了立交桥，改善了生态环境，而且也保护了桥的立面。如果立面装饰简化一些，还能节约投资。

到会专家提出：值得注意的是，不要不顾条件盲目搞立交，错误地认为只有立交桥才能显示现代城市。也要注意，要恰如其分地美化。立交桥的功能性很强，首先要考虑安全。

此致
敬礼！

鲍世行

1994 年 10 月 31 日

附：鲍世行 1994 年 11 月 15 日信

敬爱的钱老：

您的 11 月 4 日来信收悉。

现将报道"立交桥——现代城市一景"座谈会的 10 月 26 日《中国市容报》寄上，请您一阅。

《城市学与山水城市》一书已出版，遵嘱寄上 10 本。书款将在稿费上扣，请勿寄来。

此致
敬礼！

鲍世行

1994 年 11 月 15 日

1994 年 11 月 6 日致胡兆量

（关于地理建设也是社会主义建设）

胡兆量[1]教授：

您 11 月 1 日来信及尊著《地理环境概述》都收到，我十分感谢！但信中您自称为学生，使我很不敢当！您是教授，我要向您学习。

我之能提出地理科学这一概念，得启示于竺可桢老院长，并取得老地理学家黄秉维先生的支持，不然我是提不出意见的。您应该把他们两位的功绩告诉学生。

北大地理学系易名，是好事。

您和陈宗兴教授、张乐育教授的书我翻看了，还没有仔细读。现有一个想法，谨向您报告：

我想我们今天对地理环境是既要认识它的现状，又要改造它；改造是为了我们社会和国家的发展进步。因此不能只讲地理环境，还要讲地理建设。现在我国西半部（即以兰州、成都、昆明南北划线的西部）是落后的。例如面积与人口有下表的情况：

	川西藏区	青藏高原	四川省	浙江省	山东省
面积，万平方公里	23	230	56	10	15
人口，万	160	550	10，590	4200	8000
每平方公里有人数	7	～2.4	189	420	530

为了 21 世纪，中国西半部要大搞地理建设才能发展。

地理建设也是社会主义建设，下分环境建设和基础设施建设。将来还有全国跨地区的调水、海水淡化等。信息高速公路建设也是 21 世纪的大事。更不说还有铁路、高速铁路、公路、高速公路、河运海运设施及船舰制造、空运和管运。还有造林绿化，改造沙漠戈壁。总之，我们要把社会主义中国建成为人间乐园！

所以您们的眼光要看得更高些、更远些！

以上当否？请指教。

此致

敬礼！

钱学森

1994 年 11 月 6 日

注释：

① 胡兆量，北京大学城市与环境学系教授。

（关于近期建设千万不要为将来造成麻烦）

柯焕章院长：[①]

您 11 月 11 日来信及《北京城市总体规划（1991 年至 2010 年）》，图册都收到，对此我十分感谢！

我非常拥护"分散集团式"布局原则。我也想，我们也要想到 2010 年以后，我国社会主义建设的需要和新技术（如信息革命）会带来的对首都北京市的新要求，在近期建设中千万不要为将来造成麻烦。要有长远设想。

当否？请教。

此致

敬礼！

钱学森

1994 年 11 月 15 日

注释：

① 柯焕章，时任北京市城市规划设计研究院院长，教授级高级城市规划师。

1994 年 11 月 21 日致顾孟潮

（关于给《城市学与山水城市》一书有关人员签名留念）

顾孟潮同志：

您 11 月 17 日晚来信已收到。稿费也汇到，敬告；并致谢意！

《城市学与山水城市》的封面版式设计者赵子宽同志、责任编辑吴小亚同志、英译者顾启源同志要我签名留念，我当然应该从命。请您把书送到国防科工委吧。

此致

敬礼！

钱学森

1994 年 11 月 21 日

附：顾孟潮 1994 年 11 月 17 日信

钱学森同志：

您好！

前几日寄去的《城市学与山水城市》一书 10 册，不知是否收到？今日将该书稿酬寄去，望收到后给我一个信息。

《城市学与山水城市》一书的封面、版式设计者赵子宽、责任编辑吴小亚、英译者顾启源三位同志，希望您能给他（她）们的书签个名以作纪念。如您同意，我可将他们已送到我处的书寄给您，或者送去请您签字。不知您意如何？我也好答复他们。

此致

敬礼！

顾孟潮上

1994 年 11 月 17 日晚

1994 年 11 月 23 日致顾孟潮

（关于《The Sensual City》）

顾孟潮同志：

奉上在英刊《New Scientist》[①]今年 10 月 15 日期 33～36 页 Ivan Amato 写的《The Sensual City》[②]文复制件，供参阅。他是说 21 世纪、22 世纪建筑因新材料及新信息技术带来的革命性变化。我国的建筑师们不也应该利用这一机遇创造不背离数千年传统而又远胜过传统的新时代中国建筑吗？（此文中说到的 George Housner 是我在加州理工学院的同事，抗震专家，曾于 70 年代末来我国访问。）请考虑。

　　此致

敬礼！

钱学森

1994 年 11 月 23 日

注释：

　　①《New Scientist》，英国著名科学期刊，月刊，译名《新科学家》。

　　②《The Sensual City》，译作《有知觉的城市》。

附：顾孟潮 1994 年 12 月 6 日信

钱学森同志：

　　您好！

　　谢谢您 11 月 23 日来信及附来的材料"The Sensual City"（译作"有知觉的城市"如何？)我拟请人把它译出，刊登到刊物上，以便让更多中国建筑师、规划师参考。您大概见到了，1999 年国际建筑师大会将在北京举行，大会的主题为"21 世纪的建筑学"。您寄来的材料正符合这一主题（顺便寄去《人民日报》12 月 3 日有关此会报道的剪报）。

另：寄去《房地信息》1994 年 14 期刊登内容的复印件，供参阅、指正。

致

敬礼！

顾孟潮

1994 年 12 月 6 日晚

附：顾孟潮 1995 年 4 月 24 日信

尊敬的钱老：

您好！

今将《建筑学报》4 期寄您一阅，上面刊有您去年 11 月 23 日来信中推荐的文章"有知觉的城市"，因年初稿挤，故推到这期。译得如何？不妥之处请您指正（因当时我事多，故委人译的）。

另，4 页、5 页刊有报道我们组织的环境艺术评选的情况和周干峙同志的发言，也是从科学和艺术两个方面促进我们的城市和人类居住环境的改善，或可一读。

不知您近来身体如何？前几天我们去火箭研究院参观，看到您作为首任院长所开创的事业新的辉煌令人振奋。

近日又见报道您论地理科学一书问世，向您表示热烈的祝贺，感谢您这又一大贡献！

此致

敬礼！

顾孟潮　敬上

1995 年 4 月 24 日

鲍世行同志：

《城市学与山水城市》①书已由顾孟潮同志送来，我对您二位真是感谢不尽。

我近见报纸上对"轿车文明"有热烈讨论，我读后也颇有感慨！我从前在美国20年，对他们的"轿车文明"是有体会的：一方面生活必需，另一方面又带来污染、噪声、杂乱拥挤。40年代听说西欧对"轿车文明"多有指责。但到1987年我到英国和当时的西德，则"轿车文明"也同样在那里泛滥！我们社会主义建设也一定要走这条路吗？奉上剪报复制件②请阅，并思考。

我看这实关系到我们到21世纪要建什么样的城市：

1. 城市如实现"山水城市"，则在一个建筑小区中，住家、中小学校、商店、服务设施、医疗中心、文化场所等日常文明设施都具备，人走路可达，不用坐车。

2. 由于"高速信息公路"、信息革命，多数人可以在家通过信息网络上班，不用奔跑了。

3. 建筑小区之间有大片森林花木，是公园，居民可以游憩或作运动锻炼身体。

4. 人们当然也会要远离小区访亲友、游览等，那又有高效的城市公共交通可供使用。

5. 再远就用民航、高速铁路、水路船航等。

所以社会主义中国完全有可能避开"轿车文明"。但这是城市学的一个大课题，您的研究会不该考虑吗？③

此致

敬礼！

钱学森

1994年12月4日

注释：

① 系指鲍世行、顾孟潮主编的《杰出科学家钱学森论：城市学与山水城市》(第二版)，中国建筑工业出版社出版，1996年5月。

② 剪报复制件包括：

1. 郑也夫"轿车文明批判"原载《光明日报》1994年8月9日。

2. 樊纲"轿车文明辨析"，原载《光明日报》1994年11月8日。

3. 远征"福兮祸所伏——鼓励轿车进入家庭的忧思"，原载《科技日报》1994年12月2日。

③ 根据钱学森的意见，中国城市科学研究会于1995年3月16日召开了"轿车与城市发展学术讨论会"，《瞭望》1995年第18期作了报道。

附：鲍世行1995年5月4日信

尊敬的钱老：

您1994年12月4日给我的信拟以文章的形式在《城市发展研究》第二期刊出，可否？现将修改稿寄上，请您过目后尽快寄回，以便排版。

根据您来信的意见，中国城市科学研究会于3月16日召开了"轿车与城市发展"学术讨论会，《瞭望》杂志18期已作了报道，现将记者陈日的文章附上，请您一阅。

此致

敬礼！

鲍世行

1995年5月4日

张嘉宾同志：

　　您元月 4 日信收悉。我非常高兴地得知您的"系统森林学"研究得到云南省应用基础研究基金会的重点支持，这样新时代林学体系将由您建立起来了。

　　现任国家林业部部长徐有芳提出的一系列林业政策都好。您何不向他建议办一所现代林业大学或一个研究生班？请考虑。

　　此致

敬礼！

钱学森

1995 年 1 月 11 日

1995 年 1 月 25 日致鲍世行

（关于不会忘乎所以地乐观）

鲍世行同志：

您元月 14 日信①收到。我十分感谢您对我的鼓励！

但我也不会忘乎所以地乐观！对山水城市的说法也一定会有强烈的反对意见。

春节即将来临，我还要祝贺您
节日阖家欢乐！

钱学森

1995 年 1 月 25 日

注释：

① 系指 1995 年 1 月 14 日鲍世行给钱学森的信，该信祝贺钱学森教授荣获首届何梁何利科学基金优秀奖。

附：鲍世行 1995 年 1 月 14 日信

敬爱的钱老：

欣悉您荣获首届何梁何利科学基金优秀奖，特此向您表示最诚挚的祝贺！您是我国广大科技工作者的杰出代表，因此您获此殊荣，不仅是您的光荣，也是广大科技工作者的光荣。您的获奖，说明您已经在发展祖国科技事业和推进我国现代化建设中做出了宝贵的贡献，您长期辛勤劳动已经绽开了奇葩，结出了硕果，特别是您倡导的关于城市学和山水城市的探讨，已经在广大城市科学工作者中引起了回响，取得了积极的成果。您的这些成就必将载入我国科技发展的光辉史册。

鲍世行

1995 年元月 14 日

附：鲍世行 1995 年 4 月 6 日信

敬爱的钱老：

今转寄天津城市科学研究会《城市》稿费 30 元，估计不久即可收到。现将《城市》1995 年第 1 期寄上。

同时寄上《城市发展研究》试刊第 1、2 期，请您指正。第 1 期刊出了您给城市科学研究会的函，第 2 期吴良镛先生"无锡市规划建设面临的重大决策"一文谈及山水城市的问题。

1994 年 12 月 4 日来函已收到，拟在下期刊出。因为下期的主题是城市交通。

《城市发展研究》是中国城市科学研究会主办的学术刊物，主要工作是我在搞，您读后请多提宝贵意见。

此致

敬礼！

鲍世行

1995 年 4 月 6 日

1995年2月4日致顾孟潮

（关于新建筑一定是充分利用高新技术的）

顾孟潮同志：

春节刚过，今天又是立春，"万象更新"了！

要更新，不能保守。21世纪即将来临，我们在建筑上也要有准备。如下个世纪的建筑会是什么样的？奉上复制件①给我们启发：新建筑一定是充分利用高新技术的。

这一观点，我国建筑界似讨论得不够。您能促进大家更多重视高新技术的应用吗？请酌。

此致

敬礼！

钱学森

1995年2月4日

注释：

① 系指介绍瑞典利用太阳能的节能建筑的文章。

附：顾孟潮 1995 年 2 月 12 日信

尊敬的钱老：

您好！

日前收到您惠赠的尊著《科学的艺术与艺术的科学》一书十分珍爱，立即拜读，特别是有关思维科学和论述科普工作的部分，更使我感到深受启发，逢人便向他们推荐此书。只是昨天去朝内大街166号的人民出版社门市部询问，却不出售此书，不知是何原因？学术著作在我国一难出版，二难买到，图书馆又限于资金许多书都不进，这对我国的文化科技发展极为不利。

前两天又收到您 2 月 4 日信和 1 月 28 日《经济参考报》载文的复印件，嘱咐我们"新建筑一定要充分利用高新技术"，并让我促进此事。我一定按您的指示办。只因近日身体不适，故迟复信请谅。

此致

敬礼！

顾孟潮　上

1995 年 2 月 12 日

附：顾孟潮 1995 年 2 月 27 日信

尊敬的钱老：

您好！

今有一事请示您，即：中央人民广播电台，为增强全民族的科学与文化意识，加强科技与文化艺术的交流，该台文艺部综艺节目将于 1995 年 3 月开设"科技与人类未来"栏目，着重介绍本世纪末到下世纪初前沿学科的发展，将对人们的日常生活以及社会文化产生哪些重大影响。

首次播出时，拟采访科技界和社会科学方面的知名人士。他们十分希望请您能在百忙之中抽出时间谈一谈科技发展与社会科学和艺术的关系，让我向您请示一下，能否占您一点时间，录点您的谈话后在首播时播出。如同意，具体时间地点请您定后，请涂秘书通知我，我再告知中央广播电台，如何？

另：见今日《人民日报》载您谈沙区开发的最新设想，很受启发。我在新疆工作 17 年，对沙漠和戈壁滩有不少切身感受，从城市建设、规划和建筑方面沙区开发也有不少工作要做，这方面事有机会再向您汇报。

此致

敬礼！

顾孟潮　上

1995 年 2 月 27 日

1995 年 3 月 12 日致吴传钧

（关于地理科学大有作为）

吴传钧院士：

我非常感谢您赐的尊作《中国土地利用》及《重负的大地——人口、资源、环境、经济》！

现在我只是大致翻阅了这两本书，但已深感在社会主义中国，我们的前途在于运用现代科学技术和马克思主义科学的社会科学改造我们地理环境，使之成为"人间的天堂"！

中国的沙荒、沙漠、戈壁是可以改造为绿洲的，草原也可以改造为农畜业联营，等等；这样，就是中国的人口发展到30亿，也可以丰衣足食！

地理科学大有作为呵！

我向宁淑同志问安！

此致

敬礼！

钱学森

1995 年 3 月 12 日

1995 年 3 月 12 日致张承安

（关于"反吸引体系"实是城市学的一部分内容）

张承安教授：

　　您近日来信及尊作《反吸引体系——现代城市规划理论》都收到，我十分感谢！

　　我初读此书认为"反吸引体系"实是城市学的一部分内容，很重要。待我学习后，如有所得，再向您报告。

　　此致

敬礼！

钱学森

1995 年 3 月 12 日

1995 年 4 月 2 日致高介华

（关于建筑师们同城市专家们的合作）

高介华①主编：

您 3 月 23 日信②及《华中建筑》③1995 年第 1 期都收到，我十分感谢！

既然建筑界已由以往的个人表现主义倾向转到重在解决社会的实际问题，那建筑师们不该同城市学的专家们合作吗？我翻看了所赠刊物，似乎都是建筑师们的发言，那去年的泉州会议就没有城市学家们参加吗？如就在您身边的武汉城建学院张承安教授，他不是著述很丰吗？没有城市学家们参加讨论城市建筑又怎能深入探讨城市建筑的整体美？

此议当否？请示。

此致

敬礼！

钱学森

1995 年 4 月 2 日

注释：

① 高介华，《华中建筑》主编，教授。

② 系指 1995 年 3 月 23 日高介华给钱学森的信。

③《华中建筑》杂志，中南建筑设计院、湖北省土木建筑学会主办的建筑科技期刊，季刊，国内外发行。

1995 年 4 月 2 日致高介华

（关于寄胡兆量函及论文）

高介华主编：

　　附上北京大学城市与环境学系胡兆量来函及论文①，供参阅。

　　此致

敬礼！

钱学森

1995 年 4 月 2 日

注释：

　　① 胡兆量论文"对生态城市的探索——深圳华侨城的启示"，刊于《华中建筑》1995 年第 3 期。文前摘登了钱学森 1995 年 4 月 2 日给《华中建筑》编辑部的信，并加了编者注释。论文分 5 部分：(1)生态城市的特征；(2)环境是生态城市的基础；(3)文化是生态城市的灵魂；(4)生态优势促进产业演替；(5)生态城市规划的系统性、宏观性和超前性。

　　胡兆量"对生态城市的探索——深圳华侨城的启示"文前引了钱学森对当前建筑界讨论城市建筑问题时同城市学家合作的一些看法。

　　《华中建筑》编者按：将于 1996 年 6 月举行的"建筑与文化国际学术讨论会"的筹备工作会议已对钱学森先生的意见作了认真的讨论，并将在"讨论会"中予以贯彻。

　　钱学森先生以科学家的敏锐眼光、洞察力和极大的热忱密切关注着我国社会主义新型城市的建设。他在 1992 年 10 月 2 日给顾孟潮的信中曾提到"山水城市"一说，实际上，在此前与吴良镛先生就城市科学的论谈中早已提出了这一思想。1993 年 2 月 11 日，中国城市科学研究会、中国城市规划学会、中国建设文协环境委员会就"展望 21 世纪中国城市——中国城市模式应是'城乡与山、水、天一色'"这一主题举行了专门的"山水城市讨论会"。在这次会议上，钱学森先生作了以"社会主义中国应该建山水城市"为题的书面发言，对山水城市学说作了精辟的阐释。最后还强调指出："山水城市不该是 21 世纪的社会主义中国城市构筑的模型吗？"诚然，西方学者在本世纪前期已提出过"田园城市"一说，尔后赖特所倡导的"广亩城"实际上就是田园城市。"广亩城"实源于中国老子的"小国寡民"思想，与现代城市的发展甚相径庭。"山水城市"学说具有明晰的科学概念和东方文化色彩，对我国的新型城市建设具有超前的理论指导意义。东方哲学思想在自然哲学、科学哲学领域的回归，不会不对城市学产生影响，无疑，这一学说必将有广阔的深化和发展。钱学森先生转给本刊的"对生态城市的探索"一文是作者在全国市长研究班讲授的教案之一，文中对深圳华侨城从生态学原理出发所确立的规划体系以及该规划实施后所显现的成功，作了详尽的分析、介绍，兹予刊布，以飨读者。

高介华教授：

您 4 月 10 日来信及《建筑与文化论集》、《南国名都江陵——它的历史与文化》都收到。我十分感谢！

但我也十分不敢当，您对我过奖了，对建筑我实不在行，今后一定把您送来的书刊好好学习，它是社会主义中国精神文明建设中文化建设的一个重要部分。

再次致谢！

此致

敬礼！

钱学森

1995 年 4 月 19 日

附：高介华 1995 年 4 月 10 日信

尊敬的学公老师：

您老 4 月 2 日手教敬悉，惠赠的《科学的艺术与艺术的科学》一书及所推荐的胡兆量教授的论文（及信）都收到。

捧读您老来信及所寄诸件，不忍释手，深感您老身负国防科技重任，犹对国家人民的普遍建设如此关注，其情其心使学生从心底惊叹而又感动。

您老以科学家察微知著的思维品格和政治性的高瞻远瞩，落笔数语，使我辈后学茅塞顿开，得到极大的启发教导，从而有径可循，深作思考。

"泉州会议"的代表中，虽然也有不少土地规划局长、建委主任，还有戴复东（同济大学建筑城规学院名誉院长）、宋启林（当代土地学者，曾主持深圳等市城市总体规划）等不少城市规划方面的专家学者，但会议中对于城市规划的讨论甚少，更没有上到城市学的高度来讨论城市问题。问题不在于到会代表，而在于我们对会议的引导就缺乏见解。正因您老此次信中的提示，对于明年的"建筑与文化国际学术讨论会"，我们当首先在议题方面有所扭转，并多邀请像张承安这样的城市学专家出席。

西方学者在本世纪前期提出过"田园城市"一说，赖特（Frank L. Wright）所倡导的"广亩城"实际上就是田园城市。但愚以为"田园城市"是不可能实现的。因为"田"蕴含有面积的量概念，即便是屋顶上的"无土栽培"，也不可谓为田。至于"广亩城"实源于中国老子的"小国寡民"思想，这与人类社会的发展难以合拍。国内近年还出现有"隐形城市"之说，这也不切实际。惟有"山水城市"一说指称明确，具备有内涵和外象表征意义。"山水"可以是顺应天然，也可以是人工创造，既含属和等差，又具有随意性，因而，是一个比较科学的概念。对此，您老亦有所定义："山水城市的设想是中外文化的有机结合，是城市园林与城市森林的结合。"

我认为，"山水城市说"不但立足于科学，概念本身具有科学性，且富有东方文化色彩，蕴含了传承与发扬；由于东方哲学思想（含自然哲学，科学哲学）的回归，不会不对城市学方面产生影响。

我不太赞成"生态城市"的提法，正由于不能从"生态建筑学"引发出一种"生态建筑"来。我对于"生态"的理解是：生物及与生命之源（含非生物）之间的关系所由产生和构成的一种环境形态谓为生态。"生态"可以兼指正、负的两种形态，即和谐的和不和谐——被破坏了的失控的形态，"生态城市"这个概念是混沌的。

城市、建筑、环境虽不如国防那么有直接的利害攸关，但对于人类、国家、民族、地区、城市、聚居所在具有长远的生存、生活方面的意义。因此，我把吴良镛先生强调的"人聚环境"问题视为人类进入新世纪的新课题，而山水城市却带有关键性，因为世界上将有50%以上的人口进入城市。

您老主编的《关于思维科学》一书，我一直珍藏，特别是"关于思维科学"和"技术科学中的方法论"等文使我倍受教益。

从《科学的艺术与艺术的科学》一书中，瞻仰到您老和家庭成员在几个不同年龄时间的风采，十分可贵而又极富情趣。

此书还来不及细读，我只能望文生义地以为：科学具有艺术性，从艺术可以引发科学思维；反之，艺术随科学技术的发展而发展，建筑艺术尤为突出，纯艺术也未必不然。与古代艺术相比，现代艺术之发展，无论在物质（指艺术手段）和精神（指艺术意识）都含有科技因素；甚至纯语言文字的文学也难以与科学技术脱节。

兆量教授的文章，我拟在本刊刊发，今寄呈"三门峡会议"的《论集》和《南国名都江陵》各一本，请您老教正。楚文化之奇谲灿烂与同时代的希腊文化东西辉映，特别是楚艺术之奇谲不可思议，与以摹仿为本的希腊艺术相比又别树一帜。今年，《楚学文库》（"第八个五年计划"重点出版物）将面世，我写了其中的《楚国的城市和建筑》，届时亦当寄呈，请您老教正。匆此。

　　敬祝您老

身体健旺！

阖家康福！

学生

高介华拜

1995 年 4 月 10 日

1995 年 5 月 1 日致顾孟潮

（关于山水城市与现代科学技术）

顾孟潮同志：

今天是五一国际劳动节，我谨向您致以节日的祝贺！我也非常感谢您 4 月 24 日来信①及寄来 1995 年第 4 期《建筑学报》；我也高兴地看到"有知觉的城市"②一文能够与我国读者见面，介绍了高新技术在建筑中的应用。

武汉高介华同志来信说，他不大同意生态城市的提法，他更倾向于用"山水城市"，因为后者更有中国文化的味道。我想讲要有中国文化，并不排除在建筑和城市建设中充分应用现代科学技术；相反，我们应将二者融为一体，构筑 21 世纪的"山水城市"！此意不知当否？请教。

此致

敬礼！

钱学森

1995 年 5 月 1 日

注释：

① 顾孟潮随信寄去刊有"有知觉的城市"一文的《建筑学报》1995 年第 4 期，并祝贺《钱学森论地理科学》一书问世。

② "有知觉的城市"原刊《New Scientist》，15，October 1994，译文刊于《建筑学报》1995 年第 4 期，作者为［美］伊凡·阿马托，译者为顾仲梅。

顾孟潮同志：

您 5 月 23 日信奉悉。

我听说明天就要开的科技大会重在贯彻已公布的中央文件，不准备让大家争论一时还不能明确的问题。这也是中央深思之后定的。

例如您信中提的"社会科学是不是第一生产力？"据说我国社科界只有极少数人说是，如中国人民大学哲学系的黄顺基教授；而绝大多数社科界同仁以为社会科学是上层建筑，不属生产力，如中国社会科学院胡绳院长。

又如您信中说基础研究重要，我当然同意。但现在我国科技界是群龙无首，天天争经费，又各干各的，不能合作。所以也就难找定重点了。

因为大家认识还统一不起来，所以也就放不开了，怕乱！

以上是我道听途说，也拿不准，仅供参考。

此致

敬礼！

钱学森

1995 年 5 月 25 日

又：附上理论物理学家、中国科学院院士何祚麻在《真理的追求》1995 年第 5 期文的复制件，供参阅。

附：顾孟潮 1995 年 5 月 23 日信

尊敬的钱学森同志：

您好！

您 5 月 1 日来信收到了。很同意您将中国文化味与充分应用现代科学技术二者融合一体的见解，并把您这一意见转告高介华同志参考。

后天(5 月 20 日)就要召开第二次全国科技大会了。此前发表了《中共

中央　国务院关于加强科学技术进步的决定(1995年5月6日)》，这真是一件大事，政府在认真地推动科教兴国的伟大战略。读了《人民日报》社论和"决定"令人振奋。"决定"是揭开中国科技现代化新篇章的前奏。但粗粗读后，觉得有三个问题亟需解决，不知当否，向您请教。

1. 科学技术内涵的界定问题。这本应作为前提条件，而"决定"全文没有把科学技术的内涵加以界定。特别是含不含社会科学技术，从全文看似乎是指自然科学的思路。如确是如此，似不太恰当，因为目前社会已多有争论"社会科学是不是生产力？""社会科学技术是更重要的生产力"。事实也表明，社会科学，特别是思维科学、社会学、行为科学、管理科学、经济科学等，对生产力、社会发展的影响不能说在自然科学之下，总之，似应对软科学技术有个明确的说法。

2. 关于基础研究的一些提法问题。对于基础研究的重要性，"决定"第18条有加重强调的文字：用了"动力"、"源泉"、"后盾"、"前导"、"摇篮"等词强调。但19条陡然转称："基础研究要按照'有所超，有所不超'的原则"，这种提法似欠妥。因为"基础性研究"可以是多学科广义的基础研究(如马列主义、辩证法等)，但也可以指单个学科狭义的基础性研究。针对我国情况，两方面的基础研究都很薄弱，都要加强。况且有些基础研究并不是要花多少钱，有些暂时还不知道它的重要性和潜在价值，若过早地列入"不超"的框框内容易造成新的失误。

3. 适应市场经济的思路问题。总觉得单一计划经济体制模式的影响还比较重。如，关于"稳住一头、放开一片"的提法，关于"增加科技投入"的提法等。关键是保护现有或潜在科技人才的积极性，体现科技、知识价值问题。为科技人员，为学科松绑，因势引导和充分发挥民间力量、资金、民办的作用，不要只靠行政上加强的一条路。

此致
敬礼

顾孟潮　上
1995年5月23日

附：顾孟潮1995年6月30日信

尊敬的钱学森同志：

您好！

您5月25日来信及所附何祚麻的文章①收到了。读后我很受启发，谢谢！只是不知何祚麻文章原载何处，望便中告知。

明天便是7月1日党的生日了。《人民日报》社论强调党为人民谋福利的根本宗旨确实有针对性。

另外，7月1日也是世界建筑节。该节日是1985年6月6日国际建筑师协会根据当时的建协主席、保加利亚建筑师乔·斯托伊洛夫的建议确定的。其目的是为了促进建筑事业的发展进步和感谢那些为人类创造生活空间做出贡献的人们。每年世界建筑节的活动主题与联合国国际年的主题结合。如今年(7月1日)世界建筑节的主题是"社会性住宅"，国际住房日(10月3日)的主题是"住所与家庭"。届时世界各区以及各国有关部门、学会、协会等都组织相应的庆祝活动。

也算是我响应世界建筑节活动的号召吧，给您写信汇报有关情况，并寄您一份我的学习汇报("建筑美学四题")，请您指正。

此致

敬礼!

顾孟潮　上

1995年6月30日

注释：

① 指何祚庥"中国能如此狂热鼓吹'轿车文明'吗?"一文。

1995 年 5 月 30 日致陈洁行

（关于"法定家乡"）

陈洁行①高级工程师：

您 5 月 20 日来信②及(1)尊作《天堂之旅——杭州导游》与《杭州日报》专稿 3 篇，(2)照片 3 帧，(3)论文集两本，(4)《杭州城市建设》，都收到。对此我十分感谢！

杭州只是我的法定家乡，实际上我一生在杭州的时间不到 1/40。而且我的出生地是上海，不是杭州③。所以我对杭州无发言权！

鲍世行同志可能向您提起过我近年来宣传"山水城市"概念，杭州是具备"山水城市"条件的。有可能实现吗？

此致
敬礼！

钱学森

1995 年 5 月 30 日

注释：

① 陈洁行，时任杭州市城市科学研究会秘书长，高级经济师。

② 系指 1995 年 5 月 20 日陈洁行给钱学森的信。

③ 钱学森也曾称"我原是杭州人"，见 1996 年 1 月 21 日给高介华的信。

鲍世行同志：

您 6 月 7 日来信①、照片 10 张②及载有尊作的《中国建设报》③都收到，我十分感谢！特别令我高兴的是第一次见到您的容貌，白发满头矣④。

郑孝燮同志、罗哲文同志和您的文章很好。这也是我第一次知道小营巷街坊的重要历史意义；可见我这个所谓"杭州人"是不够格的！实际情况是：我的父亲和母亲是地地道道的杭州人，而我则因辛亥革命而出生于上海，3 岁随家到北京，大学又在上海交通大学。我在方谷园那所"旧居"住过的时间只大约是 1 年不到，能作为"钱学森旧居"吗？我们要正确对待历史呵！

我对文物工作完全是外行，但我想我们总该遵循历史唯物主义。我知道在去年，全国政协副主席钱伟长同志曾考察过杭州市，据说对该市的文物工作提过些意见，主要是乱，没有整体设计。您知道吗？

以上请酌。

此致

敬礼！

钱学森

1995 年 6 月 11 日

注释：

① 系指 1995 年 6 月 7 日鲍世行给钱学森的信。此信主要报告当年 4 月在杭州考察方谷园钱学森旧居的情况以及和当地建委领导交换关于旧居保护的一些看法。

② 系杭州马市街方谷园 2 号钱学森旧居的照片共 10 张。

③ 1995 年 6 月 3 日《中国建设报》，载有"从钱学森旧居保护谈起"一文。

④ 照片中有一张系鲍世行在钱学森旧居前摄影留念的相片。

附：鲍世行 1995 年 6 月 7 日信

尊敬的钱老：

今年 4 月我们去杭州对您的旧居进行了一次考察，现将《中国建设报》的有关报道寄上，同时附上相片 10 张，请您看看。不知您有什么意见？因为参观时正下着毛毛细雨，所以相片效果不是太好。

离开杭州以前，杭州市建委主任会见了我，我谈了考察后的一些看法。他认为我们的想法很好。如果采取招标的办法对小营巷整个街坊（当然也包括旧居）进行开发性整修，也并不是没有可能的，只是需要一些时日。

此致
敬礼！

鲍世行

1995 年 6 月 7 日

附：郑孝燮 罗哲文 鲍世行"从钱学森旧居保护谈起"

小 小 的 风 波

今年 2 月浙江杭州的传媒发表了几篇关于保护钱学森旧居的文章，这股"风"把我们吹到杭州，对钱氏旧居作了一番考察。

1995 年 2 月 17 日，《江南旅游周报》首先刊出一篇题为"钱学森一旧居被拆毁，杭州又一处人文景观遭破坏"的报道。记者在文中叙述了 2 月 2 日到杭州市建国北路 369 号钱学森旧居现场踏勘调查所见，旧居"于春节前夕作为旧城改造对象被夷为平地"的情况。

1995 年 2 月 22 日，《杭州日报》（下午版）报道了杭州市园文局文物处周建萍处长对此事的解释，她说：钱学森是我国著名科学家，他在杭州有两处旧居，即马市街方谷园 2 号和建国北路 369 号。1984 年以后，有关专家对两处旧居反复调查、论证，认为方谷园 2 号是钱学森的出生地，建筑保存较好，钱也在此生活多年，而建国北路 369 号是钱氏家族住地。方谷园旧居的文物价值和保护条件均优于建国北路旧居。故此，方谷园 2 号作为钱学森旧居被列为杭州市文物点。

周建萍介绍："1987 年 7 月，我局将方谷园 2 号钱学森旧居等 39 处文物点公布为杭州市第一批市级文物保护单位。1992年，由市委宣传部牵头，市园文局和上城区政府派员赴京征求钱老意见，拟将方谷园2号作为钱学森旧居加以整修开放。但钱老非常谦虚，认为没必要保留他在杭州的旧宅，谢绝了整修开放的建议。尽管如此，市园文局仍将方谷园2号列为人文景点，且将其保护至今。"

访钱氏旧居

方谷园位于杭州旧城北部的小营巷街坊内。小营巷是当年开展爱国卫生运动时，毛泽东到过的地方，毛泽东参观过的房子，墙上镶嵌着标志，被完好地保存着。对面的小游园据说是毛泽东休息过的地方，打扫得干干净净。附近还有太平天国王府，是有重要纪念意义的革命遗址。湖州会馆是鲁迅等当年发起"木瓜之役"的大本营，已按原样整修。四周的建筑环境仍保持着原来的风貌，没有那些在其他城区常见的高楼，看来对于文物点环境的保护，还是下了一番功夫的。

钱学森的旧宅是典型的杭州传统的合院式民居，共有三进，有厅堂、卧室和厨房，目前共住着17户居民，由于已被列为文物保护单位，房管部门就很少问津，疏于维修，居民生活不便，颇有微词，这确实也是具体问题。

产生的联想

如果与中华民族数千年悠久历史和灿烂文化相比，我们目前保存的文物古迹不是太多了，而是太少了。而其中有关科技界名人的遗存较之帝王将相、文人墨客的文物更是少得可怜。我国从古代直至当代在科学技术发展方面曾经有过辉煌的历史，有不少值得引以为骄傲的代表人物，可是他们有的只留下一堆荒土；有的散见于历史典籍，但只是只字片语；有的只存在于一些民间传说中……我国在科学技术方面的成就应该被视为我国历史文化中不可或缺的极为重要的组成部分，有成就的科学家和有作为的著名工程、技术界人士是中华民族的优秀代表人物，在历史文化名城保护和发展中应该更加注重这些内容的发掘和保护。对于科学技术方面的成就可建立相应的博物馆，例如，盐业博物馆（自贡）、茶叶博物馆（杭州）、丝绸博物馆（杭州）等。对于优秀的文化名人则可以成立纪念馆、纪念室。这些博物馆和纪念室不仅是传授科学技术、开发智力的场所，而且也是进行爱国主义教育的地方。

《中华人民共和国文物保护法》中明文规定："与重大历史事件、革命运动和著名人物有关的具有重要纪念意义、教育意义和史料价值的建筑物、遗址、纪念物"等"具有历史、艺术、科学价值的文物，受祖国保护。"对这些革命遗址或纪念性建筑物在确定为文物保护单位时应该进行全面的调查研究，通过专家科学的鉴定和认真的评议，然后客观地加以确定，绝不能仅凭本人的意见，而不从多方面来考虑。例如在20世纪60年代，确定第一批全国重点文物保护单位时，周恩来总理可能因为涉及本人，而将江西南昌"八一"起义指挥部旧址在申报名单中划去，后来从全面考虑出发才重新列入。这样的教训是应该认真吸取的。

最后，我们认为，小营巷街区至今仍比较完好地保留有代表杭州历史的传统建筑风貌，有如此众多的值得加以妥善保存的文物保护单位，杭州市作为第一批国家级历史文化名城，应该把这些集中体现杭州城市悠久历史、灿烂文化和光荣革命传统的文态环境看作是杭州人民（当然也是全国人民）的极其宝贵的物质和精神财富，据此将小营巷确定为"历史地段"，并加以规划、修缮、利用开放。如果采取招标办法，进行开发性的整修利用，也并不是没有可能的。同时，我们高兴地得悉，对于杭州历史上科学技术方面的成就和科学技术界的文化名人的事迹和遗物，杭州市有关部门准备逐步加以发掘、收集、整理、展出。《梦溪笔谈》的作者沈括、活字印刷发明者毕升、"造塔鲁班"喻皓都是杭州人，可望一现风采。（鲍世行执笔）（原载《中国建设报》1995 年 6 月 3 日）

1995年7月4日致顾孟潮

（关于美感和建筑美）

顾孟潮同志：

您6月30日来信① 及尊作"建筑美学四题"② 均收到，对此我十分感谢！

美感是主观的，不同文化的人有不同美感。我记得从前鲁迅先生就说过：老太爷认为美的，长工们就不认为美。所以建筑美是讲对什么人的美？您以为如何？

此致
敬礼！

钱学森

1995年7月4日

注释：
① 系指1995年6月30日顾孟潮给钱学森的信。
② 顾孟潮"建筑美学四题"一文刊于《世界建筑》1995年第1期。

1995 年 7 月 5 日致顾孟潮

（关于垂直绿化）

顾孟潮同志：

奉上一剪报复制件^①供参阅。

这一发展是大有利于搞山水城市的，希望我国建筑师们能利用它。

此致

敬礼！

钱学森

1995 年 7 月 5 日

注释：

① 系指刊于 1995 年 7 月 4 日《科技日报》第 7 版的报道"大都市盼望垂直绿化"一文。

1995 年 7 月 9 日致顾孟潮

（关于建筑师应利用灵境技术）

顾孟潮同志：

奉上英刊《New Scientist》1995 年 6 月 10 日 34～37 页文的复制件，供参阅。这是讲利用电子计算机创作的灵境技术（virtual reality）[①] 可以帮助人设计建筑，我想这是电子计算机辅助人的形象思维，建筑师应利用这一新技术。请酌。

此致

敬礼！

钱学森

1995 年 7 月 9 日

注释：

① 灵境技术（Virtual reality）也有译作"虚拟技术"。

1995 年 9 月 14 日致鲍世行

（关于"北京市水环境"一文）

鲍世行同志：

又有一段时间未通信了，您好！

昨见《北京日报》第 7 版有谭徐明同志文[①]讲北京市的水环境问题，颇受启示；因为这也可以作为一篇讲"山水城市"的好文章。为此奉上其复制件供参阅。

您认得这位在中国水利水电科学研究所的谭徐明同志吗？

此致

敬礼！

钱学森

1995 年 9 月 14 日

注释：

① 系指谭徐明"水环境对北京城市的造就——兼论北京城市建设中水环境保护和利用"一文。谭徐明，中国水利水电科学院水利史研究室高级工程师。

附：鲍世行 1995 年 10 月 11 日信

尊敬的钱老：

刚从贵州遵义和云南丽江出差回来，收到您 9 月 14 日来信和附来谭徐明同志"对北京城市建设中水环境保护和利用的建议"一文。谢谢您的关心和支持。我当即和谭同志联系请她把稿子的全文寄来，以便在《城市发展研究》上全文刊出（《北京日报》只刊出后半部分）。谭徐明同志是位女同志，她在中国水利水电科学院水利史研究室工作，据说水利史研究室的历史比水利水电科学院还早。

我最近工作较忙，疏于问候，请原谅。不久前我出差浙江金华和湖南长沙，都是关于历史文化名城保护、建设的事情，其中在金华的发言已在《中国名城》杂志刊出，现送上请您指正。九月份我又忙于在南京召开第二届海峡两岸城市发展研讨会之事，会后又陪同他们（台湾同行）参观、考察南京、扬州、上海等城市，大家反映这次接待很成功。最近又去贵州遵义参加全国历史文化名城的学术年会，会后与郑孝燮同志同去云南丽江调查，目的是为了将丽江名城向联合国申报世界文化遗产。

　　还有一件事要向您汇报。就是最近 10 月 1 日～15 日在日本名古屋举行世界公园节，其间在 3～4 日召开了"世界公园会议"。在会议的宣言中提到了"山水城市"的概念。但会上有位法国代表听到宣读"宣言"后在下面说：从"宣言"上下文联系看，似乎"山水城市"这个概念是日本提出的（"山水城市"的拼音也不正确）。为此出席会议的我国代表就此提交了一份备忘录，说明这个概念是由我国城市规划师和科学家首先提出的，并就此问题已经讨论了两年。回国后又寄去了我写的英文论文"论山水城市"的提要（注：见本书第 704 页）。

　　不管怎么说，这是一件好事，因为"山水城市"的概念已被国际学术界接受了。前一段时间，国内学术界有一些人对此讨论保持沉默，或有保留意见（国际会议上，国外代表反映倒很强烈），因为建设部提出过"园林城市"，而且已在全国评了几个城市为"园林城市"；林业部提出过"森林城市"；生态学界还提出过"生态城市"，所以有人怀疑还要不要再提"山水城市"。现在国际会议上也提"山水城市"了，有人也就来关心这个问题了。

　　趁此大好时机，我已向建筑工业出版社提出能不能重印《城市学与山水城市》一书。因为此书印数太少，很多人想买都没有买到。现在出版社正在考虑重印问题。不知您对此事有何看法？

　　此致
敬礼！

鲍世行

1995 年 10 月 11 日

1995 年 10 月 22 日致高介华

（关于山水城市的看法）

高介华主编：

我近日收到贵刊①1995 年第 3 期，读后深受教益，谨此表示感谢！

明年 6 月将举行的"建筑与文化国际学术讨论会"②是一次有重要意义的会议，所以我也在以下再说几点有关山水城市的看法，供您参考：

1. 这期刊物首篇胡兆量的文章③讲生态城市的问题，我认为也很好。因为生态城市实是我说的山水城市的基础——物质基础。建设山水城市要靠现代科学技术，例如现在正兴起的信息革命就可以大大减少人们的往来活动，坐在家里就能办公，因此有可能在下个世纪解决交通堵塞，空气噪声污染，从而大大改进生态环境。

2. 山水城市则是更高层次的概念，山水城市必须有意境美！何谓意境美？从这期刊物喻学才的文章、史弘的文章可见一斑，意境是精神文明的境界，在文艺理论中有许多论述讲意境。这是中国文化的精华。

3. 附上《北京日报》1995 年 10 月 13 日 7 版讲何镜涵写意楼阁山水画一文的复制件④，我认为何镜涵追求的就是山水城市的意境。

另一复制件是《光明日报》1995 年 10 月 13 日 6 版一篇讲日本设想的未来城市⑤，那真是一点山水城市的味儿都没有了！

以上意见如有不当，请教。

此致

敬礼！

钱学森

1995 年 10 月 22 日

注释：

① 指《华中建筑》。

② 系指 1996 年 6 月 14～16 日在长沙市召开"建筑与文化国际学术讨论会"。钱学森先生对此会非常关心，专门写信，并由鲍世行在会上向大会汇报了钱学森 1996 年 6 月 4 日接见鲍世行、顾孟潮、吴小亚时的讲话。

③ 胡兆量"对生态城市的探索——深圳华侨城的启示"一文。

④ 系指卓成栋"写意楼阁山水第一人"一文。

⑤《光明日报》1995 年 10 月 13 日 6 版载"日本设想的未来城市",周继平文。

附：高介华 1995 年 10 月 7 日信

学公先生尊鉴：

伏维您老身体健旺，时深遥祝为念。

您老所寄北大胡兆量"对生态城市的探索"一文，刊于《华中建筑》1995 年 3 期，上月已寄发，想已达尊案。

您老 4 月手教中对去年泉州会议的看法，摘登于文前，我还写了一段编者的话。

从目前城市规划的情况看，各地规划局莫不强调"容积率"。实际上是把建筑的高密度引向立体化。二三万平方米的建筑物也大搞高层，向香港看齐，这样一来，城市中是混凝土柱如林，还谈什么山水城市！这不是什么失控，而是强化。

为什么别人已在走回头路，而我们仍一味地要重蹈覆辙？

汉口的一座好好的新华饭店，建成没几年，就炸了，至今是一堆废墟。今年又把建国后唯一的一座有标志性和历史文化意义的"中苏展览馆"炸了，这一片废墟什么时候能扫除，谁也不知道。

现在，外商老板的一句话比圣谕还厉害，可是后果已明显地在摆着，真是不可思议！

《华中建筑》历来重国策、国情、民情、民俗，打从它创刊的第一篇文章就对悉尼歌剧院、香山饭店提出了批判。我们将继续持此立场，并亦为山水城市学说的深化和发展做出自己的贡献。

伏望您老珍重。

肃此　敬请

教安！

后学
高介华　泐上
1995 年 10 月 7 日

附：高介华 1995 年 11 月 6 日信

学公先生尊鉴：

　　10 月 22 日手教奉悉，附寄剪报文章二篇，亦俱收到。您老如此细致，诚令晚惊叹且感动在心。

　　信中的三点看法和意见，晚考虑如下：

　　1. 即复印发湖南大学，请在明年的"建筑与文化"1996 国际学术讨论会（1996' International Symposium on Architecture and Culture）上列专题（关于山水城市学说及城市学问题）讨论。

　　2. 三点看法和意见及卓、周二文拟刊于《华中建筑》1996 年第 2 期卷首（第 1 期早已发排）以飨广大读者。此刊可及时发到国际学术会议的代表手中。

　　晚觉得"三点"实际上是对"山水城市"概念的进一步诠释和完善。

　　"山水城市"含有广博深厚的文化内涵，其基点又是不断发达的科学技术，具有超前的时代性，得提醒人们别误解为隐士乐园。

　　卓、周二文，晚已拜读，得益匪浅。书、画、雕刻、建筑，在中国历来可谓一家，互相融汇渗透。王维是诗人，又是画家，且参禅，他的辋川别业的设计全出之于画意，此之谓意境——立意为先。

　　您老关于发展城市山水画的建议，晚已将之刊于《华中建筑》1996 年第 1 期的卷首。与此同时，刊载了中南建筑设计院高级建筑师张声著绘制的"圆明园四十景图"（以后陆续刊载）。此四十景图系经充分考据后绘制（彩图）。因出自建筑师的手笔，与何镜涵的画风自又不同。

　　至于日本那些对未来东京建设的设想和计划，以晚之浅见，这些设想和计划自也有其产生的原由、需要和条件，不如涵盖于山水城市学说之中。至于他们能采取什么途径和方法也赋予"山水"化，那就看他们的需要、条件、本领和技巧。因为"山水城市"可视为是城市人聚环境的全方位优化，而优化可有程度之不同，模式也非一格。如果时代越进步，人聚环境越劣化，也是不可思议的。晚这种理解很可能是错误的，还祈先生教正。

　　谨此　敬请
颐安！

后学

高介华　泐上

1995 年 11 月 6 日

1995 年 10 月 25 日致鲍世行

（关于要对山水城市作深入的探讨）

鲍世行同志：

您 10 月 11 日^①及 13 日^②来信及附件^③都收到，谢谢！

山水城市的设想能被更多的人所接受和理解是件好事。但我们还要对山水城市作深入的探讨，逐步加深理论。

我于 10 月 22 日曾去信高介华同志论及此事，现奉上其复制件，供参阅，并请指教。

此致

敬礼！

钱学森

1995 年 10 月 25 日

注释：

① 系指 1995 年 10 月 11 日鲍世行给钱学森的信。该信主要说明山水城市的理念正在被更多的人关心、理解和接受，特别是 1995 年 10 月 3～4 日，在日本名古屋召开的"世界公园会议"上通过的会议宣言中引入了"山水城市"的概念。

② 系指 1995 年 10 月 13 日鲍世行给钱学森的信。随信附去《1995 年世界公园大会宣言》和我国出席世界公园大会代表，建设部城市规划司副司长陈晓丽给世界公园大会主持人的备忘录。备忘录称："早在两年前'山水城市'已经成为中国城市规划师和科学家们讨论的热点……我们在翻译山水城市时，通常采用音译的方法，译为'Shan-shui city'。"备忘录还说："按照我国的地理特征和历史传统习惯，'山水'（Shan-shui）两字表达的是我们对于大自然的感受和艺术上的抽象的概括。这个抽象的概括是指自然景观一定要与城市更好地结合或者融于其中。"

《1995 年世界公园大会宣言》是这样表述"山水城市"的："为了创造一个多心社会（Society with multiple cores），新兴的花园城市环境，是把城市的公园和开敞空间与周围乡村地区联结起来，通过物质和社会的二者联系得到实现。这种公园概念不仅是西方国家发现的，而是在传统的日本土地使用体系中既有的。山水城市（Shan-shui city 指有山和水的城市），与周围乡村联结成一个整体的城市，可以认为是亚洲式的一种花园城市。

③ 系指《中国名城》1995 年第 3 期。内有鲍世行"保护名城金华的战略构想"一文，该刊刊登此文时加了编者按：本文为本刊编委鲍世行先生在金华申报名城汇报会上的发言。征得作者同意在本刊发表。文章虽然是针对金华而谈，但很多内容对当前名城保护和发展具有普遍意义。文章涉及的建设山水城市，重点抓旧城，开拓新区，疏解旧城，运用历史文化轴线手法，开辟旧城区为步行区，建设滨江文化带以及开展地域文化研究等问题均有一定理论价值。文章深入浅出，侃侃而谈，可读性很强，相信读者阅后必有裨益。

附：鲍世行 1995 年 10 月 13 日信

尊敬的钱老：

刚刚寄出一信及杂志等谅已收到。

现将建设部城市规划司陈晓丽副司长给世界公园大会主持人备忘录呈上，供您参阅。

此致

敬礼！

鲍世行

1995 年 10 月 13 日

附：陈晓丽给世界公园大会主持人备忘录

再次感谢对我的邀请，使我有机会参加这样一次有意义的成功的会议。我高度评价您们对会议所作的卓越的工作。

在我回中国之前，我应把我的意见留给您们。供您们修改完善此次会议的宣言时参阅。

早在两年前"山水城市"已经成为中国城市规划师和科学家们讨论的热点。按照辞典"山水画"是"landscape painting"，"山水城市"应当是"landscape city"，然而在城市规划术语中我们已经把"landscape city"译为"风景城市"。因此，我们在翻译"山水城市"时，通常采用音译的方法，译为"Shan-shui city"。

按照我国的地理特征和历史传统习惯，"山水"（Shan-shui）两字表达的是我们对于大自然的感受和艺术上抽象的概括。这个抽象的概括是指自然景观一定要与城市更好地结合或者融于其中。回中国之后我将与其他的中国城市规划专家讨论这一术语的翻译问题。我希望以后我们在这一领域将有更多的交流。

　　谢谢各位。

陈晓丽

1995 年 10 月 4 日

附：1995 年世界公园大会宣言

　　1. 一个公园必须继承该地域的地方景观与文化。公园在整体上作为一种文明财富存在，必须保持它所在地方的自然、文化和历史方面的特色。

　　2. 城市都在大自然之中。为维持城市的自然特性必须建设绿廊和绿网。这种开敞的空间网络应当不仅是为了舒适而设，也是预防自然灾害、保护城市生态系统所需要的。

　　3. 公园发展的持续需要是以现代城市规划理论为基础的，然而，21世纪的城市内容，应把更多的公园设想汇集在一起，这样才能创造新的"公园化城市"。

　　4. 公园使我们联想到记忆中的许多场景。为了丰富一种"田园风格"的公园的内在素质，必定由公共部门参与，发展具有不同特色的公园。社区参与是非常必要的。

　　5. 为了创造一个多心社会(society with multiple cores)，新兴的花园城市环境，是把城市的公园和开敞空间与周围乡村地区联结起来，通过物质的和社会的二者联系得到实现。这种公园概念不仅是由西方国家发现的，而是在传统的日本土地使用体系中既有的。山水城市(Shan-shui city 指有山和水的城市)，与周围乡村联结成一个整体的城市，可以认为是亚洲式的一种花园城市。

　　6. 当我们回顾田园牧歌内容时发现，在信息革命中这一过程将会加速。公园和乡村地区中的每一个人都能与他的家庭、朋友，自然与文化之间进行交流，而且这种交流将比以往任何时候都更为重要。

　　7. 按照"地球是一个公园，城市是一个花园"的内容，21世纪的公园必须动员社区参与，即动员公众因素和专业人员参与才能实现。我们相信这次世界公园大会，通过来自全世界的演讲者的接触和讨论，将对于未来公园概念的诞生作出巨大的贡献。（顾孟潮译）

1995 年 10 月 26 日致顾孟潮

（关于要用哲学来开拓视野）

顾孟潮同志：

您 10 月 24 日来信及尊作"关于《中国建筑艺术史》的思考"①都收到。您这篇文章是我学习的好资料，我想其中也一定有您将去东南大学讲授"建筑哲学"的内容，史与哲是紧密相关的！在今天的中国讲"建筑哲学"意义重大，它与我们提倡"山水城市"有关；我们要用哲学来开拓我们的视野，把一个城市作为一座整体建筑来考虑。此意您以为如何？请教。

再版《城市学与山水城市》②确实令我高兴。但我近年没有再写有关文章，写的都是与您、鲍世行同志和高介华同志的信件；这些你们都有，请您和鲍世行同志看看是否可以录用。我近日去信高介华同志讲到生态城市思想与山水城市的关系，并讲到山水城市要有意境美。此信已复制送鲍世行同志。

最后，再祝贺您开讲"建筑哲学"！

此致

敬礼！

钱学森

1995 年 10 月 26 日

注释：

① "关于《中国建筑艺术史》的思考"一文，刊于中国艺术研究院《科研动态》的《中国建筑艺术史》统稿会专辑。

② 《杰出科学家钱学森论：城市学与山水城市》（增补版），主编鲍世行、顾孟潮中国建筑工业出版社出版，1996 年 5 月。

附：顾孟潮 1995 年 10 月 24 日信

尊敬的钱学森同志：

您好！

现有一个好消息报告您，在中国建筑工业出版社现任社长刘慈慰同志的大力支持下，《城市学与山水城市》一书准备再版，并同意增补一部分内容，因为第一版已经销罄。您若对再版有何想法、指正及拟补点什么内容，望及时告诉我们。我和鲍世行同志正在积极为再版和增补内容做准备工作。

另，将我"关于《中国建筑艺术史》的思考"——在《中国建筑艺术史》统稿会上的发言的复印件寄您指正。

第三件事是报告您，东南大学准备开设建筑哲学课，并拟请我担任客座教授开此课，我真有些受宠若惊。因为这是在我讲学时传达了您去年 11 月 4 日给我的信，问及"我们的高等建筑院校是否开有建筑哲学课"后他们决定的。学校非常重视您的想法，我只好从命，特报告您，并望给予指正。

此致
敬礼！

顾孟潮

1995 年 10 月 24 日晚

1995 年 11 月 7 日致鲍世行

（关于"中国山水文化精神"）

鲍世行同志：

我近读 10 月 4 日《人民政协报》1 版江溶写的"中国山水文化精神衰落了？"[①]（附上该文复制件），感到提出"中国山水文化精神"是很有意义的。"中国山水文化精神"不就要求我们的城市应该向"山水城市"去建设吗？这种思想是进一步提高我们"山水城市"的概念，并将它深化了。

此意是否妥当？请教。

此致

敬礼！

钱学森

1995 年 11 月 7 日

注释：

① 江溶"中国山水文化精神衰落了？"一文认为：山水文化精神，不仅是中国人文精神的一个重要组成部分，而且在很大程度上体现了中国文化的精神。因此，能否认识和弘扬中国山水文化精神，就关系到国魂的重铸这一重要问题。

1995 年 11 月 14 日致高介华

（关于山水城市为人民的社会主义内涵）

高介华主编：

您 11 月 6 日赐函及"御街行·国魂"词^①稿拜读。我非常感谢！但我也很不敢当，我尚须努力！

我们的山水城市还有一个内涵，这和国内同志要多讲，即其为人民的社会主义内涵——要让大家安居快乐，不是少数人快乐，而多数人贫困。在资本主义国家就不是这样，例如美国大资本家都独居于他们各自的庄园，是"山水城市"了，而一般人民大众呢？却是另一样景象！所以说透了，山水城市是社会主义的、中国社会主义的，我们把我国传统文化和社会主义结合起来了。此意当否？请教。

此致

敬礼！

钱学森

1995 年 11 月 14 日

注释：

① "御街行·国魂"原词为：

金元休买炎黄矛。重重阻，仇仇视。鲲鹏奋翅逾重洋，誓报醒狮雄鸷。宏才敏学，物由动力，魂系中华赤。卫星高奏东方智。碧眼拭，人欢炽。腾空火箭射重霄，冉冉功标麟磊。思维贵引，城还山水，烂漫神州市。作者并加题解：学森先生，我国科学泰斗，于国防建设功莫大焉。其于我国城市人居环境之建设高瞻远瞩，首倡具有东方文化色彩之现代山水城市说，影响深远。每多教诲，启迪良多。思先生之德，情不自已，缀此小词以呈。

附：高介华 1995 年 11 月 28 日信

学公老师尊鉴：

11 月 14 日手教奉悉。

信中提到"山水城市还有一个内涵"，"即其为人民的社会主义内涵"，这一点极为重要，从根本上与西方的某些概念作了划分，对此，晚极表赞同。

晚已两次去信湖大，务必要在明年的国际学术会议中列出"城市学与山水城市"这一专题，把对"山水城市学说"的研究在学术领域推向广泛化。

任何学说都有深化、完善和走向发展的过程。今且向台湾一些著名刊物的主编去信，欢迎他们参加明年的会议。晚已将您老本次来信复印了分寄给鲍世行、顾孟潮君，以便纳入再版的《城市学与山水城市》一书，如此，您老对于此说的诠释便益为完善。

我们有一个想法，明年的会议，能否请您老出任"名誉主席"。如此，对会议的全体代表都是一种鼓舞。其所以有这一贸然的想法，是因为您老人家是"山水城市学说"的创始者，不但是众所尊敬的伟大的科学家，而且是思想家，如果能得到您老人家对此会的直接关注，那么，会议的效果和成果一定会有所不同，但必须征得您老人家的同意。

另，晚想，如果您老人家精神许可，又有时间，便希望您老人家就"山水城市学说"对会议写封公开信。将手稿寄晚即可。晚将其打印，发到代表手中。未卜您老尊意如何？

诸事多扰您老清神，实亦出于推进这一学说发展的至诚之心，还望您老鉴宥，伏祈珍摄。本次会议请吴良镛院士领衔。

敬请

教安！

阖家康吉！

后学

高介华　沁上

1995 年 11 月 28 日

1995 年 11 月 19 日致顾孟潮[①]

(关于"山水城市"提出时间)

顾孟潮同志：

昨接您 11 月 14 日晚的来信，读后对您和鲍世行同志关心"山水城市"事，很感动！

关于 1987 年 6 月的事，我也记不清了，既无文字记录，就算了吧。给吴良镛教授信是文字记录，可靠。其实一个人的思想总有个形成过程，绝非一朝一日事。所以您也不必为此而感到有所失！

此致

敬礼！

钱学森

1995 年 11 月 19 日

注释：

① 此信系对顾孟潮 1995 年 11 月 14 日去信的答复。顾孟潮的信回忆 1987 年 6 月，在钱学森接见他和陈恂清、王化君三人时，曾讲到日本提倡园林城市，当时钱学森已有"山水城市"的说法，但因未作文字记录，故向钱学森询问可曾记得此事？

1995 年 11 月 20 日致顾孟潮

（关于《城市学与山水城市》增补版目录）

顾孟潮同志：

您 11 月 16 日的信及增补版内容目录收到。

我在目录上圈了几条红笔线，是为了（1）不要涉及杭州市的什么"钱学森旧居"，不为它作宣传；（2）也不说杭州具备"山水城市"条件，免得引起争议[①]。

另外，我的那些信件，本是同志间的书信，现将公开发表，文字上还应郑重[②]，这就要麻烦您和鲍世行同志二位编辑了。拜恳，拜恳！

此致

敬礼！

钱学森

1995 年 11 月 20 日

注释：

① 为了尊重钱学森这两条意见，在编辑《城市学与山水城市》一书时，把与杭州"钱学森旧居"和说杭州具备"山水城市"条件的相关材料删除。

② 根据钱学森"公开发表，文字上还应郑重"的意见，在编辑钱学森的来往书信时，编者在文字上都作了郑重的核定。

附：顾孟潮 1995 年 1 月 11 日信

尊敬的钱学森同志：

您好！首先给您拜个晚年，并祝春节好！

现将《城市学与山水城市》一书增补内容的目录和再版前言呈您审阅。您有什么指示和意见请批给我们。计划在春节前把增补内容和需更正处全部交出版社责任编辑手里，争取再版本早日和读者见面。

　　此次再版，除了增补信函、有关文章，剪报并准备将您"社会主义中国应建山水城市"这篇重要文章全文译英，载在英文目录后面，以便使英语读者能够读到，加深国外对"山水城市"构想的理解和交流。

　　以上安排妥否？请指正。

　　此致
敬礼！

顾孟潮　上

1996 年 1 月 11 日

1995 年 12 月 5 日致高介华

（关于不担任国际学术会议名誉主席）

高介华主编：

您 11 月 28 日来示敬悉。

对您的提议，我考虑后作答如下：明年的国际学术会议①是专家的会议，由吴良镛院士领衔当然是个很好的安排。但我这个建筑外行怎能当什么名誉主席？那是不妥当的！所以我也不写什么"公开信"了。

未能遵命，恳请谅解！

此致

敬礼！

钱学森

1995 年 12 月 5 日

注释：

① 系指 1996 年 6 月在长沙市召开的"建筑与文化国际学术研讨会"。

1996 年 1 月 2 日致鲍世行

（关于"城市环境美"一文）

鲍世行同志：

　　1996 年元旦刚过，我向您拜个晚年！

　　写此信也因为近见《文艺研究》1995 年第 6 期上有篇彭立勋①讲城市环境美的文章②，似也是讲"山水城市"的，故复制奉上，供参阅。您知道作者吗？

　　此致

敬礼！

　　　　　　　　　　　　　　　　　　　　　　钱学森

　　　　　　　　　　　　　　　　　　　　　　1996 年 1 月 2 日

注释：

　　① 彭立勋，时任深圳社会科学院院长、深圳市社会科学联合会主席，教授。

　　② 系指彭立勋"城市空间环境美与环境艺术的创造"一文，刊于《文艺研究》1995 年第 6 期。

1996 年 1 月 2 日致高介华

（关于寄送彭立勋文章）

高介华主编：

　　我非常感谢您寄来的贺年卡！现在我也向您拜个晚年！祝《华中建筑》在 1996 年有更大的成就！

　　随信奉上一复制件①供参阅。这是《文艺研究》1995 年第 6 期上的文章，您认得作者彭立勋吗？

　　此致

敬礼！

钱学森

1996 年 1 月 2 日

注释：

　　① 系指刊于《文艺研究》1995 年第 6 期的彭立勋 "城市空间环境美与环境艺术的创造" 一文。

附：高介华 1996 年 1 月 13 日信

学公先生尊鉴：

　　您老 1 月 2 日手书敬悉，附寄彭立勋所写 "城市空间环境美与环境艺术的创造" 一文的复印件收到。

　　彭立勋，晚不熟识。《文艺研究》是我国文艺理论研究方面的高品位刊物，副主编晚熟识。以前晚有文章在此刊发表。

　　彭文强调空间环境美与社会生活美之的依存性，其观点无疑是正确的，而且也是今天须着力研究和强调的。

　　您老对喻学才 "试论旅游建筑的意境美" 一文有所赞赏，晚已告知他，他写了一本《中国旅游文化传统》，说要寄呈您老，可能早已寄到。

学才同志是东南大学中国文化系系主任，刚到不惑之年，是很有才华的。他要我写一篇书评，由于太忙，一直没能动笔。

东南大学寄来一篇博士生学位论文，要晚评阅，题为"创造与评价的人文尺度——中国当代建筑文化分析与评判"。前天方将评阅意见寄去。该文主要从历史、哲学、文化角度对中国当代的建筑现象进行分析批判。强调城市、建筑的人文意义，很有深度和水平，文中的观点与您老倡导的城市学和山水城市学说十分吻合。晚已去信作者，希望他能就您老倡导的学说作进一步的阐释，并写出文章，因为晚感到，任何一种学说提出后，都须不断深化和发展，方具有无穷的生命力，未卜您老以为如何？

6月会议渐已临近，吴良镛院士由于骑车不慎，摔骨折，现已住院，但他答应届时到会。国外的学者，因这样或那样的原因，所请不能都落实，但到会的当还有人。目前收到的论文已近百篇，还是令人乐观的。

深望您老多多注意生活的调息和劳逸结合。

敬祝

新春愉快！

阖家多福！

晚

高介华　敬泐

1996 年 1 月 13 日

1996年1月11日致曾昭奋

（关于建设北京一定要保护好故都建筑）

曾昭奋教授：

我很感谢您元月9日来信，转达了贝聿铭先生的恳切意见。我对贝先生是很敬重的。

北京是世界著名的故都，建设北京一定要保护好故都建筑。但此中问题很多，还需建筑界与城市学的专家们多做工作。我是个外行人，发言权不大，只是作为一市民有机会提点意见而已。天坛东边马路的事，我会记在心里，有机会一定要完成您的交待。

此致

敬礼!

钱学森

1996年1月11日

（关于杭州历史文化名城的保护和发展研究）

陈洁行秘书长：

您在年终 12 月 29 日来信①及(1)《杭州历史文化名城的保护和发展研究》、(2)《建设天堂之歌》、(3)"西湖文化研讨会纪要"、(4)《杭州日报》1995 年 11 月 30 日 5 版大作剪报②都收到，对此我十分感谢！也要向您拜个晚年！

对《杭州历史文化名城的保护和发展研究》我读后如有所思，再向您报告。

此致

敬礼！

钱学森

1996 年 1 月 13 日

注释：

① 系指 1995 年 12 月 29 日陈洁行给钱学森的信，此信附去四份资料请他审批。

②《杭州历史文化名城的保护和发展研究》是杭州市城市科学研究会完成的软科学研究项目的成果报告；《建设天堂之歌》是原杭州市建委主任陈继松和市城科会秘书长陈洁行主编的，杭州城市建设文集；"西湖文化研讨会纪要"是指杭州市城市科学研究会和杭州市风景园林学会等六个学术团体于 1995 年 11 月 17 日召开的"西湖文化研讨会"纪要；《杭州日报》1995 年 11 月 30 日 5 版文章，是指陈洁行的"太庙敲响了城市规划警钟"，此文在 1996 年被评为"1995 年度杭州市好新闻一等奖"，已编入陈洁行散文集《天堂旧事》（杭州出版社 1998 年 8 月出版）。

1996年1月14日致喻学才

（关于旅游是现代世界的一种社会现象）

喻学才教授[①]：

　　您元月4日自楚雷宁雨轩来信及尊著《中国旅游文化传统》、嫂夫人毛桃青教授文均收到，我十分感谢！书及文章我将好好学习。

　　旅游是现代世界的一种社会现象。研究旅游是一门社会科学，必须用马克思主义哲学这一普遍真理作指导。我国是中国共产党领导的社会主义国家，又有几千年的文明历史，所以我们讲旅游学自然有中国自己的特色。此意您以为如何？请指教。

　　我向毛桃青同志问安！

　　此致

敬礼！

钱学森

1996年1月14日

注释：

① 喻学才，东南大学中国文化系系主任、教授。

1996 年 1 月 21 日致高介华

（关于老百姓的旅游）

高介华主编：

您元月 13 日来信收到。喻学才教授也于年前来信并赐其专著《中国旅游文化传统》；我早已去信表示感谢。我在复信中提了一点小意见！书中重点似在中国过去帝王、达官贵人的旅游，对一般老百姓的旅游则很少论及。今日我们讲旅游则与过去百姓家的旅游更相近，所以似不应忽视。我原是杭州人，知道在杭州，百姓家就有清明扫墓、中秋游西湖赏月等活动，这都像今天所谓旅游。

社会主义的中国不该更突出群众性活动吗？此意当否？请指教。

此致

敬礼！

钱学森

1996 年 1 月 21 日

1996 年 1 月 31 日致鲍世行

（关于《城市学与山水城市》第二版）

鲍世行同志：

您元月 22 日信及书^①都收到；日前也收到《城市发展研究》1995 年第 5、6 两期。谢谢了。为了出版《城市学与山水城市》增补版，您和顾孟潮同志很辛苦，我感激不尽！

至于叫我翻译我写的《社会主义中国应该建山水城市》，我有点为难！这是因为：(1)我对城市学及建筑学中的英文名词不熟悉；(2)我英语多年不用了，也很生疏。因此还是请顾启源同志办吧。可以吗？敬恳。

最后一本一版《城市学与山水城市》我签署后附此信奉还^②。

此致

敬礼！

钱学森

1996 年 1 月 31 日

注释：

① 为《城市学与山水城市》一版本。

② 钱学森在该书扉页签署："鲍世行同志说，此为一版本最后一册了。谨志。钱学森 1996 年元月 31 日。"

附：鲍世行 1996 年 1 月 22 日信

尊敬的钱老：

去年 11 月 7 日及今年元月 2 日来信及附来的材料均收悉，迟复为歉。

《城市学与山水城市》增补版已于元月 12 日交出版社。这次增补版新增的内容有：您和大家的来往信件 42 封(其中您的信件 24 封)；有关文章 16 篇(大多是您介绍的文章)。由于出版社规定增补版新增篇幅不得超过原书的 20%（即 90 页），所以不少内容不错的文章，也只好割爱了，待正式再版时再收入罢。

和第一版一样，这次还是由我编辑来往信件部分，顾孟潮编辑文章部分，最后由我汇总，仍由吴小亚同志任责任编辑。为了便于对外交流，赠送外国友人，除已有英文简介（在封面）和目录外，拟将尊作"社会主义中国应该建山水城市"一文译成英文，收入。本想请目录的译者顾启源来翻译，后来我们考虑再三，还是希望请您自己来译。这样可以更确切地表达您的原意，也可免去不必要的返工。不知这个想法可否？请您定夺。再版前言（初稿）已由顾孟潮寄给您审阅过。

这次增补版的出版，中国建筑工业出版社十分重视，十分支持。最初我向刘慈慰社长提出，他就满口答应了。还说只要编辑好稿子交来，即可开印。只是因为最近顾孟潮和我都有点事，比较忙，耽误了一点时间。这次交稿后，我见到刘慈慰社长，请他大力支持。他也说没问题。今年 3 月重庆要召开山水城市研讨会，6 月在长沙举行"建筑与文化"国际学术讨论会，都提出希望要这本书，发给代表，所以我们希望争取能早一点把书印好。总之，一本学术著作能在一年多时间里再版，在今天的情况下，确实是很不容易的事。这主要是由于您的威望，另一方面也从一个侧面说明城市学与山水城市正在逐步为大家所接受。不知对否？

另寄上《城市发展研究》1995 年第 5、6 两期，请指正。还寄上《城市学与山水城市》一版本，请您题签。一版本，出版社、书店均无库存，再加上您的题签就会更珍贵了。

敬祝

身体健康，万事如意！

鲍世行　敬启

1996 年 1 月 22 日

1996 年 2 月 4 日致鲍世行

（关于城市建设必须是物质文明与精神文明并重）

鲍世行同志：

您元月 31 日来信收读。

我同意您在信中表达的意见。

我想城市建设是文化工作，所以根据党中央的决定，城市建设必须是物质文明与精神文明并重，缺一不可。这也是"两手都要硬"。请酌。

此致

敬礼!

钱学森

1995 年 2 月 4 日

附：鲍世行 1996 年 1 月 31 日信

尊敬的钱老：

元月 22 日寄上一信谅已收到，意犹未尽，再写上几句。

最近我在思考城市的可持续发展问题。联合国环境与发展委员会在《我们共同的未来》中，将可持续发展定义为"既能满足当代人的需要，又不对后代满足其需要构成伤害的发展。"我认为可持续发展的概念可以包括两方面的内容：(1)生态环境的保护；(2)文态环境的保护，也就是历史文化的保护。保护生态环境就是要把一个清洁的地球从我们的手里传给我们的后代；保护文态环境就是要从我们手里把一个丰富多彩的世界交给我们的子孙。山山水水是自然施予我们的，历史文化是祖宗传下来的，我们都有不可推卸的责任把它保护好。有人甚至说，我们生活的世界是从子孙那里借来的。试问我们将拿什么样的世界还给我们的后代。如果我们肆意糟蹋它，我们就将无脸面对我们的子孙。

对于保护生态环境已经召开了全球最高会议，成为全世界的行动了。

因为地球太小了，成了"地球村"。保护历史文化也成了世界性行动，联合国教科文组织设有"世界文化遗产"，我国也是签字国之一。历史文化成了世界人民的共同财富。

人是城市的主体。城市的重要功能之一，就是教育市民。这就是"教育人"的历史任务，要把我们的后代培养成文明的、高尚的人。这能不能称为"心态环境"？总之，城市就像是我们的母亲，不仅有"抚养"的任务，而且还有"教育"的任务。我们的子孙在这个环境里成长，应该得到"身"、"心"两方面的健康发展。

对于城市的发展目标，不同的学科、不同的部门有不同的提法：山水城市、生态城市、园林城市、森林城市……我认为从"双百"方针的角度出发，不妨都可以提，但是，在这些提法中，"山水城市"应该是最高层次的，它涵盖了上面这些提法。而且"山水城市"最具东方文化特色，它继承了我国的传统文化，又包含了现代科学技术的内容。有人认为：建设山水城市就是堆山挖水。我认为如果这样认识"山水城市"，那就太肤浅、太机械了。

山水城市讨论的本质是研究如何科学地认识城市，树立正确的城市观的问题，是研究未来城市模式问题。不知以上看法是否正确，特此向您请教。

专此，敬祝

大安！

鲍世行

1996 年 1 月 31 日

1996 年 2 月 6 日致鲍世行

（关于城市科学的两篇文章）

鲍世行同志：

近日我读到两篇关于城市科学的报刊文章①，现复制奉上，供参阅。也许这两篇文章您早已知道。

此致

敬礼！

钱学森

1996 年 2 月 6 日

注释：

① 系指"城市管理现代化初探"（原载《人民日报》1996 年 2 月 3 日）和"放眼世界，把握趋势，将北京建成有中国特色的一流现代化国际城市"（原载《北京日报》1996 年 2 月 5 日）。

1996 年 2 月 7 日致高介华

（关于为什么不提马克思主义哲学）

高介华主编：

您元月 29 日来信①、论文评阅书，以及该论文一大本都收到。对此我很感谢！

但我毕竟是建筑学的外行人，对我国今日建筑界的情况也不了解，所以对论文无法置评。我只感到有一个问题：为什么论文中一字不提马克思主义哲学——辩证唯物主义，而一味讲"人文主义"？什么原因？这不背离了我们社会主义中国的建国大道了吗？国家和党中央的方针放到哪里去了？

也因为不解，所以将您的信、论文评阅书及论文，加上此信复制件都送顾孟潮同志阅。

敬告！并致

敬礼！

钱学森

1996 年 2 月 7 日

注释：

① 该信内容主要是寄送论文及请求钱老阅评。

1996年2月7日致喻学才

（关于旅游学学科体系问题）

喻学才教授：

您2月3日信及尊作《论旅游学学科体系亟待建立》都收到。

因我对旅游学没有下过研究功夫，所以上次复您信也只能讲讲一般原则问题。现在写此信也还是这样，只能向您请教了。

我想无论是旅游中介业问题还是旅游学学科体系问题都要遵从马克思主义哲学原理，要联系实际，要结合我国是社会主义国家的实际。例如：导游人一定要看游人这一对象，是中国人？是侨胞？是外国人？哪国外国人？在解说中就应有适当调整，不能一概用一样的介绍说明。这也就涉及一个问题，社会主义中国的旅游是寓教育于旅游，是寓政治于旅游。这也就是要把物质文明建设、精神文明建设一起抓，"两手都要硬"！

就写这些了。

我也向毛桃青同志问安！

此致

敬礼！

钱学森

1996年2月7日

1996年2月27日致顾孟潮

（关于孙霁岷来函及附件）

顾孟潮同志：

我近日接到湖南省文学艺术界联合会孙霁岷①同志来信及附件，现转呈请您酌处②。这是因为我不了解建筑艺术界的情况，说不清是非，只有麻烦您了。请恕！

此致

敬礼！

钱学森

1996年2月27日

注释：

① 孙霁岷，湖南省文学艺术界联合会成员。

② 根据钱学森来信意见，顾孟潮于1996年2月29日复函孙霁岷。

1996 年 2 月 29 日致鲍世行

（关于召开"山水城市研讨会"）

鲍世行同志：

您 2 月 24 日来信收读。

因我对城市科学、建筑学界的情况不甚了了，所以对您在信中说的召开"山水城市研讨会"和"城市美学研讨会"提不出具体意见。只是您知道我体弱行动不便，出席会议是办不到的了。

祝您的计划成功实现！

此致

敬礼！

钱学森

1996 年 2 月 29 日

附：鲍世行 1996 年 2 月 24 日信

尊敬的钱老：

1 月 31 日及 2 月 4 日来函均已收悉。《城市学及山水城市》一书也收到。此书经您签名，极为可贵，我将妥为珍藏。

近日又收到 2 月 6 日函及附来"城市管理现代化初探"和"放眼世界，把握趋势，将北京建成有中国特色的一流现代化国际城市"两篇文章，但尚来不及仔细阅读。

彭立勋教授已联系上[①]，他的职务是深圳市社会科学研究中心主任和深圳市社会科学联合会主席，他对您介绍他的文章表示感谢。此文征得他的同意已编入《城市学与山水城市》增补版本，并分两次在《城市发展研究》上转载。据他的来信，他长期在高等学校从事美学教学与研究。1987年赴英国剑桥大学作为期一年的学术访问和交流，开始接触和了解到国外的城市美学研究成果，回国后在深圳主持社会科学联合会工作。他还建议在深圳举办"山水城市研讨会"，并请您去讲学。为此事他可向深圳市政府提出方案，估计会获得政府的支持。他还说《文艺研究》编辑部也曾提议在深圳举办一次全国性的"城市美学研讨会"。这样两个会可以合并举行。我拟复信对此创议表示赞同，不知您有何意见？

在此向您拜个晚年！

敬祝

阖家幸福！

鲍世行

1996 年 2 月 24 日

注释：

① 参见钱学森 1996 年 1 月 2 日给鲍世行信。

附：鲍世行 1996 年 2 月 26 日信

尊敬的钱老：

现寄上"李德洙：山水城市观：中国城市环境保护的一项传统措施"一文，请您一阅。此文原刊《中国都市人类学会通讯》第 11 期。

李德洙为中国都市人类学会会长，曾任吉林省副省长、国家民委副主任，现为中共中央委员、中共中央统战部副部长。

这篇论文是李德洙同志率中国都市人类学会代表团于去年 8 月赴瑞典林雪平市参加国际人类学与民族学联合会与国际地理学会联合召开的"生活来自资源"研讨会时为大会提交的论文，论文受到与会代表欢迎，引起代表的注意和重视。

看来"山水城市"的概念正在逐步为国外学术界所接受。

此致

敬礼！

鲍世行

1996 年 2 月 26 日

1996 年 3 月 3 日致鲍世行

（关于"社会主义中国应该建山水城市"英译稿）

鲍世行同志：

看了您 2 月 27 日信及附英译稿后，我只在译稿上用铅笔提了点修改意见，现附还原稿。我意用 10 页上的关于李思训的译文，再加一个注释（请您按需要写）。

我非常感谢顾启源同志的辛勤劳动！

此致

敬礼！

钱学森

1996 年 3 月 3 日

附：鲍世行 1996 年 2 月 27 日信

尊敬的钱老：

2 月 24 日及 26 日的信想必已经收到。

"社会主义中国应该建山水城市"一文已由顾启源同志译好，并将编入《城市学与山水城市》增补版本。现将英译文附上，请您审阅。原文校阅后请寄回。

此书一校已毕，不久即可开印。由于中国建筑工业出版社的重视，此书的编辑进度相当快。

此致

敬礼！

鲍世行

1996 年 2 月 27 日

1996 年 3 月 10 日致鲍世行

（关于 Urban Planning in Curitiba 一文）

鲍世行同志：

我以前就向您讲过我对轿车文明的疑虑①，今见美刊《Scientific American》1996 年 3 月号有文章②讲巴西东南的 200 万人口的 Curitiba，很值得注意；故复制奉上供参阅。我国的城市科学应该学习江苏省张家港的经验和巴西 Curitiba 的经验，走出一条中国自己的城市建设道路。

意见当否？请指教。

此致

敬礼！

钱学森

1993 年 3 月 10 日

注释：

① 参见 1994 年 12 月 4 日钱学森关于"轿车文明"讨论给鲍世行的信。

② "库里蒂巴的城市规划"，乔纳斯·热比诺维兹、约瑟夫·雷特曼文，王晓京译，顾孟潮校。

1996年3月15日致鲍世行

（关于给重庆市建设山水园林城市研讨会的函）

鲍世行同志：

您3月12日信昨天收到，因今天已星期五，所以此信到您那里可能您已出发去景德镇了。因此我给重庆市建设山水园林城市研讨会的信就直接寄李宏林同志了。

我读了您给重庆市建设山水园林城市研讨会的信，我觉得写得很具体，是结合重庆市实际情况的。而我给他们的信，只能从他们寄来的材料出发一般讨论一番，可能不对号。但遵命奉上复制件，请批评指教。

祝您景德镇之行有收获！

此致

敬礼！

钱学森

1996年3月15日

附：鲍世行1996年3月12日信

尊敬的钱老：

2月29日及3月3日来函均收到，附来"社会主义中国应该建山水城市"一文的英译稿与李思训的英文注释已一起交出版社。

重庆将于3月28日召开山水城市研讨会，重庆城市科学研究会李宏林秘书长来信希望您写封短信，对会议进行指导和引导，促进重庆市山水城市的建设。现将他的来信转给您，同时附上一些参考资料，供您参阅。

我因要去景德镇参加历史文化名城的会议，不能出席会议，专为会议写了一封信，现随信附上，请您提出意见。我19日出发去景德镇，如收到这封信较晚，您可把信直接寄李宏林同志，并给我一个复印件，如果时间早，也可由我转寄给李宏林。

　　此致

敬礼！

鲍世行

1996 年 3 月 12 日

附：鲍世行 1996 年 3 月 13 日信

尊敬的钱老：

　　昨日寄上一信，并附上重庆市城市科学研究会李宏林秘书长给您的信，以及有关重庆建设山水城市的资料，谅已收悉。

　　今再寄上有关"重庆精心构建绿色未来"剪报，供您参阅。

　　此致

敬礼！

鲍世行

1996 年 3 月 13 日

附：鲍世行 1996 年 3 月 20 日给重庆市建设山水园林城市学术研讨会信

重庆市城市科学研究会

李宏林秘书长并转重庆市建设山水园林城市学术研讨会：

　　首先感谢你们的盛情邀请，由于我要去江西景德镇参加历史文化名城学术年会，不能到会，敬请见谅。为此特写此短信，聊作大会发言。

　　获悉你们将召开研讨会，专题讨论重庆建设山水园林城市问题。我向大会表示衷心的祝贺。

　　杰出科学家钱学森教授曾在 1993 年 5 月给我来信，说："现在既然明确提出'山水城市'，那中国人就该真建几座山水城市给全世界看看"，来信还嘱我推动此事。我深感责任之重大。现在重庆已经明确提出建设山水园林城市，并开会研讨此事，我当然十分高兴。

　　"山水城市"这个崭新的概念，首先是由钱学森同志提出，并得到有关各方专家的响应，正在掀起一场讨论的热潮。这个讨论的实质是探讨具有中国社会主义特色的未来城市模式。我国的关于"山水城市"的讨论也引起了国际学术界的广泛重视和高度评价。去年在日本名古屋召开的世界公园大会已把"山水城市"（Shan-shui cities）的概念写入大会宣言，足见"山水城市"模式对于提高城乡环境建设的品质，保证良性生态循环和可持续发展有着不可小视的重要意义。

我曾在四川从事城市规划设计、管理工作19年，可以说把青春献给了四川省的城市规划事业，所以对四川省的城市发展有特殊的感情。

四川的城市广泛地具有鲜明的特色，在城市规划布局中较普遍地采取多中心组团式的布置形式。我曾戏称它为"海椒派"（因为山西的作家有"山药蛋派"之称）；而四川省内各城市布局中，尤以重庆和攀枝花这两个城市最具有代表性，"麻辣味"特别浓郁。这种布局形式使城市寓于真山真水之中，山环水绕，城市与山水自然景色融为一体，最有利于建设成山水城市。重庆作为一个山城，城市空间十分丰富，因此特别要注意屋顶绿化和垂直绿化，形成多彩的立体绿色空间。

目前正处在世纪之交，改革开放使我国带来了空前的大好形势。长江是我国经济发展的脊梁。在这个脊梁上，重庆处在尖峰的位置，特别是三峡水库的建设，将给重庆带来千载难逢的极好机遇，同时也会带来前所未有的巨大挑战。重庆将随着三峡水库的建成再度辉煌。但是，是否会带来建设性的破坏，也是人们十分关注的，特别是长江"黄河化"的忧虑，也或多或少地困扰着人们。可喜的是近年来长江防护林带建设的成就，城市中的绿化覆盖率和人均公共绿地均有较大程度的提高，这就使人们建立了信心和决心，看到了曙光。

重庆还是一个著名的历史文化名城，在建设中一定要保持和发扬当地的自然和历史文化特色。我们一定要把一个清洁的地球传给我们的后代，要把一个丰富多彩的世界交给我们的子孙。这样才无愧我们这一代的历史重任。

最后报告大家一个好消息，《城市学与山水城市》一书的再版本不日即将出版。这次再版，除保持首版的原来风格外，还收入了第一版印刷后钱老与相关同志来往信件40余封以及大量信中涉及的材料。一本纯学术理论著作，在过了一年多时间内得以再版，足以说明此书的生命力和受到读者热烈欢迎的情况。

最后预祝大会取得圆满成功！

鲍世行

1996 年 3 月 20 日

李宏林①秘书长：

　　您元月 25 日信和 3 个材料②都已由鲍世行同志转来，对此我十分感谢！你们要我在 3 月 28 日召开的"重庆市创建山水园林城市学术研讨会"写一封信对会议"进行指导和引导"，这我很不敢当！我对重庆市的情况并不了解，只是在 1959 年夏日去过一次，大约呆了四五天，所以对会议是没有发言权的！

　　我只在看了您送来的一些文件后，写点感想，向您请教：

　　1. 重庆市园林管理局和重庆风景园林学会开展"建设重庆山水园林城市的研究"工作，已有 1 年了，该软课题将于今年年底结束。这在我国是有始创性的！

　　2. 但从文字看，承担研究工作的都是搞园林绿化的，而且其中两个文件讲的都是园林绿化。这就引起我一个疑问，同志们是否以为搞好园林绿化、风景名胜区，就完成了重庆市的山水园林城市建设任务呢？那可不是我设想的山水城市。

　　3. 我设想的山水城市是把我国传统园林思想与整个城市结合起来，同整个城市的自然山水条件结合起来。要让每个市民生活在园林之中，而不是要市民去找园林绿地、风景名胜。所以我不用"山水园林城市"，而用"山水城市"③。

　　4. 建山水城市就要运用城市科学、建筑学、传统园林建筑的理论和经验，运用高新技术（包括生物技术）以及群众的创造，如重庆市的屋顶平台绿化。所以建"山水城市"将是社会主义中国的世纪性创造，它不是建造中国过去有钱人的园林，也不是今日国外大资本家的庄园！

　　以上这四条不知说得对不对，请指教。

　　此致

敬礼！

钱学森

1996 年 3 月 15 日

注释：

　　① 李宏林，时任重庆市城市科学研究会秘书长。

　　② 三个材料均为重庆市建设山水园林城市的研究材料。

　　③ 钱学森在后来的信中说：我想我们用"山水园林城市"这个词是合适的。

1996 年 4 月 28 日致鲍世行

（关于致李宏林函）

鲍世行同志：

您 4 月 24 日信收到。去信李宏林同志而写错邮码，误了事，我谨致歉意！

您对原信作了文字修改，我完全同意。现附回信稿，并表示感谢！

此致

敬礼！

钱学森

1996 年 4 月 28 日

附：鲍世行 1996 年 4 月 24 日信

尊敬的钱老：

3 月 10 日来函收到。附来《Scientific American》杂志上 "Urban Planning in Curitiba" 一文已找人翻译。

3 月 15 日来函及给重庆城市科学研究会李宏林秘书长函的复印件一并收到。我收到信后，即向李宏林询问重庆山水园林城市研讨会开会情况，据说您的信因邮编有误（630015 误写为 630045），而未能及时收到。真是十分遗憾。我当即将您转来的信复印后寄去。

今天我又电话询问该信下落。据说，信误投至沙坪坝，现该信已收到。重庆市对此信十分重视，已印 50 份转发市委、市府领导、市建委等各部委领导以及各区、县领导。

鉴于您的这封信对山水城市的概念又作了进一步阐述，我们拟在有关刊物上刊出。现将该信附上，请润色、修改后寄回。妥否？

专此，即颂

大安！

鲍世行

1996 年 4 月 24 日

1996 年 5 月 7 日致顾孟潮

(关于《建筑与哲学观》一书)

顾孟潮同志:

您 4 月 29 日信和叶树源①教授的书(《建筑与哲学观》)都收到。我非常高兴地知道您在东南大学的讲课很成功!

遵嘱写了封致叶树源教授的信,现附呈请审阅。如您认为可以,就请您转寄叶教授。麻烦您了。

此致

敬礼!

钱学森

1996 年 5 月 7 日

注释:

① 叶树源,1914 年生于福州,毕业于中央大学建筑系,教授,1997 年在台湾逝世。

附:顾孟潮 1996 年 4 月 29 日信

尊敬的钱老:

您好! 首先祝您节日好!

这里汇报一下,我在您指导下于东南大学建筑系开设建筑哲学课的简单情况。东南大学校领导、系领导十分重视您关于我国高等建筑院校要开建筑哲学课的想法。为此 4 月 25 日还专门举行了由何立权副校长授予我"东南大学兼职教授"的仪式,并在讲课这一周由建筑系建筑历史和理论教研室的朱光亚教授协助我,因此开课很顺利,4 月 22～26 日,专门安排了一周开建筑哲学课的时间,作为研究生选修课。

同学们报名学建筑哲学很踊跃，原计划 20 人左右，最后只好限在 35 人。学习的热情很高，每次听课者达 70～80 人，教室座无虚席。晚间 7～9 时讨论时，直到 9 时半同学们还不愿意散去。这说明开这门课程是必要的、及时的，已受到了普遍的欢迎。而且有几个学校老师听说我开此课后，也纷纷要求我去他们学校讲建筑哲学。我采取专题讲座，结合对话讨论，留论文作业的方法。这次先后讲了导论篇、价值篇、例说篇和纪念性建筑，拟下次安排本体篇、方法篇、文献篇及工业建筑四讲。待晚些时候我再将建筑哲学讲稿送您指正。

　　这次发信同时，给您寄了一本叶树源老先生著的《建筑与哲学观》一书。叶树源老先生 1914 年生于福州，毕业于中央大学建筑系，与张镈、刘光华等先生为前后期同学（详见闫亚宁写的简况），后献身于台湾建筑教育事业。该书为他的设计实践与教学经验的荟集，对我开设建筑哲学课颇有启发，加之叶先生本人热心祖国建筑教育，又得知您对建筑哲学的重要性十分关心，甚为感动。他决定将其书版权献给母校，能对故土与师长有所回馈。而且他向东南大学建筑系主任王国梁教授表达了希望钱老您能对他的书给予指示一二，写几句话，可否？托我转请教您，鉴于叶老的诚恳和热心海岸两岸建筑文化交流的背景，特向您请示采取何种方式，可否对叶树源先生的恳请作某些表示。此意当否，请您指正。

　　此致
敬礼！

顾孟潮

1996 年 4 月 29 日

（关于真正的建筑学）

叶树源教授：

我非常感谢您赐尊著《建筑与哲学观》，我读后深受启示！我只是建筑科学技术的外行人，现在下面讲点读后所思，向您请教：

1. 我想尊作实际是阐明了建筑是什么，建筑与人的关系，对建筑空间所应具备的效果也界定了。因此与其讲这是建筑的哲学观，不如说此书是讲建筑科学技术的基础理论，真正的建筑学。

按我对现代科学技术体系的理解，这是基础理论层次的学问。

2. 在基础理论层次下面的一个层次是技术性的科学，即工程技术所需要的直接指导性学问。在建筑科学技术部门，这就是现在人们称为"建筑学"的学问，以及城市科学等。

3. 在建筑科学技术部门再下一个层次的、第三层次的学问，那就是设计构造具体的建筑了，即建筑设计。

4. 在建筑科学技术部门，除了这三个层次的学问外，还应该有个总的概括：对建筑用什么指导思想，唯心主义？唯物主义？辩证唯物主义？历史唯心主义？历史唯物主义？这门学问才是真正的建筑哲学。

此致
敬礼！

钱学森

1996 年 5 月 7 日

注释：

① 此信系对叶树源教授生前愿望的答复。信中钱学森提出"什么才是真正的建筑哲学"，认为建筑哲学是对三个层次的总概括，是建筑的指导思想。

1996 年 5 月 23 日致鲍世行

（关于"山水城市"概念获各方欢迎）

鲍世行同志：

您 5 月 20 日来信及《城市学与山水城市》（第二版）样书两本都收到。我十分感谢您和顾孟潮同志为此书付出的辛勤劳动！遵命将其中一本签名奉上。

将来书出，请给我 10 本，让我备用。

您来信中说到，您感到"山水城市"的概念得到各方面的欢迎。我不认为这是我的功劳，这实际是您和顾孟潮同志的引导和启发造成的。我衷心地感谢您二位！

此致

敬礼！

钱学森

1996 年 5 月 23 日

附：鲍世行 1996 年 5 月 20 日信

尊敬的钱老：

4 月 28 日来函及附来给重庆李宏林同志信的修改稿均收到。李的信已用特快专递寄去。

《城市学与山水城市》第二版样书已出，现寄上两本，先睹为快。其中一本请您题签后寄回，以留作纪念。这只是几本样书，大批的还要过几天才能出厂。您需要多少本？我将按数寄上。书款可在稿费中扣除，不必寄来。

这次增补版本，内容增加不少，全书达 666 页，较一版本多了 200 余页，加之改为精装本，书本几乎比一版本厚了一半，也可谓洋洋大观矣。

今日中国科协刘恕同志来电话，说要和我们交换两本书。我将派专人送去。

最近我去上海为同济大学城市规划学院的硕士生、博士生讲课并座谈。当讲及山水城市时，同学们尤感兴趣。

我认为当前关于山水城市的讨论有几个明显的特点，即(1)有城市科学、建筑、园林、交通等多学科的专家参加。多学科的撞击，产生了火花。(2)由于您的威望，使讨论波及面极广，引起众多人士关心，使讨论几乎成为一种社会运动。这种讨论实质上是一次城市科学的普及运动(当然这仅是开始)。(3)物质文明和精神文明并重。讨论中重视东方文化特色的继承和弘扬。(4)理论色彩比较浓。在追求急功近利，崇拜拜金主义、享乐主义的今天，这种讨论实在是一味清醒剂，使人耳目一新。(5)理论与实践相结合。一些城市正在进行关于山水城市的课题研究，并将它列入近、远期的计划与规划。总之，讨论涉及很多方面，本质上是探索未来世纪中国的城市发展模式的问题。以上看法对吗？望赐教。

专此，顺祝

近安！

鲍世行

1996 年 5 月 20 日

附：鲍世行、顾孟潮 1996 年 5 月 30 日信

尊敬的钱老：

您好！

您 5 月 23 日来信收到了，我们将遵嘱送去您需要的 10 本书。

今向您汇报的是拟召开《城市学与山水城市》再版座谈会一事。经我们建议，中国建筑工业出版社刘慰慰社长同意，邀请部分领导同志、有关专家和中央各大新闻单位记者参加座谈。以使您关于城市学和山水城市的宏伟构想为更多人知晓，促进进一步的探索。会议时间定于 6 月 20 日在建设部会议室举行。

现请示您能否派代表到会，或作书面发言，还是给与会者写封信请您定。

另外，我们和吴小亚(该书责任编辑)(三人)送书时恳请拜见您，当面求教，并请您为送与会者的书签上您的名字。此意妥否？何时为宜？请指示。

此致

敬礼！

鲍世行　顾孟潮

1996 年 5 月 30 日

附：鲍世行 1996 年 7 月 15 日信

尊敬的钱老：

7 月 4 日大札及附来"阜阳实施'旧村改造'规划"(《经济参考报》1996 年 7 月 3 日)和"撩开紫竹桥的面纱"(《经济日报》1996 年 6 月 26 日和 7 月 3 日)均收到，我已认真阅读。

近接中国城市规划学会风景环境规划设计学术委员会通知，他们今年 10 月 10 日将在四川省都江堰市举行以"山水城市"规划研究作为讨论和交流主题的年会。看来山水城市的研讨正在逐步引向广泛和深入。这次会议我将力争去参加，一方面介绍宣传您的山水城市的概念，另一方面也是一个极好的学习机会。

附上中国城市规划学会风景环境学术委员会通知。

专此，顺祝

暑安！

鲍世行

1996 年 7 月 15 日

高介华主编：

您 4 月 28 日及 5 月 27 日来信早收到，迟复为歉！

刊物用了我给您的一封信，还给稿费，真不敢当！

您见此信时，"长沙会议"①即将开始，您一定很忙。在 6 月 4 日鲍世行同志、顾孟潮同志及出版社编辑吴小亚同志来寓畅谈，我们 4 人说到建立一门现代科学技术——广义的建筑科学的问题②。讨论得很热烈。在"长沙会议"上，鲍世行同志可能提到这个问题，也请您考虑。我们要多交流讨论才是。

此致

敬礼！

钱学森

1996 年 6 月 9 日

注释：

①"长沙会议"系指 1996 年 6 月 14～16 日在长沙召开的"建筑与文化国际学术研讨会"。

② 内容见"哲学·建筑·民主——钱学森会见鲍世行、顾孟潮、吴小亚时讲的一些意见"一文，见本书第 463 页。

附：高介华 1996 年 5 月 27 日信

学公先生尊鉴：

欠疏问候，伏维您老身体康健，诸事愉悦，遥为祷祝。

您老关于"山水城市"的再诠释已刊于《华中建筑》1996 年第 2 期扉页。此刊将于 6 月中发到"长沙会议"，并寄呈尊览。

兹按章寄上稿酬 200 元（甚微薄），望您老收下。

此次会议有美、澳、德、丹麦、日、韩、越、泰等国及台湾省的学者到会，国内著名高等院校及若干大设计院以及文化、考古、哲学界的代表，还有不少建筑领域的官员，估计可能达到 200 人，论文已到 160 篇，比较盛大，会议由吴良镛院士领衔主持。

您老《论城市学和山水城市》的修订再版一书，承中国建筑工业出版社王伯扬副总编的支持已赶印出来，会议买了 100 本，由桂林市规划院李长杰院长赞助，已由"中国城市科学研究会"用特快件寄出，届时便可发到中外代表手中。并请世行同志在会上就此专题作一专门讲座。

关于会议中的讨论情况，会后，晚当告知您老。

望您老多加珍摄。肃此

敬请

文安！

全家康福！

晚

介华　拜泐

1996 年 5 月 27 日于武昌

（关于建筑科学是融合科学与艺术的大部门）

钱学敏教授：

读了您 6 月 2 日来信后，知道您对"夏商周断代工程"①也有很高的评价。我曾为此去信给宋健同志，祝贺他办了件综合社会科学、自然科学和技术的大事！将来成果出来了，我们再看是否属大成智慧工程，现在还太早。

至于新儒学，我近读黄楠森教授在《文艺理论与批评》1996 年第 3 期文"马克思主义与中国文化的发展"②，很同意。现复制送上，请参阅，可与"现代新儒学心性理论评述"③比较。

要建立大成智慧④和大成智慧工程⑤需要有开阔的思路。前日奉上那本山水城市的书，其编者鲍世行和顾孟潮就是我的老师；前一位是城市科学行家，后一位是建筑学行家。我同他二位接触就受益良多。不久前（6 月 4 日下午）同他们面谈，我们想到可能要确立一门新的科学技术——建筑科学，这是一门融合科学与艺术的大部门：其基础科学层次包括讲建筑与人、建筑与社会、建筑与技术手段的学问，目前顾孟潮同志称为"建筑哲学"；其技术理论层次才是现在的建筑学、城市学等等；其工程技术层次是现在的建筑设计、城市规划等。上面的部门概括和到马克思主义哲学的桥梁才是真正的建筑哲学。那天我们谈得很开心，这是现代科学技术体系中的第 11 个大部门。此议您以为如何？请教。

此致

敬礼！

钱学森

1996 年 6 月 12 日

注释：

① "夏商周断代工程"及宋健的文章：指国务院决定实施的"夏商周断代工程"及宋健国务委员撰文："超越疑古　走出迷茫"。（见：1996 年 5 月 17 日《科报日报》）

② 黄楠森教授系北京大学著名哲学教授，"马克思主义与中国文化的发展"

一文，原为他在台北"当代中国文化的发展系列研讨会：重新面对马克思"这个学术会议上宣读的论文。后发表在《文艺理论与批评》，1996 年第 3 期。

③ 韩强著，《现代新儒学心性理论评述》，辽宁大学出版社，1992 年出版。

④ "大成智慧"就是关于人们如何能够尽快获得聪明才智与创新能力的学问。其目的在于使 21 世纪的人们对于变幻莫测、错综复杂的各种事物（包括人自己）能够迅速获得正确的认识、科学的判断和英明的决策。"大成智慧学"与以往关于智慧或思维学说的不同，在于它是以马克思主义的辩证唯物论为指导，利用现代信息网络，人—机结合，以人为主的方式，集古今中外有关知识、智慧、经验之大成，以求快速获得更高明的智慧与创新能力。

⑤ "大成智慧工程"是"集大成，得智慧"的方法，其核心是"从定性到定量的综合集成法"。属思维科学的工程技术，也是系统科学的具体应用。（钱学敏注）

（关于这是试探，不是结论）

鲍世行同志：

您 6 月 10 日来信及谈话记录稿①都收到。因为那次聚谈是我这个外行向诸位学习的机会，我作为一个学生向您几位老师请教。那个记录也要表示出这个实况，所以我对原稿作了些调整，现寄上一份，另一份也寄顾孟潮同志。至于这个不成熟的东西能否向两会②的代表讲，请您与顾孟潮同志商量。注意这是试探，不是结论。如能向两会的代表讲，配以"十大部门"的图表③会有帮助。

此致

敬礼！

钱学森

1996 年 6 月 14 日

注释：

① 系指 1996 年 6 月 4 日钱学森会见鲍世行、顾孟潮、吴小亚时讲的一些意见，见本书第 463 页。

② 系指 1996 年 6 月中旬在长沙举行的"建筑与文化 1996 年国际学术讨论会"和 1996 年 6 月 20 日在北京召开的《城市学与山水城市》再版发行座谈会。

③ 指"现代科学技术体系构想图"。

附：鲍世行 1996 年 6 月 10 日信

尊敬的钱老：

6 月 4 日的亲切会见使我终身难忘，能亲自聆听您的教导是我最大的幸福，受益匪浅。

回来后立即着手整理您的讲话录音。拟将讲话全文分成三小段，并加了小标题，妥否？整理后总觉得不很满意。主要是第二段，关于建立建筑科学这个大科学部门的这一部分，由于我理解不深，没有真正把您的本意完整、清晰地表达出来，请您多加审改。

审改后请将修改稿寄回。可否向《建筑与文化》[①]国际研讨会及《城市学与山水城市》再版座谈会代表传达，请酌。或配以"十大部门"的图表，可否？

此致
敬礼！

鲍世行

1996 年 6 月 10 日

注释：
　① 指 1996 年 6 月在湖南长沙举行的建筑与文化国际学术讨论会。

顾孟潮同志：

您 6 月 11 日晚来信①及两幅照片都收到，我十分感谢！

6 月 4 日下午的聚谈是我这个外行向诸位学习的机会，我作为一个学生向您几位老师请教。那个记录也要表示出这个实况，所以我对原稿作了些调整②，现寄上一份，另外也寄鲍世行同志一份。至于这个不成熟的东西能否打印发给与会代表，请您与鲍世行同志商量。注意这是试探，不是结论③。

此致

敬礼！

钱学森

1996 年 6 月 14 日

注释：

① 顾孟潮的信寄去他和鲍世行根据 6 月 4 日钱学森讲话录音整理稿，请他审定。

② "对原稿作了些调整"，实为对整理稿的认真审改，约 3000 字的文章审改达 245 处。

③ 信中强调"注意这是试探，不是结论"，这是钱学森一贯的学术民主作风。

附：顾孟潮 1996 年 6 月 13 日信

尊敬的钱老：

您好！

您和龚秘书希加印您那张近影，已放大加印，随信一并寄您，勿念。

另外，我在东南大学讲建筑哲学时，根据您有关"十大部门"思路，对建筑科学作了一些思考，当时打印了一张"规划设计、建筑哲学、科学技术、艺术综合系统结构示意图"，现送您参考、指正。

　　此致

敬礼！

顾孟潮

1996 年 6 月 13 日

1996年6月23日致鲍世行

(关于"山水城市"的核心精神)

鲍世行同志：

您 6 月 19 日信收到。再版座谈会①也开完了吧?

您说"山水城市"的核心精神主要是：尊重自然生态，尊重历史文化，重视科学技术，运用环境美学，为了人民大众，面向未来发展，对于这一点一定要全面地、正确地理解，并非仅是搞一些具体的挖水堆山，这很好! 我想这也是放开眼界，从现代科学技术的体系来看"山水城市"，要站得高、看得远，运用马克思主义哲学、辩证唯物主义! 这就需要建立起现代科学技术体系中的第 11 个大部门——建筑科学部门②!

对建筑科学大部门，我们 6 月 4 日谈的还待深入③。顾孟潮同志也对此有很好的考虑，那天他没有来得及谈到。请您二位内行人多研究，你们最有发言权。

此致

敬礼!

钱学森

1996 年 6 月 23 日

注释：

① 系指 1996 年 6 月 20 日在北京召开的《城市学与山水城市》再版发行座谈会。

② 参阅《哲学·建筑·民主——钱学森会见鲍世行、顾孟潮、吴小亚时讲的一些意见》一文，见本书第 463 页。

③ 系指 1996 年 6 月 4 日钱学森会见鲍世行、顾孟潮、吴小亚时的谈话。

附：鲍世行 1996 年 6 月 19 日信

尊敬的钱老：

您 6 月 14 日来信及 6 月 4 日讲话修改稿已及时传真到长沙，今天又收到原件。

长沙的"建筑与文化"1996 国际学术讨论会开得很成功。人们说：这是建筑与文化全方位、多角度交流的一次盛会。我带去 100 本《城市学与山水城市》，很受代表欢迎。会上我传达了您 6 月 4 日会见我们时的讲话，介绍了您提出的"山水城市"的概念，在讲到"建筑科学"时给代表们演示了"十大部门"的图表。对于"山水城市"，我理解其核心精神主要是：尊重自然生态，尊重历史文化，重视科学技术，面向未来发展，对于这一点一定要全面地、正确地理解，并非仅是搞一些具体的挖水堆山。如此理解，妥否？

大会对您的讲话十分重视，代表们反映很好。在大会闭幕词中提及，"有不少单位和个人发来贺信、贺电，特别是我国科学泰斗钱学森先生尤为关注本会，专门致信表达意见和祝贺。"

目前，我们正在紧张准备 20 日举行的《城市学与山水城市》一书再版发行座谈会。详情容会后再向您汇报。

专此，敬祝

大安！

鲍世行

1996 年 6 月 19 日

1996年6月23日致顾孟潮①

（关于建立"建筑科学"大部门）

顾孟潮同志：

您 6 月 13 日信及您在东南大学讲过的建筑科学体系图早已收到，因您和鲍世行同志都要参加长沙的会和北京的再版座谈会，所以没有立即复信。现在这两个会都开完了，我才写此信，也要谢谢您送来的照片！

关于现代科学技术体系②中再加一个新的大部门，第 11 个大部门——建筑科学，6 月 4 日我们谈得很好，但当时我还不知道您的"规划设计、建筑哲学、科学技术、艺术综合系统结构示意图"③，原来您已早在两月前就想到这一问题了，我佩服您的预见！

我一直强调马克思主义哲学——辩证唯物主义的指导意义，所以在建筑科学概括为建筑哲学之上还有马克思主义哲学。也就是说：建筑哲学是建筑科学到马克思主义哲学的桥梁。

再就是：在我们现在这 11 个大部门的体系中有许多跨部门的学问。您的"示意图"中的灾害社会学属地理科学大部门，而人际关系学属行为科学大部门。

以上这两点还请您和鲍世行同志讨论，我只是从整个体系看问题，而您二位才是内行人，比我更有发言权。

此致

敬礼！

钱学森

1996 年 6 月 23 日

注释：

① 此信系对 1996 年 6 月 13 日顾孟潮的信的答复。随信寄去鲍世行、顾孟潮二人整理的钱学森 1996 年 6 月 4 日讲话稿，请他审定。

② 现代科学技术体系，指钱学森于 20 世纪 80 年代初构想，以后又不断补充绘制的现代科学技术体系图。1996 年 6 月 4 日讲话后补充为 11 个大部门。

③ "规划设计、建筑哲学、科学技术、艺术综合系统结构示意图"，是顾孟潮于 1996 年 4 月 3 日为开设建筑哲学课而准备的。

附：顾孟潮 1996 年 6 月 11 日信

尊敬的钱学森同志：

您好！

6 月 4 日，受到您的亲切接见并聆听到您的谆谆教导，使我们十分激动，获益尤深。日前鲍世行同志已将我们二人一同整理的您的讲话稿寄上，请您最后审改定稿，以免我们有领会不到或整理不当的地方。如您同意，我们拟将您此次重要讲话打印发给与会的代表（专家和新闻单位记者），共同领会您的思路和构想。

那天拍的照片取出来了，效果尚可，今特放大两张寄给您算是个纪念。再次感谢您的亲切接见和谆谆教诲。

致

崇高的敬礼！

顾孟潮　上

1996 年 6 月 11 日晚

1996 年 6 月 30 日致鲍世行

（关于杨国权的函）

鲍世行同志：

　　附上您认得的那位杨国权总工程师的来信及附件①，加上我复他信的复制件，供您和顾孟潮同志阅读并考虑。

　　此致
敬礼！

钱学森

1996 年 6 月 30 日

注释：

　　① 系指杨国权《中国旅游景点写生诗画集》和"马克思主义哲学与总工程师的领导艺术"一文。

1996 年 6 月 30 日致杨国权

（关于"山水城市"也是高技术城市）

杨国权①总工程师：

您 6 月 23 日来信，《中国旅游景点写生诗画集》复制页及大作"马克思主义哲学与总工程师的领导艺术"都收到，我十分感谢！因内容都与城市建筑科学艺术有关，故将来件全部及此函复制件都转寄《城市学与山水城市》的编者鲍世行同志，请他和另一位编者顾孟潮同志阅。我和他们在今年 6 月 4 日谈过一次②，说到建筑科学技术作为现代科学技术体系中一大部门的问题，现将谈话记录稿附呈，请审阅。

我还要说的不多，只两点：

1. 您对"山水城市"的论述很好，我同意。只有一点补充："山水城市"还要充分引用现代科学技术成果，也是高技术城市。

2. 您讲的总工程师领导艺术也很好，我只想补充一点，即：总工程师要会调动一切参加者，包括科技人员和管理人员的积极性，充分发扬民主集中的工作方法。这也是马克思主义嘛！我过去在搞导弹卫星时，对此深有体会。

以上请指教。

此致

敬礼！

钱学森

1996 年 6 月 30 日

注释：

① 杨国权，时任郑州市建筑设计院总工程师，高级工程师。

② 系指 1996 年 6 月 4 日钱学森会见鲍世行、顾孟潮、吴小亚时的谈话，见本书第 463 页。

附：杨国权 1996 年 6 月 23 日信

尊敬的钱老：

您好！1991 年 6 月为拙作"因素辩证分析图法"事承您来函鼓励，并附有关复杂巨系统方面的大作，学之颇受教益。几年来，为考虑您的健康，未便打扰，然时多思念，遥祝安康，以偿心愿。去年阅《城市学与山水城市》尤其近读该书第二版，深为您关心我国城市现代化的合理发展付出的巨大精力所感奋，尤其为您倡导众多专家为此各抒己见、深入探讨，以期逐步达到共识的精神而感佩。看来城市化及其发展是历史的必然，目前尚有加速膨涨之势。的确，人们从现代城市文明中得到不少实惠，但由于事物的两面性，加之，某些片面与短视，急功近利的追求、眼前经济利益的驱动，往往使人们忽视城市与大自然的有机融合、历史文脉的合理继承和创造良好人居环境的努力，其后果是严重的，国内外已有不少深刻教训在启示我们。您为此重大问题高瞻远瞩，深思熟虑运用系统方法，利用现代科技，吸取传统精华，融合人文自然，探索如何建设互补共荣、持续发展，有中国社会主义特色，广大人民群众共享的现代化城市的问题，并提出一系列精辟见解，使我深受教益与启迪。

我理解"山水城市"的真谛在于：利用自然，精心创造；保护生态，融入环境；文脉意境，继承发扬；审美游憩，人民共享；互补共荣，持续发展。1990 年游大连海滨老虎滩公园时，见一宣传牌上书"自然为圣，人工为贤"八个大字，个人颇以为然。人类尊重自然、利用自然，合理地改造自然，使自然与人工美好地结合，这样称圣道贤，几乎也可以了。我这一评价不知当否，请您指教。

我国历来十分重视人与自然的密切结合。为了更好地容纳、融合自然景观，造园中的借景就是一例。天人合一的向往，更赋予人与自然（往往以山水概括自然）的融合深层次的意境美与人文意蕴。例如：

"醉翁之意不在酒，在乎山水之间也"。

"水是眼波横，山是眉峰聚，欲问行人去那边，眉眼盈盈处"。

"高山流水"——古乐曲，内还有伯牙、钟子期一段知音佳话。

"仁者乐山，智者乐水"。

山与水是大自然的典型概括，更与人结成不解之缘——深层次文化之缘。人们聚居的城市，怎能对山水表示淡漠，不尽心尽力去亲近它呢？

您倡导"科学技术中的方法论"，个人十分赞同并深有同感。随函奉上拙作"马克思主义哲学与总工程师的领导艺术"，请您指教。

多年来，我利用开会、出差之机，随手写生，并配以诗文，略有所积，但很不成熟。自 1995 年至今不断在郑州晚报发表，反映尚好。小栏目标题是山水画廊，看来与您倡导的山水城市也有共通之处。这些诗画稿年内拟汇集出版《中国旅游景点写生诗画集》，今将部分复印件随信奉上。2 年内适当时间我拟去京将该画集原稿（多数画幅为彩色）请您过目，并盼多提宝贵意见。

庭园绿化、垂直绿化是您倡导"山水城市"的组成部分。我居住在住宅楼的底层，并有一小庭院。院内植玉兰、腊梅、石榴、桂花，我很喜欢它们，但更喜欢的是住宅楼墙上已至五层像绿色巨型壁毯的爬山虎和窗前架上随地而安的牵牛花。1991 年随信奉上的拙作散文"牵牛花赞"正是个人为抒发这种感情而作。

写得多了，太打扰您了。您关心大事，勤奋思考，我十分感佩！然您年事已高，炎炎夏日更望多多保重！

敬祝
健康长寿！

杨国权　敬上

1996 年 6 月 23 日

附：杨国权 1996 年 7 月 10 日信

尊敬的钱老：

您好！您 6 月 30 日来信以及您在今年 6 月 4 日会见鲍世行、顾孟潮、吴小亚三位同志时所讲的一些意见的复印件均已收悉，拜读再三，获益良多，我十分感谢！

您在来信中明确指出："山水城市"也是高技术城市。这一论断，我十分赞同。在 6 月 23 日我给您的信中虽然也谈到利用现代科技的问题，但在概括"山水城市"的真谛时，却有所疏漏，您的补充的确十分中肯。为此，"山水城市"的真谛拟初步概括为：利用自然，精心创造；保护生态，融入环境；文脉意境，继承发扬；现代科技，充分运用；审美游憩，人民共享；互补共荣，持续发展。这些粗浅理解，不知当否？请您指正。

几年前，我在一篇文章中曾表述如下论点：传统的精华，随着时代的发展，愈显其光辉，人类在温故而求新中走向未来。善于继承，勇于创新是我们永恒的神圣使命。我坚信您提出和倡导的"山水城市"就是这样一桩我们应负的神圣的历史使命。

综观您的思想、论述、著作、实践，例如您提出的"从定性到定量综合集成法"以及这次"山水城市"的提出与讨论，可以十分清楚地看出您极为重视并始终坚持、贯彻、发挥集思广益、群策群力、民主集中这一马克思主义最基本的思想方法与工作方法。作为一位世界知名的权威科学家，您的这些品德，令我十分钦佩，在这一方面，也是我们学习的楷模。多年的总工程师的实践，使我深有同感。我体会总工程师的"总"字就包含综合、总结之意。同时我也认为：随着时代的发展，整个社会的庞大系统越加众多化、巨大化、复杂化，加之专业分工越深越细。为了众多的重大目标的有效实现，民主与集中的机制越加重要，越需强化，因为这是科技发展的必然，社会进步的需要。而您在这方面的表率与倡导正是促进了这种必然，顺应了这种需要！

　　敬祝
健康长寿！

杨国权　敬上

1996 年 7 月 10 日

1996 年 7 月 4 日致鲍世行

（关于立交桥设计问题的剪报）

鲍世行同志：

书出版①的活动暂告一段落了吧？

今附呈两个剪报复制件②供参阅：一个是说安徽阜阳改造旧村，集中居民村镇用地，增加耕地；江苏华西村早在 20 世纪 80 年代就将村民集中到高楼，村民生活改善，又不多占地。再一个剪报是说北京市立交桥的设计问题，看来在城市科学中要加一门立交桥学了。

这些问题请您考虑。

此致

敬礼！

钱学森

1996 年 7 月 4 日

注释：

① 系指《城市学与山水城市》增订本的出版工作。

② 系指 1996 年 7 月 3 日《经济参考报》中"阜阳实施"旧村改造"规划"一文及 1996 年 6 月 26 日和 7 月 3 日《经济日报》中"撩开紫竹桥的面纱"一文的复印件。

（关于不必再发表"哲学·建筑·民主"一文）

高介华主编：

我非常感谢您 6 月 30 日来信、附有您的"潇湘夜雨"、"研究传统是为了今天和明天——略谈民居的研究和创作之路"、"关于"建筑与文化"研究方向的浅见"及《ISAC'96 会议简报》第二期；我也很高兴地知道这次会议很成功！

您信尾问我那个"一些意见"能否发表？我看不必了，因为全文已见《文汇报》，题为"哲学·建筑·民主——我的几点意见"（钱学森）。而且我所说的有点标新立异，一时恐难于为大家接受。已见《文汇报》也就够了。请酌！

此致

敬礼！

钱学森

1996 年 7 月 7 日

附：高介华 1996 年 6 月 30 日信

学公先生尊鉴：

您老 6 月 9 日手书，晚回院后方捧读。晚于 6 月 12 日晨离院赴长沙，先参加预备会议。

"建筑与文化 1996 国际学术讨论会"于 6 月 15～17 日正式举行。

《华中建筑》1996 年第 2 期（扉页刊有您老"再说几点有关山水城市的看法"）已运到会议，分发到代表手中。

《杰出科学家钱学森论城市学与山水城市》一书，经与世行同志商定，已买了 100 本发到会议代表手中，此书从内容、编排到形式，无疑是第一流的，许多代表索要，但难以都满足，只好由他们自己去买。但凡国外学者和国内的主要代表，特别是城市工作者已都不缺（发放名单是我亲自钩点）。

会前，您老给世行同志的信已在大会宣读，"意见"①刊发在会议《简报》上，以便于大家学习研讨。

会议设了专题讲座，请世行同志就"城市学与山水城市"作专题阐释。

可以这样说，通过这次会议，"城市学与山水城市"学说，已正式推向世界。虽然这还只是发轫，我想，通过国内外的不断传播，会迅速产生影响。它与"人居环境问题结合起来，将具有旺盛的生命力。无疑，这是"中国导弹之父"所作出的又一巨大贡献。

"长沙会议"，从其规模之大，出席的中外代表的广泛代表性以及其权威性，在市场经济冲击下的今日，超过了我们的预想，会议是十分成功的，获得了中外学者一致的高度评价，被誉为中国建筑理论界第一次空前盛大的会议。我想，您老闻之，亦会感到欣慰。为了不致多打扰您老的精神，晚仅将有关的《简报》（第 2 期）寄上一份，供您老浏览。

为了说明晚对当前建筑学术研究的一些思想，晚今将以下所撰论文各寄呈一份，供您老浏览审鉴。

1. "研究传统是为了今天和明天——略谈民居的研究和创作之路"
2. "关于'建筑与文化'研究方向的浅见"

这些看法，实际上与"城市学与山水城市"学说的深化、完善也不无关系。

晚于 6 月 22 日夜返回来后一直在处理会议的善后事及下一步策划以及积下来的事务，故此，到今天方能提笔给您老写信，伏望谅宥。

外寄"会议有感""潇湘夜雨"小词一首，请您老教正。

您老 6 月 4 日讲的"意见"，晚想：（1）刊发于《华中建筑》（以《简报》所载为准）；（2）纳入"长沙会议"《论文集》。您老看可否？

深望您老多加珍摄，保持良好的身体健康。

耑此

　　　敬请

道安！

阖家康吉！

晚

介华　拜泐

1996 年 6 月 30 日于武昌

注释：
　　① 系指《钱学森：哲学·建筑·民主——钱学森会见鲍世行、顾孟潮、吴小亚时讲的一些意见》一文，见本书第 463 页。

附：高介华 1996 年 7 月 17 日信

学公先生尊鉴：

您老 7 月 7 日手书奉悉，知上信已达尊览，从信中字迹可看出，您老的精神甚佳，精力充沛，十分欣慰。

得悉您老的谈话——"意见"已刊发于《文汇报》，无疑会引起社会上、学术界的重视。

标社会主义之"新"，立人间正道之"异"，恰恰是当今社会上所急需的，凡正义人士必当欣然"接受"，唯晚以为《文汇报》系面对广大社会，而专业建筑人员并不可能都读到。因此，晚已将"意见"一文刊发于《华中建筑》1996 年第 3 期，以飨广大建筑读者。与此同时，发了新华社记者对会议的长篇报道"在建设中我们遗忘了什么？"。报道中有不少西方学者的发言，发言的中心要义可归结为一句话，说白了，就是一些中国建筑师忘了中国的本，他们实在难以理解。

对于中国的某些青年人来说，他们的话比中国人说的要有力很多。

据晚所知，第二版《城市学与山水城市》已开始产生影响。

深望您老多多注意调息，保持良好的健康状态。

耑此，敬请

道安！

望您老多休息，不必急于作复。

晚

介华　拜泐

1996 年 7 月 17 日

1996 年 7 月 9 日致鲍世行

（关于收到《城市学与山水城市》再版发行座谈会上发言稿）

鲍世行同志：

我非常感谢您 7 月 5 日来信及附来照片①1 张，吴良镛、周干峙、郑孝燮、钱学敏 4 位在《城市学与山水城市》再版发行座谈会上的发言稿和 6 月 21 日《中国新闻》、6 月 25 日《中国建设报》、6 月 28 日《文汇报》关于《城市学与山水城市》一书再版消息的剪报。4 位的发言稿还待仔细学习，如有所得，再向您报告。陈光庭同志的发言稿也收到。

出版社的同志是辛苦的，我要感谢他们；所以他们要我在书上签名，我当然乐于从命。具体事情和龚志刚②同志联系。

此致

敬礼！

钱学森

1996 年 7 月 9 日

注释：

① 系 1996 年 6 月 4 日钱学森会见鲍世行、顾孟潮、吴小亚时的相片。

② 龚志刚为钱学森秘书。

附：鲍世行 1996 年 7 月 5 日信

尊敬的钱老：

6 月 23 日及 6 月 30 日两封信均先后收到。

6 月 20 日，《城市学与山水城市》再版发行座谈会后，我即出差广州，参加在当地举行的历史文化名城研讨会，未能及时汇报会议情况，为歉。

《城市学与山水城市》再版发行座谈会开得十分成功。会议由中国建筑工业出版社刘慈慰社长主持，首先由该社王伯扬副主编介绍了该书再版的情况，然后传达了您6月4日会见编辑人员的讲话，由我和顾孟潮同志介绍了背景情况和体会。建设部部长侯捷同志出席了座谈会并讲了话。他简要地介绍了在伊斯坦布尔召开的联合国人类住区第二次会议的情况。他指出，人类社会面临人口急剧增加、城市化迅速发展的情况。未来的世纪是城市的世纪，因而研究未来城市发展模式有重大意义。会上宣读了吴良镛和周干峙的书面发言，吴良镛院士以"全社会发展人居环境科学"为题的书面发言讲了五个问题。他说：社会需要杰出科学家振臂高呼，推动学科的发展。周干峙院士的发言高度评价了您的讲话。他说：钱老高瞻远瞩，有远见卓识，对于钱老的意见我是完全赞同的，我非常赞赏钱老的见解。王如松和郑孝燮两位分别在会上从生态环境和文态环境角度探讨了"山水城市"，钱学敏教授介绍了您的哲学观，并从科学技术体系框架畅谈了建立建筑科学大科学部门的意义。陈光庭研究员（北京社科院城市问题研究所所长）是从国内外城市学的历史发展轨迹评价了这本书出版的意义，讲得很好。此外发言的还有北京市城市规划设计研究院柯焕章院长、中国城市科学研究会张秉忱副秘书长和中国水科院谭徐明同志。座谈会开得很紧凑，整整开了一个上午。

会后《中国新闻》、《中国建设报》和《文汇报》先后作了报道，特别是《文汇报》在6月28日的"笔会"副刊上，用了三个"关键词"，中间加了两个圆点作标题，同时用"我的几点思索"作副标题，很有特色，与整个版面也很协调。

随信附上会议有关材料，供参阅，其中王如松的发言录音尚在整理中，待整理完毕后再寄上。

信中附上6月4日您接见我们时的照片。这是用我的相机照的。

这次《城市学与山水城市》一书的再版和座谈会的召开是和中国建筑工业出版社刘慈慰社长的厚爱和大力支持分不开的，可以说没有他们的鼎力相助，这些事都是办不到的。可是上次您的签字本分发时先满足了到会的专家和新闻单位的代表，出版社的同志都没有拿到。为了留作纪念，他们衷心希望您还能为他们签名一些书。此事特向您请示。不知可否？具体事项我再和龚秘书联系。

敬祝

暑安！

鲍世行

1996年7月5日

附：鲍世行 1996 年 7 月 10 日信①

尊敬的钱老：

7 月 5 日寄上一信及所附 6 月 20 日座谈会材料谅已收到。

最近即将出版的《中国图书年鉴(1993～1995)》要求各出版社选送 10％～15％优秀图书，分成 1～3 类。《城市学与山水城市》(首版本)已被评为一类图书，将在该书中作 750 字的图书介绍(二类为 300 字、三类 100 字)。现将撰写的初稿呈上，请您提出宝贵意见。

此致

敬礼！

鲍世行

1996 年 7 月 10 日

注释：

① 钱学森阅批：稿件上改了几个字，请酌。退鲍世行。钱学森 1996 年 7 月 16 日。

（关于"建筑科学"大部门的一个重要课题）

顾孟潮同志：

前些日子我得鲍世行同志来信①，知道你们 6 月 20 日的会②开得很成功。对此我也和大家一样感到高兴！我也要感谢您和鲍世行同志的辛勤劳动！

我近读《人民长江》1996 年 6 月期 36～38 页梁漪莉、王家鸿文"大坝景观设计问题浅析"，感到这属"建筑科学"大部门的一个重要课题，故将该文复制奉上，请阅。请考虑此事该不该引起建筑界的重视，并在建设中的三峡工程中体现出来。毛主席"水调歌头·游泳"有"高峡出平湖。神女应无恙，当惊世界殊。"

此致

敬礼！

钱学森

1996 年 7 月 14 日

注释：

① 系指 1996 年 7 月 5 日鲍世行给钱学森的信。

② 6 月 20 日的会指《城市科学与山水城市》再版发行座谈会。

1996 年 7 月 14 日致钱学敏

（关于建筑科学是强调马克思主义哲学的指导）

钱学敏教授：

近日我收到鲍世行同志寄来 6 月 20 日的座谈会材料，我才知道您也去参加并作了发言。您还讲了您对现代科学技术体系的第 11 大部门——建筑科学的看法。此会中其他发言您也听了，好像还都是赞成的。其实我提出第 11 大部门是强调马克思主义哲学的指导，不能跟着洋人跑，也不能迷于中国古代皇宫、富家园林、北京四合院、江南水居……现代社会主义中国要有新时代的建筑、新时代的城市。对此，您已开始协助我，请继续合作。

再一件事是戴汝为同志①在本月初去天津南开大学，见到该校搞美国史的冯承柏教授，谈到信息革命和第五次产业革命，并得到论文"美国的信息社会理论与中国的现代化"。文中提到我们的观点，现奉上冯承柏文和我给戴汝为同志信的复制件，请阅。我认为大成智慧和大成智慧工程的概念还需要深入研究和宣传，这是我们面临的事，第五次产业革命现已开始。在 21 世纪，人口中从事脑力劳动的人数将上升，人口中从事体力劳动的会下降，我们的社会主义中国要有预见并作好规划。

就这么几件事要说。长彬教授②好吗？

此致

敬礼！

钱学森

1996 年 7 月 14 日

注释：

① 戴汝为：中国科学院院士。

② 俞长彬：中国人民大学教授，钱学敏的老伴。（钱学敏注）

（关于要迅速建立"建筑科学"大部门）

鲍世行同志：

您 7 月 15 日来信^②及附中国城市规划学会风景环境学术委员会的年会通知都收到，十分感谢！通知现退还。

我近读《经济参考报》7 月 17 日、7 月 18 日都有我们关心的文章^③，现复制送呈供参阅。我想两篇文章讲的问题都指向如何大大提高我们对现代人居及城市的认识，而目前我们还只是纷纷议论，没有明确而又联系今日客观实际(包括建筑界专家们)的理论体系。对此，只宣传"山水城市"是不够的，要迅速建立"建筑科学"这一现代科学技术大部门，并以马克思主义哲学为指导，以求达到豁然开朗的境地。我想这是社会主义中国建筑界城市科学界同志的不可推卸责任。请考虑。

同一内容的信我也写给顾孟潮同志了。

此致

敬礼！

钱学森

1996 年 7 月 21 日

注释：

① 此信收入杨永生主编《建筑百家书信集》中国建筑工业出版社，2000 年 3 月，第 126 页。

② 系指 1996 年 7 月 11 日鲍世行给钱学森的信。该信主要报告中国城市规划学会风景环境规划设计学术委员会将在四川举行以"山水城市"规划研究为主题的年会。

③ 系指丛亚平"立体音符的困惑——关于建筑与文化的思考"一文，它介绍 1996 年 6 月中旬在长沙召开的"建筑与文化国际学术讨论会"的情况。

附：鲍世行 1996 年 7 月 19 日信

尊敬的钱老：

7 月 15 日寄上一信谅已收悉。

今日又收到您 7 月 9 日来信。

最近各报又陆续刊出您的讲话和《城市学与山水城市》再版消息。7 月 7 日《科技日报》2 版刊出关于《城市学与山水城市》增补版出版的消息；7 月 14 日《科技日报》2 版又以"关于哲学、建筑科学、学术民主的思考"为题发表了您的讲话，同时还刊出 6 月 4 日会见时的像片和我的"与钱老聚谈"及顾孟潮的"启示和召唤"的短文；7 月 12 日《中国日报》（英文）第 9 版（文化版）刊出"Qian's theory"的报道[①]。这些报纸估计您已有了，就不再寄上。

7 月 17 日中央电视台又来拍摄有关《城市学与山水城市》一书的电视，由中国建筑工业出版社刘慈慰社长介绍该书选题的确定，由我介绍城市学与山水城市的概念，由顾孟潮介绍该书的框架，由吴小亚介绍该书出版后国内外的反响。这个节目今后将在中央电视台 7 台（教育台）"科技之光"中的"科技书架"节目中播出。电视是目前影响最大的媒体。可以预计这个节目播出后，将会引起更大的反响。

附上建设部侯捷部长在《城市学与山水城市》再版发行座谈会上的讲话。这个讲稿是根据录音整理已经本人审阅修改。

此致

敬礼！

鲍世行

1996 年 7 月 19 日

注释：

① 关于《城市学与山水城市》增补版出版消息见《山水城市与建筑科学》第 1029～1037 页，"哲学·建筑·民主"，见该书首页；"与钱老聚谈"一文，见该书第 9 页；"启示和召唤"一文，见该书第 10 页；"Qian's theory"的报道，见该书第 1030 页。

1996 年 7 月 21 日致顾孟潮

（关于要迅速建立"建筑科学"大部门）

顾孟潮同志：

您 7 月 11 日来信及《中国建设报》1996 年 6 月 25 日 1 版复制件[①]都收到。您在《新建筑》1996 年 2 期的文章[②]我还要仔细学习，如有所得，定向您报告。

我近读《经济参考报》7 月 17 日、7 月 18 日都有我们关心的文章，现复制送呈供参阅。我想两篇文章讲的问题都指向如何大大提高我们对现代人居及城市的认识，而目前我们还只是纷纷议论，没有明确而又联系今日客观实际（包括城市学界的专家们）的理论体系。对此，只宣传"山水城市"是不够的，要迅速建立"建筑科学"这一现代科学技术大部门，并以马克思主义哲学为指导，以求达到豁然开朗的境地。我想这是社会主义中国建筑界、城市科学界同志的不可推卸责任。请考虑。

同一内容的信我也写给鲍世行同志了。

此致

敬礼！

钱学森

1996 年 7 月 21 日

注释：

①《中国建设报》1996 年 6 月 25 日 1 版复制件，系指该报有关 6 月 20 日《城市学与山水城市》再版发行座谈会的报导。

②《新建筑》1996 年第 2 期的顾孟潮文章为"建筑哲学概论（导论篇）"。

附：顾孟潮 1996 年 7 月 11 日信

尊敬的钱老：

您好！

今寄上《新建筑》杂志1、2两期、其中2期有我写的"建筑哲学概论（导论篇)"，请您诣正。因为3月份寄给他们的讲稿，所以现代科学技术体系图仍用您《科学的艺术与艺术的科学》一书的，只好以后有机会再改。

近日读到您谈科普的文章很受启发。作为建筑科学和技术科普的任务更加繁重、更加宽广，而近年建筑科普的工作几乎是自流状态，很少有人下功夫，此情令人忧虑。

致

敬礼！

顾孟潮　上

1996 年 7 月 11 日

（关于建筑科学这个大部门是科学与艺术的结合）

钱学敏教授：

您 7 月 15 日、16 日两封信及那篇万余字的大作稿① 都收到。我读后深感您辛勤写作阐发我们的研究，真是功不可没！下面我提点想法供您考虑：

文章中既然引用了那张现代科学技术体系表，又说到"建筑科学"，那就应该将建筑科学加进现代科学技术体系表，改 10 大部门为 11 大部门，说明随着我们实践认识的发展，这个体系也会发展。何况建筑科学这个大部门明显是科学与艺术的结合！目前这一大部门中的现实问题很多（见附上的剪报复制件②），要用马克思主义哲学来推进其解决。这点意见我也向鲍世行同志与顾孟潮同志讲了。

还有一个更大的问题是"大成智慧"。您是否在那本《现代科学技术体系与大成智慧学》书中讲透了？我现在想，大成智慧是我们近年来工作的核心，第五次产业革命和科学技术体系的形成造成人·机结合的思维体系，以致要求人人 18 岁达到硕士水平。这是"新人类"了！而社会也将改观、改组，走近共产主义的世界大同！这一点，一定要宣传好！中国共产党领导的社会主义要领先开步走上这条大道！能不能在建党一百周年开始？这才是头等大事！

以上请示。

文稿送还。

此致

敬礼！

钱学森

1996 年 9 月 21 日

注释：

① "万余字的大作稿"，指钱学敏写的"钱学森关于科学与艺术的新见地"文稿，后发表在《系统研究》，浙江教育出版社，1996 年 11 月版。

② 附的剪报复制件是：

1. "人居问题仍是中国的大事"（记者专访建设部部长侯捷），《经济参考报》1996 年 7 月 18 日。

2. "立体音符的困惑——关于建筑与文化的思考"，发表于《经济参考报》1996 年 7 月 17 日。（钱学敏注）

1996 年 7 月 28 日致钱学敏

（关于中国有很多建筑科学方面的权威和学者）

钱学敏教授：

　　您 7 月 20 日来信及大作稿"钱学森对建筑科学发展的构思"①都收到。我读后将意见用铅笔写在文稿上，请您考虑。我这么想的原因是：(1)在我提出的这一大部门，中国已有许多有实践经验和学问的权威和学者，而我只是对建筑有兴趣的外行人。这一实际情况是与我提出系统科学、思维科学、行为科学等时，大不一样，我不是大哥，只是小弟弟！(2)"建筑学"的内涵已有千年以上全球各地的发展，我要谨慎。这两条我在 6 月 4 日同鲍世行、顾孟潮、吴小亚谈话中就有所体现，您注意到了吗？

　　您的文章稿奉还。载有黄顺基②文"试论钱学森现代科学技术体系"的《烟台大学学报(哲学社会科学版)》1996 年第 2 期也附上，供参阅。

　　比起"大成智慧的'新人类'和'新社会'"，以上都是一个小小的分题了！

　　再附上 3 个复制剪报供思考。

　　此致

敬礼！

钱学森

1996 年 7 月 28 日

注释：

　　①"钱学森对建筑科学发展的构想"一文，原为钱学敏于 1996 年 6 月 20 日参加《城市学和山水城市》一书再版座谈会上的发言稿，后钱老将此发言稿的标题改为"对钱学森提出'建筑科学'的一些思考"，发表在 1998 年 3 月 10 日出版的《华中建筑》。

　　②黄顺基：中国人民大学教授。（钱学敏注）

（关于杨国权来函）

鲍世行同志：

您 7 月 25 日来信及《中国市容报》都收到，谢谢！

我不久前曾收到郑州市建筑设计院杨国权总工程师的来信！[1] 其中讲到"山水城市"，今附呈此信，供参阅。

此致

敬礼！

钱学森

1996 年 8 月 2 日

注释：

[1] 系指 1996 年 7 月 10 日杨国权给钱学森的信。

附：鲍世行 1996 年 7 月 25 日信

尊敬的钱老：

现寄上 1996 年 7 月 19 日《中国市容报》一份，请您一阅。此报第四版"城市科学"理论版，以"哲学观点·建筑观点·学术民主"为题，以"钱学森会见鲍世行、顾孟潮、吴小亚时讲的一些意见"为副标题，刊出您 6 月 4 日的讲话[1]，同时还刊出陈光庭："中国城市学研究的强大动力——写在《杰出科学家钱学森论城市学与山水城市》一书再版之际"一文。

耑此，顺祝

暑安！

鲍世行

1996 年 7 月 25 日

注释：

[1] "哲学·建筑·民主"一文，见本书第 463 页。

附：鲍世行 1996 年 8 月 9 日信

尊敬的钱老：

您 8 月 2 日来信及附来杨国权总工的信收到，他在信中谈及"山水城市"的一些看法颇有见地。其中意境美和文脉继承等都是您多次提到的。

附上 7 月 26 日《名城报》一份，供参阅。该报第三版报道了 6 月 20 日座谈会[①]的发言，到目前为止是报道最全的。

附上《城市发展研究》1996 年 1～3 期。其中第 3 期秦仁山的书评是对《城市学与山水城市》一书的评述。此文下期续完。秦仁山先生是中央党校的老教授，长期从事城市研究，文章可以说是他多年研究的结晶。

敬祝
暑安！

鲍世行

1996 年 8 月 9 日

注释：

① 指 1996 年 6 月 20 日召开的《城市学和山水城市》再版座谈会。

1996 年 8 月 4 日致顾孟潮

（关于修改顾孟潮文章）

顾孟潮同志：

您 7 月 31 日来信及剪报复制件都收到，谢谢了！

您为《北京日报》写的文章很好，我只在个别地方作了点修改，现附回稿件，供您考虑。

此致

敬礼！

钱学森

1996 年 8 月 4 日

附：顾孟潮 1996 年 7 月 31 日信

尊敬的钱学森同志：

您好！

《北京日报》约我写一篇介绍《城市学与山水城市》一书的短文，今草成，寄您审定，有些提法是否合适，请您指正。

另，附上中国新闻社新闻稿被泰国引用的复印件及《科技日报》、《中国青年报》、《城乡建设》书讯的复印件。

您 7 月 21 日来信，因出差 29 日始见到，故迟复函，请谅。您所说的建立建筑科学大部门的迫切性切中时弊。而现有体制、机制的不衔接和各自强调自身的重要性，很不利于体系的建立，尚需做许多努力。有新的情况我再向您报告。

此致

敬礼！

顾孟潮　上

1996 年 7 月 31 日

1996 年 8 月 11 日致罗来平

（关于相信社会主义中国一定能建设好）

罗来平[①]**同志：**

您 8 月 2 日来信、附件及尊著《城乡规划建设与名胜环境保护》[②]上、下册两本都收到。对此，我谨在此对您表示衷心感谢！

我也按您嘱咐，先读了序、附录、后记，翻看了诸篇。我认为您关怀人民环境，并做了大量的工作，真令我感佩！

但我对这方面的认识是：只消极地批评、宣传保护环境是不够的，还应提出积极的方案。我的"山水城市"建议就是这个目的。另外还有一本浙江教育出版社 1994 年出版的《论地理科学》也是为了这个目的。我相信我们社会主义中国一定能建设好，您也一定能为此作出贡献！

您一定认识您那里的吴翼同志，他不是宣传并实践了把合肥建设成当代园林城市吗？

此致

敬礼！

钱学森

1996 年 8 月 11 日

注释：

① 罗来平，安徽省建设厅高级城市规划师。

②《城市规划建设与名胜环境保护》（上、下册），罗来平著，海南国际新闻出版中心出版，1995 年 12 月。

附：罗来平 1996 年 8 月 22 日信

尊敬的钱老：

给您的信寄出我就出差去太原了，今日刚从太原到家就收到您的回信，真是喜出望外。

谢谢您老的回信和鼓励，不过我不是消极地提些批评意见，而不提积极的建设性意见。譬如现在水旱灾害这么严重，这么频繁，完全是砍伐森林造成的。我在强烈反对砍伐森林的同时，便提出不要再砍伐原始森林、次森林、水源涵养林、风景林，只能间伐人工林，同时要积极推行以金属、塑料制品代木，尽量把对木材的需求量减少到最低限度。还要大力封山育林，退耕还林，种树种草。

　　您的"山水城市"建议当然很好，对当今我国城市建设极有指导意义（顺寄"要特别珍惜历史文化名城山水环境"文，请赐教），但要拯救我国日益恶化的生态环境仅此而已就远远不够了。因为山水特别是原始森林砍光了，土地失去森林保护，导致水土流失，河床抬高，河湖消失，水旱灾害就来了，还有植物多样性不存在了，动物多样性也就不复存在，最终是威胁人类自身生存。生态环境破坏了，是不可逆转的。污染再严重，随着科学的发展，经济的腾飞，倒是不难治理的。英国泰晤士河、韩国汉江当年都污染严重，鱼虾绝迹，如今已河水变清，鱼虾又回来了。我再次恳请您把我的环保栏目文章看完，再多提宝贵意见。我是多么希望你能理解支持我，如果有您这样的著名科学家帮助我呐喊，那就会有力量得多。我这次到山西晋中南跑了数日，最感慨的就是生态环境糟透了，一言难尽。长此下去，儿孙将会无水吃，最终要被开除出球籍。

　　再见！

罗来平

1996 年 8 月 22 日下午匆匆

1996年9月8日致胡兆量

（关于"山水城市"近日颇受我国建筑界及城市研究界重视）

胡兆量教授：

　　您9月3日来信及尊著《开放后的中国》都收到，对此我很感谢！

　　"山水城市"一说近日颇受我国建筑界及城市研究界的重视，这也是开放后的社会主义中国该完成的一件事吧？请教。

　　此致

敬礼！

钱学森

1996年9月8日

钱学森对涂元季秘书批语:①

　　同意您的看法，只是建筑科学这一大部门的哲学概括该叫什么？如用"建筑美学"则偏重了其艺术内涵了，所以还是称"建筑哲学"为妥。请酌。答复就由您(指涂元季)署名。

注释:

　　① 此批语系对顾孟潮"关于钱学森同志 1996 年 6 月 4 日讲话的思考"一文。

附: 涂元季 1996 年 9 月 10 日信

钱学森同志:

　　《中国软科学》杂志社寄来顾孟潮同志的文章:"关于钱学森同志 1996 年 6 月 4 日讲话的思考"及供审阅参考的两个附件，即您 1996 年 6 月 14 日给顾孟潮的信和您 6 月 4 日的谈话整理稿。

　　我原本不想再麻烦您，看看如无什么问题，即退杂志社发表，但读后觉得有些问题我尚无把握，仍需请您把关:

　　1. 顾文第一页倒数第 8、9 行说:"建筑科学的四个层次是:建筑哲学、建筑科学、建筑学、工程技术"。而您关于现代科学技术体系结构的论述认为，每个科学技术大部门只有三个层次，即基础科学，技术科学和工程技术。"建筑哲学"应属基础科学到马克思主义哲学的桥梁。所以顾孟潮说的"四个层次"在理解上恐怕有误。这一误解也反映在顾文第 2 页右上角:他将"自然辩证法、唯物史观、数学哲学……美学"都称作"基础科学"。

　　2. 您在谈话中曾经指出，建筑科学这个大部门中的基础科学是建筑学，而目前建筑学的内容实属技术科学层次，这是非常正确的。如果基础科学是建筑学的话，那目前属技术科学层次的建筑学应改名什么？不然会造成概念上的混乱。

3. 您指出，建筑是科学的艺术，又是艺术的科学。这是一个高度的概括，本质性的论点；我理解，正是由于这一本质特点，使建筑科学不同于其他科学技术部门，因此有必要建立一个新的科学技术大部门，与另十大部门平起平坐。顾文对这一根本观点的论述似显不足。可否建议他加以补充？

我不懂建筑，但也在思考："建筑是科学的艺术，又是艺术的科学"，交会点在什么地方？是不是建筑美学？而建筑美学在建筑科学技术这一大部门中的地位是什么？它是否属"建筑哲学"的内容？建筑和人的关系，是否也包括人的基本审美观？

我不懂建筑，所提意见很不成熟，没有把握，所以未敢在顾文上改动，还是请您把把关，看看以上意见有无必要供顾孟潮同志参考。

我未和顾直接交换意见，主要是怕对您的思想理解不准，一张口顾又可能误以为是您的意思，故而陈述供您参考。

此致

敬礼！

涂元季

1996 年 9 月 10 日

1996 年 9 月 15 日致鲍世行^①

（关于山水城市及建筑科学受到重视的原因）

鲍世行同志：

您 9 月 5 日来信及稿费 200 元都收到，《东方视角》杂志^②想也即日可见。

经过大家的共同努力，山水城市及建筑科学的确受到重视。这是我深有体会的：早些时候我曾提出要建立地理科学大部门，并列于自然科学、社会科学、数学科学、系统科学、思维科学、人体科学、军事科学、行为科学与文学艺术 9 大部门，形成现代科学技术体系的 10 大部门；但除了少数人之外，反应不很强。但这次提出建筑科学大部门却引起大家的支持，山水城市也如此。什么原因？这是我们该好好反思的。

我想可能有两方面的原因：

1. 居室及工作环境是人们都有日常体会的。您信中说的群众对您广播讲话的反应不就是这样吗？而地理环境却不是群众都有切身体会的。

2. 从科学大部门来看（这是学者们重视的）地理科学只是自然科学与社会科学的交叉结合，而建筑科学则是自然科学、社会科学和美术艺术的三结合，更复杂高超！

从这两方面体会建筑科学和其哲学概括——建筑哲学的意义，令人感到构筑建筑科学这一现代科学技术体系的第 11 个大部门的重要，这是中国建筑界城市科学界的历史任务！我们要以马克思主义哲学来指导，用建筑科学建立 21 世纪社会主义中国人居环境！

我这些想法对不对？请您指教。您也可以同顾孟潮同志谈谈，我也向他请教。

此致

敬礼！

钱学森

1996 年 9 月 15 日

注释：

① 此信收入杨永生主编《建筑百家书信集》，中国建筑工业出版社，2000 年 3 月，第 129 页。

② 指《东方视角》1996 年第 2 期，内有 1996 年 6 月 4 日钱学森会见鲍世行、顾孟潮、吴小亚时的讲话。

附：鲍世行 1996 年 9 月 5 日信

尊敬的钱老：

现寄上《东方视角》1996 年第 2 期（另寄），内有 6 月 4 日您会见我们的讲话。另汇上稿费 200 元，请查收。

有一事要向您汇报。中央人民广播电台（630、720、855kHz）于 8 月 30 日 11：00～12：00 邀请我在"专家热线"节目中主讲：城市发展新模式：山水城市，主持人是周正，由于我们两人配合默契，取得了较好的效果，在一个小时的时间里，先由我介绍"山水城市"，主要讲了三个方面内容：(1)山水城市讨论的实质；(2)山水城市的内涵；(3)山水城市讨论的时代背景。然后由主持人提问，展开讨论。播出过程中还不时有听众打来电话参与讨论。他们提出的问题有关于北京的交通拥挤、居住、工作地点分离，上下班不便；和一些城市填河填湖影响生态平衡等等，看来山水城市确实是贴近群众的话题，只是由于时间太短未能广泛展开讨论，最后我给大家出了两个题目（这是节目统一要求，称"专家考考您"）：(1)山水城市讨论的实质是什么？(2)钱学森同志提出山水城市构想，是要把中国传统文化与现代城市发展结合起来，那么这些传统文化包括哪些内容？

广播是影响极为广泛的一种大众传播，通过这次活动我深深感到"山水城市"这个崭新的概念正在逐步地为广大群众所接受，产生深刻的影响。这主要是由于您近年来以科学家的敏锐和胆识提出了种种高屋建瓴的见解，已极大地推动了学科的发展，同时由于您的巨大威望，也正在推进社会各方面对学科的理解和认同，使专家的研究与群众的实践广泛地结合起来。我相信一种新的学说只有为人民所理解和接受才能产生无比的力量，唯有如此建设具有中国特色的未来城市模式——山水城市的实践才能在华夏大地实现。

专此，敬祝

秋安！

鲍世行

1996 年 9 月 5 日

附：顾孟潮 1996 年 9 月 27 日信

尊敬的钱老：

您好！节日好！

昨天出差归来，见到世行同志转来您 9 月 15 日信的复印件，确实如您所说山水城市和建筑科学大部门能引起大家支持的原因我们"该好好反思"。

近来，我在新疆、齐齐哈尔、大连等地会上会下，无论是作学术报告还是发言、写文章、言谈之间都在宣传您关于建立建筑科学大部门的思想。我也同世行同志讲：目前建立建筑科学大部门是最迫切的任务，也是非常艰巨的工作，需要更多的人齐心协力才能有所前进。这和城市学、山水城市开始提倡时一样，还是有不少人有不同意见的，需要更艰苦的努力。我想，从我寄给您的剪报复印件，您可能也会感到这一点。但我决不会被困难吓倒，只要认识到这个任务的重要，思路的正确我会坚持下去的。我之所以讲建筑哲学，也是希望通过开课和写文章团结更多的人为此奋斗。习惯，包括学术界维护原有的认识水平和领域的思路和做法不是短时间能改变的，不知您认为如何？

顺便寄上《北京日报》约我并送您阅过的那篇短文的剪报，当否？请指正。

在您 85 诞辰前夕祝您健康长寿！

致礼！

顾孟潮　上

1996 年 9 月 27 日

1996 年 9 月 26 日致顾孟潮

（关于建筑科学基础理论的学问）

顾孟潮同志：

您 9 月 11 日下午来信及剪报等都收到。

对建筑科学这一现代科学体系中的一个大部门，其基础理论层次的学问，可以是多门学问，不必限于一门学问，例如在自然科学这另一个大部门，其基础理论层次就有物理学、化学、生物学等。所以在建筑科学这一大部门，其基础理论层次，也可以有多门学问；广义建筑学当然可以是其中之一，此意请酌。

此致

敬礼！

钱学森

1996 年 9 月 26 日

附：顾孟潮 1996 年 9 月 11 日信

尊敬的钱学森同志：

您好！

谢谢您和涂秘书对我"思考"一文的指正，我将遵循此指正对原文进行修改。关于建筑科学的三个层次的提法，技术科学指现有的建筑学；再上一个层次属于基础科学部分，称之为"广义建筑学"如何？吴良镛教授曾用此词，并有专书。意义与体系中这一含义比较契合。

另，寄上两篇短文剪报的复印件请您指正。

此致

敬礼！

顾孟潮

1996 年 9 月 11 日

附：顾孟潮 1996 年 10 月 9 日信

尊敬的钱学森同志：

您好！

10 年前(1986 年)，中国当代建筑文化沙龙成立之时收到了您祝贺和支持的回信，给了我们极大鼓舞。十年来沙龙内外的朋友们，在您的关怀和指导下，为推动中国当代建筑文化艺术发展，理论、科学技术的进步做了许多工作，取得一些成绩。十年后的今天，我们专门组织了这次建筑文化十年纪念活动，包括举行报告会、座谈会和一些展览，借以回顾、评析十年的进步，展望未来，明确今后的努力方向。此刻，我们衷心希望能听到您对发展建筑文化的指示，盼望您百忙之中为参加大会的全体同志写几句话，可否？特请示您。

另：附上这份写了您接见我们之前的，向大会汇报十年简要情况的材料。14 日发言时我将会传达您关于建立建筑科学大部门的有关指示。另一份材料是 10 月 14～16 日三天会议的日程和内容，供参考，不当之处，望您一并指正。

此致
敬礼！

顾孟潮　上

1996 年 10 月 9 日

附：顾孟潮 1996 年 10 月 17 日信

尊敬的钱学森同志：

您好！

今天寄出两本《房地信息》杂志，首篇载有您 6 月 4 日的谈话。该刊主编姚凤城同志的信(复印件)随信寄去供您参阅。姚的信中说长春市主管城市建设的几位领导看了您的文章很感兴趣，给予很高评价。政府规划、城建部门也派人来索取刊物。为此他向您表示深深的敬意和感谢，故转呈您。

您关于建立建筑科学大部门的思想，在我们 14～16 日"当代建筑文化十年纪念会"上，也得到与会者高度评价与反响。特此报告。

致礼！

顾孟潮

1996 年 10 月 17 日

附：顾孟潮 1996 年 11 月 7 日信

尊敬的钱老：

您好！

见到 11 月 6 日《人民日报》载钱学敏同志撰写的"钱学森论科学思维与艺术思维"一文非常高兴，也非常感谢您这又一重要贡献，正式把建筑哲学、建筑科学列入您建立的现代科学技术体系。

建筑业在我国作为支柱产业长期立不起来，其重要原因之一便是建筑科学的学科地位未达到支柱地位。您对建筑科学的论述，不仅对中国建筑有意义，对世界建筑界也是一个重要贡献。

另外，由涂元季同志撰写的"钱学森的科普观"（上）、（下）也已见到。但是由于出差始归，杂事很多，还未来得及细读。待细读后再向您汇报我的学习心得。再次祝贺您作出的新贡献！

此致

敬礼！

顾孟潮

1996 年 11 月 7 日

附：顾孟潮 1996 年 11 月 30 日信

尊敬的钱老：

您好！

见到《人民日报》11 月 6 日载您近日增补完成的现代科学技术体系图很受鼓舞，同时感到有关建立建筑科学大部门的问题虽然很迫切，但宣传得很不够，故撰此文，拟给《中华锦绣》画报。现送您审阅，妥否？请予指示。

此致

敬礼！

顾孟潮　上

1996 年 11 月 30 日

1996 年 9 月 29 日致鲍世行

（关于 21 世纪社会主义中国）

鲍世行同志：

您 9 月 25 日信及附件^①都收到。

我现在才知道：我国国家建设部已于 1992 年提出创建"园林城市"，几年来已在全国评审命名北京、合肥、珠海、马鞍山等 8 个园林城市。现在继重庆市之后自贡市又提出要建山水园林城市，很自然，重庆市和自贡市是不是要把城市建设再提高一级，从园林城市到山水园林城市？按此情况，似可把城市建设分为四级：

一级　一般城市，现存的；

二级　园林城市，已有样板；

三级　山水园林城市，在设计中；

四级　山水城市，在议论中。

您是城市科学专家，此意当否？请教。

所以山水城市是 21 世纪的城市。那么 21 世纪的社会主义中国将是什么样的国家？首先是消灭贫困，人民进入共同富裕；然后要考虑到两个产业革命的巨大影响。

一是信息革命，即第五次产业革命，使绝大多数人不用天天上班劳动，可以"在家上班"。二是农业产业化，即第六次产业革命，使古老的第一产业消失，成为第二产业，这也就是您信中说的农村转化集中成为小城镇。这样我国人民将都住在城市：全国大多数人住在小城镇，大城市是少数。上千万人口的特大城市，全中国有几个而已。

中国的城市科学工作者面临的就是这样一幅全景。他们要把每一个这样的城镇、城市建成为山水城市！Garden City、Broadacre City，"现代城市"（L. 柯布西耶）、"园林城市"、"山水园林城市"等等都将为未来 21 世纪的山水城市提供参考。

这就是我现在的想法；对吗？请指教。

您 10 月 13 日的电视，我将设法安排收看。

此致

敬礼！

并祝

节日愉快！

钱学森

1996 年 9 月 29 日

注释:

① 指自贡市研究山水园林城市的计划申报表和 1996 年 9 月 23 日鲍世行给自贡市城市科学研究会陈绍先秘书长的信。在这些材料中介绍了建设部开展创建"园林城市"活动的情况。

附：鲍世行 1996 年 9 月 25 日信

尊敬的钱老：

首先报告您一个好消息，中央电视台(七套)将播出关于《城市学与山水城市》一书的节目，由中国建筑工业出版社刘慈慰社长、顾孟潮、吴小亚和我介绍情况，时间安排在 10 月 13 日(星期日)晚 10：00，次日上午 11：50 重播。

9 月 15 日大扎收悉。我十分赞同您关于建筑科学与山水城市受到大家支持的原因的分析。

21 世纪被人称为"城市的世纪"。在世纪之交的今天，城市发展战略的研究已经成为世界性的命题。有十二三亿人口的中国的城市化问题也是国际上关注的焦点。目前，中国的城市正面临新的转折时期：城市化速度加快，城市规模迅速膨胀，城市的经济、社会和空间布局结构正在发生深刻变化，城市面貌日新月异，城市现代化已经提到日程上，与此同时人口膨胀、住宅紧张、交通拥挤、能源、水资源短缺、环境恶化等城市病正在困扰着人们，有识之士正在呼吁应该冷静地分析一下形势，认真地研究城市发展理论。特别是中央提出两个根本转变，一是经济体制，从计划经济体制向社会主义市场体制转变，另一是经济增长方式，从粗放型向集约型转变。在这种新形势下，中国的城市向何处去？此外，国际上的一系列活动，尤其是人居环境活动的进展和可持续发展思想的提出，所有这一切都向人们提出了更高的要求，不能不引起人们的深思。城市学与山水城市的讨论正是在这样的大环境下进行的。

您在学术界的崇高威望，也是工作顺利推进的十分重要的原因。吴良镛先生说："社会需要杰出科学家振臂高呼，推动建筑学术的发展。"他还说："钱老近年来对建筑与城市种种杰出的观点，已极大地推动全社会各方面(包括我们专业工作者)对学科的认识……所有这些讨论，不仅对这门学科的发展有所推动，也让全社会认识这门科学……"

但是，我们在推动工作中也深深感到压力的存在。这一方面是由于急功近利，忽视理论的探讨，忽视远景的谋略，另一方面，部门分隔的体制往往使一些部门带有偏见，而且具有强烈的排他性。我在给自贡陈绍先同志的信中说："千万不要学董仲舒"，就是指上述现象。

随信呈上自贡研究山水园林城市的计划申报表和我给他们的一封信。

这个课题组由自贡城科会会同市建委、规划设计院、林业局、城管局、环保局等17位专家组成，由市政府、建委领导担任顾问，今年6月上旬进行了工作大纲论证，下旬分赴重庆、合肥、马鞍山等地考察学习。看来他们吸取了这些城市的经验教训，工作肯定会更深入些。

中秋、国庆即将来到，我预祝您
节日愉快！

鲍世行

1996 年 9 月 25 日

附：鲍世行 1996 年 10 月 15 日信

尊敬的钱老：

您 9 月 29 日来函收到。

我很赞同您将山水城市分为四个阶段进行规划建设的论断，即：一般城市，园林城市，山水园林城市，山水城市的设想。一般城市可将园林城市作为近期城市环境建设的目标，远期则应按"山水园林城市"的目标来规划、建设，而"山水城市"则作为 21 世纪社会主义中国城市的远景构想。这是最高的奋斗目标，要求应该更高一些。

来信还对 21 世纪中国城市的全景作了清晰的描绘：首先第一步要消灭贫困，实现共同富裕，然后第二步要考虑两个产业革命的巨大影响，信息革命和农业产业革命（绿色革命）。就城市的总体布局来说，我国的大多数人将居住在小城镇里；大中城市有一定数量，它们都有合理的布局；大城市，从数量来说是不多的，也应按"山水城市"的要求来规划、建设，不然到时候还要再来一次"城市改造"。总之，到时候我国十几亿人都将居住在环境优美的城镇里，这些城镇每一个都是按照"山水城市"的模式来进行规划建设，到那时可以说我国的城乡差别就真正消灭了。

我刚从成都参加中国城市规划学会风景环境学术委员会 1996 年年会回来。这次会议有两个主题："山水城市"规划研究和风景区规划研究，但是大家感兴趣的是"山水城市"这个主题。会议的论文有不少涉及"山水城市"，这些论文有理论、有实践，都有相当水平，发言多数也是讲"山水城市"。这次会议先由我作了一个主题发言。我在发言中还传达了您最近来信的精神。大家围绕了这些问题开展了热烈的讨论，发言十分活跃。由于我 10 月 16 日将带团赴埃及作历史文化名城保护与建设的考察，因此我只参加了一天会议（会期两天），次日即回京。会议的详细情况待我由埃及回京后再向您汇报。

此致
敬礼！

鲍世行

1996 年 10 月 15 日

1996 年 12 月 22 日致高介华

（关于山水城市要好好探讨）

高介华同志：

您 11 月 8 日信及于海漪文①早收到。您问及的《华中建筑》1996 年 3 期及稿酬亦收到，请释念！尊作《击水词·书·画》②一书也收到，谢谢！

您论及建筑理论，甚好。愿我国建设界同志多努力！

于海漪同志的探讨很值得注意，不知建筑界有何评论？山水城市是现在要好好探讨的问题。

1997 年即将来临，我向您拜年，恭贺新禧！

此致

敬礼！

钱学森

1996 年 12 月 22 日

注释：

① 于海漪文系指"复合城市空间论"。此文原为作者在"建筑与文化"1996 国际学术讨论会论文，后载《华中建筑》1997 年第 1 期。

②《击水词·书·画》，高介华著，陈义伦书、李春富画，江苏文艺出版社，1995 年 12 月出版。

附：高介华 1996 年 11 月 8 日信

学公先生尊鉴：

您老好！

此寄上小作《击水词·书·画》一书，不知是否已达尊览。

您老会见鲍世行等同志时所谈"哲学·建筑·民主"问题，已刊于

《华中建筑》1996 年第 3 期，刊物及稿酬早已寄发，不知是否收到？

最近北京友人寄来了钱学敏先生所写，刊于《中国文化报》(1996.9.4)上的"钱学森关于科学与艺术关系的新见解"，晚已认真地阅读学习了此文，感到"将文学艺术纳入现代科学技术体系"的观点，可以说是划时代的创新见解，而且是极为大胆，极具气魄。这一见解，乍看有点"标新立异"，实际上具有哲学基础，因为"文学艺术与科学一样，同是认识世界和改造世界的科学"。文学艺术在任何时代的作品，从内涵到表现形式、手法技巧，都不能脱离科学技术对文学艺术的研究，实际上是科学性的，至于是否可以别立门类，是另一回事，有的早已立了。

晚拟将此文转刊于《华中建筑》，好让中国以至世界的建筑师从中得到启迪。特别是当代中国的一些年轻建筑师，一头埋入所谓"建筑艺术"，不顾根本，只能误入歧途。

徐千里的论文，拟作修订，由中国建筑工业出版社出版，我今天已给他寄发一信，建议他在修订时务必贯入您老所提的意见，以马克思主义的辩证唯物论和历史唯物论为指导，时刻不能忘记建筑是为人民大众服务的。我想他会认真考虑。

今附寄上去年女建筑师于海漪交给"长沙会议"的论文"论复合城市空间的构想与设计"的复印件一份。她的构想与设计就是以您老的"山水城市"学说为指导思想。当然，是否能很好地体现，还须不断深化和探索。未来的城市设计无疑将会产生革命性的变革。

由于工作太忙，疏于修书请安，请谅宥。望多珍摄。

敬祝您老

身体益健！

阖家欢愉！

晚

介华　沪上

1996 年 11 月 8 日灯下

1997 年 1 月 2 日致顾孟潮

（关于学术讨论中民主与集中问题）

顾孟潮同志：

您去年年终来信①及"迈出第一步"②都收到。我对您开研究生课，讲建筑哲学并鼓励学生提出自己的意见，并取得成功，表示祝贺！

读了瑶丛蕾同志文之后，也感到一个问题，即：学生说了自己的看法后，您这位老师有没有再作个总结或小结？说明什么解决了，什么还没有解决，留待今后大家努力。民主讨论之后不能没有个集中，是"集中领导下的民主，民主基础上的集中"嘛。此意请酌。

此致
敬礼！

并祝
您在新的一年里取得成就！

钱学森
1997 年 1 月 2 日

注释：

① 指顾孟潮 1996 年 12 月 29 日的信。

②"迈出第一步"一文作者"瑶丛蕾"系三位选修建筑哲学课的研究生袁子瑶、贺从容、方蕾。

附：顾孟潮 1996 年 12 月 29 日信

尊敬的钱学森同志：

您好！新年好！春节好！

又有一段时间没给您写信了。听说浙江教育出版社为您出了"系统论研究"等科学专著。向您表示热烈祝贺!

　　年前12月26日我从南京回来刚刚完成这学期的建筑哲学课。这里将简况向您汇报一下。从今年4月开课,我前后两次赴南京,集中讲了8讲10个单元课程和课外辅导。两次的系列讲座,除了报名选修此课的研究生听课并完成作业,有兴趣的同学和老师也可以参加听课和讨论。8讲的题目依次为建筑哲学的导论篇、例说篇、价值篇、本体篇、文献篇、信息篇、思维篇、类型篇,结合放幻灯、透明片、录像讲课和讨论,完成论文作业等生动活泼的方式,启发同学从哲学高度思考建筑问题,学习科学的读书、对话讨论方法,以及激发创造性思维的方法,因此教学效果较好,使同学们在许多方面取得认同,培养了思考问题、讨论问题的习惯,有的同学为更好地完成论文作业主动找参考书向老师请教。老师和同学们已初步尝到开设建筑哲学的好处,这特别要感谢您的指示。因此决定在总结今年讲授建筑哲学课经验基础上明年继续开此课,并争取有进一步的改进和提高。

　　另外,为使教学效果更好,我向学校建议:能将现有的8讲作为建筑哲学课试用教材印制出来,以便研读;争取立一个国家自然科学基金项目,专题研究您提出的建立建筑科学大部门的问题;以便在1999年世界建筑师大会在中国召开之际,就"21世纪的建筑学"这一主题能有所贡献。再者,明年(1997年)是东南大学这所中国第一所高等建筑院校的70年校庆,理应更有所贡献。

　　以上想法和建议当否,希望得到您的指教。

　　附上选修建筑哲学课的研究生文章的复印件,您可从中了解到一些具体情况。

　　敬礼!

顾孟潮　上

1996年12月29日晨

1997 年 1 月 9 日致顾孟潮

（关于"试论钱学森的科学观与方法论"一文）

顾孟潮同志：

您 1 月 6 日的信及附件都收到。您在信中说的是对我过奖了，我很不敢当！

您认得的中国人民大学钱学敏教授多年来一直在研究总结我的学术思想，她有一篇"试论钱学森的科学观与方法论"①，见附上的《中国人体科学学会会讯》②，请审阅。您在编书时如有问题也可以和她讨论。

此致

敬礼！

钱学森

1997 年 1 月 9 日

注释：

① 钱学敏"试论钱学森的科学观与方法论"连载于《中国科学报》1996 年 2 月 26 日至 3 月 22 日。

②《中国人体科学学会会讯》系中国人体科学学会的机关刊物。

附：顾孟潮 1997 年 1 月 6 日信

尊敬的钱老：

您好！首先祝贺阐述您的科学思想与应用的《系统研究》一书的出版！

您 1 月 2 日来信收到了。十分感谢您对建筑哲学课的关心和指教！确如您所说，上学期讲课时考虑较多的是如何把同学们学习哲学的积极性调动起来，而必要的集中和及时的总结不够。这学期再总结时，则有些上次参加学习的同学又不能听到，看来确应及时总结。

最近我托杭州的朋友买来《系统研究》一书，连日来我爱不释手地读着，受到了很大启发。最大的启示便是：我在领会系统论思想和运用系统工程的方法方面与书中论文作者有很大差距，他们的做法和经验很值得我学习和借鉴。特别是看到地理科学、人体科学等运用系统思想为指导，建立科学大部门，对于我们思考建立建筑科学大部门的问题更有直接借鉴和促进作用。因此对您的系统科学思想和方法，我要更加重视努力学习和运用。亟需要补学系统科学的课。前一次，还是1986年我读的是湖南出的魏宏森参与编的《系统工程》一书。10年来已有很大发展，取得了巨大的成就。我感到《系统研究》这本书很好，很有参考价值，应该推荐给更多的人认真读一读（我是从报纸上知道您送江泽民总书记一本后才去找的）。所以，我想写篇推荐此书的评介文字，不知您有何指示，望告知。

另外，我根据《系统研究》一书的论文，理出一个"钱学森教授的创议与构想要目"，想附在介绍该书的文字后面，不知妥否？附此表的目的为使人一目了然地知道您的诸多创议和构想，以引起更多的关注和研究您的科学思想，并拟就此建议国家科委和中国科协、科学院等单位能促成此事。妥否？

请您指正，首先是就《系统研究》出版开个座谈会就好了。

祝春节好！

顾孟潮

1997年1月6日晚

附：钱学森教授的创议与构想要目

序号	年代	创议与构想内容	提出的背景与环境
1	1934年	中国的现状，不靠政治(革命)而靠读书是不能改变的	与罗沛霖谈话
2	1954年	钱学森著《工程控制论》出版	就其是控制论学科分化而产生的第一个新的学科与许国志谈话
3	1955年	提出开展运筹学研究的设想	
4	1956年	"论技术科学"一文发表，阐述了科学的三个层次	归国后第一篇文章
5	1956年	(走上中国航天事业发起人、奠基人和科学主帅岗位)	(任国防部第五研究院院长)
6	1960年	创议在中国科学院成立运筹所，运筹学正式在中国创立	
7	1979年	指明系统科学对中国现代化建设的现实和长远的重大意义	合作者有王寿云、于景元、戴汝为、汪成为、钱学敏、涂元季等
8	1980年	将"中国人口增长趋势预测报告"推荐给陈慕华副总理	宋健等完成此报告
9	1980年	创导的中国系统工程学会成立	
10	1981年	提出"开展人体科学的基础研究"	刊于《自然》，1981(9)

序号	年代	创议与构想内容	提出的背景与环境
11	1983 年	提出"我国需要建立国民经济和社会发展的总体设计部"	在国家经济体改的报告与刘恕等谈话
12	1984 年	创建农业型知识密集产业	
13	1988 年	作题为"社会主义建设的总体设计部——党和国家的咨询服务工作单位"的学术报告	
14	1990 年	钱学森、于景元和戴汝为提出了开放的复杂巨系统概念	
15	1991 年	向政治局常委会作"关于建立国家总体设计部体系"的汇报	江泽民总书记召集会
16	1992 年	提出"从定性到定量综合集成研究厅体系"	
17	1995 年	提出"人工智能是一项系统工程,要多种学科"	给钱学敏信
18	1996 年	提出建立建筑科学大部门的设想	会见《城市学与山水城市》一书编辑人员时讲

资料来源:据《系统研究——祝贺钱学森同志 85 寿辰论文集》一书整理。整理人:顾孟潮。该书为浙江教育出版社 1996 年 11 月出版,主编为许国志。

附:顾孟潮 1997 年 1 月 16 日信

尊敬的钱老:

您好!

感谢您 1 月 9 日,12 日先后两信的指教,以及寄来周干峙院士在 68 次"香山会议"上的发言、钱学敏"论钱学森的科学观和方法论"(摘要),读后很受启发。很想读到钱的全文,我给钱学敏去信请她帮忙复印一份全文(含图)以便更深入学习和收入有关书中。

随信寄去一版拙文① 都是讲建筑局部的短文,供您闲时一阅,并望指正。

此致

敬礼!

顾孟潮

1997 年 1 月 16 日

注释:

① 指《建筑报》1996 年 12 月 31 日用一版篇幅刊登顾孟潮所撰讲述建筑局部——台阶、人口、墙、屋顶、栏杆、楼梯、柱式的系列文章,并附有相应的照片。

（关于"把城市及其区域作为一个开放的复杂巨系统"一文）

顾孟潮同志：

　　我近得周干峙同志在 1 月 6～9 日中国科学院组织的第 68 次"香山科学会议"①上的发言稿，是把城市及其区域作为一个开放的复杂巨系统，颇有新意。敬奉上此稿供研究。

　　此致

敬礼！

钱学森

1997 年 1 月 12 日

注释：

　　① "香山科学会议"，系中国科学院组织的最高层次的科学学术会议，因为每次在北京香山举行，故名"香山会议"。

1997 年 2 月 16 日致高介华

（关于《楚国的城市和建筑》一书）

高介华教授：

我近日收到您所赐尊著《楚国的城市和建筑》①，我十分感谢！

翻阅此书，见有不少论及建筑哲学的章节，而建筑哲学正是顾孟潮同志在研究的课题，他一定会下功夫研究您的书。我也要细读此书。如有所得，定向您报告。

此致

敬礼！

钱学森

1997 年 2 月 16 日

注释：

①《楚国的城市和建筑》，高介华、刘玉堂著，湖北教育出版社出版，1996 年 8 月。

附：高介华 1997 年 3 月 8 日信

学公先生尊鉴：

收读您老 2 月 16 日来信，十分欣慰。看来您老的健康状态很好，但仍望注意调养，不宜多劳心费神。

本刊①1997 年第 1 期卷首转载了钱学敏先生谈您老对于科学与艺术的新见解一文。但不知学敏先生今在何处，通信地址亦不明。

1996 年《建筑与文化国际学术讨论会的论文集》由于学生工作太忙，迄未动手，但今年必将出版。

学生组织编纂的"建筑与文化研究文库"，其中多有城市方面的专题。在《中国文化与中国城市》这本专著的写作意向中，我特别约请该书的著作者列出一章，专写"山水城市"学说，以阐扬您老的观点。但著者宋启林先生有所顾虑。其一，"山水城市"学说，究其文化渊源，可能追溯到中国古代城市规划设计中的风水说，如此联系，是否适合，是否会与您老的学说相左？其二，他担心能否正确地阐扬您老的观点。因此，他让我转寄给您老一封信，并他已写的有关于城市涉及"风水"的一篇文章，以便聆教于您老，俾使书中的论述准确无误。未卜您老尊意如何。看您老在方便的时候能否表示一下对此章的写作指导思想？这样，他便可壮着胆子写。无疑，能得到您老的直接教诲，他也得到鼓舞。

　　启林先生是学生的同窗好友，他当过市级规划局的局长，主持过深圳市的总体规划，为国内少有的土地学者（曾出版了国内第一本有关于国土学的专著，颇有影响）。他的学术根底颇深，而且行事能深思熟虑。

　　学生想，通过此书中的专论，"山水城市"学说，当能得到进一步的阐发。

　　您老提到的建筑哲学问题，"文库"中也有专著，特别是《赖特与楚学》一书，将专门论述老子哲学对西方首位建筑宗师赖特所创立的"有机建筑"学说的影响。楚哲学实际上是莱特学说的基石。建筑哲学问题亦会要涉及。

　　您老对《楚国的城市和建筑》一书的评述，使学生愧感交集。如果"文库"能按设想编纂成功，那么建筑理论领域中的许多问题的研究将会向前大大推进一步。

　　望您老多多保重。

　　敬祝

康愉！

学生

介华　谨泐

1997 年 3 月 8 日

注释：
　①指《华中建筑》。

附：高介华 1997 年 6 月 18 日信

学公先生尊鉴：

好久没有写信向您老问安，主要是怕有扰您老清神，但心中十分驰念。

从学昭先生(学昭先生是老建筑师又是诗友)问及您老身体康泰，惟行动较难，心中稍感欣慰。

晚已与宋启林先生商议(宋是晚同学好友)，请他务必在"建筑与文化研究文库"之《中国文化与中国城市》专著中，着力阐发您老倡导的"山水城市"学说。该"文库"规模不小，方在启动阶段，现在出书的关键还在出版社。

城市建设的走向是人类的一大问题，恐怕中国的问题比一些工业发达国家的问题更大。因为他们已吃过了苦，脑袋已比较清醒，而且他们的管理也很严密。至于像欧洲的一些国家，他们的城市实际上是很美的，很注意保护环境。

最近从电视上看到，武汉居然也要像上海一样"亮"起来，晚实在不知道，提出这样的口号的根据是什么？中国是一个能源奇缺的国家，有什么必要去耗费能源使武汉这样一个面积居全国之首的城市在晚上也"亮"起来，作用安在，所得者何？实在令人难以理解。

据说学敏先生参加了一次国际学术研讨会，宣读了您老对"科学与艺术"的见解，极得与会者好评。晚想，科学与艺术实属二元一体，是不可或分的。科学家须从艺术中找到灵感，艺术家须正视科学对艺术的催动。

深望您老多多养息，晚不过是写信问问安，您老就无需执笔作复。

敬祝

铎安！

全家康福！

晚

介华 泐上

1997 年 6 月 18 日夜

附：高介华 1998 年 1 月 2 日信

学公夫子尊鉴：

捧接您老人家寄来的亲笔书写的新年贺卡，心中感到十分愧疚，主要是担心影响了您老的静养。察看字迹，如同以前，铁画银钩，十分有力，又感到您老一定精神很好，十分欣慰。

昨天，与宋启林的电话交谈中得知他在近来召开的一次《城市发展研究》刊务工作会议上，听周干峙院士（原建设部副部长）说，您老提出的城市学与山水城市以及确立建筑科学——一个大科学部门的设想和主张，大概在科学院有所进展，这是令人振奋的。具体情况我还说不清，容继续了解。任何学说总是要经历开拓、发展以至实施的过程。我一再对规划界的朋友说，"花园城市"在开始时并不具有具体的可操作性，而是在不断开拓中达到"实现"才有了后来的在学说和城市规划方面的巨大影响和权威性。

"山水城市"学说不同于西方的"花园城市"学说，一是具有东方文化的特征和内涵；二是其意义要深广得多。至于操作性问题，孔老夫子的学说有什么具体的操作性？它的影响几乎成了永恒。马克思主义学说也还要与中国的革命具体实践相结合嘛！马克思没有规定中国革命的具体操作。

我之所以尽快将这一情况写信告知您老，我想您老听知后也当感到欣慰。

学敏女士的文章已刊发于本刊 1998 年第 1 期，3 月上旬可出，到时当寄上您老一阅。深望您老多多静养。

祝您老在新的一年里身体更加健康，师母大人好！

学生

介华　谨叩

1998 年 1 月 2 日

1997 年 3 月 2 日致鲍世行

（关于应深入研究山水城市内涵）

鲍世行同志：

您 2 月 26 日来信①及李德洙②文③都收到，对此我谨致谢意！

"山水城市"不能停留在概念，还应深入研究其内涵并做出设计实例。此事要请您推动！

此致

敬礼！

钱学森

1997 年 3 月 2 日

注释：

① 系指 1997 年 2 月 26 日鲍世行给钱学森的信。

② 李德洙，中国都市人类学会会长、国家民族事务委员会主任、中共中央统战部副部长。

③ 系指李德洙"山水城市观：中国城市环境保护的一项传统措施"一文。本文系作者在"生活来自资源国际学术研讨会"上发表的论文。

附：鲍世行 1996 年 12 月 10 日信

尊敬的钱老：

您好！埃及出访回来后一直很忙，疏于问候，请原谅。

从埃及回京后即和郑孝燮、罗哲文去江西乐安流坑考察。流坑是个千年古村，虽元代毁于战火，但明代重建时，经过周密的规划，且至今保存比较完好，建筑风貌依旧，特别是该村文化底蕴深厚，内涵丰富。我们都认为这是我国文物古迹、历史文化村落的一个重要发现。

考察后，我们给建设部和国家文物局领导写了报告，提出了一些具体建议，领导阅后认为这些意见很好。现将此报告送上请您一阅。

此致
敬礼！

鲍世行

1996 年 12 月 10 日

附：鲍世行 1996 年 12 月 24 日信

尊敬的钱老：

由邮局汇上稿费壹佰元。这是天津市城市科学研究会主办的《城市》杂志(1996 年第 4 期)上刊登您会见我和顾孟潮时讲话全文的稿费，杂志社要我将稿费转寄给您，请查收。这一期杂志我已告诉杂志社由他们直接寄给您。

寄上 1996 年 11 月 29 日《安徽日报》上刊登的"钱学森的'山水城市'观"一文(复印件)，供参阅，族弟鲍义来是该报记者，系安徽歙县人。我的祖先是在清乾隆三十九年(1774 年)由安徽迁往浙江，所以我虽是浙江绍兴人，但与义来同志是同宗。本文是作者在阅读《城市学与山水城市》一书后写的。

据悉大作《沙产业》、《人体科学》、《系统科学》、《开放复杂巨系统》已出版，可否惠购？或告知出版单位，以便购买，先读为快。

值新年来临之际，特向您祝贺
身体康泰！

鲍世行

1996 年 12 月 24 日

附：鲍世行 1997 年 1 月 19 日信

尊敬的钱老：

最近《中国教育报》在 1996 年 12 月 18 日和今年 1 月 4 日用了整整两个版面的篇幅，以"钱学森论山水城市"和"各方专家谈山水城市"为题刊出相关文章。这些文章都是从《城市学与山水城市》一书中摘登的。现送上这两张报纸请您一阅。

《中国教育报》是在教育界很有影响的传播媒介，是国内中小学中普遍订阅的一份报纸。这些文章的刊出一定会对介绍和宣传"山水城市"这一概念产生广泛和深刻的作用，而且必将通过教师传播给广大的青少年，产生影响。

顺颂
大安！

鲍世行

1997 年 1 月 19 日

又及：《中国教育报》科技版"科技广角"主编陈宝泉同志要我转寄该报 7
张，请您提出意见。

附：鲍世行 1997 年 1 月 30 日信

尊敬的钱老：

您好！

现寄上《城市发展研究》1997 年第 1 期，供参阅，内第 9 页刊有中国
城市科学研究会电贺您 85 寿辰的消息。

另日本专家柴田德卫所写"日本的经济与汽车：它的辉煌与困境"一
文，介绍日本在处理汽车工业与城市发展之间关系的经验，内容较好，值
得一读。

在此向您拜年！

敬祝

阖家欢乐，万事如意！

鲍世行

1997 年 1 月 30 日

附：鲍世行 1997 年 2 月 12 日信

尊敬的钱老：

寄上 1997 年 1 月 31 日《名城报》，内刊有我给自贡市城市科学研究会
秘书长陈绍先同志关于山水城市的两封信。①这些信都是根据您给我来信的
精神写的，是否正确，请您提出意见。

今天是初五，已经开始上班。我向您拜个晚年！

祝您

新春快乐！

鲍世行

1997 年 2 月 12 日

注释：

① 鲍世行给陈绍先的信见《山水城市与建筑科学》一书第 587～594 页。

（关于建筑哲学是建筑科学的领头学科）

顾孟潮同志：

您 3 月 4 日信及附件早收到，迟复为歉！

您在《建筑学报》的文章①也读了，我一直在思考这个问题，也联系到叶树源先生的书②，但我想还是等读了您论建筑哲学的全部文章再论为宜，所以没有向您报告。建筑哲学是建筑科学这一科学技术大部门的领头学科，大家要好好思考，包括您的听讲学生。

即此，顺致

敬礼！

钱学森

1997 年 3 月 16 日

注释：

①《建筑学报》的文章系指"建筑哲学概论(本体篇)"。原刊于 1997 年第 1 期。

② 系指《建筑与哲学观》一书。

附：顾孟潮 1997 年 3 月 4 日信

尊敬的钱老：

您好！

前些日子寄去的《建筑学报》不知收到否？对拙文有何指示望告知。

今寄上刚收到的有关叶树源教授故去的报道，供您参考，我方知此事，也由此明了他为何久久未回您信的原因。

另，附上《人民日报》载的一篇拙文。请予指教。

此致

敬礼！

顾孟潮

1997 年 3 月 4 日上

1997 年 4 月 6 日致鲍世行

（关于城市规划、建设与国土的整治、建设的区别）

鲍世行同志：

谢谢您 3 月 16 日来信及寄来的《建筑学报》1997 年第 2 期①！我读了来信及吴良镛先生文章后，有以下几点想法，谨向您报告：

1. 所谓把城市规划和建设一直扩大到国土的整治和建设是不对的，因为那是又一门学科，地理科学的事。地理科学包括两大部分：（1）防灾建设，包括气象、防震预报，水资源保护与利用，大地保护与利用；（2）交通（公路、铁路、水运、空运、管运等），通信、邮路，能源开发与传输等等。前者是抗御自然灾害，后者是建设环境。

城市建设是要讲生态，但不能一讲生态就扩大到地区和整个国家。

2. 吴先生文中的图 4 是可以的，但我还要强调"文化"的作用：是封建文化？资本主义文化？还是有中国特色的社会主义文化？在资本主义发达国家，大资本家住在自己的庄园、别墅里，而穷人连住房都没有！

以上请教。

此致

敬礼！

钱学森

1997 年 4 月 6 日

注释：

①《建筑学报》1997 年第 2 期，刊有吴良镛先生"关于建筑学未来的几点思考"一文。

附：鲍世行 1997 年 3 月 16 日信

尊敬的钱老：

3 月 2 日大札收悉。

山水城市的推动，遇到极大的阻力，为此必须承受很大的压力。

吴良镛先生最近在《建筑学报》今年第 2 期发表"关于建筑学未来的几点思考"，现将杂志寄上。文中谈到建筑、城市规划、园林开始逐步融合时说：这已不只是我们建筑专业人员的认识，某些科学家也有自己的看法，如钱学森先生提出应把城市建设成为"山水城市"的设想。

文中吴先生说："今天我们对园林的考虑已不仅是传统概念中的咫尺天地，而是对绿色的呼唤，对生存空间和生态空间的追求，对大地的体察。"在具体规划中"不仅仅要在有限的绿地上建造公园，也不仅仅要规划一个城市的绿化系统，而是要规划一个区域甚至整个国土的大地景物，即所谓"大地景观规划（Earthscape Planning）包括城市农业、城市森林、开敞空间的布局等"。我理解这就是您说的超级的大型园林。

吴先生文中还说建筑可分为人工建筑与自然建筑（即老沙里宁所谓的 architecture of man 与 architecture of nature）。如果说人工建筑是小到住宅大到建筑群，自然建筑是小到住宅园林（您认为最小层次是盆景艺术），大到大地景观、生态园林，那么我想城市的规划就应该是人工建筑与自然建筑的结合，它的尺度应该更大，它包括小到一组建筑群、居住小区，大到区域规划，甚至国土规划。

吴先生把建筑、城市、园林三者的融合称为建筑学体系，并提出了人居环境科学的学术框架，把建筑、城市和园林作为学科研究的中心，即主导专业，与其他学科相互交织，联系其他学科中与人居环境有关的内容。在这里吴先生提出"人居环境科学"与您提出建立"建筑科学"有异曲同工之妙。不知这个理解是否正确？请指正。

对于未来城市模式的探讨，已故我国著名园林专家汪菊渊先生在"山水城市座谈会"上的发言代表了园林学界的一些看法。他在题为"大地园林化和园林（化）城市"（《城市学与山水城市》第二版 361 页）的发言中提及 1958 年"大跃进"高潮中毛泽东同志提出的"实现大地园林化"的号召，并且把未来城市的模式称为"园林（化）城市"。去年 5 月建设部在马鞍山市召开了"全国园林城市工作座谈会"，会上首都绿化委员会副主任陈向远发言提出要搞大园林建设，说"大园林与传统园林相比，根本不同点在造园的空间对象上有了极大的发展变化。大园林是以整个城市为整体的，穿插整个城市进行造园，也就是把整个城市加以园林化。显然，这与过去的在城乡一隅以独立空间造园有极大的不同。"这次座谈会将"园林城市"的十条评选标准扩充为十二条。标准不仅要求"城市公共绿地、居住区绿地、单位附属绿地、防护绿地、生产绿地、风景林及道路绿化布局合理，功能齐全，形成统一完整的系统，取得良好的生态、环境效益"，而且也要求"充分保护和利用城市依托的自然山川地貌和郊区林地、农业用地、将城市绿地系统同国土绿化紧密联系，地城市当成一个大园林进行规划、建设和管理。在这里"园林的概念已经不仅是叠山理水、营造风景建筑和布置花木，也不仅仅是搞城市园林绿地系统，而是把它扩大到区域以至国土的景物规划（Earthscape Planning）。

众所周知，生态学界将未来城市模式称之为"生态城市"，但是这里的"生态"，也不能简单地理解为生物与生物之间、生物与生存环境之间的动态平衡联系，而是把"人"也包括在生物之内，把研究的重心已逐渐从纯自然生态，向人类活动影响下的生态学过渡。马世骏先生等生态学家把城镇看作是社会—经济—自然的复合生态系统。认为驱动城镇复合生态系统的动力学机制来源于自然和社会两种作用力。自然力的源泉是各种形式的太阳能，它们流经系统的结果导致各种物理、化学、生物过程和自然变迁。社会力的源泉有三：一是经济杠杆——资金；二是社会杠杆——权力；三是文化杠杆——精神。所以有的生态学家把生态学称为"联结自然科学与社会科学的纽带"。

总之，不同学科通过研究、探索，对未来研究的视野正在拓展，认识都在深化、发展。正如吴良镛先生所说的那样，"天下一致而百虑，同归而殊途"。在世纪之交的今天，我国展开的各学科之间对21世纪城市的讨论是贯彻百花齐放、百家争鸣的具体体现，是我国学术繁荣的标志。

以上是我最近学习一些材料的体会，特向您请教。

此致

敬礼！

鲍世行

1997 年 3 月 16 日

鲍世行同志：

您 4 月 4 日来信及戴月①文②复制件都收到。

读了文章后，我认为作者只是把"山水城市"这个词用于常熟市规划而已，还没有深入研究真正如何把虞山和尚湖用现代城市建筑科学技术结合起来，建设常熟山水城市。

由此可见"山水城市"的概念尚待深入研究。

此致

敬礼！

再附上《中国人口、资源与环境》③一册，供参阅，内有关于城市建设的文章。

钱学森

1997 年 4 月 13 日

注释：

① 戴月，中国城市规划设计研究院副总工程师、高级城市规划师。

② 系指"探索山水城市发展之路——以常熟市城市总体规划为例" 文，原载《城市规划》1997 年第 2 期。

③ 系指《中国人口、资源与环境》1997 年第 1 期。

附：鲍世行 1997 年 4 月 4 日信

尊敬的钱老：

您好！

现寄上"戴月：探索山水城市发展之路——以常熟市城市总体规划为

例"一文，供您参阅。此文原载《城市规划》1997年第2期。作者戴月是中国城市规划设计研究院规划设计所主任工程师。

　　此致
敬礼！

鲍世行

1997年4月4日

附：鲍世行1997年4月23日信

尊敬的钱老：

　　您好！

　　4月20日来函及附件收到。

　　寄上深圳市社会科学研究中心彭立勋教授专著《美学的现代思考》，并附上他的来信，请查收。

　　最近我在北京参加"中美城市比较研究座谈会"有机会与著名美籍华人城市规划师卢伟民先生再次见面。我早就听说卢先生正在从事"山水城市"研究，且颇有见地，曾多次在国际学术会议上介绍他的观点。这次我和他会面有机会面对面交谈。据他说，近年来他曾在台湾和日本召开的学术会议上作过关于"山水城市"的学术报告。这次他是从夏威夷来北京参加会议的，在夏威夷的国际学术讨论会上，他又一次作了"山水城市"的学术报告，引起与会学者的重视，有16个国家的代表出席了这次会议。卢先生目前在大陆（包括北京）和台湾的一些城市担任顾问。他在台中市"中兴新城"的规划中，就是以"山水城市"的理念来指导当地的规划。在和卢伟民先生交谈中，我也向他介绍了90年代以来，在您的倡导下，大陆学者开展"山水城市"讨论的情况，并向他赠送了《城市学与山水城市》一书。卢伟民先生对此书很感兴趣，爱不释手。他说："如果能早一点看到这本书，我在作学术报告时就可以参考了。"

　　卢伟民先生是一位美籍华裔城市规划专家，曾因参与美国明尼亚波利斯、达拉斯和圣保罗三个城市的规划，而在1985年获得美国里根总统颁赠的"卓越设计奖"。

　　卢伟民先生是著名建筑前辈卢毓骏先生之子。不知您是否认识？

　　专此，顺致

大安！

鲍世行

1997年4月23日

鲍世行同志：

您 4 月 16 日信及附件^①收到。

因我已多年不再担任这类顾问职务，故已去信婉谢，见附上信复制件^②。

此致

敬礼！

钱学森

1997 年 4 月 20 日

注释：

① 指广州历史文化名城研究会和广州古都学会开展研究工作的相关资料。

② 系指 1997 年 4 月 20 日钱学森关于不再担任顾问职务给张任、朱英的信的复制件。

附：鲍世行 1997 年 4 月 16 日信

尊敬的钱老：

4 月 13 日来信及《中国人口·资源与环境》1997 年 1 期收到，谢谢。

转上广州市人民政府历史文化名城办公室给您的信，请您担任广州历史文化名城研究会顾问。广州历史文化名城研究会自 1989 年成立以来，做了不少工作。这个研究会按市场经济规律运作，与港、澳和国外华侨、华人联系比较密切，工作卓有成效。特别是通过"识名城、爱广州"的活动，使名城保护的工作深入到市民中间；通过对黄埔军校历史的研究，推动了这个遗址的恢复、重建；通过广州建城历史的研究，确定了广州建城年代，使"城庆"活动搞得有声有色。最近他们根据我提的建议，准备对旧城的历史中轴线进行调查、研究，使这条历史轴线重现辉煌。这项工作已经得到市里领导的首肯，将作为广州建设"山水城市"的一项重要工作。

此致

敬礼！

鲍世行

1997 年 4 月 16 日

附：鲍世行 1997 年 5 月 5 日信

尊敬的钱老：

您好！

现寄上"地下空间开发与山水园林城市建设"一文，供您参阅。此文原刊《地下空间》1996 年第 3 期。我是该刊的编委，每期都可以收到刊物。

顺颂

大安！

鲍世行

1997 年 5 月 5 日

附：鲍世行 1997 年 5 月 6 日信

尊敬的钱老：

昨日寄上一信及"地下空间开发与山水园林城市建设"一文的复印件，谅已收到。

今寄上"山水城市与风景环境的保护"一文供参阅。此文为"中国城市规划学会风景环境规划设计学术委员会 1996 年年会纪要"，年会是去年 10 月在成都举行的。这次会议的召开是鉴于当前我国的城市化进程已进入快速发展阶段，学术界对我国未来城市发展的展望有各种不同的提法，因此确定年会的主题为"山水城市"。

出席会议的多数代表认为，山水城市的概念应该涵盖各种学科对未来城市发展的看法和要求，因此它的提法更宏观、更全面、更具东方特色。山水城市讨论的实质是探讨中国未来城市的发展模式。它的深层含义是反映人类对其赖以生存和生活的环境的崭新概念，所以应该涉及人类居住环境的一切功能与环境因素。山水城市构建了中外先哲们对人类居住环境的理想追求和持续发展的哲学框架。它还原和阐述了人与自然和谐的哲学意义。

会议代表认为，实现城市与自然环境的协调是山水城市建设的关键。山水城市追求文化品位，崇尚人、自然、城市的和谐，因此它是自然的诗化和诗化的自然。

会议有 30 多位专家学者参加，有不少高质量的论文。我应邀出席了年会，并作了有关"山水城市"探索的介绍。

会后代表们考察了已被列入联合国世界自然遗产名录的黄龙、九寨风景名胜区。代表们称赞黄龙名胜区为了保护风景资源而修筑栈道的做法，但也为九寨的水源日减和面临污染之危而担忧。水源日减的原因是多方面的，但是原始森林的砍伐则是主要原因。九寨沟的污染主要是没有认真贯彻确定的"沟内游、沟外住"的方针，沟内的人口、建筑仍在不断增加。大家一致认为应该坚持贯彻"严格保护，统一管理，合理开发，永续利用"的方针，否则如此国宝将毁于一旦。这些意见已向四川省有关部门反映。

顺颂

大安！

鲍世行

1997 年 5 月 6 日

附：山水城市与风景环境的保护
——中国城市规划学会风景环境规划设计学术委员会
1996 年会会议纪要（摘要）

中国城市规划学会风景环境学委会 1996 年会于 1996 年 10 月 10 日在成都召开，四川省、成都市有关单位领导专家 20 余位到会讲话，并参加了讨论。来自全国 11 个省市 7 所大学的委员及特邀代表 30 余人参加了年会。本届年会主题是"山水城市"和风景区规划研究。中国城市科学会副秘书长鲍世行应邀传达了钱学森 1996 年 6 月 4 日的讲话，并对"山水城市"的探索作了报告。学委会主任委员朱畅中主持了会议，并作了工作报告。

现将会议主要内容综述如下。

1. 关于山水城市的理论探讨

"山水城市"既是园林城市、生态城市、又是森林城市、田园、绿化城市，而且含义也不仅仅如此。"山水城市"不是简单的山与水，也不是仅对自然环境的泛指。其深层含义应是人类赖以生存的环境，所以它的含义，应涉及人类居住环境的一切功能与环境因素。

实现城市与自然环境的协调是山水城市建设的关键。山水城市追求文化的品位、城市与自然的和谐，是自然的诗化和诗化的自然。山水城市构建了中外先贤的理想模式和持续发展的哲学框架，还原和阐释了人与自然和谐的哲学意义，是"人诗意地居住在大地上"的理想情怀，是对大自然的审美观照。

针对"山水城市"一些专家还提出了很好的见解。

（1）我国是多山的国家，国情决定了山水城市的物质基础和文化基础；

（2）崇尚自然是山水文化的自然，如佛教、道教、儒家的思想，周易的阴阳学说等都是以自然为基础的；

（3）提高全民族的文化素质是建设山水城市的群众基础。

因此，山水城市应体现以人为本的思想。城市是以人为主体的城市生态系统，山水城市的中心和目的是为了人，体现人的价值，满足人的需求，是人与环境共栖、共生、和谐完美的生态系统，山水城市建设必须注重保护城市的传统与文脉，注重城市地方特色的塑造。山水城市规划要研究地方人文历史，人类介入环境、运用环境、改造环境的方式，研究自然景观与人文景观的转化和互渗。

科学需要百花齐放、百家争鸣，与会代表中也有对"山水城市"提出不同的看法，如学者、专家们没必要对某名人提出的意见加以注解，一哄而上；对中国传统的东西应采取扬弃；中国的规划建筑应是环境科学加环境艺术再加传统文化的综合者。

当然，科学有待时间和实践的检验，中国的城市规划究竟采取什么样的模式，还需要大家的研究和实践。

2. 关于城市特色与风貌

城市风貌是我国急待解决的问题，急功近利的环境开发对传统风貌造成极大破坏。要利用山水环境、文化资源创造城市特色，保护、继承和延续传统风貌。

城市建设要因地制宜，要有持续发展的思想、生态保护观念，合理开发和利用自然环境、历史文化。

城市发展取决于经济的发展，取决于人的思想意识的改变。优秀的城市建设取决于科学的规划管理。因此，要深入科学研究，广泛进行科普宣传。

1997 年 4 月 20 日致张任、朱英

张任同志、朱英同志[①]：

  广州历史文化名城研究会、广州古都学会秘书处 4 月 2 日信[②]及附件[③]都收到。

  你们邀我任"两会"第二届顾问，我很不敢当！多年来我已不再担任这类顾问职务，一概婉谢。所以这次也不例外了，恳请谅解！

  此致

敬礼！

钱学森

1997 年 4 月 20 日

注释：

  ① 张任、朱英，广州市人民政府历史文化名城办公室工作人员。

  ② 系指 1997 年 4 月 2 日广州市人民政府聘请钱学森担任广州历史文化名城研究会、广州古都学会第二届顾问的信。

  ③ 指广州历史文化名城研究会和广州古都学会开展研究工作的相关资料。

1997 年 6 月 30 日致顾孟潮

（关于要充分发挥高新技术作用）

顾孟潮同志：

您 6 月 25 日寄来的著作"中国当代建筑文化十年（1986～1996）记述"① 收到，谢谢！

读了您写的"建筑文化学"多篇著述② 后，我心里总有那么一个问题：讲了那么多，但看不到论述科学技术进步对建筑的影响。今天的高楼大厦是用了现代科学现代器材才能建起来的。所以我们说的"山水城市"如果不用 20 世纪、21 世纪的科学技术，就不可能实现。我国新一代建筑师们要充分发挥高新技术的可能作用啊！

此意请教。

此致

敬礼！

钱学森

1997 年 6 月 30 日

注释：

① "中国当代建筑文化十年（1986～1996）记述"，原载于《中国建筑业年鉴（1996）》第 250～254 页。

② "建筑文化学"多篇著述，系指顾孟潮曾先后寄钱学森指正的多篇文章："新时期中国建筑文化的特征"（1989）、"后新时期中国建筑文化的特征"（1994）、"论建筑文化学"（1990）、"建筑美学四题"（1992）等。

附：顾孟潮 1997 年 6 月 3 日信

尊敬的钱学森同志：

您好！

又有一段时间没给您写信了，但我一直按照您的教导思考和研究着建筑哲学和建筑科学的问题。特别是明天（6 月 4 日）是您接见我们一周年的日子。我永远忘不了您深刻的思想和谆谆的教导。特写信衷心感谢您这些重要贡献！

您有关山水城市、城市学、建筑哲学、建筑科学等一系列论述已经引起越来越多的人的重视。我在《中华锦绣》上写的那篇文章介绍您的思想，请画报社直接把那期画报寄给您，收到了吗？最近一期《基建优化》杂志又转载了，主编王宏经认为，您的有关思想和教导对基本建设的优化有推动作用。

有关建筑哲学的讲课稿，最近我还在修改，待改好发表后再送您指正，以节省您的宝贵时间。

祝

健康长寿！

顾孟潮　上

1997 年 6 月 3 日

1997 年 8 月 7 日致鲍世行

（关于致刘慈慰及复朱畅中函）

鲍世行同志：

您 8 月 1 日来信及附件都收到，谢谢！

遵命写了给刘慈慰社长的信，现附上，如您觉得可以，请送刘社长。

朱畅中教授处我也复了信，现附上复制件请阅，供存档。

此致

敬礼！

钱学森

1997 年 8 月 7 日

附：鲍世行 1997 年 8 月 1 日信

尊敬的钱老：

现转上清华大学朱畅中教授给您的信和他写的文章。

朱先生来信说，他是怀着对"山水城市"的企盼之心来写这篇文章的。

他在给我的信中说：21 世纪已经进入了倒计时的日期了，而 21 世纪的我国城市究竟往何处去？我觉得城市规划领域很迫切需要有一个高瞻远瞩的目标，以一系列有新的思想、新观念的新理论和能指导实践的各种原则和规范，使我国的城市在 21 世纪中建设得更好、更美。

朱先生的来信还说：钱老的论《城市学与山水城市》一书出版以来，很受社会上关心城市建设的人们的欢迎。这充分说明了上述问题的众望所归。我觉得山水城市的讨论还需要向广度和深度发展，也要在理论和实践上发展，所以更盼望有第二集、第三集问世出版。

自从《城市学与山水城市》一书出版以来，报刊上已经发表了不少文章讨论山水城市和建筑科学，这些文章的篇幅足已能够出版山水城市第二集。我们希望您能利用您的威望给中国建筑工业出版社刘慈慰社长写封信，以促成此事的实现。这个想法不知妥否？

此致
敬礼！

鲍世行

1997 年 8 月 1 日

1997 年 8 月 7 日致朱畅中

（关于山水城市是新世纪的大事）

朱畅中教授：

您 7 月 27 日信及著作"'山水城市'探"都由鲍世行同志转来了。

您对"山水城市"的理解很好。前几年国家建设部就曾命名几个城市，内有北京市，为"园林城市"，所以"园林城市"是初级的，不够"山水城市"。近年重庆市也在计划建"山水园林城市"，我看了其草案，也不够"山水城市"，只可能比北京这样的"园林城市"高一等级而已。所以我们说的"山水城市"是建设中国特色的社会主义的一个大课题，还待深入探讨。希望您为此多作贡献！

我想"山水城市"也是新世纪的大事，所以它必然也是高新技术建筑的城市。这很重要。您以为如何？

此致

敬礼！

钱学森

1997 年 8 月 7 日

附：朱畅中 1997 年 7 月 27 日信

尊敬的钱老：

您好！

对于"山水城市"，我从城市规划建设角度，有一点初步设想，不知是否合适？请您不吝赐教。今特撰写成文，请鲍世行同志代为呈上，敬请批评指正，不胜感激。

谨此敬颂

暑安！

并祝

健康幸福！

清华大学建筑学院

朱畅中

1997 年 7 月 27 日

刘慈慰①**社长：**

我近听鲍世行同志说②，您社前几年出版的《城市学与山水城市》一书，很受社会上关心城市建设的人们的欢迎，报刊上讨论山水城市的文章也不断出现。所以他建议您社再出版山水城市文集的续集。我也想到《城市学与山水城市》一书初版一年后即重印了，可见此书是很受欢迎的。而且山水城市也是建设有中国特色社会主义的一个重要课题，能出版续集是您要考虑的。故写此信，提出此事。

以上请考虑。

此致

敬礼！

钱学森

1997 年 8 月 7 日

注释：

① 刘慈慰，时任中国建筑工业出版社社长。

② 系指 1997 年 8 月 1 日鲍世行给钱学森的信。该信主要是转呈朱畅中先生给钱学森的信和朱先生的"山水城市探"一文。以及请钱学森写信给中国建筑工业出版社，以促成《城市学与山水城市》第二版的出版。

1997 年 8 月 31 日致鲍世行

（关于章丘建成山水城市）

鲍世行同志：

您 8 月 21 日来信收到。

将章丘建成山水城市是很值得研究的。为了保护文物，如李清照纪念馆，可能要维持旧城区的外貌和格局，并用现代技术加以维护。而现代化的建筑则宜建在旧城区以外的地区。您意如何？

此致

敬礼!

钱学森

1997 年 8 月 31 日

附：鲍世行 1997 年 8 月 21 日信

尊敬的钱老：

您 8 月 7 日来信收到。朱畅中教授及刘慈慰社长的信已转交。我最近出差章丘(济南附近)，信是回来后才见到的，所以迟交了几天，请原谅。

章丘自然条件优越、历史文化内涵丰富。该市把山水城市作为城市发展的奋斗目标，为此刘尊芝副市长请我去看看，并决定在城市总体规划基础上，再深入做城市绿地系统规划，以搞好城市的生态系统。我请了北京大学地理系的老师去承担此项任务。为了使规划建立在扎实可靠的基础上，这次我先去对历史文化和水文地质(泉水)这些建设山水城市的支持条件作调查研究。

章丘是龙山文化所在地。1929～1931 年发掘出土了黑陶(作为龙山文化的主要标志)，在国内外都有广泛的影响。城子崖遗址至今仍是全国发现最早、规模最大、使用时间最长的龙山城。章丘还是"一代词人"李清照的故乡，在当地已建成李清照纪念馆。章丘的泉水蕴藏丰富。章丘市政府所在地——明水的明水泉域，355km^2 范围内多年平均流量达 1.2 亿方（济南泉域也仅 1.8 亿方，但经常断流）。著名的百脉泉（济南七十二泉之一）形成的水面，下面到处都有泉眼喷涌，湖面上像稀饭开锅一样，相当壮观。调查后，我们对章丘建设山水城市的特色，提出了"北泉（本区泉水多）、南林（南面有万亩水源涵养林）、西湖（西市区有串珠式湖面）的构想，对于当地的历史文化和自然环境也从可持续发展的观点提出了保护与开发的要求。关于章丘建设山水城市的规划，下一步还将深入开展，到时再向您汇报。

　　此致
敬礼！

鲍世行
1997 年 8 月 21 日

1997 年 9 月 7 日致鲍世行

（关于山水城市是"入世的"）

鲍世行同志：

您 8 月 26 日来信、金磊[①]、同志文[②]及李文初[③]等著《中国山水文化》[④]一书都收到，我十分感谢！

书我翻看了，作者们是中文系的老师们，能写出此书是下了功夫的。但我也有以下两个方面的意见，请批评指教。书随信奉还。

1. 作为中国山水文化，此书论述颇广，也有中国园林一章，但作者没有注意到与之有关的盆景与窗景，是个缺点。此二者宜得到重视，因为它是中国文化的一个创造。还有花卉和树木造型也很重要。

2. 关系到我们说的"山水城市"，我认为也应指出：中国的山水文化也是中国古代文化的一部分，因此也只为人口中极少数人所能享受，一般平民老百姓是不能的，所以是大约占人口 1‰ 的人的文化？而我们说的"山水城市"则是属于广大老百姓的，所以中国古代山水文化是"出世的"，我们的"山水城市"是"入世的"。这是哲学思想上的根本区别，必须注意。再就是"山水城市"的构筑要充分利用现代科学技术！不能忘记现代科学技术的创造力。

此致

敬礼！

钱学森

1997 年 9 月 7 日

注释：

① 金磊，时任北京市建筑设计研究院所长、高级工程师。

② 系指"钱学森与中国城市研究"一文，原载《学会月刊》1997 年 7 期。

③ 李文初，暨南大学中文系教授。

④《中国山水文化》，李文初等著，广东人民出版社，1996 年 9 月。

附：鲍世行 1997 年 8 月 26 日信

尊敬的钱老：

寄上《中国山水文化》一书，请阅。此书由暨南大学中文系撰写，我是从广州购得的。据悉人民大学中文系也在开展这方面研究，将陆续出书，可见关于山水文化的研究已成为多学科研究的热门课题。这是一个好的迹象。

随信附上金磊"钱学森与中国城市研究"一文，是对《城市学与山水城市》一书的反映，供您参阅。关于出续集一事已将您的信转给中国建筑工业出版社刘慈慰社长。我已将您的通信地址告诉了他，估计他会直接给您回信。

此致
敬礼！

鲍世行

1997 年 8 月 26 日

附：鲍世行 1997 年 9 月 8 日信

尊敬的钱老：

8 月 31 日您的来信收到。您对"章丘建成山水城市的研究"给予肯定是对我们研究工作的支持和鼓励。我完全同意您的意见：要维护旧城区的风貌和格局，为此，现代化的建筑宜建在旧区以外。我已将您的意见转告章丘市主管城市规划与建设的(刘尊芝副市长)和在现场的规划小组，嘱他们在规划中认真贯彻，还寄去您信件的复印件。

9 月 1 日，我赴四川成都、重庆参加由中国城市科学研究会与台湾都市计划学会联合召开的第四届都市发展研讨会。据台湾同行说：他们提出把台湾的城市建成青山绿水的"山水城市"，为此，台湾省建设厅林将财厅长已率领 20 余位专家赴欧洲考察。由此可见"山水城市"的理念已得到越来越多的人的认同，特别是具有东方文化传统的地区和国家。

此致
敬礼！

鲍世行

1997 年 9 月 8 日

附：鲍世行 1999 年 7 月 20 日信

尊敬的钱老：

6 月 30 日函收到否？《山水城市与建筑科学》已如期面世。不知您需要多少本？当按数送上。

中国建筑工业出版社杨永生编审编撰《建筑百家书信集》，已收入您给我的四封信件，1996 年 6 月 23 日、1996 年 7 月 21 日、1996 年 9 月 15 日和 1997 年 9 月 7 日，并要求对有关人、事和名词作必要的注释。

其中 1997 年 9 月 7 日您的来信有"出世"、"入世"两个哲学概念需作适当注解，我翻阅有关词典，请教了北京大学哲学系教授，也和钱学敏教授交换了意见。

任继愈主编《宗教词典》称："世间"就是指世俗世界，包括有生灭烦恼的有情众生和它们所存在的周围环境。又称："出世间"原来是个佛教名词，是指超出"三界"六道生死轮回的世界，相当于涅槃。"出世"原是指脱离世间束缚之意。

《南齐书·顾欢传》："孔老治世为本，释氏出世为宗"。

我的理解，"出世"、"入世"表达了两种根本不同的世界观、人生观和价值观。您的来信从哲学思想上根本区别了中国古代山水文化与当今山水城市的不同性质。

中国古代"山水文化"是"出世"的，表明它只为脱离世间群众的封建统治者、达官显贵等少数人享用；我们的"山水城市"是"入世"的，表明山水城市要充分考虑为广大老百姓服务的要求。"出世"、"入世"，这两个哲学概念，揭示了中国古代山水文化与山水城市的深刻本质。

以上注释妥否？盼复。

对您的来信的理解，要用文字表达出来还真不是一件易事。这对我来说也是一次深入学习的过程。

值师母蒋英执教 40 周年之际，特表示衷心的祝贺！

正值暑期，望多珍重！

专此，即颂

暑安！

鲍世行

1999 年 7 月 20 日

1997 年 9 月 21 日致鲍世行

（关于从园林城市到山水城市）

鲍世行同志:

您 9 月 10 日、17 日来信及附件都收读。

我写的 1997 年 8 月 7 日[①]、9 月 7 日信[②]是否发表请您定,我没有什么意见。我想现在江泽民同志已明确了我国社会主义初级阶段的构想,这是我们全党的决策。按照这一构想,我国要有山水城市想当在 21 世纪建国一百周年之际,我们从现在的园林城市,走过山水园林城市这一段,可能要 40 年时间。我国的城市科学家和建筑师们共同努力吧。

此致

敬礼!

钱学森

1997 年 9 月 21 日

注释:

① 系指 1997 年 8 月 7 日钱学森关于山水城市是新世纪的大事给朱畅中的信。

② 系指 1997 年 9 月 7 日钱学森关于山水城市是"入世的"给鲍世行的信。

附:鲍世行 1997 年 9 月 10 日信

尊敬的钱老:

9 月 8 日寄出的信谅已收悉。

您 9 月 7 日来信及《中国山水文化》一书均收到。

信中所谈关于中国山水文化的观点我很同意,其中关于中国山水文化与中国古代文化的关系、关于中国古代山水文化与当代山水文化的哲学思想上的根本区别，读后颇有启迪。不知此信可否复印后转寄作者——暨南大学中文系李文初教授或在报刊公开刊出以扩大影响。请示。

关于《山水城市》出版续集一事，中国建筑工业出版社刘慈慰社长已将您给他的信件转该社总编辑，正在进一步落实计划，待有新的消息，再向您汇报。

您在学术上的高度敏感和对出版事业的热情关怀是对山水城市讨论的最巨大的支持，也是对我们工作的鞭策和鼓舞。

此致

敬礼！

鲍世行

1997 年 9 月 10 日

附：鲍世行 1997 年 9 月 17 日信

尊敬的钱老：

9 月 10 日给您的信，谅已收到。

浙江金华出刊的《东方视角》，曾多次刊出过您关于山水城市的文章和信件，他们恳切希望发表您 8 月 7 日给朱畅中先生的信，特此向您请示。如果可能，9 月 7 日您谈到"中国山水文化"的信件也一并发表。可否？请酌。

随信寄上建设部部长侯捷同志在全国创建园林城市工作会议上的讲话和第四批园林城市，大连、南京、厦门和南宁的简单介绍。正如您所说的那样，这些"园林城市"达到的只是初步的目标，而作为"山水城市"，则是一个比较高的目标，这就是未来具有中国特色的社会主义的城市模式。

此致

敬礼！

鲍世行

1997 年 9 月 17 日

附：鲍世行 1997 年 11 月 4 日信

尊敬的钱老：

您好！

11 月 6～7 日，中国城市规划学会风景环境设计学术委员会在厦门市举行1997年年会，主题是"山水城市与城市山水"。去年10月这个组织曾在成都举行过以"山水城市"为主题的年会，这次年会又以"山水城市与城市山水"为主题。它是去年年会的继续与深化。

会议邀请我出席，但因我要去参加另一个会议，只能发去一封贺信。贺信讲到当前山水城市研究的一些动向，现将复印件附上，供参阅。

风景环境设计学术委员会主任是清华大学朱畅中教授，他积极探索"山水城市"，成绩卓著，精神可嘉。

此致

敬礼!

鲍世行

1997年11月4日

附：鲍世行给中国城市规划学会风景环境设计学术委员会1997年年会的信

厦门市规划管理局
转风景环境设计学术委员会1997年年会：

接到大会盛情邀请，首先表示衷心感谢，我因要到陕西铜川出席并主持一次学术会议不能前来参加，请原谅。

本次年会将以"山水城市与城市山水"为主题，这是去年10月在成都召开的以"山水城市"为主题的年会的深化。我预祝大会成功。

自从去年年会以来，"山水城市"的理论探讨与建设实践又取得了长足的进展。

今年3月重庆市召开了建设山水园林城市研讨会，建设部城建司发了贺信，说：毛主席早在建国初期就提出了"实行大地园林化"的号召，钱学森先生1993年提出了21世纪的中国城市应建设成为"山水城市"的目标。建设部于1992年组织评选"园林城市"活动，其目的都是在探索富有中国特色的生态健全、环境优美、清洁文明的现代化城市。贺信祝愿会议从理论到实践探讨实现具有山城特色的山水园林城市的措施和步骤，为促进重庆环境建设作出贡献。

继重庆以后，四川省自贡市也提出要建设山水园林城市的目标，并以此开展了研究。对此钱学森教授来信说："他设想山水城市的建设可以分为四个阶段。即一般城市、园林城市、山水园林城市、山水城市。"在研究中他们拟将园林城市作为近期（2000年）城市发展的目标；2010年则按"山水园林城市"的目标来规划建设；而"山水城市"则作为21世纪社会主义中国城市的远景构想。因为"山水城市"是一个比较高的目标。

目前自贡市已完成山水园林城市研究的中间成果，明年年初将完成研究任务。

山水城市的探索不仅在理论上获得了研究成果，而且一些城市还开展了规划设计。山东省章丘市的城市总体规划明确提出把"山水城市"作为城市发展的目标，最近在绿化系统规划中又充分发挥城市中有丰富泉水的特点，以当地宋代著名词人李清照的诗词意境构思城市园林，将传统文化和现代科技融入城市建设。这是对"山水城市"的有益探索。

与此同时，政府部门也在积极推进城市环境建设。今年8月建设部在大连召开全国创建园林城市工作会议，侯捷部长在会上作了重要讲话，大会还公布了第四批获得"园林城市"称号的城市。

"山水城市"的探索和实践在国内外、境内外正在产生越来越大的影响。今年4月我在"中美城市比较研究座谈会"上和美籍华人著名城市规划师卢伟民先生交谈时获悉近年来他在台湾和日本召开的学术研讨会上曾多次作过关于"山水城市"的学术报告。我见到他时，他正从夏威夷来京，据说他在夏威夷的国际学术讨论会上就是作了"山水城市"的学术报告。这个报告引起了与会16个国家代表的重视和兴趣。他在台湾台中市"中兴新城"的规划中就是以"山水城市"的理念来指导他的规划。在交谈中卢先生对国内关于山水城市的讨论产生了强烈的兴趣。他说如果早一点了解国内关于山水城市的讨论情况，早一点得到有关的书籍便一定能大大丰富他关于"山水城市"的构思。

今年9月在四川省成都市召开的第9届海峡两岸城市发展研讨会上我还了解到台湾学界探讨"山水城市"的情况。据台湾同行介绍，他们提出把台湾的城市建成青山绿水的山水城市的口号。今年8月台湾省"建设厅"林将财厅长率领20余位专家赴欧洲考察，为台湾建设山水城市提供经验。"山水城市"的理念正在为越来越多的人所认同。

目前正处在世纪之交，城市化的浪潮正在向我们涌来，人们都正在思索什么才是未来世纪我国城市的发展模式。"山水城市与城市山水"的讨论是符合当前潮流的主题，我相信这次讨论会定会取得圆满成果。

　　此致
敬礼！

鲍世行

1997年10月30日

附：鲍世行 1997 年 11 月 6 日信

尊敬的钱老：

现寄上 10 月 31 日《名城报》一份，其中第一版右下角"名城基金将向丽江倾斜"一文提到您建议设立"名城基金"一事，特呈上，请您一阅。

专此，即颂

大安！

鲍世行

1997 年 11 月 6 日

附：鲍世行 1997 年 12 月 11 日信

尊敬的钱老：

久未通信，常在念中。

最近广州市社科院顾涧清教授来京谈及他们将开展"广州山水城市建设"的课题研究，并给我一份详细的研究提纲。他让我将这份材料转寄给您，请您阅后提出宝贵意见。这份提纲很全面，它为今后研究打下了很好的基础。这个课题想列入市里的科研计划，这样才有研究经费，因此希望得到您的支持。现将"广州山水城市建设"研究提纲的复印件呈上，请您一阅。

又，广州旧城有一条文化轴线，前些年在一次广州召开的名城保护研讨会上，我提出应该重视这条"广州的文化脊梁"。现在市里很重视这条中轴线，已拨款开始进行研究、规划和建设，特将报纸上有关报导一并复印寄上，供您一阅。

此致

敬礼！

鲍世行

1997 年 12 月 11 日

1997年10月3日致顾孟潮

（关于国家对土地及住房的管理十分重要）

顾孟潮同志：

您9月29日信收读。我十分感谢您对我的关怀！

国家对土地及住房管理的确十分重要，它涉及人民生活，而且又与金融运转有关系，是个大问题；愿您能对此作出贡献。

多年来我已不承担"顾问"职务，所以这次《中华锦绣》画报①的要求，也请免了。未能从命，恳请谅解！

此致

敬礼！

钱学森

1997年10月3日

注释：

①《中华锦绣》画报，综合科技、文化、管理内容的月刊，国家建设部主办，1997年创刊。

附：顾孟潮 1997 年 9 月 29 日信

尊敬的钱学森同志：

您好！

又有一段时间没给您写信了，近况可好！

您6月30日来信强调，要论述科学技术进步对建筑的影响，这是非常重要的和正确的。寄给您的几篇有关建筑文化的论述对此论述不够。我正遵照您的指示作进一步的努力，待有新的成果再向您汇报，故未忙着复信，请谅。

目前，根据党的十五大的精神，我正考虑和研究的是土地和住房所有制以及管理方式对改革和发展的影响。最近看了一些俄国的资料，感觉到我们与俄罗斯历史进程和背景有许多相似之处，故他们有些教训和经验还是值得我们借鉴的。建设部工作近年没有突破，与对建筑科学基本理论和科技重视不够关系极大。不知您以为此想法当否，望指正。

另外，建设部主办的《中华锦绣》画报拟加大科技报道的力度，衷心希望请您担任画报社的科技顾问，您如认为可以，我便通知画报，正式发聘书，并每期将该画报寄您指正。

此致
敬礼！

顾孟潮
1997 年 9 月 29 日

附：顾孟潮 1997 年 10 月 28 日信

尊敬的钱老：

您好！

在您的倡导下，我国的思维科学和人体科学研究取得了突出的成绩，特别是《思维辞典》的出版更是一大成就。我已向书店预订此书准备认真学习。

关于人体科学，我记得您 1987 年接见我们时候讲过"50 岁前要练气功，否则便晚了"，还读过您对人体科学的讲话和文章。但我是最近我才接触到周围一些练气功的人，他们主要是练菩提功——大光明修持法（听说该功的创始人狄玉明您还接见过），而且对身体健康、精神康复有明显的效果。我和这些练功的人研究，他（她）们也多感到有不解之处，但因为能受益，一直坚持练着这种菩提功。

最近我读到日本一位医学博士春山茂雄所写的《脑内革命》两本（1、2）讲到脑的生理构造和机能，特别是有关右脑使用和开发的理论与实例。受到不少启发，感觉菩提功似乎便是开发右脑潜能，其中有些可能便是人们当前研究不够的人体特异功能，这是科学理论与实践的根据，故我现在也开始练习和体验菩提功，以达到开发右脑（视觉脑）的目的。现将此书寄您参考，希望得到您的指正。

此致
敬礼！

顾孟潮
1997 年 10 月 28 日晨

附：顾孟潮 1997 年 12 月 17 日信

尊敬的钱学森同志：

您好！

新年春节即将来临，首先给您拜一个早年！祝您新年快乐，健康长寿！

前次寄您的《脑内革命》一书，想已收到，不知您读了有何指教？

今年第 10 期《自然、辩证法研究》杂志发表一篇"评《脑内革命》及其顺民哲学"（朱高正）的文章，不知您可见到？该文作者认为《脑内革命》的作者春山茂雄在"推行顺民哲学"，是"粗糙的唯心论和庸俗唯物论著作"，我实在不敢苟同。

另奉上，我在提高城市规划建设管理水平座谈会上的一个发言提纲，请您指正。

另，近读到涂元季同志在《科技日报》上发表的"献给钱学森"一文，很受启发更感到要多向您请教。

此致

敬礼！

顾孟潮　上

1997 年 12 月 17 日

1998 年 3 月 20 日致顾孟潮

(关于《中国建筑业年鉴(1996)》)

顾孟潮同志:

您 3 月 18 日来信及此稿已读。

1.《中国建筑业年鉴(1996)》[①]已收到,谢谢了。

2. 此件 6 页上的图表略有点改正[②]。

此致

敬礼!

钱学森

1998 年 3 月 20 日

注释:

① 《中国建筑业年鉴》为国家建设部主编的每年一册的综合性文献汇编。1996 年《年鉴》收入钱学森 1996 年 6 月 4 日关于哲学、建筑和学术民主的谈话。

② 系指顾孟潮"信息科学与 21 世纪的建筑学"的论文的英文摘要。图表发表时已按钱学森意见改正。

附: 顾孟潮 1998 年 3 月 18 日信

尊敬的钱学森同志:

您好!

前些日子寄您一本《中国建筑业年鉴(1996)》不知您收到没有?其中收入了您 1996 年 6 月 4 日关于建筑科学、哲学和学术民主的谈话。

今寄上我一篇论文的摘要请您指正。这是准备参加 1999 年在北京召开的世界建筑师大会的论文。论文向世界介绍您关于建立建筑科学大部门的建议和大科学技术框架的设想。我请人译成英文,怕译得不够准确,特呈您审阅。不当之处望及时指出还来得及更正。

此致

敬礼,祝您健康长寿!

顾孟潮

1998 年 3 月 18 日

1998 年 4 月 5 日致鲍世行

（关于缅怀朱畅中教授）

鲍世行同志：

您 3 月 23 日信及所附《东方视角》1997 年 3、4 合订本①、尊作"21 世纪中国城市向何处去"提纲②，还有您 4 月 1 日信③及所附 1998 年 3 月 19 日《城市导报》、1998 年 3 月 15 日《中国市容报》④，都收到，我十分感谢！朱畅中教授是继梁思成教授的一位大建筑学家，他的不幸去世，令人伤感！今后是要您来继承恩师的事业了。

我近见报载国家建设部的新部长是俞正声同志，不知他对"山水城市"有何意见？但我想他近期恐怕将忙于住房体制改革了。

此致

敬礼！

钱学森

1998 年 4 月 5 日

注释：

①《东方视角》1997 年第 3、4 合订本，内有"钱学森、朱畅中谈山水城市"栏目。

② 鲍世行，"21 世纪中国城市向何处去"（提纲）系指鲍世行 1998 年 3 月 20 日在北京市城市规划学会主办的"学术沙龙"，所作学术报告"21 世纪中国城市向何处去——也探山水城市"。

③ 系指 1998 年 4 月 1 日鲍世行给钱学森的信。

④ 1998 年 3 月 19 日《城市导报》、1998 年 3 月 15 日《中国市容报》均刊有朱畅中教授不幸逝世的消息和朱先生最后一篇遗作"山水城市探"一文。

附：鲍世行1998年3月23日信

尊敬的钱老：

您好！

呈上《东方视角》1997年第3、4合订本，内有"钱学森、朱畅中谈山水城市"栏目，请您一阅。本期还发表了朱畅中先生"山水城市探"一文。

我十分悲痛地向您报告，恩师朱畅中先生不幸于3月8日因突发脑溢血去世。朱先生晚年倾全部心力致力"山水城市"研究，不仅理论上颇有建树，且亲自参加海南通什的"山水城市"规划实践。朱先生的遗作"山水城市探"，是他一生中最后一篇力作，堪称"绝唱"。

朱畅中先生早年以优异成绩，毕业于中央大学建筑系，并获"中国营造学社（我国建筑界最早的学术组织）桂辛奖学金"第一名，因而被梁思成先生赏识，受聘清华大学任教，后赴苏联深造，是建筑界首批留苏生。朱先生以毕生精力献身城市规划教育事业，已桃李满天下。朱先生还是建国初国徽设计小组主要成员。当时梁思成先生生病，他代表梁先生向周恩来汇报方案。改革开放以后，朱先生致力风景名胜区的规划、建设、管理的研究，有很深造诣。

3月20日我应北京市城市规划学会邀请去作学术报告，为了缅怀朱畅中老师，我的报告以"也探山水城市"为题。最后全文朗读朱先生"山水城市探"一文作为结束语。当时会场上鸦雀无声，报告后响起了雷鸣般的掌声，不少人向我索取这篇文章，足见此文对大家的巨大吸引力。

专此，恭颂

春安！

鲍世行

1998年3月23日

1998 年 5 月 5 日致顾孟潮、鲍世行

（关于"宏观建筑"与"微观建筑"）

顾孟潮同志、鲍世行同志：

鲍世行同志 4 月 10 日信早收到，近日又得顾孟潮同志 4 月 29 日信（两信都附有复制件）。拜读后，我对出书事没有什么意见，因我并不了解建筑出版界的情况，请您二位定。

我近日想到的一个问题是如何把建筑和城市科学统归于我们说的"建筑科学"，同时又提高山水城市概念到不只是利用自然地形，依山傍水，而是人造山和水，这才是高级的山水城市。我建议将"城市科学"改称为"宏观建筑（Macroarchitecture）"，而现在通称的"建筑"为"微观建筑（Microarchitecture）"。这是提高一步，二位以为如何？（人造山即大型建筑）

此致

敬礼！

钱学森

1998 年 5 月 5 日

附：鲍世行 1998 年 4 月 10 日信

尊敬的钱老：

您 4 月 5 日来信收到。

鉴于您关注我部对山水城市的看法，我们已将您的来信转呈俞正声部长。不知妥否？俞部长除了重视住房制度改革外，也十分重视城市化的进展，把它作为建设部要在理论上和实践上重点探索的三大问题之一。

一些报刊发表了恩师朱畅中先生的遗作，这主要是为了寄托我们的哀思，缅怀在天之灵。恩师虽已远去，他的思想却长留人间。他的伟大风范

将永远是我们的楷模。

近年来，一些城市重视山水环境的保护和建设，其中福州市是一个典型的例子。这个城市在历史上就形成了"三山鼎立，两塔对峙，一线贯穿，西湖独秀，闽江横陈"的独具特色的城市空间艺术布局。最近他们提出要"显山露水"，使"三山、两塔、一条江"的特色突出出来，做到"城在山中，山在城中；城在水边，水在城里"。最近"显山露水"工程已经启动。他们把福州名胜左海公园西面建的占地 6000m² 的"西游记宫"全部拆除，取代的是青青的绿草地。报纸在报道这件事情时说：如今，"西游记宫"已不复存在，驾车行进在左海西边的马路上，恰如水上行舟，宽阔的马路、大面积的草坪和微波轻荡的湖面连成一体，再向远处望去，湖天连接，青山相衬，画意天成。其实最关心这项"工程"的是广大的市民。住在"西游记宫"对面的一些市民几乎天天都到工地去看工程进度。他们说：拆掉了煞风景的"西游记宫"，真是为老百姓办了一件大好事。"显山露水"工程的提出和实施反映了当地领导"山水意识"的提高。不仅福州如此，其他一些城市，在规划建设中也出现了一些可喜现象。

今年1月我去河南南阳考察。南阳是个历史文化名城。这个城市滨临白河。白河是汉江的支流，但近年来也像北方河流一样，平时有很宽的河床，却只有很小的流量。他们在白河上规划了四道橡皮坝，目前已建成两道，造成水面，据说比杭州西湖还要大。这对城市的环境和小气候产生了良好的影响。最引人注意的是在河道上形成了一个沙洲，作为鸟类和其他生物的栖息地。就是说他们在规划中不仅注意了今天的需要，而且也考虑了未来的发展；不仅考虑人类生活的需求，而且也考虑了生物多样性的需要，我认为这是规划思想上的一个突破和提高。

　　顺颂

春祺！

鲍世行

1998 年 4 月 10 日

附：顾孟潮 1998 年 4 月 29 日信

尊敬的钱老：

　　您好！节日好！

　　收您最近给鲍世行同志信后，我与鲍世行给俞正声部长写了报告，再次提出出版《城市学与山水城市》一书续集事，拟书名为《山水城市与建筑科学》。得到俞部长和叶如棠副部长支持，叶批示同意出版续集，请建工出版社考虑。据此，我们又给刘慈慰社长写信，请他支持，待定下来我会及时向您报告。您有何想法和指示也望及时告诉我们。

另，见4月25日《中国环境报》二版全版报道有关园林城市内容，并摘引您有关城市学与山水城市的论述。特复印送您一阅。可见人们对山水城市和园林城市的认识在不断加深。

此致

敬礼!

顾孟潮　上

1998年4月29日

附：鲍世行、顾孟潮 1998 年 5 月 26 日信

尊敬的钱老：

您好!

报告您一个好消息。我们关于出版《城市学与山水城市》续集的报告，已经俞正声部长首肯，叶如棠副部长批示："我赞成出续集，请出版社①考虑。"不久出版社刘慈慰社长正式通知我们：此书选题已批准，列入计划。今天我们和该社副总编王伯扬同志和本书责任编辑刘爱灵同志共同商量确定：

1. 书名定为《山水城市与建筑科学》。

2. 此书与《城市学与山水城市》属姐妹篇，书的体例和风格应有继承性，书的封面装帧应相似。

3. 全书分为书信篇、城市学与山水城市、建筑科学以及附录四个部分。

4. 此书为迎接1999年世界建筑师大会重点图书，出版时间定在明年5月，据此今年9月中要全部交稿。

我们想，自《城市学与山水城市》一书增订版于1996年5月出版以来，山水城市与建筑科学的讨论正在不断推向广泛和深入，特别是有几个城市对本市如何实现山水城市开展了研究，一批城市正在按照"山水城市"的要求进行规划构想和规划设计。在这些理论与实践的基础上，这本书应该比《城市学与山水城市》的质量更高。不知您对此有何意见?

我们已起草了向作者的约稿函，附上，请您一阅，其他编辑工作也同时展开，正在紧张进行。

为了提高该书的质量，我们想在书的前面上几幅彩色相片，特别是江

泽民主席看望您的照片和您的手迹。不知是否能将上述照片寄给我们翻拍，用后立即奉还。手迹用什么稿件？是否用您给我们俩的一封信，或其他稿件，请您酌定。另外，原书封面上有您的名字，我们想用您的手迹比较好，为此，希望您为我们写一个竖的签名。您有什么有关文章，也请推荐给我们。以上内容和安排，您有什么意见，请告诉我们。

　　此致
敬礼！

鲍世行　顾孟潮　同上

1998 年 5 月 26 日

注释：

① 指中国建筑工业出版社。

1998 年 5 月 24 日致鲍世行

（关于应在适当时候总结山水城市）

鲍世行同志：

您 5 月 12 日信、稿费 100 元①、杨赍丽教授②文③早收到。听到您说外科手术后已康复一个月了，我要祝您保养好，再回到工作！

今又收到您 5 月 20 日信及王群生④撰写的文章⑤。

"山水城市"看来还需要深入探讨，杨赍丽、王群生都作出了贡献，是可喜的。我想您应在适当时候作个总结，把"山水城市"从初步设想变为一门建筑科学的学问。可以吧？

此致

敬礼！

钱学森

1998 年 5 月 24 日

注释：

① 系 1998 年 3 月 19 日《城市导报》刊出钱学森给朱畅中一信的稿费。

② 杨赍丽，北京林业大学风景园林学院教授。

③ 系指杨赍丽"山水城市与城市山水"一文。

④ 王群生，重庆市政协常委、重庆市作家协会副主席。

⑤ 系指王群生"山水城市之我见——对重庆城区整体规划建设的思考"一文。

附：鲍世行 1998 年 5 月 12 日信

尊敬的钱老：

汇上您的稿费壹佰元。这是 3 月 19 日《城市导报》刊出您给朱畅中先生一信的稿费，请查收。

寄上杨赍丽："山水城市与城市山水"一文。此文刊《海峡城市》第

11 期。杨贵丽教授长期在北京林业大学执教，从事风景园林设计工作。她是我的老朋友。此文从造园艺术的角度谈山水城市，颇有新意。

4 月 25 日《中国环境报》以"园林城市建设喜忧参半"为题，在第二版用整版篇幅刊出一组文章。文章阐述了创建国家园林城市的由来，列举了自 1992 年以来先后四批获得园林城市称号的 12 的城市名称，并指出还有一些城市相继提出了申请，同时不少城市纷纷提出建设"生态城市"、"山水园林城市"、"花园城市"的口号，园林城市的建设如雨后春笋般兴起，这是可喜的。

但是，文章也指出了园林城市建设中存在的一些问题。

首先是建设园林城市首先是要搞好城市整体规划，要从城市生态的角度规划建设好城市，而不能把园林城市仅仅理解为苏州园林式的城市。一些城市领导对园林城市的认识尚停留在苏州园林式的小农意识水平上，他们不是去认真搞好城市总体规划和城市设计，从健全城市生态系统，发掘城市历史文化内涵，显现城市的个性特色，而是盲目模仿攀比，简单照搬，似乎种了大草坪、建了大广场，有了节日妆点的花坛盆花，有了小桥流水、曲径幽廊的公园，就可以成为园林城市了。文章引用北京大学俞孔坚教授的话："如果没有正确的理论指导，我们的园林城市建设很可能会留下许多历史遗憾。"

其次，制定的园林城市的评选标准并非尽善尽美。现在已评上的国家园林城市，虽然各项水平高于国内其他城市，但城市总体规划和城市设计尚显不足，城市布局并非尽善尽美，公园的布局、功能、管理等方面也存在一些问题，有待进一步提高，更何况污染、交通等问题目前在城市中也还有许多工作要做。总的来说，我国的园林城市创建工作是处于一边做一边完善的过程。原北京市园林局总工程师李嘉乐先生直言不讳地说："目前，我国几乎没有一个城市能达到真正意义上的园林城市。现有的园林城市实际上还是叫'绿化先进城市'比较恰当。"

再次，一些城市开展园林城市建设，出自招商引资的目的。为了吸引投资，城市质量往往成为重要因素，所以园林城市的桂冠就显得很有诱惑力。为此有的城市对城市表面"形象"很注意，绿化覆盖率却并不高。工作都集中在脸面上，"后院"却不行。

在这一版的右上角显著位置上，以"钱学森论城市学与山水城市"为标题，正面阐述了"山水城市"的理论。可见编者的良苦用心。

我最近动了一个小的外科手术，已在家休息一个月了，可能还要休息半个月，才能去上班。

此致
敬礼！

鲍世行

1998 年 5 月 12 日

1998 年 5 月 31 日致鲍世行

（关于出版《山水城市与建筑科学》是件好事）

鲍世行同志：

您 5 月 19 日信及所附给陈绍先①信复制件、《中国环境报》4 月 25 日版②，您和顾孟潮同志 5 月 26 日信及约稿函③，都收到。

"山水城市"确尚需深入研究，所以出《山水城市与建筑科学》一书是件好事。你们问我要江泽民主席来寓的彩色照片，这我不好办：因为党和国家领导人的照片是不能随便出现在书刊上的；此事要有正式批示！所以我不能提供照片。至于用我的签名，请您用在我们书信中的签字即可。

此致

敬礼！

钱学森

1998 年 5 月 31 日

注释：

① 陈绍先，时任自贡市城市科学研究会秘书长。

② 系指 1998 年 4 月 25 日《中国环境报》内刊有"园林城市建设喜忧参半"一文。

③ 指编《山水城市与建筑科学》一书时向作者的约稿函。

附：鲍世行 1998 年 5 月 19 日信

尊敬的钱老：

邮汇上壹佰元。这是《中国市容报》寄给您的稿费（文章刊 1711 号第 9 版），请查收。

前已寄上一信，谈《中国环境报》（4 月 25 日）"园林城市建设喜忧参半"一文。现在拿到了报纸原件，特寄上，供您参阅。

自贡市山水城市研究课题的四个子课题已评审完毕，正在撰写总报告，大约6月下旬可以结题。我结合园林城市建设中存在的问题，给自贡市城市科学研究会秘书长陈绍先同志写了一封信，主要是谈山水城市研究中应注意的一些问题。现特将这封信件的复印件寄上，请您提出宝贵意见。

此致
敬礼！

鲍世行

1998年5月19日

附：鲍世行1998年5月20日信

尊敬的钱老：

您写给顾孟潮同志和我的信，昨天收到复印件（事先他已打电话告诉我信中内容）。

今寄上《中国市容报》（1998年5月10日）刊出重庆市作家协会副主席王群生撰写的《山水城市之我见》一文。此文是他读朱畅中先生《山水城市探》一文和您给朱先生的信后针对重庆市的规划谈的看法。

此致
敬礼！

鲍世行

1998年5月20日

附：鲍世行1998年6月12日信

尊敬的钱老：

5月24日及31日两封来信均已达到，并已及时将复印件转给顾孟潮同志。

《山水城市与建筑科学》一书，已和中国建筑工业出版社签了约稿合同。根据合同今年9月15日以前送稿件，书籍明年5月15日前出版。

您来信说："山水城市尚需深入研究"，并"应在适当时候作个总结"。我想在书籍编辑过程中，本身就是一个很好的总结的机会，应该抓住这个时机。

自从1996年5月《城市学与山水城市》增订版出版（实际上是1996年2月截稿）以来，在这两年多时间里，城市学与山水城市的讨论不论在理论上，还是在实践上都有很大的发展。特别是近年来关于人居环境科学的提出，更强调了从政治、社会、文化、技术各个方面全面地、系统地、综合地加以研究，研究更侧重于人与环境的相互关系，这就使城市研究大大地深入了一步。山水城市的实践，近年来在广度上和深度上也都上了一个台阶。据资料显示，已有自贡、重庆、章丘、苏州、昆明、长春、武汉、柳州、常熟、肇庆、烟台、婺源、溧阳、益阳、阜新等十余个城市在作这方面的研究和规划。虽然，他的目标模式提法各有不同，有的提山水园林城市，有的提森林城市，有的提花园城市，但是总的来说都是在探索未来城市的模式。上述这些城市规模和性质各不相同，因此经验是很丰富的。我们想应该尽可能地把这些城市的经验收集在集子里。

随信寄上哈尔滨建筑大学唐恢一教授撰写的《城市学》一书。最近我收到他寄给我两本《城市学》的书，特寄上一本。这本书基本上是按照您关于城市学的思想写的，在参考了《城市学与山水城市》一书有关部分的基础上，又有了新的发展。这是可喜的现象。不知您有什么看法？

此致
敬礼！

鲍世行

1998 年 6 月 12 日

1998 年 6 月 1 日致杨鸿勋

（关于《江南园林论》一书）

杨鸿勋[①]教授：

您 5 月 27 日信及尊著《江南园林论》[②]均收到，我十分感谢！

您在信中对我过誉了，我很不敢当！尊作待我读后如有所思，再向您请教。

此致

敬礼

钱学森

1998 年 6 月 1 日

注释：

① 杨鸿勋，中国社会科学院考古研究所研究员、教授。

②《江南园林论》，杨鸿勋著，上海人民出版社，1994 年 8 月。

附：杨鸿勋 1998 年 5 月 27 日信

钱公学森夫子：

请问安好！

夫子是国内外学术界所景仰的杰出的博学科学家，学生早在 50 年代末叶拜读夫子关于园林的文章就受益匪浅。夫子高瞻远瞩，谈园林意在改善整个人居环境的面貌，是着眼于人类文明社会与自然融为一体的生存空间的建设问题；以至后来进一步提出建立城市学和山水城市的论点。学生作为从事传统建筑（广义的）研究的工作者，十分崇拜夫子的远见卓识。前些年，学生曾结合史、论的研究，为济南的卫星城章丘市做过一个新区的"生态文化城"规划。后来学生了解到夫子的"山水城市"的论述，更增加了这一创作思想的信心；而且更明确了既与自然生态相结合，又与传统文化相结合的真谛。夫子的"山水城市"正是《共产党宣言》所揭示的未来共享社会的既有城市优越性又有乡村优越性的高信息、生态化、可持续发展的合理人居环境。夫子不但是指导"两弹一星"研制的伟大科学家，也是为我们建筑历史与理论研究指明方向的真正的学科带头人。

学生鉴于优秀的传统园林遗产的研究一直停留在"小中见大"、"曲径通幽"之类的园林鉴赏的感性认识上，而试图运用唯物辩证法来阐明产生这些效果的原理。遂于 1956 年开始撰写《江南园林论》一书，由于"文革"期间的耽误，直至 1994 年才得以在海峡两岸同时出版。学生一直想将拙作呈请夫子审阅指正，但又恐打搅夫子，所以考虑再三直到今天才怀着惶恐的心情将拙作呈上。敬请夫子笑纳；如蒙垂示，指出学生研究中有待改进的问题，则不胜感激之至！

顺颂

钧安！

学生　杨鸿勋　敬上

1998 年 5 月 27 日

个人简况：

清华大学建筑学系 1955 年毕业生，曾任梁思成先生助手及其研究室秘书、日本京都大学客座教授；现任中国建筑学会建筑史学分会会长、中国社会科学院考古研究所研究员、同济大学兼职教授、联合国教科文组织顾问等职。

唐恢一^①教授：

您托鲍世行同志转来的尊作《城市学》^②我已收到，谢谢您了。

对建筑学我是外行了，只是对"山水城市"有所感而说了些想法。您的《城市学》我将好好学习，如有所思，再向您请教。

此致

敬礼！

钱学森

1998 年 6 月 28 日

注释：

① 唐恢一，哈尔滨建筑大学教授。

② 系指唐恢一教授编著的《城市学》一书，此书原系教材，后于 2001 年 1 月，由哈尔滨工业大学出版社正式出版。

该书由天津大学著名教授沈玉麟作序，称："城市学作为一门学科，可称得上是'城市规划理论'的理论……我国城市规划界内人士，曾进行过如此深入的、长期的研究工作尚属不多。这项研究工作，既切合新世纪发展的要求，又响应了钱学森院士早在 20 世纪 80 年代中期就已提出的、建议建立城市学作为城市规划学科的理论基础，并要求将全国的城市体系当作一个复杂的巨系统来研究的伟大号召。"

附：唐恢一 1998 年 7 月 5 日信

敬爱的钱学森老前辈：

　　收到您 6 月 28 日的赐函使我非常感激。晚辈编了一本不成熟的教材，您给予如此垂爱，使我深受鞭策。您的伟大成就与楷模鼓舞了一批批的爱国知识青年与人士，明辨是非，报效祖国，也是我们学校教育的宝贵财富。

　　自从您发出建立城市学研究的号召以后，我原以为或许会像 Stephen Hawking 每周从邮政收到两三种宇宙统一理论那样，您也收到了许多种城市学吧？我不敢奢望占用您的宝贵时间于翻阅我编的这本拙作。您的健康是全国人民的幸福。

　　敬礼！

晚辈　唐恢一　敬上

1998 年 7 月 5 日

1998 年 7 月 4 日致鲍世行

（关于山水园林城市）

鲍世行同志：

您转来的唐恢一教授《城市学》早收到，我已去信致谢。您 6 月 23 日信及《重庆市建设山水园林城市学术研讨会论文专辑》也收到。您 6 月 30 日信收到，但武汉市山水园林城市的两本书①尚未收到。

我想我们采用"山水园林城市"这个词是合适的，因为重庆和武汉都有自然山水的基础；在此基础上再加人工建筑整合为"山水园林城市"是可以做到的，这还是比较容易的一步，有了这一步的经验，就可以进而考虑在没有自然山水的地方建人造的"山水城市"了。

这样考虑可以吗？请教。

此致
敬礼！

钱学森

1998 年 7 月 4 日

注释：

① 系指"武汉市创建山水园林城市综合规划纲要(1998～2002)"、"武汉市创建山水园林城市综合规划(1998~2002)"及《建设武汉城市广场暨山水园林城市研讨会专家发言汇编》两本书。

附：鲍世行 1998 年 6 月 23 日信

尊敬的钱老：

呈上《重庆市建设山水园林城市学术研讨会论文专辑》一书，请您一阅。

实践是检验真理的唯一标准。我们这次在编辑《山水城市与建筑科学》一书时将特别注重各地山水城市研究、规划、建设实践的经验,将各地相关的经验尽可能地收集到、编辑进去。我们也准备将这本书中主要的几篇收进集子(要大部分收进去是不可能的)。妥否?

　　从本书前言来看,这本书是重庆市创建山水园林城市学术研讨会的论文集,也可以说是"重庆市创建山水园林城市"这个软科学研究课题的中间成果。正如在您给他们的信中指出,当时他们的研究工作都是园林绿化方面。"前言"说明这个课题在立题之初,侧重于城市绿色环境工程在山水园林城市中的地位的研究,其本意是想以此为突破口,推动整个"山水园林城市"的建设。为了弥补这方面的不足,研讨会又邀请了规划、建筑、地理、国土、文化、城市科学等方面的领导、专家、教授共50余人,集思广益共商重庆市建设山水园林城市的大事。但是,总的来说,对园林以外的学科虽有涉及,但系统全面研究仍感不足。为此他们准备在课题结题时再全面地收集相关方面的资料,以便使最终成果的内容更加丰富,结论更加科学合理。

　　此致
敬礼!

鲍世行

1998 年 6 月 23 日

（关于要用马克思主义哲学的观点来考察城市科学）

鲍世行同志：

您 6 月 30 日及 7 月 2 日来信及剪报都收到，7 月 3 日您和顾孟潮同志信及新书的内容提要也收到。来信讲了我国城市建设的建国后发展，对我有很大启示：我们要用辩证唯物主义和历史唯物主义的观点来考察我国的城市科学与建筑科学。

1. 山水城市的概念是从中国几千年的对人居环境的构筑与发展总结出来的，它也预示了 21 世纪中国的新城市。那时候山水城市的居民是建国 100 周年以后的中国人，是信息技术时代的中国人，他们中绝大多数是脑力劳动者，通过信息网络在家上班工作。

2. 这是一个辩证发展过程，我们的城市建设者要从实践中不断总结经验来提高认识。

3. 建国后城市发展的第一步是园林城市，如北京市、大连市等。

4. 我们现在在计划设计中的是第二步：山水园林城市，如重庆市、武汉市。

5. 有了这些经验才能结合 21 世纪新文化，包括大大发展了的国民经济和信息时代的生活特点，并总结第一步园林城市和第二步山水园林城市的经验构筑第三步山水城市（在没有天然山水的地方也要建设山水城市）。

总之，我们的思维要结合实践，又要有社会主义的目标——共产主义的世界大同。

您和顾孟潮同志写的新书内容提要，我因未见书的内容，提不出意见。只是用了"杰出科学家"一词，我很不敢当！

顾孟潮同志处不再写信了。

此致

敬礼！

钱学森

1998 年 7 月 12 日

关于城市森林两份剪报附还。

附：鲍世行 1998 年 6 月 30 日信

尊敬的钱老：

6 月 23 日寄上一信及《重庆建设山水园林城市学术研讨会论文集》想必已收到。今再寄上"武汉市创建山水园林城市综合规划纲要(1998～2002)"、"武汉市创建山水园林城市综合规划(1998～2002)"、及《建设武汉城市广场暨山水园林城市研讨会专家发言汇编》各一本，请您一阅(阅后不必寄回)。

这些材料是我向武汉市城市规划设计研究院院长陈世平联系、索取的。我粗粗阅读这些材料觉得武汉山水园林城市规划有如下特点：

1. 市委、市政府领导重视。去年年底、今年年初市委和市政府领导分别向市党代会和市人大的报告中都作出了"经过五年的努力，把武汉初步建成山水园林城市"的承诺，而且在报告中也提出了要"坚持可持续发展的战略，不断提高人民生活水平和质量"，"充分利用丰富的山水资源"，"保护好山体、水体和东湖风景区"，"实施以城市绿化、森林公园和生态旅游项目为主的山水园林系统工程"，"尽快形成绿色屏障和江河湖滨防洪绿化长廊"，等具体的战略目标。

2. 在市委、市政府领导下，由规划局牵头编制了武汉山水园林城市综合规划大纲。在这个规划大纲编制过程中听取了政协代表和市内专家的意见。目前这个大纲已经市委原则同意，并印发各区县及相关单位进行讨论，广泛征求意见，因此可以说这个规划是有广泛的群众基础的。

3. 这个规划大纲对武汉城市发展进行了回顾和展望，提出了创建山水园林城市的战略意义、基本原则及主要目标，并对实现山水园林城市的主要任务、战略步骤和实施措施都作了详尽的论述。特别是对于创建山水园林城市提出的"城乡一体，以城为主；尊重自然，以人为本；因地制宜，突出特色；建管并重，标本兼治"四方面基本原则比较全面，切中要害。

4. 综合规划的内容比较全面。这个规划是在 6 个分项规划的基础上综合完成的。这 6 个分项规划包括：(1)总体规划结构与布局；(2)城市园林绿地系统规划；(3)湖泊和山体保护规划；(4)历史文化风貌保护规划；(5)城市空间景观规划；(6)城市环境治理规划。规划对分期实施、组织管理、法制建设、资金筹措和群众参与等都作了细致的考虑。

总之，这个规划的特色是"脑中有山水，眼里有山水，笔下有山水"。对于这一点我们搞了一辈子城市规划的人是深有体会的。50 年代，在当时的城市规划理论指导下，城市选址主要是找平地。当然大规模工业建设，大型工业企业的选址需要工程地质条件较好、用地比较完整，但是也不是所有的城市用地都要有如此高的要求。在这种规划理论指导下占了一些良田好地。在具体城市建设中，我们也走过不少弯路，做过不少蠢事。例如，"文革"前后不少城市填河搞人防工程；在农业学大寨和"以粮为纲"的口号下，大搞围湖造田；一些城市向河滩要地，甚至填掉水面作为建设用地；在房地产开发高潮中，有的城市搞"周边开发"，挤占城市公共绿地，在其周边建房，甚至烈士陵园也不放过；有的工程用推土机搞设计，挖掉山头，填平水面，极不尊重自然。

经过这些曲折的道路，人们开始变得聪明起来，开始重新认识山水，以正确的态度对待山水，保护山水，培育山水使之成为青山秀水。最近北京已决定对中心水系的水环境进行全面治理，包括截污、清淤、护岸、水利工程设备改造、拆迁、绿化美化等工作，解决水系所存在的防洪、供水、水环境等方面的问题(1998年5月31日《中国市容报》)。济南市大明湖完成了清淤工作，清除了20多年来，近两米厚的淤积物，最近八成的污水已进入污水处理厂，大明湖水质趋好，多年不见的"佛山倒影"，即大明湖中见到南郊千佛山的倩影，已多次出现(1998年6月25日《人民日报》)。昆明为了迎接'99年世界园艺博览会，正在大规模改善城市环境，已拆除数百万平方米建筑物以拓宽城市干道，增加河道两岸的绿化。这些都是十分可喜的现象。

关于武汉市山水园林城市规划的经验，陈世平院长正组织人为《山水城市与建筑科学》一书撰写论文，不日即可寄来。

专此，即颂

暑安！

鲍世行

1998年6月30日

附：鲍世行1998年7月2日信

尊敬的钱老：

6月30日寄出一信及武汉建设山水园林城市的资料谅已收到。

昨又收到您给哈尔滨建筑大学唐恢一教授的信，已早转寄，勿念。

今寄上"把森林请进城市"(《中国建设报》1998年6月23日)"森林兄弟'的报复"(《中国建设报》1998年6月30日)，供您一阅。这两份剪报从正反两方面说明森林在城市中的作用与意义。

在我国，森林正在走进市民的生活，森林在城市中的作用也愈来愈显重要。近年来北京兴起"香山热"，不少市民从10～30公里以外的住处到香山去。早上6时出发，大部分坐公共汽车，有时坐"小公共"，直到下午才回来，参加者尤多离退休老年人。他们爬香山不仅是为了锻炼，更重要的目的在于去户外吸氧，有时也取泉水回家饮用，因为那里有很好的绿化和泉水。他们一般每周去两三次。一清早就出发，一去就是半天、多半天，听说还有专门的爬山队。这种新情况与北京进入老龄社会有关，更重要的是人们的观念在变化，生态意识在加强。

看来在城市边缘营建森林公园已经十分必要了。我去过长春的净月潭，那里有一大片森林，还有贵阳市郊区也有一个森林公园。据说这两处都是"二战"前后营建的人工次生林，现在都已经成了气候。身历其境，感到空气比城区新鲜多了。不仅东北的长春、西南的贵阳如此，而且大西北的兰州，建国后在岚山（南山）也种了不少树。那是在很艰苦的条件下营造的，种植很不容易。可是现在到了山上已能明显地感到小气候的改善。所以只要下决心，有恒心，条件再困难，都可以成功地建起森林公园来。

我认为在建设山水城市时要把森林公园看成是城市主要基础设施之一。城市需要供水、供电、供热设施，需要道路、交通、桥梁、同时也应该把供氧的"氧源"——森林公园的规划建设排上日程，还要像输水需要管道，输电需要输电线一样，输氧也应该建林荫道、绿化带把氧气源源不断地送到城市中心来。这才是造福子孙、造福后代的事。

以上看法妥否？向您请教

此致

敬礼！

鲍世行

1998 年 7 月 2 日

附：鲍世行、顾孟潮 1998 年 7 月 3 日信

尊敬的钱老：

现寄上《杰出科学家钱学森论：山水城市与建筑科学》内容提要，请您提出宝贵意见。

这本书已确定为配合明年 6 月在北京召开的世界建筑师大会而出版的重点书，中国建筑工业出版社决定今年 11 月要举行书展。我们起草的这个"内容提要"就是为了书展而写的。现在这本书的封面也正在设计中。

此致

敬礼！

鲍世行

顾孟潮　　同上

1998 年 7 月 3 日

附：鲍世行 1998 年 7 月 8 日信

尊敬的钱老：

7 月 4 日来函及附来《重庆市建设山水园林城市学术研讨会论文专辑》均收到无误。

我和顾孟潮同志 7 月 3 日给您的信及《杰出科学家论：山水城市与建筑科学》内容提要谅已收到。与 6 月 30 日给您的信同时寄出的三本有关武汉建设山水园林城市的材料肯定会收到了。

随信附上《城市学》一书作者——哈尔滨建筑大学教授唐恢一先生给您的信。

此致
敬礼！

鲍世行

1998 年 7 月 8 日

1998 年 8 月 6 日致顾孟潮

（关于沈福煦的文稿）

顾孟潮同志：

您 7 月 27 日信及所附同济大学沈福煦教授信及文稿"中国传统的人居环境刍议"都收到。

我给沈教授复了信，现奉上其复制件请阅。他的文章也附上供阅用。

您和鲍世行同志编《山水城市与建筑科学》辛苦了，一定会有好成果！

此致

敬礼！

钱学森

1998 年 8 月 6 日

附：顾孟潮 1998 年 7 月 27 日信

尊敬的钱老：

您好！

《山水城市与建筑科学》一书的编纂工作我和鲍世行同志在抓紧进行，现在准备收入的信件文章大多已经确定，并已征得作者的同意。现有的作者又送来新的文章，考虑不能无限制地增加，故拟一般情况下，新来的暂不再收入（除个别情况）。

书中建筑科学部分拟收入同济大学教授的"大趋势与建筑的十大趋势"一文，作者表示同意，并寄来一篇"中国传统的人居环境刍议"，嘱我呈您审阅。故把沈福煦同志的信和论文一并寄您。

此致

敬礼！

顾孟潮　上

1998 年 7 月 27 日

（关于山水城市要有理论指导）

沈福煦[①]**教授：**

您 7 月 21 日来信及尊作"中国传统的人居环境刍议"都由顾孟潮同志转来。您在信中对我过奖了，又自称为"学生"，这我很不敢当！

对中国传统的人居环境因是在封建社会，要区别达官贵人与老百姓，您在文中讲的是上层人物的居室，决不是平民百姓家。这一点很重要。社会主义中国的人民是平等的，因此这个传统决不能照样承继下来，而是取其长，再与现代科学技术成就结合起来，成为中国的现代城市——"山水城市"，要在社会主义中国完成这一任务很不容易，要有理论指导，即我们说的建筑科学，顾孟潮同志近年来正在构筑这门科学技术，您读了他的有关著述吗？

以上所陈，谨向您请教！

此致

敬礼！

钱学森

1998 年 8 月 6 日

注释：

① 沈福煦，同济大学建筑系教授。

附：沈福煦 1998 年 7 月 22 日信

尊敬的钱老先生：

您好。

久慕盛名，今有点冒昧与您作简单笔谈：我对您的科学成就早在中学时代已知晓，近年来闻您对城市问题也甚关注，更使我感慨甚！这也正是科学家和文化人最高贵的事业准则：为人。

新的世纪的城市是否是高楼林立、车水马龙？我觉得不甚确切，而且要反思。您提出的山水城市理论，就是建立在"为人"这个基点之上，也是新的世纪的学术的一个准则。在此时，我想若是在反思中回顾一下我们中国古代的人居经验，也许多少有些裨益。因此，今托顾孟潮先生呈上我之拙文《中国传统人居环境刍议》，望能在百忙中一阅，并批评指正。谢谢。

    即颂

华翰！

学生　沈福煦

1998 年 7 月 22 日

1998 年 9 月 28 日致鲍世行、顾孟潮

（关于长江特大洪水对山水园林城市的启示）

鲍世行同志、顾孟潮同志：

鲍世行同志 9 月 16 日信及附件卢伟民[①]先生的"山水人情城市——再创东方气质城市"和您二位 9 月 21 日信及《山水城市与建筑科学》目录都收到，我十分感谢！

我对《山水城市与建筑科学》一书目录补充稿没有意见，现将该稿奉还。

我现在想到一个问题：今年长江特大洪水对重庆市山水园林城市及武汉市山水园林城市的建设有没有新的启示？请酌。

此致

敬礼！

钱学森

1998 年 9 月 28 日

注释：

① 卢伟民，美籍华裔著名城市规划师。

附：鲍世行 1998 年 8 月 14 日信

尊敬的钱老：

汇上捌拾元，这是《东方视角》寄来的稿费，请查收。

最近我去甘肃张掖参加中国城科会历史文化名城委员会常务理事会，同时参加张掖大佛寺建寺 900 周年纪念庆典。

张掖位于河西走廊腹地，南依祁连山脉，北接合黎诸山，自汉武帝开拓疆域，建郡卫戍以来，便成为古丝绸之路上"通一线于广漠，控五郡之咽喉"的要塞重镇。

张掖古称甘州，自古就有融雪山草原，沙漠绿洲于一体的独特的自然风光，古有"若非祁连山顶雪，错把甘州当江南"之说。这里有众多的文

物古迹，与自然环境相映成辉，形成"甘州八景"。古人有"一湖山光，半城塔影，苇溪连片，古刹遍地"之称誉。在河西走廊有这样一个"山水城市"，真是我事先没有预想到的。可惜建国以来对自然、文化遗产的保护重视不够，不少湖泊、水面被占用，"苇溪连片"的景色已不复再见。这实在是个遗憾。最近市里对这方面较重视，名城保护工作抓得很紧。这次大佛寺建寺900周年庆典的举行即一实证。

　　专此，即颂

秋安！

鲍世行
1998 年 8 月 14 日

附：鲍世行 1998 年 8 月 22 日信

尊敬的钱老：

　　您 7 月 12 日来信收到，并已送顾孟潮阅。

　　来信讲到："山水城市的概念是从中国几千年的对人居环境的构筑与发展总结出来的，它也预示了 21 世纪中国的新城市。"这个论断是十分正确的。

　　附上《杭高校友通讯》供您一读。

　　暑期届临，望多保重。

　　专此，即颂

暑安！

鲍世行
1998 年 8 月 22 日

附：鲍世行 1998 年 9 月 16 日信

尊敬的钱老：

　　接到美籍华人规划师卢伟民先生来信及两篇文章，现寄上请您一阅。卢先生来信称：祝你们此方面的工作(指山水城市)不断展开，而成一世界运动！

　　"Shan Shui Ren Qing City"（山水人情城市）一文系他应东京大学主编《世界环境大集》而写。此文是他多年来在世界各地所作报告修改而成，有一定理论性。

　　"山水·人情·气质——再创台北市风貌"一文是他 1995 年在台北国

际都市设计大会上作的学术报告。

两篇文章均拟收入《山水城市与建筑科学》一书，妥否？

卢先生提的"山水人情城市"，"山水"、"人情"分别说的是自然与社会方面的问题，是自然科学与人文科学的结合；但似乎没有"山水城市"的提法更概括、更简明，因为"山水城市"实际上也已包括了自然科学与社会科学的内容。

卢伟民先生曾因参与美国明尼亚波利斯、达拉斯和圣保罗三市规划而获美国里根总统颁赠的"卓越设计奖"。卢先生是著名建筑前辈卢毓骏先生之子。

两文阅后请寄回。谢谢。

此致

敬礼！

鲍世行
1998 年 8 月 26 日

附：鲍世行、顾孟潮 1998 年 9 月 21 日信

尊敬的钱老：

不久前寄上卢伟民先生"山水人情城市"译文，想已收到。

现寄上《山水城市与建筑科学》一书目录，请审阅。

目录(初稿)编成后高介华同志又寄来一批信件，因此目录又作了补充，尚未最后打印，先寄给目录初稿供您一阅，请原谅。

有什么意见请告诉我们。

此致

敬礼！

鲍世行　顾孟潮
1998 年 9 月 21 日

附：鲍世行 1998 年 10 月 17 日信

尊敬的钱老：

9 月 28 日来函收到。来信问及重庆、武汉在今年长江特大洪水中，对山水园林城市建设有没有新的启示？为此，我已将此信的复印件寄重庆和武汉。

我转寄给您的"建设自贡市山水城市研究"课题的材料想必已收到，

我已准备应邀赴自贡，参加课题评审会，周干峙同志因工作忙不能前往。他已写了书面评审意见，对课题作了充分肯定。

周干峙同志说："山水城市"源于我国城市规划的科学理论，是我国城市发展的美好理想。课题对"山水城市"作了结合实际的广泛而深入的探讨。

1. 从持续发展的指导思想，回顾了城市发展的历程，审视了存在的问题，特别是环境退化、文化淡漠、活力衰微等等。从根本上探索未来的正确去向，具有比较全面的理性思考。

2. 密切结合自贡的市情，探讨了自贡在不同发展阶段时实现山水城市的具体目标。

周干峙同志还说：山水城市理论迫切需要有山水城市的实践，课题描绘了一幅山水城市的蓝图，看来有现实性，有说服力，坚持做下去定能为我国的城市发展作出自己的贡献。

同时他还对"形象工程"的提法提出了自己的看法指出：当前有一股"城市形象设计"、"搞形象工程"之风，实际上是为城市搞包装，做表面文章。离开城市规划设计，去搞城市形象是有害的。它恰恰和"山水城市"的精神背道而驰。

此致
敬礼！

鲍世行

1998 年 10 月 17 日

附：鲍世行 1998 年 10 月 29 日信

尊敬的钱老：

9 月 28 日您来信问及长江特大洪水对武汉及重庆建设山水园林城市有没有新的启示。我已将信件转去，现武汉市城市规划设计研究院已先寄来该院编印的《城市规划信息》1998 年第 8、9 期共两本，内有不少关于抗洪救灾的报导和文章。现将这些素材寄上，供参阅。详细的总结材料，还要等一段时间后才能写出，到时再寄上。

此致
敬礼！

鲍世行

1998 年 10 月 29 日

1998年10月25日致鲍世行

（关于"山水城市"要再上一层楼）

鲍世行同志：

您10月20日信及附件①收读。

"山水城市"能得到研究讨论，令人高兴，但既已有"园林城市"，又将有重庆的"山水园林城市"、武汉的"山水园林城市"。"山水城市"要再上一层楼，这次自贡市的讨论做到了吗？

此致

敬礼！

钱学森

1998 年 10 月 25 日

注释：

① 系指"建设自贡市山水城市研究"课题评审意见。

附：鲍世行 1998 年 10 月 20 日信

尊敬的钱老：

我最近要去自贡主持"建设自贡市山水城市研究"课题的评审。

该课题是四川省首次开展的"山水城市"专题研究课题(重庆已不属四川省了)，因此引起省内各界重视；规划、环保、林业、园林……各部门都去了省内知名专家，实际上这也是一次很好的"山水城市"的宣传、推广的机会。大家对"山水城市"思想作了很高的评价，对自贡的课题也作了充分的肯定，现将"评审意见"寄上，请您一阅。如有可能请您来信对课题说几句，以志鼓励。

此致

敬礼！

鲍世行

1998 年 10 月 20 日

附：鲍世行 1998 年 10 月 23 日信

尊敬的钱老：

    10 月 17 日我应邀在香山参加了九三学社北京市委员会主办的"面向新世纪的首都园林绿化研讨会"。这是我们宣传山水城市的一个机会。我在发言中讲了成绩、差距、问题和对策四个问题。

    北京市现状人均公共绿地 7.31 平方米/人，绿化覆盖率 33.65％，是第一批颁布的国家园林城市，城市绿化建设方面的成绩是有目共睹的。但是大家也认为园林城市颁布的标准和 21 世纪的目标以及作为社会主义国家首都的要求比，实在太低了。况且北京的现状绿地指标在全国 12 个园林城市的排名榜中均列在倒数第几位，具体指标均低于平均指标(全国 12 个园林城市平均人均公共绿地为 11.52 平方米/人，绿化覆盖率为 37.63％)。

    我认为存在问题主要是，第一，城市绿地正在被不断蚕食，特别是北京作为分散集团式布局的绿化隔离带正在被吞噬。1959 年规划确定"分散集团式"布局时，当时确定的绿化隔离带有 300 平方公里，到 1982 年已减少到 260 平方公里，1992 年又减少到 244 平方公里，事实上其中只有 166 平方公里是有希望成为绿地(吴良镛：《北京旧城与菊儿胡同》第 28 页)。有人呼吁：动物园西端沿西直门外大街，绵延的高楼大厦正在拔地而起。公共绿地被商业大厦蚕食(《城市规划》1998 年第 4 期)。必须指出上述绿地正是城市布局中的绿化隔离带。如果绿化隔离带不再存在，还谈什么"分散集团式"布局了。事实上，1959 年规划时，"中心地区"是被绿地划分为 9 个集团的，而 90 年代规划时，"中心地区"就只有一个集团了。所以同是"集团"，其具体概念已经迥然不同了。第二，接近市民的居住环境正在恶化。北京四区(主要是二环与三环之间)高层住宅如雨后春笋，人口密度不断增加，而相对绿地并未增加。特别是一些零星改造的"危改地区"，并未经过统一规划，往往拆除一片"危房"，修建一幢(或数幢)高层住宅。过去居民宅院里少得可怜的一点绿化，也被作了停车场(停车场是可以有收入的，绿化还需要养护)。这些院子又被用铁栏包围起来(据说为了安全)。现在公园里人满为患。不少人为了晨炼，在路上浪费了不少冤枉时间。还有不少老年人跑到香山去锻炼。这一方面看到老年人锻炼的积极性，但是，从绿化建设的角度，不是值得深思的吗？大家都认为城市绿地是按照服务半径分级设置的，互相不能替换。除全市性的公园外，城市还应该有居住区、小区的公园，甚至居住组团绿地。目前北京最短缺的正是接近市民的居住区和小区绿地(方庄建成后，居住区公园就没人建)。

针对存在问题，我提出两条对策措施。

1. 用立法形式把绿化隔离带的用地固定下去，免遭侵占。

2. 搞好社区调查，做出详细的社区规划。把可能绿化的用地，开辟成开放的绿地，改善居住环境，使居民得到真正的实惠。

附上剪报一则，是上海园林专家对上海绿化建设的意见，供参阅。

专此　顺祝

大安！

鲍世行

1998 年 10 月 23 日

1998 年 10 月 25 日致顾孟潮

（关于对建筑要作为人类社会活动来研究）

顾孟潮同志：

您 10 月 13 日信及您的文章《重读"建筑之树"》都收到，谢谢！

我们对建筑要作为一种人类社会活动来研究，所以我主张用辩证唯物主义和历史唯物主义来指导这项工作。我同意您把 8 月 21 日的香山会议作为一个好兆头。

此致

敬礼！

钱学森

1998 年 10 月 25 日

附：顾孟潮 1998 年 10 月 13 日信

钱学森同志：

您好！

《山水城市与建筑科学》一书编辑过程顺利，得到各方面的关心和重视，前信已向您汇报。

您来信提到的重庆、武汉灾后建筑的问题，我们已转给武汉、重庆的同志考虑并等待他们作出相应的回答。待有消息时再向您汇报。

该书彩页拟用江泽民主席看望您的照片，我已同摄影者樊如钧同志联系上，征得他同意收入此书，特告知您。

另：寄上我"重谈'建筑之树'"一文请您指正。此文也从一个角度说明在中国建立建筑科学大部门的重要性、迫切性以及艰巨性。需要持之以恒地努力，并争取更多人的理解和支持。

此致

敬礼！

顾孟潮

1998 年 10 月 13 日

1998 年 11 月 9 日致鲍世行

（关于询问高级研讨班在昆明召开的原因）

鲍世行同志：

您 10 月 31 日信收读。它使我了解到一些情况，谢谢！

既然徐州市建设得很好，城市环境优美，那为什么明年元旦或春节的高级研讨班要到远离陇海兰新地带的云南昆明去开？①

请告

此致

敬礼！

钱学森

1998 年 11 月 9 日

注释：

① 鲍世行 1998 年 11 月 24 日给钱学森的信中说：陇海兰新城建联合会主办的山水城市高级研讨班（后因昆明的世界花卉博览会的主题为"人与自然"，因此，研讨会改名为"人与自然·城市可持续发展研讨班"）选在昆明主办，主要是昆明将于明年 5 月举行世界花卉博览会。这在我国城市建设部门来说将是一件盛事，参加研讨班的同志将有机会参观世博会，另外在世博会筹备期间昆明进行了大规模城市建设，据说市内沿河、沿路都进行了大量拆迁和绿化，城市面貌发生了很大变化，这些都将是学员们很好的学习内容。

附：鲍世行 1998 年 10 月 31 日信

尊敬的钱老：

我于 10 月 26～28 日应邀赴徐州参加陇海兰新城建联合会的年会。会上作出决定，拟定明年春节在昆明举办"山水城市理论高级研讨班。

陇海兰新城建联合会是"陇海兰新大陆桥"沿桥城市共同组织起来的

群众社会团体。参加活动的成员主要是各市的市长和建委负责人。这次议决举办"山水城市研讨班"，主要是在世纪之交，他们渴望了解和学习山水城市理论，以便指导新世纪的城市建设实践。

陇海兰新地带(即陇海兰新铁路直接吸引的范围)包括10个省、39个地级市和36个地区，面积占全国国土1/4，人口接近全国的1/5，设市城市也占全国1/5。这个横跨东、中、西三个地带的陇兰地带，自然条件复杂多样。在这个地区的城市中，通过研讨班，讲解推广山水城市理论有特殊的意义。

这次我去徐州开会，对这个城市留下了深刻的印象。徐州是国家级历史文化名城，是江苏省最古老的城市。刘邦在这里发迹。该市的汉画像石馆、汉墓和汉兵马俑集中反映了徐州两汉文化的丰厚积淀。因此，目前有"明清看北京，隋唐看西安，两汉看徐州"之说。

徐州不仅区位优越，是仅次于郑州的铁路枢纽城市，而且城市周围有108个山头。毛泽东曾在此发出"绿化荒山"的号召，经过多年来植树造林，这些荒山都已披上了绿装，满目郁郁葱葱，植被很好。1958年该市还修建了水库，云龙湖(面积略大于杭州西湖)湖水晶莹，水质清澈，山光水色，城市环境优美。城市中心有这样的青山绿水实属不易。这个城市山青水秀、环境优美，建设山水城市有很好的基础。

此致
敬礼！

鲍世行

1998 年 10 月 31 日

1998 年 11 月 10 日致鲍世行、顾孟潮

(关于赞成在深圳召开山水城市研讨会)

鲍世行同志、顾孟潮同志：

您二位 11 月 3 日信收到。我很赞成山水城市研讨会在深圳市召开。深圳是我国改革开放后的第一个特区，可以说是我国城市建设的一个样板，在这里召开会议讨论面向未来的"山水城市"是有重大意义的。

此外，对我个人来说，深圳是我滞留美国 20 年后，于 1955 年乘客轮横渡太平洋在九龙登陆后，走上祖国的第一城！我也记得在边界就见到五星红旗和毛主席像时的激动心情！

祝在深圳召开山水城市研讨会成功。

此致

敬礼！

钱学森

1998 年 11 月 10 日

附：鲍世行、顾孟潮 1998 年 11 月 3 日信

尊敬的钱老：

10 月 25 日来函收到。自贡市评审"山水城市"课题的情况前已写信向您报告。

《山水城市与建筑科学》一书已付梓，明年 5 月可望出书。为了进一步深入探索"山水城市"问题，我们拟在出书后召开一个全国性的山水城市研讨会。这个会议应该既有理论探讨，又有规划、建设山水城市的经验交流。这次编辑《山水城市与建筑科学》一书时，收集了 20 余个城市的经验，因此这种经验交流是有一定基础的。这种理论与实践相结合的研讨，会使山水城市的运动向前推进一步。

关于会议的地点，我们初步和部分城市联系，已有一些城市表示愿意

承办这次会议，有的城市积极性很高。

最近，深圳市彭立勋同志说深圳也愿意承办这次会议。他现在担任深圳市社会科学院院长，与市里领导联系和接触较多。这是很有利的条件。我们考虑深圳市领导近年来对环境建设十分重视，在这方面做了大量工作，城市面貌有很大变化。在世纪之交的今天，深圳市也正在考虑如何迎接新世纪。如果山水城市研讨会在该市召开，必然会推动该市的城市发展。因此，我们认为，山水城市研讨会在深圳召开是比较适宜的。

为了使会议能顺利召开，彭立勋同志在电话中提出希望您能给我们写一封信表示深圳市近年来城市环境建设卓有成效，赞成山水城市研讨会在深圳市召开。有了这封信，深圳市领导就会更加重视这次会议的召开。这将对彭立勋操作这次会议给予极大支持。

专此　顺祝
安康！

鲍世行　顾孟潮

1998 年 11 月 3 日

1998 年 11 月 11 日致鲍世行

（关于看了讲长江水灾的刊物）

鲍世行同志：

您 10 月 29 日信及两本讲武汉市水灾的刊物都看了。现将两本《城市规划信息》1998 年第 8、9 期①奉还。

谢谢！

此致

敬礼！

钱学森

1998 年 11 月 11 日

注释：

①《城市规划信息》1998 年第 8、9 期内有关于武汉抗洪救灾的报道和文章。

附：鲍世行 1998 年 10 月 29 日信

尊敬的钱老：

9 月 28 日您来信问及长江特大洪水对武汉及重庆建设山水园林城市有没有新的启示。我已将信件转去。现武汉市城市规划设计研究院已先寄来该院编印的《城市规划信息》两本，内有不少关于抗洪救灾的报导和文章。现将这些素材寄上，供参阅。

此致

敬礼！

鲍世行

1998 年 10 月 29 日

1998 年 11 月 14 日致鲍世行

（关于城市建设要规范化）

鲍世行同志：

您 11 月 9 日信及《城市规划通讯》1998 年第 30 期^①都收到。

我以为城市建设在我国要规范化：分一般城市、园林城市、山水园林城市、山水城市。而且要明确不管什么地方，不依靠自然地理条件，都可以人工地建设这四个等级的城市。现在已有一般城市很多，园林城市也有北京市、大连市等典型；更高一层次的山水园林城市可能是规划建设中的重庆市与武汉市；至于山水城市，那还在讨论中。所以不要随便把"山水城市"加在任何在建的城市上，那是太不严肃的。

此见当否？请教。

此致

敬礼！

钱学森

1998 年 11 月 14 日

注释：

①《城市规划通讯》1998 年第 20 期报道了重庆市城市总体规划中把"有山水城市特色的现代化城市"作为城市发展的远景目标，提出"力争在 2020 年内把重庆市都市圈建设成为经济发达、社会文明、生活富裕、环境优美、富有历史传统文化和山水城市特色的现代化城市"。

附：鲍世行 1998 年 11 月 9 日信

尊敬的钱老：

11 月 3 日寄上一信，谅已收悉。

为了加快城市总体规划和省城镇体系规划审查工作，提高规划审批工作的科学性、政策性和时效性，最后经国务院批准成立"城市规划部际联席会"制度，由主管城市规划工作的建设部赵宝江副部长任组长。在9月25日首次会议上，讨论了重庆、郑州和抚顺三市的城市总体规划，其中重庆市城市总体规划把"有山水城市特色的现代化城市"作为城市发展的远景目标，提出：力争在2020年内把重庆市都市圈建设成为经济发达、社会文明、生活富裕、环境优美、富有历史传统文化和山水城市特色的现代化城市。

　　专此，顺祝

大安

鲍世行
1998 年 11 月 9 日

附：鲍世行 1998 年 11 月 24 日信

尊敬的钱老：

　　11 月 9 日、10 日、11 日及 14 日四封信均收到。

　　陇海兰新城建联合会主办的山水城市研讨班（因昆明的世界花卉博览会的主题为"人与自然"，因此研讨班现改名为"人与自然——城市可持续发展"研讨班，学习内容不变）选在昆明主办，主要是昆明将于明年 5 月 1 日至 10 月 31 日举行世界花卉博览会。这在我国城市建设部门来说将是一件盛事，参加研讨班的同志将有机会参观世博会，另外在世博会筹备期间昆明进行了大规模城市建设，据说市内沿河、沿路都进行了大量拆迁和绿化，城市面貌发生了很大变化。这些都将是学员们很好的学习内容。至于徐州虽然有水有山，山上都进行了绿化，水体也很干净，可是，在艺术性方面还需更上一层楼。

　　您 11 月 10 日来信收到，信中提到您很赞成山水城市研讨会在深圳举行。您在信中谈到横渡太平洋，走上祖国第一城的心情，对深圳的深厚感情溢于言表，也深深地感染了我。信中您预祝研讨会成功！说明您对这次会议寄予厚望。我收到信后即时传真给彭立勋同志。昨天他来电话，说他收到信后即向市里个别领导汇报，都说这是件好事。他计划会议在明年春季（可能是五六月）召开。届时他们希望您能光临。因市委书记尚在国外考察，待他回国后，还将作正式汇报，会议筹备情况将及时向您汇报。

　　您 11 月 14 日信中提到，"不要随便把'山水城市'加在任何在建的城市上"的意见，我是很赞成的。因为山水城市是有很高的要求，是我们努力为之奋斗的城市环境建设的崇高目标，所以这只是我们远景的规划目标。

11 月 18～22 日我应邀去开封为他们的城市规划提供咨询。开封是我国六大古都之一，也是第一批国务院公布的 24 个历史文化名城之一。近年来，他们在名城保护和建设方面做了不少工作。在不同时期，以不同模式建设和改建了御街、书店街、中山路和西门大街四条街。在开封期间我考察了四条街，并作了评价，指出成功和尚待改进之处。我说：有些历史名城在建设中，拣了包裹、雨伞，却把"我"丢了。这些名城虽然发展很快，变化很大，可是却失去了名城的特色。然而，开封在建设中"名城意识"很强，不断探索名城保护的新路子。这种精神是可贵的。在咨询中，我还提出开封有两件宝，在城市建设中要特别珍惜。一是开封尚保存有明代城墙 14.4 公里。过去人们仅知道西安、平遥、江陵、兴城是四个城墙保存完好的城市，现在才知道开封居然也保存着如此完整的城墙（在国内，长度仅次于南京城墙）。最近开封的城墙已被列入全国文物保护单位。还有一项就是开封有很大的水面。这些水面有利于调节雨水的排放和改善当地的小气候。目前，旧城 12.9 平方公里范围内尚有水面 1.45 平方公里，据说建国之初，水面多达 3.0 平方公里，且有河道互相联通，由于人工填埋，水面逐年缩小，且近年还在不断蚕食。提出这两件宝，就是提醒他们要更加认真地加以保护。

在汴期间，我还应邀在河南大学作学术报告，并被该校建筑系聘为兼职教授。河南大学是个历史悠久的学校。这个学校也是用庚子赔款建设起来的，建校年份只比清华大学晚一年。

顺颂

冬安！

鲍世行

1998 年 11 月 24 日

1998 年 11 月 17 日致顾孟潮

(关于"知识经济"应是"科技经济")

顾孟潮同志：

您 11 月 12 日信及附尊作都收到。谢谢！

尊作中提到"知识经济"。我认为用马列主义、毛泽东思想、邓小平理论，不宜用"知识经济"：人是要首先认识客观世界才能改造世界，而认识客观世界是知识，经济是改造客观世界，所以自古以来就是"知识经济"。今天是邓小平同志说的"科学技术是第一生产力"，所以是"科技经济"①。这里"科技"也包括社会科学，这是江泽民同志明确的。报纸上对"知识经济"说得很多，但也有不少人有不同意见。

以上请酌。

此致

敬礼！

钱学森

1998 年 11 月 17 日

注释：

① 顾孟潮征得钱学森同意，将此信在《民主与科学》杂志上披露。该刊发表此信时加了编者按：顾孟潮同志给编辑部来信并附上著名科学家钱学森的一封信。钱学森看了发表在 1998 年第 5 期《民主与科学》的"民主·科学·知识经济"一文后，在给作者顾孟潮的信中提出了对"知识经济"一词的不同看法，认为"知识经济"应称"科技经济"更为准确。现刊登钱学森关于"科技经济"的通信，供读者参考。

附：顾孟潮 1998 年 11 月 12 日信

钱老：

您好！

诚如您来信强调的，要用唯物主义和辩证法来指导对建筑学的研究。

《山水城市与建筑科学》一书稿已齐，交出版社责编刘爱灵同志，书名、目录及您会见我们那篇文章的译英，再次请顾启源老先生办，请您放心，特告。

另：附上我几篇短文，供您闲时一阅并指正。

此致

敬礼

顾孟潮　上

1998 年 11 月 12 日

附：顾孟潮 1998 年 11 月 19 日信

尊敬的钱老：

您好！

您 17 日来信指出，用马列主义、毛泽东思想、邓小平理论不宜用"知识经济"：人是要首先认识客观世界，才能改造世界，而认识客观世界是知识，经济是改造客观世界，所以自古以来就是"知识经济"。今天邓小平同志说的"科学技术是第一生产力"，所以是"科技经济"。这一论述很重要，我考虑是否可以在一些报刊(如发表我文章的《民主与科学》杂志)上披露，以及收入《山水城市与建筑科学》书中，如同意，望便中告我。

我很赞成您的意见，并钦佩您的高屋建瓴思维。我虽然也曾想过自古以来就是"知识经济"的情况，只是未能突破先入为主的提法，故需订正。

另：附上我的两篇短文("设计好我们的城市形象"、"栏杆的美与丑")和"渴望山水城市"的剪报，盼您指正。

此致

敬礼！

顾孟潮

1998 年 11 月 19 日

鲍世行同志：

您 11 月 16 日信及附件都收到，我已遵命向杭州第四中学及杭州高级中学写了回信，今附上其复制件，请阅。

此致

敬礼！

钱学森

1998 年 11 月 20 日

附：鲍世行 1998 年 11 月 16 日信

尊敬的钱老：

现将杭州高级中学及杭州第四中学（原名杭州初级中学）给您的信及相关材料呈上。

明年 5 月将是这两个学校百年校庆（两校建校时都是"养正书塾"，后来才分成杭州高级中学和杭州初级中学），他们恳请您为学校题词（杭四中还请您题写校名），我已转告两个学校，一般钱老是不题词的。我想如有可能是否您能为这两个学校写一封信勉励青年学子努力学习，为祖国服务。

因为我是这两个学校的校友，受人之托，想必您能谅解。

专此，恭请

冬安！

鲍世行

1998 年 11 月 16 日

1998 年 11 月 20 日致丁宗武

（关于祝贺杭四中百年校庆）

丁宗武^①校长：

您 9 月 28 日信^②已由鲍世行同志转来，谢谢！

明年 5 月将是贵校百年校庆，我应表示祝贺！但虽然我父亲钱家治是校长，而我因长期不在杭州，对贵校一无所知，所以要我写校名是不合适的。此外，我因行动不便，明年不能到校祝贺了。

未能从命，敬请宽恕！

此致

敬礼！

钱学森

1998 年 11 月 20 日

此信复制送鲍世行同志。

注释：

① 丁宗武，时任杭州第四中学校长。

② 系指 1998 年 9 月 28 日丁宗武给钱学森的信。此信报告明年 5 月将是杭四中百年校庆，为此，恳请钱老为学校题词和题写校名，并欢迎钱老到会指导。

附：鲍世行 1998 年 12 月 21 日信

尊敬的钱老：

现转呈杭州第四中学丁宗武校长给您的信。丁校长最近专程来京看望在京校友。因为我是杭四中北京校友会副会长，所以接待了他。他对您 11 月 20 日的回信再三表示感谢，并要我转达谢意。

同时寄呈《四中校友》（1998 年 12 月 8 日出版），供您一阅，该刊第 3

版"四中群芳谱(之一)"刊有历任校长照片及简历,也有钱家治校长的照片和简历,但其出生年份似乎有误。我就此询问过该刊主编,据说有关老校长的资料是该校校史办公室在省图书馆善本室及省档案馆中借阅《养正书塾创办25周年》刊物及《浙江省教育史志》上摘录的。原文如此,只好照录。但老校的照片弥足珍贵。

四版刊有"百年回首,先生宛在——钱家治故居怀思"一文,系该校历史老师带领同学寻访故居的文章。文章说:钱家治先生在1911至1913年间,任浙江省立一中校长,他当时的教育举措,我在杭州四中校史办公室翻阅资料时看到了这样的记载:"……在这仅十二年(清光绪三十年至民国七年)校长竟换十多次,大多数校长萧规曹随没有多大擘画更革,但也有几个很好的校长,如钱家治……,认真办学,但多因教员把将去职。"

　　此致
敬礼!

鲍世行

1998 年 12 月 21 日

1998年11月20日致齐栋

（关于祝贺杭高百年校庆）

齐栋①校长：
　　您9月信②已由鲍世行③同志转来，谢谢！
　　明年5月将是贵校百年校庆，我应表示祝贺！但虽然我父亲钱家治曾是校长④，而我因长期不在杭州，对贵校一无所知，所以要我题词庆贺是不合适的。
　　未能从命，敬请宽恕！
　　此致
敬礼！

钱学森

1998年11月20日

　　此信复制送鲍世行同志。

　　注释：
　　① 齐栋，时任杭州市高级中学校长。
　　② 系指1998年9月齐栋给钱学森的信。此信报告明年5月将是杭高百年校庆，为此，恳请钱老能为校庆题词。
　　③ 鲍世行为杭州市高级中学校友，1949—1952年期间曾在该校求学。
　　④ 钱家治(1880—1969)，字均夫，杭州人，1911年、1913年两次任浙江省一中(杭州高级中学前身)校长。

附：鲍世行1998年11月25日信

尊敬的钱老：
　　昨日突然接到重庆王群生同志打来电话，并传真来一份材料——关于规划建设重庆"山水城市"的紧急建议。现将复印件送上请您一阅。王群

生是重庆市文史研究馆副馆长，他的"山水城市之我见"一文已被收入
《山水城市与建筑科学》一书。他的这份紧急建议书受到重庆市领导的重
视。程贻举副市长为此给他复信，认为他的"建议对重庆规划为山水城市
也有极大帮助。"（复信的复印件送上）

王群生馆长来电话说，他计划与《中国市容报》（在重庆）联合举办
有关山水城市的研讨会，规模不一定很大，主题是重庆如何建设山水城市
问题。为此，我给他写信向他介绍重庆城科会李宏林秘书长和重庆建筑大
学黄光宇教授。研究探讨山水城市需要多学科、多部门的协同，应该有广
泛的学者、专家参加，共同探索 21 世纪我国城市发展的模式，这项伟大
的理论与实践。

王群生建议中提出：重庆北部新城应按最新、最高标准、作为 21 世
纪有中国特色社会主义新城总目标来规划建设。这是很对的。看来新城市
和旧城市的新区应该按照不同于旧城的标准来进行规划和建设。旧城市由
于有现状条件的限制，可能要分步骤才能实现山水城市的理想目标，而新
城市或旧城市的新区或许有可能会较快地实现山水城市的目标。此意
当否？

您 11 月 20 日来函及给杭四中、杭高校长的信均收到。我已分别转寄
杭四中校长丁宗武和杭高校长齐栋，请释念。

专此，顺祝

安康！

鲍世行

1998 年 11 月 25 日

1998 年 11 月 20 日致顾孟潮

（关于同意对 11 月 17 日信的处理）

顾孟潮同志：

您 11 月 19 日信及复制件都收到。

我同意您在信中提出的对我 17 日给您信的处理意见。

"山水城市"的概念尚待深入探讨，现在各种意见都是有意义的。此见当否？请教。

此致

敬礼!

钱学森

1998 年 11 月 20 日

1998 年 12 月 6 日致顾孟潮①

（关于《山水城市与建筑科学》前言）

顾孟潮同志：

您 12 月 2 日信及附稿都收到。

我对《山水城市与建筑科学》的前言稿提不出什么意见。现退还原稿。

此致

敬礼！

钱学森

1998 年 12 月 6 日

注释：

① 此信系对顾孟潮 1998 年 12 月 2 日信及附稿的复信。附稿即《山水城市与建筑科学》一书的前言。

顾孟潮 12 月 29 日信

尊敬的钱学森同志：

您好！

1998 年即将过去，敬祝您新年好！春节好！健康长寿！

您 12 月 6 日来信退回的《山水城市与建筑科学》一书的前言收到并已发行。

今将刊载您关于重读"建筑之树"的信的剪报寄您一阅。因报纸刚寄来，故迟复请谅。

此致

敬礼

烦您

同时代问涂、龚二位秘书好，祝他们新年好！

顾孟潮 上

1998 年 12 月 29 日

1998 年 12 月 20 日致鲍世行

（关于寄"不叫马路'开膛破肚'"一文）

鲍世行同志：

您日前来信①早收到，谢谢！

我近见《工程院院士建议》（内部刊物）第 8 期（1998 年 11 月 16 日）刘广志同志文"不叫马路'开膛破肚'，倡议大力推广非开挖铺设地下管线技术"②一文，似对城市建设有参考意义，故奉上请阅。

1999 年即将来临，我敬祝您身体健康，工作顺利，对我国"建筑科学"的发展多作贡献！

此致

敬礼！

钱学森

1998 年 12 月 20 日

注释：

① 系指 1998 年 11 月 24 日鲍世行给钱学森的信。此信报告 11 月 18～22 日去开封考察，为城市规划提供咨询和讲学的情况。

② 刘广文："不叫马路'开膛破肚'，倡议大力推广非开挖铺设地下管线技术"一文刊《城市发展研究》1999 年第 2 期和《工程院院士建议》第 8 期。

附：鲍世行 1998 年 12 月 30 日信

尊敬的钱老：

12 月 20 日来函及《工程院院士建议》第 8 期刘广志同志"不叫马路'开膛破肚'，倡议大力推广非开挖铺设地下管线技术"一文均收到。谢谢。城市地下基础设施建设中"填填挖挖"的问题，除了技术问题外，还有投资体制的问题，我们把它称为："条块分割"问题。第一个五年计划时期，实行"有计划、按比例"的配套建设，城市基础设施和生活设施由城市统一进行建设，这个问题解决得比较好一些，后来条条块块分割，各系统的投资不能捆在一起同时建设，加之把城市基础设施作为"非生产性建设"，城市基础设施的投资一直不被重视。改革开放以后，重视了城市基础设施建设，把它作为主要的投资环境来看待，特别是近年来城市基础设施建设的投资规模不断扩大，有可能一条街、一条街地地上地下统一施工。我想今后这种非开挖铺设地下管线的技术一定会大有可为。

寄上"哲学·建筑·民主"一文的英文译稿，请您过目修改，这次英译稿还是请顾启源先生翻译的。顾老做事很认真，他提出其中几个词还要再斟酌，如"上海交通大学"、"国防科委政治部"、"邓小平理论"等名词的译法。

1999 年元旦即将来临，我敬祝您健康长寿、阖家欢乐！

鲍世行

1998 年 12 月 30 日

1998 年 12 月 28 日致鲍世行

（关于钱家治生年）

鲍世行同志：

您 12 月 21 日的信①及附件②都收到。谢谢！

信中谈到我父亲的生年，《四中校友》上的生年不确。我父亲终年 89 岁，故生年应为 1880 年。

因刊物确实珍贵，故奉还。

新年即将来临，谨此向您拜年！

此致

敬礼！

钱学森

1998 年 12 月 28 日

附杭州四中刊物。

注释：

① 系指 1998 年 12 月 21 日鲍世行给钱学森的信。

② 随信附呈《四中校友》（1998 年 12 月 8 日出版）。该刊第 3 版"四中群芳谱（之一）"刊有历任校长照片及简历。

附：鲍世行 1999 年 1 月 15 日信

尊敬的钱老：

去年 12 月 28 日的来函收悉。

关于订正老校长钱家治先生出生年份一事，已将您的来信复印寄杭四中校史办公室。最近杭四中丁宗武校长打电话来对此表示感谢，特此转达。

此致

敬礼！

鲍世行

1999 年元月 15 日

鲍世行同志：

您去年 12 月 30 日信① 及附件都收到。顾老的译文② 很好。几处我作了点修改，不知妥否？现附还稿件，请考虑。

此致
敬礼！

钱学森

1999 年 1 月 10 日

注释：

① 系指 1998 年 12 月 30 日鲍世行给钱学森的信。该信谈马路填填挖挖问题。随信还寄去"哲学·建筑·民主"一文的英文译稿。

② 系指顾启源先生的"哲学·建筑·民主"英文译稿。

1999年1月10日致顾孟潮[①]

（关于城市山水画）

顾孟潮同志：

您1月6日寄来的文稿"书信·民主·科学"拜读。我只是以为二位对我过奖了，我很不敢当！我祝出书成功！

近日我想到一个问题：山水城市讨论热烈，山水园林城市也有规划研究，那我们不该提倡城市山水画吗？建设部领导能不能倡导城市山水画展？请考虑。

此致

敬礼！

钱学森

1999年1月10日

稿件附还。

注释：

① 此信系对顾孟潮1月6日信的答复。文稿"书信·民主·科学"为《杰出科学家钱学森论：山水城市与建筑科学》一书的跋，该书于1999年6月出版。

附：顾孟潮1999年2月2日信

尊敬的钱老：

您好！

现将《山水城市与建筑科学》一书的内容提要英文稿送您审阅。此文仍由顾启源老先生翻译。如您认为有需要修改处请告我。因为这是放在封面上的，尤其要慎重。

此致

敬礼

顾孟潮　上

1999年2月2日

附：顾孟潮 1999 年 2 月 24 日信

尊敬的钱老：

您好！春节好！

今天见到《中外书稿》1999 年第 3 期所载的"钱学森构想的'山水城'"一文，复印供您一阅，可见您的构想正在得到更多人的认同与实践。世人将铭记并感谢您这一构想的重大贡献！

另外，寄上一篇光明日报访我的剪报，以城市形象为主题。因为我感到国内在树立城市形象上有"舍本逐末"的倾向、"治标而不治本"的倾向，这将会带来后患。不知道您以为如何？

另，我想到应呼唤人们关注工业建筑这个作为基本建设的主体，在浪费土地、能源，污染环境以及影响人的安全健康、舒适的生活、影响城市环境质量方面的作用，如您讲过的首钢的问题就属此类问题。到正视和认真研究对策的时刻了。如前些时候太湖、淮河污染问题，主要污染源便是工业建筑。我们的许多工业建筑还基本上采用本世纪初或二三十年代的工艺和技术。工业建筑是先进科技的重要载体，在现代化进程中，必须认真对待，不能一窝蜂地只抓信息产业。现在的情况是，一方面在大量地建设工业建筑，另一方面又不重视研究工业建筑和相关的科学理论、科学技术。国外的工业建筑已比本世纪初和二三十年代有了很大的进步，设计和生产中都有生态意识、环境意识、考虑无害工艺、绿色工艺，很需要进行工业建筑的科普，加速中国工业建筑的现代化，提高我国工业建筑设计和运转的整体水平！

以上想法当否？盼望得到您的指正。

此致

敬礼

顾孟潮

1999 年 2 月 24 日

1999 年 2 月 28 日致鲍世行

（关于感谢《钱学森论山水城市》出版）

鲍世行同志：

　　元宵佳节即将来临，我祝您节日愉快！目前我收到深圳市社会科学院院长彭立勋来信①，说山水城市研讨会今年 4～5 月份在深圳市召开已得市领导同意，今将此信附上，供参阅。

　　我也要感谢您寄来您编的《钱学森论山水城市》②一书！

　　此致

敬礼！

钱学森

1999 年 2 月 28 日

注释：

　　① 系指彭立勋 1999 年 2 月 6 日给钱学森的信。此信主要是报告深圳市领导赞成山水城市研讨会在深圳召开，并正在作开会方案。

　　②《钱学森论山水城市》由陇海兰新城市建设联合会、郑州市城市科学研究会编，1999 年 1 月出版。该书收集钱学森 1958～1998 年有关山水城市的论述。全书分成上、下篇，上篇主要选自《城市学与山水城市》一书，下篇则主要选自《山水城市与建筑科学》一书。

彭立勋教授：

您 2 月 6 日信及附件①都收到，我十分感谢！我也要向您恭贺元宵节，愿您节日愉快！也请您向深圳市市长李子彬同志、深圳市委书记张高丽同志致谢！

此致

敬礼！

钱学森

1999 年 2 月 28 日

注释：

① 系指 1999 年 2 月 6 日彭立勋给钱学森的信。此信主要是报告他读到钱学森赞成山水城市研讨会在深圳召开的信后，深受鼓舞，立即将信转呈深圳市委书记张高丽同志，并写信请他支持。张高丽书记很快作了批示，并转深圳市李子彬市长。信中说：张高丽书记要我们代向您问好，并赞成会在深圳召开，请钱老和著名专家来深检查指导工作。随信附上高丽书记的批件。此信钱老在 1999 年 2 月 15 日圈阅，并于 1999 年 2 月 28 日眉批："转鲍世行同志"。

附：彭立勋 1997 年 4 月 13 日信

尊敬的钱老：

您好！

最近，中国社会科学出版社出版了我的一本美学论集——《美学的现代思考》，现托鲍世行同志转送拙著一册，请您给予指导和教正。

长期以来，您对我国美学发展一直非常关心。您对美学和文艺理论建设的一系列重要意见和论述，给了我们美学研究和教学工作者以深刻启示和重大鼓舞。收集在您的文集《科学的艺术和艺术的科学》中的许多文章，在发表当时，我们都曾争相阅读，并用作教学和研究的重要参考文献。借此机会，特向您表达我对您的敬意，并感谢您对我的关心。

专此，顺颂

大安！

彭立勋

1997 年 4 月 13 日

附：鲍世行 1999 年 3 月 5 日信

尊敬的钱老：

2 月 28 日来信及附来彭立勋院长给您的信均收悉。

2 月 24 日我给中国城科会副理事长兼秘书长张启成同志书面报告了深圳市今年将召开山水城市研讨会一事，并指出深圳市已提出研讨会由中国城科会、深圳市规划局、社科院联合召开、同时附有您 1998 年 11 月 10 日的信和彭立勋院长给高丽书记的报告。对于这个报告城科会领导批示如下：

启成同志批示：请廉仲、干峙同志审定。

廉仲同志（中国城科会理事长）批示：我对"山水城市"没有吃透。此前开过几次，效果如何？再在深圳开，我只能表示同意。因为我讲不出什么见解，我不想参加了。请干峙同志酌定。

干峙同志（中国城科会常务副理事长）批示：同意开一次理论结合实际，配合当前城市环境建设的讨论会。

周干峙同志具有巨大魄力的批复是对研讨会的最大支持。他言简意赅的批示是他很深理论造诣和高度学术敏感性以及对当前国内外城市环境建设的全面而深刻了解的表现。他批示中指出的"理论结合实际"和"配合当前城市环境建设"这两点应该作为此次讨论会的指导思想，并加以认真贯彻。以上意见妥否？请您指正。

专此，顺祝

春安！

鲍世行

1999 年 3 月 5 日

张嘉宾同志：

您2月3日来信及附复制件都收到，谢谢！我也要向您恭贺元宵佳节！您近年来事业有成，开创了新中国的林业理论，促进了云南新林业的建设，真了不起！

我近见2月23日5版《科技日报》国家林业局局长王志宝文，说得很好，现附上供参阅。

您的"昆明现代林业开发区"则是这一思想又进一步发展，是现代林业的一个示范，是集现代林业之大成了！

此致

敬礼！

钱学森

1999年2月28日

附：鲍世行2000年5月1日信

尊敬的钱老：

4月9日寄上一信及《杭四中简史》想必收到。

最近见报上刊出林业界学者张嘉宾提出把昆明建成国际森林生态大都市的建议。此项建议已引起朱镕基总理的关注，并得到云南省领导的重视。见此报道后，我去电话向他请教，并请他为《城市发展研究》赐稿。张嘉宾先生欣然同意，并立即用特快专递寄来稿件，我拟近期刊出。张嘉宾说，昆明建成国际森林生态城市是根据该市山地占90%和云南生物资料十分丰富的情况提出的，昆明最近又召开了世博会，形势大好。我想昆明不仅有山，也有滇池，应该也是一个"山水城市"。至于山水城市的具体模式应该是多样的。为了互相交流，我寄去《城市学与山水城市》、《山水城市与建筑科学》和《钱学森论山水城市》三本书。张先生收到书后来电话说，这三本书汇集了城市环境建设的著述，有很高的学术价值，非常宝贵。他正在认真研读。我深感相关学科之间需要相互学习，相互渗透，取长补短，共同提高。21世纪学科之间更需要整合和协同。

最近，中央对城市化十分重视，不少学科都把触角伸向城市化问题，形成多学科广泛开展研究城市化问题的可喜现象。这种多学科研究城市化必将大大推动城市化研究的深度与广度，从而加快城市化发展的进程。张嘉宾教授是从林业的角度研究城市生态环境问题。

我认为山水城市从空间层次上可以分成大地山水、城郊山水和城市山水三个层次。过去城市规划部门的工作范围着重在城市山水和城郊山水两个方面，城市山水，主要是要建立包括公共绿地、道路交通绿地、单位附属绿地、居住区绿地和生产防护绿地等组成的城市绿地系统。城郊山水规划、营建的内容包括绿化隔离带、森林公园、防护林、风景林、水源林以及其他一系列城郊绿化设施。大地山水则主要是区域规划的内容。过去林业部门主要的工作范围也多在这一方面。现在他们把研究的领域拓展到城郊山水，甚至城市山水。这样可以从森林生态的角度来研究城市的生态环境问题。这是应该欢迎的。目前一些城市的生态建设已经不仅局限在城市中心区的范围，而且也扩大到城郊山水的建设。例如，北京已经提出要在三年内基本完成环绕城区240平方公里的环状绿化隔离带，第四年扫尾。这就属于城郊山水的范围了。不久前湖北省郧西和陕西省的镇安、旬阳共同商议确定，用30～50年时间建成"第二个神农架"（神农架位于纬度30°，而上述三县的区域位于纬度33°）。这是属于大地山水建设的范畴。从当前一些城市的建设实践来看，已经迫切需要理论的研究，来指导城市生态环境的实践。

专此　顺颂
春安！

鲍世行

2000年5月1日

1999年3月6日致鲍世行

（关于见到昆明翠湖飞鸥照片有感）

鲍世行同志：

您2月27日信及附件均收到，谢谢！前几天我已给您去信，报告收到彭立勋院长的信及赐的书。今见"人与自然·城市可持续发展研讨班纪要（摘要）"①也受鼓舞。

见到您赠送的昆明翠湖飞鸥照片使我回忆起在1987年暂居伦敦旅馆的后街就有不少鸽子觅食。

此致

敬礼！

钱学森

1999年3月6日

照片奉还，请藏。

注释：

①"纪要"称：鲍世行副秘书长就著名科学家钱学森的山水城市理论所作的学术报告内容非常新颖。大家一致认为钱老的山水城市理论代表着中国21世纪城市建设的发展方向，其理论内容博大精深，含意深刻，是东方文化与现代文明的结合。

附：鲍世行1999年2月7日信

尊敬的钱老：

您审改后的"哲学·建筑·民主"一文的英译稿收到，已转交《山水城市与建筑科学》一书责任编辑。该书已发排，据说春节后能见清样。

不久前，我去昆明为"人与自然·城市可持续发展研讨班"讲授山水城市。这个班办得很成功，座谈时，学员们反映很好，都说收获很大，希望多办些这样的班（连云港市规划建设委员会陈连生主任说）。有的学员说：一个民族要想站在科学的最高峰，就一刻不能没有理论的思维（恩格斯语），伟大的中华民族应该根据自己的特点有自己的城市发展理论。昆明市城科会常务副秘书长张万星说：山水城市的内涵博大精深，内容广泛，含意深刻是东方文化与现代文明的结合。河南新郑市白保迎副市长说：研讨班布置每一位学员写出一篇论文、心得，在适当的时候交流并准备结集出版。这个班将在7、8月份再开第二期，年底开第三期，规模将在取得经验的基础上逐步扩大。

昆明的世界园艺博览会正在紧张地准备，从机场或火车站下来，到处都可以看到"99 EXPO"的字样，世博会的吉祥物滇金丝猴（珍稀野生动物）"玲玲"手捧花束向人们奔来，世博会绿色标志"手握鲜花"向人们招手，发出充满热情的欢迎。这次昆明世博会不仅是我国第一次主办的高等级世界博览会，还是本世纪内我国举办的唯一一次国际园林园艺博览会，从这点来说，既是空前又是绝后的。

世博会的举办使昆明进入国际性城市行列走出了坚实的一步，同时也是它进入国际城市行列的一次严竣的考验。在昆明的城市发展历程中，他们紧紧抓住了第三届艺术节和这次世博会两个契机，使城市建设大大向前推进了一步。世博会会场选在城市东北的金殿风景区，距城仅4公里，这里有山有水，树木葱茏，绿草茵茵，繁花如锦，生态环境十分优美。博览会后这里就将成为昆明的一个旅游胜地。配合世博会他们建设了盘龙江沿江绿化带。绿带虽然不宽，但在旧城中心实属不易。他们还恢复了"金马碧鸡"牌坊，不久的将来定能再现"日月同辉"的壮丽景象。

在昆明我们还看到了一种在城市中难得见到的奇特现象。这就是在翠湖公园中"海鸥竞飞"的情景。据说海鸥到昆明来越冬已有14个年头了，今年来的海鸥已是当年的子孙了。这些候鸟每年11月末栖息在"翠堤春晓"（聂耳创作的名曲），直到来年春节前后，听说头一年因为放鞭炮，第二年海鸥有所减少，以后人们自觉不再放鞭炮，这样海鸥逐年增加，目前已达50000余只。这些海鸥（还有几个品种）上下翻飞，与人嬉戏，一边欢叫，一边抢食，目睹此种人与自然和谐相处的场景，不禁使人产生无限遐想。我们在城市发展中不仅应该考虑人类的需要，同时也应考虑生物多样性的需要。如果用这种理念来指导城市规划，这将是规划思想的一大发展、一大突破、一大飞跃、一大革命。鸟类是人类的朋友，它忠实地履行着优化环境、平衡生态的天职。没有了鸟类，也就没有了人类自己，从这个意义上讲，鸟类就是我们人类的明天。如果城市中只有"乌鸦与麻雀"陪伴我们（甚至根本听不到鸟的叫声），这将是多么可悲啊！

但是，我们也看到了昆明滇池的严重污染。人们如此遭踏自己的生存环境，等到悔悟时已经为时晚矣！听说为了整治滇池已花费上百亿，仍无起色。人们警叹为了蝇头小利而忽视生态，实属得不偿失！

此致

敬礼！

在此拜个早年！

鲍世行

1999 年 2 月 7 日

寄上研讨班用教材《钱学森论山水城市》一书，请指正！

附：鲍世行、顾孟潮 1999 年 2 月 23 日信

尊敬的钱老：

最近接到深圳市社会科学院彭立勋院长来函，并附来他给深圳市领导的报告。这份关于在深圳市召开山水城市研讨会的报告已经市委书记张高丽同志批复，市里其他领导也均已圈阅，张书记批示如下：请代向钱老问好。我赞成这样的会在明年(指 1999 年)4～5 月份开，请钱老和著名专家来深检查指导工作。

他们计划这次研讨会由中国城市科学研究会、深圳市规划国土局和深圳市社会科学院三家联合召开，规模 100 人，具体计划将由深圳市人民政府或市规划国土局发文报建设部。

现将彭立勋院长给深圳市委张高丽书记的报告复印件寄上，请您一阅，并提出宝贵意见。

最后向您拜个晚年！祝

身体健康，阖家幸福！

鲍世行　顾孟潮

1999 年 2 月 23 日

附：鲍世行 1999 年 2 月 17 日信

尊敬的钱老：

2 月 7 日寄上一封信及《钱学森论山水城市》书，2 月 23 日又寄上一信及彭立勋给深圳市委张高丽书记的报告谅均已收到。深圳彭立勋院长也有信给您，应可同时收到。

将在深圳市召开的山水城市研讨会正在紧张地准备。这次会议的任务

是要对山水城市作理论探讨，同时还要研讨深圳市的 21 世纪发展问题，邀请的代表由两部分人组成，一是包括自然科学与社会科学的多学科专家学者，二是沿海大城市的领导。时间初步定在 5 月下旬（到时《山水城市与建筑科学》一书已可印就），规模为 100 人。我建议会议最好还邀请中西部地区个别中等城市，可以在会上策划今年下半年再召开一次以中西部中小城市为主的山水城市研讨会。这样的"接力赛"，连续开几次研讨会，会后还要出论文集，在大家的积极推动下，使山水城市的理论与实践不断向纵深发展。以上考虑妥否？请您提出宝贵意见。

2 月 7 日给您的信中已经汇报了昆明研讨班的情况，现在他们的纪要已经写出来了，特附上摘要，请您一阅。

敬祝　　身体健康，万事如意！

鲍世行

1999 年 2 月 27 日

又及：寄上昆明翠湖飞鸥相片数张，由此可见人与自然和谐相处的情景。

附：人与自然、城市可持续发展研讨班纪要

1999 年元月 18 日，由陇海兰新城建联合会举办的"人与自然·城市可持续发展"研讨班在昆明举办。来自陇海兰新有关城市的建设管理工作者和负责同志以及有关专家学者参加了研讨交流。

本期研讨班的举办得到了中国城市科学研究会、中国社会科学研究院可持续发展研究中心等有关部门的高度重视和支持。中国城科会副秘书长鲍世行亲临大会指导；中国社科院可持续发展研究中心秘书长李成勋教授对研讨班的举办打来电话，中国城科会西南五省联系中心发来贺辞，都对研讨班的举办表示祝贺。在研讨班开幕式上，陇兰城建联合会常务副会长高云飞代表陇兰城建联合会致开幕词，昆明市建委金主任代表昆明市建委、昆明市城科会致欢迎词并详细介绍了昆明市的城市建设经验。昆明市城科会副秘书长张万星同志向大会介绍了 1999 世界园艺博览会的建设盛况。会议期间代表们还实地考察了昆明世博园，参观了昆明市的一些生态环境建设工程及云南省的部分世界文化遗产保护区，各有关城市的代表分别介绍了本城市的建设发展情况，现将会议期间研究、讨论的有关问题纪要如下：

1. 鲍世行副秘书长就著名科学家钱学森的山水城市理论所作的学术报告内容非常新颖。大家一致认为钱老的山水城市理论代表着中国 21 世纪城市建设的发展方向，其理论内涵博大精深，含意深刻，是东方文化与现

代文明的结合。大家都表示，会后一定还要进一步研读《钱学森论山水城市》一书，深刻领会山水城市的内涵。会议对洪钧教授以大量翔实的资料，通过对比方式，提出的促使我国经济可持续发展必须解决好六个方面问题所作的学术报告反映热烈，大家表示回去后要结合本市的情况认真研究。

2. 期间，代表们实地考察了世博园、昆明市盘龙江绿化带等生态环保工程。即将在昆明市举办的 1999 世界园艺博览会是一次高规格的园艺博览会，也是本世纪内我国举办的唯一一次国际性园林、园艺博览会。世博会的建设选址定在距昆明市 4 公里的东北部金殿风景区，这里有山有水，树木葱茏，绿草茵茵，经过全国园艺专家的精心建设，将国内各地的名花奇草、各种树木植于一园之中。再加上世界上有 80 多个国家和地区的参与。使得整个世博园繁花似锦，争奇斗妍。代表们说，只有通过实地的考察，才能真正体验出人与自然和谐相处的重要，才能产生保护自然环境的紧迫感，这种边学习、边讨论、边参观，让人身临其境去体会人与自然的关系的学习方式，使大家收获很大，感触甚多，大家都说在这里找到了学习钱老山水城市理论的感觉，钱老山水城市理论中所追求的就是这种尊重自然生态、尊重历史文化，重视现代科技、人与自然和谐相处的理想环境。

3. 期间代表们进行了经验交流，同时对本期研讨班的举办和取得的成果给予了充分的肯定。在大会发言中，连云港市规划建设委员陈连生主任特别强调提出，举办这样的研讨班非常必要，可使大家学到许多新的东西，今后这样的班应该多办。还有代表指出：一个民族要站在科学的最高峰，就一刻不能没有理论的思维。中华民族应该根据自己的特点，建立起有中国特色的城市发展理论。钱老的山水城市理论可以说是东方文化与现代文明的结合，应该进行深入研究和探讨。研讨班要求每位学员写一篇学习钱老山水城市理论的论文或心得，并准备结集出版，会议还决定在今年适当的时候举办第二期、第三期研讨班。

1999 年 1 月 22 日

1999 年 4 月 29 日致顾孟潮[①]

（关于胡兆量函及文章）

顾孟潮同志：

五一节即将到来，祝您节日愉快！

附上北京大学胡兆量教授来信及讲山水城市的文章，供参阅。

您前次来信早收到，我未当即复信，请谅！

此致

敬礼！

钱学森

1999 年 4 月 29 日

注释：

① 此信系对顾孟潮 1999 年 2 月 24 日信的答复及对胡兆量教授"山水城市"一文的推荐。顾孟潮 2 月 24 日给钱老的信，寄去《中外书摘》1999 年 3 期所载"钱学森构想的山水城市"一文的复印件，以及《光明日报》记者彭程访顾孟潮的文章"设计好我们的城市形象"剪报和关于需要提高工业建筑科学素质等问题的材料。

附：胡兆量 1999 年 4 月 24 日信

尊敬的钱老：

寄上"山水城市"小文。小文是为编下岗干部再教育教科书写的。先期发表在《城市问题》杂志上。不久，教科书出版后再奉上。

"山水城市"理念博大精深，用小文概述大意，挂一漏万，请大力斧正。

祝

健康长寿！

学生

胡兆量

1999 年 4 月 24 日

1999 年 5 月 19 日致顾孟潮[1]

（关于"'平面立交'晚了六年"一文）

顾孟潮同志:

您 5 月 13 日来件"'平面立交'晚了六年"等都收到,我十分感谢!待我读后如有所思,再向您报告。

此致

敬礼!

钱学森

1999 年 5 月 19 日

注释:

[1] 此信系对顾孟潮 1999 年 5 月 13 日来信及"'平面立交'晚了六年"短文剪报的复信。顾孟潮的信中说明,他于 6 年前曾建议北京十字路口可采用"平面立交"方式疏解交通,而迟至 1999 年在北京西单和东单两处十字路口方采用平面立交方式。这种方式投资、拆房和占地面积均比立交桥方式节省许多,又能疏解南北东西四面交通。

1999 年 5 月 22 日致顾孟潮①

（关于"建立建筑科学大部门问题"项目申报）

顾孟潮同志：

    您 5 月 17 日来信及"建立建筑科学大部门（建构建筑科学体系与建筑哲学）问题"项目申报复制件都收到，谢谢！

    对开展这个研究我是非常赞成的，祝您和朱光亚同志成功！

    此致

敬礼！

钱学森

1999 年 5 月 22 日

注释：

    ① 此信是对顾孟潮 1999 年 5 月 17 日信的答复。顾孟潮的信报告他们申报建设部科研项目"建立建筑科学大部门（建构建筑科学体系与建筑哲学问题）"。该项目已获批准，该课题主持人为顾孟潮和朱光亚（东南大学建筑系教授）。

1999 年 5 月 29 日致鲍世行

（关于首都文明工程是我国城市建设的一件大事）

鲍世行同志：

奉上首都文明工程基金会^①文件，供参阅。这也是我国城市建设的一件大事。

此致

敬礼！

钱学森

1999 年 5 月 29 日

注释：

① 首都文明工程基金会章程称：首都文明工程基金会旨在动员社会力量、募集资金，通过社会各界参与"文明工程"，支持首都文明城市建设，特别是文化建设和环境文明建设。本会属社会公益捐助基金，基金的募集与实施全部是为中央和北京市委、市人民政府倡导的首都文明城市建设和战略目标服务，为实现物质文明和精神文明建设的协调发展服务。

它以文明工程理论研究和实际运用为先导，以"21 世纪首都形象和首都精神"塑造为主题，运用协同学、政治学、法学、社会学、环境科学、经济学、城市学、哲学、美学、艺术学、教育学、心理学、建筑学等多学科综合调研方法，认识北京、了解北京、发展北京。对首都文明城市建设进行科学可行性、可操作性均有很强的应用理论研究和实践决策研究，研究成果供有关部门决策参考并付诸实施。通过文明工程项目实践，积极促成各种社会力量共同参与首都文明城市的建设。

附：鲍世行 1999 年 2 月 27 日信

尊敬的钱老：

接到哈尔滨建筑大学建筑系唐恢一教授 5 月 8 日来信。信中说：钱老近年来为建立建筑科学与山水城市，如此活跃地进行思考和组织活动，好像他为我国研制导弹和卫星进行组织研究那样，我既高兴又敬佩。来信还衷心祝愿您健康长寿。

现将他的来信附上，请您一阅。（此信不必寄回）

顺颂

大安！

鲍世行

1999 年 5 月 12 日

附：唐恢一 1999 年 5 月 8 日致鲍世行的信

鲍世行先生大鉴：

收到您赐赠的书《钱学森论山水城市》，我非常高兴，也很受感动。我立即连夜翻阅，看到钱老近几年来为建立建筑科学与山水城市，如此活跃地进行思考和组织活动，好像他为我国研制导弹和卫星进行组织和研究那样，我既高兴又敬佩。去年承您转来钱老给我的信，使我受到很大的激励和鞭策，决心集中精力在城市学方面继续深入研究。两年来我除在学校为研究生和本科生讲授《城市学》课程外，并试图用系统动力学方法建立电子计算机模型，对我国的农村城镇化系统进行分析研究。如果能申请到研究经费，我还可以再带几名研究生。我订阅了您们主编的《城市发展研究》双月刊，这对我很有帮助。这些新学科的建设和研究，对我国迎接 21 世纪的挑战、振兴中华是具有关键意义的。不知中国城市科学研究会在相关学术活动与科学研究的组织与开展方面有什么新的安排？

衷心祝愿敬爱的钱老健康长寿。

顺颂

春安！

哈尔滨建筑大学建筑系

唐恢一　敬上

1999 年 5 月 8 日

鲍世行同志：

　　敬祝您推动章丘和自贡两地山水城市成功①！我们提倡的山水城市有了开端了！

　　《绿色城市》②一书早收到，谢谢！

钱学森

1999 年 6 月 3 日

注释：

　　① 此信写在鲍世行 1999 年 6 月 1 日给钱学森的信上方。

　　②《绿色城市》，韩强著，广东人民出版社，1998 年 11 月。

附：鲍世行 1999 年 6 月 1 日信

尊敬的钱老：

　　5 月 25 日寄奉一信及《绿色城市》书一本，想必已收到。

　　去年我着力推动了章丘和自贡两地的山水城市工作，章丘是规划设计，自贡是规划研究。经过一年的时间考验，这些成果都已得到社会的认可，获得较高评价。章丘的规划成果在省内获奖。章丘市政府给我寄来不菲的一笔奖金。物质方面我是受之有愧的，但精神上却得到莫大的安慰。在此，向您报告这个消息，共享这份幸福。自贡的山水城市研究，在评审时评委们给予高度评价。最近，市委、市政府批示要将成果转发市里有关单位和部门执行。这样就可以山水城市的研究成果来直接指导自贡城市的发展和建设，将自贡真正建成名副其实的山水城市。他们还拟将 26 万字的研究成果（包括四个二级课题的成果）正式印刷出版，以便向省、部请奖。周干峙同志已为这本书写了"序言"。

　　专此　顺颂

大安

鲍世行

1999 年 6 月 1 日

附：《建设自贡市山水城市研究》课题评审意见

《建设自贡市山水城市研究》是自贡市科委的重点软科学研究课题和自贡市社科重点研究课题，课题组从 1996 年 6 月起，开展了广泛的调查分析和多学科的综合论证研究，提交了《建设自贡市山水城市研究》综合研究报告及四个子课题研究成果。自贡市科委于 1998 年 10 月 10 日至 11 日在自贡邀请了有省内外有关专家和学者参加的课题评审会。评审意见如下：

1. 该课题是四川省首次开展的"山水城市"专题研究课题，选题和研究方向正确，技术路线恰当，基础工作扎实，研究报告思路清晰，目标明确，重点突出，达到了课题研究的预定目标，同意通过评审。

2. 建设自贡市研究以"可持续发展"的理论为指导，紧密联系自贡市的实际，着重研究了"山水城市"理论的内涵、定义，提出了评价标准，研究工作具有开拓性，其成果具有系统性、科学性和超前性。

3. 对自贡市建设"山水城市"的时序、目标作了系统、全面研究，提出了对策措施，切合自贡实际，具有较强的针对性和可操作性，为自贡市政府跨世纪城市发展提供了重要的决策依据。

4. 课题研究采用系统工程的方法，理论与实践相结合，定性与定量相结合，进行了多个课题的整体优化，既突出了自贡市的个性，又研究了城市的共性问题，在研究和建设"山水城市"的思路和方法上有鲜明特色，可为省内外同类城市提供借鉴和参考。

综上所述，该课题研究具有较高学术水平和应用价值，达到国内同类研究领域的先进水平。建议课题组根据专家意见，对研究报告作进一步修改完善后上报。

专家们评审中还提出了不少具体建议，如：

1. 鉴于自贡市中区建筑密度过大，建议多留一些绿地与广场，西秦会馆旁侧拆建的空地希望作为市民广场用地。

2. 自贡市实现山水城市，要求很高，难度很大，关键是市政府领导和全体市民要有实现山水城市的自觉意识，切实加强管理，加大投入，严格执行规划，具体落实措施。

鲍世行

1998 年 10 月 11 日

（关于《绿色城市》宣传发挥了"山水城市"观点）

鲍世行同志：

您 5 月 25 日来信及韩强著《绿色城市》①一书都收到，我十分感谢！

此书宣传发挥了我们的山水城市观点，很好。

书我翻看了，现奉嘱将书寄回。

此致

敬礼！

钱学森

1999 年 6 月 9 日

注释：

①《绿色城市》，韩强著，广东人民出版社，1998 年 11 月。

附：鲍世行 1999 年 5 月 25 日信

尊敬的钱老：

5 月 12 日寄上一信，谅已收悉。

今寄上韩强著《绿色城市》一书，请您一阅。此书由广东人民出版社该书责任编辑董真同志(笔名深蓝)寄赠给我。据说作者韩强是她的同学，在广东省社会科学院工作。

该书第四章理想城市的模式有一节专门论述"山水城市"（第 87 页），书中多次阐述您的观点(176 页、183 页、191 页、220 页、224 页、241 页)。

此书从城市化谈到城市规划、城市管理，实际上也是一本关于城市学的书籍。

书阅后请寄回，谢谢。

专此，顺颂

近安！

鲍世行

1999 年 5 月 25 日

附：鲍世行 1999 年 7 月 22 日信

尊敬的钱老：

昨日寄上一信想必收到。

今日接到广东省社会科学院哲学研究所、《绿色城市》一书作者韩强副研究员写给您的信，现转上。《绿色城市》一书他会另寄给您。

此致

敬礼！

鲍世行

1999 年 7 月 22 日

附：韩强 1999 年 7 月 1 日信

尊敬的钱老：

您好！

您 6 月 9 日写给鲍世行同志的信，已由他转给《绿色城市》一书编辑再转给了我。您对拙著的评价"此书宣传发挥了我们的"山水城市"观点，很好"，使我深深感受到您对后辈工作的积极扶持和鼓励。原来觉得寄书给您过于冒昧的想法打消了。毕竟从少年时代起，您就是我心目中民族的知识英雄，多少带点神秘的色彩，现在我想应该奉寄拙著给您。

您的系统论思想，"山水城市"观点及其构成的城市体系，这些真知灼见对我写作《绿色城市》一书助益良多，特向您表示深深的谢意。如您于百忙中有时间再翻看，应可看出拙著的稚嫩、疏漏甚至严重错误，方便的话能向我提出，我将十分荣幸。

顺信奉寄名片一张。

此致

深深的敬意！

韩强 上

1999 年 7 月 1 日

1999 年 6 月 9 日致顾孟潮、鲍世行

（关于《山水城市与建筑科学》将如期出版）

顾孟潮同志、鲍世行同志：

二位 6 月 4 日信收到。

您信中提到的好消息，令人高兴，谢谢了！

此致

敬礼！

钱学森

1999 年 6 月 9 日

附：顾孟潮、鲍世行 1999 年 6 月 4 日信

尊敬的钱学森同志：

您好！

您 19 日、22 日前后两信均收到了，勿念，因尚未明确项目审定情况，待定后再向您报告。我决心已定，不管批与不批，有关建立建筑科学大部门的研究要继续开展下去，我给朱光亚写信也说明这一态度，因为这是值得献身的事业。

今天是 6 月 4 日，3 年前的今天您会见我们，提出建立建筑科学大部门的问题，这是一重要贡献，再次向您致敬和感谢！

并报告您一个好消息：在各方努力下，《山水城市与建筑科学》一书将如期出版，现将封面复印件送您一阅。有何指示也望及时告诉我们。

顾孟潮　鲍世行

1999 年 6 月 4 日上

附：鲍世行 1999 年 6 月 30 日信

尊敬的钱老：

6 月 19 日给您的信谅已收到。

报告您一个好消息：《山水城市与建筑科学》一书已如期在世界建筑师大会期间出版，这本书共有 95 万字，定价 60 元，也可算是"大部头"了，此书会议期间在"百店千书"书展中与读者见面。我看到书展中翻阅该书的人很多，足见读者对这个热门话题的关注。

早几日我已把这个消息电话告诉龚秘书。不知您总共需要多少本？以便我们一次把这些书送上，可否？盼复。

专此　顺颂

暑安！

鲍世行

1999 年 6 月 30 日

附：鲍世行 1999 年 7 月 4 日信

尊敬的钱老：

6 月 30 日寄上一信，想必收到。

6 月 22～26 日在京召开世界建筑师大会，26 日我去天津参加城科会第四届全国会员仪表大会，接着又去长沙参加一个居住小区的设计竞赛评选工作(顾孟潮同志同往)，昨晚回京，今天才给您写信。

世界建筑师大会期间的 26 日我拜访了美籍华裔规划师卢伟民先生。他看到我们出的《山水城市与建筑科学》一书，十分高兴。他要我代向您问好！他很想知道您对他的文章有什么看法。他说：我对山水城市很有感情，虽然理解还是粗浅的。他又说：我把山水城市加了"人情"和"气质"，人们生活的空间要有人情和气质。气质也就是风格。还表示要把"山水城市"运动推向世界，要让国外同行知道，使之成为一世界运动。

他的论文"山水人情城市"同时收入《世界环境大集》（日文）一书，该书在日本最大的书店出版，据说已发行五版。

卢先生 6 月 22 日在北京城市规划设计研究院作学术报告，讲的也是山水城市。他说：我们的祖先在营造北京时很有想法，开三海，堆景山，目前北京正在开展旧城改造，能不能继承遗产，并有所发展，把山水延伸出去，再开拓些山和湖，把它引入城市，和城市里的绿带联系起来。

当天下午北京市政府向他颁发了聘书，聘请他担任北京市城市规划顾问。（附上《北京日报》6 月 23 日剪报）

他在世界建筑师大会的学术报告上也讲到关于山水城市问题，据说会上不少外籍专家对此很感兴趣。

他在接受记者专访时也谈到：理想中的北京城是一个充满山水、人情，具有东方气质的城市。还说：山水是说山川之美，天人合一的境界；人情包括居住空间、社会环境、民风民俗、服装、节日、生活习惯等；东方气质是指风格独特，让人感觉到传统的延伸以及勃勃生机。（附上《北京青年报》6 月 26 日剪报）

同时吴良镛先生在 6 月 25 日所作题为"世纪之交——走在十字路口的北京"的报告中，也谈到要把北京"建成依山傍水、环境优美的山水城市"。并提出：国家行政中心东移，疏解北京市区功能。在大北京地区的"绿心"选址建设国家行政中心，缓解北京旧城压力，带动区域发展……。

此致
敬礼!

鲍世行

1999 年 7 月 4 日

1999 年 6 月 12 日致鲍世行

（关于总结城市建设经验是城市科学的重要内容）

鲍世行同志：

您 6 月 7 日来信及尊作"攀枝花城市规划的历史回顾"①都收到。现在回顾那个时代真令人感慨千万！但现在我们要认真总结那样拔地而起、从无到有地建设一座工业城市的经验，这是城市科学的重要内容。所以您的文章很重要。

但我现在也想：攀枝花市能建成为一座山水城市吗？我们应该这样去探索！请考虑。

此致

敬礼！

钱学森

1999 年 6 月 12 日

注释：

① "攀枝花城市规划的历史回顾"一文，刊《东方视角》1999 年第 3、4 期，《华中建筑》2000 年第 1 期。

附：鲍世行 1999 年 6 月 7 日信

尊敬的钱老：

6 月 1 日寄奉一信谅必收到。

6 月 4 日我和顾孟潮同志寄上一信及《山水城市与建筑科学》一书封面复印件也一定收到。这次书籍封面的设计人和我们共同商量，设计中既考虑了与《城市学与山水城市》一书封面的连续性，又一次采用了中英文双封面的做法，同时又把您的签名改用亲笔手迹。封面的颜色采用富有生活气息的鲜亮的蓝色，和上次的红色形成对比，相信印成后一定会比上次效果更好。

您5月29日来函及首都文明工程基金会文件和《首都公厕革命的调研与实施报告》及《中外公厕文明与设计》两本书均收到，正如您来信所说：文明工程的建设也是我国城市建设中的一件大事。但是，由于我正在赶写一个材料来不及细细阅读，待我详细阅读后再向您汇报体会。

呈上我最近撰写的拙文"攀枝花城市规划的历史回顾"请您指正。这是我应中国城市规划学会之邀，作为建国50周年献礼的《新中国城市规划理论与实践》一书撰写的。为了三线建设的需要，我曾从北京建设部下放大西南进行城市规划近20年，曾亲自参加了攀枝花市的规划建设。正如文中所说：这是一个在特殊的时代背景下，在特殊地理环境中，以特殊的规划思想指导下编制的一个比较具有特色的城市。这一点已为建国后城市规划实践所肯定，在规划同行中也已取得共识。当然一个城市规划和建设的成功，这是集体合作和劳动的成果，决非某一个人的功劳。

专此，顺祝

近安！

鲍世行

1999年6月7日

附：鲍世行 1999 年 6 月 19 日信

尊敬的钱老：

6月12日来函收到，谢谢您对拙文的审阅，并提出宝贵的意见。

同时我也收到建设部曹洪涛顾问的一封信，讲及拙文"攀枝花城市规划的历史回顾"一文的评述（复印件附上）。曹老原是我在建设部城市规划局工作时的老领导，粉碎"四人帮"后担任国家城建总局局长，是城市规划界的元老。他的来信称："自从国家计委在1960年提出三年不搞城市规划以后，直到1976年搞唐山震后重建的规划，全国的城市规划就停顿下来了，只有攀枝花是唯一进行规划的城市。全国没有其他城市进行规划。我为能在这样一个"从无到有、拔地而起"的城市里工作过，并为之贡献青春而感到无限幸福。

您来函说，"回顾那时真令人感慨万千！"我深感这句话厚重的份量。从1960年宣布三年不搞城市规划，到1976年搞唐山震后重建规划，总共有16年时间，我国的城市规划是处在停顿的状态，也就是说共和国建国50年来，共有16年时间对城市规划来说是一片空白。这对我们国家和民族是多大的损失啊！因此，我们在回首往昔、回忆往事时，就不仅要想想我们做出的成绩，也要总结一下可以吸取的教训，可供后人借鉴的经验，更要认真分析造成这些得失的原因，只有这样才不致使惨痛的历史重演

（当然不会是简单的重演）。我觉得当年作出"三年不搞城市规划"错误决定的原因，主要是：认识上缺乏辩证唯物主义和没有根据科学规律采取民主决策，而是个别领导武断。这就使我想起您会见我们时讲的哲学和民主两个问题，也就是要多学点马克思主义哲学和发扬学术民主。

回忆当年，我们是在"极左"思潮的压力下工作的，要贯彻正确的规划思想相当困难。当我们在规划中，每个片区考虑了一个公园时，就有人公然反对说：现在是阶级斗争白热化，哪里还有闲心逛公园。可是最后我们还是到现场选择了公园的用地，在图上作了标示。同时在规划中还考虑了在金沙江两岸和垂直金沙江的冲沟进行绿化，形成鱼骨状的全市绿化系统。当然当时思想上还不可能有"山水城市"的认识，但是，我想攀枝花有山有水，荒地荒坡还很多，攀枝花应该是具有建设社会主义山水城市的条件的。不久前我被邀到攀枝花回访，我高兴地看到该市城市建设发展很快，生态环境不断改善，规划目标正在逐步实现，所以我想只要大家坚定不移地努力，一个具有中国特色的社会主义现代化的城市一定可以在攀枝花建成。

专此　顺祝

安康！

鲍世行

1999 年 6 月 19 日

附：鲍世行 2003 年 2 月 24 日信

尊敬的钱老：

不久前寄上郑州市建筑设计院前总工程师杨国权托我转交的他的《杨国权论文、作品集》一书，谅已收到。

今再寄上攀枝花市规划建筑设计院总工程师陈加耘嘱我转交的该院院刊《规划与建筑》（2002 年号）。这期杂志刊有您关于攀枝花规划建设给我的信，请您一阅。有关稿费，我请他直接寄给您，估计也可收到了。

遵照您"要认真总结建设攀枝花城市经验"的指示，我正在与他商量、策划编撰一本相关的书籍，将收集有关的资料，包括三代国家领导人对攀枝花建设的指示、历届城市规划方案的资料和一些权威书刊上发表的相关文章。对此您有什么指示，我向您求教。

见到 2003 年 1 月 27 日《人民日报》上的"喜看新松高千尺"为题，关于您"盛赞我国航天科技成就"的报道，得悉您"精神很好"、"思维清晰"，我们都十分高兴。您的身体健康是我们知识分子的幸福。请多保重，珍惜！祝

健康长寿！

鲍世行

2003 年 2 月 24 日

附：鲍世行 2006 年 1 月 26 日信

尊敬的钱老：

遵照您的来信关于认真总结建设攀枝花经验的指示，在攀枝花建市 40 周年之际，我编撰了《攀枝花开 40 年》一书。

此书系统地总结了攀枝花规划建设 40 年的历史经验，其中"伟大决策、艰辛历程"一文阐述的资料是近些时候解密的、鲜为人知的当年攀枝花建设的决策过程，弥足珍贵。书中收集了规划历史资料和中央领导视察攀枝花的照片。特别是遵照您的指示，攀枝花市开展了"山水园林城市规划"以及攀枝花建设中一些书刊对它的评述，均一并收入书中。现呈上，请您指示。

恭祝
春节快乐、健康长寿！

鲍世行　敬上

2006 年 1 月 26 日

1999 年 6 月 20 日致鲍世行

（关于寄送给陈绍先的复信）

鲍世行同志：

您 6 月 9 日信及附来陈绍先同志信都收到。

遵嘱已复信陈绍先同志，现附上其复制件请阅。

此致

敬礼！

钱学森

1999 年 6 月 20 日

附：鲍世行 1999 年 6 月 9 日信

尊敬的钱老：

现将自贡市城市科学研究会陈绍先秘书长给您的信及《建设自贡市山水城市研究》课题成果（另寄）转呈上。

他们拟将成果正式印刷出版。周干峙院士已同意将他的书面评审意见（详见成果材料，但不包括最后一段）作为该书的"序言"。干峙同志的这个材料对山水城市给予高度的概括，对课题给予充分的肯定。

鉴于您对自贡城科会的山水城市课题的高度重视和关心，他们衷心希望您能以短信的形式说几句话（复信陈绍先同志）。妥否？请酌。

专此　敬祝

近安！

鲍世行

1999 年 6 月 9 日

附：鲍世行 1999 年 6 月 15 日信

尊敬的钱老：

6 月 9 日来函及寄还《绿色城市》一书收到。

寄上中国建筑工业出版社杨永生编审 6 月 10 日给我的信及您给我的 1996 年 6 月 23 日、7 月 21 日、9 月 7 日、9 月 15 日四封信的复印件，供参阅(如无改动均不必寄回)。

杨永生同志正在编撰《建筑百家书信集》一书，将与已出版的《建筑百家言》组成"百家"系列。该书已搜集书信 60 余封，其中就有您给我的 4 封信。现寄奉这 4 封信，征求您的同意。至于信件中有关人和事的注释工作，就由我代劳了。

这 4 封信都谈及山水城市与建筑科学。这些信被编入该书，足见学术界对这些问题的关注和重视，同时也会对扩大山水城市与建筑科学理念的影响起很好的作用。

专此　盼复　顺颂

近好!

鲍世行

1999 年 6 月 15 日

附：鲍世行 1999 年 6 月 18 日信

尊敬的钱老:

6 月 9 日您给顾孟潮和我的信已由老顾转给我。

近日偶读《人民日报》(1999 年 6 月 11 日)载画家张汀的一席话：中国山水不负中国画家，中国画家却有负中国山水。我觉得有压力，有愧疚，但还是觉得很幸福。这辈子能做个中国山水画家，很幸福。

这是中国山水画家发自肺腑的心声。中国山水画家有如此认识，作为中国城市规划工作者也应有如此认识，中国城市规划师难道能不愧对祖国的大好河山吗?

我们的祖先是十分重视山水的(包括自然山水和人工山水)。以广西桂林为例，桂林以奇山秀水名甲天下，象鼻山、叠彩山、伏波山耸立城中，榕湖、杉湖、桂湖、铁佛塘坐落城区，漓江、桃花江回环相通。那年我去考察过浙江楠溪江流域的古镇，那里至今还遗存不少文化品位很高的古镇，例如苍坡镇把小镇规划构思为"笔墨纸砚"的形象，把它融入城市体形之中。整个小镇犹如一张"方纸"，街道是纸上的方格。笔直的主要干道正对笔架山，道路顶端还有尖尖的笔尖。镇的中心广场象征"砚台"，一侧的水池代表水盂，水池边有一大石条，代表"墨"。足见我们的祖先在规划城市时，心中有山水，眼前有山水，笔下有山水，把山水融入城镇之中，中华民族对山水如此敏感，可能与"风水"理论有关。我国国土上有众多名川大山，中华民族自古以农立国，依赖自然，我国也是多灾的国度。中华民族对山水的感情由敬畏转向亲合。皇室对名山的祭祀，把山神化，把古树名木人格化，文人墨客对山水的吟咏，甚至老百姓也有春日的踏青、夏日端午的龙舟竞渡，秋日重阳的登高、冬日的踏雪寻梅，山水文化成为中国传统文化的重要组成部分。

中国建筑本身并不复杂，功夫侧重在与环境的协调和建筑群体的组合。建筑的功能可以互相转换，私宅可以变作寺庙。中国古代各种功能的建筑物，建筑本身没有太大差异，以不变应万变，这一点和西方很不一样。还有一点中国古建筑重视环境、重视文化，黄鹤楼、岳阳楼、滕王阁无不与著名诗文有关。对于这一点今天的中国建筑师真应好好继承。说了这些感想，不知对否？顺颂

近好！

鲍世行

1999 年 6 月 18 日

附：鲍世行 2000 年 3 月 29 日信

尊敬的钱老：

现将自贡市城市科学研究会寄来的《建设自贡山水城市研究》转呈上。这个文集是自贡市科委的重点软科学研究课题和自贡市社科重点研究课题"建设自贡山水城市研究"课题的研究成果。

这本书的前面是您给自贡城科会陈绍先秘书长的一封信（手迹）。这是他们课题研究的指导思想和技术路线。紧接着是周干峙院士作的"序"。这原是周干峙同志对课题的书面评审意见。这个序对课题作了高度评价。他在序中还说："山水城市"是源于我国城市规划的科学理论，是我国城市规划的美好理想。这是对我国山水城市运动的充分肯定。

集子的主体是课题的总报告和四个二级课题的报告，最后是您对山水城市的论述和有关背景材料。总之，集子显得很充实、有一定份量。这个材料将对自贡山水城市建设起指导作用。

我最近因右膝患急性关节炎，休息了一段时间，康复后又忙于《论宏观建筑与微观建筑》一书的编撰工作，疏于问候，请见谅。

专此　顺颂

春安！

鲍世行

2000 年 3 月 29 日

（关于建设山水城市是件大事）

陈绍先同志：

您6月4日来信已由鲍世行同志转来。

我前几年提出建设现代化有中国文化特色的山水城市。后来国家决定授予北京市等城市园林城市称号；前年更得知重庆市、武汉市正计划建设为山水园林城市，是比园林城市更上一个层次了——最高层次是山水城市。现欣悉你们要把自贡市建设为山水城市，这是件大事！祝你们成功！

此致

敬礼！

钱学森

1999年6月20日

附：陈绍先1999年6月4日信

尊敬的钱学森同志：

您好！

最近，我收到鲍世行同志赠的《钱学森论山水城市》一书，从中看到您对自贡建设山水城市研究的关注。我们对此深表感谢。

现将《建设自贡山水城市研究》的成果送上，请予指教。

此项研究成果经自贡科委邀请国内多学科专家评审通过，评审意见认为："该课题研究具有较高学术水平和适用价值，达到国内同类研究领域的领先水平。"周干峙同志在其书面评审意见中认为：《建设自贡山水城市研究》对"山水城市"作了结合实际的广泛而深入的探讨。其突出成果有两点，一、"具有比较全面的理性思考"。二、"密切结合自贡的市情，实事求是地探讨了自贡在不同发展阶段时实现山水城市的具体目标，山水城市理论迫切需要有山水城市的实践。自贡市描绘了一幅山水城市的蓝图，看来有现实性，有说服力。坚持做下去，定能为我国的城市发展作出自己的贡献。"

此项研究成果，已在今年《城市发展研究》第 2 期摘要发表，标题是：自贡，从园林城市到山水城市。3 月，由自贡市城科会、自贡市建委正式上报市委、市政府供决策参考。市政府领导当即批示：将成果送有关单位执行。

我们为了认真贯彻落实市政府的指示，更进一步做好科技成果的转化，扩大成果的应用，正组织编辑出版《建设自贡市山水城市研究》一书，周干峙同志已为该书作序。预计建国 50 周年前出版，到时当再送呈。

正如您指出的"山水城市是新世纪的大事"，"是建设中国特色的社会主义的一个大课题，还待深入探讨"，"山水城市，不能停留在概念，还应深入研究其内涵并做出设计实例。"我们也正是响应您的倡导，结合新世纪自贡城市发展探讨和实践，建设山水城市，落实《自贡市国民经济和社会发展"九五"计划和 2010 年远景目标纲要》中，将自贡市建设成为"经济较为发达，功能较为齐备的大城市"和"独具特色的历史文化名城、山水园林城市和综合工业城市"的战略目标，从理论到实践进行一次新的探索，从理论到实践，再从实践到理论，为我国城市建设做出一点贡献。

祝您健康长寿！此致

敬礼！

陈绍先

1999 年 6 月 4 日

顾孟潮同志：

您 9 月 20 日与鲍世行同志写的信及两复制件已收到。

您二位安排出书的事，我当然同意。辛苦您二位了。我对此要表示谢意！

此致

敬礼！

钱学森

1999 年 9 月 28 日

附：顾孟潮、鲍世行 1999 年 8 月 4 日信

尊敬的钱老：

您好！

《杰出科学家钱学森论山水城市与建筑科学》一书已于 6 月份第 20 届世界建筑师大会召开前夕出版。有关情况据鲍世行同志讲已向您汇报过，不知您要几本书？拟一并送上，所以就未单独寄书给您。

《城市学与山水城市》、《山水城市与建筑科学》两书或称"姊妹书"出版后很受欢迎。特别是您的有关论述引起广泛关注。鲍世行同志曾为河南城科会编了《钱学森论城市与建筑》，看到的同志(如高介华、吴子星等同志)都极为称赞此举，认为把您的著述、书信单集成一本阅读学习更为方便。

鉴于此，8 月 2 日我们与江西科技出版社的张旭初同志商议，拟编一本您的专著，名为《论宏观建筑与微观建筑》，将您有关城市学、山水城市、建筑科学的著述、书信集成一本，由他们出版向全国发行。不知您对此设想有何指正？望及时告诉我们，以便及时与出版社进一步研究落实。

此致

敬礼！

顾孟潮　鲍世行

1999 年 8 月 4 日

附：鲍世行、顾孟潮 1999 年 9 月 20 日信

尊敬的钱学森同志：

您好！

首先衷心祝贺您荣获"两弹一星功勋奖章"，感谢您多方面的历史性贡献，并祝您健康长寿！

在鲍世行同志赴杭州前，即 9 月 14 日我曾给龚志刚同志电话，询问拟出版您的专著《论宏观建筑与微观建筑》一书事。因此事已得到杭州市长仇保兴 8 月 13 日批示："此书请杭州出版社给予出版，能扩大出版社影响。"经鲍世行同志与钟高渊社长面谈，他们已同意出版并委托我们二人编辑，并请我们向您请示，能否授权我们编辑此书（编写大纲和出版社委托函详见附件），此意妥否，请您尽快给我们答复，以便启动。

此致

敬礼！

鲍世行　顾孟潮

1999 年 9 月 20 日

附：顾孟潮 1999 年 11 月 16 日信

钱学森同志：

您好！

今寄上拙文"长安街建筑咏叹调"剪报请您指正，我想以此促一下更多的人关注北京长安街和天安门广场，使其能建设得更好，妥否？望您身体允许的情况下指正。

此致

敬礼！

顾孟潮　上

1999 年 11 月 16 日

附：鲍世行 1999 年 11 月 18 日信

尊敬的钱老：

9 月 28 日来函收到。《论宏观建筑与微观建筑》一书的事正在顺利地

推进。11月5日我去杭州和杭州出版社草签了出版合同。计划明年出书。因为明年是您提出"山水城市理论"10周年。我们计划要搞一些活动纪念。

杭州四中百年校庆资料，您已派人来取走，同时送上《山水城市与建筑科学》书一本。不知您阅后有何意见？此书还需要几本请来函告知，以便向中国建筑工业出版社索取，或直接致函出版社亦可。

专此　顺颂

近安！

鲍世行

1999年11月18日

附：顾孟潮1999年11月24日信

尊敬的钱学森同志：

您好！

王文华同志11月15日来信，附来他和邹伟俊、杨春鼎、孟凯韬四位同志关于筹备"钱学森思想发展研究会"的建议（详见附件），并嘱我向您报告此事。我将"建议"以及王给我信的复印件一并寄您，请予批示，妥否

此致

敬礼！

祝健康长寿！

顾孟潮　上

1999年11月24日

附：鲍世行1999年12月1日信

尊敬的钱老：

最近我参加中国城市规划1999年年会暨理事会换届大会，会上有"1993～1999年大事记"资料，其中记录中国城市规划学会风景环境规划设计学术委员会的1996年和1997年两次年会。这两次会议都是以讨论"山水城市"为主题。现将这些材料复印，寄上，供您一阅。读了这些记录，不仅使我深切怀念恩师朱畅中先生。他作为该委员会的负责人，对探索山水城市理念投入了很大的精力，付出了巨大的努力，想到这些不禁使人肃然起敬。

会上授予我中国城市规划学会资深会员。资深会员要求从事城市规划工作40年以上，并在学术上有较高成就，在国内外有一定影响。

专此　顺颂

大安！

鲍世行

1999年12月1日

附：中国城市规划学会风景环境规划设计学术委员会
1996、1997年年会纪要

1996年10月10日～11日

风景环境规划设计学术委员会在成都市召开了年会暨学术研讨会。来自全国11个省市、7所高等院校的本学委会委员、顾问及特邀代表30余人，四川省、成都市有关单位的领导、专家有30余位到会。会议讨论的主题是"山水城市"和"风景区规划"。收到论文18篇。

大会首先由学委会顾问伦永谦致开幕词。省政府副秘书长袁福有和省土木建筑学会理事长杜恒产致辞，省建委主任刘丹陵向大会介绍了四川省风景名胜区建设和成都府南河工程情况，并介绍了对风景区保护与开发建设之间矛盾的处理。省环保局局长郭兴邦提出风景与环境同源的看法，对城市与风景区环境必须有保护第一的思想，并应以区域生态来考虑，坚定不移地贯彻下去。中国城市规划学会常务理事樊丙庚代表学会向大会致辞。省城乡规划设计研究院院长邬国萌致辞。中国城市科学会副秘书长鲍世行对"山水城市"的探索作了介绍。学委会主任委员朱畅中作了学委会工作报告。

与会专家学者对"山水城市"、城市风貌特点、风景名胜资源的保护和利用，今后工作设想等问题，做了各抒己见的讨论和客观分析。

1. 对山水城市的涵义、建设进行了理论性的探讨。"山水城市"既是园林城市，生态城市，又是森林城市、田园、绿化城市。而且也不仅此涵义而已。"山水城市"不是简单的山与水，也不是仅对自然环境的泛指。其深层含义应是人类赖以生存的环境，所以它的含义，应涉及人类居住环境的一切功能与环境因素。实现城市与自然环境的协调是山水城市建设的关键。山水城市追求文化的品位、城市与自然的和谐，是自然的诗化和诗化的自然。

2. 城市特色与风貌问题。城市风貌是我国急待解决的问题，急功近利的环境开发对传统风貌造成极大破坏。要利用山水环境、文化资源创造城市特色，保护、继承和延续传统风貌。城市建设要因地制宜，要有持续发展的思想、生态保护观念，合理开发和利用自然环境、历史文化。城市发展取决于经济的发展，取决于人的思想意识的改变。优秀的城市建设取决于科学的规划管理。因此，要深入科学研究，广泛进行科普宣传。

1997年11月6日～9日

风景环境规划设计学术委员会1997年年会在福建省厦门市举行。来自全国各地的代表共20余人出席了会议。厦门市副市长赵克明同志到会并致辞，市规划局局长吴瑞炳先生到会介绍了厦门市自改革开放以来在城市规划建设方面取得的成就，使与会代表对厦门市这座全国闻名的园林城市、卫生城市、环境保护模范城市有了初步了解。本次会议主题为"山水城市及城市山水"，这是自去年10月在成都召开的年会上以"山水城市"为主题的深化。会议共收到论文20篇。本次会议由学术委员会顾问伦永谦先生主持。

会上，学术委员会主任朱畅中教授首先宣读了论文《山水城市探》并传达了钱学森先生对该文的赞同意见，同时宣读了中国城市科学研究会副秘书长鲍世行先生对本次会议的贺信和他对"山水城市"的一些看法。与会代表分别从景观、造园、文化、环境保护、自然、人文等多方面阐述了"山水城市"的涵义，通过交流与讨论，与会代表对"山水城市"及"城市山水"这一新概念有了更进一步的认识，明确了构成"山水城市"的基本要素分为山水因素、园林因素、生态因素、特色因素、文化风貌因素、城市环境因素这一理论问题达成共识，明确了"山水城市"的内在涵义，即必须是环境优美、清洁文明、有山有水、生态健全的现代花园城市。没有在城市中起着核心作用的山和水；没有园林化、艺术化及景观化达到一定规模的绿地系统；没有清新洁静的生态环境；没有舒适方便的生活居住及办公环境均不可能称之为"山水城市"。这一共识是对"山水城市"理论的进一步发展，必将对我们在城市规划的实践工作中起着积极的指导作用。

会议期间，与会代表参观了鼓浪屿风景名胜区，集美学村、中央绿化广场及厦门市部分公园及居民小区，使与会代表对厦门市的城市建设有了更进一步的认识及了解。全体与会代表对厦门市的城市规划建设所取得的成就给予了充分肯定，并对今后的工作提出一些改进建议。会议由学术委员会顾问伦永谦先生进行了全面总结并确定了下次学术年会研究讨论的主题，提出了对"山水城市"进行深化及量化研究的要求。

附：鲍世行1999年12月8日信

尊敬的钱老：

适逢您生日之际，请接受我对您生日的祝贺，并祝健康长寿！

11 月 18 日及 12 月 1 日两封信以及杭四中百年校庆资料和《山水城市与建筑科学》一书谅已收到。龚秘书说此书您还需要 5 本，我拟在适当的时候送上。另外，可否为 5 个人的书签个名留念。这 5 个人是中国建筑工业出版社刘慈慰社长，该书责任编辑刘爱灵，该书英文翻译顾启源，顾孟潮和我。如果可以的话，我们可以将这些书一起送上。

今年，我们编了这本书，算是做了一点工作。明年计划再出一本，即杭州出版社出版的《宏观建筑与微观建筑》，同时配合"山水城市"理论提出 10 周年，也计划搞些学术活动。

今年我还在浙江东阳搞了一个规划，也是按山水城市的要求搞的，待成果出来后再向您详细汇报。我想每年踏踏实实做点工作，以推动山水城市理论与实践的探索。再次祝您

健康长寿！

鲍世行

1999 年 12 月 8 日

附：顾孟潮 1999 年 12 月 9 日信

尊敬的钱学森同志：

您好！

正值您 88 华诞之际，让我向您衷心地祝愿，祝您早日康复、健康长寿！

昨晚在电视屏幕上看到江泽民同志等国家领导人去看望您的情景很高兴。您的身体和精神已经好多了！江泽民同志的看望也代表了我们的心意。每一个重视"科教兴国"的人，都会亲身感到您对中国乃至世界科技的杰出贡献！您的远见卓识的科学思想，随时间的流逝将更为人们所认识。

前不久我寄您的四川王文华同志的信和有关材料，不知您可阅读？他们所倡议的钱学森思想研究便是把您的有关思想宣传推广实现的好机会，所以我们愿意为此做些工作，也请您和您身边的工作人员能给予支持。

另外，近日听龚秘书讲，需《山水城市与建筑科学》一书 5 册，我们将如数送去。同时还想多送去 5 本，想请您在身体情况允许时为我们（鲍世行、顾孟潮、刘爱灵、顾启源、刘慈慰）题字留作纪念。

此致

敬礼！

顾孟潮 上

1999 年 12 月 9 日

附：鲍世行 1999 年 12 月 28 日信

尊敬的钱老：

　　12 月 8 日给您的信想必已收到。

　　昨日邮汇上壹仟柒佰元，系《山水城市与建筑科学》一书稿费，请查收。

　　我和顾孟潮同志最近正在编辑《论宏观建筑与微观建筑》一书，计划明年 4 月交稿。此书均为您的文集和书信，我们主要是作一些注释。

　　新年在即，千年之交盛况空前，我祝您

新年快乐！

健康长寿！

鲍世行

1999 年 12 月 28 日

2000年2月29日龚志刚①代笔致顾孟潮②

（关于"忆钱学森同志为建筑学界改文章"）

老顾：

您的来信及文稿钱老看过了，有两点意见转告您：

1. 文章头几段对钱老的赞颂言重了。应改一改，说得太过了易招人反感，这是他不愿看到的③。

2. 第2、5页有两处删改，请酌④。

祝

工作顺利！

龚志刚

2000年2月29日

注释：

① 龚志刚，即代笔人，是钱学森的秘书。

② 此信系对顾孟潮2000年2月24日给钱学森信的答复。

③ 文章头几段对钱老的赞颂言发表前已作了修改。

④ 第2、5页两处删改为：一是"关照"改为"关注"；二是"他亲笔写的发言提纲"这句话中"发言"二字删除。

附：顾孟潮2000年2月24日信

尊敬的钱学森同志：

您好！

近日杨永生先生主编的《建筑百家回忆录》一书，约我写一篇2～3千字文章，记您对建筑学界的关照，我遵嘱草成"忆钱学森同志为建筑学界改文章"一文，今送您审定，指正。

此致

敬礼！

顾孟潮　上

2000年2月24日

附：顾孟潮 2000 年 3 月 28 日信

尊敬的钱学森同志：

您好！

为了向国内外更多的人介绍您高瞻远瞩的科学思想和创议，近来我对您有关山水城市构想以及建筑科学大部门创议的思路历程进行了回忆与思考，写成"忆钱学森与山水城市和建筑科学"一文。全文分三大部分：(1)弥足珍贵的文字之交；(2)山水城市构想的提出与深化；(3)建筑科学大部门的建构。全文较长(1 万 8 千字，并附有 2 图加一个表格，因图与表您已见过，此信未再复印寄上)，而且涉及到我对您思路历程的体会与分析，内容比较宽泛，恐怕我文中会有把握不准、分析有误之处，特送您审定指正。期望在您身体允许的情况下给予斧正。

此致
崇高的敬礼！

祝您
健康长寿！

顾孟潮　上

2000 年 3 月 28 日北京

附：顾孟潮 2000 年 4 月 8 日信

尊敬的钱学森同志：

您好！

3 月 28 日挂号信寄您审定的拙文"忆钱学森与山水城市和建筑科学"想已收到，望便中告知您的指正意见为盼。

另，近日我和鲍世行同志的《论宏观建筑与微观建筑》一书的注释工作已基本完成，看来可于 4 月准时把书稿交出版社，今将起草的该书前言送您审定修改。

第三件事是，此书拟摘用胡士弦《钱学森》一书 1～2 页您的简历附书后，妥否？望指教。

此致
敬礼！

顾孟潮　上

2000 年 4 月 8 日

附：鲍世行 2000 年 4 月 9 日信

尊敬的钱老：

4 月 7 日寄上一信，谅已收悉。

今寄呈《杭州第四中学简史第一卷(1899~1949)》，请查收。

这本由杭州第四中学校庆编辑室编辑的子集，在去年杭四中庆祝百年校庆之际曾寄赠一本，但那本书缺第 497~498 页。而该页正好是令尊钱家治老校长的简历。杭四中领导对此深感歉意，特再重印一本，呈上。

望保重身体，祝健康长寿！

鲍世行

2000 年 4 月 9 日

附：鲍世行 2001 年 4 月 5 日信

尊敬的钱老：

最近我出差杭州，参观了杭州钱王祠重建方案展出。

钱王祠是为了纪念"钱王"的功绩。所谓"钱王"是指五代十国时吴越的国王。《西湖新志》称："(钱王祠)正宇(殿)奉吴越武肃王钱镠、镠子文穆王元瓘、瓘子忠献王弘佐、忠逊王弘倧、忠懿王弘俶五像。"历代吴越王治杭近百年。当时，连年内战，遍地烽烟，只有吴越一隅，在整个五代期间都没有遭到战乱的影响。钱镠对水利建设颇有功绩，筑钱塘江百里海塘，疏浚西湖，在太湖沿岸浚河筑堤。还凿平钱塘江中石滩，便利水路航行。吴越国王信奉佛教，杭州的保俶塔、六和塔、雷峰塔和闸口白塔都是当时修建的。同时还增建佛寺。可以说杭州的佛寺都是在当时打下了基础，从而奠定了杭州作为"东南名都"的历史地位。

人们介绍说，钱镠准备扩建杭州城，有方士献策："若改旧为新，有国止及百年。如填筑西湖，以建府治，垂祚当十倍于此。"钱镠回答说：百姓借西湖水灌田，无水即无民。哪有千年不换人主？我有百年足矣。吴越在杭建都近百年，直至赵匡胤建宋，才纳土废国，不动兵戈，统一于宋。介绍者说：钱镠至今已逾千年，杭州更加繁荣发展，钱氏后裔人才辈出，誉满全球。如果听信方士之言，西湖早就没了，杭州也不会像现在这样闻名世界。听此一席话，发人深省。

顺祝

春安！

鲍世行

2001 年 4 月 5 日

附：顾孟潮 2000 年 5 月 1 日信

尊敬的钱学森同志：

节日好！

今天是五一节，向您祝贺节日时，把我一篇介绍您的山水城市和建筑科学的文章寄给您，它是我前次寄给你的 1 万 8 千字文的摘选，以便您有精力看看指正；也便于其他读者节省阅读的时间，知道个大概。

另外，把杨永生同志编的《建筑百家言》一书寄给您。此书共收入 74 封信，包括您写给建筑界的 6 封（见书 102 页、106 页、107 页、108 页、126 页、129 页），由收信人加了注释，说明通信的背景等内容，信的复印件也缩小印出，颇有文献历史价值。不知您以为如何？

此致

敬礼！

祝

健康长寿！

顾孟潮　上

2000 年 5 月 1 日

附：鲍世行 2000 年 5 月 12 日信

尊敬的钱老：

寄呈《建筑百家书信集》一本，供参阅。

这本书收入了您给顾孟潮、王明贤、陈志华、楼庆西、李秋香和我的信共 6 封。此书共收入 38 位写信人，共书信 74 封，因此，这也占了不小的比重。

主编杨永生在"编者的话"中说：少数非建筑界人士，虽不是建筑界的专家、教授，但他们在信件里谈的有关建筑的观点，颇有见地，具有学术价值，故也一并收入。

总之，这是一本内容相当丰富，编辑得很有特色的好书，值得一读。

专此，顺颂

近好！

鲍世行

2000 年 5 月 12 日

附：顾孟潮 2000 年 5 月 10 日信

尊敬的钱老：

您好！

按涂元季同志复信内容，我寄《中国市容报》的"忆钱学森论山水城市和建筑科学"一文已于 4 月 28 日刊出，今将剪报寄您阅示。

涂元季同志信中所说《广州日报》知识版上两篇文章。我觉的正面介绍您的有关山水城市和建筑科学的观点，有助于更多的人了解真实情况，避免妄加臆断和猜测。《中国市容报》上这篇拙文或者能起点这样的作用。

当否，请指教。

此致

敬礼！

祝

健康长寿！

顾孟潮　上

2000 年 5 月 10 日

2000 年 10 月 20 日致鲍世行、顾孟潮

（关于广州山水城市建设论坛）

鲍世行同志、顾孟潮同志：

喜闻召开"广州山水城市建设论坛"①，我谨表示祝贺，祝会议成功。并请你们转达我对会议筹备委员会名誉主任吴良镛②院士和主任周干峙③院士、范以锦④总编、黄夕原⑤总经理，以及与会全体同志的敬意和问候。

此致
敬礼！

钱学森

2000 年 10 月 20 日

注释：

① 广州山水城市建设论坛，由中国城市科学研究会、南方日报报业集团主办，广州"山水庭苑"承办，于 2000 年 10 月 29 日在广州举行，其目的是探索山水城市理念，为广州山水城市规划的建设集思广益。

② 吴良镛，中国科学院院士、中国工程院院士，广州山水城市建设论坛筹备委员名誉主任。

③ 周干峙，中国科学院院士、中国工程院院士，广州山水城市建设论坛筹备委员会主任。

④ 范以锦，时任南方日报总编辑、广州山水城市建设论坛筹备委员会主任。

⑤ 黄夕原，时任广州伟成房产开发有限公司总经理，广州山水城市建设论坛筹备委员会主任。

附：鲍世行 2000 年 4 月 7 日信

尊敬的钱老：

寄上剪报两则：杨鲁豫"创建新世纪园林城市"，鲍义来"合肥离山水城市有多远"。杨鲁豫同志是建设部城建司司长。城建司是目前部里主管园林城市的司局，此文是他在一次园林城市评议会上的讲话。

园林城市的建设又有了新的发展，去年又命名了青岛市、濮阳市、十堰市、佛山市、三明市、秦皇岛市、烟台市为"国家园林城市"，命名上海市浦东新区为"国家园林城区"。这样国家园林城市和园林城区就有20个单位了。

我认为"园林城市"和"山水城市"是我国21世纪城市环境建设的两个阶段（中间可能还有"山水园林城市"的过渡阶段）。园林城市，目前已经进入实施阶段，而山水城市尚处在探索、研究阶段。没有正确的理论就很难有正确的实践，所以这种理论探索是十分必要的，往往是超前的。

我国目前尚处在社会主义发展的初级阶段，经济尚不发达。城市化进程才开始进入高速发展阶段。城市正处在转型期，各个方面都还没有定型，城市人口在不断膨胀，生产在调整和发展，资源还在遭到破坏，总体环境还在恶化，因此，总的来说建设山水城市的时机尚未来到。有人认为，人口、资源、环境的零增长的实现，以达到持续发展的目标，是21世纪30～50年代以后的事，因此，山水城市的实现可能也要30～50年后才能实现。

山水城市是我国城市发展的崇高理想。它是奋斗的目标和规划建设的原则。山水城市代表着人们的期望和向往，为此需要我们几代人的努力；而园林城市是我们正在踏踏实实地建设，看得见、摸得到的，它有样板，有实例。所以，是否可以说，山水城市是理想，园林城市是桥梁，通过园林城市的台阶，山水城市的目标是一定能实现的。

山水城市，作为理想的境界，标准应该是很高的，但是也并不是高不可攀的。我想园林城市中必然有山水城市的萌芽，譬如科学合理的城市布局、优良的生态环境、历史文化的丰富内涵、新技术的利用等等。总之，透过园林城市我们一定可以看到山水城市的雏形，为此我们应该重视园林城市的研究。

以上请指教

此致

敬礼！

鲍世行

2000年4月7日

附：鲍世行2000年5月10日信

尊敬的钱老：

您好！

现转呈上王铎同志给您的信和他的学术论文"山水城市的哲学思考"（载《城市发展研究》2000年第2期），他给我信的复印件也一并呈上。

王铎同志是洛阳著名建筑师，近年来他潜心研究古代园林史，在这一领域颇有建树。这篇论文从哲学高度论述了"山水城市"的概念，是一篇有很高学术价值的文章。我认为这篇文章有两个观点值得重视：

1. 中国的山水建设自秦汉至隋唐，无不重视从城市总体的"法天象地"与山水的融合、统一。当时的山水建设是大尺度、宏观的，气魄很大。但是自两宋以后直至明清，私家园林有了发展，园林的建设逐渐由自然趋向人工，艺术追求也转向"小中见大"、"壶中见天"、"芥子纳须弥"。总的来说，自秦汉至明清，我国的山水建设始于整个城市与山水的结合，侧重统治阶级的宫苑、林苑，而逐渐发展到侧重私家园林的庭园、宅院（当然也有邑郊园林和风景区的寺庙园林，但已非重点），所以规模愈来愈小，工作却越做越精细。这种发展趋势当然是与中国经济、社会和文化思想的发展紧密相关的。但是应该看到这种发展趋势和当时城市建设要为广大市民服务是不一致的，所以我们必须从城市发展与自然分离走向与自然的回归，使城市的发展重新回到山水之中。这是历史发展的辩证法，是城市发展的必然。

2. 作者认为，人类文化的发展有三个里程碑，即第一个里程碑是宗教文化时代，当时信仰是最高的价值尺度，第二个里程碑是科学文化时代。这个时期崇尚理性、崇尚物质，以理性取代信仰的价值尺度。第三个里程碑是艺术文化时代。这个时期审美是最高的文化价值尺度。作者认为宗教文化求神，科学文化求真、求实，都是客体文化，而艺术文化是追求情感享受，以艺术美的满足为最高文化价值尺度，所以是人本主体文化。山水城市不是一个具体的美化城市的建设操作规程，而是人类社会城市发展的方向，是人类理想城市的目标。它不仅是 21 世纪，而且是更远的未来城市发展的方向。

以上意见对否？特向您求教。

专此，顺颂

大安！

鲍世行

2000 年 5 月 10 日

附：顾孟潮 2000 年 7 月 31 日信

尊敬的钱学森同志：

您好！近日我去广州开会得知：

广州城市规划目前正处于调整修改阶段，林树森市长正式宣布，在广州"要启动山水城市的建设"，并争取"三年一中变"。广东省和广州市的领导和当地规划建筑界的专家们，对于您倡导的山水城市构想理论十分重视，并准备付诸实践，十分希望得到您的指导。您能否写几个字给论坛，让涂元季同志到会传达您的意见，再听听大家意见，以便更细致地向您汇报有关情况。

为促进广州市山水城市建设，加深对山水城市理论的理解，进行科学合理的城市规划，南方日报报业集团与中国城市科学研究会将举办"山水城市建设论坛"。现将此活动计划方案寄您指正。

正式邀请函将随后寄去，能否请涂元季同志出席，请便中告知为盼（目前报业集团领导参与"三讲"，盖不成公章，故迟，请您谅解）。

此致

敬礼！

顾孟潮　上
2000 年 7 月 31 日

附：鲍世行 2000 年 10 月 17 日信

尊敬的钱老：

您给"广州山水城市建设论坛"的信已经收到。我立即用特快专递寄往广州论坛筹备处。因为信中提及吴良镛、周干峙两位院士，我又将信的复印件转寄给他们。鉴于他们对山水城市的支持和对广州城市建设的关心，相信他们定能出席此次会议。

您的这封信是对此次论坛的关心、支持和期望，是开好这次会议的强大支持力量。我们一定全力搞好会议，以进一步推进山水城市运动。

8 月下旬，我应邀参加高介华主持、在成都召开的"全国第六次建筑与文化学术讨论会"。这次会议的主题之一是山水城市。作为大会两个主题报告之一，我在会上作了"钱学森与山水城市"的报告。我把您的山水城市思想与实践的发展分成三个阶段加以论述。这三个阶段，即（1）思想孕育阶段（1958～1990 年），（2）概念形成阶段（1990～1993 年），（3）理论发展和推动实施阶段（1993 年以后）。现将发言稿随信附上，恳请您指正。高介华先生认为这次会议"把山水城市学说推向了广泛大众学术论坛"。

9 月下旬，我又去江苏常熟参加该市古城详细规划评审。常熟是国家级历史文化名城之一。在这个城市的街头，刷着"把常熟建成山水园林城市！"的大幅标语。市里领导确实在一步一个脚印地按这个要求在搞。"七溪流水皆入海，十里青山半入城"是这个城市的特色之一。现在十里青山的虞山，绿化得郁郁葱葱，还把包围山体周围的违章建筑都拆除了。青翠的虞山敞开胸怀拥抱城市，使城市变得生机盎然。可是规划中对"七溪流水"的恢复决心不大。我提出请他们在规划中应该充分考虑琴川河的恢复，具体办法可以通过长期的"挖制"来实现。相信我们认定的目标一定能实现，这个意见得到与会评委的认同。总之，常熟的城市建设在山水城市建设的道路上已走出了坚实的一步，这是十分可喜的现象。

《论宏观建筑与微观建筑》一书正在杭州出版社紧张地编辑中大概不久就可以见书。

此致
敬礼！

鲍世行

2000 年 10 月 17 日

附：鲍世行 2000 年 11 月 2 日信

尊敬的钱老：

寄上报上有关"广州山水城市建设论坛"的报道的剪报复印件，请您一阅。

这次会议我和顾孟潮同志都出席了，大会宣读了您给会议的贺信。会议对山水城市的理念又作了进一步的阐述，会议开得十分成功。

会议认为这次论坛可称为是一次高规格、高水平、高效率的会议。

1. 高规格：这次会议集中了许多高水平的专家、学者。有 5 位院士在会上发言（周干峙院士出席作了主题报告，吴良镛院士因出国未能到会，但作了书面发言），到会代表共 51 个单位（其中有 5 所大学的教授），130 余人（其中记者 50 人）。

2. 高水平：会上有 22 人次发言，其中上午有 5 位院士和 2 位专家（即孟潮和我）作主题发言，下午是多学科的专家从多角度发言。

3. 高效率：会议前作了认真的策划和充分准备，真正开会的时间只有一天，内容却十分丰富。会议期间媒体对有关专家作了专访。会后《南方日报》、《南方都市报》、《花鸟报》将用大量版面作系统报道。

这次会议由南方日报报业集团与中国城市科学研究会主办，伟成房地产集团承办。这种学术团体与媒体结合是很好的形式，企业承办会议，对会议赞助，说明了他们对学术活动的重视，并企图通过这种形式提高企业的素质和学术形象。

专此　即颂
大安！

鲍世行

2000 年 11 月 2 日

附：鲍世行 2000 年 11 月 9 日信

尊敬的钱老：

近日寄上 11 月 2 日在深圳写的一封信，向您汇报"广州山水城市建设论坛"的情况，并附有论坛相关的剪报复印件，谅已收悉。

会后，我去珠海、深圳两地，串联明年举行"山水城市论坛"的事。深圳市委书记张高丽同志对此十分重视，对报告早已有明确的指示。经商议，决定"山水城市论坛"明年秋季在深圳、珠海两地举行。深圳近年来建设发展很快，珠海城市环境建设得好，是个宜于居住的城市，在这两地召开将会相得益彰。今年的论坛主要研究广州的山水城市建设问题，明年拟在国内邀请十余个正在实践山水城市的城市，同时还邀请香港、澳门的同行一起讨论，总结山水城市实践的经验。这次去珠海、深圳还落实了会议的主办单位、赞助单位和会议参观的内容，以上安排当否？请您指正。

专此 即颂

大安！

鲍世行

2000 年 11 月 9 日

附：鲍世行、顾孟潮 2000 年 12 月 11 日信

尊敬的钱老：

您好！

今天是 2000 年 12 月 11 日，是您即将进入九秩高龄的时刻。请接受我们对您的衷心祝贺，崇高敬意和深深的感谢！

祝您健康长寿，胜利跨入新的世纪；由于您对中国和世界科学的巨大贡献，获得了国内外广泛的尊敬；在此我们还要特别感谢您对城市科学和建筑科学的深切关注和指导。

您的山水城市学说和关于城市学、建筑科学、建筑哲学的许多教导，使我们深受启发和鼓励。您的学术思想对于城市建筑的科研、教学与建设实践，有着重要的指导意义和深远的理论价值。

您的专著《论宏观建筑与微观建筑》一书，将集中您有关城市科学、山水城市与建筑科学的书信、论著与言论。这是您的又一重要贡献。作为编者我们的愿望也是想以此书献给您的 90 大寿，献给中国和世界的城市建筑学界。祝您生日快乐！

望您多多保重，祝您健康长寿！

鲍世行 顾孟潮

2000 年 12 月 11 日

附：鲍世行 2000 年 12 月 11 日信

尊敬的钱老：

上午传真上我和顾孟潮的贺信，谅已收到。

在您 90 寿辰之际再次祝贺您健康长寿，祝您生日愉快！

在您的关心和支持下，山水城市的运动取得了长足的发展。这里向您报告最近的一些活动情况，相信您一定会高兴。

今年 10 月 29 日由南方日报报业集团和中国城市科学研究会在广州召开"广州市山水城市建设论坛"后，广州的媒体作了多次广泛的报道，影响很大（所有这些内容我们都将结集出版）。

首先，一些媒体抢先以这个主题作为报道热点。11 月 26 日我应河南日报报业集团的邀请去郑州为"2000 年河南省城市建设与房地产业发展战略论坛"作学术报告。这个论坛由中共河南省委宣传部、河南省建设厅与河南日报报业集团共同主办。由媒体主办这样一类论坛，这是和广州的论坛有共同的特点。我在会上主讲"21 世纪社会主义中国的城市发展模式"，主要讲解山水城市。因为结合了河南省和郑州市的城市发展的实际情况，很受与会代表欢迎。讲授后留出 10 分钟和代表共同讨论大家感兴趣的问题。有代表说：当听到讲解郑州的城市发展中的问题和解决措施时，真是太好了！我简直想站起来鼓掌。

其次，山水城市的理念正逐渐为房地产开发部门所接受。广州和郑州的论坛都是由当地的房地产开发公司支持。这主要是住宅由福利分房转为货币分配，由集团购买转变为个人购买，住宅建设中开发商的观念正在发生质的变化。素质高的开发商已经主要不是去追求提高容积率，追求出房的多少，而是转向搞好环境建设，提高科技含量，创造精品，闯出名牌。

通过上述活动，房地产开发部门敏感地感觉到："山水城市的理念是我国城市建设理想目标的新的、正确的哲学概括"（参见广州市房地产协会金贻国秘书长："为新理论鼓与呼"一文）"是在新世纪建设有中国特色城市的一面旗帜"（原广州市建委主任、省人大环资委陈之泉主任的发言）。因此，广州市房地产业协会已决定 12 月 27～28 日在广州召开以"山水城市·山水楼盘"为主题的年会。我和顾孟潮同志都已被邀请到会上作学术报告。

第三，通过房地产业开发，山水城市的理念有可能在实践中得到逐步贯彻。12 月 1 日我赴广州参加番禺"锦绣金江花园"的房地产开发项目方案的研讨活动。广州城市今后主要向南发展，番禺将成为开发重点地区，所以这里房地产活动热度很高。这里建房"市场"已经起着主导的作用，环境要素已经是居民选择住房普遍关心的重点，因此规划方案中的环境质量成为开发商的关注焦点。在会上我介绍了山水城市的理念，希望居住区提高现代科学技术含量，注入传统山水文化内涵，不要再去追求"欧陆风"。这些发言得到与会评委的认同。

第四，有关山水城市的活动明年可望有持续发展。除前已报告计划明年下半年在深圳、珠海召开山水城市研讨会外，广州市房地产业协会计划明年上半年再搞一个关于山水城市的活动。这次我去广州已和他们初步交换了意见，12月下旬赴穗时将再作进一步讨论落实计划。这样除了出版您的专著《论宏观建筑与微观建筑》以外（还计划召开首发式），明年还可搞一系列活动，以作为您九秩寿辰的一份厚礼。以上考虑，当否？请来信指示。

敬礼
健康长寿！

鲍世行

2000 年 12 月 11 日

附：鲍世行 2000 年 12 月 22 日信

尊敬的钱老：

现将美籍华裔著名城市规划专家卢伟民先生给我的来信（复印件）送上，请您一阅。

他的来信说：山水城市的构思实在值得推广，尤其将中华文化传统继续发扬光大，创立有东方气质的城市，有人情味的城市。

卢先生在美国和中国大陆、台湾都有很广泛的影响。他希望参加明年在深圳、珠海的山水城市讨论会。我们当然应该欢迎。

此致
敬礼！

鲍世行

2000 年 12 月 22 日

附：鲍世行 2000 年 12 月 29 日信

尊敬的钱老：

您好！

12月26日我去广州参加广州市房地产业协会和广州市房地产业会召开的以"山水城市和山水楼盘"为主题的年会，27~28日开会，当日即回京。这是我参加的今年最后一次学术会议了。

10月底召开的"广州山水城市建设论坛"和这次召开的"两个会",开得很成功,其共同特点是理论与实践相结合,两次会议都有理论性的学术论文,前一次会议主要结合广州山水城市建设,后一次会议则结合房地产业发展。

我认为这两次会议的功绩有三点:

1. 总结了10年来山水城市开展的经验,使山水城市的理念得以进一步拓展。

2. 澄清了一些不同的看法。

(1)您从建筑哲学观出发认为建筑科学是一门融合科学与艺术的大部门。建筑是科学的艺术,也是艺术的科学。当然城市也是一样。所以,城市不仅要注重生态,注重环境;而且还要注重文化(特别是我国的传统文化),注重艺术。为此,光提生态城市就不够了,城市还要讲求整体美,特色美和意境美。特别是城市要有特色,要因地制宜。

(2)山水城市是一种理念,一种学术思想。它不同于政策,不同于方针。方针、政策是由党提出来的,由政府制定的,在一定时期内相关的部门必须认真执行、认真贯彻;但是,理念、思想应该贯彻百花齐放、百家争鸣的方针,要允许大家讨论,只有通过讨论才能使它更接近真理。另一方面,正确的理念、思想也会影响方针政策的制定。随着时间的推移,客观情况的变化,方针政策也可能进行调整,但是,一种理念,一种学术思想,却有它的相对稳定性,当然随着研究的深入,也会有所发展。

(3)山水城市是我们城市发展的理想和方向,努力的目标。既然是理想,它就不是一朝一夕可以实现的。但是,也应该相信经过我们长期不懈、脚踏实地地努力,这些目标是一定可以实现的。

3. 推动了广州山水城市建设的发展,近年来广州正处在高速发展的城市转型期,城市的建设量很大,城市中的各种矛盾和问题不断涌现,特别是最近广州的行政区划进行了调整,并正在进行"概念规划"和城市总体规划修订,广州市委市政府、市人大领导不失时机地提出了要以山水城市的目标来进行建设,在这样关键的时期开了这样两个以山水城市为主题的学术会议当然是十分及时的,十分必要的,它的影响也将是深远的。以上意见,对吗?

祝

新年好!

鲍世行

2000年12月29日

附：鲍世行 2001 年 3 月 5 日信

尊敬的钱老：

最近在《科技导报》2000 年第 8 期上读到吴良镛先生"严峻生境条件下可持续发展的研究方法论思考——以滇西北人居环境规划研究为例"一文。这篇文章是将滇西北人居环境作为您所提出的开放的复杂巨系统进行研究和规划。为了把此文介绍给广大城市研究工作者，我拟将它在《城市发展研究》上转载。

今接吴先生回函，对此表示同意。据说因怕使您费神，未曾寄给您文章，还让我代转，并向您问安，故特将文章复印奉上，供参阅。

此致

敬礼！

鲍世行

2001 年 3 月 5 日

附：鲍世行 2001 年 8 月 19 日信

尊敬的钱老：

今奉上莫伯治《关于山水与山水城市》一文，供参阅。

此文原为去年年底他在广州举行的"山水城市论坛"上的讲话，现才在《建筑学报》2001 年 6 期刊出。文章高度评价您提出的"山水城市"的科学构想。

莫伯治先生系中国工程院院士，出生于 1914 年，是广州著名建筑师，他的作品有广州泮溪酒家、广州白云山山庄旅舍、广州白云山双溪别墅、广州白云宾馆、广州白天鹅宾馆、广州西汉南越王墓博物馆，曾多次得奖。

顺祝

安康！

鲍世行

2001 年 8 月 19 日

顾孟潮同志：

您 10 月 31 日信①收到。

我很高兴您和鲍世行同志赴广州开了一个高效率的会议②，并感谢您二位这些年在宣传和推动"山水城市"问题上所作的努力。目前党和国家正在制定十五规划。我相信，在 21 世纪我国城市规划和建设会有很大发展，中国人民将能建设好"山水城市"。

您在广州会议上的发言很好③。您起草的《论宏观建筑与微观建筑》一书的"前言"我同意。

祝您和鲍世行同志继续取得成功，也祝您们二位身体健康！

此致

敬礼！

钱学森

2000 年 11 月 7 日

注释：

① 该信向钱老简要汇报了"广州山水城市建设论坛"开会的情况。

② 系指广州山水城市建设论坛 2000 年 10 月 29 日于广州鸣泉居举行。

③ 系指顾孟潮题为"山水城市——知识经济时代(高科技时代)的城市建设模式"的发言。

2001 年 3 月 14 日致鲍世行、顾孟潮、涂元季

（关于《论宏观建筑与微观建筑》一书出版）

鲍世行、顾孟潮、涂元季同志：

　　由鲍世行同志代表您们三位就《论宏观建筑与微观建筑》一书给我的两封信和所附材料："前言"、"序"、"钱学森简历"、"关于建筑科学的大事记"、"后记"等我都看了。书的目录顾孟潮同志在去年 11 月份也送我阅过，后又经涂元季同志补充。这些材料我都同意。周干峙院士为本书所写序言很好。在此我要对您们表示感谢，并祝本书顺利出版。也请您们转达我对广州市房地产业协会和杭州出版社的谢意。

　　此致

敬礼！

钱学森

2001 年 3 月 14 日

附：鲍世行 2000 年 11 月 15 日信

尊敬的钱老：

　　寄上 11 月 9 日的信谅已收悉。

　　《论宏观建筑与微观建筑》一书排版已经结束，开始校对工作，今寄上目录一份，请指正。这次出书我们尽力收集您的有关文章和信函，使书的内容更加丰富。唯 1993 年 4 月 7 日您给吴良镛先生关于建设发展山水城市的信尚未收集到，因为吴先生处已无法找到。

　　这个目录是按学科分类，然后再附一个按时间顺序的索引，可否？请您提出意见。

　　此致

敬礼！

鲍世行

2000 年 11 月 15 日

附：鲍世行 2001 年 3 月 7 日信

尊敬的钱老：

报告您一个好消息：从去年以来我多次去广州找一些单位游说，寻求对《论宏观建筑与微观建筑》一书出版的支持，现经与广州市房地产业协会商谈，他们已同意赞助 5 万元，其中 3 万元支持该书的出版，另 2 万元作为在广州召开该书首发式的费用（当然也给他们以相应的回报，实现"双赢"）。由于经费没有最后落实，出版社积极性不高，该书出版的进度一直很慢。现在有了经济支持，书的准时出版就不成问题了。而且有了钱，就可以在广州召开该书的首发式，以扩大影响。3 月 9 日我有事赴广州，届时将代表杭州出版社和广州市房地产业协会签订协议。为此，特向您报告喜讯。

敬祝

春安！

鲍世行

2001 年 3 月 7 日

附：鲍世行 2001 年 3 月 8 日信

尊敬的钱老：

昨日寄上报告《论宏观建筑与微观建筑》一书得到广州房地产业协会资助的信谅已收到。

《论宏观建筑与微观建筑》一书的编辑工作已接近尾声。今奉上"前言"、"后语"和"关于建筑科学的大事记"、"钱学森简历"以及周干峙写的"序"，请您审阅。

这几个材料都是我们经过反复修改补充后完成的。可以说这是集体创作的成果。

此致

敬礼！

鲍世行

2001 年 3 月 8 日

附：鲍世行 2001 年 3 月 21 日信

尊敬的钱老：

最近我去杭州给杭州出版社送去序言、前言、后记附录等最后一批稿件，并和出版社正式签订了关于《论宏观建筑与微观建筑》一书的出版合同，还会见了该社钟高渊社长。钟社长对送去的稿件质量表示满意，还感谢为该社寻找到赞助（广州市房地产业协会赞助 5 万元，其中 2 万元用于在广州召开该书首发式）。他表示一定要高质量地出好此书。他还让我向您转达谢意，现将该书出版合同复印件附上，供参阅。

此致
敬礼！

鲍世行

2001 年 3 月 21 日

附：鲍世行 2001 年 3 月 25 日信

尊敬的钱老：

3 月 21 日寄上一信谅已收悉。

今年 4 月是梁思成先生诞辰 100 周年，4 月下旬，清华大学校庆之际，建筑系将举行隆重的纪念活动，并将筹划出版《全集》。

在编辑《论宏观建筑与微观建筑》一书时，我曾致函梁思成先生遗孀林洙先生，收集您给梁先生的书信。可是她回电话说：梁先生的全部书信，均在"文革"中被毁。这是十分遗憾的。在您的文章和书信中，曾多次提及您和梁思成先生的交往。不知有没有当时梁先生给您的信件？对梁先生诞辰 100 周年活动，您有什么看法和意见？

顺祝
春祺！

鲍世行

2001 年 3 月 25 日

附：鲍世行 2001 年 5 月 2 日信

尊敬的钱老：

我最近去江苏吴江市盛泽镇参加城市规划咨询，经苏州回京，参观了苏州城市规划建设，留下了深刻的印象。这个国家级历史文化名城，改革开放以来发展很快，城市布局发生了根本性变化，城市西部建了新区（高新技术产业开发区），东部建了工业园（中国、新加坡合作苏州工业园），最近南部吴县又合并为苏州的一个"区"。城市形态由方形的古城，发展为十字形。四角又有自然湖山绿地楔入：东北有阳澄湖，东南有独墅湖，西北为虎丘、阳山，西南为上方山、石湖。当地称之为："古城内是假山假水，城中园（指传统古典园林）；古城外是真山真水园（指自然山水）中城。"目前市区东部已紧靠金鸡湖，西部已抵狮子山山麓，灵岩山、天平山等构成绿色屏障，城市与自然山水结合很密切，布局科学合理，城市景观与湖光山色融为一体，很有特色。

古城路网河道基本保持了路河平行的双棋盘格局，还保持了城市原有的骨干水系及小桥流水的小巷特色。当地称之为："古城内，路河平行，呈双棋盘格局；古城外，路河相错，呈套棋盘格局。"

市区组团之间规划有井字形快速干道通过与市域道路连接。

古城内控制道路宽度、建筑高度、建筑体量和建筑风格的工作做得很好，大部分建筑是粉墙黛瓦（较少用彩色琉璃瓦），朴素无华，保持了苏州的历史文化特色。

只是相当一部分河道水质仍不理想，看来水环境整治还要下工夫。

以上向您汇报苏州山水建设的一些情况。我觉得咱们山水城市的宣传能在一些城市的建设中起作用，您听了也一定会高兴的。

专此　顺祝

春祺！

鲍世行

2001 年 5 月 2 日

附：鲍世行 2001 年 5 月 9 日信

尊敬的钱老：

5 月 2 日的信谅已收悉。

今寄上重庆大学（即原重庆建筑大学）城市规划与设计专业博士生龙彬的论文"中国古代山水城市营建思想研究"，请指正。

最近有不少博士生、硕士生选择山水城市作为研究方向，说明山水城市研究已为年青学者关注。他们的介入使山水城市研究增加了新生力量，注入了新鲜血液。他们在导师的指导下运用新的观念、新的方法（电脑的运用），他们思想活跃、精力充沛，将使山水城市的研究上一个新的平台。

龙彬同志的研究题目是：我国古代山水城市的营建思想。在研究过程中，他查阅了大量文献，进行了梳理，分析了典型的城市实例，总结了我国古代山水城市营建的思想精髓，是一篇质量较高的论文。

六月初我将去重庆参加他的论文答辩。他的导师黄光宇先生长期从事山地城市研究，对山水城市研究有很高造诣，他是我的好朋友。您对论文有什么意见，请告我。

专此顺祝

大安！

鲍世行

2001 年 5 月 9 日

附：鲍世行 2001 年 7 月 25 日信

尊敬的钱老：

最近北京大学为了祝贺您的 90 华诞，正在举办"钱学森与现代科学技术"研讨会，共 19 讲。我应邀作关于"钱学森论建筑科学"一讲。现写就初稿，呈上，请您提出宝贵意见。

文中在讲到建筑科学大部门的三个层次时，我提出其基础理论，总的是否可以称为"人居环境学"，其中包括广义建筑学、广义城市学和广义园林学三部分。

由于您把建筑科学置于现代科学技术体系之中，是从体系的全局来看建筑科学，就必然加强了建筑科学这个大部门与其他大部门之间的联系，所以应该建立建筑、城市、园林与这些大部门的交叉研究。这种横向联系的加强，提供了建筑科学学科体系发展的巨大空间。为此需要建筑科学的学生与其他学科学生的共同努力。以上意见对吗，特向您请教。

专此，敬祝

暑安！

鲍世行

2001 年 7 月 25 日

附：鲍世行 2001 年 8 月 9 日信

尊敬的钱老：

样书已收到，先奉上，作为您 90 华诞的贺礼！近日将在广州召开该书首发式，正在筹划中。

出版社不日也会给您寄书。您需要多少书（包括涂秘书）可再向出版社索取。这是在订合同时说好的。

您的《手稿》托永刚带上。我冒昧地提出：可否请您在扉页上签个名。这本书将作为礼物转赠杭州市市长。书上有很多人题签。它已是一件珍贵的文物了。

敬祝

健康长寿！

鲍世行　敬贺

2001 年 8 月 9 日

附：鲍世行 2001 年 8 月 14 日信

尊敬的钱老：

这几天我一直沉浸在兴奋和幸福之中。

北京大学为了祝贺您的 90 华诞，召开了"钱学森与现代科学技术研讨会"，举行了系列讲座，收获匪浅。大家说：我们没有蛋糕，没有花篮，没有寿宴，可这是一次丰盛的科学与艺术的大餐。这次有机会在各学科之间举行学术交流，从而建立起了一座座大跨度的学科之间的桥梁，也使我们从中更进一步体会到您的学术思想的博大精深。

8 月 9 日收到了您题签的《钱学森手稿》一书，真使我喜出望外。我一定要将这一丰厚的礼品，通过杭州市仇保兴市长转赠给杭州人民。

最近，《论宏观建筑与微观建筑》一书出版。这也是近年来大家的劳动成果，心中得到无限宽慰。

谈到这一本书，我想到了几个人。首先是杭州市仇保兴市长。原来这本书计划在其他出版社出版，后来仇市长知道这个情况后，就说：这本书理应在杭州出版社出版，因为杭州是钱老的故乡。可以说没有仇市长的支持，这本书也不会在杭州出版。仇市长是我的朋友。早年他在金华市任书记时，我们就认识了。他对金华的历史文物保护十分重视，曾多次邀请我去该市进行城市规划咨询。后来他调杭州任市长，对杭州的名城保护多有建树，在杭州市民中口碑颇好，他现在正在为西湖申报世界文化遗产而努力。

还有两位，一位是广东省房地产业协会会长陈之泉同志。他原是广东省建设厅厅长，现任广东省人大资源环境委员会主任。他对山水城市建设十分重视，目前正在积极筹划在深圳召开的"山水城市论坛"。另一位是广州市房地产业协会金贻国秘书长。为了出版《论宏观建筑与微观建筑》一书，广州市房地产业协会资助了 5 万元，其中 3 万元赞助出版，2 万元用于在广州召开该书的首发式，所有这些事都由他来操办。

所以，我想到是否可以请您为仇保兴市长、陈之泉会长、金贻国秘书长三位同志签名赠书，以示感谢？妥否请示。如获同意，我将和涂元季秘书具体联系。

　　敬祝

康健！

鲍世行

2001 年 8 月 14 日

附：鲍世行 2001 年 12 月 11 日信

尊敬的钱老：

　　正值您 90 寿辰之际，我衷心祝愿您健康长寿！

　　最近媒体的一系列关于您 90 大寿的报道，使我沉浸在无比幸福之中，得悉您身体十分健康，也使我由衷地高兴。

　　在您生日前夕，特寄上《攀钢日报》上关于攀枝花市建设山水城市报道的剪报。我想您了解到您所关心的消息，得悉您的山水城市思想正在各地落实、生根开花结果，您一定会高兴的。这也算是我对您最好的生日礼物。随信寄上《攀钢日报》2001 年 8 月 18 日剪报及《攀枝花史志》2001年第 3 期（内有拙文"攀枝花城市规划的历史回顾"）。这些资料都是攀枝花市规划建筑设计研究院陈加耘总工程师寄来的。他要我转达对您的问候，并祝您生日快乐，健康长寿！

　　敬祝

大安！

鲍世行

2001 年 12 月 11 日

附：鲍世行 2002 年 3 月 15 日信

尊敬的钱老：

　　久疏问候，常在想念中。

　　今寄上拙稿"山水城市：21 世纪中国人居环境"一文，供参阅。这是应第二届世界养生大会之邀，将在 4 月 10 日大会喧读的论文。中央电视台十台知悉此消息后，拟来会场同步拍摄，将在"百家论坛"播出。我想这也是咱们宣传"山水城市"的极好机会。世界养生大会会有不少国外学者参加，这是一次多学科交流的机会。如能在电视台播出就会有更多的观众看到此节目(百家论坛首播为中午 12∶30,当日 16∶40 重播,节目时长 40 分钟)。为此,我对论文作了专门考虑,以便能使广大观众和其他学科的专家理解。

此文第一部分讲述山水城市的内涵,除了正面阐述山水城市的核心精神外,还阐述了不同学科、不同专业,从不同角度对山水城市的理解。第二部分讲山水城市提出的时代背景和文化背景。最后,我从人体科学与人居环境科学的学科交叉的角度谈了一点看法。这些意见妥否?请您提出宝贵意见。

专此 即颂

大安!

鲍世行

2002 年 3 月 15 日

附:鲍世行 2002 年 2 月 5 日信

尊敬的钱老:

现将哈尔滨工业大学建筑学院唐恢一教授寄来的《城市学》修订版书稿转呈上。他遵循您的教导一直潜心研究城市学,看到这些成果您一定会高兴的。

我最近一直在参加北京大学现代科学与哲学研究中心举办的复杂性探索中的哲学问题研讨会(2002 年 1 月 27 日~2 月 7 日),收获不小。

春节快到,先向您拜个早年。

敬祝

阖家幸福!

鲍世行

2002 年 2 月 5 日

附:鲍世行 2001 年 4 月 8 日信

尊敬的钱老:

现将哈尔滨工业大学建筑学院唐恢一教授寄来《城市学》一书寄上,并附上他给您的信和给我的信的复印件。

唐恢一教授曾于 1997 年编写过《城市学》讲义,现在又在此基础上,不断修改、充实,才由哈尔滨工业大学出版社正式出版此书。

唐恢一先生响应您的号召,两年多来,积极从事城市学研究,才有此丰硕成果，可喜，可贺！

　　专此，顺祝

春安！

鲍世行

2001 年 4 月 8 日

附：唐恢一 2001 年 3 月 27 日信

敬爱的钱学森老前辈：

　　您的身体健康常在晚辈念中。在您关于建立城市学的伟大号召与思想指引下，特别是得您 1998 年 6 月 28 日亲笔赐函鼓励，晚辈乃敢于涉足编写《城市学》一书，并从事相关教学、科研。否则不可能站在如此高度来从事这一事业。借助于前辈的威望、指引和鼓励，值此国家强调科技兴国、发扬科技创造精神的盛世，晚辈乃得以发挥自己的一点绵力。我在 1997 年初编《城市学》讲义的基础上，继续修改、补充，去秋申请获得我校科技部基金资助，得以正式出版《城市学》一书，并得我半个多世纪的恩师、天津大学建筑学院沈玉麟教授的支持和赞许，给予主审并作序，此书似已初具雏形，但不知方向是否有误？兹谨寄呈一册请老前辈赐正。

　　并祝

金安

晚辈　唐恢一　敬上

2001 年 3 月 27 日

附：唐恢一 2002 年 12 月 16 日信

敬爱的钱学森院士：

　　新年将届，恭祝安康长寿！近日应邀赴厦门参加城市规划学会年会，大会是在党的十六大精神主导下进行的。在当前迅速发展的形势下，大家都深感理论建设的迫切性。今夏以来，我应邀参加包括香港中文大学的校际学术交流会及这次年会，所交论文及发言都引用了您关于宏观建筑学、城市学、建筑科学等思想（附上论文一篇请审阅），引起了与会人士的关注。我觉得现在亟需在相关学会（中国城市科学研究会、中国城市规划学会等）的组织下开展系统的学术研究，即遵循您的建议和思想，以您的系统科学和复杂性科学学术思想为主导建立的学科体系，初步成果可否以《钱学森宏观建筑学思想理论丛书》的形式出版？这样便于建立科研课题，申请国家科研基金，举办学术研讨会，并使科研质量较有保证。以免个别人零打碎敲，难以形成主流，且易生讹误。此议当否？请教。

　　即祈

年禧

哈尔滨工业大学建筑学院教授

唐恢一　敬上

2002 年 12 月 16 日

附：唐恢一 2005 年 4 月 5 日信

敬爱的钱学森老前辈

　　昨天收到您让公子钱永刚先生托鲍世行先生转来的您的具有里程碑意义的文章《一个科学新领域——开放的复杂巨系统及其方法论》英文稿全文，非常感激！这是对我们的重大信任和鼓舞！我们在欧洲的合作伙伴们早已翘首以待了。我将立即打字形成电子文件发往欧洲。

　　然后将在 Ascona 学术研讨会的论文集上发表。您的署名已从原来的英文译名按收到的英文稿汉语拼音译名改过来了。

　　您的方法论受到了西方学者的关注。实际上他们是完全依赖计算机（尽管用了多芯片超级个人计算机、集群计算机、平行算法、神经网络、人工智能等技术），在系统的复杂性面前遇到了困惑。他们对系统的分类也是不清楚的。我们有了您的思想指引，在同他们的合作中就比较心中有数。应用您的关于产业革命的学说，以及沙产业理论、草产业理论等学说，也可导出新的城市化概念，它同传统城市化伤农的性质相反，是利农的，是符合科学发展观的。

　　敬祝

健康长寿

学生　唐恢一　敬上

2005 年 4 月 5 日

附：鲍世行 2005 年 1 月 31 日信

尊敬的钱老：

　　现将哈尔滨工业大学建筑学院唐恢一教授给您的来信及相关资料转上。来信报告了他在两个月前在瑞士参加"城市系统复杂性研究学术会议"的情况。他说：会议反映了西方发达国家运用系统科学理论和先进技术手段处理城市发展分析的动态，也反映了他们对城市复杂性问题研究感到的困难。

他向大会介绍了您的大成智慧学说和从定性到定量的综合集成研讨厅体系，还向大会提交了您的大作，"一个科学新领域——开放的复杂巨系统及其方法论"的英文详细摘要，受到到会专家的极大关注和兴趣。

我也向周干峙院士提出召开"城市：开放的复杂巨系统"学术会议的建议，现将建议书一并附上。

值此鸡年春节即将来到之际，我先向您拜个早年！

祝您

健康长寿！

鲍世行

2005 年 1 月 31 日

附：鲍世行 2005 年 4 月 11 日信

尊敬的钱老：

现将哈尔滨工业大学建筑学院唐恢一教授给您的信转上，请查收。

您的大作——"一个科学新领域——开放复杂巨系统及其方法论"一文的英文稿已由我转给他。他已转 Ascona 学术研讨会，编入大会论文集。国外学者对此文有极高评价，并期待将其编入文集。

我们中国城科会的杂志，《城市发展研究》最近一期也拟刊出"一个科学新领域——开放的复杂巨系统及其方法论"一文，并同时刊出英文稿（摘要），以纪念您回国50周年。

城市是开放的复杂巨系统，这已得到学界的共识，但如何运用您倡导的系统学理论和"从定性到定量综合集成法"以及它的实践形式："从定性到定量综合集成研讨厅体系"来研究和解决城市发展中的众多问题，实在是我们的重大任务，特别是当前城市高速发展阶段，理论的研究和运用正确的理论来指导城市建设实践，尤感需要。以上情况特向您汇报，希冀得到您的同意。

敬祝

健康长寿！

鲍世行

2005 年 4 月 11 日

2007 年 11 月 5 日致全国建筑与文化第九次学术讨论会的贺信

(关于将中国传统文化与建筑科学结合起来)

全国建筑与文化第九次学术讨论会主席团并全体代表：

欣悉全国建筑与文化第九次学术讨论会在洛阳召开，我谨表示热烈祝贺。我在 20 世纪 90 年代初将中国传统文化与建筑科学结合起来，提出："社会主义中国应该建'山水城市'"的观点。据此，我完全赞成会议主题，祝大会圆满成功！

钱学森

2007 年 11 月 5 日

附：鲍世行 2007 年 12 月 9 日信

尊敬的钱老：

值此您 96 华诞之际，谨向您致以崇高的敬意和最美好的祝福，衷心祝贺您生日快乐，健康长寿，并祝全家生活幸福美满！

最近建筑界在洛阳召开以山水城市为主题的学术讨论会，您的大会的贺信给与会专家、学者极大鼓舞，大家反映十分强烈。会上充分发扬民主，讨论十分热烈，会议文集正在紧张编辑中，待出版后定会立即呈上，请您雅正。

会上决定，明年将以同样主题，在西安召开国际学术研讨会，会议自西安交大承办。大家表示将积极准备，前来参加，相信会议将会更加深化，成果定会更加丰硕。

听说明年北京还将召开香山会议，讨论您提出的"现代科学技术体系问题"，建筑科学作为十一大科学部门之一，我们一定会带上研究成果，积极参加。

所有这些都预示明年在钱学森学术思想研究方向，将掀起一个新的高潮，衷心预祝取得成功。

敬祝

健康长寿，阖家幸福！

学生　鲍世行

2007 年 12 月 9 日

二、论 文 篇

不到园林，怎知春色如许①——谈园林学

钱学森

当我们到我国的名园去游览的时候，谁不因为我们具有这些祖国文化的宝贵遗产而感到骄傲？谁不对创造这些杰出作品的劳动人民表示敬意？就以北京颐和园来说，它本身已经是美妙的了，但当我们从昆明湖东岸的知春亭西望群峰，更觉得全园的布置很像把本来不在园内的西山也吸收进来了，作为整体景象的一个组成部分。这种雄伟的气概在全世界任何别的地方是很少见到的吧。我国园林的特点是建筑物有规则的形状和山岩、树木等不规则的形状的对比；在布置里有疏有密，有对称也有不对称，但是总的来看却又是调和的。也可以说是平衡中有变化，而变化中又有平衡，是一种动的平衡。在这一方面，我们也可以用我国的园林比我国传统的山水画或花卉画，其妙在像自然又不像自然，比自然有更进一层的加工，是在提炼自然美的基础上又加以创造。

世界上其他国家的园林，大多以建筑物为主，树木为辅；或是限于平面布置，没有立体的安排。而我国的园林是以利用地形，改造地形，因而突破平面；并且我们的园林是以建筑物、山岩、树木等综合起来达到它的效果的。如果说：别国的园林是建筑物的延伸，他们的园林设计是建筑设计的附属品，他们的园林学是建筑学的一个分支；那么，我们的园林设计比建筑设计还要更带有综合性，我们的园林学也就不是建筑学的一个分支，而是与它占有同等地位的一门美术学科。

话虽如此，但是园林学也有和建筑学十分类似的一点；这就是两门学问都是介乎美的艺术和工程技术之间的，是以工程技术为基础的美术学科。要造湖，就得知道当地的水位，土壤的渗透性，水源流量，水面蒸发量等；要造山，就得有土力学的知识，知道在什么情形下需要加墙以防塌陷。我们要造林育树，就得知道各树种的习性和生态。总之，园林设计需要有关自然科学以及工程技术的知识。我们也许可以称园林专家为美术工程师吧。

我国的园林学是祖国文化遗产里的一颗明珠。虽然在过去的岁月里它是为封建主们服务的，但是在新时代中它一样可以为广大人民服务，美化人民的生活。而且实际上我们国家正在进行大规模的建设，其中也包括了不少人民文化休息的场所；旧有的园林也有部分在改建。怎样把这一项工作做得好，就要求我们研究并掌握我国园林学，把它应用到这项工作里来。所以，整理我国园林学实际上也是一件有必要的事。况且我们现存的几位在传统园林设计有专长的学者又都不是年轻的人了，再不请他们把学问传给年轻的后代，就会造成我国文化上的损失。

当然，我国的园林设计还不只是一个继承以往的问题，新的社会、新的环境、新的时

---

① 原文刊《人民日报》1958 年 3 月 1 日。

代对它会提出新的要求，因而也就把园林学的内容更加丰富起来。我们可以用分隔北京城里北海和中南海的桥作例，这座桥在封建王朝的时候是很窄的，给帝王的行列走走也许足够了。可是到了人民自己作主的时代，人民的队伍和步伐要壮大得多，原来的窄桥就不够用了。在扩建这座桥的时候，也许有人会摇头叹气，不胜惆怅；其实这些人都白花心思了，扩建后的大桥比旧桥更美丽，而其豪迈的气魄也非皇帝们所能想象得出的。此外，园林设计之所以必然会有更大的发展还有另一个原因：既然限制园林设计的是工程技术的条件，而工程技术是随着时间在不断发展的；昨天不可能的事，今天就是现实的了；而今天不可能的事，也许明天就变得可以实现的了。园林设计也决不会停留在前人的基础上的，园林学还是要继续有新发展。

我们在园林学方面的工作看来做得还不够，与我们在前面所讲的继承并发扬我国传统的园林学看来还有些距离。所以我们应该更广泛地和更深刻地来考虑发展我国园林学的问题。只要我们组织起来，有计划地开展这项工作，我国民族文化遗产中这颗明珠一定会放出前所未有的光彩！

再谈园林学[①]

钱学森

关于园林艺术的问题，26年前我有篇登在《人民日报》上的短文，题为《不到园林，怎知春色如许——谈园林学》，今天看，局限性很大，意犹未尽。现在应《园林与花卉》编辑部同志之约，为创刊写这篇短文，也是我预祝《园林与花卉》杂志，为祖国社会主义的精神文明建设作出积极的贡献。

（一）

先说园林的空间。园林可以有若干不同观赏层次；从小的说起，第一层次是我国的盆景艺术，观赏尺度仅几十个厘米；第二层次是园林里的窗景，如苏州园林的漏窗外小空间的布景，观赏尺度是几米；第三层次是庭院园林，像苏州拙政园、网师园那样的庭园，观赏尺度是几十米到几百米；第四层次是像北京颐和园、北海那样的园林，观赏尺度是几公里；第五层次是风景名胜区，像太湖、黄山那样的风景区，观赏尺度是几十公里。还有没有第六层次？也就是几百公里范围大的风景游览区？像美国的所谓"国家公园"？从第一层次的园林到第六层次的园林，从大自然的缩影到大自然的名山大川，空间尺度跨过了六个数量级，但也有共性。从科学理论上讲，都是园林学，都统一于园林艺术的理论中。

不同层次的园林，也有不同之处："游"盆景，大概是神游了，可以坐着不动去观看，静赏；游窗景，要站起来，移步换景；游庭园，要漫步，闲庭信步；游颐和园，就得走走路，划划船，花上大半天甚至一整天的时间；游一个风景区就要有交通工具了，骑毛驴，坐汽车，乘游艇、汽轮，开摩托车等；更大的风景区，将来也许要用直升飞机，鸟瞰全景。所以，第五层次的园林，要布置公路，而第六层次的园林，除公路外，还要有直升飞机场。这算是不同层次园林的个性吧！园林大小尺度可能有上述六个层次，当然，小可以喻大，大也可以喻小，这就是园林学的学问了。

（二）

我国号称"花园之母"，名园遍及全国各地，为世人所称颂。但我们不要为此而不求进步，不再去发展园林学。其实建国以来，我们的建筑师、园林工程师们还是在原有的基础上，继承传统而又有新意，有过不少创造。各地新建的公园、庭园、花园、动物园、植物园和风景名胜区，以及其他一些公共游乐场所，都突破了旧社会园林为少数人享乐的框框，走向为广大人民群众服务的广阔天地。

---

① 原文刊《园林与花卉》1983年第1期。

我国园林学还要发展。为此，我国的园林工作者要打开眼界，要看看国外有什么好的东西，可以吸取，可资借鉴。

　　我想也许可以说，我国园林多是以静为主。而西欧园林常常以动取胜，他们的花园总要有喷泉，喷泉在夜间还要加灯光变幻。到现代，规模更加扩大了，园林中有人造急流，人造瀑布。把工程技术，如水利工程和电光技术引用到园林建设中来了。当然这些设置一般要用电力，能耗较高，不宜多用。但在我国的园林设计中如果有一些动的因素，以静为主，动与静配合使用；总体是静，个别局部是动。这不是可以开辟新的途径吗？

　　现代建筑技术和现代建筑材料也为园林学带来又一个新因素，如立体高层结构。我想，城市规划应该有园林学的专家参加。为什么不能搞一些高低层次布局？为什么不能"立体绿化"？不是简单地用攀缘植物，而是在建筑物的不同高度设置适宜种植花草树木的地方和垫面层，与建筑设计同时考虑。让古松侧出高楼，把黄山、峨眉山的自然景色模拟到城市中来。这里是讲现代科学技术和园林学的结合的问题，也是园林如何现代化的一个方面。

　　为促使园林学的发展，我前面讲了这些话。有没有道理？请大家讨论，指教。我的意思是希望园林学这门学科，要研究包括这所有不同尺度的园林空间结构的理论和实践问题。

　　我希望《园林与花卉》成为我国园林界的重要刊物，能集园林艺术之大成。当然，要靠大家的努力，要靠艰苦的工作，要靠团结园林界的同志们。

园林艺术是我国创立的独特艺术部门[①]

钱学森

我不是艺术家，也不是建筑家，但每次游览我国的一处园林，或就连车过分隔北京城里北海和中南海的大桥时，总为祖国有这一独创的艺术部门而感到骄傲。在 20 多年前就写过一篇文字，不久前又重新刊登在 1983 年 1 期《旅游》杂志上，叫《不到园林，怎知春色如许——谈园林学》；后来感到意犹未尽，又写了一篇《再谈园林学》，登在 1983 年第 1 期的《园林与花卉》杂志。但现在想来，园林毕竟首先是一门艺术，称"学"不太合适。而且从今天的眼光来看，它又是为城市建设服务的，所以才整理出这篇东西投《城市规划》，向同志们请教。

（一）

什么叫"园林"？什么叫"园林艺术"？现在用词很泛，报刊上常把哪个园子种了些树就称"园林"。《光明日报》1983 年（下同，不再注明年份）9 月 26 日第一版有个标题《昔日一片荒漠，如今满目葱茏》，说是在甘肃省临泽县的一个学校，在周围种了很多树木，成了"园林"式的学校；《经济参考》8 月 30 日第一版，标题为《沙荒变园林》，说的是山东寇县、莘县的林场在一片沙荒上种了树，就成了"园林"。其实这不叫"园林"，应该叫"林园"，因为这只是有林的园子。我们说"园林"是中国的传统，一种独有的艺术。园林不是建筑的附属物，园林艺术也不是建筑艺术的内容。现在有一种说法，把园林作为建筑的附属品，这是来之于国外的。国外没有中国的园林艺术，仅仅是建筑物附加上一些花、草、喷泉就称为"园林"了。外国的 Landscape、Gardening、Horticulture 三个词，都不是"园林"的相对字眼，我们不能把外国的东西与中国的"园林"混在一起。例如，天安门前观礼台拆除后布置了些草坪，没有中国味，洋气，这是外国的做法，故宫、颐和园哪有这种做法呢？当然绿化工人是费了很大劲才把它搞起来的，问题在于根据什么思想，不是中国的园林艺术，而是西化了。中国园林不是建筑的附属品，园林艺术也不是建筑艺术的附属。

其次，中国园林也不能降到"城市绿化"的概念。《人民日报》7 月 31 日第八版所报道的一些都是"绿化"，不是"园林"。《北京日报》8 月 23 日头版头条也报道："本市制定今后五年园林绿化总体规划，市府聘请五位园林顾问"。我认为我们对"园林"、"园林艺术"要明确一下含义；明确园林和园林艺术是更高一层的概念，Landscape、Gardening、Horticulture 都不等于中国的园林，中国的"园林"是他们这三个方面的综合，而且是经过扬弃，

---

① 本文是作者 1983 年 10 月 29 日在第一期市长研究班上讲课的一部分，经原合肥市副市长、园林专家吴翼从录音整理成文字稿。原文刊《城市规划》1984 年第 1 期。

达到更高一级的艺术产物。要认真研究中国园林艺术，并加以发展。我们可以吸取有用的东西为我们服务，譬如过去我国因限于技术水平，园林里很少有喷泉，今后我们的园林可以设置流动的水，但不能照抄外国的建筑艺术，那是低一级的东西，没有上升到像中国园林艺术这样的高度。

（二）

中国园林艺术是祖国的珍宝，有几千年的辉煌历史。中国的园林可以看成四个层次。第一，最小的一层是"盆景"——微型园林。后来发展的园林模型也属于这一类型。例如，英文刊物《中国建设》1983 年第 7 期记载，浙江省温州的叶继荣组织全家人制作大观园模型，已在各地展出，就属于这一类。

第二层次是"窗景"。苏州的窗景在室内看出去有"高山流水"之感的景观，整个也只几米大小。当然也有自发的发展。《科学画报》1983 年元月期介绍了广州白天鹅宾馆中的布置，中庭的花坛、瀑布，是属于苏州"窗景"一类的，也是小型园林。

第三层次就是"庭院"园林。南方比较多，像苏州、扬州的庭院都属于这类，小的几十米，大的一二百米范围。

第四层次是"宫苑"。如北京的北海、圆明园等，规模比较大。

中国园林主要是庭院园林和宫苑园林。北方的园林宫廷气味很浓，如避暑山庄、香山、颐和园等；江南园林民间气息较多，巧而秀丽；扬州园林介于二者之间。可能还有第四种，就是广州的岭南园林，里边建筑物较多。

中国园林可以分以上的四个层次，这四个层次可以看成是中国传统的园林艺术，我们要认真研究。我国在这一领域有不少专家、权威，上海同济大学的陈从周教授就是一位，他们都是我的老师。

我们对传统的园林艺术要研究，要发掘，但是还要前进。如何进一步发展呢？举个例子说：北京天安门广场现在气魄很大，怎样把它园林化呢？这是个新课题。我不同意几块草坪，再种点花的这种做法。我在这里出个主意：对广场要增加气魄，方法上可用石雕的兽和人像等等来装饰。过去皇帝的陵寝墓道两边、大殿前面，都应用石狮、石兽。为什么现在不用这些有中国自己特点的东西来装饰呢？再举一件事，从前房子不高，太和殿一层是比较高的，但太和殿再高也比不上北京饭店。现在高层建筑成了方盒子，不太好看，外面颜色也是这样的一些，北京灰烟又大，几年之后是不会好看的。为什么不搞出中国特色？在高层建筑的侧面种些攀缘植物，再砌筑高层的树坛种上松树，看起来和高山一样，这是可以的呀。总之，要用中国的园林艺术来加以美化。

（三）

现在农村形势发展很快，已经出现小城镇——初级城市，那么大城市、中心城市怎么办？如何美化？要以中国园林艺术来美化，使我们的大城市比起国外的名城更美，更上一层楼。据说规划中的莫斯科城，绿化地带占城市总面积的 1/3，那么我们的大城市、中心城市，按中国园林的概念，面积应占 1/2。让园林包围建筑，而不是建筑群中有几块绿地。应该用园林艺术来提高城市环境质量，要表现中国的高度文明，不同于世界其他国家的文明，这是社会主义精神文明建设的大事。去埃及看到金字塔，它反映了埃及的古老文明；怎样才能使人体会到中国的社会主义精神文明呢？我认为要重视并搞好环境美，要充分应用祖先留下来的园林艺术珍宝。

现在我们在这方面做得不够，今后首先要培养人才，培养真正的园林艺术家、园林工作者。现在有一所大学开了个园林绿化专业。据我了解，尽是一些土木工程的课，这样是培养不出真正的园林艺术人才的。我觉得这个专业应学习园林史、园林美学、园林艺术设计。当然种花种草也得有知识，英文的"Gardening"也即种花，顶多称"园技"；"Horti-cultre"可称"园艺"，这两门课要上，但不能称"园林艺术"。正如书法家要懂制墨，但不能把研墨的技术当作书法艺术。我们要把"园林"看成是一种艺术，而不应看成是工程技术，所以这个专业不能放在建筑系，学生应在美术学院培养。从这个思想推演，我们应该成立独立的园林工作者协会。去年有人跟我说要在中国科协下设中国园林学会，我说应该在中国文联下面成立这一组织，因为这是艺术。但现在来不及了，园林学会已经在中国建筑学会下成立了，对外称中国园林学会。大家如此认识问题，也就只好如此，总比没有专门的园林工作者组织好。

要培养专家，也要培养园林技术工人。

说到工人，联想到古典园林的保护问题。要继承发展中国园林艺术，就必须保存好现有的古典园林。现在有许多园林都被一些单位占了，要下决心把占用的单位请走；另外，要保存好，要修复好。怎样保存修复呢？现在的做法是粉刷一新，金碧辉煌，不是原来的风味了。在这方面，我们要向国外学习，他们的古典建筑尽量保存，并且维持原来的格调，而不是把它"现代化"。保持原来面貌这点应值得注意，这里有一套学问。我国已确实有文物保护研究所，各地区要支持本地区有关部门把这项工作做好。另外，还要考虑古代园林建筑如何适合于现代中国。古代帝皇园林建筑的色彩沉重、深暗，明亮的少；颐和园建筑色彩就太重，是否可以作些试验改变些色调？使它更适应今天在人民中国，园林应该有的功能，让人们舒畅地休息，感到愉快，在精神上受到鼓舞。这也是进一步研究和发扬园林艺术的问题。

关于建立城市学的设想[①]

钱学森

我觉得要解决当前复杂的城市问题，首先得明确一个指导思想——理论。因为按照马克思主义原理，实践是要在理论指导下的，理论要联系实际，但必须有理论。实际问题我提不出意见，但能不能够讲点理论，从远一点的地方讲起，先讲讲有必要建立一门应用的理论科学，就是城市学。

在城市学这个问题上，我基本同意北京社会科学院宋俊岭同志的关于城市学的那篇文章，我认为城市学是一门应用的理论科学，它不是基础科学，或者说是一种技术科学，不是基础理论。

那么，为什么要提出城市学呢？

国外也是从具体工作出发，先提出来要搞城市规划，这个他们提得很久了。他们后来也发现，要搞好城市规划，就要有理论依据，这才开始提出城市学这门学问，我觉得这一点是对的。

城市学是研究城市本身的，它不是什么乡村社会学、城市社会学等等，而是城市的科学，是城市的科学理论。有了城市学，城市的发展规划就可以有根据了。所以从这样一个关系说，城市规划是直接改造客观世界的，直接改造客观世界的学问我们叫工程技术，这类学问，如土木工程、水利工程、电机工程等等。那么城市学是城市规划的一个理论基础，所以它是属于技术科学与应用科学类型的学问。它比城市规划就更理论一些，但与许多社会科学与自然科学的基础科学如政治经济学、地理学等等比较起来，它又是应用的，所以它是中间层次的。

对这样一门学问的研究，湖南省的魏方同志说，必须用马克思主义的哲学来指导，这很对。因为，马克思主义哲学是指导我们一切科学研究的基本的从人类对客观世界的总的认识概括起来的学问。我觉得在这一点上我们比西方国家先进。因为西方国家在这个世纪发展起来的所谓城市学，当然说不上用马克思主义哲学指导，而我们必须用马克思主义哲学来指导这门科学的研究。也就是说我们要从辩证唯物主义与历史唯物主义的观点来看待这个问题，而西方国家的城市学不免就事论事，不够彻底，眼光短浅。我们要从人认识客观世界的高度来研究城市学。当然我不是在这里叫人不要解放思想。我的意思是，我们研究任何事物不能没有一个正确的指导思想，我们最好的指导思想是马克思主义哲学，而我们的研究结果，又反回来可以充实与深化马克思主义哲学。在这一点上我觉得我们历来就是如此。马克思、恩格斯、列宁、毛泽东同志都是这样的，我们不能背离马克思列宁主义

---

① 原文刊《城市规划》1985 年第 4 期。

的普遍原理，但也不是所有经典著作上的一句话就把我们限制住了，这是我建议研究城市学这门学问的一个根本出发点。

第二，城市学要研究的不光是一个城市，而是一个国家的城市体系，这个观点在国外是没有认识到的。所谓城市，也就是人民的居住点或区域，也就是大大小小的人民聚集点形成的结构，这种结构是由人的社会活动需要形成的。不同的时代，生产力和生产关系不一样，这样的结构也是不一样的。所以说，影响这种结构的基本力量是生产力。当然，生产力的发展也是受社会制度影响的，上层建筑反过来又会影响基础。从这样一个认识出发，我觉得我们今天研究城市学必须看到今天生产力的发展，而且为了搞好规划，还不能够光看到今天生产力的发展，还要看到现在的科学革命、技术革命会导致什么样的生产力发展，也就是说看看这些发展到 21 世纪将会如何。由于通信技术与交通运输技术的发展，人的聚集会达到什么程度？人聚集在一起是为了信息传递和物资运输的方便，但由于通信技术与交通运输技术的发展，这些情况是否会有所变化？我们看到国外一些大城市的发展已经显示出这个影响了，国外有的城市由于过大，后来反而疏散出去了，纽约市就是这个情况。起先人都往城里挤，后来受不了啦，又跑出去了，因为跑出去更好些。所以我觉得我们要充分地考虑这样一个问题。根据这一设想，我国城市的体系可分为这么四个层次，最小的是集镇，数目最多，有几万个；往上是县城，有 1000～2000 个；然后是中心城市，人口几十万人，全国有百十来个；最后是大城市，人口在 100 万人以上，全国有 20～30 个。如果说还有第五级，那就是首都。所以城市学要考虑的问题，必须包括现代科学技术的发展，生产力的发展，我国逐步走向从集镇到大的城市结构。这样城市学不光是研究一个城市的问题，要研究整个国家的城市问题，整个国家的城市体系，有体系就有结构，这个首先要搞清楚。

再一个是今后我们城市的发展还有一个专业化的问题，就是同一级的城市也不见得完全一个模式。比如说鞍山，就是钢铁城；现在中央刚刚批准上海市发展规划，上海的突出点就是一个港口，宁波、上海、连云港这样一些城市，都是港口城市；河南省平顶山是煤炭城；我想将来一定还会有其他专业城市，比如有科学城、金融城、旅游城等等。所以从现代社会的发展来看，城市不是一种模式，而是可能向专业化的方向发展。

为什么要这样来研究城市的问题？这就是系统科学的观点，系统就不能够割离开来研究，因为系统组成的部分相互都是有密切关系的，割离开来就不成其为系统。刚才说四级的城市结构，谁也离不开谁，大城市离了小城市不行，小城市离了上级的大城市也不行，这是一个完整的有机的结构。而在系统科学里面有一条，就是整体并不等于局部的总和，这个原则是很突出的。就是把很多单独的东西加在一起相互作用了，最后的结果并不等于原来这些东西的和，它是有飞跃，有变化的。西德的一位科学家哈肯称此为"协同学"。

我国的城市学要用上述基本思想来研究。很显然，这样一个问题不研究清楚，我们讨论哪一个城市的规划都有一点失去依据，有一点想当然！客观的关系到底是什么关系必须要研究清楚。

上面说了城市学还是一门中间层次的科学，属于应用理论科学，这里我再补充一下，有没有这方面的基础科学？我觉得是有的，而且我们现在已经开始在做这方面的工作，实际上更基础的理论要用老的话讲是自然地理。地理就是研究我们人民居住的国土上有些什么客观规律的东西。但光是从经典的自然地理方面研究还不够，因为现在我们居住的这个国土上，还受许多外面因素的影响，比如大气的影响、地震的影响等等，所以前几年我提出要研究我们所居住的周围环境的学问，这个学问叫地球表层学。什么意思呢？就是从地壳开始，因为地壳也在变动，有的部分升上来了，有的地壳沉到更深的下面去，所以地壳下面并不是固定的，而是变化的。上面的因素则更多了，受太阳辐射和宇宙线的影响。这样一个环境的全部叫地球表层，也就是上面到大气、大气外面，下面到地壳，这就不光是地理的问题了。地理主要指地球表面，当然也涉及到地表水、地下水这些问题，我是说更深一点、范围更大一点，比地理学、自然地理、国土地理范围还要广些。

除了地球表层学属于自然的客观条件的研究以外，还有人的作用，人的作用最重要的就是经济，这方面的研究工作现在也在积极展开，就是研究经济地理学。大家热烈讨论的就是区域规划、经济模型这些问题。现在中央、国务院定了一个区域，就是上海市加江苏、安徽、浙江、江西四省算一个区域。那么其他区域怎么样？这些问题都要研究。还有，进一步研究这些问题应该引用数学的理论；最近看到上海交通大学管理学院决策科学系汪康懋同志提出了《人口场论》的论文，把人口密度比作电场一样，形成人口势，从中推导出一些关系，我不是说这就是最终的理论了，但这样一种研究是值得注意的。就是我们不能光停留在定性描述上，还要定量，这样的研究工作应该开展。

把地球表层学，经济地理学，再有一个定量的数学理论等几个方面加在一起，我又起了个新名字，叫数量地理学，看是否可以。这就又科学又定量。数量地理学比城市学理论的层次就更高一些，属于城市问题方面的一门基础科学。这样就描述了从城市规划这个直接改造客观世界的工程技术到它的理论基础即城市学，再提高到城市学的理论基础即数量地理学这三个层次。我认为所有的科学技术都是这样分为三个层次：一个层次是直接改造客观世界的，另一个层次是指导这些改造客观世界的技术，再有一个是更基础的理论。在我们这方面就是从城市规划——城市学——数量地理学这样一个城市的科学体系，我们要搞好城市建设规划发展战略，就有必要建立这样一个科学体系。

建立意识的社会形态的科学体系[①]

钱学森

马克思曾创立并使用了社会形态（Gesellschaftsformation）这个词来描述一个社会在一定时期的结构和功能状态。马克思还把社会形态的经济侧面称为经济的社会形态（Okonomische Gesellschaftsformation），而研究经济的社会形态的学问就是政治经济学，马克思的名著《资本论》就是研究经济的社会形态的划时代贡献。社会形态还有其他侧面[②]，有政治的社会形态，研究政治的社会形态的学问是政治学，这在目前研究得还不够。还有一般笼统称为思想意识，而应该确切地称为意识的社会形态，这研究得就更不够了，可以说连学科的名字都不清楚。这是一个亟待解决的问题，我们想在这篇文章里谈谈这个问题，希望开展这方面的讨论。

一、研究意识的社会形态的重要性

我们党在十一届三中全会以后，工作中心转入社会主义现代化建设。十二大提出四个现代化科学技术是关键，教育是基础，社会主义物质文明和社会主义精神文明要一起抓，要提高全民族的科学文化水平。十三大提出要把发展科学技术和教育事业放在首要位置，使经济建设转到依靠科技进步和提高劳动者素质的轨道上来。但我们有些同志对党的这一重要战略思想并不是认识得很清楚的，在实际工作中也没有真正贯彻执行。因此，我们觉得需要对社会主义精神文明建设战略地位的思想作更为具体深入的研究和宣传。

我们提出要重视研究意识的社会形态，特别是我国当前和今后一个时期的意识社会形态问题，要建立意识社会形态的科学体系，是从我们国家的现实、世界的现实，从历史的经验和着眼于未来的发展出发的。

从我国社会主义初级阶段的根本任务是发展生产力来说，从生产力标准来说，人是生产力中最重要的因素，最活跃、最革命的因素。人的作用能否充分发挥出来，发挥得如何，关键在于人的素质，人的思想文化水平。生产工具也是生产力中的重要因素，生产工具的改进提高也要靠文化的发展，靠科学技术水平的提高。生产者、生产工具、生产对象的优化组合，生产对象（土地、森林、矿藏、水力资源等等）的科学开发和合理使用也都是与社会的精神文明的发展水平联系在一起的。所以马克思说科学技术越来越成为直接的生产力。据一些国家的分析研究，当代劳动生产率的提高，经济的增长，60％～80％要靠文化的发展，特别是科学、技术、教育的发展。

[①] 本文由作者与孙凯飞合作，刊《求是》杂志1988年第9期。钱学森1988年12月8日眉批："请郑孝燮同志指正。"

[②] 钱学森，《新技术革命与系统工程》，《世界经济》，1985年第4期。

从生产关系、上层建筑的因素来讲，上层建筑、生产关系对生产力的反作用，就是它可以阻碍或推动生产力的发展。我们现在的政治经济体制改革就是要改革不适应生产力发展的、束缚生产力发展的生产关系和上层建筑，建立适应于生产力发展、能解放生产力的生产关系和上层建筑。对我们国家来说，其中一个重要的问题是科学管理和科学决策的问题。国内外的许多学者都已指出，我国现有的生产力水平并没有完全发挥出来，潜力还很大。有的说，中国现有的工厂企业的生产效率只及日本的 1/10，关键在于缺乏科学管理和科学决策；如果提高了科学管理和决策的水平，中国现有的生产力水平即可提高 2～3 倍，甚至 5～10 倍。而一个国家科学管理、科学决策的水平，也是与科学文化水平联系在一起的。经济、政治的民主化进程，也是与科学文化的发展进程同步的。靠特权，靠不正当的关系，只会阻碍、破坏生产力发展。

从我们国家的现实来看，现在还有 2 亿多文盲，约占全国人口的 1/4；九年义务教育制还没有完全普及；20～24 岁人口中受高等教育的人数所占比例只有 1%（美国为 55%，日本为 30%，苏联为 21%，印度为 9%）。据 26 个省、市、自治区对 2000 万职工文化水平的调查，初中以下文化程度的占 40% 左右，中等文化程度的占 15% 左右（其中约 60% 达不到应有水平），高等文化程度的只占 3% 左右。

从我们改革开放中所出现的一些问题来看。赵紫阳同志在十三大报告中指出："几年来，偷税漏税、走私贩私、行贿受贿、执法犯法、敲诈勒索、贪污盗窃、泄漏国家机密和经济情报、违反外事纪律、任人唯亲、打击报复、道德败坏等现象在某些共产党员中屡有发生。"从干部官僚主义、以权谋私、违法乱纪，到青少年犯罪、读书无用论再起、教师学生弃学经商；从文艺领域的低级趣味、盲目摹仿、非法出版活动猖獗，到经济领域投机倒把、哄抬物价、敲诈勒索、卖伪劣商品；从破坏生态、森林火灾、恶性交通事故的发生，到一些地方食物中毒、肝炎蔓延、性病死灰复燃……如果我们冷静地想一想，这些难道不都与我们有些同志忽视精神文明建设，人的思想文化素养太低有关吗？所以一些有识之士要大声疾呼：世风日下之误国甚于物价上涨。物价纳入正轨并不需要太久的时间，而端正世风，一代难成。更深的忧患恐怕是这种不正之风已侵入思想理论战线、文化学术领域，伪史料、伪科学、错误理论、劣质文化喊得惊天动地响。秦兆阳同志用四句话描绘了当前这种"时风"："轿子乱抬代替棍子打鬼，桂冠轻赠代替帽子扣人，树未成材即以栋梁相许，禾始抽穗即以丰收相视。"思想理论既可以兴邦，也可以误国。没有正确的科学的理论指导，四化、改革会误入歧途。错误的思想理论会干扰我们四化、改革的顺利进行。只有广大人民群众提高了思想文化水平，摆脱了愚昧无知，才能区别真改革与假改革，真搞四化还是假搞四化，聪明的改革还是愚蠢的改革，我们的四化、改革才能走上健康顺利发展的道路。

从历史的经验看。现在我们社会上出现的这些问题也可以说是社会在新旧体制转变过程中必然要出现的现象，搞社会主义商品经济，上层建筑、意识形态不适应，难免要发生的一些紊乱现象。资本主义发展商品经济也有很长一段时间是这样。马克思、恩格斯1845～1846 年写的《德意志意识形态》曾讲到当时欧洲、德国的情况，思想非常混乱，什么怪东西都出来了。那时正是欧洲、德国从封建社会向资本主义社会的转变时期，人们开始从黑格尔的绝对精神中解放出来，旧的一套不行了，新的还没有完全建立起来。

列宁当年执行新经济政策时，也曾遇到过我们现在的情况，那时官僚主义、贪污盗窃、投机倒把等现象也非常严重。列宁当时思想比较清醒。在执行新经济政策前，列宁就预言，实行新经济政策后资本主义会抬头，但不能因噎废食，办法是怎样把它的副作用控制在最小的范围内。列宁的办法，一是用正确的思想路线、方针、政策来引导；二是用制度、法律、专政机关来打击违法犯罪分子；三是用全民的统计、监督、核算来堵塞官僚主义、投机倒把、贪污盗窃的漏洞。后来列宁感到最重要的还是文化建设。列宁说，官僚主义、拖拉作风、贪污盗窃、投机倒把这些毒疮是不能用军事上的、政治上的改造来医治的，它只能用提高文化来医治。他说，一个有文化、讲文明的人，很少搞官僚主义、贪污盗窃的。列宁说，现在我们一切都有了，政权掌握在我们手里，经济命脉也控制在我们手里，我们也有了正确的路线、方针、政策，那么还缺少什么呢？我们所缺少的就是文化。列宁指出，我们的许多共产党员、干部、国家管理人员没有现代文化，不会文明地工作。所以列宁提出文化革命的任务，就是要扫除文盲，提高广大人民群众的科学文化水平，也就是要实现意识的社会形态的一次飞跃，一次质的变化。他把文化革命和改造旧国家作为当时摆在苏维埃政权面前的两个划时代的主要任务。列宁甚至这样说："现在，只要实现了这文化革命，我们的国家就能成为完全的社会主义国家了。"（《列宁全集》第 33 卷第 430 页）

如果我们面向世界，面向未来，从世界的现实，用 21 世纪的眼光来看，那么精神文明建设的重要性就更加明显了。当代新的科技革命、产业革命正在深刻地改变着世界的面貌。到下世纪，脑力劳动体力劳动的差别、城乡的差别可能要消亡，第一产业（农业）、第二产业（工业）将会缩小，第三产业（服务业、信息业）、第四产业（文化事业）将要扩大。现在资本主义国家的情况已经发生了很大变化，社会主义国家的情况也已经发生了很大变化。我们这个时代已经与列宁当年所描述的帝国主义时代有很大不同了。核武器产生后，大仗打不起来了，于是世界大战转向经济领域、科技领域。新科技革命把整个世界连成一体，现在正可以说是世界性的经济战、科技战。在这场新的世界大战中我们能否打赢，将取决于我们的科技力量、文化力量。科学文化落后，是竞争不过别人的，是要挨打的，是要被开除球籍的。现在我们与世界先进水平的距离在拉大。苏联也已经认识到自己与世界先进水平的距离越来越大了。许多社会主义国家都在进行改革，就是为了要尽快赶上去。这可以说是继十月革命胜利、中国革命胜利后，社会主义国家的第三次伟大革命。夏衍同志曾讲到"两个 70 年"：从马克思恩格斯 1847 年写《共产党宣言》到 1917 年十月革命胜利是第一个 70 年，从 1917 年十月革命到 1987 年我们党的十三大，提出社会主义初级阶段理论，是第二个 70 年。我们想再加一个 70 年，就是到 2057 年，看我们能否完成社会主义初级阶段的各项任务。这可以说是生死存亡的 70 年，关键的 70 年，是社会主义能不能在中国最终胜利的问题。这个问题值得我们深思。但许多人对这一点还不清楚，眼光还停留在眼前的个人小利上。这需要唤起民众，要让人们有历史使命感和紧迫感。团结起来，实现四化，振兴中华，这就是今天激励人们共同奋斗的精神力量。

现代经济的发展主要靠科学技术，未来的 21 世纪将是智力战的时代。一个国家、一个民族，是否能自立于世界民族之林，是否会被开除球籍，将取决于文化建设的成败。这一点现在已为许多国家的领导人和有识之士所认识。美国前总统卡特说，过去 30 年里，美国经济的增长主要靠科学技术。R·贾斯特罗认为，美国的财富来源于人的大脑，这是取之不尽的财富。日本前首相福田说，资源小国日本能在短期内成为世界经济大国，主要靠教育的普及提高。前首相铃木提出技术立国的施政纲领，指出只有以此为基础，才能更好地面向 21 世纪。欧洲共同体制定了加速科技发展的"尤里卡计划"。苏共二十七大戈尔巴乔夫总书记提出了"加速发展战略",经互会十国制定了加速科技发展的《科技进步综合纲要》,即所谓"东方尤里卡。"苏联科学院院士希里亚耶夫认为,世界科技革命中知识是万能资源。我们国家的领导人和有识之士也一再强调要重视科学文化,重视教育事业放在首要的位置,也就是要确立科技立国、教育事业,不尊重知识、知识分子,使我们国家大大落后于世界先进水平,这个历史的经验教训我们千万不要忘记。

二、建立宏观的意识社会形态学科——精神文明学

现在大家很关心意识的社会形态问题①②③,但往往受过去思维概念和思想习惯影响,把这个问题称之为"文化"问题,有同志还称这场讨论为"文化热",甚至在讨论中连"文明"和"文化"也混在一起。我们认为,要真正用马克思主义哲学观点和方法来研究意识的社会形态问题,应该建立起研究意识社会形态的科学体系。这首先是一门宏观的、综合的、高层次的学科,要全面考察意识社会形态的发展演变,是一门意识社会学,我们建议称之为"精神文明学"。精神文明学研究人的意识形态、思想文化的变化和整个社会发展变化的关系,研究意识形态、思想文化发展的规律,研究怎样把社会的科学文化推向一个新的历史阶段。社会上有些阴暗面,随着人们思想文化水平的提高,会自然消灭。所以当前存在的许多问题本身并不可怕,可怕的是我们不认识,不清楚,不知道应该怎么去消灭它。而精神文明学应该研究这些问题,这就是它的重要性。当年马克思、恩格斯正是这样研究德意志意识形态的。他们一个个地批判当时出现的错误思想理论,揭开所谓"人道自由主义"、"自我一致的利己主义"、"真正的社会主义"等等伪科学理论的假面,在批判旧世界中创造新世界,把人类的思想文化推向了时代的新高峰。

我们在这里称为精神文明学,在国外往往称为"文化学",其研究主要有两种模式:

一种是西方资本主义国家的理论模式,主要是从人类学、哲学人类学的角度研究文明、文化,从文化起源、文化发展史角度研究文化,从各民族的文化特点、不同文明类型的比较角度研究文化现象。主要理论形态是文化人类学、文化的哲学人类学。这种学说在西方可以说源远流长,名家、著作也很多。他们对文化本质、文化类型、文化发展地的规律,文化比较研究的方法等,作了许多有益的探索研究。它的一个特点是文化、文明不分,而且具有很浓的人本主义色彩。

一种是苏联、东欧国家的文化学说,叫作马克思列宁主义文化理论,主要研究马克思列宁主义学说中的文化理论。后来又发展到从哲学层次研究文化现象,叫作文化的哲学。苏联 20 世纪六七十年代发表了许多研究文化哲学的理论文章,哲学教科书中也增添了专论文化的章节。也有用现代系统方法研究文化艺术的系统结构。随着苏联对人的问题研究的重视,也出现了关于人的研究和文化研究合流的现象。

在我们国家则可以说从鸦片战争、五四运动以来,许多人研究"文化理论",走的是中西文化比较学的路子,很多人的动机是想寻求一条救国救民的道路,但也有两种极端倾向。一种是儒学复兴说,或者叫新儒学、现代儒学。这在东亚一些国家、地区很流行,认为这

①　何新,《文化学的概念与理论》,《人文杂志》,1986 年第 1 期。
②　张德华,《"文化热"的方法论热点》,《上海社会科学》,1988 年第 2 期。
③　俞吾金,《论当代中国文化的几种悖论》,《人民日报》,1988 年 8 月 22 日。

些国家的兴起主要靠儒家学说的复兴。现代新科技革命的爆发，又使一些人认为现代科学回到了东方神秘主义。他们不懂得现代科学，特别是现代系统科学所揭示的系统整体思想，把它看作向古代东方朴素直观整体观的简单回复，而不是在现代科学技术基础上向系统整体观更高阶段的发展。他们不懂得基本粒子世界的理论，把它简单等同于老子的"道"，佛家的"无"。我国"文化大革命"后，随着人们对批孔运动的愤懑，有些人也从一个极端走到另一个极端，又把儒学捧到了天上，认为复兴儒学就能振兴中华。与儒学复兴说相对立的另一种极端论点是全盘西化说，或者叫彻底重建论，认为儒家学说全是糟粕，中国传统文化无可取之处；认为中国之所以几百年来落后，主要是受中国传统文化的束缚，只有全部否定，彻底重建，把西方文化全盘搬来，包括西方的经济制度、政治制度，彻底西化，走西方资本主义道路，才能振兴中华。他们忘记了中国近百年来的历史教训。介于二者之间的还有两种观点，一种是所谓"体用说"，包括西体中用说，中体西用说；另一种是综合创新说，主张综合中外各地优秀文化来创建我们的新文化。

把所有这些见解经过综合归纳，去粗取精，扬弃升华，就可以建立一门阐明人类社会中意识的社会形态的发展规律的科学——精神文明学。精神文明学能搞清社会物质文明与社会精神文明的关系，从而预见未来。这也就解决了郑必坚同志在一次文化问题讨论会上表示的困惑[①]：他感到缺少文化力量，"如果说我们的经济发展有了路数，那么文化和精神发展的路数是不是有了？恐怕还是个问题。"

三、建立研究思想建设的科学和研究文化建设的科学

我国侧重于文学艺术的文化理论的研究，解放以后开始是受苏联的影响，主要是研究马克思列宁主义的文艺理论。十年"文化大革命"，文化理论的研究受到一场浩劫。十一届三中全会以后，随着改革开放，西方文化大量涌入，近几年我国文化理论的研究又受西方文化研究的影响很大，发表的一些研究文化的文章许多都是引泰勒的文化定义，走的是文化人类学的路子，也是文化、文明不分，人本主义色彩很浓。最近发表的一篇研究文化学内核的文章，主张文化学就是人化学，就是人学。近几年文学艺术领域掀起的一股性文化热、生殖崇拜文化热、原始文化热，包括各种各样的喊叫音乐、原祖生理性基础的沙哑唱法、舞蹈动作等等，也可以说是这种人本主义文化的"返祖现象"。关于文学主体性的争论，个人至上主义、自我设计理论、绝对自由观念风靡文坛，一方面固然是对十年"文化大革命"极左路线的"反思"，另一方面也是受了西方人本主义、存在主义文化思潮的影响。

现在许多混乱不清的议论，根源在于没有搞清楚文明、精神文明、文化的涵义和界限。其实在我们党中央的正式文件中，早已说清楚了。我们党的十二大报告指出，人类文明包括物质文明和精神文明两大部分，这是人类改造客观世界和主观世界的成果。社会主义精神文明建设又大体可分为文化建设和思想建设两个方面。文化建设指的是教育、科学、文学艺术、新闻出版、广播电视、卫生体育、图书馆、博物馆等各项文化事业的发展和人民群众知识水平的提高，也包括丰富多采的群众性的文化娱乐活动。思想建设的主要内容，是马克思主义的世界观和科学理论，是共产主义的理想、信念和道德，是同社会主义公有

---

① 郑必坚，《文化发展问题座谈会上的发言》，《自然辩证法报》，1988 年第 10 期。

制相适应的主人翁思想和集体主义思想，是同社会主义政治制度相适应的权利义务观念和组织纪律观念，是为人民服务的献身精神和共产主义的劳动态度，是社会主义的爱国主义和国际主义等等。我们觉得也可以这样讲：社会主义文化是社会主义精神文明的客观表现，社会主义思想是社会主义精神文明的主观表现。

因此，在研究意识社会形态的宏观基础理论、精神文明学之下，应该有两个方面的学问：一方面是研究思想建设的；另一方面是研究文化建设的。社会主义思想建设的学问，我们认为属现代科学技术体系中行为科学①这一大部门，包括思想教育的学问如伦理学、德育学、社会心理学、人才学，以及做具体思想教育工作的学问。当然，引导、控制人们行为的还有法学，那也属行为科学。这方面现在已受到重视，正在开展工作，在这里就不再多说了，只指出行为科学也属于研究意识社会形态的科学体系。

研究社会主义文化建设的学问是我们称之为文化学②的这门学问。我们提出的文化学，有别于以上的各种文化理论，它是关于社会主义精神财富创造事业的学问，关于社会主义文化建设的学问。这曾引起了一些争论，主要是在名词概念上。我们觉得一是有些同志误解了，把文化学、文艺学等同于过去的文艺理论了；二是有些同志忽视了它的重要性。其实我们现在正缺少这样一门学问，正需要建立这样一门学问。因此，我们觉得有必要对文化学的目的、任务、对象、内容作进一步的论述。

我们提出的文化学的目的、任务，是研究文化和生产力的关系，文化建设和经济建设的关系，意识的社会形态的变化发展和整个社会发展变化的关系，研究社会主义文化建设的规律，研究社会主义文化的组织、建设、领导、管理问题，为社会主义初级阶段文化系统工程提供理论依据。当然最终目的是为了提高全民族的科学文化水平，为四化、为改革服务。

文化学的研究是有一定基础的，基础就是社会主义文化建设各个方面的各自学问，按党的十二大报告中提到的几个方面，就有教育学、科学学、文艺学、出版学、体育学、广播电视学等。但文化学不是要去代替这些学科，也不是把这些学科简单地加在一些，而是要综合所有这些分支学科，而成为文化建设的学问。文化学的这些分支学科现在都有人在研究，有许多经验成果可以作为文化学的基础材料。

例如教育学的研究。有的人提出可以把学校教育分为三段：初等教育，6~12岁，达到初中水平；中等教育，12~18岁，达到大学二年级水平；高等教育，18~22岁，达到硕士水平。现在实验已经证明，对小学生可以搞理论思维的培养，可以把入学年龄提前。如果从4~14岁搞十年一贯制教育，使培养的学生达到大专水平，再读四年到18岁达到硕士水平，这样可以缩短成才时间，提高教育质量。将来随着电子技术的发展，脑力劳动体力劳动的差别要逐渐消灭，每个公民都要达到现在硕士水平。那时的研究生院可能要达到高级研究院的水平，而且是完全开放的，研究生可以自选专业、课程，师生之间也可以互相选择。我们不妨这样来设想中国未来面向21世纪的教育。

又如科学学的研究，其中包括科学体系学、科学能力学(有的叫科学组织学)、科学政治学(或者叫科学社会学，研究科学和社会发展的关系)。科学是认识世界、改造世界的学

① 钱学森，《谈行为科学的体系》，《哲学研究》，1985年第8期。
② 钱学森，《研究社会主义精神财富创造事业的学问——文化学》，《中国社会科学》，1982年第6期。

问，过去把它分为自然科学、社会科学、哲学，这还没有讲清楚。对自然科学不能只强调改造客观世界而不重视认识客观世界；只重视应用研究和应用基础研究而忽视基础研究。在社会科学中又没有把应用科学包括在内，不符合马克思主义理论联系实际的观点；而且过去太强调阶级性，有点片面，应该强调真理性，当然这里主要是指相对真理性，而不是什么绝对的终极的真理性。现代科学技术也是世界一体化的，科学文化没有国界，不能关起门来搞。基础科学研究也完全可以利用别国的基础设施。我们可以利用国外科学研究中心的设备，这样可以一下子进入世界现代水平。这里涉及出国研究生的问题，可以把他们的研究工作作为我国整个研究工作的一部分，纳入我们的计划，真正做到世界一体化。

再说文艺学的研究。这里的文艺学不是过去的文艺理论，而是作为文艺社会活动的学问，是关于文学艺术活动的组织、领导、管理、建设的学问。也可以包括文艺体系学、文艺组织学、文艺社会学几个方面。文艺体系学的体系包括小说、杂文；诗词、歌赋；美术（包括绘画、雕塑、工艺美术）；音乐；技术美术（或称工业设计）；综合艺术（如戏剧、歌剧、电影、电视剧）；服饰、美容①。当然这种分法还可以研究。苏联有一位哲学家美学家卡冈②也研究过艺术形态学，也是讲文艺内部结构的。这些问题都可以进一步研究。

还有体育学、新闻学、出版科学等等，都有人在研究。其实社会主义文化建设除了上面讲到的教育、科技、文艺、体育、新闻出版、广播电视六个方面以外，还有建筑园林（古迹），展览馆、博物馆、科技馆，旅游，花鸟虫鱼③，美食④，群众团体和宗教⑤七个方面。这些都有它各自的学问。

文化学要利用这些基础素材，运用系统工程的方法，阐明它们的关系，找出其中的规律，使它们协同运行，发挥最大的社会效用。要搞文化设施、文化环境的系统工程学，把教育、科技、文学艺术、广播电视、体育卫生、群众的文化娱乐活动等等，作为一个相互联系的统一整体的系统工程学，为社会主义文化系统工程提供理论依据。这里对教育、科技、文学艺术、广播电视、体育卫生、群众文化娱乐活动等等的研究不是分门别类去研究，而是作为一个系统整体，一个综合体系来研究。

四、研究方法

以上我们提出了一个研究意识的社会形态的科学体系，在宏观高度上总揽全局的是精神文明学。下面分两大部分，研究思想建设的是行为科学，研究文化建设的是文化科学。这都不只是一门学问，而是科学的一个部门。在文化科学中，综合全局的是文化学，作为文化学基础的有教育、科技、文艺、建筑园林、广播电视、新闻出版、体育、图书馆博物馆（展览馆科技馆等）、旅游、花鸟虫鱼、美食、群众团体和宗教13个方面的学问。这个学科体系要花很大气力去经营发展，但这是我国社会主义建设所必需的。体系有了，最后我

---

① 钱学森，《美学、社会主义文艺学和社会主义文化建设》，《文艺研究》，1986年第4期，曾提出文艺包括这里的七类外，还包括建筑、园林和烹饪这三类，现在这三类移出文艺，另立为文化部门。

② 莫·卡冈，《艺术形态学》，凌继尧、金亚娜译，生活·读书·新知三联书店，1986年版。

③ 在这以前钱学森曾建议把烹饪归入文艺，现在我们受何冀平同志《天下第一楼》话剧及其热烈评论的启发，把它作为文化建设中的一个部门，并称之为"美食"。

④ 钱学森，《养花是民族文化的一部分》，《花卉报》，1986年6月13日。

⑤ 罗竹风、黄心川，《宗教》，《中国大百科全书宗教卷》第5页，中国大百科全书出版社，1988年2月。

们就讲讲研究这些学问的方法问题。

总的讲，要运用古今中外的历史经验和现实经验，决不要有先入之见，而要实事求是。例如宗教是不是文化？我们国家现在就有几十个少数民族在祖国的大家庭里，而少数民族的文化生活中，宗教常常是非常重要的。这是客观事实，不容忽视。我国的国家机构中就有国务院宗教事务局。再如花鸟虫鱼，这是人民爱好，也是一项事业，怎么不是文化呢？所以重视历史和实际才能避免主观性和僵化。

至于方法问题，我们有马克思主义的科学方法，也就是辩证唯物主义和历史唯物主义的方法，还有现代系统科学的方法。搞意识的社会形态科学必须要用辩证唯物主义和历史唯物主义的科学方法，以避开唯心主义和机械唯物论这两个泥坑。我们还必须用现代系统科学方法，因为社会主义精神文明建设是一个极为复杂的社会系统工程。马克思讲，人是社会的人，人是生活在具体社会环境里的人。现在有些人要求把生活在中国的人和生活在美国的人一样对待，搞人本主义，这不是历史唯物主义的态度。社会系统非常复杂，像中国这个社会系统就有十亿多人口，包括汉族在内的 56 个民族，语言、习惯、思想都不一样。人的行为远比动物复杂，因为人有意识，人更不同于没有生命的物体，他受自己的知识、意识的影响，受社会环境影响。所以人类社会系统是一个开放的复杂的巨系统。而意识的社会形态是这个社会复杂巨系统中的一个有机组成部分，它和经济的社会形态、政治的社会形态密切联系在一起，组成一个社会整体(图 1)。经济的社会形态的飞跃就是经济革命，政治的社会形态的飞跃就

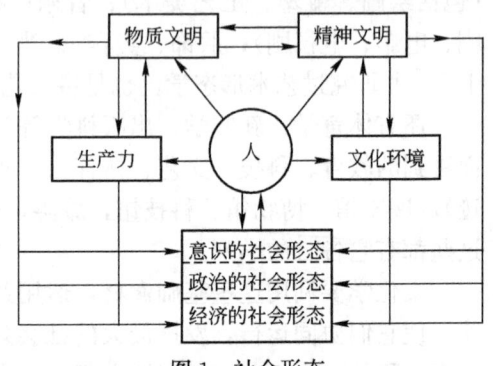

图 1　社会形态

是政治革命，意识的社会形态的飞跃就是真正的文化革命。精神文明学要研究人的意识的社会形态的变化和整个社会发展变化的关系，研究精神文明建设发展的规律，研究社会主义文化建设和社会主义思想建设的学问。这是一个非常复杂的社会系统工程，一定要用系统工程的观点，运用系统的理论。在意识的社会形态的科学体系中居于精神文明学下的文化科学包括教育、科技、文学艺术等等许多方面。而文化科学中的综合学科、文化学不是去分别研究这些内容，而是要研究它们的关系，把它们作为一个系统整体来研究，研究作为整体的文化的发展规律，研究怎样使它们协同运动，和整个社会协同运动，以发挥最大最好的社会效用。要把教育学、科学学、文艺学、体育学、新闻出版学、广播电视学等等都综合在一起，形成系统化的文化学的科学理论，为中国社会主义初级阶段的文化系统工程提供理论依据。

一个科学新领域——开放的复杂巨系统及其方法论[1]

钱学森

近 20 年来，从具体应用的系统工程开始，逐步发展成为一门新的现代科学技术大部门——系统科学，其理论和应用研究，都已取得了巨大进展[2]。特别是最近几年，在系统科学中涌现出了一个很大的新领域，这就是最先由马宾同志发起的开放的复杂巨系统的研究。开放的复杂巨系统存在于自然界、人自身以及人类社会，只不过以前人们没有能从这样的观点去认识并研究这类问题。本文的目的就是专门讨论这一类系统及其方法论。

一、系统的分类

系统科学以系统为研究对象，而系统在自然界和人类社会中是普遍存在的。如太阳系是一个系统，人体是一个系统，一个家庭是一个系统，一个工厂企业是一个系统，一个国家也是一个系统，等等。客观世界存在着各种各样的系统。为了研究上的方便，按照不同的原则可将系统划分为各种不同的类型。例如，按照系统的形成和功能是否有人参与，可划分为自然系统和人造系统；太阳系就是自然系统，而工厂企业是人造系统。如果按系统与其环境是否有物质、能量和信息的交换，可将系统划分为开放系统和封闭系统；当然，真正的封闭系统在客观世界中是不存在的，只是为了研究上的方便，有时把一个实际具体系统近似地看成封闭系统。如果按系统状态是否随着时间的变化而变化，可将系统划分为动态系统和静态系统；同样，真正的静态系统在客观世界也是不存在的，只是一种近似描述。如果按系统物理属性的不同，又可将系统划分为物理系统、生物系统、生态环境系统等；按系统中是否包含生命因素，又有生命系统和非生命系统之分，等等。

以上系统的分类虽然比较直观，但着眼点过分地放在系统的具体内涵，反而失去系统的本质，而这一点在系统科学研究中又是非常重要的。为此，钱学森在《哲学研究》[3] 中提出了以下分类方法。

根据组成系统的子系统以及子系统种类的多少和它们之间关联关系的复杂程度，可把系统分为简单系统和巨系统两大类。简单系统是指组成系统的子系统数量比较少，它们之间关系自然比较单纯。某些非生命系统，如一台测量仪器，这就是小系统。如果子系统数量相对较多（如几十、上百），如一个工厂，则可称作大系统。不管是小系统还是大系统，研究这类简单系统都可从子系统相互之间的作用出发，直接综合成全系统的运动功能。这可以说是直接的做法，没有什么曲折，顶多在处理大系统时，要借助于大型计算机，或巨型计算机。

若子系统数量非常大（如成千上万、上百亿、万亿），则称作巨系统。若巨系统中子系统种类不太多（几种、几十种），且它们之间关联关系又比较简单，就称作简单巨系统，如激光系统。研究处理这类系统当然不能用研究简单小系统和大系统的办法，就连用巨型计算机也不够了，将来也不会有足够大容量的计算机来满足这种研究方式。直接综合的方法不成，人们就想到 20 世纪初统计力学的巨大成就，把亿万个分子组成的巨系统的功能略去细节，用统计方法概括起来。这很成功，是 I. Prigogine 和 Haken 的贡献，它们各自称为耗散结构理论和协同学。

二、开放的复杂巨系统

如果子系统种类很多并有层次结构，它们之间关联关系又很复杂，这就是复杂巨系统。如果这个系统又是开放的，就称作开放的复杂巨系统。例如：生物体系统、人脑系统、人体系统、地理系统(包括生态系统)、社会系统、星系系统等，这些系统无论在结构、功能、行为和演化方面，都很复杂，以致于到今天，还有大量的问题，我们并不清楚。如人脑系统，由于人脑的记忆、思维和推理功能以及意识作用，它的输入-输出反应特性极为复杂：人脑可以利用过去的信息(记忆)和未来的信息(推理)以及当时的输入信息和环境作用，作出各种复杂反应。从时间角度看，这种反应可以是实时反应、滞后反应、甚至是超前反应；从反应类型看，可能是真反应，也可能是假反应，甚至没有反应，所以，人的行为决不是什么简单的"条件反射"，它的输入-输出特性随时间而变化。实际上，人脑有 10^{12} 个神经元，还有同样多的胶质细胞，它们之间的相互作用又远比一个电子开关要复杂得多，所以美国 IBM 公司研究所的 E. Clemend 曾说[4]，人脑像是由 10^{12} 台每秒运算 10 亿次的巨型计算机关联而成的大计算网络！

再上一个层次，就是以人为子系统主体而构成的系统，而这类系统的子系统还包括由人制造出来具有智能行为的各种机器。对于这类系统，"开放"与"复杂"具有新的更广的含义。这里开放性指系统与外界有能量、信息或物质的交换。说得确切一些：①系统与系统中的子系统分别与外界有各种信息交换；②系统中的各子系统通过学习获取知识。由于人的意识作用，子系统之间关系不仅复杂而且随时间及情况有极大的易变性。一个人本身就是一个复杂巨系统，现在又以这种大量的复杂巨系统为子系统而组成一个巨系统——社会。人要认识客观世界，不单靠实践，而且要用人类过去创造出来的精神财富，知识的掌握与利用是个十分突出的问题。什么知识都不用，那就回到一百多万年以前我们的祖先那里去了。人已经创造出巨大的高性能的计算机，还致力于研制出有智能行为的机器，人与这些机器作为系统中的子系统互相配合并和谐地进行工作，这是迄今为止最复杂的系统了。这里不仅以系统中子系统的种类多少来表征系统的复杂性，而且知识起着极其重要的作用。这类系统的复杂性可概括为：①系统的子系统间可以有各种方式的通信；②子系统的种类多，各有其定性模型；③各子系统中的知识表达不同，以各种方式获取知识；④系统中子系统的结构随着系统的演变会有变化，所以系统的结构是不断改变的。我们把上述系统叫作开放的特殊复杂巨系统，即通常所说的社会系统。

系统的这种分类，清晰地刻画了系统复杂性的层次，它对系统科学理论和应用研究具有重大意义。从社会系统的最近研究中，也可以看出这一点。研究人这个复杂巨系统可以看作是社会系统的微观研究；而在社会系统的宏观研究方面，根据马克思创立的社会形态概念，任何一个社会都有三种社会形态，即经济的社会形态、政治的社会形态、意识的社会形态，可把社会系统划分为三个组成部分，即社会经济系统、社会政治系统、社会意识系统。相应于三种社会形态应有三种文明建设，即物质文明建设（经济形态）、政治文明建设（政治形态）和精神文明建设（意识形态）。社会主义文明建设，应是这三种文明建设的协调发展[5]。这一结论无论在理论上还是在实践中都有重要意义。从实践角度来看，保证这三种文明建设协调发展的就是社会系统工程。按着系统工程的定义，组织管理社会经济系统的技术，就是经济系统工程；组织管理社会政治系统的技术，就是政治系统工程；组织管理社会意识系统的技术，就是意识系统工程。而社会系统工程则是使这三个子系统之间以及社会系统与其环境之间协调发展的组织管理技术。从我国改革和开放的现实来看，不仅需要经济系统工程，更需要社会系统工程。单纯地进行经济体制改革，不注意另外两个子系统的关联制约作用，经济体制改革难以成功。例如"官倒"、党内某些腐败现象、社会风气不正等等，都对经济体制改革造成了严重影响，以致于不得不来治理经济环境，整顿经济秩序。党的十三届五中全会提出的进一步治理整顿和深化改革，就是社会主义制度的自我完善，是中国社会形态的自我完善。这都说明了单打一的零散改革是不行的。改革需要总体分析、总体设计、总体协调、总体规划，这就是社会系统工程对我国改革和开放的重大现实意义。

从以上列举的开放的复杂巨系统的实例中，可以看到，它们涉及生物学、思维科学、医学、地学、天文学和社会科学理论，所以这是一个很广阔的研究领域。值得指出的是，这些领域的理论本来分布在不同的学科甚至不同的科学技术部门，而且均已有了较长的历史，也都或多或少地用本学科的各自语言涉及开放的复杂巨系统这一思想，如中医理论，但今天却都能概括在开放的复杂巨系统的概念之中，而且更加清晰、更加深刻了。这个事实启发我们，开放的复杂巨系统概念的提出及其理论研究，不仅必将推动这些不同学科理论的发展，而且还为这些理论的沟通开辟了新的令人鼓舞的前景。

三、开放的复杂巨系统的研究方法

开放的复杂巨系统目前还没有形成从微观到宏观的理论，没有从子系统相互作用出发，构筑出来的统计力学理论。那么有没有研究方法呢？有些人想得比较简单，硬要把第一节中讲到的处理简单系统或简单巨系统的方法用来处理开放的复杂巨系统。他们没有看到这些理论方法的局限性和应用范围，生搬硬套，结果适得其反。例如，运筹学中的对策论，就其理论框架而言，是研究社会系统的很好工具，但对策论今天所达到的水平和取得的成就，远不能处理社会系统的复杂问题。原因在于对策论中已把人的社会性、复杂性、人的心理和行为的不确定性过于简化了，以致于把复杂巨系统问题变成了简单巨系统或简单系统的问题了。同样，把系统动力学、自组织理论用到开放的复杂巨系统研究之中，所以不能成功，其原因也在于此。系统动力学创始人 J. Forrester 自己就提出[6]，对他的方法要慎重，要研究模型的可信度。但国内有些人对此却毫不担心，"大胆"使用。

另外，也有的人一下子把复杂巨系统的问题上升到哲学高度，空谈系统运动是由子系统决定的，微观决定宏观等等。一个很典型的例子就是"宇宙全息统一论"[7]。他们没有看到人对子系统也不能认为完全认识了。子系统内部还有更深更细的子系统。以不全知去论不知，于事何补？甚至错误地提出"部分包含着整体的全部信息"、"部分即整体，整体即部分，二者绝对同一"，这完全是违反客观事实的，也违反了马克思主义哲学。

实践已经证明，现在能用的、唯一能有效处理开放的复杂巨系统（包括社会系统）的方法，就是定性定量相结合的综合集成方法，这个方法是在以下三个复杂巨系统研究实践的基础上，提炼、概括和抽象出来的，这就是：

（1）在社会系统中，由几百个或上千个变量所描述的定性定量相结合的系统工程技术，对社会经济系统的研究和应用；

（2）在人体系统中，把生理学、心理学、西医学、中医和传统医学以及气功、人体特异功能等综合起来的研究；

（3）在地理系统中，用生态系统和环境保护以及区域规划等综合探讨地理科学的工作。

在这些研究和应用中，通常是科学理论、经验知识和专家判断力相结合，提出经验性假设（判断或猜想）；而这些经验性假设不能用严谨的科学方式加以证明，往往是定性的认识，但可用经验性数据和资料以及几十、几百、上千个参数的模型对其确实性进行检测；而这些模型也必须建立在经验和对系统的实际理解上，经过定量计算，通过反复对比，最后形成结论；而这样的结论就是我们在现阶段认识客观事物所能达到的最佳结论，是从定性上升到定量的认识。

从上所述，定性定量相结合的综合集成方法，就其实质而言，是将专家群体（各种有关的专家）、数据和各种信息与计算机技术有机结合起来，把各种学科的科学理论和人的经验知识结合起来。这三者本身也构成了一个系统。这个方法的成功应用，就在于发挥这个系统的整体优势和综合优势。

近几年，国外有人提出综合分析方法（metaanalysis）[8]，对不同领域的信息进行跨域分析综合，但还不成熟，方法也太简单，而定性定量相结合的综合集成方法却是真正的meta-synthesis。

四、综合集成方法的实例

下面，我们以社会经济系统工程中"财政补贴、价格、工资综合研究"为例，来说明这个方法及其应用。这个案例是成功的。

1979年以来，由于实行农副产品收购提价和超购加价政策，提高了农民收入，这部分钱是由国家财政补贴的。但是，当时对销售价格没有作相应调整，结果是随着农业连年丰收，超购加价部分迅速增大，给国家财政带来了沉重的负担，是财政赤字的主要根源。这样，造成了极不正常的经济状态：农业越丰收，财政补贴越多。致使国家财政收入增长速度明显低于国民收入增长速度，财政收入占国民收入的比例逐年下降。

财政补贴产生的这些问题。引起国家的极大重视，有关部门提出，如何利用价格工资这两个经济杠杆，逐步减少以至取消财政补贴。然而，调整零售商品价格必将影响到人民生活水平；如果伴以工资调整，又涉及到财政负担能力、市场平衡、货币发行和储蓄等。这些问题涉及到经济系统中生产、消费、流通、分配这四个领域。

财政补贴、价格、工资以及直接和间接有关的各个经济组成部分，是一个互相关联互相制约的具有一定功能的系统。调整价格和工资从而取消财政补贴，实质上就是改变和调节这个系统的关联、制约关系，以使系统具有我们希望的功能，这是系统工程的典型命题。

为了解决这个问题，首先由经济学家、管理专家、系统工程专家等依据他们掌握的科学理论、经验知识和对实际问题的了解，共同对上述系统经济机制（运行机制和管理机制）进行讨论和研究，明确问题的症结所在，对解决问题的途径和方法作出定性判断（经验性假设），并从系统思想和观点把上述问题纳入系统框架，界定系统边界，明确哪些是状态变量、环境变量、控制变量（政策变量）和输出变量（观测变量）。这一步对确定系统建模思想、模型要求和功能具有重要意义。

系统建模是指将一个实际系统的结构、功能、输入-输出关系用数字模型、逻辑模型等描述出来，用对模型的研究来反映对实际系统的研究。建模过程既需要理论方法又需要经验知识，还要有真实的统计数据和有关资料。

有了系统模型，再借助于计算机就可以模拟系统和功能，这就是系统仿真。它相当于在实验室内对系统作实验，即系统的实验研究。通过系统仿真可以研究系统在不同输入下的反应、系统的动态特性以及未来行为的预测等等，这就是系统分析。在分析的基础上，进行系统优化，优化的目的是要找出为使系统具有我们所希望的功能的最优、次优或满意的政策和策略。

经过以上步骤获得的定量结果，由经济学家、管理专家、系统工程专家共同再分析、讨论和判断，这里包括了理性的、感性的、科学的和经验的知识的相互补充。其结果可能是可信的，也可能是不可信的。在后一种情况下，还要修正模型和调整参数，重复上述工作。这样的重复可能有许多次，直到各方面专家都认为这些结果是可信的，再作出结论和政策建议。这时，既有定性描述，又有数量根据，已不再是先验的判断和猜想，而是有足够科学根据的结论。以上各步可用框图表示，如图1所示。

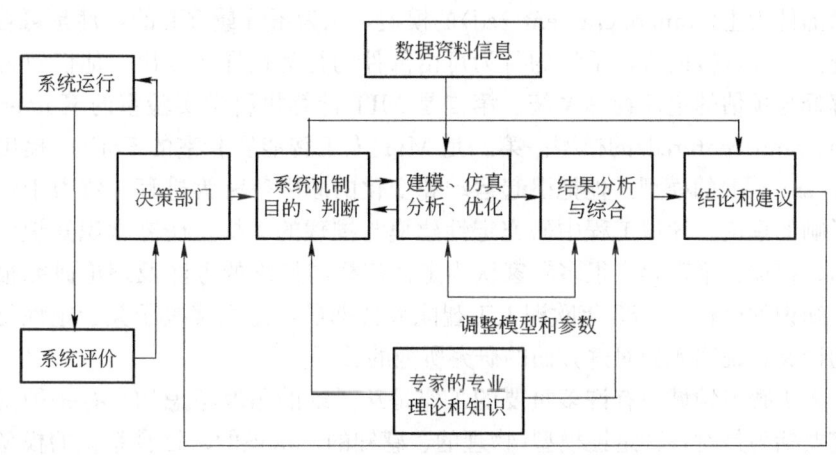

图1　综合集成方法实例

五、综合集成还可以用知识工程

如上所述，综合集成方法取得了很好的效果。在解决问题的过程中，专家群体和专家的经验知识起着重要的作用。在以前，如在前一节所举的实例中，这一综合的过程还没有使用机器。建立模型也是靠人动脑子思考。现在看，我们还可以进一步，在一个系统中加入知识这一极其重要的因素；这就牵涉到知识的表达和知识的处理，实际上就是知识工程的问题了。知识工程是人工智能的一个重要分支，解决问题的办法着眼于合理地组织与使用知识，从而构成知识型的系统。专家系统就是一种典型的知识型系统，专家的一部分作用可以通过专家系统来实现，所以专家系统也自然是系统中的子系统。再进一步分析，在前面关于系统分类的讨论中，开放的特殊复杂巨系统居于最高层次，人作为这种系统中的子系统。人不能脱离社会而存在，随着社会的发展，人类创造各种机器来代替体力劳动与部分脑力劳动，结果具有智能行为的机器必然也是子系统。由人、专家系统及智能机器作为子系统所构成的系统必然是人、机交互系统。各子系统互相协调配合，关键之处由人指导、决策，重复繁重工作由机器进行。人与机器以各种方便的通信方式，例如自然语言、文字、图形等，进行人、机通信，形成一个和谐的系统。

近年来知识工程领域中的一些专家认识到以往忽视理论的错误倾向，已在探讨知识型系统研究的方法论问题。知识工程中的核心问题是知识表达，即如何把各种知识，如书本知识、专门领域有关的知识、经验知识、常识知识等，表示成计算机能接受并能加以处理的形式，这是必须解决的基本问题。知识型的系统与以往的动态系统不同，它的特点是以知识控制的启发式方法求解问题，不是精确的定量处理，因为许多知识是经验性的，难以精确描述，对于知识型系统，不能像以往的一些控制系统那样建立定量的数学模型，而只能采用定性的方法。如果系统中包括一些可以定量描述的部件，那么也必然是采用定性与定量相结合的方法来进行系统综合。已有许多工作是利用定性物理的概念与建模方法来建立定性模型，进而研究定性推理的[9]。定性建模是一种把深层知识进行编码的方法，关心的只是变化的趋势，例如增加、减少、不变等。定性推理指的是在定性模型上的操作运行，从而得到或预估系统的行为。这里着重的是结构、行为、功能的描述及它们之间的关系。到目前为止，已有三方面代表性的工作，第一是 Xerox 公司的 DcKleer 等人从系统的观点出发提出以部件为主(component centered)的模型，认为系统最重要的特性是可合成性，在结构上系统由部件连接而成，系统的行为可由部件的行为推导而得出。他们致力于建立一种能进行解释与预估的定性物理系统。第二是 MIT 计算机科学实验室的 Kuiper 提出以约束为主(constraint centered)的模型。第三是 MIT 人工智能实验室的 Forbus 提出以进程为主(process centered)的模型。他把引起运动和变化的原因等称为进程，致力于建立进程对物理过程影响的理论。知识工程中研究定性建模与推理的动机是研究常识知识，解决常识知识的表达、存储、推理等。很多专家认为定性建模与推理的方法及理论研究很可能是解决利用常识知识的途径。1988 年欧洲人工智能大会把最佳论文奖授予关于定性物理模型和计算模型的论文，说明人们对这方面的研究所抱的希望。

实际上人工智能领域中有许多重要的工作是从系统的角度考虑的。有一种主张把人工智能的研究概括为是对各种定性模型(物理的、感知的、认识的、社会系统的模型)的获取、表达与使用的计算方法进行研究的学问[10]。这是系统科学观点的反映。当前人工智能领域中综合集成的思想得到重视，计算机统筹制造系统(Computer Integrated Manufacture System，简称 CIMS 系统)的提出与问世就是一个例子。在工业生产中，产品设计与产品制造是两个重要方面，各包括若干个环节，这些环节以现代化技术通过人、机交互在进行工作。以往设计与制造是分开各自进行的。现在考虑把两者用人工智能技术有机地联系起来，及时把制造过程中有关产品质量的信息向设计过程反馈，使整个生产灵活有效，又能保证产品的高质量。这种把设计、制造，甚至管理销售统一筹划设计的思想恰恰是开放的复杂巨系统的综合集成思想的体现。

总之，我们把系统的"开放性"和"复杂性"这两个概念拓广之后，对系统的认识就更加深刻，所概括的内容也就更为广泛。这种广泛性是从现代科学技术的发展，尤其是新兴的知识工程的发展中抽象概括而得来的，有着坚实的基础与充分的根据。在我们阐明了开放的特殊复杂巨系统属于系统分类中的最高层次之后，实际上就把系统科学与人工智能两大领域明显地加以沟通。这样一来各种以知识为特征的智能型系统，如互相合作的人工智能系统、分布式人工智能系统以及实时智能控制系统等都属于一个统一的、明确的范畴。这就有利于去建立开放的复杂巨系统的理论基础，这是当代科学发展的必然结果。

六、开放的复杂巨系统研究的意义

从以上所述，定性定量相结合的综合集成方法，概括起来具有以下特点：

（1）根据开放的复杂巨系统的复杂机制和变量众多的特点，把定性研究和定量研究有机地结合起来，从多方面的定性认识上升到定量认识。

（2）由于系统的复杂性，要把科学理论和经验知识结合起来，把人对客观事物的星星点点知识综合集中起来，解决问题。

（3）根据系统思想，把多种学科结合起来进行研究。

（4）根据复杂巨系统的层次结构，把宏观研究和微观研究统一起来。

正是上述这些特点，才使这个方法具有解决开放的复杂巨系统中复杂问题的能力，因此它具有重大的意义，以下将着重讲讲这个看法。

现代科学技术探索和研究的对象是整个客观世界，但从不同的角度、不同的观点和不同的方法研究客观世界的不同问题时，现代科学技术产生了不同的科学技术部门。例如，自然科学是从物质运动、物质运动的不同层次、不同层次之间的关系这个角度来研究客观世界的，社会科学是从研究人类社会发展运动、客观世界对人类发展影响的角度去研究客观世界的，数学科学则是从量和质以及它们互相转换的角度研究客观世界的……[11]；而系统科学是从系统观点，应用系统方法去研究客观世界的。系统科学作为一个科学技术部门，从应用到基础理论研究都是以系统为研究对象。在宏观世界，我们这个地球上，又产生了生命、生物，出现了人类和人类社会，有了开放的复杂巨系统。而这类系统在宏观世界也是存在的，例如银河星系也是一个开放的复杂巨系统。这样看来，开放的复杂巨系统概念，已经超出了宏观世界而进入了更广阔的天地。因此，开放的复杂巨系统及其研究具有普遍意义。但是，正如前面已经指出的那样，过去的科学理论都不能解决开放的复杂巨系统的问题，这也是有原因的，可以从历史中去找。

大家知道，长期以来不同领域的科学家们早已注意到，在生命系统和非生命系统之间表现出似乎截然不同的规律。非生命系统通常服从热力学第二定律，系统总是自发地趋于平衡态和无序，系统的熵达到极大。系统自发地从有序变到无序；而无序却决不会自发地转变到有序，这就是系统的不可逆性和平衡态的稳定性。但是，生命系统却相反，生物进化、社会发展总是由简单到复杂、由低级到高级越来越有序。这类系统能够自发地形成有序的稳定结构。

两类系统之间的这种矛盾现象，长时间内得不到理论解释，致使有些科学家认为，两类系统各有各自的规律，相互毫不相干。但也有些科学家提出：这种矛盾现象有没有什么内在联系呢？直到本世纪60年代，耗散结构理论和协同学的出现，为解决这个问题提供了一个科学的理论框架。这些理论认为，热力学第二定律所揭示的是孤立系统（与环境没有物质和能量的交换）在平衡态和近平衡态（线性非平衡态）条件下的规律。但生命系统通常都是开放系统，并且远离平衡态（非线性非平衡态）。在这种情况下，系统通过与环境进行物质和能量的交换引进负熵流，尽管系统内部产生正熵，但总的熵在减少，在达到一定条件时，系统就有可能从原来的无序状态自发地转变为在时间、空间和功能上的有序状态，产生一种新的稳定的有序结构，Pdsosine 称其为耗散结构。这样，在不违背热力学第二定律的条件下，耗散结构理论沟通了两类系统的内在联系，说明两类系统之间并没有真正严格的界限，表观上的鸿沟，是由相同的系统规律所支配。所以，Pdsosine 在其著作中指出，"复杂性不再仅仅属于生物学了，它正在进入物理学领域，似乎已经植根于自然法则之中"[12]。Haken 更进一步指出，一个系统从无序转化为有序的关键并不在于系统是平衡和非平衡，也不在于离平衡态有多远，而是由组成系统的各子系统，在一定条件下，通过它们之间的非线性作用，互相协同和合作自发产生稳定的有序结构，这就是自组织结构。

现代科学 20 年来的这一成就是十分重要的，它阐明了长期以来困惑着人们的一个谜。但耗散结构理论、协同学的成功，也使得不少人过分乐观，以为这种基于近代科学还原论的定量方法论也可以用到开放的复杂巨系统，从而碰壁！

在科学发展的历史上，一切以定量研究为主要方法的科学，曾被称为"精密科学"，而以思辨方法和定性描述为主的科学则被称为"描述科学"。自然科学属于"精密科学"，而社会科学则属于"描述科学"。社会科学是以社会现象为研究对象的科学，社会现象的复杂性使它的定量描述很困难，这可能是它不能成为"精密科学"的主要原因。尽管科学家们为使社会科学由"描述科学"向"精密科学"过渡作出了巨大努力，并已取得了成效，例如在经济科学方面，但整个社会科学体系距"精密科学"还相差甚远。从前面的讨论中可以看到，开放的复杂巨系统及其研究方法实际上是把大量零星分散的定性认识、点滴的知识，甚至群众的意见，都汇集成一个整体结构，达到定量的认识，是从不完整的定性到比较完整的定量，是定性到定量的飞跃。当然一个方面的问题经过这种研究，有了大量积累，又会再一次上升到整个方面的定性认识，达到更高层次的认识，形成又一次认识的飞跃。

德国著名的物理学家普朗克认为："科学是内在的整体，它被分解为单独的整体不是取决于事物的本身，而是取决于人类认识能力的局限性。实际上存在着从物理到化学，通过生物学和人类学到社会学的连续的链条，这是任何一处都不能被打断的链条。"自然科学和社会科学的研究覆盖了这根链条。伟大导师马克思早就预言："自然科学往后将会把关于人类的科学总括在自己下面，正如同关于人类的科学把自然科学总括在自己下面一样：它将成为一个科学。"[13] 我们称这种自然科学与社会科学成为一门科学的过程为自然科学与社会科学的一体化。可以说，开放的复杂巨系统研究及其方法论的建立，为实现马克思这个伟大预言，找到了科学的和现实可行的途径与方法。

在结束这番讨论的时候，我们还要指出：这里提出的定性与定量相结合的综合集成方法，不但是研究处理开放的复杂巨系统的当前唯一可行的方法，而且还可以用来整理千千万万零散的群众意见，人民代表的建议、议案，政协委员的意见、提案和专家的见解，以至个别领导的判断，真正做到"集腋成裘"。特别当我们引用它把零金碎玉变成大器——社会主义建设的方针、政策和发展战略，以至具体计划和计划执行过程的必要调节调整时（这在本文第四节讲的实例中已见一个小小的开端），就把多年来我们党提出的民主集中原则，科学地、完美地实现了。其意义远远超出科学技术的发展与进步，这是关系到社会主义建设以至实现共产主义理想的大事了。人民群众才是历史的创造者！

【参考文献】

[1] 钱学森，于景元，戴汝. 自然杂志. 1990，1.

[2] 钱学森等. 论系统工程(增订本)，系统科学与系统工程丛书，湖南科学技术出版社，1988.

[3] 钱学森. 哲学研究，10(1989)3.

[4] New Scietist. 21 Jan. (1988)68.

[5] 钱学森，孙凯飞，于景元. 政治学研究，1989(5).

[6] Forrester J W. Theory and Application of System Dyncmics. New Times Press(1987).

[7] 王存臻，严春友. 宇宙全息统一论. 山东人民出版社，1988.

[8] Hedges L，Olk I. In statistical methods for meta-analysis, academic press, 1985；Wolf F M, Meta-Analysis. Qualitaeivc methods for research synthesis, sage, 1986；Rosenthal R. Meta-analytic procedures for social research, sage(1984)；Light R，Pillemer D. Sunming up：the science of rcoiewing research, Hanad Uui-versity Press(9184).

[9] 王珏，崔祺. 中国计算机用户，1989(8)：22.

[10] 戴汝为. 中国计算机用户，8(1989)14.

[11] 吴义生编. 社会主义现代化建设的科学和系统工程，中共中央党校(1987)第六章.

[12] 尼科里斯，普利高津. 探索复杂性，四川教育出版社，1986.

[13] 马克思. 经济学-哲学手稿，人民出版社，1957：91.

再谈开放的复杂巨系统（摘要）

钱学森

刚才戴汝为同志的报告讲得很好。戴汝为同志多年从事人工智能、知识系统的工作，去年他听说我们在这里讨论开放的复杂巨系统问题，很感兴趣。因此，他是从人工智能、知识系统的角度来看开放的复杂巨系统问题。我正好相反，不懂人工智能和知识系统，从去年开始向他学习这方面的知识，发现这个问题很重要。我们是从不同角度走到一起来了。我们认为，要解决开放的复杂巨系统问题，要建立从定性到定量的综合集成方法或称为综合集成技术，需要这样的结合，所以后来就和于景元同志我们三个人合写了篇讲这个观点的文章。

但是我要提醒搞人工智能研究的同志，你们考虑问题的层次还太低，包括国外的一些学者，考虑的还是一些简单的问题。什么人工智能，说得很热闹，但具体处理的还是一些非常简单的问题，说不上什么智能。实际上，真正的人的智能，是人大脑高层次的活动，比目前一些人工智能专家考虑问题的层次要高得多。解决这个问题的途径是 1988 年马希文同志在一次讨论会上提出的人与机器的结合，单用计算机之类的机器不行，但人需要机器来帮助。所以，外国人好的东西我们要学习，但我不相信他们能解决开放的复杂巨系统问题，这要靠我们自己的努力。

什么是开放的复杂巨系统

对开放的复杂巨系统，我们可以说：

1. 系统本身与系统周围的环境有物质的交换、能量的交换和信息的交换。由于有这些交换，所以是"开放的"。

2. 系统所包含的子系统很多，成千上万，甚至上亿万，所以是"巨系统"。

3. 子系统的种类繁多，有几十、上百，甚至几百种，所以是"复杂的"。

过去我们讲，开放的复杂巨系统有以上三个特征。现在我想，由这三条又引申出第四个特征：开放的复杂巨系统有许多层次。（后略）

社会主义中国应该建山水城市[①]

钱学森

社会主义中国的城市建设应该在马克思列宁主义毛泽东思想的指引下，科学地总结过去的经验，特别是中国人创造的灿烂文化，有目的、有计划地去实施。我们在过去，要办的事很多、很急，要解决人民的基本生活需要，在城市建设上，来不及认真思考，科学地规划，合理布局，办了一些傻事，如把首都钢铁公司、北京石化公司的工厂建在北京上风位地区；有些建筑又影响甚至破坏了城市风貌，今后要有所改善。

一、城市的总体设计

过去我们一讲城市建设，好像就是道路交通建设、通信建设、居民居住的房屋建设、工厂建设、学校建设、机关建设、商业区建设等等，一下子就投入到具体工作中去了，而没有注意一个首要问题：建设中的城市，其功能是什么？这个城市是国都？是大港口？是商埠？是省城？是文化城？是旅游城？是工业城？还是其他？

有了一个城市建设的目的，明确了其功能，下面的问题就是对这个城市已有的建筑要明确哪些是文物，必须保护，并加以科学地维修（而不是粉饰一新）。北京的城墙、城门楼拆得太干净了！当然，故宫总算保护下来了，天安门广场建设得很壮观！

这两个问题明确以后，下一步才是城市的总体规划。总体规划要有长远眼光，要大胆设想，逐步实施。在建国初年，梁思成先生对北京就提出过一个惊人的设想：以现在的丰台路五棵松路为南北轴线，北端定于颐和园，轴线以东为旧北京，以西建新北京，此议未被采纳，但这种宏图思路是值得倡导的。我们要面向世界，面向未来呵！

这个观点我在 1985 年就提出了[②]，我认为它是比具体搞细节的所谓城市规划更高一个层次的学问：城市学，这是用系统工程整体观点研究城市问题的学问，不知近几年有无进展。

二、城市园林、城市森林和山水城市

然而，我所看到的不是什么城市学研究的进展，而是一些背离中国这个文明古国的怪现象，如：在城市中心区搞什么假造的"古建筑"，在城市弄什么趣味低级的"电子化游乐宫"等等。这些丑化城市的活动决不能再任其泛滥了，现在还兴起了一股筑什么"花园村"

---

① 钱学森当时因身体比较弱，未能出席 1993 年 2 月 27 日召开的"山水城市讨论会"，故撰此文作为会上的书面发言。此文先后刊载于《科技日报》1993 年 3 月 1 日 2 版，《城市科学》（新疆）1993 年第 2 期等报刊，并被收入《杰出科学家钱学森论：城市学与山水城市》、《科学的艺术与艺术的科学》等多种著作之中。

② 系指钱学森《关于建立城市学的设想》，刊于《城市规划》1985 年第 4 期。

之风，也很值得研究，切莫急功近利，遗患后世，至于到处竖起的方盒子式的高楼，使城市成了灰黄色的世界，更是普遍了。

这些现象的出现，说明社会主义中国的城市该怎么规划设计，仍是个需要回答的问题。

我想既然是社会主义中国的城市，就应该：第一，有中国的文化风格；第二，美；第三，科学地组织市民生活、工作、学习和娱乐，所谓中国的文化风格就是吸取传统中的优秀建筑经验，例如吴良镛教授主持的北京菊儿胡同危旧房改建，就吸取旧"四合院"的合理部分，又结合楼房建筑，成为"楼式四合院"，我们可以想象，"楼式四合院"再布上些"老北京"的花卉盆、荷花缸、养鱼缸等等，那该是多么美的庭院啊！

如果说现代高度集中的工作和生活要求高楼大厦，那就只有"方盒子"一条出路吗？为什么不能把中国古代园林建筑的手法借鉴过来，让高楼也有台级，中间布置些高层露天树木花卉？不要让高楼中人，向外一望，只见一片灰黄，楼群也应参差有致，其中有楼上绿地园林，这样一个小区就可以是城市的一级组成，生活在小区，工作在小区，有学校，有商场，有饮食店，有娱乐场所，日常生活工作都可以步行来往，又有绿地园林可以休息，这是把古代帝王所享受的建筑、园林，让现代中国的居民百姓也享受到。这也是苏扬一家一户园林构筑的扩大，是皇家园林的提高。中国唐代李思训的金碧山水就要实现了！这样的山水城市将在社会主义中国建起来！

以上讲的还是一个城市小区，在小区与小区之间呢？城市的规划设计者可以布置大片森林，让小区的居民可以去散步、游息。如果每个居民平均有70多平方米的林地，那就可以与今天乌克兰的基辅、波兰的华沙、奥地利的维也纳、澳大利亚的堪培拉相比了，称得上是森林城市了。

所以，山水城市的设想是中外文化的有机结合，是城市园林与城市森林的结合。山水城市不该是21世纪的社会主义中国城市构筑的模型吗？我提请我国的城市科学家们和我国的建筑师们考虑。

哲学·建筑·民主①
——钱学森会见鲍世行、顾孟潮、吴小亚时讲的一些意见

（一）要坚定不移地用马克思主义哲学指导我们的工作

我早年在上海交大学习铁道机械工程，记得毕业设计就是画火车头，所以当时我算是一个铁道机械工程师。后来受"科学技术救国"思想的影响，到美国麻省理工学院学航空工程。可是毕业后当时的美国公司不接受中国人去工作，于是只好改行到加州理工学院航空系，学习航空理论。加州理工学院有个特点，工科博士生同时要学一些基础理论的学科。当时我就选修了数学，又旁听了好多物理的课程，如量子力学、统计力学、相对论等。我的导师主张学生的知识面要宽，他本人的知识面也很宽，对什么都感兴趣。学校也赞成不同学科之间的交流，拓展学生的知识面，但那仅是工程技术与基础理论学科之间的交流，还没有跨越到社会科学。

我回国后一直忙于工作，没有时间深思，也没有考虑知识体系的问题，倒是"文化大革命"给了我很大的促进。"文化大革命"使我认识到，不懂社会科学不行，不懂马克思主义哲学也不行。我就自学了一点。学了以后，就觉得马克思、恩格斯、列宁讲的这些话对从事科学技术工作确实有启示指导作用。从那以后，我就把自然科学、社会科学联系起来，从整个科学技术体系的角度来看问题。这就是解放思想，要多向各行各业的专家们请教，和你们讨论也是如此。

中国的社会科学、哲学工作者中，有两种人我是不赞成的：一种人死抱书本，教条主义；还有一种人盲目崇拜西方，崇洋迷外。这都不对。对于社会科学工作者死抱书本，我有亲身体会。二十多年前，有一次我们请国防科委政治部的同志讲恩格斯的《自然辩证法》，讲到科学技术内容，他完全照本宣科。我实在憋不住了，就告诉他现在的科学技术早已不是那么回事了，他却说书上就是这么讲的！还有位同志对我讲，在50年代他听苏联专家讲课，觉得内容很熟悉，把讲义和马列著作一对照，才发现整段都是抄的马列原著，看来苏联专家是死抠书本的。学习马克思主义，不抓住马克思主义的本质东西，搞形而上学

① 此文首先在1996年6月14日的"建筑与文化国际学术研讨会"上向与会者传达。在北京召开的《城市学与山水城市》再版发行座谈会上印发给与会者；6月18日《文汇报》全文刊出；7月28日《科技日报》全文刊出；《人民日报》拟刊登前征求钱学森意见，钱学森说："《文汇报》、《科技日报》已经登了，《人民日报》版面很珍贵，就不必登了。"遂未再刊登。但7月26日《名城报》、《东方视角》1996年第2期、《建筑师》第72期、《中国建筑业年鉴(1997)》等多种报刊又先后登载此文，并加编者按语。鉴于此文的重要，1999年6月出版的鲍世行、顾孟潮主编的《杰出科学家钱学森论：山水城市与建筑科学》一书，作为开篇文章收入，并译成英文。

是不行的。要用马列主义、毛泽东思想的哲学指导我们工作，这一点我是坚定不移的。但是，同时也要考虑到马克思主义哲学是发展的，不是固定的、一成不变的，会随着人们的经验和社会实践不断深化而发展，所以不能机械地死抠书本。另外，现在的情况是有的人在坚持马列主义，而有些人则走偏了路，反对马列主义哲学，这就更不对了。现阶段坚持马列主义哲学，就是要正确理解邓小平关于建设有中国特色的社会主义理论。包括建筑学在内，也必须走有中国特色的社会主义道路，既不能仿古不变，又不能跟着外国人跑，要有自己的独创。

（二）是否可以建立一个大科学部门——建筑科学

最近看了顾孟潮的论文（注：指"建筑哲学概论"讲课内容和《建筑学报》1996年第一期《信息·思维·创造——空间环境设计创造思维特点与思维类型》一文）和这本书（注：指台湾叶树源教授著《建筑与哲学观》一书）得到一些启发，建筑真正的科学基础要讲环境等等。这个观点要好好地学，思想才真正开阔。

现在建筑科学里面认为是基础理论的东西，实际上是我说的第二个层次的学问，属技术科学层次，就是怎么样把基础理论应用到实际中去，即中间的过渡层次。现在建筑系的学生学的，重在技术和艺术技巧的运用，这是第三层次，实际工程技术层次了。

顾孟潮和叶树源讲的给我启发，建筑与人的关系，实际上是讲建筑科学技术的基础理论，即真正的建筑学。再进一步是把建筑科学提高到哲学，概括到哲学，那就是我在给叶教授信中说的，你到底是唯心主义，还是唯物主义？

真正的建筑哲学应该研究建筑与人、建筑与社会的关系。从前封建社会的皇帝，他对建筑是什么观点？显然，不可能和我们的观点相同，因为他是封建统治者。我在美国那么长时间，深知在美国那样的垄断资本主义国家里，真正说了算的不是人民，而是大资本家。大资本家有自己的庄园，像皇帝宫殿花园一样。老百姓住的是什么建筑？即使是中产阶级，那也差多了。这种生活我是尝到过的，那时我当教授，和我爱人还要天天打扫卫生、做饭。至于穷人，那就更不用说了，因为那是资本主义社会。它的建筑为的是资本家。中国科学院原来的书记张劲夫，后来当财政部长时，与美国有接触。有一次他到美国去访问，回来后对我说，这下我真的知道美国是怎么回事了：有位大资本家请他去他住的庄园做客，把他介绍给自己的参谋班子——那才是美国的精英。他发现那些二把手、三把手都相当有水平，要是到政府任职，起码也能当部长，而一把手是不露面的，只出谋划策，为他的老板服务。所以他们的建筑也是为这个制度服务的，而我们的建筑为的是人民，为人民服务。

另外，建筑是科学技术。开始是砖石结构、土石结构、砖木结构……现在是什么结构？科学是不断发展的。前几天看到《经济日报》上有文章讲"塑钢窗"。你们看，我的窗户是50年代建的，是木窗，现在有了塑钢窗、铝合金窗等等，将来科学技术发展了，还会有更新的材料。建筑与科学技术是密切相关的。

各位考虑，我们是不是可以建立一门科学，就是真正的建筑科学，它要包括的第一层次是真正的建筑学，第二层次是建筑技术性理论包括城市学，然后第三层次是工程技术包括城市规划。三个层次，最后是哲学的概括。这一大部门学问是把艺术和科学揉在一起的，建筑是科学的艺术，也是艺术的科学。所以搞建筑是了不起的，这是伟大的任务。我们中国人要把这个搞清楚了，也是对人类的贡献。我们有五千年的文明史，一定要用历史的观点来看问题，要看到人以及人所需要的建筑。建立一个大的科学部门，不只是一两门学科。这么看来，我原来建议建立十大部门，现在是十一大部门了。这些部门请大家考虑。

（三）学术民主非常重要

我从前在中国科协工作过几年，感到学术不够民主，教授、权威压制得太厉害。我在科协会上讲过不只一次，但还是解决不了。这是科学向前发展的一个大问题。

在学术民主方面，我在美国加州理工学院体会很深。当时，学校经常有讨论会，通常是一个人先做发言，所谓"主题介绍"，介绍学科领域的情况，大约讲40分钟，然后讨论1小时，大家七嘴八舌都可以讲。那时，我不过是个研究生，也参加讨论，这是允许的。主持会议的教授有时也讲，和大家一起讨论。偶尔说着说着，教授会说他刚才讲的不对，收回。就这样子，在学术问题上很讲民主，最后还要集中。怎么集中呢？这是讨论到最后，教授作个10～15分钟的总结：我们今天解决了什么问题，还有什么问题没有解决，以后需要再进一步研究。他从不勉强作结论，但是解决了什么问题，认识到什么程度，他还是要总结说明。

学术民主很重要。所谓民主就是党章上规定的原则——民主集中制。比如讨论要有个题目，这就是有领导的民主。要讲民主基础上的集中，集中指导下的民主。不能一讲民主就没有了集中，一讲集中就没有了民主。这是辩证的关系。

钱学森与山水城市

鲍世行

最近我正在编辑一本钱学森有关城市与建筑论述的书，书名暂定为《论宏观建筑与微观建筑》。这是因为钱老在给顾孟潮和我的信(1998年5月5日)中说：

我近日想到一个问题是如何把建筑和城市科学统归于我们说的"建筑科学"……我建议将"城市科学"改称为"宏观建筑"(Macroarchitecture)，而现在统称的"建筑"为"微观建筑"(Microdarchitecture)。这是提高一步，二位以为如何？

在谈到建筑与城市的关系时，钱学森在给我的信(1994年7月28日)中说：

在资本主义国家，城市的建筑主要是资本家个人一座一座建的，他爱怎么建就怎么建，没有整体观了。建筑美成了单座建筑的美！

这就引起建筑师们不考虑城市的整体景观，只顾一座建筑的美。建筑与城市分家了！建筑学是讲美的，是科学技术与艺术的结合。而城市学、城市科学就只讲科学技术与社会科学，不顾艺术了。

我认为这种分家是不正常的，是受西方资本主义的影响。中国的建筑学要同城市学结合起来，形成科学技术、社会科学与艺术的融合的"中国学问"。我们既讲单座建筑的美，更讲城市、城区的整体景观、整体美。

在《论宏观建筑与微观建筑》一书中我共收集了钱学森有关的文章与信函188篇。为了便于检索我们把它分成五个部分，即：

园林学	14篇
城市学	42篇
山水城市	75篇
建筑科学	50篇
其他	7篇

其中，山水城市多达75篇，占40%，可见钱老对山水城市的研究倾注了很多的心血，投入了巨大的精力。

如果从钱学森首次提出"山水城市"的1990年算起，共有172篇，按时间排列为：

年份	1990	1991	1992	1993	1994	1995	1996	1997	1998	1999
篇数	1	7	6	13	19	22	43	18	26	17

其中1996年最多，达43篇。正如大家知道的那样，这一年的6月4日钱学森接见了我们编辑《城市学与山水城市》一书的人员，提出了建立"建筑科学"这一科学大部门的

问题。他广泛阅读文章，和很多专家、学者写信探讨问题、交换意见，仅这本书中收集到的和他通信的专家、学者，就近 40 人，很多时候每天都写 2 封信以上，甚至一天多达 4 封信。

通过这本书的编辑使我进一步走近了钱学森，进一步理解钱老博大精深的理论体系，今天我仅谈谈关于"山水城市"的问题。

我把钱学森山水城市理论的发展分成三个阶段：①思想孕育阶段；②概念形成阶段；③理论发展和推动实施阶段。

一、思想孕育阶段(1958～1990 年)

从 1958 年到 1990 年这 32 年时间里，钱学森教授主要曾经发表了 3 篇文章，即 1958 年 3 月发表的"不到园林，怎知春色如许——谈园林学"，1983 年 12 月发表的"园林艺术是我国创立的独特艺术部门"和 1985 年 8 月发表的"关于建立城市学的设想"，正是在这三篇重要的学术论文中孕育了钱学森"山水城市"的理论概念。

钱学森教授对建筑与城市的研究始于 20 世纪 50 年代，研究是从园林学开始的。目前我们收集的钱老有关建筑科学方面的第一篇论文是发表在 1958 年 3 月 1 日《人民日报》上的"不到园林，怎知春色如许——谈园林学"一文。

这篇文章富有诗意的题目出自汤显祖名著《牡丹亭》中，杜丽娘的著名唱词。

众所周知，钱学森同志是 1955 年 10 月回国的，在回国后不久他就在《人民日报》上发表文章，足见他对这方面的重视和关注。

钱学森作为在"两弹一星"方面做出杰出贡献的专家，工作十分繁忙。回国后他立即担任了中国科学院力学研究所所长，并投身于"12 年科学规划"工作，担任综合组组长。当时，他作了一个很精彩的关于核聚变问题的报告，为科学规划的制定出了许多好主意，特别是亲自起草和制定了关于火箭喷气技术的建立计划。这个计划实际上就是导弹技术的发展计划。当年郭沫若同志看到这个计划后诗兴大发，曾赋诗一首。

赠钱学森

大火无心云外流，望楼几见月当头。

太平洋上风涛险，西子湖畔景色幽。

突破藩篱归故国，参加规划献宏猷。

从兹十二年间事，跨箭相期星际游。

(摘自钱学森《科学的艺术与艺术的科学》)

很快中央就决定要搞导弹，钱老调任国防部第五院院长。

所以，钱学森是在工作十分紧张的情况下撰写"不到园林，怎知春色如许——谈园林学"这篇文章的。

在"不到园林，怎知春色如许——谈园林学"这篇文章中谈到了：

1. 把中国的园林和传统山水画联系起来了。

文章说：我们也可以用我国的园林比我国传统的山水画或花卉画，其妙在像自然又不像自然，比自然有更进一层的加工，是在提炼自然美的基础上又加以创造。

2. 园林学和建筑学都是介于艺术和工程技术之间。

文章说：园林学也有和建筑学十分类似的一点：这就是两门学问都是介乎美的艺术和

工程技术之间，是以工程技术为基础的美术学科。

3. 新时代的园林学要为广大人民服务。

文章说：我国的园林学是祖国文化遗产里的一颗明珠。虽然在过去的岁月里它是为封建主们服务的，但是在新时代中它一样可以为广大人民服务，美化人民的生活。

4. 园林学还要有新发展。

文章说：园林设计也决不会停留在前人的基础上，园林学还是要继续有新发展。

园林学是钱学森教授研究建筑科学的切入点，"谈园林学"一文作为钱老研究建筑科学的第一篇公开发表的文章，可以说对于建筑科学、山水城市等一些基本观点当时都已基本形成，只是到了后来，这里阐述的理念又有了新的发展。例如：把中国的山水诗词、中国古典园林建筑和中国的山水画融合在一起，创立"山水城市"的概念；例如，建筑科学是融合科学与艺术的大部门；又如，"山水城市"的为人民的社会主义内涵——要让大家安居快乐，不是少数人快乐，而多数人贫困；再如，在建筑和城市建设中充分引用现代科学技术，"山水城市"也是高技术城市等等观点。上述观点都是在这篇文章中已有了初步阐述，而后来又有了新的发展。

在这个阶段钱学森发表的另一篇文章是"园林艺术是我国创立的独特艺术部门"一文。这篇文章首先在《城市规划》1984 年 1 期公开发表。这是钱学森教授 1983 年 10 月 29 日在第一期市长班上讲话的一部分。当时钱学森教授讲授的题目为《城市建设与园林艺术》，内容分两大部分：第一部分讲的是用马克思创立的历史唯物主义、辩证唯物主义观点，科学地预见未来，共产主义必然代替资本主义，并通过我国"四化"建设的发展，农村的城镇化、现代生产、生活对人的素质要求说明三大差别的消灭，预见在建国一百周年前必然实现。第二部分着重讲述园林艺术问题。文稿是由当时市长班学员、合肥市副市长、园林专家吴翼同志根据录音整理的，原题为"钱学森同志谈园林艺术"。《城市规划》编辑部在 1983 年 11 月 26 日收到稿件后立即寄给钱学森请他审阅。后来公开发表的文章是经钱老亲自修改补充的。这就是题目为"园林艺术是我园创立的独特艺术部门"的文章。

这篇文章讲述了两个方面的问题。

1. 中国"园林"的概念与西方园林的区别。

文章首先说明中国园林不是建筑的附属品，园林艺术也不是建筑艺术的内容。他说：国外没有中国的园林艺术，仅仅是建筑物附加上一些花、草、喷泉就称为园林了。外国的 Landscape，Gardening，Horticulture 三个词都不是"园林"的相对字眼。

其次，明确了"园林"和"园林艺术"的含义。文章认为：园林艺术是更高一层的概念，Landscape，Gardening，Horticulture 都不等于中国的"园林"，中国的"园林"是他们这三个方面的综合，而且是经过扬弃，达到更高一级的艺术产物。

2. 钱老认为"中国的园林可以看成四个层次"：

第一层次是"盆景"——微型园林；第二层次是"窗景"；第三层次是"庭院"园林；第四层次是"宫苑"。

原稿第四层次为"公园"，当时，《城市规划》编辑部写信请示将"公园"改为"宫苑"。钱老来信表示同意。这说明钱老在学术作风上的虚怀若谷。

在这篇文章里，钱学森把园林和城市建设联系了起来。文章的开头说：园林是为城市建设服务的"。文章最后又说："要以中国园林艺术来美化城市。……让园林包围建筑，而不是建筑群中有几块绿地。"这实际上就是后来钱老再三阐述的"山水城市"的理念。应该用园林艺术来提高城市环境质量，要表现中国的高度文明，不同于世界其他国家的文明，这是社会主义精神文明建设的大事。……怎样才能使人体会到中国的社会主义精神文明呢？我认为要重视并搞好环境美，要充分应用祖先留下来的园林艺术珍宝。从这篇文章中，我们已经能够清晰地看到"山水城市"概念的雏形。

在《城市规划》1985年4期上又刊出了钱学森的另一篇文章："关于建立城市学的设想"。文章提出：我觉得要解决当前复杂的城市问题，首先得明确一个思想——理论。因为按照马克思主义原理，实践是要在理论指导下的，理论要联系实际，但必须有理论……有必要建立一门应用的理论科学，就是城市学。

几乎在钱老研究园林学和提出建立城市学的同时，他又提出了应该"研究园林式现代化城市"的问题。1984年11月21日钱学森同志在"为了2000年，我想到的两件事——致《新建筑》编辑部的信"中，所提出的第二件事就是"构建园林式的城市"。他在信中说："我从前讲过点这方面的看法。"（我想这可能就是指"谈园林学"和"园林艺术是我国创立的独特艺术部门"等几篇文章）。他又说："但近日读到《2000年的上海》，其中有一篇文章把这个问题发展了，讲得好。"最后，他在信中指出："要迎接中国的新时代，我们的建筑界同志不应该研究园林式现代城市吗？这也是时代对我们的挑战呵。"

1984年，钱学森开始是以"园林式现代城市"这样一个概念提出的。直到1990年才正式提出"山水城市"的概念。

如果从1958年钱老发表第一篇有关园林学的文章算起，直到1990年正式提出"山水城市"的概念，那么其孕育过程长达32年。

二、概念形成阶段（1990～1993年）

"山水城市"概念的正式提出，并见诸文字是钱学森1990年7月31日给吴良镛的一封信。信中有一段大家都很熟悉的话：

"我近年来一直在想一个问题：能不能把中国的山水诗词、中国古典园林建筑和中国的山水画溶合在一起，创立'山水城市'的概念？"又说"人离开自然又要返回自然。"

人们也许会注意到这句话前面用了一个"能不能"，最后用了一个"？"（问号）。正如后来他在信（1996年6月14日）中谈到6月4日会见我们的讲话时说："注意这是试探，不是结论。"这是钱老在学术上的谦虚。

这封信是在读了《北京日报》和《人民日报》关于菊儿胡同危房改建为"楼式四合院"的报道后写的。钱老读了这些报道后"心中很激动！"于是提出了振聋发聩的"山水城市"的概念。他在信中说：这是他"近年来一直在想的一个问题"，正如他在1995年11月19日的一封信中所说的那样："其实一个人的思想总有个形成过程，决非一朝一日事"。

事过近两年，钱老又先后给园林专家吴翼（1992年3月14日）、《美术》杂志编辑王仲（1992年8月14日）和中国建筑学会顾孟潮（1992年10月2日）写信再一次提出"山水城市"。他在给顾孟潮的信中说：

现在我看到，北京市兴起的一座座长方形高楼，外表如积木块，进去到房间则外望一片灰黄，见不到绿色，连一点点蓝天也淡淡无光。难道这是中国21世纪的城市吗？

所以我很赞成吴良镛教授提出的建议："我国规划师、建筑师要学习哲学、唯物论、辩证法，要研究科学的方法论"。也就是要站得高看得远，总览历史文化。这样才能独立思考，不赶时髦。对于中国城市，我曾向吴教授建议：要发扬中国园林建筑，特别是皇帝的大规模园林，如颐和园、承德避暑山庄等，把整个城市建成为一座大型园林。我称之为"山水城市"。人造的山水！当时吴教授表示感兴趣的。

也正是在这封信中钱老提出：中国建筑学会何不以此（注：指"山水城市"）为题，开个山水城市讨论会？

在钱学森的创议下，经过周密的准备终于在 1993 年 2 月 27 日在北京召开了"山水城市座谈会"。钱老对这次会议寄予很大的期望，会前来信祝会议成功。会议确实开得很好、很成功。这是一次有多学科专家、学者参加的会议，到会的 50 余位城市科学、城市规划、园林、地理、旅游、建筑、美术、雕塑方面的专家、学者以及作家、记者，有 27 位专家在会上发了言。钱老十分重视这次由中国城市科学研究会、中国城市规划学会和中国建设文化艺术协会环境艺术委员会联合召开的会议，虽然他因身体原因未能出席会议，但是仍然寄来了书面发言："社会主义中国应该建山水城市"。

钱学森在这篇书面发言中说：

这是把古代帝王所享受的建筑、园林，让现代中国的居民百姓也享受到。这也是苏扬一家一户园林构筑的扩大，是皇家园林的提高。中国唐代李思训的金碧山水就要实现了！这样的山水城市将在社会主义中国建起来！

文中又说：

山水城市的设想是中外文化的有机结合。是城市园林与城市森林的结合。山水城市不该是 21 世纪的社会主义中国城市构筑的模型吗？

正是这次"山水城市座谈会"和钱学森的书面发言为山水城市的概念的形成奠定了坚实的基础。

三、理论发展和推动实施阶段（1993 年以后）

钱学森同志在"山水城市座谈会"上发表的"社会主义中国应该建山水城市"一文进一步系统地、全面阐述了山水城市的概念。它对山水城市运动的发展具有深远的影响。有广泛的专家、学者参加的"山水城市座谈会"的召开标志着山水城市概念的基本形成，它大大地推动了山水城市运动的进一步发展。

在"山水城市座谈会"以后，钱老就对山水城市运动的推进提出了一系列构想。他在信（1993 年 4 月 11 日）中说：可以有多种形式的活动：办展览会，办学术研讨会，办高级建筑师培训班……后来又在信（1993 年 5 月 24 日）中说：现在既然明确地提出'山水城市'，那中国人就该真建几座山水城市给全世界看看……

事实上山水城市的进一步推进，在"山水城市座谈会"上就已经开始了。会上，清华大学朱畅中教授介绍了朱畅中、谢凝高、董黎明三位教授在进行海南通什市城市规划实践时，把它规划成一座山水文化旅游城市的构想和体会。钱老在答复他们的信中说："祝您们成功，把通什建成山水城市的样板！"

"山水城市座谈会"后的有关活动，大致可以分成理论的深化、宣传和山水城市的研究（这种研究大多结合当地情况）、实践两个部分。

1. 理论的深化方面：

(1)"立交桥—现代城市一景"座谈会的召开。

首先是钱学森来信(1994年1月16日)说：……可以说立交桥是现代城市的一景了。但此景怎样才能美化？将它们融入山水城市？后来又来信说：您应该发动专家们就此题(指山水城市)深化讨论下去。召开全国性的学术研讨会：'立交桥——现代城市一景'可以作为上述探讨的发端，我当然赞成。(1994年3月21日)要在10月召开"立交桥——现代城市一景"座谈会，当然是件大好事。(1994年7月25日)

在钱学森的倡议下"立交桥——现代城市一景"座谈会由中国城市科学研究会、中国城市规划学会和中国园林学会联会主办，1994年10月19日在北京召开。由于把城市立交桥的建设与山水城市联系了起来，并提出要结合我国传统的园林艺术，这就使讨论提高到一个更高的层次。会后钱老来信(1994年11月4日)说："立交桥——现代城市一景"座谈会由周干峙院士主持，开得很成功！引起专家们的认真议论实一幸事……

(2)"轿车与城市发展"学术讨论会的召开。

钱老来信(1994年12月4日)说：我近见报纸上对"轿车文明"有热烈讨论，我读后也颇有感慨……我们社会主义建设也一定要走这条路吗？

所以社会主义中国完全有可能避开'轿车文明'。这是城市学的一个大课题，您的研究会不该考虑吗？

根据钱老的意见，中国城市科学研究会于1995年3月16日召开了"轿车与城市发展"学术讨论会，《瞭望》1995年18期对讨论会作了报道。

(3)召开了《城市学与山水城市》再版发行座谈会。

在建设部领导的关心和中国建筑工业出版社的大力支持下《杰出科学家钱学森论城市学与山水城市》一书于1994年9月出版，首版不久即告售罄，于是中国建筑工业出版社又及时地于1996年5月出版增补版。一本学术著作，能在如此短的时间内再版，足见此书的强大生命力。

座谈会于1996年6月20日举行，中国建筑工业出版社社长刘慈慰主持了会议，建设部侯捷部长到会讲了话，吴良镛、周干峙两位院士作了书面发言，郑孝燮等不少专家发了言。钱学森对《城市学与山水城市》一书的再版十分重视，于会前接见了该书的编辑人员，并和我们作了一个小时的谈话。在再版发行座谈会上我们汇报了6月4日钱学森接见的情况。与会专家一致认为钱老的讲话内容十分丰富，是对建设领域工作的极大支持和推动。

由此可以看出，从1993年山水城市座谈会后连续三年我们每年都召开有关山水城市的研讨会，使山水城市的探讨逐步引向深入。

我国关于山水城市的探索，引起了国际学术界的广泛关注和重视。我在1993年天津召开的国际城市生态建设学术研讨会上系统地介绍了我国国内开展山水城市学术讨论的情况，引起与会国外学者强烈反响，得到德国生态控制论权威 Frederic Vester 教授高度评价。1995年9月的世界公园大会宣言中再次强调了"山水城市"的观点，足见国际学术界对此问题的重视。

有关山水城市理论的探讨，不仅报刊上有大量反映，而且电视和广播等媒体也都作了报道。电视、广播是影响极为广泛的大众传播媒体，对此钱老十分重视，每当去信告诉他，他都表示要亲自收看、收听。他在1996年9月15日的来信中说：经过大家的共同努力，山水城市及建筑科学的确受到重视。

对于山水城市能受到各方重视和引起大家支持的原因钱老分析说：

这次提出建筑科学大部门却引起大家的支持，山水城市也如此。什么原因？这是我们该好好反思的。

我想可能有两个方面的原因：

（一）居室及工作环境是人们都有日常体会的。您信中说的群众对您广播讲话的反应不就是这样吗？……

（二）从学科大部门来看，（这是学者们重视的）……建筑科学则是自然科学、社会科学和美术艺术的三结合，更复杂高超。

对于山水城市理论探讨的推进钱学森是什么态度呢？

他在来信（1995年10月25日）中说：山水城市的设想能被更多的人听接受和理解是件好事。但我们还要对山水城市做深入的探讨，逐步加深理论。

另一方面，他又说：但我也不会忘乎所以地乐观！对山水城市的说法也一定会有强烈的反对意见。（1995年1月25日的信）在这方面钱老是有充分的预见性的。

2. 实施的推动方面：

钱学森除了十分关注山水城市理论的深入探讨外，还十分重视山水城市的实践。他在"山水城市座谈会"上的书面发言就用了"社会主义中国应该建山水城市"这样一个命题。对此，他在一封信中说：中国古代山水文化是"出世"的，我们的"山水城市"是"入世"的。（1997年9月7日的信）

对于各地的山水城市实践，钱老都给以指导，提出具体的建议。1996年3月28日重庆市召开"创建山水园林城市学术研讨会"，钱老给重庆市城市科学研究会秘书长李宏林同志写了一封长信。对于江苏常熟市、山东章丘市山水城市的规划和建设他都写信提出指导性的意见。

钱学森对于山水城市建设的指导有一个特点，就是特别重视当前城市建设中出现的新鲜事物对山水城市理论的启示。北京市立交桥的大量建设，钱老就考虑，如何将立交桥融入山水城市（1994年1月16日的信）；1998年长江发生特大洪水，钱老就提出洪水对重庆、武汉山水城市建设的新启示（1998年9月28日的信）；在总结攀枝花"那样拔地而起、从无到有建设一座工业城市的经验"时，钱老提出："攀枝花市能建成为一座山水城市的吗？"还指出："我们应该这样去探索！"（1999年6月12日的信）

钱学森还十分重视山水城市实践中创造的经验，以丰富发展山水城市的理论。例如：他在1996年3月15日的一封信中说：我设想的山水城市是把我国传统园林思想与整个城市结合起来。要让每一个市民生活在园林之中而不是要市民去找园林绿地、风景名胜。所以我不用"山水园林城市"，而用"山水城市"。后来当钱老知道建设部已提出创建"园林城市"时，他来信说：我现在才知道：我国国家建设部已于1992年提出创建"园林城市"，几年来已在全国评审命名北京、合肥、珠海、马鞍山等8个园林城市。现在继重庆市之后自贡市又提出要建山水园林城市，很自然，重庆市和自贡市是不是要把城市建设再提高一级，从园林城市到山水园林城市？钱老在信中进一步提出：按此情况，似可把城市建设分为四级：

一级　　一般城市，现存的；

二级　　园林城市，已有样板；

三级　　　山水园林城市，在设计中；

四级　　　山水城市，在议论中（1996 年 9 月 29 日的信）。

从"山水城市"是我国城市环境建设的理想模式这个构想出发，钱老又进一步指出：我国要有山水城市想当在 21 世纪建国一百周年之际，我们从现在的园林城市，走过山水园林城市这一段，可能要 40 年时间。（1997 年 9 月 21 日的信）从此确定了城市环境建设：一般城市→园林城市→山水园林城市→山水城市的时间程序。因此钱老来信肯定说："我想我们来用"山水园林城市"这个词是合适的……"鉴于山水城市是远景努力的方向，所以钱学森又来信说：所以不要随便把"山水城市"加在任何在建的城市上，那是太不严肃的！从上面的阐述中，我们有理由可以充分说明钱老善于吸收山水城市理论和实践中不断涌现出来的经验，来丰富和发展自己的思想，使山水城市的理论不断趋于深化和完善。

以上是我最近学习钱学森同志山水城市思想的一点体会。山水城市的内涵极为丰富，须要我们认真挖掘，不断进行理论探索，不断从事建设实践，任务是长远的。

【参考文献】

[1] 鲍世行，顾孟潮 . 城市学与山水城市 ［M］. 北京：中国建筑工业出版社，1996. 5.

[2] 鲍世行，顾孟潮 . 山水城市与建筑科学 ［M］. 北京：中国建筑工业出版社，1999.6.

[3] 鲍世行，顾孟潮 . 钱学森论宏观建筑与微观建筑 ［M］. 杭州：杭州出版社，2000.

[4] 张劲夫 . 请历史记住他们——关于中国科学院与"两弹一星"的回忆 ［N］科学时报，1999-5-6.

21世纪中国城市向何处去

鲍世行

为了说明"21世纪中国城市向何处去",我想从五个方面进行阐述。

一、21世纪是城市的世纪

去年(指1997年)年底我到西欧去考察,走了一圈,在法国巴黎度过了难忘的圣诞节,看到埃菲尔铁塔顶上竖着"J738"几个闪光的大字。这是什么意思呢?就是说2000年只有738天了。它使我们强烈地感受到21世纪正在向我们大步走来,已经进入倒计时的时间了,所以,不少人都在研究和思索。各个部门、各个学科都在研究,包括我们研究城市的。一方面是回顾20世纪走过的路程,另一个方面展望21世纪,憧憬未来的世纪。

20世纪90年代,世界召开了两次高规格的会议,一次是1992年在巴西里约热内卢召开的世界环境大会,另一次是1996年在土耳其伊斯坦布尔召开的"世界人居二"会议。这次人居二会议被称为是联合国召开的本世纪最后一次全球性的会议。这次会议上,很多代表都认为,21世纪就是"城市的世纪"。未来世界经济的竞争,主要是城市与城市之间的竞争。很多代表讲到当前世界经济发展很快,预计到21世纪初,世界的人口将有60%住在城市里,只有40%的人口仍住在农村。这对世界来说,是一个根本性的变化,也就是说多数人将居住在农村的时代已经结束,现在进入了一个新的时代,多数人将居住在城市了。伊斯坦布尔会议的影响是深远的,它提出了很多问题是值得我们深思的。

21世纪的城市化有一个突出的特点,就是主要是解决发展中国家的城市化问题。因为对发达国家来说,他们城市化的任务已经基本完成了。很多国家城市人口的比例达到了80%以上,甚至90%。这样,发展中国家的城市化任务就突出起来了。所以说,21世纪城市人口的增长,主要是在发展中国家,是这些国家中的农民向城市集中。未来21世纪的百万人口以上的城市,主要也不是在发达国家了,而在发展中国家。有些专家预计,可能墨西哥城将成为世界上最大的城市。这里有两个问题值得我们注意。第一是城市化道路问题,因为发达国家走过的城市化道路是让农民破产,然后强迫他们进入城市。工业发展是走先污染、后治理的道路。这是一条不可取的路,连他们自己也这样认为。所以,发展中国家就应该根据自己的具体情况,走一条新的道路。城镇化过去称城市化,是受批判的,现在写入了《国民经济和社会发展第十个五年计划》,这是一方面;另一方面,对发展中国家的城市化来说,一则喜,一则忧。因为城市化的来到,是经济发展、社会进步的表现,这一点发达国家是如此,发展中国家也一样,但是另一方面,发展中国家的经济发展本来就比较滞后,这种过早的城市化的来到,可能在城市化的过程中会带来一系列的问题,就是城市的质量是否会急剧地下降。即农村人口大量涌入城市,城市人口迅速膨胀和集中,但是国家经济还没有发展到那个地步，于是"城市病"可能会漫延。总之，21世纪的城市化应该走什么道路？未来城市是什么模式？这是大家关心的一个问题。

二、世界注视着中国

1. 13亿人口国家的城镇化。

刚才讲了21世纪是城市的世纪，其特点主要是发展中国家的城市化。这里突出的问题是13亿人口的中国的城镇化问题。这确实是令全世界都十分关注的问题，因为中国的城镇化进程已经逐步进入加速发展的阶段。城市发展很快，城镇化的高速发展即将来到。大家都知道，城市化发展进程是呈"S"形的曲线。在城市化发展初期，在漫长的时间里，城市人口的增长和集中是比较缓慢的。当城市化水平达到30％以后，直至60％是加速发展的阶段，到60％以后，又进入缓慢发展的阶段，就是像"S"形的曲线。现在中国的城镇化水平已经超过20％，接近30％，已经开始逐步进入加速发展的阶段，所以，城市正面临着新的转型期。

在经济高速发展的同时，城镇化的速度也在加快，城市规模迅速膨胀，城市的经济、社会和空间结构正在发生着深刻的变化，城市的面貌日新月异。这个大家可能都有感受。北京是这样，离开北京，其他城市也都是这样。世界各地像中国这样，脚手架多，吊车多，全国像个大工地的国家可能是不多的。在台湾省，高层建筑也不多，台北火车站旁边有一栋"新光保险"，高雄建成的也只一栋。脚手架多的，除了中国，大概就是德国柏林了，因为首都将从波恩迁到柏林，因此有一个庞大的建设规划。可以说我国城市现代化已经逐步提到日程上来了，这是一个了不起的事情。

预计到21世纪初，我国将有50％的人生活在城镇里。13亿人口中有6.5亿左右的人生活在城镇里。它意味着中国数千年农业文明的社会基础彻底结束。随之，中国的现行政策和行政体系都将变化。这对人类来说是历史性的事件，是史无前例的事情，它对人类、对世界历史都将产生巨大的影响，这是毫无疑义的。

在城市发展的同时，人口膨胀，住宅紧张，交通拥挤，能源、水源匮乏，环境恶化等一系列问题也正在困扰着我们。有识之士呼吁，在经济、社会高速发展的同时，应该冷静地分析一下形势，认真地研究一下城市发展的理论和战略。特别是中共中央提出的"两个根本转变"的思想，即经济体制由计划经济向社会主义市场经济转变，经济的增长方式由粗放型向集约型转变，就是这两个转变对城市发展到底有什么影响？中国的城市发展向何处去？

2. 资本主义国家城市发展已经走到尽头。

资本主义国家城市发展走过了一段漫长的道路。用费孝通同志的话来说，资本主义的文化到了21世纪已经走到了绝境，物和人已经处在对立状况，现在有许多事情已经不好解决。几年前，他讲了一个故事。他说，"武则天"电视剧中，武则天快要死时，考虑皇位让给谁，她让上官婉儿穿上龙袍。她说："你不行，太瘦了。"他用这个故事来说明我国今后的问题。就是上官婉儿太瘦了不行。"太瘦了"这句话是发人深省的。就是说上一代要传给下一代，下一代配不配？资本主义城市的发展出现了很多问题，他们把目光转向东方文化，把希望转到东方文化，转到悠久的中国传统，中国配不配穿这件龙袍？如果你不觉得这件龙袍将要传给你了，或者你太瘦，都不行。费老的这句话有很深邃的意思。对中国来说，这是个机遇，又是个挑战。我们自己认不认识这个历史责任？看到了自己的文化特色是什么？例如，天人合一的思想，重视自然环境和人工环境的协调发展，包括"山水城市"的问题。有些人可能并不认识到"山水城市"的巨大历史意义和现实意义。

3. 东方传统文化的巨大魅力。

最近西方学者不断想到东方来，特别是到中国来。很多学术会议也在中国召开，这和几年前的情况完全不一样了。1999年，国际建协主办的世界建筑师大会要在中国召开。这对建筑界、规划界是一件大事情。去年，我们和美国学者共同研究中国的传统文化，他们对东方文化有浓厚的兴趣。

三、山水文化和山水城市

研究山水城市首先要研究山水文化。为什么中华民族对山水有一种特殊的感情？如果溯源的话，要追溯到中华民族原始宗教中崇拜山川之神的表现，中华民族对山川有一种既亲合，又敬畏的心理。随着历史的发展和科学技术的发达，这种敬畏的成分越来越减弱、退让，而亲合的成分越来越占据了主导地位。这种山水意识从原始宗教开始，在中华民族发展历史中甚至可以作为一种基因来看待。

为什么中华民族的山水意识特别强烈呢？

第一、在我国国土上有众多的名川大山。这种自然环境培育我们的祖先具有强烈的山川意识。"山无大小，皆有神灵，山大则神大，山小则神小也。"（《抱朴子·登涉》）

第二、中华民族是一个农耕为主的民族，主要是农耕文化。农耕文化受自然条件的制约，依赖自然，人们赖以生存的物质资源的获得，大部分都跟自然山水有密切的关系。

第三、我国自古以来就是一个多灾的国家。在当时（既使现在也仍然如此），人们无法抗拒大的自然灾害，因此，只能用祭祀的方法来祈求。《左传》："山川之神，则水旱厉疫之害，于是乎崇之。"认为各种自然灾害是自然之神的意志和情绪的表现，是山川神对世人行为不满的惩罚。

自古以来，我国的统治阶级对山川也十分崇拜，除了祭天以外，对名川大山也作为一种神来祭祀。这些对整个民族都有深刻的影响。例如，传说舜曾巡视"五岳"（《尚书·舜曲》），殷墟卜辞中有祀山的记录。《史记》、《汉书》中都有祭祀名川大山的详细记载。另外，从宗教来说，我国历史上最盛行的是道教和佛教，影响也最深远。道教和佛教虽然不是直接地以山川作为崇拜的对象，但是他们的基本理论、理想境界、修习方式和教徒的日常生活都是和自然山水发生十分密切关系的。特别是道教，道教的得道成仙，他们构想的仙境，其名称都是现实生活里的名山大川。"仙境"实际上是名山胜水的升华。他们的求仙修道活动也都离不开清悠的山水环境。所以，道教教徒的日常生活和精神都离不开大自然的山水。佛教是外来的宗教。佛教一传入我国就跟道教的隐逸思想相结合了，与崇尚自然的玄学合流，特别到了魏晋时，玄佛合流，所以佛教的建筑也在深山幽谷里。"天下名山僧占多"，大的寺院都在名山大川之间。他们都在与世隔绝的自然环境里坐禅诵经，习静苦修，所以，自然山水成了佛教文化里很重要的组成。

讲到山水文化时，也应讲到中国哲学中的山水观，其中集中地反映在孔子说的一句话，即"智者乐水，仁者乐山"。这句话对后世产生了深远的影响，它深刻地代表了儒家对山水的看法。这句话的原文是，子曰："智者乐水，仁者乐山。智者动，仁者静。智者乐，仁者寿。(《论语·雍也》)孔子这段话是从"君子"的人格修养上来说明"智者"与"仁者"所具有的和各有侧重的品质特征。"智者"之所以"乐水",是因为水具有川流不息的"动"的特征。而"智者不惑"(《论语·子罕》),捷于应对,敏于事功,同样具有"动"的特点。"仁者"之所以"乐山",是因为长育万物的山具有宽厚阔大,巍然不动的"静"的特征。而"仁者不忧"(《论语·子罕》),宽厚得众,稳健沉着,同样具有"静"的特点。从山水文化的角度来看,值得注意两点:①由山与水的各自特征引发出动、静这一对矛盾范畴,丰富了山水在中国文化中具有的哲学内涵;②把山水深深地染上了儒家的哲学色彩。

中国古代学者十分重视山水自然环境对自己的熏陶,因而素有"江山助诗人,诗人助江山"之说。墨客骚人得湖山秀水之助,笔下生花,山水得诗人之助,增色添彩。

"乐水"、"乐山",还形成了南方、北方的不同地域性格。"动观流水,静观山"。终日处在流淌起伏的水的环境中,必然会使人浮想联翩,跃跃欲动;而整日看着苍茫雄浑的山,容易使人安静,因而形成端庄沉厚的心态。所以南方人重智慧待人亲切,见机行事,以功利处事;北方人重德行,待人诚朴,一诺千金,以"仁"、"义"为本。表现在书法方面,南方出了龙蛇飞舞的草圣张旭,双管齐下的张璪和狂草大师祝允明,北方则出了铁划银钩的楷家名家颜鲁公、柳公权,看来都不是偶然的。

所以,可以说山水文化已成为我国国民性格的有机组成部分。

上面讲的是山水文化,下面再讲山水城市。"山水城市"这个概念,最早是由钱学森教授在1990年给北京清华大学吴良镛教授的信中首先提出的。他说:我近年来一直在想一个问题。能不能把中国的山水诗词、中国古典园林建筑和中国的山水画融合在一起,创造"山水城市"的概念。在这里钱老提出了融合中国古代山水诗词、古典园林和中国山水画,创造"山水城市"的问题。以后,1992年他给美术界王仲的一封信中又说:所谓"山水城市"即将我国山水画移植到中国现在已经开始、将来更应发展的、把中国园林构筑艺术应用到城市大区域建设,我称之为"山水城市"。这种图画在中国从前的"金碧山水"已见端倪,我们现在更应注入社会主义中国的时代精神,开始一种新风格为"城市山水"。艺术家的"城市山水"也能促进现代中国的"山水城市"建设,有中国特色的城市建设——颐和园的人民化!"在这里钱老讲到的主要是把我国传统的山水画移植到城市建设的问题,是"城市山水"与"山水城市"的问题。后来他又在给中国建筑学会顾孟潮的信中提出:"要发扬中国园林建筑,特别是皇帝的大规模园林,如颐和园、承德避暑山庄等把整个城市建成为一座超大型园林"。

在这里不仅涉及中国古代山水诗词、古典园林、中国山水画与城市建设的结合,而且还涉及自然环境与人工环境的结合,涉及传统文化与现代文化结合,涉及自然科学与人文科学的结合,涉及科学与艺术的结合,涉及物质文明与精神文明结合等方面。

我国自古以来在城市建设中就十分重视城市与山水的结合。北京的"银锭观山"就是一个很好的例子。站在城市中,在银锭桥边,能够想到城市郊区的西山。因此,"银锭观山"成了一景,这种民族特有的对山水的敏感是我国长期山水文化潜移墨化影响教育的结果。

请看作家老舍对北京的感情吧!他在1936年6月"想北平"一文中是这么写的,"我真爱北平。这个爱几乎要说而说不出的。我爱我的母亲。怎么爱?我说不出。在我想做一件讨他老人家喜欢的事时,我独自微微地笑着;在我想到他的健康而不放心的时候,我欲落泪，言语是不够表现我的心情的，只有独自微笑或落泪才足以把内心揭露在外面一些来……"。在说到北平的好处时，老舍说："北平的好处不在处处设备得完全，而在它处处有空儿，可以使人自由地喘气；不在有好些美丽的建筑，而在建筑的四周都有空闲的地方，使它们成为美景。每一个城楼，每一个牌楼，都可以从老远就看见。况且在街上还可以看见北山与西山呢！"这就是作家老舍在北京街上看到西山、北山，看到一个城楼，看到一个牌楼时的感情。老舍先生还说："是的，北平是个都城，而能有好多自己产生的花、菜、水果，这就使人更接近了自然。从它里面说，它没有像伦敦的那些成天冒烟的工厂；从外面说，它紧连着园林，菜圃与农村。采菊东篱下，在这里，确是可以悠然见南山的；大概把"南"字变个"西"或"北"，也没有多少了不得的吧……"最后他写道："好，不再说了吧；要落泪了，真想念北平呀！"这就是老舍对北京的真实感情和他为什么爱北京的道理。

再说其他的城市，如江苏常熟这个历史文化名城，虞山、尚湖拥抱着这个古城，所谓"十里青山半入城，七溪流水皆通海"，城市布局做到了与自然山水的完美融合。

再如广州，城市背靠越秀山，南临珠江水，也是一个山水相依，山环水抱的山水城市。古人认为广州"负山滞海"，"负山险，阻南海……可以立国"。因此，清代屈大均用"五岭北来峰在地，九洲南尽水浮天"的诗句来赞誉广州宏伟壮观的地理环境。对于城市规划、建设中重视山水自然环境的优秀传统，我们应该很好地继承和发扬。

城市是地球上最大的人工环境，山水是最大的自然环境，两者完美的结合是人类最大的课题。杭州是著名的山水城市。杭州这个城市和西湖就是最完美的结合。它是千余年来广大市民，特别是文人墨客长期经营的结果。杭州西湖的文化内涵十分丰富。这些文化内涵集中地体现在"西湖十景"之中，这当然也包括近些年来，经广大市民选评的"新西湖十景"。西湖十景反映了春夏秋冬的景色、阴晴雨雪的情景和动物植物的生机盎然，而且经文人诗词吟咏，刻石建碑，绘画音乐的渲染，更显其深厚的文化内涵。

西湖周围南北有两山，西部有大片湿地，三面环抱着城市。南北两山，南山有净寺、雷峰塔，北山有昭庆寺和宝俶塔，南北各有一寺一塔，显得十分和谐。

改革开放以来，拨乱反正，改变了不敢谈"城市美学"的极左影响，力图改变"千城一面"的状况，不少城市开展了"城市特色"、"城市风貌"的研究。认真回顾这些探索和研讨，大致可以划分为两个阶段。第一阶段主要是20世纪80年代。我们在研讨城市特色时，主要还只着眼于城市中的建筑物。从时代精神、民族特色和地方风格出发，探讨建筑的高度、体量、色彩、风格、标志性建筑的布局、城市天际线以及建筑小品等，致力于建筑文脉的继承与发扬，地方建筑特色的发掘与创造，民族审美观与民族建筑形式的探索与研究等。这些研究当然是必要的，是很有意义的。例如，20世纪80年代我们在宁夏回族自治区首府银川召开过探讨银川城市特色的研讨会。这次会议开得很务实，对银川的城市建设起到了很好的指导作用。大家知道，银川是信仰伊斯兰教的回族聚居的城市，历史上曾经是西夏国的首府，认真研究汉族和回族（以及历史上的西夏民族）在建筑审美观念上是不完全一样的，这些在现代建筑中也应该有所反映，这样才能体现这个城市的特色。进入20世纪90年代以后，我们的视野不仅涉及建筑，而且更重视城市中自然环境与人工环境的协调和结合。有的城市在总结自己城市特色时，提出"山、水、城"的结合，有的提出"碧海、蓝天、绿树、红墙、灰瓦……"。这种在研究城市特色时，从仅注重建筑（人工环境），发展到注重城市与山水（自然环境与城市人工环境）的结合，是一个很大的突破。所以，可以说进入 20 世纪 90 年代，也就是开展山水城市讨论以后，城市发展模式的讨论，城市环境美学的讨论，进入了一个新的阶段。

兰州市在 1993 年 9 月和 1996 年 8 月开过两次"城市特色研讨会"，这两次会议的突出特点是不仅涉及城市中的建筑物，而且还论及政治、经济、文化，谈到城市的地理位置、山川形置、风土人情、城市历史、城市性质、功能、布局等等。会上特别注意到兰州作为一个带状城市，有南北两山和从城市中间通过、横贯城市的黄河——兰州的母亲河，为此，必须做好城市滨河绿带（包括滨河路）和南北两山的绿化、美化，这两篇大文章。我们还在长沙研究过长沙的城市特色，讨论更多集中在湘江两岸滨江带和湘江中的沙洲（包括橘子洲）。这些自然环境与人工环境的结合部确实是城市的"风光带"。从某种程度上来说，山水自然环境在决定城市特色风格方面比城市中的建筑更显重要。所以美国华裔著名建筑师贝聿铭回到苏州后说："苏州之所以成为苏州的关键在于水，建筑还是其次的。"

不久前我去了河南南阳，南阳滨临白河，他们把城市的中心广场布置在白河之滨，河道用橡皮坝闸起，形成宽阔的水面。这对城市环境和小气候都将产生良好的影响，更有意思的是在河道中间保留了一个沙洲供鸟类栖息。这个规划不仅考虑了今人的需要，而且还考虑到后人的需要；不仅考虑人类的需要，而且还考虑了生物多样性的需要。鸟类是人类的朋友，它忠实地履行着优化环境、平衡生态的天职。有人说，没有了鸟类也就没有了人类，从这个意义上讲，鸟类就是我们人类的明天。所以说，在城市规划中考虑生物多样性的需要是规划思想的一个飞跃、一个进步、一个突破、一个提高。

在古代，人类靠狩猎为生，到了近现代，人们更是利用现代科学技术，肆无忌惮地进行大规模掠夺。在发展生产中，破坏了环境，使许多生物遭到灭顶之灾。与此同时，人类也为自己建造了一个钢筋混凝土、玻璃的人居环境，人类进入了一个误区。未来的世纪应该是和平的世纪，不仅人类社会要实现和平相处，人与自然、人与其他一切生物也要实现和平相处，使 21 世纪能成为真正的和平的时代。因为，这个世界不仅是人类的，也是地球上所有生物共有的。人应该和这些生物和谐共处。

福州市最近着手实施了"显山露水"工程。大家都知道，福州在历史上形成了"三山鼎立，两塔对峙，一线贯穿，西湖独秀，闽江横陈"的颇具特色的城市空间艺术布局。福州又称"榕城"。早在北宋英宗年间，福州太守张伯玉为治理旱涝灾害，而"编户植榕"使福州城内"绿荫满城，暑不张盖"，成为"融山、水、城、林于一体的城市。最近他们提出要"显山露水"，使"三山、两塔、一条江"的特色突显出来，做到"城在山中，山在城中，城在水边，水在城里"。最近"显山露水"工程已经启动。他们把环福州的名胜左海公园而建的占地 6000 多平方米的"西游记宫"全部拆除，取代的是青青的绿草皮。媒体在报道时说：如今，"西游记宫"已不复存在，驾车行进在左海西边的马路上，恰如水上行舟，宽阔的马路、大面积的草坪和微波轻荡的湖面连成一体，再向远处望去，湖天连接，青山相亲，画意天成。其实最关心这项"工程"的是广大的市民。住在"西游记宫"对面的一些市民几乎天天都到工地去看工程进度。他们说："拆掉了煞风景的'西游记宫'，真是为老百姓办了一件大好事。""显山露水"工程的实施表明了我们认识的变化，表明了领导和市民素质的提高。

我们在做城市设计时要布置和安排建筑物，但更重要的是安排好显露山水自然风光，使城市和山水融合在一起，这样才是真正的山水城市了。上面讲到老舍先生说到北京的好处时，就是北京处处有空儿，可以使人自由地喘气……就是在建筑的四周都有空闲的地方，使它们成为美景。每个城楼，每个牌楼，都可以从老远就看见。况且在街上还可以看见北山与西山呢！这就是作家老舍心中北京的显山露水。但是在文革时期，北京曾经拆除了白塔寺的山门，并把它改建为副食商店，当时还作为节约用地的经验加以推广介绍。前几年，一些城市还在城市绿地周围搞开发，把这种蚕食绿地的行为美其名曰"周边开发"。用商店、宾馆把公共绿地严严实实地遮挡起来。有的地方甚至对市区的烈士陵园也不放过，后来因为人大代表的反对才作罢。最近一些城市在大搞"拆墙透绿"、"还我绿城"，北京白塔寺前的副食商店正在拆除，白塔寺回复了原来的面貌，这些都是十分可喜的现象。

四、山水城市的核心

1. 山水城市讨论的实质

随着山水城市讨论的不断深入，"山水城市"的内涵不断地被揭示出来。通过几年的讨论人们认识到讨论山水城市的实质就是要解决中国未来城市发展的模式问题。早在1992年10月钱老在给顾孟潮的信中就响亮地提出："中国21世纪的城市向何处去"的问题。

对于人类聚居环境，古今中外都有很多研究，很多论述，可以说一直是一个热门话题。特别是近代城市的出现，城市研究更趋广泛、更趋科学。

人类通过长期的摸索和实践，找到了"城市"这种居住环境模式，这比之过去是一种较高的形式。人类在这里较好地解决了生活和生产问题。生产协作好、效率高，得到了比过去任何时候都要快的发展，人们在这里过着比过去更加丰富多采的生活。但是，这种经济空前发展是以牺牲自然环境为代价获得的，城市在繁荣的背后隐藏着一系列病症。联合国前秘书长安南（Kofi Annanl）曾经说过：城市可能是主要问题之源，但可能也是世界某些最复杂、最紧迫的问题得以解决之所在。

人类对自身的认识是十分浅薄的，所以要发展人体科学，同样，人类对自己的聚居环境的认识也是十分浅薄的，所以要发展城市科学。

山水城市的讨论，就是要解决建设有中国特色的社会主义城市的一个大课题，这是新世纪的一件大事。

2. 山水城市的核心

关于山水城的核心，我曾经把它概括为："尊重自然生态，尊重历史文化；重视现代科技，重视环境艺术；为了人民大众，面向未来发展"三句话，对此我还写信向钱学森教授请教，后来他的回信肯定了这一点。

我在给钱学森的信中还说："对于'山水城市'一定要全面地、正确地理解，并非仅是一些具体的挖湖堆山。"钱老在复信中说：我想这也是放大眼光，从现代科学技术的体系来看'山水城市'，要站得高、看得远，运用马克思主义哲学、辩证唯物主义！这就需要建立起现代科学技术体系中的第11个大部门——建筑科学部门。（1996年6月3日来信）

下面我分别就这几方面谈谈看法。

（1）尊重自然生态，尊重历史文化。

这是山水城市的基础。自然生态是山水城市的物质基础，而历史文化则是精神基础。

有的同志在给钱学森教授的信中说："我不太赞成'生态城市'的提法"。他认为：

"'生态城市'这个概念太混沌。"(《城市学与山水城市》第542页)后来钱学森在给这位同志的信中说:这期刊物(指《华中建筑》1995年3月)首篇胡兆量的文章讲生态城市的问题,我认为也很好。因为生态城市实是我说的山水城市的基础——物质基础。建设山水城市要靠现代科学技术,例如,现在正兴起的信息革命就可以大大减少人们的往来活动,坐在家里就能办公,因此有可能在下个世纪解决交通堵塞,空气噪声污染,从而大大改进生态环境。(《城市学与山水城市》第573页)

人离开自然又要返回自然。(《城市学与山水城市》第47页)

城市生态是山水城市的出发点和归宿。钱学森在另一封信中说:现在我看到,北京市兴起的一座座长方形高楼,外表如积木块,进到房间外望一片灰黄,见不到绿色,在一点点蓝天也淡淡无光。难道这是中国21世纪的城市吗?(《城市学与山水城市》第77页)所以钱学森建议:要发扬中国园林建筑,特别是皇帝的大规模园林,如颐和园、承德避暑山庄等,把整个城市建成为一座超大型园林。我称之为"山水城市"。(《城市学与山水城市》第77页)

关于历史文化。钱学森很重视精神文明建设,很重视历史文化的继承与发展。在文章和信件中曾反复提到。1988年12月8日他为文物古迹、风景名胜和历史文化名城写信给郑孝燮先生,谈的就是历史文化问题。(《城市学与山水城市》第25页)1990年7月31日他为菊儿胡同危旧房改建的成功而心中很激动,写信给吴良镛先生,谈的也是历史文化问题。(《城市学与山水城市》第47页)他在1994年6月8日又给顾孟潮写了一封长信畅谈建筑文化。(《城市学与山水城市》第460页)他在一封信中,号召我们:要站得高看得远,总览历史文化。(《城市学与山水城市》第77页)他在另一封信中又为怎样继承我国文化传统而忧心忡忡。他说,我翻看这期《建筑师》,也感到今天我国建筑师对怎样在继承我国历史悠久的文化传统之基础上,又开拓前进,创造出21世纪的中国建筑文化,似尚无明朗的认识。(《城市学与山水城市》第462页)他说:中国建筑文化的新的辉煌时代恐怕要等到21世纪20年代才会到来。(《城市学与山水城市》第461页)

中华民族不仅有悠久历史和灿烂文化,而且也是善于从文化的角度观察问题分析问题的民族。例如我们有那么多菜系,这是多么丰厚的饮食文化啊!听说我国还有2000多个剧种(更不要说剧目了),每个剧种还有不同的流派。这样璀灿的戏剧文化在世界各国也是少有的罢!最近我从《文汇报》(1998年2月23日)上读到作家冯骥才的文章题目是:"年,不能再淡化了——从杭州开禁鞭炮说起"一文,这是从崭新的视点,从"文化"的角度审视禁放鞭炮的问题,值得一读。有时从"文化"的角度来审视和观察问题,会有新的认识,进入新的境界。山水城市就要从历史文化的角度,来继承和发扬祖国的优秀传统。

(2)重视现代科技,重视环境艺术。

钱学森曾说过:城市是科学的艺术和艺术的科学。作为一个科学家他十分重视现代科学技术对城市的改造。他来信向我介绍这方面的材料(《城市学与山水城市》第63页)。关于现代科技的利用,钱老多次在信中谈及,例如,1992年11月29日给我的信中谈到:用现代电子技术可以使人享受奇特的幻境,而所谓Virtual Reality;我称之为'灵境技术'。(《城市学与山水城市》第81页)钱老在另一封信中还说:建设山水城市要靠现代科学技术,例如现在兴起的信息革命就可以大大减少人们的往来活动,坐在家里就能办公,因此有可能在下个世纪解决交通堵塞,空气噪声污染;从而大大改进生态环境。(《城市学与山水城市》第 573 页)钱老还在另一封信中说：我想讲要有中国文化，并不排除在建筑和城市建设中充分引用现代科学技术，相反，我们应将二者融合一体，构筑 21 世纪的'山水城市'。(《城市学与山水城市》第 544 页)

钱学森在信中还反复说明，山水城市也就是高技术城市。他说："山水城市"还要充分引用现代科学技术成果，也是高技术成果。(1996 年 6 月 30 日给扬国权的信)不能忘记现代科学技术的创造力。(1997 年 9 月 7 日给鲍世行的信)我们说的山水城市如果不用 21 世纪的科学技术，就不可能实现。我们新一代建筑师们要充分发扬高新技术的可能作用呵！(1997 年 6 月 30 日给顾孟潮的信)他在 1997 年 8 月 7 日给朱畅中先生的信中还指出：我想山水城市也是新世纪的大事，所以它必然也是高新技术建筑的城市。

现代科学技术不仅给城市带来有利的一面而且也可能带来负面的影响，对于这一点钱学森也充分估计到。例如，他在 1994 年 12 月 4 日给我的信中说：我近见报纸上对"轿车文明"有热烈讨论，我读后也颇有感慨！我从前在美国 20 年，对他们的"轿车文明"是有体会的：一方面生活必需，另一方面又带来污染、噪声、杂乱拥挤。40 年代听说西欧对"轿车文明"多有指责。但到 1987 年我到英国和当时的西德，则"轿车文明"也同样在那里泛滥！我们社会主义建设也一定要走这条路吗？(《城市学与山水城市》第 479 页)。此后城市科学界也展开了一场关于"小轿车进入家庭问题"的讨论。这场讨论不仅涉及当今轿车工业的发展方针以及小轿车进入家庭后可能给城市带来的一系列影响，而且还涉及未来信息社会可能给城市带来的影响。

关于城市环境艺术涉及内容较多，这里我着重说说整体美、特色美和意境美的问题。

关于整体美钱学森不少论述。他在 1994 年 7 月 28 日给我的信中有较多的涉及。他说：城市建设要有规划，要搞城市学的研究，都是说整体考虑的重要性。城市也是一个大系统，没有系统的整体考虑怎么行！这里要满足一个城市系统的特殊要求，即城市整体景观。这就涉及艺术了。

古代帝王，不论在中国还是在西方国家，为了显示王朝的威仪，也非常重视帝京的整体布局……。

北京不是要夺回古都风貌吗？不研究整体美行吗？……

立交桥的景如何搞？也要与其所在城区的整体景观相协调，只能形成整体景观美，而不能不协调。(《城市学与山水城市》第 463～464 页)

以上几条讲的"整体布局"、"整体景观"都是讲的整体美。

钱学森在讲到城市要从整体考虑，要研究整体美外，还讲到：每个城市都要有自己的特色……。他在 1993 年 12 月 22 日给中国建筑工业出版社的信中说：在 80 年代我就提出城市建设要全面考虑，要有整体规划，每个城市都要有自己的特色。他在描述对首都北京的热爱时，首先也是从这种特色美出发的。他说："在前后 53 年中，曾无数次到中山公园北面筒子河旁的树荫下，坐望紫禁城，看城上的建筑，看那构筑别致的城上角楼，真有说不尽的滋味。"(《城市学与山水城市》第 112 页)。"但也慢慢感到旧城没有了，城楼昏鸦看不到了，也有所失！"他对梁思成热爱北京古城也"深有感触"。最后钱老语重心长地说："中国古代的建筑文化不能丢啊！"

意境美是中国文化的精髓，它是较高层次的美的境界。

钱学森在谈到山水城市必须要有意境美时说：山水城市则是更高层次的概念，山水城市必须有意境美！何谓意境美？……意境是精神文明的境界，在文艺理论中有许多论述讲意境。这是中国文化的精华！（《城市学与山水城市》第573页）后来吴良镛先生在谈到这些观点时说："读之发人深省"，"我们的城市建设不能没有意境美，不能没有文化精神，失去了它就是城市就成了'混凝土森林。'这是对我们工作的严厉批评。"（吴良镛在《城市学与山水城市》一书再版座谈会上的发言："全社会发展人居环境科学"。）

（3）为了人民大众，面向未来发展。

"为了人民大众"是发展山水城市的目的，"面向未来发展"是发展山水城市的落脚点。

钱学森教授在"社会主义中国应该建山水城市"一文中，在谈到借鉴中国古代园林建筑的手法后说：这是把古代帝王所享受的建筑、园林，让现代中国的居民百姓也享受到。这也是苏、扬一家一户园林构筑的扩大，是皇家园林的提高。……这样的山水城市将在社会主义中国建起来。可见建设山水城市是为了广大的老百姓，这一点和古代中国建设颐和园，避暑山庄只为了少数帝王这是根本的不同。"（《城市学与山水城市》第91页）18世纪封建统治阶级能够建造并享受的生活环境，21世纪的社会主义中国理应能够实现，广大市民应能生活、工作、学习和娱乐其中。

关于钱老有关山水城市的人民性的论述，下面我再举几个例子：

"对中国传统的人居环境因是在封建社会，要区别达官贵人与老百姓，您在文中讲的是上层人物的居室，决不是平民百姓家。这一点很重要。社会主义中国的人民是平等的，因此这个传统决不能照样承继下来，而是取其长，再与现代科学技术成就结合起来，成为中国的现代城市——"山水城市"。（1998年8月6日给沈福煦的信）

"书中重点似在中国过去帝王、达官贵人的旅游，对一般老百姓的旅游则很少论及。今日我们讲旅游则与过去百姓家的旅游更相近，所以似不应忽视。（1996年1月21日给高公华的信）

"中国的山水文化也是中国古代文化的一部分，因此也只为人口中极少数人所能享受，一般平民老百姓是不能的，所以是大约占人口1‰的人的文化！而我们说的"山水城市"则是属于广大老百姓的。（1997年9月7日给鲍世行的信）

在资本主义发达国家，大资本家住在自己的庄园、别墅里，而穷人连住房都没有。（1997年4月6日给鲍世行的信）

"山水城市"不是建造中国过去有钱人的园林，也不是今日国外大资本家的庄园。""要让每个市民生活在园林之中，而不是要市民去找园林绿地、风景名胜。（1996年3月15日给李宏麟的信）

关于面向未来发展

山水城市是21世纪有中国特色的城市，那么钱老又是怎样描绘当时的城市呢？

钱老在1993年10月6日给我的一封信中说：所谓21世纪，那是信息革命的时代了，由于信息技术、机器人技术以及多媒体技术、灵境技术和遥作技术（belscience）的发展，人可以坐在居室通过信息电子网络工作。这样住地也是工作地，因此，城市的结构将会大改变，一家人可以生活、工作、购物，让孩子上学等都在一座摩天大厦，不用坐车跑了。在一座座容有上万人的大楼之间，则建成大片园林，供人散步游息。这不也是"山水城市"吗！（《城市学与山水城市》第199页）

最近，钱老在另一封给我的信中对21世纪的社会主义中国的城市作了进一步阐述。他说：山水城市是 21 世纪的城市，那么 21 世纪的社会主义中国将是什么样的国家？首先是消灭贫困，人民进入共同富裕，然后要考虑到两个产业革命的巨大影响。钱老说：一是信息革命，即第五次产业革命，使绝大多数人不用天天上班劳动，可以"在家上班"。二是农业产业化，即第六次产业革命，使古老的第一产业消失了，成为第二产业；这也就是您信中说的农村转化集中成为小城镇。这样我国人民将都住在城市：全国大多数人住在小城镇，大城市是少数，上千万人口的特大城市，全中国有几个而已。（1996 年 9 月 29 日给鲍世行的信）

这就是钱学森给我们描绘的未来的山水城市。

3. 山水城市的分期

山水城市既然是我们 21 世纪理想的城市模式，那么研究如何实现这个理想的步骤就十分必要了。这个具体步骤钱学森是这样设想的。他在给我的一封信中说：我想现在江泽民同志已明确了我国社会主义初级阶段的构想，这是全党的决策。按照这一构想，我国要有山水城市相当在 21 世纪建国一百周年之际，我们从现在的园林城市，走过山水园林城市这一段，可能要 40 年时间（1997 年 9 月 21 日给鲍世行的信）。

按钱学森的设想，把山水城市的建设分为四个阶段，并按此四个阶段进行规划建设。

一级　一般城市　现存的
二级　园林城市　已有样板
三级　山水园林城市　在设计中
四级　山水城市　在议论中

（1996 年 9 月 29 日给鲍世行的信）

我认为，目前我国尚处在社会主义初级阶段，因此，一般城市可将"园林城市"作为近期城市环境建设的目标，远期可按"山水园林城市"的目标来规划建设，而"山水城市"则作为 21 世纪社会主义中国城市的远景构想，作为最高奋斗目标，"山水城市"的要求应该更高一些。当然每一个城市，在研究确定和城市各个阶段的目标时，则应该根据本城市的具体情况，认真研究确定。

五、山水城市讨论的一些特点

如果从 1990 年 7 月钱学森院士给吴良镛先生的那封谈山水城市的信算起，关于山水城市的讨论已经 8 个年头了。这次山水城市的讨论主要有哪些特点呢？

1. 关于山水城市的讨论虽然召开了几次主题研讨会，也有不少学者撰写了专著、论文，可是大量地是以通信的方式进行的。我们在 1996 年 5 月出版的《城市学与山水城市》第二版一书中共收入书信 94 封，其中大部分是关于山水城市的。在一版前言中写道："书信，是一种古老而至今仍然十分重要的信息传递方式。当文明尚处于人类褓褓时期，人们已开始用实物进行通信。这是因为，通信能够以简朴、鲜明、准确、迅速的方式传递重要的信息。本书（指《城市学与山水城市》一版）收入杰出科学家钱学森教授关于城市学与山水城市的 20 余封信件，再次证明书信是人类文化的瑰宝。钱老的这些书信，对于我国城市科学理论的建构与城市建设的实践均有着极为重要的学术理论指导价值和历史文献史料价值。"

2. 多家言。在编辑《城市学与山水城市》一书时，钱老强调"这是一本多家言的文集"。因此，这次山水城市的讨论，既是钱老倡导，又是多家言，这是又一个突出的特点。

"山水城市"这个崭新的概念首先是钱学森先生倡导的，科学家的振臂高呼起到了振聋发聩的巨大作用。钱老的信件和著述有很多思想的闪光，确实启人心智。吴良镛先生在"山水城市与21世纪中国城市发展纵横谈"一文中，开头就说："钱学森先生数年来对中国城市科学提出了一系列的见解，颇有启发，并切中时弊，推动我们的城市研究。"（《城市学与山水城市》第241页）

由于钱学森极高的威望，这次学术讨论有众多学科的学者参加，特别是城市、建设、园林、生态、地理、文学等学科，如此广泛的学科来围绕一个主题讨论，这本身就是一件十分有意义的事情。讨论涉及的范围也很宽广，论及城市规划、城市生态、城市经济、建筑、城市交通、城市文化、城市美学等等。

多学科的讨论使讨论大大地引向了深入。但是，由于多学科、多部门参加，难免带着专业或部门的不同见解和观点。大家如果仔细研读有关山水城市的书籍，就会发现这种因专业或部门带来学术见解的分歧。我们认为这是一种正常的现象、可喜的现象。我们在编辑相关文集时，根据百家争鸣的原则，保留了各种不同的看法，我们相信读者自会有自己的判断和结论。不同的观点会有助于讨论的引向深入，有助于认识的深化和理论的提高，也有助于学术争鸣的环境和气氛的形成。吴良镛先生在一次座谈会上说："天下一致而可虑，同归而殊途。"

3. 既重视理论的探讨，又重视规划建设实践。

恩格斯说："一个民族要想站在科学的最高峰，就一刻不能没有理论的思维。"

"山水城市"的内涵十分丰富，需要我们通过讨论不断作理论的发掘。大家知道，我们在翻译"山水城市"时，采取了音译的办法，把它译成 Shan-shui City，就是避免望文生意，只从狭义上来理解"山水城市"。

但是，另一方面钱学森又十分重视山水城市的实践，他在1993年5月24日给我的信中说：现在既然明确地提出'山水城市'，那么中国人就该真建几座山水城市给全世界看看。

在钱学森的号召下，不少城市已经明确提出建设山水城市、山水园林城市或园林城市作为城市建设的战略目标。一些城市已经开始启动这项工作。更可喜的是经过认真研究、确定以山水城市为建设目标的重庆市城市总体规划方案，最近在首届城市规划部际联席会上讨论通过，并在会上获得好评。山水城市的运动正在方兴未艾地向前推进。

4. 我国关于"山水城市"的讨论已引起国际学术界的重视和高度评价。当然山水城市讨论对国内外、境内外的影响有些是直接的、有些是间接的。例如，台湾提出要把台湾的城市建成青山青水的山水城市，他们派遣20余位专家由台湾省建设厅厅长带领赴欧洲考察学习。又如美籍华人规划师卢伟民先生曾在台湾、日本、美国等国际学术会议多次作过关于"山水城市"的学术报告。他还以"山水城市"的理念指导台中市中兴新城的规划设计。不久前我赠送他《城市学与山水城市》一书，他对大陆讨论山水城市的情况很感兴趣。1995年，在日本名古屋召开的世界公园大会宣言中明确地提出了山水城市作为"亚洲式的一种花园城市"。足见山水城市提出的保持良好生态环境，保持历史文化传统，坚持可持续发展，已成为世界城市发展的历史潮流。（1998年在北京城乡规划委员会主办"北京城市规划、勘察设计学术沙龙"上的讲话）

山水城市——21世纪中国的人居环境

鲍世行

一、山水城市的构想

20世纪进入90年代，正值世纪之交，人们都在回眸即将逝去的世纪走过的历程，展望和迎接新的世纪，总结经验和教训，探索今后城市化发展的道路和城市发展的模式。

在中华大地掀起的这场关于21世纪社会主义中国城市发展模式的讨论中，有各种观点，而其中钱学森院士提出的"山水城市"是最强音。

关于"山水城市"的构想，最早是在1990年7月31日钱学森教授给北京清华大学吴良镛教授的信中提出来的。他说："我近年来一直在想一个问题：能不能把中国的山水诗词、中国古典园林建筑和中国的山水画融合在一起，创造'山水城市'的概念。"[1]

如何正确理解"山水城市"的概念？不同学科、不同专业的专家、学者，从不同角度有不同的认识。

城市生态专家认为：山水城市是具有中国特色的生态城市[2]。

城市园林专家认为：山水城市是园林化的升华，园林化是山水城市的基础[1]。他们认为：山水城市是从城市建公园到城市变成公园[2]。

建筑专家认为：山水城市的灵魂是"中国特色"，它既要有良好的生态环境，又要塑造完美的人文环境，做到两者并重[2]。

城市规划专家认为：山水城市的核心是处理好城市与自然的关系[2]。

总之，专家们认为：建山水城市是要使城市人工环境与自然环境有机地结合起来[2]。

有的专家更是形象地认为：由于城市化的进展，人们用钢铁和混凝土造就了大量的人工"山水"，这里的"山"就是钢铁的大厦，"水"就是道路上滚滚如潮的车流。"山水城市"的概念就是要协调好这些钢铁、混凝土的山水和自然山水之间的关系[2]。

也有的专家认为：不能把山水城市只理解为与自然的关系问题，还要理解它的文化、艺术方面的内涵[3]。

更有专家认为：山水城市的涵义，虽然目前有待进一步明确，但正因其概念上的模糊，才显得博大精深，需要我们努力探索[2]。

"山水城市"是代表"人与自然"，代表"生态与人文"，代表"科技与艺术"，代表"历史与未来"，代表"物质与精神"，代表钱老"为老百姓"的思想。总之，钱老的"山水城市"思想博大精深，有很大的包容性，值得我们长期、深入地研究探索[4]。

实际上钱学森教授对山水城市的概念有很多非常具体的阐述。

为此，笔者曾写信求教钱老。钱老回信说：您说山水城市的核心精神主要是：尊重自然生态，尊重历史文化。重视现代科技，运用环境美学。为了市民大众，面向未来发展。对于这一点一定要全面地、正确地理解，并非仅是搞一些具体的挖水堆山。这很好！

（1）关于城市生态和历史文化。钱老曾经说过：生态城市实是我说的山水城市的基础——物质基础。[1]　他还说过："现在我们看到，北京市兴建的一座座长方形高楼，外表如积木块，进到房间外望一片灰黄，见不到绿色，连一点点蓝天也淡淡无光。难道这是中国21世纪的城市吗？所以，人离开自然又要返回自然[1]。为此，要发扬中国园林建筑，特别是皇家的大规模园林，如颐和园、承德避暑山庄等，把整个城市建成为一座超大型园林。这称之为"山水城市"[1]。

钱学森曾说过：要站得高看得远，总览历史文化。[1]　他又为怎样继承我国文化传统而忧心忡忡。他说：我翻过这期杂志，也感到今天我国建筑师对怎样在继承我国历史悠久的文化传统之基础上，又开拓前进，创造出21世纪的中国建筑文化，似尚无明朗的认识。[1]所以，他说：中国建筑文化的新的辉煌时代恐怕要等到21世纪20年代才会到来。[1]　这里钱老讲的就是关于历史文化的问题。

（2）关于现代科学技术和环境美学。钱学森作为杰出的科学家反复地说明，山水城市也就是高技术城市。他说：山水城市还要充分引用现代科学技术成果，也是高技术城市。[2]他还说：我想山水城市也是新世纪的大事，所以它必然也是高新技术建筑的城市。[2]

关于城市环境艺术，涉及内容较多，这里着重说说整体美、特色美和意境美问题。

钱学森讲到：古代帝王，不论在中国还是在西方国家，为了显示王朝的威仪，也非常重视帝京的整体布局。[1]　他还说：北京不讲究整体美行吗？在讲到立交桥的景观时，他说：也要与其所在城市区的整体景观相协调。[1]　这里讲的"整体布局"，"整体景观"，都是讲的整体美。

钱学森还讲过：每个城市都要有自己的特色。[1]　在讲北京的城市特色时，他说到在中山公园北面筒子河旁的树荫下，坐望紫禁城，看城上的建筑，看到那构筑别致的城上角楼，真有说不尽的滋味。他还语重心长地说：中国古代的建筑文化不能丢啊！[1]

意境美是中国文化的精髓，它是较高层次美的境界。钱学森说过：山水城市则是更高层次的概念，山水城市必须有意境美！……意境是精神文明的境界。这是中国文化的精华！[1]

（3）关于为了老百姓和面向未来。钱老在谈山水城市时说：这是把古代帝王所享受的建筑、园林，让现代中国的居民百姓也享受到。18世纪封建统治阶级能够建造并享受的生活环境，21世纪的社会主义中国理应能够实现，广大市民应能生活、工作、学习和娱乐其中。[1]　在这里山水城市是为广大市民的本质溢于言表。

至于面向未来的问题，钱老多次说过山水城市是21世纪有中国特色的城市，而且对21世纪的社会主义中国有过非常具体的阐述。

以上就是钱学森院士给我们生动描绘的21世纪社会主义中国的山水城市。

在讲到钱老的山水城市思想时，有必要介绍一下有关的著作，这就是《杰出科学家钱学森论城市学与山水城市》和《杰出科学家钱学森论山水城市与建筑科学》两本书，总共150多万字。前者1994年9月初版，1996年5月增订版；后者1999年6月出版。根据钱学森的意见，这是两本"多家言"的书，不仅有钱老的论文、信札，而且还包括其他专家学者的相关文章。2001年6月，又出版了《论宏观建筑与微观建筑》一书，此书仅收入钱老的有关城市与建筑的论著，并辅以必要的注释。在短短的几年内有如此丰硕的成果，而且有的书一经面世，不久即告罄，因而再版，这在当前学术界还是少见的，足见它的强大生命力。

二、时代背景与文化背景

1. 时代背景

（1）21世纪是城市的世纪　　1996年在土耳其伊斯坦布尔召开了世界人居二会议。这次会议被认为是联合国召开的20世纪最后一次全球性会议。在这次会议上，很多代表在展望21世纪时都认为，"21世纪是城市的世纪"。很多代表讲到当前世界经济发展很快，预计到21世纪初，世界人口将有60％住在城市，只有40％住在农村。这对世界来说，是根本性的变化，是一个里程碑，也就是说多数人住在农村的时代已经结束，现在进入了一个新的时代，多数人住在城市了。未来世界上经济的竞争主要地将表现为城市与城市之间的竞争。

（2）世界关注中国的城镇化　　21世纪的城市化有一个突出的特点，即主要是解决发展中国家的城市化问题。因为对发达国家来说，城市人口增长的任务已经基本完成了。很多发达国家城市人口的比例达到了80％以上，甚至90％以上。这样，发展中国家的城市化任务就突出起来了。所以说，21世纪城市人口的增长，主要是在发展中国家，是这些国家中的农民向城市集中。21世纪的百万以上人口的城市，主要也将在发展中国家了。有些专家预计，可能墨西哥城将成为世界上最大的城市。这里有两个问题值得我们注意。第一是城市化道路问题，因为发达国家走过的城市化道路是让农民破产，然后强迫他们进入城市。工业发展是走先污染、后治理的道路。这是一条不可取的路，连他们自己也这样认为。所以，发展中国家就应该根据自己的具体情况，走一条崭新的道路，这是一方面；另一方面，对发展中国家的城市化来说，一则喜，一则忧。因为城市化的到来，是经济发展、社会进步的结果和表现，这一点发达国家是如此，发展中国家也应如此。但是，发展中国家的经济发展本来就比较滞后，这种过早的城市化的到来，可能在城市化的过程中会带来一系列的问题，就是城市的质量可能会急剧地下降。即农村人口大量涌入城市，城市人口迅速膨胀和集中，但是国家经济还没有发展到那个地步，于是"城市病"可能会蔓延。总之，21世纪的城市化应该走什么道路？未来城市是什么模式？这是大家关心的一个问题。

我国的城镇化走过了一条曲折的道路。但是，总的来说成绩是巨大的。中国工程院评选了25项"20世纪中国的重大工程技术成就"，"城镇化"成就榜上有名[5]。

城镇化是城市发展的必由之路。党和政府对此十分重视，在"十五"计划中有专章论述，这就进一步明确了实施城镇化战略的目标、要求和方针。13亿中国人民如何走出一条城乡居民共同富裕、城乡经济共同繁荣的富有中国特色的城镇化道路。这是世界瞩目的事。

（3）在转型期的中国提出"山水城市"绝非偶然　　在这里笔者给大家介绍上一个"世纪之交"发生在西方的一次关于城市发展方向的讨论。有意思的是它和这次世纪之交发生在中国的大讨论有许多十分类似的地方。

大家知道，英国是最早实现资本主义工业化的国家，而那次讨论的两个代表人物都是出生在工业革命的发祥地——英国。

这两个人是谁？一个叫霍华德（Ebenezer Howard）（1850～1928年），另一个是盖迪斯（Patrick Geddes）（1854～1932年）。盖迪斯比霍华德小4岁，他们两人都活了78岁，是同时代的人。

当时的一些先进工业国家，城市化已经开始高速发展起来，1850 年城市人口占总人口 11.6%，1900 年已达 26%。由于人口迅速向城市聚集，带来许多的城市问题，如住房匮乏、交通拥挤、环境恶化等。但是，当时的一些建筑师却对此反应迟钝，他们只热衷于局部地区的规划设计竞赛和小规模的住宅区改善。倒是一些政治家、思想家、"业余爱好者"和"外行"看到了问题的本质，并进行了可贵的探索，他们无愧为"先驱者"。其中霍华德是一个富有社会理想的职员，他的职业是速记员，但是他却发表了《明日的田园城市》(Garden Cities of To-morrow)这部著名著作(1898 年 10 月初版，1902 年第二版)。田园城市的出发点在于向往和缔造具有城市和乡村优点，又避免两者缺点的"新型社会城市"。另一位是生物学家盖迪斯，他是积极的社会活动家和教育改革家，他的著名著作是《演变中的城市》(Cities in Evolution)(1915 年出版)，他的贡献在于强调区域调查，并最早推动区域规划研究；他还提出生态问题和城市进化理论。他提出的"我们不仅要'煤气和自来水'，而且要'阳光和空气'"的观点，耐人寻味，发人深思[6]。

遗憾的是这些作为城市规划先驱的思想，在当时并未被人们充分认识，一直到第二次世界大战前后，他们的著作才一而再、再而三地出版，特别是在 1942～1944 年由 P·艾伯克隆比(P. Abrcrombie)主持的大伦敦地区的规划方案中汲取了霍华德和盖迪斯的关于周围地域城市作为城市规划考虑范围的思想，体现了城镇群的概念[7]。盖迪斯的学生刘易斯·芒福德(Lewis Mumford)(1895～1990 年)则使他们的思想影响流传得更深远。

历史有很多惊人的相似之处，和百年前一样，最近的一个"世纪之交"，中国的经济和社会也正处在"转型期"，城市化的进程也开始进入高速发展的阶段。因此，在中国由钱学森先生提出"山水城市"思想，绝非偶然。因为他和上述两位"先驱者"一样都是阅历广博、富有想象力、思想家式的人物[1]。所不同的是霍华德是一个空想社会主义者，盖迪斯是进化论者，而钱学森则是马克思主义者。钱老自觉地运用马克思主义哲学作为指导，把城市和区域看作开放的复杂巨系统，通过现代科学技术体系的分析，才提出了"山水城市"的概念。

2. 文化背景

(1) 中华民族对山水的特殊感情　为什么中华民族有特别强烈的山水意识呢？这是因为，第一，我国国土上有众多的名山大川。第二，中华民族是农耕为主的民族，农耕文化受自然条件的制约，依赖自然；人们获得赖以生存的物质资料，大多与自然山水有密切关系。第三，我国自古是一个多灾的国家，古人认为各种灾害是山川神对世人行为不满的惩罚。

我国自古以来，把名山大川作为一种神来祭祀，传说中舜曾巡视"五岳"。

宗教(道教、佛教)的基本理论、理想境界、修习方式和教徒的日常生活都和自然山水发生十分密切的关系。宗教中"仙境"的理念，实际上是名山胜水的升华，所以人们说，"天下名山僧占多"，就是这个道理。

孔子说："智者乐水，仁者乐山。"它反映了中国传统哲学中的山水观，深刻地代表了儒家对山水的看法。"动观流水，静观山"。精神品格不同，对山水之趣的爱好也就迥然有异。这里把山水也人格化了。

中国古代的文人学者十分重视山水环境对自身的熏陶，通过山水进行修身养性的修养。

（2）中国古代在城市的选址命名规划中都凸显山水文化　中国的许多城市名称都与山河有关，如：鞍山、牡丹江。山之南称阳，山之北称阴，水之北称阳，水之南称阴，如：洛阳、汉阳、丹阳、江阴、淮阴等。还有辽源、济源、汉口、汉中、临海等都无不与山水有关。

中国古代城市选址，首先要考虑城市与山水的关系。管子称："凡立国都，非于大山之下，必于广川之上。高毋近旱而水用足，下毋近水而沟防省。"

中国古代文人墨客描绘城市特色，抓住了山水环境：

济南——"一城山色半城湖"；"家家泉水，户户垂杨"；"三泉鼎立，四门不对"。

苏州——"万家前后皆临水，四槛高低尽见山"。

常熟——"十里青山半入城，七溪流水皆通海"。

杭州——"水光潋滟晴方好，山色空濛雨亦奇"。

绍兴——"三山万户巷盘曲，百桥千街水纵横"。

（3）我国文化的特色之一是综合艺术　国画是绘画、诗词、书法、金石的综合艺术；京剧是"唱念做舞"以及脸谱、戏装、音乐、舞美的综合艺术；中国饮食文化强调"色香味形"具全，这些都体现了东方艺术的综合性。

中国古代不少城市、风景名胜区和园林都有"八景"、"十景"之说。这种"集景文化"始于隋唐，盛于两宋，明清都有发展，它是风景、建筑、绘画、音乐的综合艺术。例如："西湖十景"体现了四时朝暮、阴晴雨雪、生物多样性等深邃意境，文人墨客为之吟诗绘画、作曲题咏、立碑勒石、建台筑栏，蕴涵着丰富的传统山水文化。

端午佳节的龙舟赛和有清华、北大参加的国际大学生皮划艇比赛，同是划船比赛却是两种不同的氛围，它深刻地代表了东西方两种不同的文化背景。也许您参加过潍坊国际风筝节，当你见到那栩栩如生的蜈蚣、蝴蝶、燕子状的风筝和西方几何形风筝翩翩飞舞在同一片蓝天上时，你就会体会到中西方迥然不同的文化韵味。

自有人类以来，人们一直在探索着两个有着切身关系、却又难以解决的问题：人们不断加深对自身的了解和研究，治病强身，发展医学、预防医学、养生医学，这就是人体科学；自从人类从树上走下来，从山洞里走出来，人们也一直在探索适合自己生存、生活的环境的研究和营造，发展建筑学、城市学，这就是人居环境科学（或称建筑科学）。

人体科学与人居环境科学是两门互相联系、关系十分密切的学科。

从狩猎、采集到农耕社会，再到工业社会，生产力在不断提高，人口在不断聚集。人们通过实践摸索到"城市"这种特殊的人居环境模式。可能只有城市，才是最理想的人居环境。但是事实并非完全如此。虽然城市由于巨大而集中，创造了高度的文明，它给人们带来了高度的生产力，提供了丰富多彩的选择，生活方便和舒适，同时也带来了众多负面影响，环境在不断恶化，各种疾病环生，人们的身体素质每况愈下。城市人口规模的扩大，为疾病的流行提供了土壤。可以说人类聚集的历史，同时也是疾病增加的历史，这一点已成为研究人体科学和人居环境科学者的共识。人们开始思考，离开了自然又要返回自然。

随着现代科学技术的发展，创造物质文明的速度愈来愈快。由于竞争的激烈，人们过分地把注意力倾向于物质文明的发展，而精神文明的创造是需要继承和积累的，它不可能凭空创造出来。可是近年来，我们在生产力高速发展的同时，不少祖先创造的历史文化在我们手中毁掉了，其规模之大，速度之快，也是空前的。我国是一个具有悠久历史和丰富文化的国家，保护好历史文化是我们这一代人不可推卸的历史责任。

中国古代很重视山水文化，强调山水环境对自身提高素质、陶冶性情的作用。在养生方面又强调"养生莫若养性"。在养性方面，又强调山水的作用，"诗书悦心，山林逸兴，可以延年"。所以"山水城市"是现代文明和我国传统文化结合的体现，是21世纪具有中国特色的城市发展模式。

【参考文献】

[1] 鲍世行，顾孟潮. 城市学与山水城市 [M]. 北京：中国建筑工业出版社，1996.

[2] 鲍世行，顾孟潮. 山水城市与建筑科学 [M]. 北京：中国建筑工业出版社，1996.

[3] 鲍世行，顾孟潮，涂元季. 钱学森论宏观建筑与微观建筑 [M]. 杭州：杭州出版社，2001.8.

[4] 北京大学现代科学与哲学研究中心. 钱学森与现代科学技术 [M]. 北京：人民出版社，2001.231.

[5] 韩冰洁. 二十世纪我国重大工程技术成就评选揭晓 [N]. 中国建设报，2001-12-21(1).

[6] 金经元. 近现代西方人文主义城市规划思想家 [M]. 北京：中国城市出版社，1998.

[7] 中国大百科全书出版社编辑部. 中国大百科全书·建筑 园林 城市规划卷 [M]. 北京：中国大百科全书出版社，1988.89.

钱学森与建筑科学

鲍世行

一、建筑科学的提出与现代科学技术体系的架构

1. 建筑科学大部门的提出

1996年6月12日，钱学森教授在给钱学敏的一封信中，谈到一本关于山水城市的书的时候说：不久前（6月4日下午）我同这本书的两位主编（指笔者和顾孟潮）面谈，"那天我们谈得很开心"。兴奋之情跃然纸上。

当天谈了什么问题，致使钱老如此开心呢？他在这封信中说："我们想到可能要确立一门新的科学技术——建筑科学。""这是现代科学技术体系中的第11个大部门。这是融合科学与艺术的大部门。"

那么，为什么要提出"建筑科学"这个科学技术的大部门呢？钱老在1996年7月14日给钱学敏的信中说："提出第11大部门是强调马克思主义哲学的指导。""现代社会主义中国要有新时代的建筑，新时代的城市。""不能跟着洋人跑，也不能迷于中国古代皇宫、富家园林、北京四合院、江南水居。"他还说："目前这一部门中的现实问题很多，要用马克思主义哲学来推进其解决。"

在这之前钱学森教授曾提出过一个包括十大现代科学技术体系的构想图（图1）。这十个大部门都分别包括基础理论、技术科学和应用技术三个层次。这十个大部门又各自通过自然辩证法、唯物史观、数学哲学、系统论、认识论、人天观、地理哲学、军事哲学、社会论（后来称"人学"）和美学十座桥梁通向马克思主义哲学。

让我们追溯钱学森对现代科学技术体系构想的发展过程。

早在20世纪70年代末、80年代初，钱老就开始思考和研究现代科学体系的问题。钱老的出发点是要"建立起一个科学体系，并运用这个科学体系去解决中国社会主义建设中的问题"。

在1982年以前，钱学森教授在谈到科学技术体系时，是把现代科学技术仅划分为自然科学、社会科学、数学科学、系统科学、思维科学和人体科学六个大部门。在1986年的一篇文章中，钱学森教授说："后来发现这还不够，忘了我们这些穿军装的了，把军事科学忘了……军事科学到马克思主义哲学的桥梁是军事哲学。"钱老又说："文艺作品不是科学。但是，研究文艺的文艺理论是科学。文艺理论到马克思主义哲学的桥梁就是美学。"还说："今年初，我发现这八门科学、八个桥梁还是不够，发现还有个行为科学……马克思主义行为科学到马克思主义哲学的桥梁，如果暂时起不出更好的名称，就叫它社会论。"[1]

1986年，在第二届全国天、地、生学术讨论会上，钱学森教授又正式提出地理科学作为科学技术的一个大部门。这样与自然科学、社会科学、数学科学、系统科学、人体科学、

思维科学、军事科学、行为科学，还有文艺理论并列，就成为十个现代科学技术大部门。

从这里可以看出，随着实践和认识的发展，这个"现代科学技术体系"是会发展的。而建筑科学作为第 11 个大部门的提出是现代科学技术体系发展的一个新的高度。

在 1996 年 6 月 4 日以前，钱老在构想现代科学技术体系时，一直把建筑包括在文学艺术之中。1982 年钱老说："我曾在谈到科学技术的体系时，把现代科学技术划分为六个大部门：自然科学、社会科学、数学科学、系统科学、思维科学和人体科学，扩大了传统的科学体系。与这相似，我想文学艺术也有六个部门。"[2] 钱老认为，这六个文学艺术大部门是，小说杂文、诗词歌赋、建筑艺术、书画造型艺术、音乐和综合性艺术。在说到建筑艺术时，钱老认为："另一个文学艺术的大部门是建筑艺术。我想这不宜只包含土木构筑，还应把环境包括在内，也就是园林艺术，它们本来是一个整体，不能分割。因此这个部门应该称为建筑园林。"[2]

1984 年，钱老把技术美学和园林艺术包括在文艺内[3]，1986 年，又把烹饪和服饰美容包括在文艺之内[4]，1987 年，又增加了书法[5]，这样文艺就有了 11 个部门。

总之，从 1982 年以来，不管把文学艺术分成多少个部门，钱老都是把建筑和园林包括在文学艺术这个大部门之内的。

至于城市规划和城市学，在 1996 年以前，钱老都把它们分别划入地理科学的应用技术和应用理论层次[6,7]。

综上可以看出，把建筑、园林与城市三个部分作为建筑科学成为现代科学技术体系中的第 11 个大部门独立出来，确实是认识上的一大飞跃。它对于建筑科学理论体系的建立具有巨大的推动作用。

2. 建筑科学大部门学科体系的架构

提出建筑科学这第 11 个现代科学技术的大部门，就有必要增补现代科学技术体系的图表。1996 年 11 月 6 日《人民日报》发表钱学敏"钱学森论科学思维与艺术思维"一文时，披露了钱学森教授增补完成的现代科学技术体系的整体构想图(图 1)。

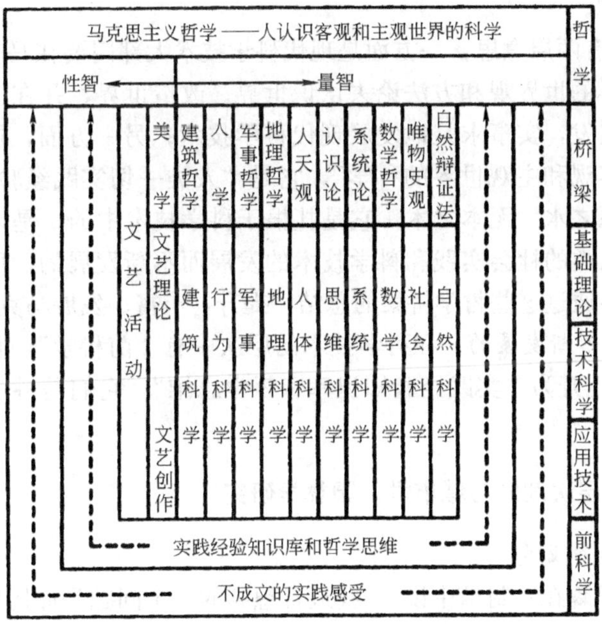

马克思主义哲学——人认识客观和主观世界的科学	哲学
性智 ←→ 量智	
美学 / 建筑哲学 / 人学 / 军事哲学 / 地理哲学 / 人天观 / 认识论 / 系统论 / 数学哲学 / 唯物史观 / 自然辩证法	桥梁
文艺活动 / 文艺理论 / 文艺创作 — 建筑科学 / 行为科学 / 军事科学 / 地理科学 / 人体科学 / 思维科学 / 系统科学 / 数学科学 / 社会科学 / 自然科学	基础理论 / 技术科学 / 应用技术 / 前科学
实践经验知识库和哲学思维	
不成文的实践感受	

图 1　现代科学技术体系构想图

认真研读这些内涵十分丰富、意义十分深刻的图表，我们可以体会到：

（1）钱学森教授对建筑科学给予充分的重视　钱老把建筑科学与自然科学、社会科学等部门并列，作为第十一个大部门列入了现代科学技术体系，具有深远意义。

现代科学技术体系的建立是伟大的创新行动。钱学森教授早在 20 世纪 80 年代中期的一次座谈会上就说过：“我上面讲的整个知识体系的结构大大超出传统的知识分类法，是经典著作中没有的，是不是‘离经叛道’呢？离经的罪名可能逃不了了，因为‘书’上没有呀；但我自以为不是叛道，是根据马克思主义的普遍原理阐释与发展的。”[8]

（2）建筑科学是科学与艺术相融合的一个大部门　“这一大部门学问是把艺术和科学揉在一起的，建筑是科学的艺术，也是艺术的科学”[9]。钱老把人类全部科学技术知识分成性智和量智两个部分，其中，文学艺术理论和文学艺术创作属性智，而其他九个部分则属量智。现在他把建筑科学置于性智与量智之间，可能也是基于上述出发点。

钱老在讲到“建筑是科学的艺术，也是艺术的科学”时说：“所以搞建筑是了不起的，这是伟大的任务。我们中国人要把这个搞清楚了，也是对人类的贡献。”[9]

（3）建筑科学也有基础理论、技术科学和应用技术三个层次　钱老在“关于思维科学”中说：“由于人认识客观世界是为了改造客观世界，我们划分层次可以按照是直接改造客观世界，还是比较间接地联系到改造客观世界来划分。这就是理论的层次——基础理论层次，直接改造客观世界的工程技术——应用技术层次和介乎这两者之间的技术科学层次。”[10]

关于建筑科学内部的三个层次的组成，钱老在 1996 年 6 月 4 日接见我们时就提出，第一层次是真正的建筑学，第二层次是建筑技术性理论，第三层次是工程技术。钱老的这次讲话为建筑科学体系的架构奠定了基本格局。

（4）“建筑哲学”是建筑科学通向马克思主义哲学的桥梁　钱老说：“真正的建筑哲学应该研究建筑与人、建筑与社会的关系。”[9]　建筑哲学就是要用马克思主义的世界观和方法论来认识建筑，是要用辩证唯物主义和历史唯物论的观点和方法来看待问题，是要解决为谁服务的根本问题。

所谓“桥梁”，有两层意思，一方面是现代科学技术大部门要在马克思主义哲学的指导下，也就是要用科学的世界观和方法论去认识世界、改造世界，并在实践中检验我们理论的正确性，从实际出发，实事求是地发展现代科学技术；另一方面，钱老认为：马克思主义哲学是“人认识客观和主观世界的科学”，它是“人类一切实践经验的最高概括”。马克思主义哲学不是无源之水、无本之木，它是扎根于科学技术中的，是以人的社会实践为基础的，它是要随着人类的社会实践和科学技术的发展而不断发展的。所以，各个科学技术大部门的发展，也会通过这些哲学桥梁的总结、提升，丰富、发展马克思主义哲学。

（5）科学技术是不断发展的　在科学技术的层次中有“前科学”，它包括了“不成文的实践感受”，它将再上升为“实践经验知识库和哲学思维”。它们是科学技术发展的基础和前提。

二、建筑科学的层次划分与城市学、园林学研究

1. 建筑科学的层次划分

1998 年 5 月钱学森在一封信中说：“我近日想到的一个问题是如何把建筑和城市科学统归于我们说的‘建筑科学’……我建议将‘城市科学’改称为‘宏观建筑’（Macroarchitecture)，而现在通称的'建筑'为微观建筑（Microarchitecture）。"[11] 同时，钱老在讲到园林时也多次把它和城市与建筑联系在一起。他说过"它们本来是一个整体，不能分割。"因此，钱老所称的"建筑科学"实际上包括了城市、建筑和园林三个部分。

至于建筑科学的层次划分，钱学森教授在1996年6月4日接见我们时说："我们是不是可以建立一门科学，就是真正的建筑科学，它要包括的第一层次是真正的建筑学，第二层次是建筑技术性理论，包括城市学，然后是第三层次是工程技术，包括城市规划。"对于第一层次，即基础理论的层次，钱老把它称之为"真正的建筑学"。既然称为"真正的建筑学"，它当然是一门年轻的学科，这就给我们提供了广阔的探索空间。由于建筑科学包括了城市、建筑和园林三个部分，它理所当然地也应该包括真正的建筑学、真正的城市学和真正的园林学三个部分。

1996年9月钱老在一封信中曾说过：对建筑科学，其基础理论层次的学问，可以是多门学问，不必限于一门学问，例如在自然科学这另一个大部门，其基础理论层次就有物理学、化学、生物学……所以在建筑科学这一大部门，其基础理论层次，也可以有多门学问[12]。

对于这三门学科的总称，我设想可否称为"人居环境科学"？钱老在接见我们的当天说："建筑真正的科学基础要讲环境等等。这个观点要好好地学，思想才真正开阔。"钱老1996年9月15日给笔者的一封信中也曾说过："我们要用马克思主义哲学来指导，用建筑科学来建立21世纪社会主义中国人居环境。"[13] 可见，建筑科学的中心内容是研究人居环境。

那么，真正的建筑学、真正的城市学和真正的园林学（笔者认为或许可以称为"广义建筑学"、"广义城市学"和"广义园林学"）应该包括哪些内容呢？作为基础理论层次，它当然是理论性比较强的。它作为广泛吸纳其他科学大部门的综合性理论，应该是建筑科学与自然科学、社会科学、系统科学、数学科学、思维科学、人体科学、行为科学、军事科学、地理科学和文艺之间的交叉学科。它是建筑科学与其他科学大部门相通的横向的桥梁。因此它必然涉及建筑与人、建筑与社会、建筑与自然、建筑与文化、建筑与科技等相关的内容。

钱老强调科学是个整体，它们之间是互相联系的，而不是相互分割的。钱老是从现代科学技术体系的全局和整体来理解建筑科学，把建筑科学置于现代科学技术体系的全体之中，强调了它们之间的必然联系。这样建筑科学就不再是一个孤立的与其他大部门割裂的部门。由于广泛汲取其他大部门的学术成果，使建筑科学成为生机勃勃的学科，必然会促进建筑科学这个大部门的发展。

最近，笔者读到上海同济大学陈秉钊教授编写的《城市规划系统工程学》一书。这本书把系统分析的方法运用于城市规划，在这方面作了有益的尝试。如果把系统科学与城市学嫁接，并作理论上的阐述，就可以建立城市系统学（或称系统城市学）。同样，思维科学、行为科学……都可以与城市学嫁接，当然更不用说地理科学和文艺了，甚至军事科学也与城市学有密切的关系，过去有一门城市防卫学，专门研究城市中的作战等问题。那么，在现代战争下，情况又将会怎么样呢？这些都值得研究。

建筑科学在现代科学技术体系中的建立，确定了它在体系中的地位，明确了上下左右的关系，这就有利于学科之间的相互借鉴，促进其发展。

当然，交叉学科的建立与发展，需要相关学科的共同努力，而不仅是建筑科学一家的任务了。

以上关于建立建筑科学基础理论学科的想法还很不成熟，这里提出来，向大家请教。

对于建筑科学的第二层次，即技术科学层次，应该包括建筑技术性理论，如城市学、建筑学、园林学等。技术科学层次的学科是工程技术的理论基础。钱学森教授十分重视理论的建设，早在1985年8月，他就提出关于建立城市学的设想，以后又与不少学者、专家共同探讨关于城市学的问题。我们在"钱学森建筑科学思想的由来与发展"一文中，把钱老的城市学研究总结为六个特点，即：

(1) 强调理论探索的重要性；

(2) 强调必须用马克思主义的哲学来指导城市学的研究；

(3) 强调研究城市要用系统科学的观点和方法；

(4) 重视研究城市发展中出现的新事物和新问题；

(5) 重视借鉴国外的经验，走出一条中国自己的城市建设道路来；

(6) 重视对未来城市的探索[14]。

对于建筑科学的第三层次，即工程技术层次，包括建筑设计、城市规划设计、市政工程设计(道路、桥梁、给水、排水、煤气、热力、供电、电讯……)和园林设计等。现在建筑、城市和园林等专业的学生，在学校里学习的技术与艺术的知识和技巧的相关学科大多属于这一层次。

2. 建立城市学的设想

早在1985年8月，钱老就提出"关于建立城市学的设想"[15]。1991年4月以后，先后给笔者和杨国权(郑州市建筑设计院总工程师)、梅保华(北京市城市科学研究会常务副秘书长)写信谈建立城市学问题。钱老震聋发聩的建议引起了城市科学界广大学者、专家的重视，纷纷撰文研讨这个问题。在此基础上，1992年2月和3月，分别由中国城市科学研究会和北京市城市科学研究会主持在天津和北京召开了关于建立城市学的座谈会。在座谈会上，许多专家、学者，就城市学研究的任务、对象、内容、步骤等方面提出了许多精辟的见解。

在钱老的号召和推动下，城市学的研究蓬蓬勃勃地开展起来。首先是出版了刘歧、张跃庆、梅保华的《城市学》一书[16]。该书是我国早期城市学著作的代表作。钱老在给作者梅保华的信中说："可能因为新观点的'城市学'尚在初创时期，概念还不十分明确，所以，写《城市学》确有许多困难！更多的、更完善的城市学思想还得研究。"

11年后的2001年1月又出版了哈尔滨建筑大学唐恢一教授编著的《城市学》一书[17]。该书遵照钱学森关于建立城市学的指导思想，广泛吸收了近年来城市学研究的成果，将城市作为开放的复杂巨系统进行研究，并汲取了如控制论、耗散结构论、混沌学、分形几何学等新兴学科的科学思维，同时也引入了可持续发展、建设山水城市等新思想，是近年来城市学研究的有特色的学术专著之一。

值得注意的是1985年8月钱学森写作"关于建立城市学的设想"一文时，是把城市学包括在地理科学之中，因此，他当时设想的城市科学体系的三个层次，是城市规划—城市学—数量地理学，而城市学是作为一门应用的理论科学，或者说是一种中间层次的技术科学，它既不是应用技术，也不是像自然科学、社会科学那样的基础理论。而在钱学森教授提出建立建筑科学这一大科学部门以后，情况就有所不同了。

3. 园林学研究

钱老对建筑科学的研究始于 20 世纪 50 年代，其切入点是园林学。早在 1958 年 3 月 1 日，他就在《人民日报》上发表了"不到园林，怎知春色如许——谈园林学"[18]。在这篇作为钱老研究建筑科学的第一篇公开发表的文章中，可以说对于建筑科学、山水城市等一些基本观点就已基本形成。"谈园林学"一文阐述了如下基本观点：

（1）把中国园林和传统山水画联系起来了，认为"妙在像自然又不像自然，比自然有更进一步的加工，是在提炼自然美的基础上又加以创造"；

（2）园林学和建筑学这"两门学问都是介乎美的艺术和工程技术之间，是以工程技术为基础的美术学科"；

（3）"我国的园林学是祖国文化遗产里的一颗明珠"，在新时代中，它"可以为广大人民服务，美化人民的生活"；

（4）"园林学还要继续有新发展"。

1984 年钱老又在《城市规划》上发表了"园林艺术是我国创立的独特的艺术部门"[19]。这篇文章讲述了两个观点：

（1）明确了中国的园林不仅是 landscape，gardening，horticulture（即景观、园技、园艺）三个方面的综合，而且是经过扬弃，进到更高一级的艺术产物，从而在理论上首次阐明中国园林何以堪称"世界园林之母"。

（2）系统地论述中国园林的不同观赏尺度和层次，可以看成盆景（微型园林）、窗景、庭院园林和宫苑四个层次。

钱老的这些颇具创见的文章在园林界引起了强烈反响。随后，钱老又提出了"山水城市"的概念。

三、21 世纪中国城市发展模式——山水城市的探索

钱学森教授正式提出山水城市的概念是在 1990 年 7 月 31 日给吴良镛院士的一封信中，他说："我近年来一直在想一个问题：能不能把中国的山水诗词、中国古典园林建筑和中国的山水画融合在一起，创立'山水城市'的概念？人离开自然又要返回自然。"[20] 钱老的这封信是在读了《北京日报》和《人民日报》关于菊儿胡同危旧房改建为北京的"楼式四合院"的报道后"心中很激动"，于是就提出了"山水城市"的概念。

那么钱老为什么要用"山水"两字来表达他对 21 世纪社会主义中国的城市模式的概括呢？

"山"和"水"联起来用，在中国人的传统观念中是代表"大地"、"祖国"的意思。例如，"江山如画"、"还我河山"等等。至于"山水画"、"山水诗词"、"山水园林"中的"山水"是指"自然"、"景观"（landscape）。在这里"山"已经不只是"mountain"，"水"也不只是"water"。所以"山水城市"是代表"人与自然"，代表"生态与人文"，代表"科学与艺术"，代表"历史与未来"，代表"物质与精神"，代表钱老"为人民"的思想。钱老"山水城市"的思想博大精深，有很大的包容性，值得我们长期、深入地研究探索。随着研究的不断深化，它的丰富内涵将会不断地揭示出来。因此，征得钱老的同意，我们在英译"山水城市"时，是用了 Shan-shui City 音译的方法。总之，钱老的"山水城市"是一种"理念"、"思想"，是"理想"、是"战略"，它不仅是"操作层次"，更重要的是它的"战略

层次"。

事过近两年，钱老又先后给园林专家吴翼、《美术》杂志编辑王仲和中国建筑学会顾孟潮写信，再次提出"山水城市"。他在信中说："现在我看到，北京市兴起的一座座长方形高楼，外表如积木块，进去到房间则外望一片灰黄，见不到绿色，连一点点蓝天也淡淡无光。难道这是中国21世纪的城市吗？"[21]

他又说："对于中国城市，我曾向吴（良镛）教授建议：要发扬中国园林建筑，特别是皇帝的大规模园林，如颐和园、承德避暑山庄等，把整个城市建成为一座大型园林。我称之为'山水城市'。"[21]

在钱学森的创议下，1993年2月，在北京召开了有多学科专家、学者参加的"山水城市座谈会"。钱老在会上发表了"社会主义中国应该建山水城市"的书面发言。在这篇书面发言中，他说："这是把古代帝王所享受的建筑、园林，让现代中国的居民百姓也享受到。这也是苏扬一家一户园林构筑的扩大，是皇家园林的提高。中国唐代李思训的金碧山水就要实现了！这样的山水城市将在社会主义中国建起来！"[22] 他又说："山水城市的设想是中外文化的有机结合。是城市园林与城市森林的结合。山水城市不该是21世纪的社会主义中国城市构筑的模型吗？"[22]

钱学森的书面发言为山水城市概念的形成奠定了坚实的基础，它对山水城市理论与实践的发展具有深远的影响。

此后，山水城市的理论与实践向纵深推进，一方面在钱老的倡导下，召开了一系列座谈会，如"立交桥——现代城市一景"座谈会，轿车与城市发展学术讨论会和《城市学与山水城市》再版发行座谈会等，深入探讨21世纪社会主义中国的城市发展模式。另一方面，一些城市结合当地情况开展山水城市的研究和实践。其中，重庆、广州、自贡、武汉等城市都开展了专题研究，召开了学术论坛或研讨会，把山水城市的思想注入城市建设规划，列入政府的议事日程，逐步加以实施。

值得注意的是，我国关于山水城市的探索，引起了国际学术界的关注和重视。1993年，在国际城市生态建设学术研讨会上介绍山水城市，引起与会国外学者的浓厚兴趣和高度评价。1995年的世界公园大会宣言中也强调了"山水城市是亚洲式的一种花园城市"。

山水城市能受到各方重视和引起大家支持的原因，钱老分析说："这次提出建筑科学大部门却引起大家的支持，山水城市也如此。什么原因？这是我们该好好反思的。我想可能有两个方面的原因：

（1）居室及工作环境是人们都有日常体会的。您信中说的群众对您广播讲话的反应不就是这样吗？……

（2）从学科大部门来看（这是学者们重视的）……建筑科学则是自然科学、社会科学和美术艺术的三结合，更复杂高超。"[13]

钱老的这一段话值得我们深思。

对此，钱老的态度是："山水城市的设想能被更多的人所接受和理解是件好事。但我们还要对山水城市作深入的探讨，逐步加深理论"[23]。

另一方面，他又说："但我也不会忘乎所以地乐观！对山水城市的说法也一定会有强烈的反对意见。"[24]

四、提出与建立建筑科学的轨迹

钱学森提出建立建筑科学大部门的思想，其形成过程大致经历了四个阶段：①思想理论准备阶段(1958～1990年)；②探索未来城市模式阶段(1990～1993年)；③理论发展与实施推动阶段(1993～1996年)；④理论升华阶段(1996～2000年)。

钱学森教授对建筑与城市的研究始于50年代，最早可以追溯到他在1958年3月在《人民日报》上发表的"不到园林，怎知春色如许——谈园林学"一文。钱学森的学术思想还源于他对祖国的热爱。只要细细咀嚼这篇他回国后不久发表的文章的标题和内容，从诗一样的语言中，就可以感受到他对祖国的炽热情怀。这一期间，他撰文探讨园林学和城市学，从而为后来"山水城市"的构想作了充分的思想理论准备。

1990年7月以后，钱老先后给吴良镛等四人写了关于山水城市的信函。他说，关于菊儿胡同危旧房改建实践的报道，引发了他近年来关于山水城市的想法和对21世纪中国城市向何处去的大方向的思索，进而建议召开"山水城市讨论会"，从而引发了一场对社会主义中国未来城市模式的大讨论。在讨论会上，钱老发表的"社会主义中国应该建山水城市"一文，全面地阐述了他对山水城市的观点。

在1993年2月召开的"山水城市讨论会"上，钱学森的书面发言为山水城市概念奠定了坚实的思想和理论基础。此后，钱老又对山水城市的理论发展和实施推动提出了一系列构想。其间，不少相关著作的出版，一些城市开展有关山水城市建设研究和召开专题研讨会，使山水城市的理论和实践在深度和广度上大大推进了一步。

各地山水城市的实践经验，大大丰富和发展了山水城市的理论。正是在这样的背景下，钱老于1996年6月4日接见我们时提出了建立建筑科学大部门的思想，突出了建筑是科学与艺术的结合这一特点。此后，他以系统科学的观点阐述了有关宏观建筑与微观建筑的概念。这是钱老总览建筑科学历史文化进行研究与思考的结果。钱老关于建立建筑科学大部门思路的提出，是他对现代建筑科学理论的升华，在建筑科学发展历史上具有里程碑的意义。

【参考文献】

[1] 钱学森. 关于马克思主义哲学和文艺学美学方法论的几个问题 [A]. 科学的艺术与艺术的科学 [M]. 北京：人民文学出版社，1994：111～128.

[2] 钱学森. 我看文艺学 [A]. 科学的艺术与艺术的科学 [M]. 北京：人民文学出版社，1994：129～134.

[3] 钱学森. 对技术美学和美学的一点认识 [A]. 科学的艺术与艺术的科学 [M]. 北京：人民文学出版社，1994：192～196.

[4] 钱学森. 美学、社会主义文艺学和社会主义文化建设 [A]. 科学的艺术与艺术和科学 [M]. 北京：人民文学出版社，1994：142～158.

[5] 钱学森. 社会主义精神文明建设与文艺工作 [A]. 科学和艺术与艺术的科学 [M]. 北京：人民文学出版社，1994：159～170.

[6] 钱学森. 发展地理科学的建议 [A]. 论地理科学 [M]. 杭州：浙江教育出版社，1994：36～46.

[7] 钱学森. 关于地学的发展问题 [A]. 论地理科学 [M]. 杭州：浙江教育出版社，1994：69～78.

[8] 钱学森. 与《文艺研究》编辑部座谈科学、思维与文艺问题 [A]. 科学的艺术与艺术和科学 [M].

北京：人民文学出版社，1994：99～110.

[9]　钱学森. 哲学·建筑·民主［A］. 论宏观建筑与微观建筑［M］. 杭州：杭州出版社，2001：293～298.

[10]　钱学森. 关于思维科学［A］. 科学的艺术与艺术的科学［M］. 北京：人民文学出版社，1994：23～38.

[11]　钱学森. 1998年5月5日给顾孟潮、鲍世行的信［A］. 论宏观建筑与微观建筑［M］. 杭州：杭州出版社，2001：368～369.

[12]　钱学森. 1996年9月26日给顾孟潮的信［A］. 论宏观建筑与微观建筑［M］. 杭州：杭州出版社，2001：356.

[13]　钱学森. 1996年9月15日给鲍世行的信［A］. 论宏观建筑与微观建筑［M］. 杭州：杭州出版社，2001：229～231.

[14]　鲍世行，顾孟潮，涂元季. 钱学森建筑科学思想的由来与发展［A］. 论宏观建筑与微观建筑［M］. 杭州：杭州出版社，2001：12～21.

[15]　钱学森. 关于建立城市学的设想［A］. 论宏观建筑与微观建筑［M］. 杭州：杭州出版社，2001：39～44.

[16]　刘歧，张跃庆，梅保华. 城市学［M］. 北京：燕山出版社，1990.

[17]　唐恢一. 城市学［M］. 哈尔滨：哈尔滨工业大学出版社，2001.

[18]　钱学森. 不到园林，怎知春色如许——谈园林学［A］. 论宏观建筑与微观建筑［M］. 杭州：杭州出版社，2001：9～11.

[19]　钱学森. 园林艺术是我国创立的独特的艺术部门［A］. 论宏观建筑与微观建筑［M］. 杭州：杭州出版社，2001：3～8.

[20]　钱学森. 1990年7月31日给吴良镛的信［A］. 论宏观建筑与微观建筑［M］. 杭州：杭州出版社，2001：164～165.

[21]　钱学森. 1992年10月2日给顾孟潮的信［A］. 论宏观建筑与微观建筑［M］. 杭州：杭州出版社，2001：170～171.

[22]　钱学森. 社会主义中国应该建山水城市［A］. 论宏观建筑与微观建筑［M］. 杭州：杭州出版社，2001：359～263.

[23]　钱学森. 1995年10月25日给鲍世行的信［A］. 论宏观建筑与微观建筑［M］. 杭州：杭州出版社，2001：200～202.

[24]　钱学森. 1995年1月25日给鲍世行的信［A］. 论宏观建筑与微观建筑［M］. 杭州：杭州出版社，2001：193.

现代科学技术体系与建筑科学研究

鲍世行

一、建筑科学大部门的提出

钱学森在 1996 年 6 月 4 日会见我和顾孟潮等人时提出是否可以建立一个大科学部门——建筑科学。他说：我们是不是可以建立一门科学，就是真正的建筑科学，它要包括的第一层次是真正的建筑学，第二层次是建筑技术性理论包括城市学，然后第三层次是工程技术包括城市规划。三个层次，最后是哲学的概括。这一大部门学问是艺术和科学糅在一起的，建筑是科学的艺术，也是艺术的科学。

1. 现代科学技术体系是一个逐步完善的过程

在这之前钱学森教授曾提出过一个包括自然科学、社会科学、数学科学、系统科学、思维科学、人体科学、地理科学、军事科学、行为科学和文艺理论，十大科学部门的现代科学技术体系框架图(图1)。这十个大部门都分别包括基础理论、技术科学和应用技术三个层次。他们又各自通过自然辩证法、唯物史观、数学哲学、系统论、认识论、人天观、地理哲学、军事哲学、社会论(后来称"人学")和美学十座桥梁通向马克思主义哲学。

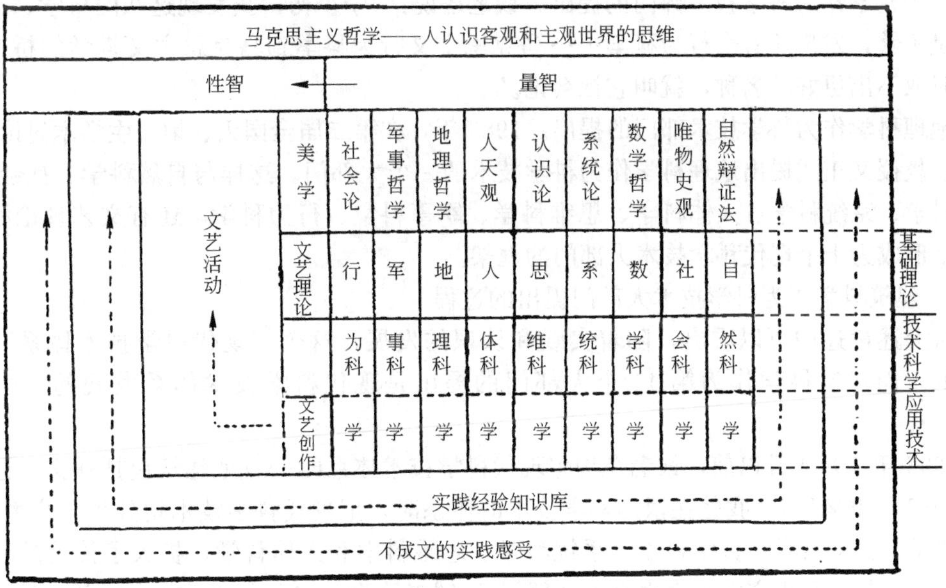

```
马克思主义哲学——人认识客观和主观世界的思维
        性智  ←        量智

          美 社  军  地  人  认  系  数  唯  自
          学 会  事  理  天  识  统  学  物  然
             论  哲  哲  观  论  论  哲  史  辩
     文           学  学              学  观  证
     艺    文                                 法
     活    艺  行  军  地  人  思  系  数  社  自    基础理论
     动    理  为  事  理  体  维  统  学  会  然    技术科学
          论  科  科  科  科  科  科  科  科  科    应用技术
          文
          艺  学  学  学  学  学  学  学  学  学
          创
          作
              实践经验知识库
            不成文的实践感受
```

图 1 1995 年修改的现代科学技术体系构想图(1993 年钱学森手绘)
(原载《科学的艺术与艺术的科学》)

2. 钱学森现代科学技术体系思想发展过程的追溯

早在20世纪70年代末、80年代初，钱学森就开始思考和研究现代科学体系思想。在这之前，学术界是按数理化，天地生等传统分类法，来进行学科分类的。但是，随着科学技术的迅猛发展，新兴的学科不断涌现，这种学科分类的方法已经远远不能适应学科发展的需要了。钱老在总结近代科学的普遍规律时指出，一定要突破长期以来科学家中间的"还原论"思想。什么是"还原论"思想呢？就是长期以来人类开展科学研究的指导思想，特别是西方的传统观念：认为认识一个问题，就要认识它的各个部分；如果你认识了各个部分，就等于认识了全部。但是，钱老继承和发扬了中国古代哲学，特别是《易经》等著作的精华——整体观，同时在总结了半个世纪以来社会主义建设的经验，吸取现代科学技术，特别是系统科学的最新成果的基础上，强调"要从整体上考虑并解决问题"，也就是要在"整体论"、"系统论"的思想基础上，来研究和解决问题。钱老认为"科学必须能够相互联系起来，构成一个体系。……整个现代科学技术要联成一个整体。"（"开展思维科学的研究"1986年）他的出发点是要"建立起一个科学体系，并运用这个科学体系去解决中国社会主义建设中的问题。"

1982年以前，钱学森教授在谈到科学技术体系时，是把现代科学技术划分为自然科学、社会科学、数学科学、系统科学、思维科学和人体科学六个大部门，后来，这个框架逐步发展。

军事科学作为科学技术部门的提出。在1986年的一篇文章中，钱学森教授说："后来发现这还不够，忘了我们这些穿军装的了，把军事科学忘了……军事科学到马克思主义哲学的桥梁是军事哲学。"

文艺理论作为科学技术部门的提出。钱老又说：文艺作品不是科学。但是，研究文艺的文艺理论是科学。文艺理论到马克思主义哲学的桥梁就是美学。"

行为科学作为科学技术部门的提出。钱老还说："今年初，我发现这八门科学、八个桥梁还是不够，发现还有个行为科学……马克思主义行为科学到马克思主义哲学的桥梁，如果暂时取不出更好的名称，就叫它社会论。"

地理科学作为科学技术部门的提出。1986年，在第二届全国天、地、生学术讨论会上，钱学森教授又正式提出地理科学作为科学技术的一个大部门。这样与自然科学、社会科学、数学科学、系统科学、人体科学、思维科学、军事科学、行为科学，还有文艺理论科学并列，就形成为十个现代科学技术大部门的框架。

3. 建筑科学作为科学技术大部门提出的过程

从上述论述中可以看出，随着实践和认识的发展，这个"现代科学技术体系"是会发展的。而建筑科学作为第11个大部门的提出是现代科学技术体系发展的一个新的高度。

1996年6月4日以前，钱老在构想现代科学技术体系时一直把建筑包括在文学艺术之中。1982年钱老说："我曾在谈到科学技术的体系时，把现代科学技术划分为六个大部门：自然科学、社会科学、数学科学、系统科学、思维科学和人体科学，扩大了传统的科学体系。与这相似，我想文学艺术也有六个部门。"钱老认为，这六个文学艺术大部门是，小说杂文、诗词歌赋、建筑艺术、书画造型艺术、音乐和综合性艺术。在说到建筑艺术时，钱老认为："另一个文学艺术的大部门是建筑艺术，我想这不宜只包含土木构筑，还应把环境包括在内，也就是园林艺术，它们本来是一个整体，不能分割……因此这个部门应该称为建筑园林。"（"我看文艺学"1982年）1984年钱老把技术美学和园林艺术包括在文学艺术内，1986年又把烹饪和服饰美容包括在文学艺术之内，1987年，又增加了书法，这样文艺就有了11个部门。

总之，从1982年以来，不管把文学艺术分成多少个部门，钱老都是把建筑和园林包括在文学艺术这个大部门之内的。

至于城市规划和城市学，在1996年以前，钱老把它们分别划入地理科学的应用技术和应用理论层次。

综上可以看出，把建筑、园林与城市三个部分作为建筑科学成为现代科学技术体系中的第十一个大部门独立出来，确实是认识上的一大飞跃。它对于建筑科学理论体系的建立具有巨大的推动作用（图2）。

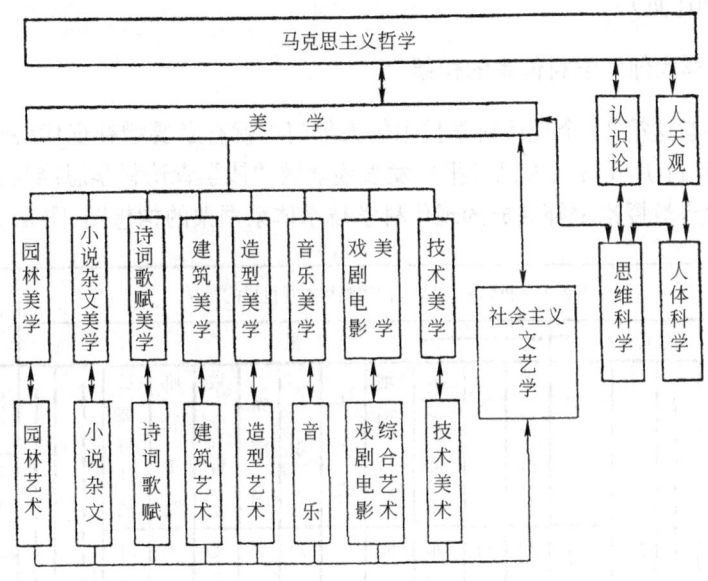

图2　马克思主义的、科学的美学结构图

（原载"对技术美学和美学的一点认识"，《技术美学丛刊》，1984年第1卷）

4. 建筑科学作为科学技术大部门提出后反应强烈

建筑科学作为现代科学技术体系的第11个大部门提出以后，引起建筑界、城市规划界、园林界广大学者的关注和兴趣，反应十分强烈。学术界举行了多次研讨会，热烈讨论相关问题。各学科从本学科的观点出发，畅谈了对这些问题的不同看法，极大地推动了学科的发展。不少城市结合各自的具体情况设课题，开展调查研究，总结经验，规划未来，并且落实到城市建设中。媒体对这些问题也作了广泛的报道和宣传，不仅见诸报纸、杂志，而且电子媒体也作相应报导，中央电视台"百家讲坛"、中央人民广播电台"专家热线"都播出了相关的节目。

对于这些情况钱老十分关注。有一次我在播出节目后向他写信反映：在节目播出过程中，不时有受众打来电话参与讨论，说明这些崭新的概念正在逐步地为广大群众所接受，产生深刻的影响。同时由于钱老的威望，也正在推进社会各方面对学科的理解和认同，使专家的研究与群众的实践广泛地结合起来……钱学森教授收到信后，立即回信说：

经过大家的共同努力，山水城市及建筑科学的确受到重视。这是我深有体会的：早些时候我曾提出要建立地理科学大部门，并列于自然科学、社会科学、数学科学、系统科学、思维科学、人体科学、军事科学、行为科学与文学艺术九大部门，形成现代科学技术体系的十大部门；但除了少数人之外，反应不很强。但这次提出建筑科学大部门却引起大家的支持，山水城市也如此。什么原因？这是我们该好好反思的。

我想可能有两方面原因：

（1）居室及工作环境是人们都有日常体会的。您信中说的群众对您广播讲话的反应不就这样吗？而地理环境却不是群众都有切身体会的。

（2）从科学大部门来看（这是学者们重视的）地理科学只是自然科学与社会科学的交叉结合，而建筑科学则是自然科学、社会科学和美术艺术的三结合，更复杂高超！（《钱学森书信》10 集第 201 页）

二、建筑科学大部门学科体系的构架

提出建筑科学这第 11 个现代科学技术的大部门，就有必要增补现代科学技术体系框架的图表。1996 年 11 月 6 日《人民日报》发表钱学敏"钱学森论科学思维与艺术思维"一文时，披露了钱学森教授论增补完成的现代科学技术体系框架的构想图（图 3）。

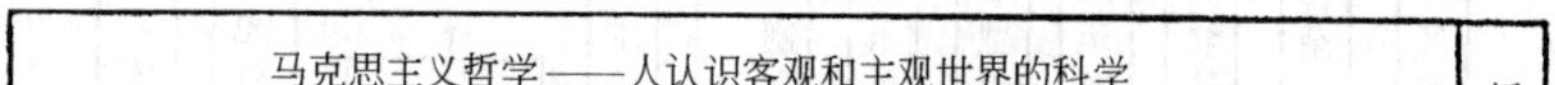

（注：此图系1993年钱学森绘，1995年略作修改，1996年增补。）

图 3　现代科学技术体系构想图

（原载《人民日报 1996 年 11 月 6 日》）

认真研读这些内涵十分丰富，意义十分深刻的图表，我们可以体会到：

1. 钱学森教授对建筑科学给予充分的重视

现代科学技术体系的建立是伟大的创新行动。钱学森教授早在 20 世纪 80 年代中期的

一次座谈会上就说过："我上面讲的整个知识体系的结构大大超出传统的知识分类法，是经典著作中没有的，是不是'离经叛道'呵？离经的罪名可能逃不了了，因为'书'上没有呀；但我自以为不是叛道，是根据马克思主义的普遍原理阐释与发展的。"

钱老把建筑科学与自然科学、社会科学等部门并列，作为第11个大部门列入现代科学技术体系框架，具有深远意义。

钱老建立了"现代科学技术体系"这个平台，并架起了众多桥梁，让各学科联系起来，这样各学科之间就有了学术交流和学科交叉的场所。对于建筑科学来说，这种极为广泛的联系，过去是不可能想象的。有了这种学科之间的联系和交叉，就会产生火花，产生新的思想，从而促进学科的发展。这种联系的桥梁的跨度愈大，促进学科发展的价值也就愈大。

钱老把马克思主义哲学(辩证唯物主义)，放在现代科学技术体系框架，这个金字塔的塔尖，并且架起了11座桥梁，用这些"部门哲学"和11个科学大部门联系起来。对于建筑科学来说，就是用"建筑哲学"和马克思主义哲学联系起来，这就使马克思主义哲学深深地扎根于建筑科学之中，用马克思主义哲学指导建筑科学的发展，解决建设实践中发生的众多问题。

2. 将建筑科学列入现代科学技术体系框架决非偶然

在思考和构建现代科学技术体系中，钱老经过深思熟虑，最后提出了"建筑科学"这个学科大部门，把它和自然科学、社会科学等部门并列在一起，作为11个大部门之一，列入现代科学技术体系中，这决不是偶然的。我想这主要是由建筑科学的性质决定的。因为"建筑是科学的艺术，也是艺术的科学"。它是融合了科学与艺术的一个部门。

从现代科学技术体系框架图来看，右侧的学科，如自然科学、社会科学、数学科学、系统科学、思维科学……都是以科学技术为主；而左侧的学科"文学艺术"，又是以文化艺术为主。那么，它们之间的学科究竟是什么呢？对于这一点钱老经过了长期的思考。作为一个科学家来说，对图中右侧的学科都是比较熟悉的，理所当然地首先提出的是这些相关的学科；而对于左侧"文学艺术"学科，钱老又提出："文艺作品不是科学，但是研究文艺理论是科学"的论断。钱学森教授在完成十个大部门的"现代科学技术体系结构图"以后，最后把"建筑科学"作为一个大部门提出，使现代科学技术体系相对地更加完整了。它的提出使现代科学技术体系发展达到了一个新的高度。现代科学技术体系的建立是科学技术发展历史上的一件具有里程碑的重大成果，而建筑科学是科学技术体系中闪烁着熠熠光辉的结晶。

3. 建筑科学是科学与艺术相融合的一个大部门

"这一大部门学问是把艺术和科学揉在一起的，建筑是科学的艺术，也是艺术的科学"。钱老借鉴熊十力先生关于把人的智慧分为"性智"和"量智"的观点，把人类全部科学技术知识分成"性智"和"量智"两个部门，其中，文学艺术理论和文学艺术创作属"性智"，而其他九个部分则属"量智"。现在他把建筑科学置于"性能"与"量智"之间，可能也是基于上述出发点。

从钱老绘制的上述现代科学技术体系框架图中，可以看出，钱老认为科学技术侧重于"量智"，文学艺术侧重于"性智"，它们又是互相联系的。"量智"着重把握从局部到整体，从量变到质变所获得的知识；"性智"着重把握整体的感受，从事物的质上入手去认识所获得的知识。钱老说"我们对事物的认识，最后目标是对其整体及其内涵(包括质与量)都充分理解。"因而，应是"性智"、"量智"兼备，但要特别注意不应该忽视"性智"。他强调说；"大科学家尤其要有"性智"。（钱学敏《科学的艺术与艺术的科学》编后记 1994 年 12 月）

从思维方法来看，"量智"侧重于逻辑思维，即具体分析事物的各个部分、各个层次、各个方面，加以严格的逻辑推理，去把握事物的整体；而"性智"则侧重于非逻辑思维，即通过直观感受、灵感、潜意识等，运用形象思维去领会，形成对事物的整体认识。这两种思维方式在科学与艺术活动中虽然有所侧重，但在认识过程中往往交织在一起，互相促进。因而，只注意逻辑思维、埋头于细节，易犯机械、片面的毛病。只注意非逻辑思维，则易犯主观、表面、抓不住本质的毛病。要善于自觉地把它们结合起来。（钱学敏《科学的艺术与艺术的科学》编后记 1994 年 12 月）

钱老在讲到"建筑是科学的艺术，也是艺术的科学"时说："所以搞建筑是了不起的，这是伟大的任务。我们中国人要把这个搞清楚了，也是对人类的贡献。"

4. 建筑科学也有基础理论、技术科学和应用技术三个层次

钱老说过："由于人认识客观世界是为了改造客观世界，我们划分层次可以按照是直接改造客观世界，还是比较间接地联系到改造客观世界来划分……"（"关于思维科学"1986 年）"这就是理论的层次——基础理论层次，直接改造客观世界的工程技术——应用技术层次和介乎这两者之间的技术科学层次。"

关于建筑科学内部的三个层次的组成，钱老在 1996 年 6 月 4 日接见我们时就提出，第一层次是真正的建筑学，第二层次是建筑技术性理论，第三层次是工程技术。钱老的这次讲话为建筑科学体系的架构奠定了基本格局。

5. "建筑哲学"是建筑科学通向马克思主义哲学的桥梁

所谓"桥梁"，有两层意思，一方面是现代科学技术大部门要在马克思主义哲学的指导下，也就是要用科学的世界观和方法论去认识世界、改造世界，并在实践中检验我们理论的正确性，从实际出发，实事求是地发展现代科学技术；另一方面，钱老认为：马克思主义哲学是"人认识客观和主观世界的科学"，它是"人类一切实践经验的最高概括"。马克思主义不是无源之水、无本之木，它是扎根于科学技术中的，是以人的社会实践和科学技术的发展而不断发展的。所以，各个科学技术大部门的发展，也会通过这些哲学桥梁的总结，提升丰富，发展马克思主义哲学，使马克思主义成为鲜活的科学。

钱老说："真正建筑哲学应该研究建筑与人、建筑与社会的关系。"建筑哲学就是要用马克思主义的世界观和方法论来认识建筑，是要用辩证唯物主义和历史唯物论的观点和方法来看待问题，是要解决为谁服务的根本问题。"

钱学森先生是一个自觉的马克思主义者。即使在有人回避马克思主义，甚至否定马克思主义，并以此作为时尚的时候，他仍然坚定地坚信马克思主义，自觉地学习马克思主义，自觉地运用马克思主义。

关于钱老学习马克思主义的过程，他在 1996 年 6 月 4 日接见我们时谈过："我回国后一直忙于工作，没有时间深思，也没有考虑知识体系的问题，倒是'文化大革命'给了我很大的促进。'文化大革命'使我认识到，不懂社会科学不行，不懂马克思主义哲学也不行。我就自学了一点。学了以后，就觉得马克思、恩格斯、列宁讲的这些话对从事科学技术工作确实有启发指导作用。从那以后，我就把自然科学、社会科学联系起来，从整个科

学技术体系的角度来看问题。这就是解放思想。要多向各行各业专家请教，和你们讨论也是如此。"

6. 科学技术是不断发展的，科学技术的体系决不是一成不变的

从现代科学技术体系构想图中，我们还可以看出，在科学技术的层次中有"前科学"的层次，它包括了"不成文的实践感受"，它将再上升为"实践经验知识库和哲学思维"。它们是科学技术发展的基础和前提。

钱学森同志认为：人从实践中认识到很多东西，其中有些东西还没有进到科学的结构里面去，是经验……我们谈信息，或者说知识，说人类的精神财富，包括两大部分：一部分是现代科学体系；还有一部分是不是叫前科学，即进入科学体系以前的人类实践的经验。（"开展思维科学的研究" 1986 年）

钱老还说："我们又要清楚地认识到不能纳入现代科学技术体系的知识是很多很多的，一切从实际总结出来的经验，即经过整理的材料，都属于这一大类。我称之为'前科学'，即待进入科学技术体系的知识。""科学技术的体系决不是一成不变的，马克思主义哲学也在不断充实、发展、深化……人认识客观世界的过程：实践——前科学——科学技术体系。所以我们决不能轻视前科学（经验科学），没有它就没有科学的进步；但也决不能满足于经验总结出来的科学而沾沾自喜，看不到科学技术体系还要改造和深化，因此要研究如何使前科学进入科学技术体系。"

7. 建筑科学的层次划分

1998 年 5 月钱学森在一封信中说："我近日想到的一个问题是如何把建筑和城市科学统归于我们说的'建筑科学'……。我建议'城市科学'改称为'宏观建筑'（Macroarchitecture），而现在通称的'建筑'为'微观建筑'（Microarchitecture）。"（《钱学森书信》10集第 370 页）同时，钱老在讲到园林时也多次把它和城市与建筑联系在一起。他说过："它们本来是一个整体，不能分割"。因此，钱老所称的"建筑科学"实际上包括了城市、建筑和园林三个部分。

至于建筑科学的层次划分，钱老在 1996 年 6 月 4 日接见我们时说："我们是不是可以建立一门科学，就是真正的建筑科学，它要包括的第一层次是真正的建筑学，第二层次是建筑技术性理论包括城市学，然后是第三层次是工程技术，包括城市规划设计。"对于第一层次，即基础理论的层次，钱老把它称之为"真正的建筑学"。既然称为"真正的建筑学"，它当然是一门年轻的学科，这就给我们提供了广阔的探索空间。由于建筑科学包括了城市、建筑和园林三个部分，它理所当然地应该包括真正的建筑学、真正的城市学和真正的园林学三个部分。

1996 年 9 月钱老在一封信中曾说过：对建筑科学，其基础理论层次的学问，可以是多门学问，不必限于一门学问，例如在自然科学这另一大部门，其基础理论层次就有物理学、化学、生物学等等。所以在建筑科学这一大部门，其基础理论层次，也可以有多门学问；广义建筑学当然可以是其中之一。此意请酌。（《钱学森书信》10集第 217 页）

对于这三门学科的总称，我设想可否称为"人居环境科学"？钱老在接见我们的当天说："建筑真正的科学基础要讲环境等等。这个观点要好好地学，思想才真正开阔。钱老1996 年 9 月 15 日给笔者的一封信中也曾说过："我们要用马克思主义哲学来指导，用建筑科学来建立 21 世纪社会主义中国人居环境！（《钱学森书信》10集第 202 页）可见，建筑科

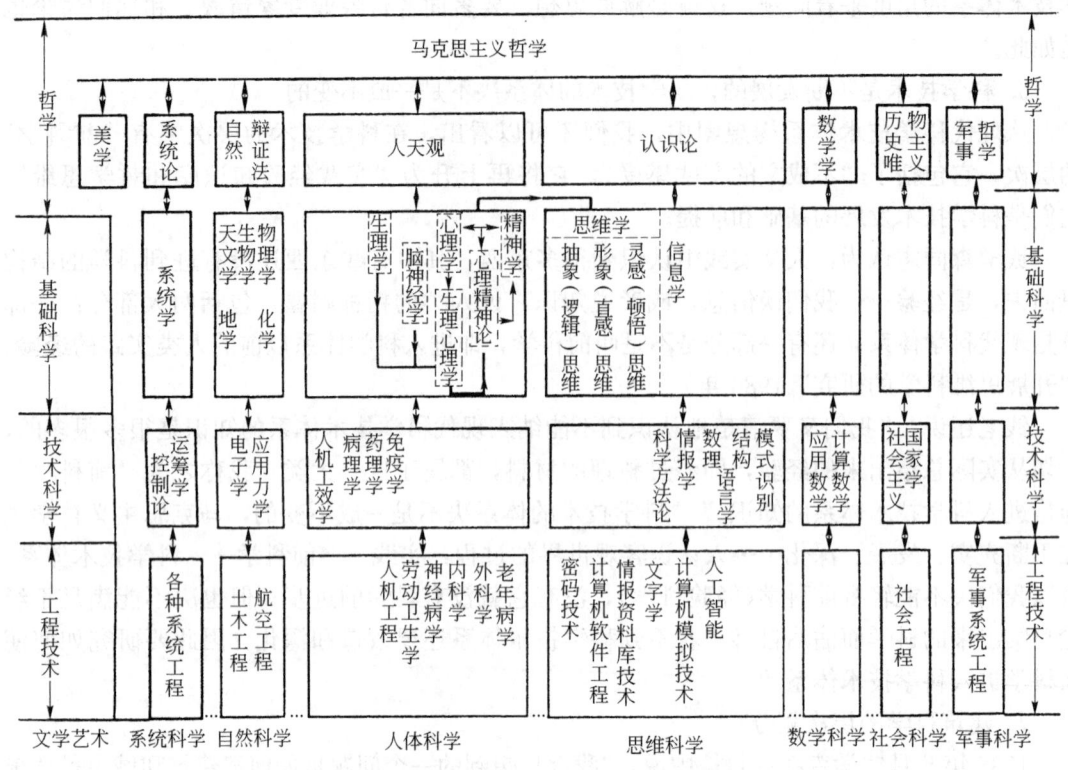

图4 现代科学技术体系构想（1986年）

（原载《关于思维科学》，上海人民出版社，1986年）

学的中心内容是研究人居环境。

那么，真正的建筑学、真正的城市学和真正的园林学（或许可称为"广义建筑学"，"广义城市学"、"广义园林学"）应该包括哪些内容呢？作为基础理论层次，它当然是理论性比较强的。它作为广泛吸纳其他科学大部门的综合性理论，应该是建筑科学与自然科学、社会科学、系统科学、数学科学、思维科学、人体科学、行为科学、军事科学、地理科学和文艺之间的交叉学科。它是建筑科学与其他科学大部门相通的横向的桥梁。因此它必然涉及建筑与人、建筑与社会、建筑与自然、建筑与文化、建筑与科技等相关的内容。

钱老强调科学是一个整体，它们之间是互相联系的，而不是相互分割的。钱老是从现代科学技术体系的全局和整体来理解建筑科学，把建筑科学置于现代科学技术体系的全体之中，强调了它们之间的必然联系。这样建筑科学就不再是一个孤立的与其他大部门割裂的部门。由于广泛汲取其他大部门的学术成果，使建筑科学成为生气勃勃的学科，必然会促进建筑科学这个大部门的发展。

建筑科学在现代科学技术体系中的建立，确定了它在体系中的地位，明确了上下左右的关系，这就有利于学科之间的相互借鉴，促进其发展。

当然，交叉学科的建立与发展，需要相关学科的共同努力，而不仅是建筑科学一家的任务了。

笔者读到上海同济大学陈秉钊教授编写的《城市规划系统工程学》一书。这本书把系统分析的方法运用于城市规划，在这方面做了有益的尝试。如果把系统科学与城市学嫁接，并做理论上的阐述，就可以建立城市系统学（或称系统城市学）。同样，思维科学、行为科学……都可以与城市学嫁接，当然更不用说地理科学和文艺了，甚至军事科学也与城市学有密切的关系，过去有一门城市防卫学，专门研究城市中的作战等问题。那么，在现代战争下，情况又将会怎么样呢？这些都值得研究。

对于建筑科学的第二层次，即技术科学层次，应该包括建筑技术性理论，如城市学、建筑学、园林学等。技术科学层次的学科是工程技术的理论基础。钱学森教授十分重视理论的建设，早在1985年8月，他就提出关于建立城市学的设想，以后又与不少学者、专家共同探讨关于城市学的问题。我们在"钱学森建筑科学思想的由来与发展"一文（载《论宏观建筑与微观建筑》）中，把钱老的城市学研究总结为六个特点，即：①强调理论探索的重要性；②强调必须用马克思主义的哲学来指导城市学的研究；③强调研究城市要用系统科学的观点和方法；④重视研究城市发展中出现的新事物和新问题；⑤重视借鉴国外的经验，走出一条中国自己的城市建设道路来；⑥重视对未来城市的探索。

对于建筑科学的第三层次，即工程技术层次，包括建筑设计、城市规划设计、市政工程设计（道路、桥梁、给水、排水、煤气、热力、供电、电讯……）和园林设计等。现在建筑、城市和园林等专业的学生，在学校里学习技术与艺术的知识和技巧的相关学科多大属于这一层次。

三、钱学森建筑科学思想研究的历程

在20世纪90年代，建筑界和城市规划界对"建筑科学"开展了热烈讨论，其中有三次高潮，值得注意。第一次是1991年以后的讨论城市学的高潮，第二次是1992年以后的讨论山水城市的高潮，第三次是1996年以后的讨论建筑科学的高潮。

第一次高潮是由于在1991年4月27日《科技日报》头版"科学家书简"栏目，刊出了钱学森和笔者的通信，在这封信中，再一次提出要建立城市学的问题。钱老在信中说："你们城市科学研究会要研究全部有关城市的问题。……但应当有个牵头的理论学科，不然怎么汇总？""这门理论学科是我以前提出的'城市学'。"这封信被《中国建设报》等众多报刊转载，影响极为强烈。1992年2月和3月，中国城市科学研究会与北京城市科学研究会先后举行了两次关于建立城市学的座谈会，一场探讨建立城市学的热潮就此轰轰烈烈地开展起来了。在关于城市学的讨论中，钱学森先生提出了很多真知灼见。他认为：城市学是城市科学的理论基础。它是一门研究城市整体功能和发展的学问。他还认为：城市是变与不变的统一，这就是城市的功能是比较不变的，而城市又一定要随着科学技术的发展、生产力的发展和社会的发展而发展。所以，一座有特色的城市或者一栋建筑，不是拆了另建，而是应该保护外部，用科学技术改造内部，做到现代化。钱老认为：城市是开放的复杂巨系统，而处理开放复杂巨系统的唯一有效的方法就是定性定量相结合的综合集成方法。

第二次高潮是由于钱老在1992年3月以后，分别给吴翼、王仲、顾孟潮等去信讨论山水城市而引起的。随后，在1993年2月27日，由钱学森提议召开了山水城市讨论会。讨论会由中国城市科学研究会、中国城市规划学会等单位联合主办，参加会议的有城市科学、城市规划、建筑、园林、地理、旅游、美术、雕塑、文学等方面的专家、学者和作家、媒体工作者50余人。会上宣读了钱老的书面发言"社会主义中国应该建山水城市"。会议探讨理论，介绍实例。这次多学科、多方位的讨论获得了很大的成功。会后不少城市列专题

开展研究，进行专题规划，召开论坛、讨论会，一场探讨 21 世纪社会主义中国人居环境的高潮就这样开始了。山水城市是建筑科学中的核心问题之一，它关系到人们的生活、生产环境，因而备受人们的关注，它的讨论影响面最广、持续时间最长、研究问题也最深入。

1996 年 6 月 4 日钱学森先生在会见我们时，正式提出"建筑科学"作为一个大部门与其他十个大部门并列于现代科学技术体系之中，这就使讨论大大引深入了一步，从技术层面引向理论体系的层面。这就是建筑科学讨论的第三次高潮。"建筑科学"作为一个科学技术大部门的建立，使它与其他大部门之间建立了"桥梁"，加强了学科之间的联系。特别是与马克思主义哲学之间建立了"建筑哲学"这座桥梁，可以接受马克思主义的指导，解决当前建设中存在的问题，因而具有深刻的意义。

【参考文献】

[1] 涂元季，李明，顾吉环. 钱学森书信 [M]. 北京：国防工业出版社，2007.

[2] 鲍世行，顾孟潮. 城市学与山水城市 [M]. 北京：中国建筑工业出版社，1996.

[3] 鲍世行，顾孟潮. 山水城市与建筑学 [M]. 北京：中国建筑工业出版社，1999.

[4] 鲍世行，顾孟潮，涂元季. 钱学森论宏观建筑与微观建筑 [M]. 杭州：杭州出版社，2001.

[5] 钱学森. 科学的艺术与艺术的科学 [M]. 北京：人民文学出版社，1994.

[6] 钱学森等. 论地理科学 [M]. 杭州：浙江教学出版社，1994.

论钱学森关于建筑科学的五个理论

顾孟潮

一、前言

钱学森，20 世纪的科学巨匠，他在建筑科学领域也颇有建树，他为建筑科学做出了开拓性的贡献。

钱学森明确地为建筑科学大部门定位，为建筑科学体系定位；他为建筑科学贡献了一种未来城市发展模式——山水城市；他为建筑科学确立了 3 个领头学科——建筑哲学、城市学和园林学。

追溯钱学森建筑科学思想发展的历程，笔者将其分为 4 个阶段，即思想孕育阶段（1958～1990 年）；概念形成阶段（1990～1993 年）；理论发展和推动实施阶段（1993～1996 年）；理论升华阶段（1996 年至今）[1]。

钱学森十分重视基础理论，十分重视领头学科对于整个学科的理论创新、源头创新的带头作用。在钱学森的科学活动的每一个时期，对研究的每一个科学对象，他始终如一地都是按照实践—理论—实践的思维规律进行的。

笔者曾将 6000 年的建筑价值观念变迁过程划分为 6 个里程碑时代[2]，即实用建筑学时代、艺术建筑学时代、机器建筑学时代、空间建筑学时代、环境建筑学时代和生态建筑学时代。其中每一个时代都有其突出代表人物，如实用建筑学时代的维特鲁威；艺术建筑学时代的米开朗琪罗、拉斐尔、达·芬奇；机器建筑学时代的勒·柯布西耶；空间建筑学时代的布鲁诺·赛维等。

这些各个时代的代表人物，以其代表时代的建筑哲学思想或以其代表时代的作品，为建筑科学的发展做出了里程碑式的贡献，在各个时代推动了建筑科学技术与艺术的发展。

杰出科学家钱学森以其对建筑科学的卓越贡献，在 20 世纪的建筑科学发展史上，也书写了他的精彩华章。

二、建立一个大科学部门——建筑科学

钱学森说："要迅速建立建筑科学这一现代科学技术大部门，并用马克思主义哲学为指导，以求达到豁然开朗的境地。我想这是社会主义中国建筑界、城市科学界同志的不可推卸的责任。请考虑。"他呼吁："现代科学技术体系中再加一个新的大部门，第 11 个大部门：建筑科学。"[3～5]

钱学森详细论述了建筑科学体系的层次结构，他说建筑科学"要包括的第一层次是真正的建筑学；第二层次是建筑技术性理论，包括城市学；第三层次是工程技术，包括城市

规划。三个层次，最后是哲学的概括"（表1）[4]。

建筑科学的层次　　　　　　　　　　　　　　表1

马克思主义哲学—人认识客观和主观世界的科学	哲　　学
建筑哲学	桥　　梁
建筑学	基础理论
现在的建筑学及城市学	技术科学
现在的建筑设计及城市规划	工程技术

钱学森认为，在建筑科学特有的结构层次中，建筑哲学（包括宏观建筑与微观建筑）是通向马克思主义哲学的桥梁。

钱学森强调，建筑科学是把艺术和科学揉在一起的，建筑是科学的艺术，也是艺术的科学。他主张："我们有5000年的文明史，一定要用历史的观点来看问题，要看到人以及人所需要的建筑。建立一个大的科学部门，不只是一两门学科。"[6]

钱学森的这一理论是他总揽科学历史文化，经过多年思考与探索逐步完成的。

1982年，钱学森提出将建筑列入文学艺术大部门[7]；1983年，钱学森提出在我国建立园林学[8]；1985年，钱学森提出建立城市学[9]；1990年，钱学森提出未来城市发展模式——山水城市[10]；1994年，钱学森提出要重视建筑哲学在建筑科学体系中的领头作用[11]；1996年，钱学森提出建筑科学技术体系及建立建筑科学大部门的问题[3]；1998年，钱学森提出宏观建筑与微观建筑概念[12]。

在此之前，钱学森对现代科学技术体系曾有一个构想，他认为这个体系应包括：马克思主义哲学及10架桥梁和10大科学技术部门：自然科学、社会科学、系统科学、数学科学、思维科学、人体科学、行为科学、军事科学、地理科学、文艺理论等。1996年，钱学森正式将建筑科学列入他的现代科学技术体系的整体构想图中，成为第11个大科学部门（图1）[13]。

笔者认为，钱学森为建筑科学大部门定位的理论，有几点是十分重要的。

钱学森在定位理论中，对建筑科学在人类文化中的作用给予了充分的肯定。他把建筑科学与自然科学、社会科学等大部门并列，作为第11大部门列入了现代科学技术体系，在建筑科学中具有突破性的意义。

钱学森把建筑科学置于现代科学技术体系的全体之中，从现代科学技术体系的全局来理解建筑科学，他强调科学是个整体，它们之间是互相联系的，而不是相互分割的。这样，建筑科学就不再是一个孤立的、与其他大部门割裂的部门。由于广泛地汲取了其他大部门的学术营养，促进了建筑科学这个大部门的发展，使建筑科学成为一门生机勃勃的学科。

在如何划定建筑科学的层次这个问题上，钱学森明确把建筑科学划分为基础理论、技术科学和应用技术这三个层次。他对划分的原则作了如下的说明："由于人认识客观世界是为了改造客观世界，我们划分层次可以按照是直接改造客观世界，还是比较间接地联系到改造客观世界的原则来划分。"就是分为间接改造客观世界的理论层次——基础理论层次，直接改造客观世界的工程技术——应用技术层次和介乎这两者之间的技术科学层次的原则[12]。

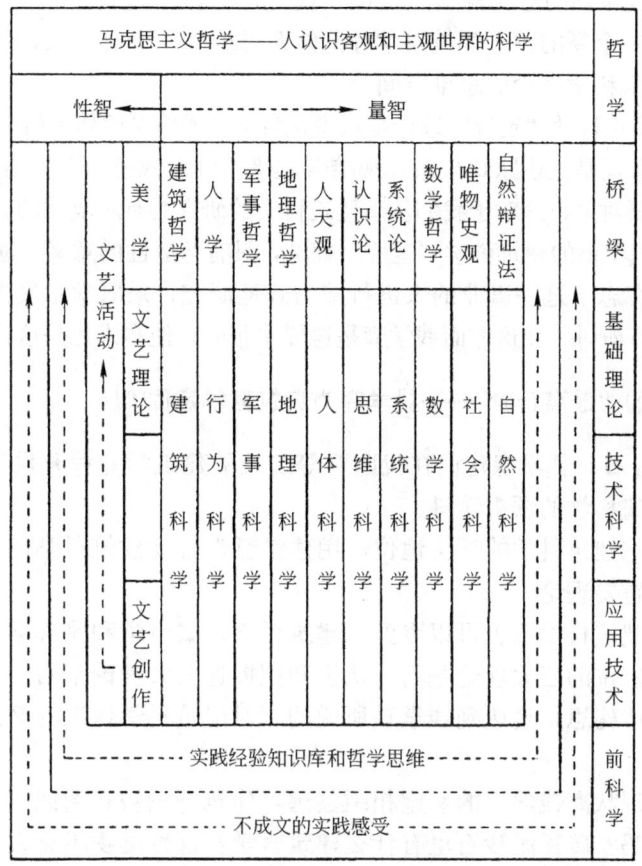

图1　现代科学技术体系构想

钱学森把建筑科学视为一个科学与艺术相融合的大部门，他说："这一大部门学问是把艺术和科学揉在一起的，建筑是科学的艺术，也是艺术的科学"[4]。

在为建筑科学体系定位时，钱学森十分重视建筑哲学在建筑科学中的作用，他指出："建筑哲学就是要用马克思主义的世界观和方法论来认识建筑，是要用辩证唯物主义和历史唯物论的观点和方法来看待问题，是要解决为谁服务的根本问题。建筑哲学是建筑科学通向马克思主义哲学的桥梁。"[5]　他强调："真正的建筑哲学应该研究建筑与人、建筑与社会的关系。"[3]。

钱学森在他的建筑理论中提出了宏观建筑与微观建筑的理念，这是建筑科学思想的深化与升华。钱学森说："我近日想到一个问题是如何把建筑和城市科学统归于我们所说的'建筑科学'，我建议将城市科学改称为宏观建筑，而现在通称的建筑改称为微观建筑。"[12]钱学森在理顺建筑科学内的层次关系时，具体界定了建筑科学技术体系之中的建筑科学定义的内涵和外延，这是对建筑科学基础理论研究作出的又一突破性的工作。

钱学森对建筑科学的定位理论有以下几点意义：

（1）首创性。钱学森的建筑科学"定位"理论大大提高了建筑科学的学科地位，大大开拓了建筑科学的视野和领域，把建筑科学的研究提高到前所未有的高度，使社会各界对建筑科学在人类文化发展中的地位和作用有了新的思考和认识。

（2）奠基性。钱学森的建筑科学"定位"理论，对整个建筑科学的发展具有奠基性的意义，它给了人们一个新的关于建筑科学理论体系思维的一个总框架，从这一总框架出发，将会大大地开拓建筑科学理论的思维空间。

（3）钱学森的建筑科学"定位"理论是从现代科学技术体系整体思维出发而界定的。钱学森对待建筑科学对象，是把还原观与系统观结合起来，既重视还原分析也重视系统综合地处理建筑科学这一科研对象，这对于我们从事建筑科学的研究具有示范性的方法论意义。

（4）开放性。钱学森的建筑科学"定位"理论，具有开放性的意义，他的建筑总框架的提出，需要有更多的有志于这一事业的人进行接力式地研究，采取学术民主的、百家争鸣的、平等讨论的方式进行研讨。在这方面钱学森是这样主张的，他本人也是这样身体力行的。

三、建筑科学的"最高台阶"——钱学森为建筑哲学定位[14]

1994 年 11 月 4 日，钱学森建议在我国高等院校的建筑学专业开设建筑哲学课[11]。他说，建筑哲学是建筑科学的领头学科。

明确建筑哲学在建筑科学的领头地位，用建筑哲学带动建筑科学的进步，是钱学森建筑科学思想的又一重要理论。

分析钱学森的建筑科学思想可以看到，建筑哲学、城市学和园林学，这三者是钱学森为建筑科学大部门定位的三大理论基石。认识和把握这三大理论基石，认识和把握钱学森建筑科学体系的整体构思，是达到钱学森所说的"对建筑科学认识的豁然开朗的境界"的前提。

今天建筑界的现状离钱学森的愿望相距甚远，建筑理论被普遍忽视。不少人认为，建筑不就是盖盖房子吗？砖瓦泥沙石里有什么建筑哲学？这种见物不见人，见技术不见思想的观念也是建筑界长期裹足不前的原因。

因此，长期以来，我国并未形成自己的建筑理论，有人把建筑当作房子，有人把建筑当作绘画，有人把建筑当作雕塑，有人把建筑当作住人的机器，当作空间艺术等等，对建筑有各种解释，就是不把建筑当作"建筑"。

钱学森一针见血地指出："建筑真正的科学基础要讲环境。"[3]

这符合"华沙宣言"的精神。1981 年国际建筑师协会第 14 次世界建筑师大会通过的"华沙宣言"就曾明确指出："建筑学是为人类建立生活环境的综合艺术和科学。"[15]

这也符合老百姓千百年来对居住环境的期望。我国明代学者文震亨早在 400 年前就憧憬着居住环境应达到的"三忘"境界，即"令居之者忘老，寓之者忘归，游之者忘倦"[16]。

强调建筑哲学的领头地位会对建筑科学起到什么样的作用呢？

建筑哲学是对建筑科学技术的哲学的概括，它从总体上把握着建筑科学的本质和特点。

建筑哲学又是马克思主义哲学在建筑科学中的具体运用，它体现着哲学对各大科学部门的指导作用和带头作用。

笔者曾绘制一个图表（见图 2，此图得到了钱学森的首肯），从此图表中可看清建筑哲学在建筑科学体系中的位置。

钱学森多次表明他的建筑哲学观念。他说："建筑哲学是建筑科学技术大系统中的带头学科，是建筑科学技术体系大系统中最高哲学概括和最高台阶"[3]。

钱学森多次强调建筑哲学的重要性，他认为建筑哲学既是科技哲学，又是艺术哲学和

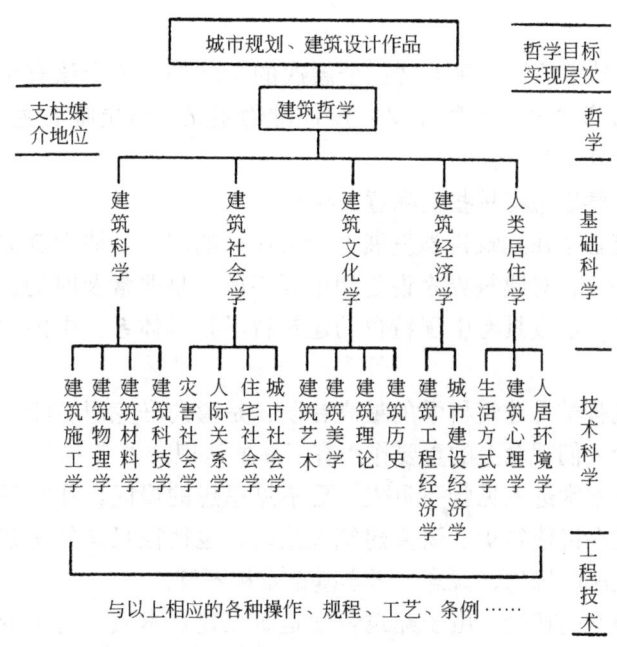

图 2　建筑科学技术体系图[6]

社会哲学，它对整个建筑科技体系的建构和发展同样具有桥梁作用、带头作用。

钱学森多次明确指出，用建筑哲学指导建筑科学，是用马克思主义哲学指导建筑科学发展的必由之路。他说："我一直强调马克思主义哲学——辩证唯物主义的指导意义，所以在建筑科学概括为建筑哲学之上还有马克思主义哲学。"[15]　建筑哲学作为通向马克思主义哲学的桥梁，是从整体上对建筑科学体系过程的概括和基本把握。这决定了建筑哲学有丰富内容和哲理的深度。

钱学森多次明确表示要坚定不移地用马克思主义哲学指导建筑工作的决心，他说："在人生观、世界观上，通过建筑哲学这个'桥梁'到达马克思主义哲学这个'最高台阶'。如果我们学好建筑哲学，从事建筑科学技术与艺术工作的朋友们可以开拓视野，在具体工作中，会把一个城市作为一个整体考虑，作为一个复杂的开放的巨系统来对待，而不要只'见树木'（建筑物）不见森林（整体城市）。"[17]

钱学森针对叶树源教授的建筑哲学观，进一步分析了建筑哲学在建筑科学体系中的层次关系。

他在给叶树源教授的信中说："我非常感谢您赐尊作《建筑与哲学观》，我读后深受启示！我只是建筑科学技术的外行人，现在下面讲点读后所思，向您请教。

（1）我想尊作实际阐明了建筑是什么，建筑与人的关系，对建筑空间所应具备的效果也界定了。因此与其讲这是建筑的哲学观，不如说此书是讲建筑科学技术的基础理论，真正的建筑学。按我对现代科学技术体系的理解，这是基础理论层次的学问。

（2）在基础理论层次下面的一个层次是技术性的科学，即工程技术所需要的直接指导性学问。在建筑科学技术部门，这就是现在人们称为'建筑学'的学问，以及城市科学等。

（3）在建筑科学技术部门在下一个层次的、第三层次的学问，那就是设计构造具体的建筑了，即建筑设计。

（4）在建筑科学技术部门，除了这三个层次的学问外，还应该有个总的概括：对建筑用什么指导思想；唯心主义？唯物主义？辩证唯物主义？历史唯心主义？历史唯物主义？这门学问才是真正的建筑哲学。"[18]

钱学森的建筑哲学思想有哪些实际意义呢？

钱学森关于建筑哲学在建筑科学发展上带头作用的定位，钱学森关于必须加强建筑哲学的研究和普及的呼吁，对建筑界来说是切中要害的，是非常及时的。我们必须形成具有中国特色的建筑理论，形成具有中国特色的建筑科学技术体系，中国的建筑事业才能得到发展。

钱学森关于建筑哲学是建筑科学的最高台阶，是通向马克思哲学的桥梁等论述，使我们对建筑哲学在转变人们观念上的重要作用有了新的认识。

过去我们讲建筑常常进入见物不见人，更不见思想的误区，往往只是单纯模仿现有的建筑作品，建筑院校在讲建筑史、研究建筑理论时，也往往只是侧重建筑形式的研究。而对产生这些风格和流派的思想、观念、哲学基础重视不够。

观念的转变是根本的转变，由于建筑哲学是研究建筑本质、建筑价值观和建筑方法论的，所以，它对于人的建筑观念的转变有着决定性的作用。

钱学森关于建筑哲学要研究建筑与人，研究建筑与社会的论述，大大扩大了我们的思维空间。明确建筑哲学的研究对象与目的，这些有利于改变建筑界软科学研究（包括基础理论，建筑理论，建筑评论）的落后局面，改变建筑学科林立、群龙无首的局面，改变建筑学现有学科停滞不前的状态。特别是钱学森宏观建筑与微观建筑观念的提出，更有利于建筑科学大部门整体的形成，有利于建筑科学体系整体的建构。

钱学森关于建筑哲学在现代科学技术体系中的定位，使我们对建筑哲学的本质特点认识更为清晰，使我们在研究建筑哲学时更明了它的复杂性、重要性、开放性，明确了建筑哲学要向社会哲学和艺术哲学吸收营养。科学发展史表明，跨学科的研究是新学科的生长点，许多建筑科学的新学科都是在学科边缘上产生的。

面对钱学森在建筑院校开设建筑哲学课的呼吁，我们痛感研究建筑哲学和形成建筑哲学研究队伍的迫切性。

我国的建筑理论界对建筑哲学的研究，目前只是起步阶段，只有一些零星的科研成果，没有形成完整的理论体系，更没有相应的建筑哲学理论队伍，这种状况亟待改变。

四、"不到园林，怎知春色如许"——钱学森园林学理论[19]

1958年3月1日，钱学森归国不久，便在《人民日报》发表题为"不到园林，怎知春色如许——谈园林学"的文章，称赞"我国的园林学是祖国文化遗产里的一颗明珠"，"我们应该更广泛地和更深刻地来考虑发展我国园林学的问题。"

26年后的1983年6月，钱学森又发表了"再谈园林学"的文章[20]，文章中他把我国园林空间分成不同的观赏层次，对不同的观赏层次空间他都给以定性定量的科学分析，这些创造性的论述令人惊叹。

钱学森曾将他在建设部第一期市长研究班上的讲话内容整理成文，用"园林艺术是我国创立的独特艺术部门"的题目发表[21]。显然，钱学森寄希望于中国分管城市建设的市长们，希望他们都能参与和推动中国的园林研究与建设。

1990年，钱学森又提出"中国的山水诗词，中国古典园林建筑和中国的山水画溶合在一起，创立山水城市的概念"[22]，提出"把整个城市建成为一座超大型园林"[23]。

钱学森在园林学方面的理论贡献主要表现在以下几个方面：

（1）科学界定了中国园林艺术的概念

钱学森说："我认为我们对'园林'、'园林艺术'要明确一下含义；明确园林和园林艺术是更高一层的概念，landscape，gardening，horticulture 都不等于中国的园林，中国的'园林'是他们三个方面的综合，而且是经过扬弃，达到更高一级的艺术产物。"[21] "外国的 landscape，gardening，horticulture 三个词，都不是'园林'的相对字眼，我们不能把外国的东西与中国的'园林'混在一起。"[21]

（2）中国园林是我国创立的独特艺术部门

钱学森论证了中国园林是"世界园林之母"、"花园之母"，提出了既要继承又要创新的中国园林发展方向。他多次盛赞祖国的园林："我国的园林学是祖国文化遗产里的一颗明珠。"[19] "我国号称'花园之母'，名园遍及全国各地，为世人所称颂"[20]。"中国园林艺术是祖国的珍宝，有几千年的辉煌历史。"[21]

他郑重地建议："要认真研究中国园林艺术，并加以发展。我们可以吸取有用的东西为我们服务。"[21]

（3）中国园林学是与建筑学占有同等地位的一门美术学科

钱学森说："我国园林的特点是建筑物有规则的形状和山岩、树木等不规则的形状的对比；在布置里有疏有密，有对称也有不对称，但是总的来看却又是调和的。也可以说是平衡中有变化，而变化中又有平衡，是一种动的平衡。在这一方面，我们也可以用我国的园林比我国传统的山水画或花卉画，其妙在像自然又不像自然，比自然有更进一层的加工，是在提炼自然美的基础上又加以创造。

世界上其他国家的园林，大多以建筑物为主，树木为辅；或是限于平面布置，没有立体的安排。而我国的园林是以利用地形、改造地形，因而突破平面；并且我们的园林是以建筑物、山岩、树木等综合起来达到它的效果的。如果说别国的园林是建筑物的延伸，他们的园林设计是建筑设计的附属品，他们的园林学是建筑学的一个分支；那么，我们的园林设计比建筑设计要更带有综合性，我们的园林学也就不是建筑学的一个分支，而是与它占有同等地位的一门美术学科。"[19]

（4）科学界定了定量定性研究园林学、分析园林空间的方法

钱学森说："园林可以有若干不同观赏层次。从小的说起，第一层次是我国的盆景艺术，观赏尺度仅几十个厘米；第二个层次是园林里的窗景，如苏州园林的漏窗外小空间的布景，观赏尺度是几米；第三个层次是庭院园林，像苏州拙政园、网师园那样的庭院，观赏尺度是几十米到几百米；第四层次是像北京颐和园、北海那样的园林，观赏尺度是几公里；第五层次是风景名胜区，像太湖、黄山那样的风景区，观赏尺度是几十公里。有没有第六层次？也就是几百公里范围大的风景游览区？像美国的所谓国家公园？从第一层次的园林到第六层次的园林，从大自然的缩影到大自然的名山大川，空间尺度跨过了六个数量级，但也有共性。从科学理论上讲，都是园林学，都统一于园林艺术的理论中。"[20]

为了更清楚地说明钱学森的关于中国园林空间层次的理论，笔者绘制了表2[24]。

园林景观不同景观层次、景观尺度及其观赏特征　　　　　　　表2

景观层次	景观内容	景观尺度	观赏特征
第一层次	盆景艺术	几十厘米	神游、静观
第二层次	园林里的窗景	几米 几米~几百米	站起来、移步换景
第三层次	庭院园林	(拙政园、网师园)	漫步、闲庭信步
第四层次	北京颐和园、北海	几公里	走走路、划划船，花上大半天甚至一天
第五层次	风景名胜区	几十公里	乘交通工具(毛驴、汽车)，多建有公路
第六层次	风景旅游区	几百公里(如美国国家公园)	不但设公路，更有直升机等

（5）科学界定了建筑学与园林学的类似与区别

钱学森强调用现代自然科学知识、工程技术知识和美术知识提高我国园林设计水平。钱学森说："园林学也有和建筑学十分类似的一点，这就是两门学问都是介乎美的艺术和工程技术之间的，是以工程技术为基础的美术学科。要造湖，就得知道当地的水位，土壤的渗透性，水源流量，水面蒸发量等；要造山，就得有土力学的知识，知道在什么情形下需要加墙以防塌陷。我们要造林育树，就得知道各树种的习性和生态[19]。譬如过去我国因限于技术水平，园林里很少有喷泉，今后我们的园林可以设置流动的水，但不能照抄外国的建筑艺术，那是低一级的东西，没有上升到像中国园林艺术那样的高度。"[21] "总之，园林设计需要有关自然科学以及工程技术的知识，我们也许可以称园林专家为美术工程师吧。"[19]

（6）山水城市的未来发展模式

钱学森把中国古代园林精华应用于当代中国的城市建设实践之中，他说："中国园林虽然在过去的岁月里它是为封建主们服务的，但是在新时代中它一样可以为广大人民服务，美化人民的生活。而且实际上我们国家正在进行大规模的建设，其中也包括了不少人民文化休息的场所；但有的园林也有部分在改建。"[19] "各地新建的公园、庭园、花园、动物园、植物园和风景名胜区，以及其他一些公共游乐场所，都突破了旧社会园林为少数人享乐的框框，走向为广大人民群众服务的广阔天地。"[20] 把整个城市建成一座超大型园林的山水城市，这是钱学森的美好愿望，也是我们的美好愿望。

五、"开放的复杂巨系统"——钱学森城市学理论[25]

城市学（urbanology）这一术语，最早是由先驱城市思想家、苏格兰生物学家盖迪斯（Patrck Geddes）所创。1915年他的杰出著作《进化中的城市》（Citiesin Evolution）出版。城市科学是自然科学和社会科学、基础科学和应用科学的有机结合，是以城市为研究对象的综合性学科。城市科学主要研究城市发展中宏观的、战略的综合性问题。现阶段则着重研究城市发展规律和道路，研究城市在国民经济中的地位和作用等重大问题。

数十年来，国内外学术界对于是否建立城市学是存在着争议的。有人认为，城市学作为一门以研究城市为对象的明确的独立学科业已形成；也有人认为，对城市目前还只能进行多学科的综合研究。如果要成为一门独立的学科，除对象明确之外，还需要有本学科的基本理论、研究方向和研究方法。而城市学在这些方面都还不具备，或说不成熟；还有人认为，城市本质上是不断变化的，不存在终极真理，单一学科无法揭示其内在规律[26]。

钱学森认为："城市科学研究会要研究全部有关城市的科学。这里学科繁多，城市建筑学、城市道路学、城市通信学、城市环境美学等等。各方专家可以分头去研究，但应当有个牵头的理论学科，不然怎么汇总？""这门理论学科是我以前提出的'城市学'，研究一个大城市、一个小城市以及一个乡镇的整体功能和发展的学问。"[27]

钱学森在其"关于建立城市学的设想"一文中，提出他设想的城市科学体系。他写道："所有的科学技术都是这样分为三个层次，一个层次是直接改造世界的，另一个层次是指导这些改造客观世界的技术，再有一个是更基础的理论。在我们这方面就是从城市规划—城市学—数量地理学这样一个城市的科学体系，我们要搞好城市建设规划发展战略就有必要建立这样一个科学体系。"[9]

钱学森不同意国外现有的一些人的城市学概念，他说："因为新观点的'城市学'尚在初创概念，还不十分明确，洋人又有什么'urbanology'来干扰，所以写'城市学'确有许多困难！"[28]

关于建立城市学设想的主要内容，钱学森在一封信中作了如下扼要的说明[28]：

城市学应是各门城市科学的理论基础，所以层次要高一些；

城市学首先要讲城市体系，即一个国家的居民集中点和小区的分布和相互关系，因而是个体系；

要树立新概念的城市学，就必须清理思想，对过去城市建设中的自发性、盲目性及主观主义要用马克思主义的洞察力来批判，当然我们承认，过去有时代的局限性，想不到关系全社会的城市学概念，但今天还能再糊涂下去吗；

城市学也要分清现代社会中各种功能不同的城市类别，研究每一类别城市的特点。

在城市学的研究上，钱学森有5个强调[29]。强调理论探索的重要性。

（1）钱学森关注城市学理论的讨论和建设

钱学森在《关于建立城市学的设想》一文中，开宗明义地讲："我觉得要解决当前复杂的城市问题，首先要明确一个指导思想——理论。因为按照马克思主义原理，实践是要在理论指导下，理论要联系实际，但必须要有理论。"[9]

钱学森十分关注城市学理论的讨论和建设，1997年，周干峙院士在"城市学"的会议上，提出"用系统工程学的观点来认识城市及其区域"，周院士对城市及其区域作了古今中外大跨度的对比研究，提出了高密度、高度城市化地区的概念以及做好这一种规划的紧迫性，他的观点受到钱学森的赞赏，钱学森认为，周院士"这个发言把城市及其区域作为一个开放的复杂巨系统，颇有新意。"[30]

（2）用辩证唯物主义和历史唯物主义观点看待城市

钱学森认为，要把城市看作是变与不变的统一，即一方面随着科学技术的发展，生产力的提高和社会的进步，城市在成长发展；另一方面，城市的功能又是比较稳定的。也就是说，在研究城市时，需要建立一种功能稳定与迅速发展相统一的理论，即要用辩证唯物主义与历史唯物主义的观点看待城市问题。

（3）用系统科学的观点和方法研究城市

钱学森强调要把现代城市看作是开放的复杂巨系统。所谓"开放的"是指系统本身与系统周围的环境有物质的交换、能量的交换和信息的交换；所谓"巨系统"是指系统包含很多子系统。钱学森认为，开放的、复杂的巨系统有许多层次，研究城市要用从定性到定量综合集成的方法。此外，还要研究城市发展中出现的新事物和新问题，他曾建议开展关于"轿车文明"的讨论，关于"立交桥是现代城市一景"的讨论等，这些建议都是针对当前城市发展中出现的新事物提出的。

（4）强调要重视总结经验

钱学森不仅重视总结国内城市发展中的经验，也重视国外城市发展经验，重视总结对未来城市探索的经验。他说："现在我们要认真总结那种拔地而起，从无到有地建设一座工业城市的经验，这是城市科学的重要内容。"[31] 他认为正是这些经验"反回来可能充实与深化马克思主义哲学"[9]。

他指出："我觉得我们今天研究城市学必须看到今天生产力的发展，而且为了搞好规划，还不能光看到今天生产力的发展，还要看到现在的科学革命、技术革命会导致什么样的生产力的发展，也就是说看看这些发展到 21 世纪将会如何。由于通信技术与交通运输技术的发展，人的聚集会达到什么程度？人聚集在一起是为了信息传递和物质运输的方便，但由于通信技术与交通运输技术的发展，这些情况是否会有所变化？"[9]

钱学森曾推荐巴西西南部 200 万人口的库里蒂巴（Curitiba）的城市经验，并以此启发我们："要走出一条中国自己的城市建设道路来。"[32]

六、把整个城市建成一座超大型园林——钱学森山水城市理论

钱学森是"山水城市"研究的倡导者，也是山水城市概念的创造者[23]，其山水城市的主要精神是：

把中国的山水诗词、中国古典园林建筑和中国的山水画融合在一起，使人离开自然又返回自然；

把中国文化和外国文化有机结合在一起，把城市园林与城市森林有机结合在一起。

山水城市是钱学森构筑的 21 世纪中国未来城市的模式。

多年来，山水城市的概念引起国内外城市规划界、建筑界、园林界的广泛重视和讨论，山水城市的理论内涵和外延不断地扩展，不断地深化，钱学森本人对这一理论也不断地有所补充。

钱学森说："山水城市的设想是中外文化的有机结合，是城市园林与城市森林的结合。山水城市不该是 21 世纪的社会主义中国城市构筑的模型吗？我提请我国的城市科学家们和我国的建筑师们考虑。"[33]

钱学森在一次山水城市讨论会上阐述了他的山水城市概念，他说："我想，既然是社会主义中国的城市，就应该：第一，有中国文化风格；第二，美；第三，科学地组织市民生活、工作、学习和娱乐。所谓中国的文化风格就是吸取传统中的优秀建筑经验，例如吴良镛教授主持的北京菊儿胡同危旧房改建，就吸取旧'四合院'的合理部分，又结合楼房建筑，成为'楼式四合院'，我们可以想象，'楼式四合院'再布上些'老北京'的花卉盆，荷花缸、养鱼缸等等，那该是多么美的庭院啊！"[33]

"如果说现代高度集中的工作和生活要求高楼大厦，就只有'方盒子'一条出路吗？为什么不能把中国古代园林建筑的手法借鉴过来，让高楼也有台级，中间布置些高层露天树木花卉？不要让高楼中人，向外一望，只见一片灰黄，楼群也应参差有致，其中有楼上绿地园林，这样一个小区就可以是城市的一级组成，生活在小区，工作在小区，有学校，有商场，有饮食店，有娱乐场所，日常生活工作都可以步行来往，又有绿地园林可以休息，这是把古代帝王所享受的建筑、园林，让现代中国的居民百姓也享受到。这也是苏扬地区一家一户园林构筑的扩大，是皇家园林的提高。中国唐代李思训的金碧山水就要实现了！

这样的山水城市将在社会主义中国建起来!"[33]

1992 年,在给笔者的一封信中,钱学森形象地描绘了他构想的山水城市,他说:"要发扬中国园林建筑,特别是皇帝的大规模园林,如颐和园、承德避暑山庄等,把整个城市建成一座超大型园林。我称之为山水城市,人造的山水!"他督促建筑界说:"中国建筑学会何不以此为题开个'山水城市讨论会'?"[23]

1993 年 2 月,在钱学森的倡议下,建设部召开了"山水城市讨论会",钱学森在这次会议上做了"社会主义中国应该建山水城市"的书面发言,他指出北京城的规划布局和城市风貌要有所改善。他强调城市的总体设计,并具体阐明了他对城市园林、城市森林和山水城市的构想。

钱学森构想的山水城市与一般的城市模式有 4 个不同[34]:

出发点不同。山水城市的构想是比较超前的,它的思路是以大自然环境为出发点,对城市化的估量与方式有新的、更宽广的视野。而现在的城市规划与建设基本上是以现状为核心和出发点的,思路比较狭窄。

对象不同。在山水城市的构想中,钱学森认为,规划、设计、建设的对象不应仅仅局限于道路、建筑物等硬件,而应该是包括人、植物、动物、气候等这类软件、弹性件的选择研究设计的复杂系统,因此钱学森强调城市总体设计的重要性。

城市模式不同。山水城市既是生态模式也是人文模式,其目的在于充分发挥自然潜力和人的创造力。

效果不同。提倡山水城市的目的在于最终实现设计与自然的结合,从而达到以最小的成本为人类创造最大的利益。

随着山水城市理论的不断明晰及其相关研究的不断深入,山水城市正在由最初的科学构想,逐步成为吸引国内外更多有识之士参与探索的一种关于未来城市模式的理论学说和城市规划建设实践。由于融入了众多专家学者和许多实际工作者的贡献,山水城市理论变得更加丰富和完善。

上海已提出将上海建成山水园林型生态城市的远景规划;重庆确立了建设山水园林城市的基本思路;广州提出把山水园林城市作为城市发展的方向;武汉承诺 5 年内初步建成山水园林城市;等等。

1992 年,建设部在全国范围内开展了创建"国家园林城市"的活动,据 2000 年统计,已有 12 个城市获得此殊荣(表 3)。

已获国家园林城市称号的城市　　　　　　　　　　　　　　　　　　　表 3

年　份	城　市
1992	北京、合肥、珠海
1994	杭州、深圳
1996	中山、威海、马鞍山
1997	大连、南京、厦门、南宁

从理论上,笔者认为山水城市是知识经济时代的城市建设模式,钱学森的山水城市有"四高"、"三性"和"一个基本特色"[35]。

四高——高文化、高技术、高情感、高级生态城市(包括自然生态、社会生态、人的行为心理状态等)。众所周知,水是生命之源,山是长寿之本。"仁者乐山,智者乐水,""寄情于山水之间"，追求"天人合一"等，这是我们中华民族的优秀传统，也是当今世界各国人们普遍追求的境界。保持生态平衡、保护环境、节约资源和能源等，是可持续发展的时代要求。

三性——科学性、民主性、时代性。钱学森的山水城市观念主张，用现代科学技术，把整个城市建成一座大型园林，让现代中国的居民百姓能享受到"回归自然"、"天人合一"的美好境界。

一个基本特色——钱学森的山水城市的构想具有鲜明的社会主义中国特色。

山水城市构想的核心，是要建设有利于人的身心，有利于自然生态，有利于社会、经济、科技文化可持续发展的人类城市。这将有助于我们克服城市千城一面，建筑千篇一律，各国全球化趋同的问题。使人与自然、城市、乡村建筑之间的关系，具有共生、共存、共荣、共乐、共雅五大基本特征，即：体现出生态关联的自然性，环境容量的合理性、构成因素的协同性、景观审美的和谐性和文脉经营的承续性。

城市科学和建筑科学的发展史表明，山水城市应当属于一种先进的城市观念和模式，属于可持续发展的城市。历史上曾出现的花园城市、生态城市、绿色城市等等，都是一个时期的产物和实验。而山水城市的概念与构想，既能包容前面那些城市模式的合理部分，又能因地制宜和因时因人而异。

七、结语

钱学森在建筑科学领域开创性的理论贡献，主要表现为 5 个方面：建筑科学定位理论；建筑哲学定位理论；建立园林学理论；建立城市学理论；建设山水城市理论。

"建筑是科学的艺术，也是艺术的科学，所以搞建筑是了不起的，这是伟大的任务。"[3]——钱学森热情地激励着我们。

"我们中国人要把这个搞清楚了，也是对人类的贡献。"[3]——钱学森殷切地期望着我们。

【参考文献】

[1] 顾孟潮. 论钱学森与山水城市和建筑科学 [J]. 建筑学报，2000，(7)：12～13.

[2] 顾孟潮. 急需用"三论"武装我们的头脑 [J]. 建筑学报，1985，(4)：17～18.

[3] 钱学森. 哲学·建筑·民主 [A]. 论山水城市与建筑科学 [M]. 北京：中国建筑工业出版社，1999.

[4] 钱学森. 1996 年 7 月 21 日给顾孟潮的信 [A]. 论山水城市与建筑科学 [M]. 北京：中国建筑工业出版社，1999.

[5] 钱学森. 1996 年 6 月 23 日给顾孟潮的信 [A]. 论山水城市与建筑科学 [M]. 北京：中国建筑工业出版社，1999.

[6] 顾孟潮. 建筑哲学概论(本体论) [A]. 论山水城市与建筑科学 [M]. 北京：中国建筑工业出版社，1999.

[7] 钱学森. 科学技术现代化一定要带动文学艺术现代化 [A]. 科学的艺术与艺术的科学 [M]. 北京：人民文学出版社 1994.

[8] 钱学森. 园林艺术是我国创立的独特艺术部门 [A]. 论城市学与山水城市 [M]. 北京：中国建筑工业出版社，1994.

[9] 钱学森. 关于建立城市学的设想 [A]. 论城市学与山水城市 [M]. 北京：中国建筑工业出版社，1994.

[10] 钱学森. 1990 年 7 月 31 日给吴良镛的信 [A]. 论城市学与山水城市 [M]. 北京：中国建筑工业出

版社，1994.

[11] 钱学森. 1994年11月4日给顾孟潮的信 [A]. 论城市学与山水城市 [M]. 北京：中国建筑工业出版社，1994.

[12] 钱学森. 1998年5月5日给顾孟潮、鲍世行的信 [A]. 论宏观建筑与微观建筑 [M]. 杭州：杭州出版社，2001.

[13] 李瑞环. 城市建设随谈 [M]. 天津：天津社会科学院出版社，1989.

[14] 钱学森. 我看文艺学 [A]. 科学的艺术与艺术的科学 [M]. 北京：人民文学出版社，1994.

[15] 许溶烈，张钦楠，顾孟潮，等. 建筑师职业信息手册 [M]. 郑州：河南科学技术出版社，1993.

[16] [明] 文震亨. 长物志 [M].

[17] 钱学森. 1995年10月26日给顾孟潮的信 [A]. 论宏观建筑与微观建筑 [M]. 杭州：杭州出版社，2001.

[18] 钱学森. 1996年5月7日给叶树源的信 [A]. 论山水城市与建筑科学 [M]. 北京：中国建筑工业出版社，1999.

[19] 钱学森. 不到园林，怎知春色如许——谈园林学 [A]. 论城市学与山水城市 [M]. 北京：中国建筑工业出版社，1994.

[20] 钱学森. 再谈园林学 [A]. 论城市学与山水城市 [M]. 北京：中国建筑工业出版社，1994.

[21] 钱学森. 园林艺术是我国创立的独特艺术部门 [A]. 论城市学与山水城市 [M]. 北京：中国建筑工业出版社，1994.

[22] 钱学森. 1990年7月31日给吴良镛的信 [A]. 论城市学与山水城市 [M]. 北京：中国建筑工业出版社，1994.

[23] 钱学森. 1992年10月2日给顾孟潮的信 [A]. 论城市学与山水城市 [M]. 北京：中国建筑工业出版社，1994.

[24] 顾孟潮. 走向环境艺术 [J]. 南方建筑，2002，(3)：1~6.

[25] 钱学森. 1994年2月23日给顾孟潮的信 [A]. 论宏观建筑与微观建筑 [M]. 杭州：杭州出版社，2001.

[26] 杨国璋. 当代新学科手册 [M]. 上海：上海人民出版社，1985.

[27] 钱学森. 1991年4月27日给鲍世行的信 [A]. 论城市学与山水城市 [M]. 北京：中国建筑业出版社，1994.

[28] 钱学森. 1991年12月16日给梅保华的信 [A]. 论城市学与山水城市 [M]. 北京：中国建筑工业出版社，1994.

[29] 鲍世行，顾孟潮，涂元季. 钱学森建筑科学思想的由来与发展 [A]. 论宏观建筑与微观建筑 [M]. 杭州：杭州出版社，2001.

[30] 钱学森. 1997年1月12日给顾孟潮的信 [A]. 论山水城市与建筑科学 [M]. 北京：中国建筑工业出版社，1999.

[31] 钱学森. 1999年6月12日给鲍世行的信 [A]. 论宏观建筑与微观建筑 [M]. 杭州：杭州出版社，2001.

[32] 钱学森. 1996年3月10日给鲍世行的信 [A]. 论山水城市与建筑科学 [M]. 北京：中国建筑工业出版社，1999.

[33] 钱学森. 社会主义中国应建山水城市 [A]. 论城市学与山水城市 [M]. 北京：中国建筑工业出版社，1994.

[34] 顾孟潮. 钱老的山水城市构想与城市建筑发展趋势 [A]. 论城市学与山水城市 [M]. 北京：中国建筑工业出版社，1994.

[35] 顾孟潮. 山水城市——知识经济时代的城市建设模式 [J]. 南方建筑，2001.

钱学森建筑科学定位理论研究
——解读"钱学森建筑科学思想"之一

顾孟潮

在这篇文章中，我将重点探讨钱学森建筑科学定位理论产生的背景和意义。

在钱学森半个多世纪的社会实践和科学研究中，他在应用力学、工程控制论、航天科技、系统工程、思维科学、管理科学、系统科学、地理科学、建筑科学、人体科学、社会科学、技术美学和哲学等领域都进行了开创性的工作；钱学森创造性地建构了现代科学技术体系，其中包括 11 个大科学门类。除文艺理论外，每个科学门类又涵盖基础理论、技术科学、应用技术三个层次。同时，钱学森还开拓并创立了许多交叉科学，如首次提出了"开放的复杂巨系统"概念以及处理这类系统的从定性到定量综合集成法和大成智慧工程。

实践表明，钱学森是一位高瞻远瞩、涉猎广博、洞察深邃的战略科学家，他对推进现代科学事业的发展做出了卓越贡献。

还是在 20 世纪 50 年代，美国海军次长丹·金波尔就曾说过，钱学森无论在哪里，他都值五个师。

如果这位美国海军次长还活着，那么，钱学森的昨天、今天和明天的业绩，当使他为对钱学森的评价不足而感到后悔。钱学森的卓越贡献，何止值五个师！

"两弹一星"功勋科学家钱学森不仅在这些领域做了世界一流的工作，而且他不断扩大视野，在众多学科中提出令人耳目一新的新思路、新观点，并从整体上把握现代科学技术体系，最终凝结出"大成智慧"的思想。

钱学森为建筑科学的定位理论就是在这样的"大成智慧"的思想背景下形成的。他是从现代科学技术体系的整体开始思考建筑科学的定位问题的。

1956 年，钱学森曾在"论技术科学"一文中阐述了科学技术体系有三个层次，即基础理论层次、技术科学层次、工程技术层次的观点，从而精辟地揭示了科学技术体系结构的纵深层次。

1979 年 10 月，钱学森在"大力发展系统工程，尽早建立系统科学体系"一文中，阐述了从马克思主义哲学经自然辩证法和社会辩证法（历史唯物主义）到自然科学、数学科学、社会科学等基础理论层次，再到技术科学层次，最后是工程技术即应用技术的层次。

这五个层次的排列建立了现代科学技术体系的雏形。

1982 到 1983 年间，钱学森又先后三次谈到现代科学技术体系，提出现代科学技术体系有自然科学、社会科学、数学科学、系统科学、思维科学、人体科学六大部门。

1985 年 8 月，钱学森发表"关于建立城市学的设想"一文。就在这一年，他将其构想的现代科学技术体系发展到九大部门。

1985 年 9 月 23 日，钱学森在一次演讲中曾指出："……我讲的九大部门、九架桥梁和一个马克思主义哲学最高概括。这就是现代科学技术。一切不能纳入这个体系的知识就不能算是现代意义上的科学。"又说："我们也要清楚地认识到，不能纳入现代科学技术体系的知识是很多很多的，一切从实际总结出来的经验，即经过整理的材料，都属于这一大类。我称之为'前科学'，即待进入科学技术体系的知识。"

钱学森强调："科学技术的体系决不是一成不变的，马克思主义哲学也在不断充实、发展、深化……人认识客观世界的过程，实践——前科学——科学技术体系。所以我们决不能轻视前科学（经验科学），没有它就没有科学的进步；但也决不能满足于经验总结出来的科学而沾沾自喜，看不到科学技术体系还要改造和深化，因此要研究如何使前科学进入科学技术体系。"

由此我们可以清晰地看到，钱学森建筑科学定位思想的脉络是怎样不断深入、不断创新、不断发展的。

钱学森还强调："一定要用历史的观点看问题，要看到人以及人所需要的建筑。建立一个大的科学部门，不只是一两门学科。这样看来，我原来建议建立十大部门，现在是第 11 大部门了。这些部门请大家考虑。"

钱学森深感此事意义重大，因此在已多年闭门谢客的 85 岁高龄时，于 1996 年 6 月 4 日破格会见了建筑界人士，郑重提出了要迅速建立建筑科学大部门、建立又一门现代科学技术——广义的建筑科学大部门的问题。

钱学森说："各位考虑，我们是不是可以建立一门科学，就是真正的建筑科学，它要包括第一层次是真正的建筑学，第二层次是建筑技术性理论包括城市学，然后第三层次是工程技术包括城市规划。三个层次，最后是哲学的概括。这一大部门学问是把艺术和科学揉在一起的，建筑是科学的艺术，也是艺术的科学。"

钱学森关于建立建筑科学大部门思路的提出，是他对现代建筑理论的升华。从 1956 年开始论述科学技术的三个层次，到 40 年后的 1996 年他全面论述建筑科学的三个层次，这是他总览建筑科学历史文化多年来进行研究与思考的结果。

钱学森建筑科学定位理论的提出，在建筑科学发展史上具有里程碑的意义。

1. 钱学森是在构建了现代科学技术体系之后才提出的建筑科学技术体系问题。

他多次向建筑界提出要重视现代科学技术体系，并且推荐"科学革命与社会革命"一文供大家学习。可以说，钱学森是从现代科学技术体系整体及科技革命、社会革命的发展规律出发，审视和界定建筑科学的地位和性质的。因此，他认为应当像重视自然科学、社会科学那样重视建筑科学，应当把建筑科学列为第 11 个大科学部门。

2. 钱学森在不同的场合多次阐明他的如下观点：

(1)"建筑真正的科学基础要讲环境等"；

(2)"建筑与人的关系，实际上是讲建筑科学技术的基础理论，即真正的建筑学"；

(3)"真正的建筑哲学应该研究建筑与人、建筑与社会的关系"；

(4)"建筑是科学技术"；

(5)"这一大部门学问是把艺术和科学揉在一起的，建筑是科学的艺术，也是艺术的科学"；

(6)"我们中国人要把这个搞清楚了，也是对人类的贡献"。这些思想是他提出建立建筑科学大部门学说的理论根据。

3. 钱学森认为，马克思主义是人类科学知识的最高概括，每个科学大部门都必须用马克思主义哲学作指导。建筑哲学是建筑科学大部门通向马克思主义哲学的桥梁。

他同时还认为，从这些科学部门到马克思主义哲学之间都应有各自的桥梁，而所有这些桥梁都是马克思主义哲学的基础构成部分。它们与马克思主义的核心——辩证唯物主义一起，组成了马克思主义的哲学大厦，作为建筑科学大部门的桥梁就是建筑哲学。因此，钱学森在提出建筑科学大部门的同时强调一定要研究建筑哲学。

4. 钱学森用宏观建筑与微观建筑的概念阐明建筑科学理论与实践的内涵问题。

1998 年 5 月 5 日，钱学森在给建筑界人士的一封信中谈到："我近日想到的一个问题是如何把建筑和城市科学统归于我们所说的'建筑科学'，同时又提高山水城市概念到不只是利用自然的地形、依山伴水，而是人造山和水，这才是高级的山水城市。我建议将'城市科学'改称为'宏观建筑（Macroarchitecture）'，而把现在通称的'建筑'改称为'微观建筑（Microarchitecture）'。"显然，这一思路是他在为建立建筑科学大部门理顺建筑科学内的层次关系，具体界定建筑科学技术体系之中的建筑科学定义的内涵和外延，值得引起建筑界朋友足够的重视和研究。

建筑科学定位理论是钱学森建筑科学思想和建筑理论宝库之中的瑰宝，是其最核心的理论、最重要的纲领性内容。随着建筑科学事业的发展，钱学森建筑科学定位理论会愈来愈显示出其强大的生命力。

钱学森山水城市建设理论研究
——解读"钱学森建筑科学思想"之二

顾孟潮

我作为一名科技工作者，活着的目的就是为人民服务。如果人民最后对我的一生所做的工作表示满意的话，那才是最高的奖赏。

——钱学森

在这篇研究系列文章中，我将重点探讨钱学森山水城市概念的形成及其理论的发展。

钱学森山水城市建设理论与实践是钱学森建筑科学思想宝库中备受世人关注的部分，也是其建筑科学思想的重要组成部分。钱学森著《宏观建筑与微观建筑》中的文章和书信近 200 篇，其中有近 100 封书信和文章谈到山水城市问题。钱学森本人及其建筑科学思想研究者、认同者也对这一课题格外感兴趣、格外重视，因为这不仅仅是一个重要的城市建设理论问题，也是一个需要操作的未来和现实的社会主义城市建设模式问题。

山水城市建设理论实际讲的是一种思想理念，是城市的一种形态模式，就是要建设具有中国特色的跟自然环境相结合的具有高度文明水准的城市。因为它是一种思想，一种学术观点，不是政策，不是千篇一律的，所以它不强求统一，恰恰相反，它要求的是因地制宜，各有不同。

山水城市的思想是钱学森建筑科学思想这一整体的有机组成部分，有其形成和发展的过程，我们研究山水城市理论不应当只限于就山水城市论山水城市，有必要对其前因、后果、背景、形成过程进行针对性的解读。

研究钱学森构建山水城市理论的朋友们，常常是从 1990 年 7 月 31 日钱学森给吴良镛的一封信说起。那封信是这样说的："我近年来一直在想一个问题：能不能把中国的山水诗词、中国古典园林和中国的山水画融合在一起，创立'山水城市'的概念？人离开自然又返回自然。"

很多人将这次讲话当成是钱学森形成山水城市概念的第一时间，这是一种误解，实际上在此讲话 20 多年前钱学森就开始考虑建设山水城市的问题了，只不过当时是从园林城市谈起。因此，钱学森关于山水城市建设理论与模式是从研究园林城市开始，并逐渐形成和发展的。

1984 年 11 月 21 日，钱学森致《新建筑》编辑部信，标题是"为了 2000 年，我想到的两件事"，信的开头是这样写的："陶世龙同志……要我向编辑部讲讲对建筑学问题的意见。已经过了一段时间了，讲什么呢？现在想到的两件事，都是关系到 2000 年我国建筑事业的，关系到 21 世纪我国建筑事业的，但我想我们现在就动手，不然就晚了，会误事。"这两件事中的第二件事是构建"园林城市"。

1992年10月，钱学森收到《奔向21世纪的中国城市——城市科学纵横谈》一书后，在给编者的回信中再次表达了他对社会主义中国要建山水城市的迫切愿望，他说，"现在我看到，北京兴起的一座座方形高楼，外表如积木块，进去到房间则外望一片灰黄，见不到绿色，连一点点蓝天也淡淡无光。难道这是中国21世纪的城市吗？"

他再次呼吁，"把整个城市建成一座大型园林。我称之为'山水城市'。人造的山水！"

他建议建筑界"何不以此为题，开个'山水城市'讨论会？"

在钱学森的感召下，1993年2月，建设部山水城市讨论会正式召开。在这次会议上钱学森郑重发表了"社会主义中国应该建山水城市"的书面讲话，他的讲话引起建设部领导的高度重视，也引起国内外极大反响。

国际学术界对此给予了高度的评价。1995年世界公园大会宣言中强调需要建设山水城市的观点，法国、意大利等国召开的有关城市学的国际会议上介绍山水城市的理念受到与会者的热烈欢迎，著名德国城市生态专家Frederic Vester教授认为，"'山水城市'不仅在生态、社会、文化方面有巨大的效益，而且还有巨大的经济效益。"

20世纪90年代，《杰出科学家钱学森论城市学与山水城市》（1994年6月）、《杰出科学家钱学森论城市学与山水城市》（二版增补本1996年5月）、《杰出科学家钱学森论山水城市与建筑科学》（1999年6月）、钱学森著《宏观建筑与微观建筑》（2001年6月），四本专著陆续问世。这四本有关山水城市的专著，受到中外读者和学术界的普遍欢迎。关于山水城市的讨论会、论坛十多年来几乎接连不断。有些建筑高等院校还把山水城市列为培养硕士生、博士生的研究专题。

钱学森关于山水城市的构想和全国性的山水城市讨论，对我国城市规划建设理论与实践产生极大影响。北京、上海、广州、武汉、重庆、自贡等城市远景和近期规划的修订上，普遍重视了规划对经济、社会、文化、生态协调和谐发展的重要作用。不少城市还明确地把建设山水园林城市、生态城市作为自己的奋斗目标。1992年，建设部在全国范围内开展了创建"国家园林城市"的活动，据2000年统计，已有北京、合肥、珠海、杭州、深圳、中山、威海、马鞍山、大连、南京、厦门、南宁12个城市获此殊荣。这些城市中有些后来又获得联合国颁发的适合人类居住的"宜居城市"的称号。

钱学森关注国内20多个城市的山水城市的规划，关注有关山水城市理论的讨论与实践。

钱学森说："我设想的山水城市是把微观传统园林思想与整个城市结合起来，同整个城市的自然山水结合起来。要让每个市民生活在园林之中，而不是要市民去找园林绿地、风景名胜。所以我不用'山水园林城市'，而用'山水城市'。"建山水城市就要运用城市科学、建筑学、传统园林建筑的理论和经验，运用高新技术（包括生物技术）以及群众的创造。"

1998年，钱学森再一次强调，"要用辩证唯物主义和历史唯物主义的观点来考察我国的城市科学和建筑学。"他说："提高山水城市概念到不只是利用自然地形，依山伴水，而是人造的山和水，这才是高级的山水城市。"山水城市概念是从中国几千年的对人居环境的构筑与发展总结出来的，它也预示了21世纪中国的新城市。"

钱学森指出建设山水城市要分三步走，"建国后城市发展的第一步是园林城市，如北京市、大连市等……我们现在在计划设计中的是第二步：山水园林城市，如重庆市、武汉市……有了这些经验才能结合 21 世纪新文化、包括大大发展了的国民经济和信息时代的生活特点，并总结第一步园林城市和第二步山水园林城市的经验构筑第三步山水城市（在没有自然山水的地方也要建山水城市）。"

钱学森仍在不断地深化着和发展着山水城市建设理论。

钱学森城市学理论研究
——解读"钱学森建筑科学思想"之三

顾孟潮

在这篇研究系列文章中，我将重点探讨钱学森城市学理论。

如同钱学森其他方面的理论一样，建立城市学的理论只是钱学森宏大理论的一部分，但这一部分理论在指导城市规划建设方面却有着极大的理论意义。

1978年12月9日《人民日报》发表了钱学森的长篇文章"现代科学技术"，为我国"科学的科学"的研究奠定了基础。

1979年1月，《哲学研究》发表了钱学森"科学学、科学技术体系学、马克思主义哲学"专门论述科学学的文章。钱学森从科学学的角度，提出建立军事科学、地理科学等大科学部门，提出建立园林学、城市学等理论设想。

1985年3月18日，钱学森在《光明日报》提出："城市学是城市规划的理论基础"。钱学森认为，城市学研究的对象不是一个城市，而是一个国家的城市体系。这是他出席北京召开的"科技发展战略讨论会"时呼吁"开展城市学的研究"即后来成为"关于建立城市学的设想"一文的雏形。

1985年8月钱学森发表"关于建立城市学的设想"（1985年4期《城市规划》），文中论述了什么是城市学，为什么要研究城市学以及城市学的内容、研究方法等。该文是研究钱学森城市学理论的钥匙，1991年4月钱学森对建立城市学谈了六点具体的意见：

1. 城市科学研究会要研究全部有关城市的科学。这里面学科繁多……各方面专家可以分头去研究，但应当有个牵头的理论学科，不然怎么汇总？

2. 这门理论学科是我以前提出的"城市学"，研究一个大城市、一个小城市，研究一个乡镇的整体功能和发展的学问。

3. 要认识：城市是变与不变的统一。

4. "城市学"就要建立这种功能稳定与迅速发展相统一的理论。

5. 有了"城市学"才能有理有据地搞城市规划。

6. 认识到城市是变与不变的统一，那么对一座有特色的建筑就不是以拆了另建的方法去现代化，而是保护维修外部，同时改造内部功能设施，做到现代化。

以上可以看出，钱学森不仅从科学学、系统工程角度强调建立城市学这门牵头学科的重要，同时还从实践角度总结我国城市规划与建设的经验，强调加强我国城市体系的研究，加强城市总体设计。他非常重视当前最先进的高科技的现代化的城市设计技术与城市管理策略。

他积极支持媒体和建筑界发起的立交桥设计、轿车文明、山水城市、城市学等讨论。

他还专门寄来国外的剪报资料《The sensual City》(《有知觉的城市》)、《Urban Planning in Curitiba》(《库里蒂巴的城市规划》)供大家学习参考。如《有知觉的城市》介绍的是高新技术在建筑中的应用,《库里蒂巴的城市规划》则介绍了巴西库里蒂巴市向传统思路挑战、发挥适用技术,提高城市生活质量的先进经验,这些经验包括结合自然设计城市、公交优先原则的贯彻、鼓励市民回收垃圾等措施,取得了非常好的效果。

钱学森还是城市科学研究会主要发起人和支持者之一。在钱学森的推动下,1982年底,中国自然辩证法研究会召开了"全国城市发展战略学术讨论会",明确提出:①城市是一定区域政治、经济、文化的中心,是建设两个文明的重要基地,对城市在国家经济社会发展的重要地位和主导作用,应从总体上进行研究。②新中国成立以来,我国城市在发展中积累了正反两方面的经验,需要认真总结。③当前我国城市发展中存在的大量问题,需要认真解决。④今后随着经济、社会、科技的发展,城市将肩负更为艰巨的任务。城市发展需要科学的指导。

会议呼吁建立城市科学,开展城市科学研究。

1984年1月17日,中国城市科学研究会在北京正式成立,这是一个多学科的学术团体,也是政府部门城市开发和治理的咨询机构。钱学森任研究会顾问。

在这一背景下,1985年钱学森在《城市规划》第4期上发表了"关于建立城市学的设想"。同年11月,又发表了"为2000年,我想到的两件事——致《新建筑》编辑部的信"。提出的第一件事是发展工业化的建筑体系,发展建筑构配件和制品的专业化、社会化生产;第二件事是倡导构建园林式的城市。

钱学森多次从地理学的角度强调研究城市学的必要性。1985年2月14日,钱学森在关于创立"数量地理学"问题的信中说:"我近来想结合国土规划、经济区域规划、城市规划等,似有必要创立用数学方法的数量地理学。"而且说,"数量地理学比城市理论的层次就更高一些,属于城市问题方面的一门基础科学"。描述了从城市规划这个直接改造客观的工程技术,到城市规划的理论基础即城市学,再提高到城市学的理论基础即数量地理学。

拙文"论钱学森建筑科学五大理论"(《中国建设报》2006年10月27日)中,将钱学森研究城市学理论归纳为五个强调:

1. 强调要关注城市学理论的讨论与建设问题。

2. 强调用辩证唯物主义和历史唯物主义的观点看待城市问题。

3. 强调用系统科学的观点和方法研究城市问题。

4. 强调研究城市发展中出现的新事物和新问题。

5. 强调总结经验。

应该说以上这些是十分不够的。

钱学森建筑哲学理论研究
——解读"钱学森建筑科学思想"之四

顾孟潮

我作为一名科技工作者，活着的目的就是为人民服务。如果人民最后对我一生所做的工作表示满意的话，那才是最高的奖赏。

——钱学森

在这篇研究系列文章中，将重点探讨钱学森建筑哲学理论。

建筑哲学理论是建筑科学的最高台阶。关于"最高台阶"的说法，钱学森曾有一段很有味道的议论。

那是在 1993 年元宵节国内举办的科学家和文学艺术家的联谊会上，钱学森在元宵节寄语中谈到"最高台阶"时说："最高的台阶是表达哲理的，是陈述世界观的"，是"重要的文学艺术。"并以宋代女诗人李清照《夏日绝句》的诗句"生当作人杰，死亦为鬼雄，至今思项羽，不肯过江东"为例，说明"在这四句中也有她的人生观、宇宙观"，"最高台阶"是"诗词里面就有的嘛"。

谈到钱学森的建筑哲学思想，我想从他十几年前写给我的一封信说起。

1994 年 10 月前后，我将拙文"关于城镇规划与建设优化的思考"寄给了钱学森先生，希望钱老能给予指点。拙文中我简略地分析了古代思想家老子对哲学的思考，又谈到当时分管建设的万里委员长对中国城市建设史的反思。文中表达了对钱学森城市建筑文化思想的赞赏，也写了自己对中国城市建设的一些看法。

文中引用了老子的话："知人者智，自知者明，胜人者有力，胜己者强"（见老子《道德经》第 33 章，安徽人民出版社，1990 年版，93 页）。我认为，生于两千多年前的思想家老子的这些哲学思想，可以被今天我们的城市规划者与城市建设实践者借鉴。从事城市规划与建设同其他事情一样，也要知人、知己、胜人、胜己。有些人工作水平之所以不高，甚至还会出现失误，常常就是因为在这四个环节的某一环节上出了问题。

万里对新中国城市建设的分析也十分中肯，万里认为，新中国城市建设曲折历史过程的出现与我们缺乏对城市的性质、规律的正确认识有关。他说，"1949 年全国解放，我们进了城，但当时不知道怎样管理城市……经过十几年的学习和研究，我们对城市的建设有了点头绪，正在想把老城市改建研究一下，把现代化城市建设问题，包括供热问题，环境生态平衡问题解决一下，但是，'文化大革命'来了……我们落后了。"万里强调："城市科学研究工作非常重要，希望科学工作者和领导者高度重视。"

钱学森对怎样解决中国建筑文化道路问题提出了看法，他说："1978 年到现在，我国建筑界真的找到了我国要走的中国新时期建筑文化道路吗？我看似乎还在求索之中……贝聿铭先生关于中国未来建筑道路指出：'应走中国的路，与欧美不同。如高层建筑要到美国去看，而基本的东西要看中国习惯、生活。'这是完全正确的。"对什么是新时期中国建筑应有的特征他有自己的看法，他说："什么是新时期中国建筑应有的特征？香港建筑师李允鉌认为中国建筑精神（即华夏意匠）表现在群体之中，没有群体，中国建筑将失去异彩。我很同意，我的'山水城市'就有此意。"

以上是拙文中的主要观点。

钱学森于1994年11月就这封信亲笔给我回了信，在信中他不仅肯定了我的一些想法，而且还高屋建瓴地向我指明："您谈的实是建筑哲学问题。"他的点拨使我深受震动。

此后的十多年中，在钱学森的鼓励下我兼任了大学建筑系的建筑哲学课教学工作，边学边教，受益匪浅。当然，比之钱学森博大精深的建筑哲学理论思想，我的学习和研究是极其肤浅的，但这些对我本人在建筑哲学思想上的升华却是至关重要的。

在学习中，我体会到钱学森的建筑哲学思想有几个基本概念是必须要搞清楚的。

一、为什么要研究建筑哲学？

搞清这个问题，就会知道研究建筑哲学的重要性和必要性，这也是学习建筑哲学的动力。

现在还有相当一部分人，认为有没有建筑哲学无所谓，他们只在建筑应用技术的范围里打转转，只看重一些技术细节，而看不到建筑的环境本质，满足于只知其一，不知其二，更谈不到建立科学的建筑观、宇宙观。因此，多年来建筑业发展缓慢，出现了为数众多的建筑垃圾，建筑实践缺乏科学的评价标准，建筑评论也经常停留在众说纷纭之中，水平上不去。

可以看到，钱学森呼吁重视建筑哲学的建议是十分重要的和及时的。钱学森对这个问题从现代科学技术体系的角度有过许多的论述。他强调，"要坚定不移地用马克思主义哲学指导我们的工作"（见《中国建设报》2006年11月24日"哲学·建筑·民主——1996年钱学森会见建筑界人士时讲的一些意见"），他具体提出"我国规划师、建筑师要学习哲学、唯物论、辩证法，要研究科学的方法论。"

钱学森认为，马克思主义是人类科学知识的最高概括，每个科学部门都必须用马克思主义哲学作指导。他指出，从这些科学部门到马克思主义哲学之间都应有各自的桥梁，什么是桥梁呢？他解释道："桥梁就是核心结构下面更基础的、联系各部门科学技术的更直接的那一部分。整个桥梁加核心都是马克思主义哲学，就是马克思主义哲学本身也是有结构的，有层次的。"

钱学森认为，建筑哲学就是建筑科学通向马克思主义哲学的桥梁，它是马克思主义哲学下面"更基础的、联系建筑科学技术部门的"更直接的那一部分"，他同时认为，建筑哲学是马克思主义的哲学大厦的组成部分，也就因此，建筑哲学是建筑科学的领头学科。

钱学森建议我国高等院校的建筑学专业开设建筑哲学课，用建筑哲学指导建筑科学是用马克思主义哲学指导建筑科学发展的必由之路。

二、什么是建筑哲学？

钱学森为建筑哲学定位，他认为建筑哲学是建筑科学的领头学科，是建筑科学技术体系中最高的哲学概括和最高的台阶。

从钱学森的现代科学技术体系构想图中可以看得很清楚，他把建筑哲学与军事哲学、地理哲学、数学哲学、自然辩证法、唯物史观并列在同一高度，表明了建筑哲学与建筑科学的相对关系。又把建筑哲学横向定位于美学和人学之间，表明了建筑哲学既是科学技术哲学，又是社会哲学、艺术哲学的性质。

建筑哲学的具体内容是什么呢？它是指人对建筑本质的认识、人对建筑的价值取向以及建筑的科学方法论等内容，由此我们可以感觉到建筑哲学绝不是简单的教条，它的内容是十分丰富与深刻的。

建筑哲学的观念是发展变化的，是不断深化的。建筑之树的根本生长在地理、气象、宗教、社会、历史的沃土之中。然而，这一点却在现实中被许多从事建筑业的人士忘记了，把建筑简单化、庸俗化了，有人甚至把建筑简化为"玻璃与钢的构成"。

20世纪以来历次世界建筑师大会发布的宣言、宪章、纲领等，都是对建筑现状与建筑未来的高层次的哲学思考。

三、建筑科学层次的划分也是建筑哲学的内容。

钱学森说，现实中不能纳入现代科学技术体系的知识很多，具体来说，一切从实际总结出来的经验，即经过整理的材料，都属于这一大类。钱学森将它们称之为"前科学"，说它们是有待进入科学技术体系的知识。

钱学森在谈到它们的作用时说："人认识客观世界的过程是：实践—前科学—科学技术体系。所以我们决不能轻视前科学（经验科学），没有它就没有科学的进步。但也决不能满足于经验总结出来的科学而沾沾自喜，看不到科学技术体系还要改造和深化，因此，要研究如何使前科学进入科学技术体系。"

他的这番话对我们认识建筑科学现状的层次结构具有启示作用。

对照钱学森的分析，我们会发现我国建筑科学领域以及建筑业基础理论和技术科学之匮乏，它们主要依靠的是一些"前科学"的东西在做工作，有些已经成为我们前进中的主要障碍。我这样说一点也没有轻视应用工程技术的意思，而是说目前急需把建筑业"前科学"的东西提升到建筑技术科学、建筑基础理论乃至建筑哲学的高度。

建筑科学和建筑业必须改变过去以工程项目和建筑设计（包括城市规划）为中心的思路与做法。工程项目和建筑设计主要是操作性内容，关键是要加强对建筑理论与建筑决策科学性的层面的思考。

四、宏观建筑与微观建筑的概念是建筑科学思想的深化与升华。

钱学森说："我近日想到一个问题，如何把建筑和城市科学统归于我们所说的'建筑科学'，我建议将城市科学改称为宏观建筑，而现在通称的建筑是微观建筑。"

理顺建筑科学内部林立的兄弟学科之间的关系有利于建筑学科整体的发展，这个决心是早晚要下的，早下比晚下强。我们有不少好的建筑却难得有好的城市，也说明城市与建筑学科之间确有联合的必要。

回顾建筑历史，每一个时代都有其代表性的建筑哲学。钱学森关于建筑科学的思考是当代的建筑哲学思考，它代表了当代水平的建筑哲学思想和理论。作为建筑工作者，我们不可以等闲视之。

钱学森园林学理论研究
——解读"钱学森建筑科学思想"之五

顾孟潮

我作为一个科技工作者，活着的目的就是为人民服务。如果人们最后对我的一生所做的工作表示满意的话，那才是最高的奖赏。

——钱学森

在这篇研究系列文章中，我将重点探讨钱学森园林学理论。

拙文"论钱学森建筑科学五大理论"（《中国建设报》2006年10月27日）之中，我曾将钱学森园林学理论贡献归纳为以下几个方面：

1. 科学地界定了中国园林艺术的概念；
2. 科学地提出了中国园林学是与建筑学占有同等地位的一门美术学科；
3. 科学地界定了定性定量研究园林学、分析园林空间的方法；
4. 科学地提出并论证了中国园林是中国创立的独特艺术部门；
5. 科学地界定了建筑学与园林学这两个学科的相同与不同之处；
6. 科学地提出了"山水城市"的未来城市发展模式。

本文中由于篇幅所限，我仅重点分析钱学森是怎样科学地界定了定性、定量研究园林学以及分析园林空间的方法，同时也想借此谈谈我在学习钱学森园林学理论方面的一些想法。

钱学森园林学理论与钱学森建筑思想体系中的其他理论一样，有着现代科学技术体系、系统科学、大成智慧学这一共同的理论源头和思想背景。因此，钱学森建筑科学的五个理论是相互联系、密不可分的，如果只就事论事地以其中的某一理论来论述这一理论，是无法理清其思想理论源头与背景的。

钱学森认为，如果单独提到园林知识，它是属于"前科学"知识。长时期以来，钱学森一直在思索如何使处于"前科学"阶段的园林知识进入科学技术体系的问题。

什么是"前科学"呢？

钱学森认为，"一切不能纳入这个体系（现代科学技术体系）的知识就不能算是现代意义上的科学"。因此，中国园林艺术很大程度上是属于"前科学"的范畴。

1958年，钱学森发表了"不到园林，怎知春色如许——谈园林学"的文章。是否可将此文章的构思看成是钱学森对园林学进行思考的起步？

1982年，钱学森在"我看文艺学"（1982年5期《艺术世界》）的文章中，谈到建筑艺术时说："我想不宜只包含土木构筑，还应把环境包括在内，也就是园林艺术，它们本来是一个整体，不能分割。在这个领域里，小可以缩到盆景，大可以到几十公里的名山风景区，再大可以扩为上百公里的国家保护游览区。因此这个部门应该称为建筑园林。"

1983年，钱学森在全国市长研究班所做的报告——"园林艺术是我国创立的独特艺术部门"中，完善了他对园林学的定性、定量分析。

钱学森说："要明确园林和园林艺术是更高一层的概念，Landscape，Gardening，Horticulture 都不等于中国的园林，中国的'园林'是它们三个方面的综合，而且是经过扬弃，达到更高一级的艺术产物。"他认为，"外国的 Landscape，Gardening，Horticulture 三个词，都不是'园林'的相对字眼，我们不能把外国的东西与中国的'园林'混在一起。"

在这篇报告中，钱学森还用定性、定量的科学方法分析了园林景观的不同层次、不同尺度及其感受特征。他具体地把园林景观分成盆景、园林里的窗景、庭院园林、宫苑园林、风景名胜区、风景旅游区六个层次，综合性地讲述了各个层次的观赏内容、景观尺度以及观赏特征。

学习钱学森园林学思想，我常常在想，中国的园林佳作成百上千，喜欢逛公园的人也成千上万，研究中国园林的专家学者为数不少，为什么偏偏是作为导弹卫星专家、空气动力学专家的钱学森能够让具有两千多年历史的中国传统园林艺术进入现代科学技术体系？又为什么偏偏是钱学森，能够对中国园林作出科学的定性分析，对中国园林艺术景观作出科学的定量分析，使中国园林成为现代科学技术知识呢？

追溯其中的原因，不仅具有解谜的意义，更会对我们有所启发。我们的建筑领域，是多么需要这样全面、及时地吸取最前沿的人类文明成果、站在俯视世界高度的大师级人物啊！

通过研究钱学森园林学理论，我更进一步体会到哲学和基础理论对我们的启示作用，在这方面我是有实际体会的。

如在钱学森关于园林景观空间六个层次的定量定性分析的启发下，我就想，中国的园林景观可不可以有第七个、第八个观赏层次呢？于是，我冒昧地提出了"零层次"（零距离体验园林景观的层次）——我将它称之为"脚底板的层次"（footprint）。

我的理由是，中国古代建筑、园林都十分重视铺地材料的选择，重视地面的做法以及地面的位置给予人脚底板不同的感觉，如当你踏上天坛（或地坛）神道上的大青石板时，一种神圣的感觉就会从你的脚底板油然而生；而天安门前的石头栏杆，北海大桥的石头栏杆，远看有美丽的轮廓，近看有精美的雕刻，当你零距离靠上去的时候，你会感到可依可靠，它上面都是圆润的线脚。

在此思索的基础上，我又提出第八个层次，即无限大的层次、联想的层次。因为中国的园林是十分讲究诗情画意、浮想联翩的意境的。零与无限大似乎既是定量分析，又有定性分析的味道。

不知各位以为如何？

走进建筑哲学——访顾孟潮

记者最近就建筑哲学问题访问了顾孟潮教授。

顾教授认为，建筑哲学是总哲学在建筑领域中的具体应用。他呼吁我国的高等建筑院校开设建筑哲学课，加强建筑哲学的基本理论研究。他还向建筑界内外和全社会呼吁进行建筑哲学的科学普及工作。

他说，我国高速度的城市化进程需要建筑哲学；作为支柱产业的建筑行业的发展需要建筑哲学；作为建筑学科基本理论的发展也需要建筑哲学；作为城市与建筑的专业管理同样需要建筑哲学。

问：顾先生，您是我国建筑界较早进行建筑哲学理论研究的学者，多年来您一直孜孜不倦地研究这方面的学问，我想问的是，建筑哲学为什么会对您有这样巨大的吸引力？

答：哲学是管世界观、人生观的。世界观的转变是根本的转变。建筑观念的转变对建筑学科的建设与发展也是起着根本性的作用的，转变建筑观念就必须研究建筑哲学，即研究建筑的本质，建筑的价值观、建筑的方法论等等。

不少朋友曾问我为什么这样热心于建筑理论的研究，搞什么建筑哲学。我说，这是我的兴趣，我的兴趣在于研究建筑理论，我认为，建筑作品和建筑理论有着不同的作用，一个好的建筑作品的出现当然是一件好事情，人们能看得见，用得上。但建筑师要继续提高，必须认真总结经验，把认识提高到理论层面上来。建筑作品解决的是具体问题，建筑理论解决的是带有普遍性的问题，如果说建筑作品是在一个点上起作用，那么，建筑理论则是在很大的面上起作用。好的理论是一面旗帜，它会使一大批人成长起来。所以，在建筑领域，不但需要建设物质大厦的人，而且同样需要构筑理论大厦的人，尽管由于种种原因，后者常常费力不讨好，我还是愿意做后者。多年的建筑理论研究使我多次享受过思维创新、理论创新的快感，我对"愚者千虑必有一得"是乐此不疲的。

我对我这一选择的价值是充满信心的，是无怨无悔的。

问：听说钱学森教授在建筑哲学方面曾和您有过多次对话，是这样的吗？

答：是的。钱学森教授和我在建筑哲学方面曾有过几次对话，在这些对话中，钱老的不少精辟论述对我有振聋发聩的作用。

比如，1994年，钱老曾就我发表在《基建优化》上的一篇小文《关于城镇规划建设优化的思考》，给我的信中说："您的文章是一篇高层次的作品，实是讲建筑哲学。我们高等院校的建筑专业有这门建筑哲学课吗?"

钱老的鼓励使我更加明确了今后自己要继续在"建筑哲学"上攀登,同时也下决心要在高等院校的建筑专业开设建筑哲学课。

钱老与我在许多其他方面的对话,如关于山水城市建设模式;关于我画的"信息塔";关于钱老提出的现代科学技术体系;关于广义建筑学等等,其内容也涉及了建筑哲学。

总之,和钱学森这样一位大师级的科学家对话,使我在研究建筑哲学时登上了新的台阶,进入了一个新的境界,真是受益无穷。

问: 请您谈谈对建筑哲学您的思考历程。

答: 关于建筑哲学,我的思考开始于20世纪70年代末。

1981年,世界建筑师大会华沙宣言指出:"建筑学是为人类创造生存空间的环境的科学和艺术",这一提法,使我思考了许多问题,我的建筑观念由此发生重大转变。

建筑到底是什么? 以前,我虽然不同意一些人把建筑当成是盖房子、搞雕塑、画图样,但我对建筑作为环境的科学、艺术本质的认识远远没有达到"华沙宣言"的高度。这说明建筑观念不同,建筑标准也会不同。

有了"华沙宣言"这样强烈的环境意识观念,在规划城市、设计建筑时以追求环境科学与艺术的质量和文化品位为标志,就会大大提高城市规划、建筑设计的水平。因此,建筑观念的转变,是根本的转变,是有所突破的转变的开始。

贝聿铭大师20世纪80年代设计的华盛顿美术馆车馆和北京香山饭店,使我感受到了他强烈的环境意识。香山饭店的平面呈低层自由式布局。他利用香山起伏地形,让开许多古树古木,依山就势,形成许多大小不同的院落空间,这些都体现了他高超的处理环境的科学技术和艺术手法。可以说,他的设计是在环境这个老根上发出的新芽,即一脉相承又有所创新。

1982年,我写了"从香山饭店探讨贝聿铭的设计思想"一文。

我认为,华沙宣言所倡导的"建筑学是为人类创造生存空间的环境的科学和艺术",是衡量当代建筑观念的标尺,只有把建筑作为环境科学和环境艺术对待,才能达到当代建筑观念的水平,因此,每一个建筑工作者,都要以追求建筑环境的科学化、艺术化和建筑艺术的环境化为最高境界。

也就是说,按照当代建筑学的观念,建筑学应该是环境的科学和艺术,所以要达到现代建筑学的标准就必须达到相应的环境科学的高度和环境艺术的高度。我正是在这一建筑哲学观念的指导下呼唤环境艺术的。

这一时期,我对建筑价值观变迁的过程,也有一些思考,我把6000年的建筑史上人类建筑学观念的变迁过程划分为六个阶段,即:

1. 实用建筑学阶段(原始社会——新石器时代)
2. 艺术建筑学时代(青铜时代——铁器时代)
3. 机器建筑学时代(前机器时代——机器时代)
4. 空间建筑学时代(1950～1980年)
5. 环境建筑学时代(1980～1990年)
6. 生态建筑学时代(1990年至今)

这些，也是我的建筑哲学思考的一部分。

问：听说您在东南大学等高等院校开设了建筑哲学课，您能讲讲有关情况吗？

答：1994年，我在东南大学以讲座的方式，开设了研究生、博士生选修的建筑哲学课。我在课堂上先后讲了建筑哲学概论的本体篇、价值篇、信息篇、例说篇等。后来，我又先后在厦门大学、西安建筑科技大学、重庆建筑大学、武汉大学、华中科技大学等院校讲过建筑哲学课。

关于开设建筑哲学课，我是这样考虑的。当前我国的建筑界极需要加强建筑学科的建设，需要有一批专门的理论家来加强建筑哲学等基础理论的研究，我希望在他们中能产生建筑哲学理论研究的精品，产生有志于建筑理论研究和教学的人才。除此而外，我们还要做好以通俗化、大众化、现实化为特点的建筑哲学普及工作，让建筑界更多的人懂一些建筑哲学。正确的思想和理论只有被社会接受，并且通过他们的自觉实践，才能显示其巨大的力量。

通过十几年的教学实践，我感到建筑院校开设建筑哲学课是十分必要的，建筑哲学应当成为高等建筑院校学生的必修课。

问：顾先生，您如何评价我国建筑哲学研究的现状？

答：我谈一点儿个人的想法。

总的说，我国的建筑理论界对建筑哲学的研究还处于起步阶段。目前只有一些零星的成果，还未形成较完整的理论体系，也没有相应的建筑哲学理论队伍。

建筑哲学在建筑科学发展上起着带头作用是不言而喻的，而人们对它的带头作用普遍认识不够，这种状况令人忧虑。这也是长期以来我国建筑业"有业无学"，不能充分发挥建筑业做为支柱产业作用的重要原因。显然，不加强建筑哲学的研究与普及，就不能形成有中国特色的建筑科学技术体系。

近年来，国内建筑界一些有识之士已经意识到要加强建筑理论研究，加强建筑评论，开设建筑哲学课。他们认为，我国的一些建筑设计与国外的一些建筑设计的差距，往往不是在设计技巧上，而是反映在埋念上、构思上的差距。有些介绍这方面情况的书，你可看看。

问：请您扼要的介绍一下什么是"建筑哲学"？它与一般的科学技术哲学(如数学哲学、化学哲学等)有什么不同？

答：建筑哲学是有关建筑科学技术的哲学概括，它属于建筑科学技术哲学，具有科学技术哲学的性质和特点。建筑哲学是建筑科学技术与总哲学之间的桥梁，又是总哲学的基本组成部分。

建筑哲学，指的是人对建筑本质的认识，人的建筑价值取向以及有关的建筑方法论等内容。建筑哲学观念是发展变化的，是不断深化的，它有着许多活生生的丰富的内容，建筑哲学决不是简单的教条。

建筑哲学与一般科学技术哲学有共同点，这个共同点是，它研究的重点主要是两类"矛盾"和一个"主题"。两类矛盾指人与自然的矛盾，人与社会的矛盾；一个"主题"，指的是树立以现代哲学为指导的现代建筑哲学观念，掌握相应的理论与方法。这是建筑哲学与一般科学技术哲学相同和相通的地方，也是它的科学技术哲学本质。

建筑哲学与一般科学技术哲学还有不同点，其不同点在于，建筑哲学除了具有自然科学属性，还具有很强的艺术属性和社会人文属性，具有某些艺术哲学和社会哲学的性质。这就是钱学森教授在他的现代科学技术体系构想图中，把建筑科学和建筑哲学摆在与美学（文艺理论，创作）和人学（行为科学）为邻的位置的原因。

所以说，建筑哲学是建筑科学技术大系统中的带头学科，是建筑科学技术体系大系统中最高哲学概括和最高台阶。建筑哲学是科技哲学，又是艺术哲学和社会哲学。它对整个建筑科学技术体系的建构和发展具有桥梁作用、带头作用、指导作用、催化作用和文化参照作用。

问：您刚才从理论上讲了建筑哲学的基本概念，那么，建筑哲学对建筑师的个人工作实践有哪些作用呢？

答：其实，每一个建筑师和建筑工作者都有他的建筑哲学。建筑师进行设计时都会自觉不自觉地体现他的建筑哲学观念。如前面我讲的，贝聿铭的设计就总是从调查研究环境出发，这说明他在设计时有明确的环境意识。

过去我们讲建筑常常进入见物不见人的误区，更不见人的思想，往往只是单纯模仿现有的建筑作品。我们的建筑院校在讲建筑史、研究建筑理论时，往往侧重于建筑形式的研究，比较重视风格与流派，而对产生这些风格和流派的思想、观念、哲学基础重视不够。而国外的一些先进建筑理论研究，能够达到哲学的层面，能够提出一些创新的理念，促使了一些创新作品的产生。这些体现了建筑观念、理论创新的开拓带头作用。

我这里有一本台湾大学叶树源教授写的《建筑与哲学观》，是他几十年来的研究心得，有兴趣您可翻翻。叶老先生还曾将此书送钱学森教授，向钱老求教。

问：请问建筑哲学研究的对象是什么？您能具体介绍一下吗？

答：概括地讲，建筑哲学的研究对象是研究人与社会的建筑哲学观念理论与方法。建筑哲学观念可分为三个基本部分，即本体论、价值论、方法论。按这种观念，可以把建筑科学技术体系分为四个层次，这四个层次分别是基础理论、技术科学、工程技术和各种建筑现象。每个层次的研究对象有所不同，如，基础理论研究的内容是人类居住理论，建筑经济理论、建筑文化理论、建筑社会理论、建筑科技理论及其相应的结构、过程，变化规律理论。其他三个层次的情况与此类似，它们本身也有更为具体的研究对象。

从这些可以看出，建筑哲学研究的对象是一个复杂的、巨大的、开放的建筑科学技术体系，它的内容（包括的现象、结构、过程、规律等方面）是十分丰富的。

建筑哲学研究的内容还包括研究建筑科学这一科学部门与其他科学部门的相互关系和相互作用。

可以看出，建筑哲学与一般建筑理论的根本区别在于，一般建筑理论在研究对象上多局限于微观的具体的事物或问题，而建筑哲学的研究对象是带有普遍性、根本性、全面性的课题。如，研究人与自然、人与社会、人与人的关系以及相应的自然观、实践观、历史价值观等，是具有长远的全面影响的对象，目的是树立被社会认同的科学的建筑哲学观。

问：通过和您谈话，我了解到建筑哲学是现代科学技术哲学的组成部分，现代科学技术哲学的性质和特点决定着建筑哲学的性质和特点。请您扼要介绍一下现代科学技术哲学的本质和特点，它与一般常说的科学技术哲学又有什么本质上的不同？

答：您提出的这个问题很重要，我们学习建筑哲学，必须对现代科学技术哲学有个基本的认识。

现代科学技术哲学是现代科学技术与哲学之间的桥梁，它又是哲学的基本组成部分之一。

现代科学技术哲学是针对现代科学技术革命提出的新问题，运用现代哲学观点和方法，在新的历史条件下，在科学技术领域内运用自然辩证法的新发展。它与旧有的自然哲学观、机械唯物论、唯心论、先验哲学等，在研究对象，研究范围和研究问题等三个方面，有着本质的不同。

我分别介绍一下这三个方面的本质不同点。

在研究对象方面：由于20世纪科学技术一体化过程的出现，科学技术哲学的研究必须从过去只研究自然界、自然科学技术的普遍发展规律，扩大到研究现代科学技术一体化的普遍发展规律上来，从而提出了许多新问题，现代科学技术哲学又增加了许多新内容。

在研究范围方面：以往对科学技术哲学的研究主要体现在对自然辩证法的研究上，而这些研究又多局限于对自然界、自然科学以及自然科学的发展规律的研究。现代科学技术哲学的研究范围已扩大到对现代科学技术的本体论、认识论、价值论的研究。这是与科学技术革命发展的情况相适应的。

在研究问题方面：针对现代科学技术领域现实情况，现代科学技术哲学着重研究的问题为：

1. 本体论问题。主要研究天然自然与人工自然的本质特征，研究人与自然的关系。

2. 认识论问题。主要研究科学认识的本质，科学发现的特征，研究技术开发的机制以及系统思想与系统科学的方法等。

3. 价值论问题。主要研究科学技术对人类文明、社会变革和社会未来的影响，研究科学技术的发展战略。

问：现代科学技术哲学着重研究本体论、认识论、价值论的问题，这样做的历史背景是什么？

答：着重研究这三论的历史背景，总的讲是由于现代科学技术的重大发展，由于科技发展史上出现了一些本质的变化。

本体论研究人与自然的关系，过去主要是研究人与天然自然的关系，而当今的一个新现象是人工自然的大量涌现。英国著名科学史专家赫伯特·西蒙曾说过："我们今天生活着的世界，与其说是自然的世界，还不如说是人造的或人为的世界。在我们周围，几乎每样东西都刻有人的技能的痕迹。"就是说的这个道理。所以人与人工自然的关系现在已成为本体论研究的重点。如作为新兴学科的生态学，它研究的是生物有机体与其周围环境的关系。这种关系不仅指人与天然自然的关系，还包括许多人与人工自然的关系，如城市生态学、建筑生态学、社会生态学、就是这样的学科。

在认识论方面，由于科学、技术与生产一体化的过程，出现了由小科学到大科学的过渡，增添了许多新的内容。科学与技术的发展过程，由以往的单向过程转化为以科学知识为起点的双向过程；科学、技术与生产之间的相互作用空前增强了；科学起着主导作用，它走在生产与技术的前面，新技术革命把科学、技术与生产三种实践活动紧密地联系在一起。过去比较多的是由实践总结经验，形成技术工艺，再上升到科学基础理论这一古典科学技术发展过程，而现代科学技术，科学的领先作用实现出来，形成了相反的进程，也就是我说的"双向过程"。科学知识、技术知识、物质生产实践三个方面是互动的，既有正向过程，也有反向过程，使认识过程变得非常复杂。

现代科学技术的这一新特点值得我们重视。这也是今天我们特别要重视科学基础理论研究和理论创新、源头创新的重要原因。

在价值论方面。由于新技术革命，出现了三个一体化过程，即科学与技术一体化；科学、技术与生产一体化；科学、技术与社会一体化，它们的相互联系与相互渗透，促进了科学与技术的紧密结合，从而把作为行动的技术，即用于改造世界的技术，提到中心地位。

科学技术是社会发展的第一生产力。现代科学技术已成为社会生产力最活跃的和具有决定性的因素；现代科学技术已渗入到社会生活的各个领域……现代的社会生活已经科学技术化了——消费方式、服务方式与交往方式等发生日新月异的变化。对这一进程中科学技术的价值和性质要有新的认识。

问：现代科学技术哲学这门学科是怎样形成的？它的主要来源是什么？现代科学技术哲学研究的具体内容是什么？

答：现代科学技术哲学，做为一门学科，它形成于 20 世纪，它的主要来源和基础体现在四个方面：

1. 现代哲学——包括马克思主义哲学、中国哲学、西方哲学、东方哲学、宗教哲学、伦理学、美学、逻辑学、科学技术哲学、部门哲学和美学等。

2. 传统哲学——包括本体论、认识论、价值伦等。

3. 自然辩证法——成为形成现代科学技术哲学的重要基础。

4. 现代科学技术的社会功能——这一功能的空前扩大使现代科学技术哲学成为基本需求。

研究现代科学技术对人与社会的影响和作用，即研究科学技术在人与自然之间的中介作用，这是现代科学技术哲学研究的具体内容。

主要包括：研究科学技术在人与自然之间的中介作用；研究科学技术在人类认识世界与改造世界的实践活动中的作用；研究科学技术在生产实践(物质的和精神的)中作为最活跃因素的作用。

问：您前面已经提到，建筑哲学是一般科学技术哲学的一个组成部分，那么，建筑哲学作为一门独立的学科，它又有哪些自己的特点呢？

答：建筑哲学与一般科学技术哲学在理论的出发点、侧重点、理论框架的内容等方面相比较，有其自己的特点。

我从以下几个方面分析。

1. 建筑哲学作为部门哲学比一般部门哲学似乎更加重视其社会功能。建筑哲学把社会功能作为它研究的中心课题，研究建筑与人、建筑与社会，即研究在建筑中如何体现以人为本的问题。

2. 现代科学技术哲学的理论框架的建构，是围绕着两个矛盾和一个主题展开的。两个矛盾指人与自然的矛盾、人与社会的矛盾；一个主题指建立和发展关于自然界、关于自然科学的观念、理论和方法。建筑哲学的理论框架的建构，同样也是围绕这两个矛盾和一个主题进行的。

与一般部门哲学比较，建筑哲学的特点在于建筑所面对的自然，不仅有天然自然内容，更有大量的人工自然内容，而且，建筑本身便构成人工自然对象、艺术创作的对象。建筑哲学比一般部门哲学对象增加了许多更为复杂多样的内容，特别是在人与人的矛盾和社会因素对建筑活动的影响方面，远远超过其他部门哲学，如化学哲学、数学哲学等。

3. 在部门哲学主题方面，建筑活动和社会群体长期的合作过程是建筑哲学的重要主题。建筑水平要提高和发展，不仅建筑活动中的个人要树立科学的自然观念、技术观念、艺术观念，而且全社会的建筑观念也必须转变。做到这一点相当困难。可以说，这是建筑科学技术发展滞后的重要原因之一，也是我们很难综合集成很好的建筑与城市整体的主要原因。

问：建筑哲学如此重要，它的内容又是如此丰富，那么，我们在学习研究它时，应注意哪些问题呢？

答：建筑哲学与其他哲学一样，不是以提供知识和提供现成结论为最终目的学科，而是发展和培养人智慧的学科。它使人的知识成为能力，最终成为现实的生产力。如果说"知识是力量"，那么，智慧便是超级力量。德国哲学教授康德曾声明过，他不是在教哲学而是在教哲学思考。

鉴于哲学的智慧性、思考性特点，在学习研究建筑哲学时，学习方法的问题就显得格外重要。除了一般的学习方法外，我建议不妨采用以下几种方法，即对话法、发散思维法、片面深刻法、知识组合法、寻求思路法。

我对这几种学习方法做一点扼要的说明。

1. 对话法

对话学习法，是一种有选择、有重点、效率很高的学习方法。信息时代、知识经济时代，对话更为重要。

不少人已经太久地忘记了对话的重要性，岂不知缺乏有益的对话，是不利于我们发展思想、发展科学的。

古往今来，一些哲学家的学说，一些哲学流派的形成，不少是对话的产物。一部哲学史在某种意义上就是思想对话史，它是在提出问题和解答问题的过程中发生和发展起来的。

2. 发散思维法

发散思维主要表现在对研究对象、研究领域上的发散，对学术观点研究上的发散以及对思维振荡幅度上的发散。思维方式体现在发散后的归纳之中。

发散思维是一种开拓型、创新型思维、它弥补了我们在哲学研究中的不足，极大地开拓了我们的思维空间。它有助于克服我们过去在研究哲学问题时常常出现的简单化、学院化、信息老化的弊端。对话和提问本身就是一种发散思维的好方法。

3. 片面深刻法

正如哲学家黑格尔所指出的："当一种哲学被推翻的时候，其中的原则并没有失去，失去的只是这种原则的绝对性和至上性。"

某个人，某个时间、某个地区、一定的历史条件都有其局限性。局限性和片面性是孪生兄弟。因此，片面性并不可怕，还有它的可爱之处，可怕的只是把片面性误作全面性。可以这样说，不同程度的片面性是难以避免的，全面则是相对而言。

提倡"百花齐放，百家争鸣"，从某种意义上讲，便是让片面性做贡献。

从相对真理和绝对真理的角度看，全面性也是相对的，而片面性则是绝对的，从片面性向全面性发展的过程，是带有普遍性的。哲学史表明，某些所谓哲学流派，在一定意义上可以说，它是片面深刻的学说。正是由于不断的克服片面性，推动了哲学的发展，才使它逐渐变得更全面了。

因此，要克服不加分析地追求面面俱到全盘否定片面性的习惯，要恰当地对待片面性，促进其向全面和深刻转化。

4. 知识组合法

建筑科学的综合性，建筑哲学的综合性要求我们要扩大自己的知识领域，合理地运用不同门类的知识，合理地组合了不同门类知识。正如生物学上的杂交组合优势一样，巧妙的知识组合本身就会产生新理论、新学科。原有学科的交界处常常成为新学科的生长点。

俞吾金教授学列举前人四种选择知识和组合知识的有效途径：

从各种哲学理论中选择和组合；

从哲学和社会科学中选择和组合；

从哲学和自然科学中选择和组合；

从哲学和数学中选择和组合。

历史上不少自成一家之言的哲学家，也是采取这种办法形成自己的独特知识结构的。

5. 寻求思路法

建筑哲学，是寻求正确思路的哲学。

思路比财路更重要，应当是思路管财路，而不应当是财路管思路。思路对头，没有钱可以生钱；思路不对头，往往事倍功半，或者一事无成。

这样的事比比皆是。

最后我要说的是，学好建筑哲学确实是很不容易的。建筑哲学绝不是装饰门面的奢侈品，而是科学。需要有强烈的责任感，需要用极其严肃认真的态度来学习这门科学。

研究学习建筑哲学，要有创新精神，要与时俱进。歌德说过："理论是灰色的，生活之树常青。"建筑哲学研究的内容和水平应当随着社会的前进而提高。

哲学层次的建筑文化理论
——建筑哲学导论篇

顾孟潮

当第四次"建筑与文化"国际学术研讨会即将召开之际，回顾近十余年来我国当代建筑文化的发展历程是令人欢欣鼓舞的。1989 年 11 月 6 日发轫于湖南的"建筑与文化"学术讨论会以及其后出版的会议论文专辑引起海内外建筑人士的瞩目；1992 年 8 月 20 日～24 日在三门峡市召开的第二次建筑与文化学术讨论会，与会代表达 132 位，论文 104 篇，1993 年 8 月出版《建筑与文化论集》，进一步开拓了关于建筑文化的哲学思考，并正式提出和研究建立建筑文化学问题；1994 年 7 月 21 日～24 日在泉州市召开的全国第三次建筑与文化学术讨论会，以"变革时期中的建筑与文化"为主题，就"建筑文化"概念、传统建筑文化、中西建筑文化交融、当代建筑美学、创作理论、拓建建筑新学科等进行了研讨，并强调了生态建筑学问题。由于一批有识之士，矢志于发展与建设我国当代建筑文化，团结和争取到社会各方面的理解和支持，才使会议一次比一次深入，成果越来越丰富。最近我重读三次会议的某些论文仍深受启发。因此，我坚信前三次会议的历史贡献将会得到越来越多的承认和肯定；有了前三次会议的基础，第四次全国建筑与文化学术（国际）讨论会，在发起单位和与会代表的共同努力下，必将作出新的贡献。我预祝大会的圆满成功！

一、"逼上梁山"的过程

我之所以论述建筑哲学是被"逼上梁山"的。几次建筑与文化学术讨论会上，均有人提到我国建筑界建筑哲学的贫困问题。1994 年 7 月召开的"全国第三次建筑与文化"学术讨论会上，更有人指出，这种建筑哲学的贫困，导致建筑思想趋于简单、浅薄和机械……同年 11 月 1 日，我将自己在泉州会议发言精神写成的《关于城镇规划与建设优化的思考》（刊于《基建优化》1994 年第 3 期）一文，寄给钱学森同志讨教。11 月 4 日钱老给我的信中说"您的文章是一篇高层次的作品，实是讲建筑哲学。我们高等院校的建筑专业有这门建筑哲学课吗？"（见《城市学与山水城市》一书，1994 年）钱学森博士明确提出，我国高等学校的建筑专业应当设建筑哲学课程。

从钱老来信我更感到建筑哲学问题的重要，断断续续地作过一些思考。1995 年在南京东南大学的一次学术讲座中，我顺便传达了钱老这一思想，当即得到了东南大学建筑系主任王国梁教授的重视，并责成我为建筑系研究生开设建筑哲学课。我深感这副担子很重，有力不从心、不堪重负之感，但是因为其重要和有趣也就答应了下来。随后，我又把这一情况报告了钱老，钱老马上对我开讲建筑哲学表示热烈祝贺。此刻我才横下决心，登上"梁山"。以下诸论便是我不成熟的思考，不揣冒昧地抛出来，以便得到方家们的指正而有所长进。

二、建筑文化呼唤哲学

我为 1992 年 8 月于三门峡召开的全国第二次建筑与文化学术讨论会提交的论文《论建筑文化学的研究》(见高介华等主编：《建筑与文化论集》，第 5～11 页)中，分析建筑文化的三大结构特征时指出：

(1) 建筑文化在内容上的综合性、复杂性和丰富性是其最明显的特征之一，它几乎无所不包。

钱学森同志把科学技术分为十大门类：自然科学、社会科学、数学、系统科学、人体科学、军事科学、思维科学、行为科学、地理科学、文艺理论。这十类科学中的每一门都与建筑文化紧密相关联(图 1、图 2)，研究建筑文化必须研究或了解各科中相关的部分。这便是经过建筑学专业几年本科学习，上过几十门课程毕业出来的建筑系学生，仍然会感到学过的东西不够用，甚至缺少极其重要的知识和技能的原因。

马克思主义哲学——人认识客观和主观世界的思维											
性智 ← → 量智											
文艺活动	美学	社会论	军事哲学	地理哲学	人天观	认识论	系统论	数学哲学	唯物史规	自然辩证法	基础理论 技术科学 应用技术
	文艺理论	行	军	地	人	思	系	数	社	自	
		为科	事科	理科	体科	维科	统科	学科	会科	然科	
	文艺创作	学	学	学	学	学	学	学	学	学	
实践经验知识库											
不成文的实践感受											

图 1　十大科学关系(选自钱学森：《科学的艺术与艺术的科学》，扉页)

(2) 从整体构成角度看建筑文化结构，它具有非线性，即混沌性特征。

(3) 因以上两个特征派生出来的建筑文化结构上的特征是相对的稳定性和滞后性。

鉴于建筑文化这三大特征，更需要有建筑哲学的指导，使我们在建筑文化的大系统之中，能站得高、看得远、扎得深、总揽全局，抓住重点，而不致于陷入细枝末节，使教学、科研、生产工作能有更大的创造性、预见性。

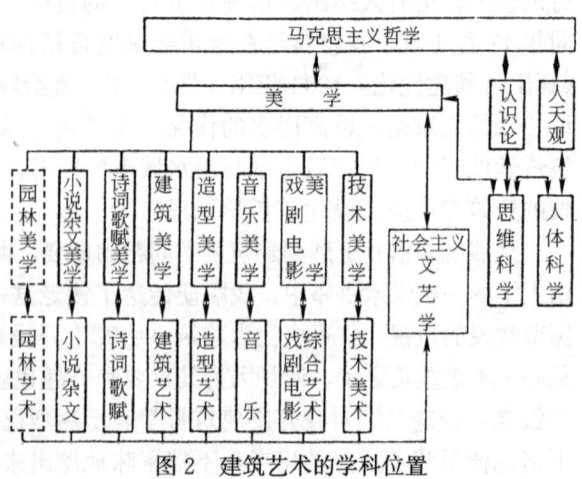

图 2　建筑艺术的学科位置

三、哲学——一种精神意境

中国人对于哲学并不陌生。20世纪50～60年代曾有过让哲学走出哲学家课堂的年代，全国普及"三论"——《矛盾论》、《实践论》和《正确处理人民内部矛盾》，以及后来有关真理标准的讨论，大大提高了全民族的哲学水平，出现了许多用唯物辩证法解决实际问题获得成功的典型事例，从而推动了社会进步和生产的发展，与此同时人们的世界观、人生观也有不少变化。

每一次大的变更都离不开哲学的引导。改革开放十几年来，信息论、控制论、系统论等横断学科中的哲学新理论又席卷全国。新情况、新问题大量出现，使人们认识到，要有哲学的思考，才能站得更高、看得更远，才能抓住事物的本质，把我们的事情办得更好。

我同意高清海先生的观点，哲学——一种精神意境。"哲学作为人的自我反思、自我意识理论，其作用并不在于提供知识（这不意味它不包含知识），而是主要在于为人类自我发展的需要提供理念思维方式；哲学理论中最重要的并不是它作出的那些结论，而是它可能给出的那个精神意境。一种新的哲学理论，在它确立一种新的观察模式之时，就意味着为人们开辟了一个新的、更高的思想境界，把人们带进了更加广阔的新的世界。"[1] 哲学的地位和作用可参阅图3[2]。

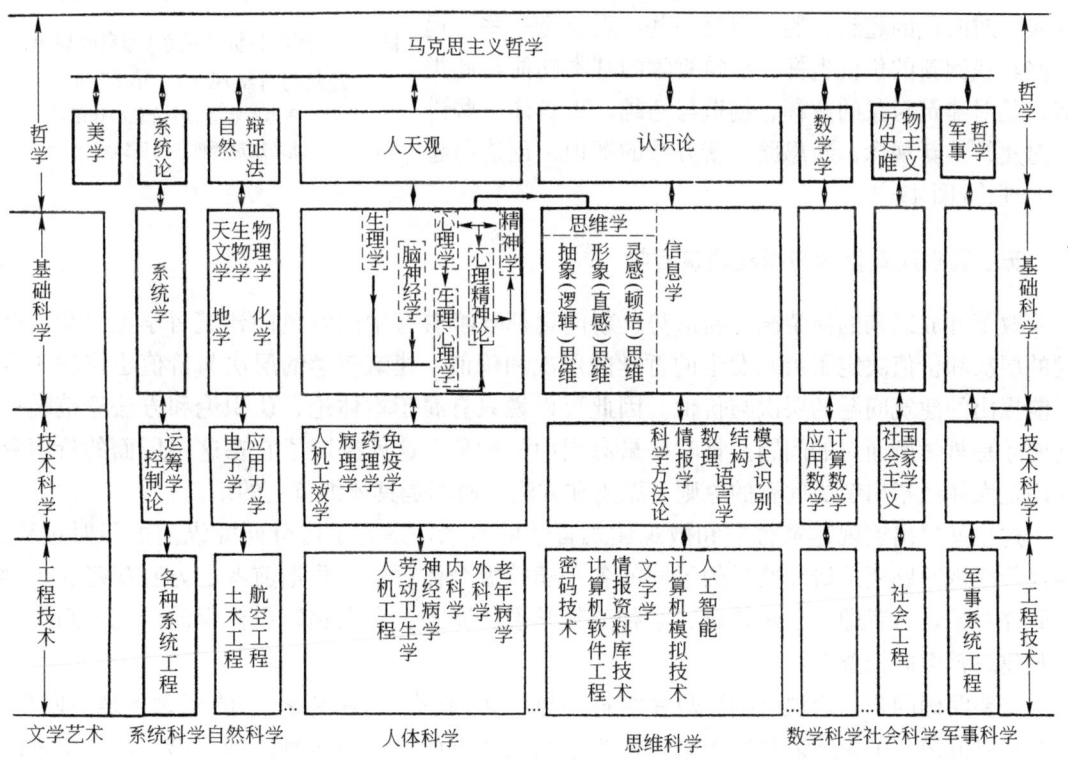

图3　钱学森展示的大科学框架示意图（选自钱学森：《科学的艺术与艺术的科学》，第30页）
提示：请注意哲学在整个科学中的地位和作用，以及门类哲学如军事哲学的纵向和横向关系，建筑哲学的情况与此类似

四、建筑哲学——空间新思维的哲学

哲学的定义，按照《新华字典》（545页）的解释：哲学是社会意识形态之一，它研究自然界、社会和思维的普遍的规律，是关于自然知识和社会知识的概括和总结，是关于世界观的理论。

这个定义是针对社会总体而言的指导思想，如马克思主义哲学。无疑，对于从事某一专业科学技术、艺术工作的建筑师而言，它同样是总的指导思想、思维方式。建筑哲学是在社会总哲学领属下的具体门类哲学、专业哲学。对于不同的人还有不同的人生哲学、业务哲学。

哲学的主要研究对象应该是我们生活、实践、经验到的周围世界，用马克思的术语来说就是"人化自然"。而建筑则是"人化自然"的最主要的组成部分之一。

哲学的基本问题有三个方面：本体论、认识论、方法论。建筑哲学作为门类哲学、专业哲学同样包括这样三个基本部分。

哲学的基本功能：解释、创造、超越。哲学是一种解说，解说的目的是为了认识和创造。所谓超越是指对现实、对时代的超越，能站得高一些，看得宽一些、远一些，找到新的价值坐标。建筑哲学的基本功能与此类似，是对建筑对象的解释、创造与超越。更具体一些讲是对建筑的新观念、新思路、新方法的解说、创造与超越的理论（图4）[3]。

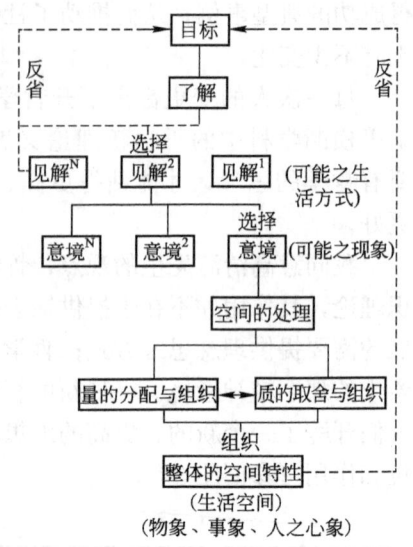

图4 空间与目标的关系（选自叶树源：《建筑与哲学观念》，第87页）
提示：请思考意境的中介核心作用，此乃建筑师哲学的目标

五、宏观建筑哲学与微观建筑哲学

改革开放以来的新情况、新形势、新问题都呼唤着有中国特色的建筑哲学的诞生。问题的层次和价值决定了由此发生的哲学的层次和价值。建筑哲学的层次与价值也取决于我们能提出的建筑问题的层次与价值。因此可以说只有属于本体论、认识论和方法论范畴的问题才是哲学所面对的问题。哲学是最高层面的抽象，这就决定了它在这一层面的价值和作用是大体地指出解决问题的原则、思路和方法，而不是具体细节上的结论。

这里又提出宏观建筑哲学和微观建筑哲学的概念，是为了区分研究纵向的历时过程、时代价值观问题还是研究共时的不同的各个建筑家个体哲学。我把前者定为宏观建筑哲学的研究对象，后者即对于建筑家、某种建筑学说、流派、个人建筑风格等的研究，归属于微观建筑哲学的任务[4]。

需要明确的是，宏观（或微观）建筑哲学与广义（或狭义）建筑学[5] 的概念不是一回事，千万不要混淆；也无所谓对应关系。因为它们在两方面有本质区别。即：第一，一个讲的只是建筑哲学，另一个则讲建筑学（可能包括建筑哲学内容，也可能不包括建筑哲学内容）；第二，建筑哲学分成宏观或微观是以时间空间领域不同为区别界限，而建筑学的广义和狭义是，只从学科空间领域作的区分（可能包含宏观或微观建筑哲学内容，也可能不包括），两者不是一回事。因此，宏观建筑哲学有着更多的共同性、普遍性，而微观建筑哲学则显示出个性、独特性和多样性，这些细微差别更多地取决于建筑家个人修养、环境、爱好等影响。如都是把建筑作为艺术来追求的建筑家的建筑作品，在艺术特色、风格、技巧的选择和发挥上会有极大的不同。

重视建筑哲学的宏观研究和微观研究有助于更好地把握时代、社会、历史的主调，又能摸清个人、学说、流派的脉搏。只有这样才能辩证统一地处理相关的问题[6]。

在哲学的研究方面，包括对建筑哲学的研究，很长时间以来，我们只注重宏观统一的方面，或者叫政治方面、社会方面，使我们的建筑哲学简单化、经院化、信息老化。如"适用、经济，在可能条件下注意美观"这句话，长期以来曾被当作我国的建筑方针，完全忘记了它所产生的时代、社会、历史、经济背景，更没有从微观的角度针对不同的情况和不同的对象来分析这句话的适用程度[7]。从而使我们的理论研究和建筑创作很受束缚而深入不下去，开放不起来。甚至有时这句话会被人利用作打人的政治棍棒。这个教训是很深的，可见没有正确的建筑哲学是不行的。

六、为什么要研究建筑哲学

总的讲，问题的层次越高、价值越大，越需要相应的哲学研究和指导。恩格斯讲，"一个民族想达到科学的高峰，就不能没有理论的思维。"哲学正是能使我们高屋建瓴，统观全局，抓住关键，掌握未来的理论思维。建筑哲学是在建筑基础科学、技术科学、工程技术基础上提炼而成的，有着自身专业、学科特点的门类哲学，必须用哲学的头脑思考，才能起到指导建筑实践的作用。

为什么要研究建筑哲学？我认为起码有以下五方面的原因：

首先，无论人们是否意识到，事实上，人人需要建筑哲学，并且每个人都有他的建筑哲学，只是其建筑哲学的正误高低因人而异。如我国唐代刘禹锡的《陋室铭》一文便是他的建筑哲学的写照，现全文抄录如下作为研究欣赏的材料：

山不在高，有仙则名。水不在深，有龙则灵。斯是陋室，惟吾德馨。苔痕上阶绿，草色入帘青，谈笑有鸿儒，往来无白丁。可以调素琴，阅金经，无丝竹之乱耳，无案牍之劳形。南阳诸葛庐，西蜀子云亭。孔子云：'何陋之有'。

许多人的建筑哲学不一定能写清楚或说清楚，但当作为业主买住宅或请人为他设计时，必然会讲出不少要求来，建筑师必须细细体会，这便是你要为之服务的上帝的建筑哲学。如果我们自己没一定建筑哲学水平便很难判断正误，为业主做好参谋。

第二，人人需要建筑哲学，这是建筑哲学本身的性质所决定的。建筑哲学，简而言之便是建筑的价值观、真理观和方法论。凡是需要扼要了解建筑的价值标准、基本规律、基本对策和方法的人，都必须研究建筑哲学。如第一条所说的，人们不一定学过建筑哲学课程，但必然有一种建筑哲学在指导其建筑实践，如买住宅、装修住宅、评论建筑……与其自发地、不自觉地形成一个人的建筑哲学，不如主动地、自觉地进行这一提高建筑文化素质和修养的过程。

第三，建筑学学科构成特点需要建筑哲学。众所周知，建筑学有关的知识和学科铺天盖地，几乎无所不包，涉及自然科学、社会科学、人文、艺术、技术等等，学不胜学，如何联系实践运用更是极大学问。建筑哲学有助于人们把已学到的知识组合成合理的知识结构，用以解决不断出现的新情况、新问题。

第四，即将跨入新世纪、跨入信息社会、高科技社会、智能社会的需要。21世纪将是信息社会，观念、思想、知识的更新换代周期将进一步缩短，人类需要终生学习、终生教育，总在不断选择、组合新思想、新观念、新知识的过程之中，作为建筑工作者接触的变化方面尤其多。因此，没有建筑哲学这类相对稳定、高度抽象的理论的把握，便会陷入忙乱、被动以致不知所措。

第五，研究和学习建筑哲学，是开发自身创造潜力，学习掌握正确的思想方法和工作方法的大事。属于提高智慧水平范畴，它比提高知识和操作水平更为重要。而且哲学对一个人的品质和道德的陶冶作用是潜移默化的，会使人终身受益。

七、研究与学习建筑哲学的方法

建筑哲学与其他哲学一样，是不以提供知识和现成结论为最终目的的学科。因此作为哲学教授的康德曾声明，他不是教哲学而是教哲学思考。所以，我们学习建筑哲学时，思想上必须有充分的准备，不可能从哲学老师或哲学课本上得到解决问题的具体答案，能得到启迪便达到了开设这门课程的目的。而且，要达到能启发自己思想的目的，就必须相应地采取主动、开放、发散的学习方法才有效。

我所建议的学习建筑哲学的这种主动、开放、发散的学习方法，要点有五个：对话法、发散思维法、片面深刻法、知识组合法、寻求思路法。

1. 对话法

从对话的角度看，每个哲学家或哲学流派的学说本质上都是一种对话。哲学思想乃至整个哲学史都是在提出和解答问题的过程中发生和发展起来的。哲学史就是问答史、对话史。而我们已经太久地忘记了对话的重要性，缺乏对话的习惯，这不仅不利于发展思想，发展科学，更不利于做好工作、做好设计，会造成多方面的浪费和失误。

2. 发散思维法

发散思维是一种开拓型、创新型思维，它将整个地改变我们过去的哲学研究中所采取的做法。它有助于克服过去研究问题简单化、经院化、信息老化的弊端。对话和提问本身就是一种发散思维的做法。发散主要表现在：研究对象、研究领域上的发散，学术观点上的发散，思维振荡幅度上的发散，思维方式上的发散——不能只使用演绎法……思维的创造性开拓性体现在归纳法中。归纳要求不断向外发散，提炼出一般原理。因此演绎法和归纳法要结合使用，但应使归纳法始终占主导地位。

3. 片面深刻法

哲学史表明，正是片面性的克服推动了哲学(其他科学也是一样)的发展，使它逐渐变得更全面了。因此要克服习惯于追求全面而全盘否定片面性的传统。要恰当地对待片面性，并给予片面性向深刻转化的条件。实际上"百花齐放"、"百家争鸣"便是让片面性做贡献。某个人、某个时间、某个地区、一定的历史条件都有其局限性，局限性和片面性是孪生兄弟，所以不同程度的片面是难以避免的，全面则是相对整体和长过程而言。正如黑格尔所指出的"当一种哲学被推翻的时候，其中的原则并没有失去，失去的只是这种原则的绝对性和至上性。"因此片面性并不可怕，可怕的只是把片面性误作全面性。

4. 知识组合法

研究某个问题或做某项工作都需要有相应的知识结构，特别当新观念、新思想、新事物层出不穷、变化很大的情况下，我们原有的知识结构常常不能适应，这就产生了要选择、调整和组合新的知识结构的问题。这种选择、调整和组合是以前人的思想资料为基础的，其中有些可能早已化为我们思想观念、知识结构的一部分，所以绝非"从零开始"。明确自己的起点是非常重要的事，而后再决定选择、组合的方向和方式。俞吾金先生[8] 曾举出前人行之有效地选择和组合知识的四种途径：①从各种哲学理论；②从哲学和社会科学；③从哲学和自然科学中；④从哲学和数学。历史上许多自成一家之言的哲学家便是如此形成自己独特的知识结构的。

5. 寻求思路法

由于哲学本身高度概括和抽象的性质，它只具有世界观、认识论、方法论的意义。不可能提供直接可以操作的结论和方法，充其量只能解决思路层次上的问题。因此研究哲学问题，不能代替某个领域或解决某个具体问题的艰苦实践。然而不研究理论的盲目实践和有了理论指导而不去实践都是不可取的。但是，既然准备实践，先有个正确思路毕竟是好事情，可以事半功倍。面对哲学问题多些思路更有助于比较和选择，这并非是崇尚空谈。

【参考文献】

[1] 高清海. 哲学———种精神意境 [N]. 光明日报，1995-11-23(3).

[2] 钱学森. 科学的艺术与艺术的科学 [M]. 北京：人民文学出版社，1994.

[3] 叶树源. 建筑与哲学观念 [M]. 台湾：世峰出版社，1983.

[4] 柯林斯 P. 现代建筑设计思想的演变 1750～1950 [M]. 英若聪译. 北京：中国建筑工业出版社，1987.

[5] 吴良镛. 广义建筑学 [M]. 北京：清华大学出版社，1989.

[6] 夏铸九. 理论建筑——朝向空间实践的理论建构 [M]. 台湾社会研究丛刊(2). 台北：[出版者不详]，1992，223～240.

[7] 王化君，顾孟潮. 建筑·社会·文化 [M]. 北京：中国人民大学出版社，1991.

[8] 俞吾金. 寻找新的价值坐标——世纪之交的哲学文化反思 [M]. 上海：复旦大学出版社，1995.

建筑哲学本体论篇

顾孟潮

马克思主义哲学本身是人认识客观世界和主观世界的科学，因此它有指导人们建立科学的世界观和人生观，提高人的基本素质和品格的作用。建筑哲学作为通向马克思主义的哲学桥梁，是从整体上对建筑科学体系、过程的概括和基本把握。这决定了建筑哲学有丰富内容和哲理的深度。

公元前 1 世纪的古罗马建筑师维特鲁威(Vitruvii)便十分重视哲学修养，把它作为建筑师的崇高境界。他说，"哲学可使建筑师气宇宏阔，即使其成为不骄不傲而颇温文有礼，昭有信用，淡泊无欲的人。这才是无与伦比的啊!"（见维特鲁威：《建筑十书》第 6 页，高履泰译，中国建筑工业出版社，1986 年版）

2000 年后的今天，幸运的我们有马克思主义哲学作为指导我们思想的理论基础。理所当然地，马克思主义也是指导建筑科学思想的理论基础。建筑哲学是建筑科学通向马克思主义主义哲学的桥梁。因此学建筑科学不能不研究和学习建筑哲学。

近年来，著名科学家钱学森同志提出建筑院校要开建筑哲学课的问题。东南大学积极响应钱老的号召，于 1996 年 4 月首开建筑哲学课。同学们报名和听课都很踊跃、很认真，已开始显示出它活跃学术思想的作用。

我认为，开建筑哲学，对于建立建筑科学体系，弥补我国建筑教学中缺少社会科学内容的不足，拓展未来建筑师的眼界和思路，改善同学们的知识结构，提高理论素养，学习科学思维方法，克服拜金主义倾向等很有益处。然而，毕竟我是边学习、边研究、边讲授建筑哲学这门新学问，肯定会有许多不足甚至错误之处，希望在和大家交流中能不断改进、提高。本篇探讨与建筑哲学本体论有关的内容。

一、钱老的指引与召唤

我对建筑哲学的思考、研究与开课始终是在钱老的指引与召唤下进行的，实际我是在钱老指导下作建筑哲学的研究。

最近，1996 年 6 月 4 日，在《杰出科学家钱学森论城市学与山水城市》一书再版问世时，钱学森同志接见该书三位编辑人员鲍世行、顾孟潮、吴小亚时的谈话很重要。他主要讲了三个方面的问题：①要坚定不移地用马克思主义哲学指导我们工作；②是否可以建立一个大科学部门——建筑科学；③学术民主非常重要。（见《科技日报》1996 年 7 月 14 日二版）

钱老关于建立建筑科学大部的思路集中体现在以下几句论述上。

（1）建筑的真正的科学基础是讲环境等等。

（2）建筑科学的四个层次是：建筑哲学、建筑科学、建筑学、工程技术。

（3）真正的建筑哲学应该研究建筑与人、建筑与社会的关系。建筑是科学技术，建筑是科学的艺术，也是艺术的科学。

（4）从历史的观点看问题，要看到人及人所需要的建筑。建立一个大科学部门不只是一、二门学科。这么看来，我原来建议建立十大部门，现在是 11 个部门了。

钱老以前已经提出的十大科学部门是：自然科学、社会科学、数学科学、系统科学、思维科学、人体科学、地理科学、军事科学、行为科学、文艺理论；与此十大部门相应的基础科学是：自然辩证法、唯物史观、数学哲学、系统论、认识论、人天观、地理哲学、军事哲学、人学、美学。

钱老 6 月 4 日提出的第 11 大部门，其基础理论是建筑科学，技术科学部门是建筑学，应用技术部门是建筑设计等。相应的基础科学是建筑哲学（表 1）。

建筑科学的层次 表 1

马克思主义哲学——人认识客观和主观世界的科学	哲　学
建筑哲学	桥　梁
建筑学	基础理论
现在的建筑学、城市学	技术科学
现在的建筑设计、城市规划	工程技术

资料来源：钱学敏："对钱学森提出'建筑科学'的一些思考"文中图。

钱老讲"建筑的真正的建筑科学基础要讲环境"。这是切中要害的。最近召开的联合国第二次人类住区大会（简称"人居二"）便证实这一论断。出席此次大会的中国政府代表团团长、建设部部长侯捷在大会上发言，呼吁国际社会对人类住区的关注，并指出，"人居是人类生存最基本的要求，人人享有适当的住房是人的最基本权利。"在人类迈进下世纪之前，如何实现"人人享有适当的住房"和"日益城市化世界的人类住区可持续发展"两大目标，已成为国际社会面临的一项紧迫而又重大的问题，也是"人居二"的根本目的所在。以研究人的环境为主要内容的建筑科学，鉴于它的重要性和与持续发展目标的紧密联系，应当引起更大的关注。其在科学体系中的地位是足以与以前的十大部门并驾齐驱，确应建立此第 11 大部门。

钱老提出建立建筑科学这个大的科学部门是从总览历史文化的高度出发的。因此强调"不只是建立一、二门学科"的问题。从近年来建筑界改革开放的实践中看（包括国际建筑界也是如此），不断提出建立新学科的问题，如已经提出并有所进展的科学有：人居环境学、建筑心理学、生活方式学、城市建设经济学、城市社会学、住宅社会学、灾害社会学、建筑生态学、城市生态学、建筑文化学……。但是只有学科的发展，没有大部门的建立是不行的，靠大部门的综合，集中、平衡才能更好地发挥各个学科的作用。大部门是整体，哲学是在此整体上概括出的支柱理论。要形成支柱产业地位，没有相应的支柱学科、支柱理论和观念是不行的。钱老关于建立大科学部门的构想，正是在试图建立建筑科学的支柱理论和观念。其意义之重大也正如钱学森同志所指出的"这是伟大的历史任务，我们中国人要把这个搞清楚了也是对人类的贡献。"

今年 4 月 9 日，我在开建哲学课之前，考虑了一个建筑科学体系图。听了钱老 6 月 4 日讲话后，将此图寄钱老请教。

关于此图，钱老 6 月 23 日复信中提出如下意见：

"我是一直强调马克思主义哲学——辩证唯物主义的指导意义，所以在建筑科学概括为建筑哲学之上还有马克思主义哲学。也就是说：建筑哲学是建筑科学到马克思主义哲学的桥梁。

再就是：在我们现在这十一个大部门的体系中有许多跨部门的学问。您的"示意图"中的灾害社会学属地理科学大部门；而人际关系学属行为科学大部门。

当然，钱老有关建筑哲学的指引与召唤，比上述的内容要丰富得多，对此有兴趣的同志可以查阅《城市学与山水城市》（第 2 版，鲍世行、顾孟潮主编，中国建筑工业出版社，1996 年 5 月，北京）。

二、从几个"脱节"所想到的

最近，叶耀先同志指出我国住宅建设面临的 7 个方面的脱节：①住宅设计与住户需求脱节；②建筑设计与住宅产品脱节；③住宅建设与城乡建设脱节；④住宅产品与住户需求脱节；⑤住宅建设与社会、经济和生活发展脱节；⑥住宅建设与居住对象脱节；⑦住宅建设劳动生产率低、工程质量差（可谓与建设目的、要求脱节）。（详见叶耀先：21 世纪的住区建设，《村镇建设》1996 年 7 期）令人深思的是，这些现象确实存在，而且有些问题相当严重且长期存在，如何克服这些脱节？调查研究脱节的原因，对于解决问题是十分重要的关键环节。

叶的文章虽未正面分析产生脱节的原因，但指出两条十分重要的原则：一是，21 世纪住区建设的关键是解决好住户参与和规划问题；二是，要设计出真正为住户所接受的适应时代发展的住区，必须树立"以人为核心"、"住宅造人"和"人住房屋"的观念。

我认为，这里所指出的两条，前一条属于建设体制、机制问题，后一条属于建设观念问题。这表明，产生脱节的主要原因不是科学技术问题，而是属于社会组织、管理、指导思想性质的原因。应当从制度、结构、法律、法规等方面予以保证不发生脱节现象。这类问题，是比解决科学技术硬件更为复杂的软科学课题、社会总体设计问题，住宅建设决策民主化、科学化、制度化的大问题。因此，单纯抓硬技术是很难突破的。前述的脱节现象并非始于今日，有些问题由来已久，只是在市场经济条件下显得更加突出，亟待解决。因而也可以说，产生上述种种脱节的根本原因在于，我国建筑业从观念、体制、机制、法规体系等方面，还没有完全转到社会主义市场经济的轨道上来。造成这种状况与建筑科学基础理论研究的薄弱，建筑业、房地产业软科学研究的落后状态是不可分的。建筑业位居全国倒数第二、三名位置。

"脱节"的具体原因在住宅规划设计上的表现：

1. 相当数量的规划设计人员，缺乏国家观念和社会责任感，把自己的规划设计职业单纯理解为个人的谋生手段，甚至陷入拜金主义，采取"混、抄、捞"的作法（以混日子为出发点，照抄外国杂志为手段，捞钱为目的），已失去基本的职业道德和素质，使规划设计质量下降，甚至不合格。

2. 有些住宅建设的规划设计者和决策者，忽视人们对城市生活居住的深层次需要，工作标准很低，盲目地认为"有胜于无"，以建设温饱型住宅思路进行建设，主要解决有无问题，并非是建设小康住宅的思路与观念，更没有在跨世纪时刻作适度超前的考虑。

3. 一部分房地产开发商，过多地追求自身的经济利益，片面追求高容积率，忽视为居民留出必要的活动空间、绿化空间、停车位置等多方面需求和配套设施。

4. 住宅规划与建设的甲方，常常只是一个临时拼凑起来的基建班子，缺少相应的科技人员、科技知识，也缺少长远打算。而作为居住主体的住户以及相应的管理部门不能预先明确，他们更不能早期参与规划、设计、施工过程，使这些过程常常缺少必要的，负责任的监督机制和机构，待到问题铸成时发现已难挽回。

5. 对于每年高达 6～7 亿 m² 的农村住宅和居住区的规划、设计、建设情况以及经验、教训、质量、占地等情况的调查研究工作，科学普及工作严重的滞后，缺少必要的技术服务，使农房建设量大而质不太高。

6. 有关规划设计产品的设计深度、质量要求、实施结果等的审定、检验、监督机制和相应的法规、规范、细则体系等急需建立和完善。

总之，从上述对脱节原因的分析和思考中，使我们感到加强建筑行业的软科学研究、理论研究，包括建筑哲学的建立和普及是当务之急。这些都是有助于转变观念和科学决策，带动整个建筑科学体系的学科群发展的必要措施。

三、建筑哲学的研究对象与范畴

什么是建筑哲学？建筑哲学的研究对象与范畴是什么？什么是建筑哲学的本体论？建筑哲学本体论的研究对象与范畴是什么？这是本节要正面回答的问题。当然，以下的回答只能是探索，不是结论。因为尚没有见到过谁对以上问题的回答，这些很可能是我给自己出的难题。

1. 什么是建筑哲学？

建筑哲学是建筑的精神意境及关于空间新思维的原则，它包括建筑的本体论、价值论、方法论三个基本部分（见顾孟潮：建筑哲学概论（导论篇）——哲学层次的建筑文化理论，载于《新建筑》，1996 年 2 期 3～7 页）。

建筑哲学是以建筑为对象进行的哲学反思，即研究建筑科学中的哲学问题的一门学问，是建筑科学通向马克思主义哲学的桥梁。它运用哲学方法来分析建筑科学中的种种范畴、规律和理论，剖析建筑理论中的各种概念及其相互关系。

2. 建筑哲学的研究对象与范畴是什么？

如前所述，我绘制了一个建筑科学技术体系示意图。建筑哲理是有关于建筑科学的哲学理论（或称桥梁），其本身有它的研究对象，可以分为本体论、价值论、方法论三个基本部分。其以下是建筑科学的三个层次——基础理论、技术科学、工程技术均是它的研究对象的子系统或子范畴。如，作为基础科学的人类居住现象、建筑经济现象、建筑文化现象、建筑社会现象、建筑科技现象及其相应的结构过程与变化规律，均是建筑哲学的研究对象与范畴。技术科学、工程技术层次的情况与此类似，它们本身有自己更具体的研究对象与范畴，而整体上又是上一个层次相应学科的研究对象与范畴。

因此，可以说，建筑哲学的研究对象和范畴是这个复杂、巨大、开放的建筑科学技术体系所包含的现象、结构、过程、规律等内容。同时还要研究这一大科学部门——建筑科学与其他十大部门的相互关系。

3. 什么是建筑哲学的本体论？

众所周知，一般说来，哲学研究三个领域：①研究存在问题的本体论；②研究认识的起源和实质的认识论；③以研究社会、自然、精神现象的方式和手段为对象的方法论。目前中国学人仍然是把哲学探讨的重点放在认识论和方法论上。而现、当代西方哲学探讨的重点是本体论（见俞吾金．哲学：从方法论研究转向本体论研究，《文汇报》，1996 年 5 月 29 日，"学林"511 期），建筑界的情况与此类似，也是重认识论、方法论的研究，而轻视本体论的研究，使建筑科学的发展徘徊不前。在整个哲学研究中，本体论的研究属于前提性层面上。建筑哲学本体论也是解决建筑科学的前提——总系统、总结构、总对象、总的机制——过程的问题，它是建筑科学体系中带头的学问。从我绘的建筑科学技术体系示意图上可以看到这种关系。所以钱老强调"在今天的中国，讲'建筑哲学'意义重大，它与我们提倡'山水城市'有关；我们要用哲学来开拓我们的视野，把一个城市做为一座整体建筑来考虑"（《城市学与山水城市》606 页）。

关于建筑哲学本体论的问题，如前所说，有两种倾向急需端正：一种是忽视本体论研究的倾向，认为"建筑理论无用"而不再研究说"什么是建筑"是多少个世纪以来，众说纷纭，理论上永远也扯不清的问题；另一种倾向是把物质本体论的问题曲解（简化）为抽象的建筑内容与形式、传统与革新、社会主义内容和民族形式等抽象的概念争论不休，即无助于建筑科学技术整体水平的提高，也不解决实践中不断遇到的新问题。

与我国改革开放以前的情况形成鲜明对照的是，国外建筑科学的发展，从现代、当代西方哲学重视本体论研究的思潮中吸收了不少营养，得到了不少推动。作为西方哲学代表人物海德格尔、伽达默尔、德立达等也成为建筑哲学必须研究的重点。如：①以海德格尔为代表的存在主义思潮，他提出了生存论的本体论；②以伽达默尔为代表的哲学释义学思潮，把传统的、注重方法论的释义学改造为本体论释义学；③以卢卡奇为代表的西方马克思主义思潮，把马克思主义理解为社会存在本体论等。这一切都启发建筑界，对建筑科学的内涵和外延要有新的思路和新的建树。

建筑本体论就是指有关建筑领域物质存在本体的现象、结构、过程、规律等的研究与论述。

4. 建筑哲学本体论的研究对象与范畴是什么？

建筑哲学的研究对象与范畴包括本体论研究对象与范畴，本体论是从物质存在的角度对这些对象与范畴的研究与论述；价值论是从认识论角度的研究与论述；方法论是从方法的角度进行的研究与论述。

具体的讲，建筑哲学本体论，是从物质存在的角度，对建筑哲学总的问题，以及基础科学层次（如人类居住、建筑经济、建筑文化、建筑社会、建筑科技）、技术科学、工程技术层次的哲学反思。或者说，建筑哲学的研究对象与范畴是研究建筑究竟有什么？是什么？为什么？控制解决什么？关键是什么……这类建筑中最基本的哲学问题。另外建筑哲学决非局限在建筑科学技术领域，它要处理好与非建筑科学技术科学的关系，因为它是桥梁中介性质的门类科学技术哲学。首先要处理如与马克思哲学的关系，以及相关的美学（文艺理论）、人学（行为科学）等纵横向的关系。

四、城市、建筑与人的生存、发展

人类为什么要建造建筑与城市？为谁建造？怎么建造？什么样的建筑与城市才是适合

人类现在与未来理想的？……这些最基本的问题，正是建筑哲学的本体论需扼要回答的问题。实践中无论是规划、设计、建造活动，往往不同程度地偏离了这个最终目标。

建筑是生活的容器。而设计和建造建筑物时人们往往忽视或者忘记了建筑中的生活以及生活主人的种种行为和心理的需求。

城市是文化的容器。而规划设计与建造城市或者村镇时，人们却失去了文化的视角，只有工业生产、交通、经济效益的思路。

建筑与城市本质上都是环境。而人们常常只把建筑和城市当作任人塑造的艺术品，缺乏环境意识，更缺乏生态意识、文脉意识，这便是如今"建设性的破坏"活动如此普遍的原因。

质而言之，人类建造建筑与城市的历史是生活史、生存史、发展史，与人类的生长和社会的发展是同步、同构的。

以下从人、环境、社会、经济、科技、文化6个角度论述一下建筑与城市的本质特征。

按照赵冰博士的观点将公元前3100年至公元2400年的文明史，从认知结构角度划分为神话、宗教、科学和后科学四个文明层次（详见：赵冰《4!——生活世界史论》，湖南教育出版社，1989年3月）。"神话层次表现出了最小的经验范围和最低的理论层次；宗教层次较神话的经验范围有所扩大，其理论在更高的层次重新解释了神话解释的经验，并为新的经验提供了解释；科学层次又重新解释了宗教所解释的经验，并给出了宗教所未遇的新的事实的解释；后科学层次的经验事实的范围最大，它包容了神话、宗教、科学的所有经验事实，并对全新的事实做出了解释。"他认为人类文明正进入后科学时代。人类的建造建筑与城市的活动与观念的变化与提高正是沿着这一走向的。循此思路，我把建筑和城市的主人，相应地称为神话人、宗教人、科学人、后科学人，其所在的时段相应称为神话时代、宗教时代、科学时代和后科学时代，以便展开以后的论述。

1. 建筑、城市与人。建筑环境的使用者、城市的市民是建筑设计者和城市规划者的"上帝"。作为建筑师、规划师必须牢固的树立为使用者（市民）服务的观念。基于这一出发点，就要了解人、熟悉人以及人体、行为、心理、生理等一些最基本的尺度、规律、要求。因此出现了与此相关的学科——人类工程学、建筑卫生学、建筑心理学、行为学等。随着老龄社会的来临和残疾人数量的增多，旅游需求的增长，又出现与老人建筑环境、残疾人所需的无障碍环境、旅游环境相应的行为学、心理学、环境设计的学问。

正如职业与人要互相适应一样，建筑环境既要适应人也要适应其职业行为的需求。霍兰德设计了一个六边形，用6个角分别代表6种职业类型或者6种劳动者类型。这对于我们思考和确定建筑环境空间的性质和类型是极富启示意义的。

2. 环境与发展是当今全球性的主题。1992年提出环境可持续发展的问题，并列入我国的21世纪议程。因此这是建筑师、规划师从事建筑设计、城市规划时必须悉心研究和关注的问题。因为建筑学是环境的科学和艺术。持续发展本身便应是建筑哲学思想的组成部分。与此相关需要研究的新学科有环境生态学、建筑气象学、建筑环境工程学、建筑综合防灾学、环境心理学、环境影响评价等。

正如本系列论文价值篇中所列表1：人与环境关系的变迁，人作为自然人——半自然人——农业人——工业人——智能人的进步，与环境的关系先后经历了依附关系、利用关系、局部改造关系、中心人关系、伙伴关系。如以人作比喻，人类社会到20世纪晚期才进入成年期，才懂得建设生态文明，追求持续发展。

3. 建筑(城市)与社会。建筑师除建筑学专业知识以外，还要具备基本的社会科学知识，尤其是社会学、心理学、经济学方面的知识。必须知道，社会机体怎样运行，社会成员如何协调，在社会转型时期一代新的社会文明如何孕育发展。建筑作为一种价值形态，除了工程标准、科学标准，更为重要的是社会现实效能标准，亦即社会的人们使用这些建筑物(或城市)的方式、频度、强度和实际效果。为实现建筑的社会价值，必须研究社会的结构、机制与过程等。社会与建筑(城市)空间环境之间存在着同构、磨合、更新、所指、能指、运作等关系，不了解这一关系和把握不适度，便失去了规划、设计、创新的最重要的基本依据。

4. 建筑(城市)与经济。建筑业是国民经济的一个支柱产业。一个国家的经济发展与人民生活的提高，社会文化的发展，在很大程度上取决于建筑业所完成的城市基础设施建设、各类建筑物、构筑物以及建筑产品的数量和质量。同时，建筑业会带动其他产业的发展。建筑业在环境建设、持续发展、扩大就业、积累资金等方面都有很大作用。截至1994年，全社会固定资产投资规模(投资总额)为15926亿元。1994年完成的建筑业总产值为7684亿元。作为建筑业主体的国有建筑企业有6154个，职工765.6万人。截止1990年底，建筑业总产值占全部社会总产值的7.92%。对于如此巨大规模的经济活动，从事规划与建筑设计的建筑师，亟需加强经济观念，学习有关经济学知识，掌握一些经济分析评价方法和技术，才能从经济角度评价我们的工作质量和水平。与建筑设计相关的经济学门类有生态经济学、环境经济学、城市建设经济学、土地经济学等。相关技术有项目可行性研究、价值分析、全寿命费用分析、风险分析等。

5. 建筑与科学技术。"科学技术是第一生产力"在建筑领域表现的也十分明显。由于科学的吸引和提升的新技术、新工艺、新设备、新材料的推进，最近200年来建筑发展出现了5个革命性变化的阶段——构造阶段、设备阶段、情报阶段、机器人阶段、智能阶段。各个阶段都有其相应的代表性科学技术。近代建筑作为一门科学，综合性很强，包含了社会科学和自然科学的内容。任何建筑物都要求建筑功能完善、结构先进和风格的创新，体现适用、坚固、经济、美观的基本要求。因此，完善的高水平的建筑物是艺术创作，更是科学技术的结晶。

6. 建筑与文化。建筑文化的本质在于，它是环境文化、生存文化、社会文化和历史文化，它具有超前性、综合性、整体性、实践性、随机性的特征。正如梁思成先生的指出："建筑之规模、形体、工程、艺术之嬗递演变，乃其民族特殊文化兴衰潮汐之映影；一国一族之建筑适反鉴其物质精神，继往开来之面貌。今日之治古史者，常赖其建筑之遗迹或记载以测其文化，其故因此。盖建筑活动与民族文化之动向实相牵连，互为因果者。"(《梁思成文集》第三册3页)

最近我们召开了"建筑文化10年纪念会"，回顾和评析1986～1996年十年来建筑文化在我国崛起和发展的全过程，既让人欣喜又令人忧虑。欣喜的是已经取得了一系列成果，特别是建筑文化观念更加深入人心，也出现了一些热心此项事业的民间学术组织、个人，得到一些领导同志、企事业单位的支持；忧虑的是，十年过去了建筑文化事业的产生和发展基本上是自发的、民间性质的活动为主，并未纳入国家或业务主管部门的长远规划，因此无论在资金、组织、人员上都无稳定的保证。如果继续这种情况，今后十年的建筑文化的发展，提高整体建筑文化水平的总目标是否能实现是颇成问题的。这也表明对于建筑哲学的重要性，建立建筑科学大部门的迫切性尚远远未被建筑界及社会上更多的人认同，为此尚需做许多艰苦的工作。为加速建筑哲学的科普，建立建筑科学大门的进程，关键在于培养人才，在于参与者的素质。我们应积极响应钱学森教授的召唤，在建筑科学的学科建设上，对人类做出伟大的贡献。

【参考文献】

[1]　［古罗马］维特鲁威著.《建筑十书》［M］. 高履泰译. 北京：中国建筑工业出版社，1986.

[2]　钱学森. 哲学·建筑·民主——我的几点思索［N］. 文汇报，1996-6-28(8).

[3]　鲍世行，顾孟潮主编. 城市学与山水城市［M］. 第二版. 北京：中国建筑工业出版社，1996.

[4]　叶耀先. 2 世纪的住区建设［J］. 村镇建设，1996(7)：17～19.

[5]　顾孟潮. 山水城市与生态文明［J］. 中国软科学，1996(5)：109～110.

[6]　俞吾金. 哲学从方法论研究转向本体论研究［N］. 文汇报，1996-5-29，"学林"511 期.

[7]　海德格尔. 存在与时间［M］. 熊伟译. 商务印出馆 1963 年版，陈嘉映等译，上海：三联书店，1987.

[8]　萨特. 存在与虚无［M］. 陈宣良等译. 上海：三联书店，1987.

[9]　伽达默尔. 真理与方法［M］. 王才勇译. 沈阳：辽宁人民出版社，1987.

[10]　夏铸九. 理论建筑——朝向空间实践的理论构［J］."台湾社会研究"丛刊，1992(2).

[11]　赵冰. 4！——生活世界史论［M］. 长沙：湖南教育出版社，1989.

[12]　对马克思主义哲学体系建设的一看法［N］. 人民日报，1987-3-2.

[13]　姚诗煌. 重视汲取现代科学的思维成果［N］. 文汇报，1986-2-26.

[14]　赵鑫珊. 科学、艺术和哲学的相通处——关于极值原理的思考［N］. 文汇报，1985-11-18.

[15]　胡则刚. 应用哲学讨论会综述［N］. 光明日报，1985-5-27.

[16]　吴良镛. 广义建筑学［M］. 北京：清华大学出版社，1989.

[17]　尹国均. 居家文化［M］. 北京：中国经济出版社，1995.

[18]　王守昌. 略论社会哲学［N］. 人民日报，1995-5-3.

[19]　徐韶辉，璐羽，胡风鸣. 我国软科学事业的发展与展望［N］. 科技日报，1995-5-22.

[20]　（德）卡西尔. 人论——人类文化哲学导引［M］. 甘阳译. 上海：上海译文出版社，1985.

[21]　中国建筑学会手册编委会. 建筑师学术·职业·信息手册［M］. 郑州：河南科学技术出版社，1993.

[22]　顾孟潮. 建筑哲学概论(导论篇)——哲学层次的建筑文化理论［J］. 新建筑，1996(2)：3～7.

[23]　顾孟潮. 建筑哲学概论(例说篇)［J］. 房地信息，1996(4)：15～23.

[24]　顾孟潮. 建筑哲学概论(价值篇)［J］. 美术观察，1996(7)：48～51.

[25]　齐康. 建筑科学学的构想［J］. 大连理工大学学报. 建筑专辑，1988，8(25)：1～6.

[26]　钱学森. 关于哲学、建筑科学、学术民主的思考［N］. 科技日报，1996-7-14(2).

[27]　钱学敏. 对钱学森提出"建筑科学"的一些思考.《城市学与山水城市》再版发行座谈会上的发言. 1996-6.

[28]　顾孟潮. 迎接建筑文化建设的新高潮［N］. 建筑报，1996-10-22(3).

[29]　钱学敏. 钱学森论科学思维与艺术思维［N］. 人民日报，1996-11-6(10).

[30]　顾孟潮. 建筑艺术评论中的"不"［J］. 装饰，1997(1).

[31]　钱学敏. 钱学森建议"建立科学技术业"［N］. 人民日报，1995-12-4.

[32]　［美］大卫·格里芬编. 后现代科学——科学魅力的再现［M］. 北京：中央编译出版社，1996.

[33]　中共中央关于加强社会主义精神建设若干重要问题的决议［Z］. 北京：人民出版社，1996，10.

空间环境设计创造思维特点与思维类型——建筑哲学思维篇

顾孟潮

知识是力量，智慧是超级力量，智慧比知识、手法和流派、风格更重要。我认为凡是从事创造性思维实践的人必须对此有清醒的认识。

知识本身不是客观的而是主观的；适应总是被包藏在一个特定的参照系之中，又总是相对的和开放的，需要重新阐释。正如荷兰社会学家桑德博格和韦林格所言：知识在使用过程中不断地进化……核心知识（我理解即：智慧）具有流动性。因此，当代国际管理界有句名言：智力比知识更重要。诚如著名的日本企业家松下幸之助所强调的：更重要的是具有将知识作为人类谋幸福的工具来使用的智慧。

一、思维过程的三个环节

本篇是我以"信息·思维·创造"为题撰写的第二篇论文。第一篇是发表在《新建筑》1994年第4期上的《信息·思维·创造——空间环境设计的智慧从哪里来?》。该文对人类的智慧这类核心信息的生理基础、心理基础、运行机制作了概略的分析和论述。它只能算是"建筑设计创作思维学"的开篇之作。本篇力求沿此主题继续深入探讨。

这里之所以再次重复《信息·思维·创造》这个题目，是因为信息·思维和创造并非互不关联的三个词。它们三者本身是组成思维方式、思维过程的三个环节的表达——人们从外界获取信息，通过思维加工，创造出新的信息产品来。

第一篇论文的主标题定为"空间环境设计的智慧从哪里来?"故意使人马上联想到"人的正确思想从哪里来?"以加强题目的认识论和哲学意味。目前我国设计和教育实践中对设计智慧和哲学有轻视或无视的倾向，很值得引起有关各方面的重视。

钱学森作为大科学家非常重视哲学研究。

钱学森博士1994年11月4日给我的信中曾问："我们高等学校的建筑专业有这门建筑哲学课吗?"因为没有调查，我没有回答钱老的这个问题，但感到这个问题确实很重要，值得我们从事建筑学高等教育的同志参考。

在1994年3月1日来信中钱老讲："您在信中谈了信息体系，很好。我在这几年一直宣传现代科学技术的体系，与您不谋而合！我的想法见附上钱学敏同志文，请指教。"（钱学敏题为"科技革命与社会革命——学习钱学森有关思想的心得"一文，现已收入鲍世行、顾孟潮主编的《城市学与山水城市》一书208～226页）钱老所说的

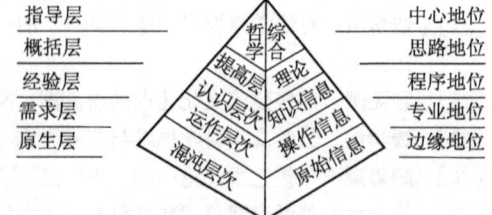

图1　信息塔（信息的分类、属性与层次）

（资料来源：顾孟潮：《中国建筑师与21世纪》，载于《世界建筑导报》1995年2期，第20页）

"信息体系"即指我所构建信息塔模型，它是促成我动手写此题开篇论文的核心和基础(图1)。按照钱学森的大科学框架(图2)，他把信息学和思维学是放在基础科学层次的。本文将研究的内容实质上是"建筑设计创作思维学"的课题，属于设计基础理论、方法论范畴，具有建筑哲学性质。自我国本世纪20年代开始有建筑学专业以来，至今无论在教育或设计实践上，对于建筑哲学的学习和研究是我们十分薄弱的环节，亟需加强。

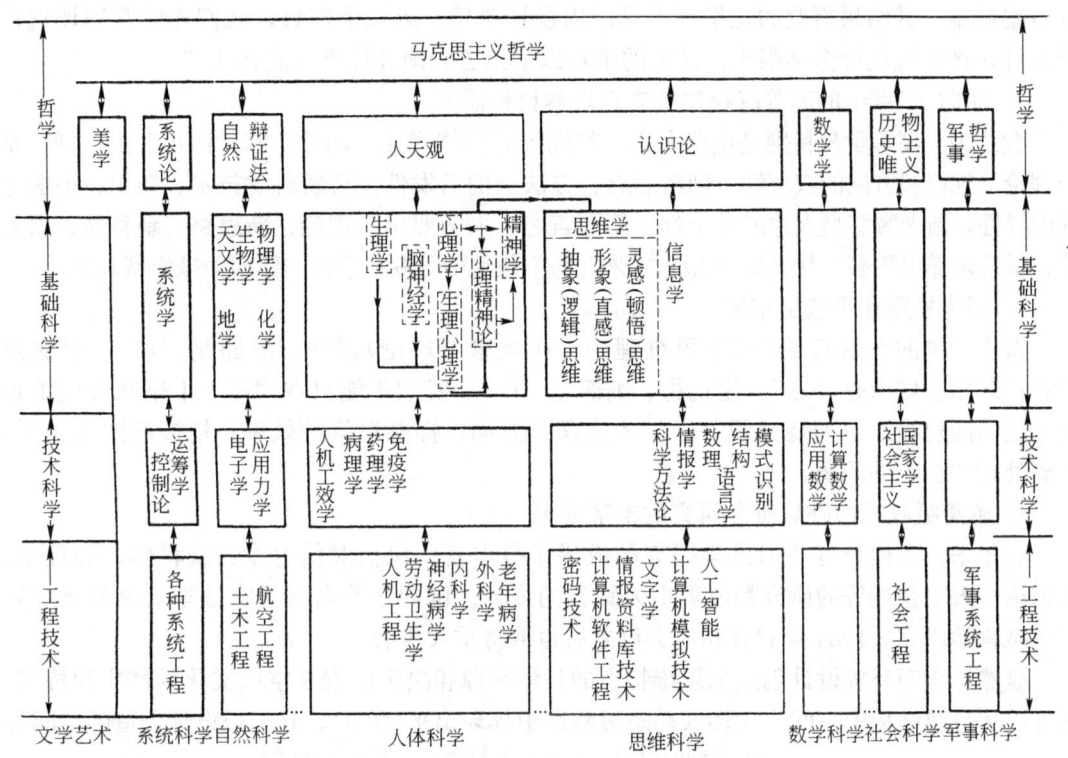

图2　钱学森展示的大科学框架示意图

(资料来源：钱学森：《科学的艺术与艺术的科学》第30页)

二、空间环境设计创造思维特点

为什么要研究建筑设计创作思维学？我考虑起码是由以下几方面决定的：

1. 建筑设计创作的特点所决定

大家知道，建筑设计创作过程中，思维最活跃、最艰苦、最复杂的是构思立意阶段，其目的是，把设计任务书的要求变成空间形体、空间布局、环境设计，从无到有地创造出理想的环境空间，同时又要满足规划设计的多方面约束条件。这种思维的特点是：

(1) 要采用创造性思维方法；

(2) 将形象思维和抽象思维方式结合使用；

(3) 进行限定思维，在约束条件下展开思维；

(4) 用感情的(激发或抑制)直觉思维；

(5) 多导向综合生成的思维(受理论、风格、流派及各种价值观、审美观念的影响)。

据我观察和分析，我们对这些思维类型和方法的了解和把握与实际需要差距很大，这是目前设计水平提不高并缺乏创造性的重要原因之一。

2. 发展中国建筑文化的需要

最近(1995年7月26日)叶如棠理事长再次强调发展中国建筑文化的问题。他说"大规模建设的时候,如果我们不及时送去建筑文化,恐怕给后人的遗憾和损失就大了"。"重视文化内涵是建筑创作中迫切需要解决的问题,既有现实意义,又有长远意义"。"冷静、客观地分析一下我国建筑创作的情况,应当说也不是很理想的。一个现象是国内举办的国际性方案竞赛,其结果得奖的几乎都不是国内设计单位;第二个现象,我们连续几届评选优秀设计,评建筑设计金奖很难。评上的也难以拿出去和国外优秀作品相比。"

3. 面向21世纪的高等院校建筑教育培养目标需要

我认为,高等学校特别是重点大学,其优势应当体现在"四性"和"四出"上。即:基础理论、规律和方向的权威性,创新思路、方法上的启发性,高新科学技术、知识、手法上的引导性,新老智慧型人才的骨干性。简而言之,大学要出新理论、新思路、新科技、新人才,最终培养出更多智慧型倒T型人才来。而不是象中等专业学校主要培养操作型人才。

4. 因为思路比手法更重要

按格式塔的图底理论(形象思维理论、视觉思维理论)说法:思路是"底",手法是"图";环境、城市是"底",建筑物、细部是"图"。我们不能只在"图"上下功夫而不重视"底"的建设。只有底建设好了,才能摆正方向,提高思维的效率,把握好图底关系,正确处理"图"的问题。

5. 亟需吸收国内外思维学研究的丰富成果

近年来,国内外有关思维学研究的成果十分丰富,包括对信息学、脑科学、心理学、认识论、人工智能等的研究都取得引人瞩目的成果。国内在著名科学家钱学森倡导下开展了思维科学研究,1984年召开相应会议之后也取得重大进展。

显然,空间环境设计创造的思维特点的具体来源和决定因素是空间文化的性质和特点,这可以从空间结构中空间文化形式动态过程图中体现出来(图3)。我们拟设计创造的空间环

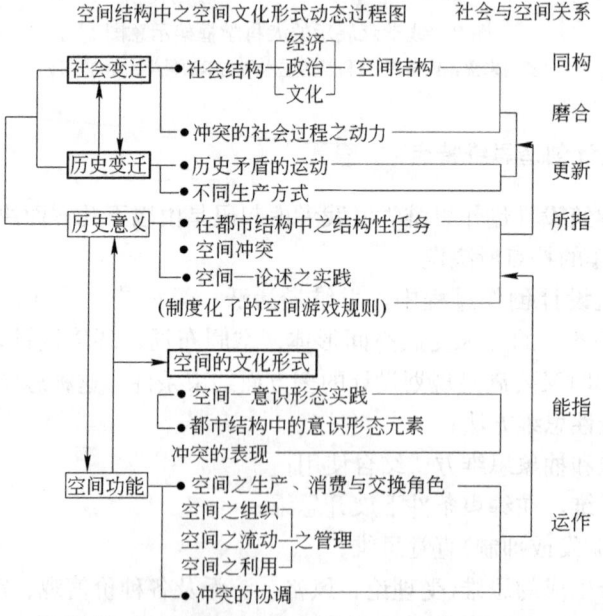

图3 空间结构中之空间文化形式动态过程图

(资料来源:(台湾)夏铸九:《理论建筑》第241页)

境结构形式和内容，将与社会结构发生如图 3 所示的关系。总的讲，社会结构(包括经济、政治、文化)与空间结构之间是异质同构关系。再细作分析：

(1) 由于冲突的社会过程之动力而发生的社会变迁，空间结构有滞后的特点，在达到和形成"同构"之前，有一个"磨合"阶段。

(2) 由于历史变迁中的历史矛盾的运动和不同的生产方式将导致空间结构的不断"更新"。

(3) 历史意义乃是空间的文化形式的所指，体现在都市结构中之结构性任务，空间、冲突、空间——论述之实践(制度化了的空间游戏规则)。

(4) 空间——意识形态实践和都市结构中的意识形态元素冲突的表现，是空间的"能指"方面。

(5) 空间功能指的是空间生产、消费与交换角色，以及空间组织、流动、利用、冲突协调的运作关系。

由此可见，空间环境的设计创造性思维，决不局限于一幢建筑物或一组建筑群上，而是涉及整个城市乃是整个社会结构历史变迁，社会变迁和历史意义、空间功能的极其复杂的思维活动，大大超过建筑设计创作的思维特点。

三、创造性思维的类型与系统

从现代信息学的意义上说，思维方式是主体怎样从外界获取信息、加工信息，从而形成新的信息的途径和方法。

所谓思维的类型，是按照思维方式、方向、对象、创造性、过程的区别所作的分类。分类的目的是认识各种思维类型的特点、性质和不足，以便正确地对待和运用相应的思维方式。

1. 创造性思维的基本分类

钱学森 20 世纪 80 年代初提出的思维科学及其体系中，将研究人类有意识思维规律的科学称为思维学。又总的把思维方式分为抽象(逻辑)思维、形象(直感)思维和灵感(顿悟)思维三大类(见图 2，载于钱学森：《科学的艺术与艺术的科学》一书)。

潘云鹤教授对于常见的思维方式作了如下的归纳(见《建筑师学术·职业·信息手册》第 382～383 页)分类：

(1) 按照思维的方向分：可划分为发散性思维和收敛性思维。前者是从一个目标出发，沿不同途径去思考，以探求多种答案与方法；后者则为寻求一个正确答案的思维方法。

(2) 按照思维处理对象的方式分：可分为抽象思维和形象思维。前者以抽象信息为处理对象；后者以形象信息为处理对象。

(3) 按照思维的创造性分：可划分为常规思维和创造性思维。前者以习惯方式来处理信息；后者则以新颖的方式来处理信息。

(4) 按照思维的过程分，可划分为直觉思维与逻辑思维。前者指未经有意识的过程，突然顿悟答案的思维；后者指遵循一定逻辑规则，严密而系统的思维。

我认为，这里需要强调的是：钱学森把思维分为抽象(逻辑)思维、形象(直感)思维和灵感(顿悟)思维三类，这种划分方法是基本的，有其大脑物质基础。如我的前一篇同名文章所指出：据脑科学的研究，人的大脑由三个主要部分组成——思维脑、情感脑和反射脑。它们分别以有意识的语言进行思维，或以释放化学语言激素"的方式进行工作，而反射脑是与大脑紧密相连的基底神经，起控制人的本能的作用。大脑的这三个部分与三种基本思维方式相对应，有其分工和特点，但又相互配合协调一体的进行工作。常常形象思维、抽象思维和灵感思维三者是同时进行工作的，只是某一种思维方式更突出一些(图4)。千万不可以认为某一种思维方式可以孤立地达到某个思维目标。比如，发散性思维也好，收敛性思维也好，其思维过程之中既有抽象思维、形象思维，也有灵感思维，绝不是某一种思维发生作用的结果。因此，所谓创造性思维的类型其基本分类仍然是抽象思维、形象思维、灵感思维这三大类。

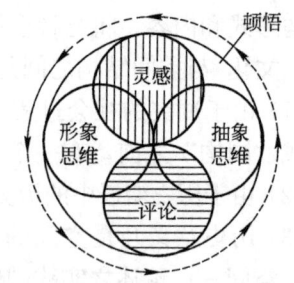

图4　创作单元结构示意图
(资料来源：顾孟潮：《信息·思维·创造——空间环境设计的智慧从哪里来?》，载于《新建筑》1994年4期)

2. 创造性思维的三大系统

从现代信息学的角度分析，思维现象有三个基本因素：思维主体(大脑)、思维对象和材料(信息)以及信息载体。目前有些文章，常常就思维论思维，变成对思维方式、过程的罗列，结果是只见树木、不见森林，更不见系统，甚至因此而导致不能够科学地、实事求是地对各种思维方式的优缺点作出正确的评价。

如最近有一件事很有趣。《科技日报》每周日的彩色版文化周刊，很受读者欢迎。在第一版有个名为"玉渊潭夜话"的专栏，常常抓住社会热点、难点，时有名家高论出现，很有可读性。但有时也难免因追求"可读性"而出现牺牲了或损害了"科学性"的情况，这显然与《科技日报》开设此栏的初衷不符。今年9月17日、24日，著名文学家毕淑敏以"本月特邀主持人"身份，连续写了两篇"玉渊潭夜话"用意在强调文字书刊抽象思维的可贵、可爱，借以贬斥电视图像思维的跛足、残暴和可悲。文章写得很漂亮，很有感染力，前一篇题为"书的彩翼和电视的跛足"，后一篇题为"书的扉页里树在哭泣"，有兴趣的朋友可以找来一读。

文中的主要观点是抬高抽象思维而贬低形象思维。毕淑敏认为"看电视不可以代替看书"，对语言是一种抽象的观点和描述，我是同意的，并很欣赏其文章语言的魅力。然而，唯其如此，我就更担心文中某些不科学的观点会变成更多读者的观点，故在此做点讨论。

我大致地统计了一下，她的两篇文章加在一起可以说声讨了电视(形象思维)的八大罪状，即：①电视挤占了书的领地，使"书的领地越来越小"；②电视像一条巨蚕，吞噬了我们的每一个夜晚和星期天的白昼；③看电视只是跛足地蹒跚，看书是乘着彩翼的飞翔；④电视就是暴君，只要打开旋钮，就沦陷于它的指掌；⑤电视剥夺了我们想象的权利，把万众一心的模式塞给我们；⑥电视的简化实际是一种思维的桎梏与退步；⑦电视戕害了文字和语言这个母体；⑧电视离真正的知识越来越远。如果诚如此文所说，当然人们会认同电视是"一种思维的桎梏与退步"的结论。然而，事实恰恰相反，如果按毕淑敏的逻辑似乎"文学可以代替电视"，这大概不仅是我(大概是任何一个电视观众)无论如何也不能接受的观点。目前我们的电视节目固然仍存在许多不足之处，但作为一种思维方式它是进步、是补充，是应当与文学同时存在并且发展的。

正如人们所能看到和体验到的，从信息学和思维学的角度看，当今的时代是对话时代、图像时代、音响时代，当然也仍然是文字的时代。语言音响符号系统、文字符号系统、图像语言系统，这是三大信息载体系统，也是三大信息思维加工系统和三大传播系统。创造性思维的展开同样要借助这三大系统。它们是一个家族的三兄弟，应当促使它们同心协力，或相互转化、相互支持，共同地为我们文化的发展作出贡献。决不可以厚此薄彼，而应取长补短，科学地评价每一种思维方式和每一种传播系统。我隐隐地感到，毕淑敏的两篇文章是否文学的角度过重了一些，因而感情的东西多了些，而理性的东西少了些。因此，我想强调作为科技人员尤其应重视科学性和可读性并重，而不应让一个代替或有损于另一个。而且要可读性、可视性、可听性、可感性并重。

3. 创造性思维类型举要

（1）纵向思维——把信息当成信息使用，按步就班前进，选择最好最有希望的途径，即以选择信息为目的的思维。

（2）横向思维——不把信息当成信息使用，而是当成一种启发，以求重新构建模式，向陈腐模式挑战，以解放被禁锢的信息。目的在选择思路。

（3）侧向思维——创造性思维的主要形式之一。指对待问题不仅从正面去研究，而且要从侧面去接触和进攻，转化问题的"条件"和"结果"，进行非同寻常的思考，从侧面寻求解决问题的捷径。

（4）辨义思维——对信息中包含的意义的辨识和提取，简称辨义。辨义能力是悟性和智慧的重要衡量标尺和具体内容，隐含着发现和创新的可能。

（5）弥漫思维——在承认具体事物的边界前提下又不承认它，即主张无界同时运用逻辑或非逻辑思维。

（6）振荡思维——从零层次向上向下大幅度穿越层次的思考。一会儿居高临下掌握全局，一会儿又向下深沉，精细深入求索，既有归纳，又有演绎。

（7）限定思维——进行"被论"的思考。存在实质上是"被存在"，任何一个具体事物能够存在，决不是独自孤立存在而不受外界条件、环境制约与限定。故要思考"被存在"。

（8）间隙思维——要想游刃有余，必须寻找自由空间，进行寻找可开发间隙的思维。

（9）向站思维——关于方向、起止点和中间站点选择的思维。

（10）二我思维——关于"理智我"、"情绪我"、"今我"、"明我"，"我"与"非我"的思维。

（11）金三极思维——郎加明创造的原极思维，对极思维，合极思维（或极链思维）的创新思维方法。

（12）形状语言思维——斯坦尼教授提出，潘云鹤教授发展成形象的结构模型、形象思维的输入输出模型及形象思维的不对称模型。

类似的思维类型还可以举出一些，它们的共同点是指导人们选择思维角度、切入点、过程、目标，有着可以借鉴和启发的意义。不再停留在从哪里来的层次上，而有着更进步的思维方法，怎么想，借助什么想，如何趋近创新思维成果的意义。

四、打破现状的思维

《打破现状的思维》是一本关于思维革新的专著。该书英文版 1990 年出版后即受到世界的注目，1994 年再版，并已翻译成日、朝鲜、丹麦等语言，仅英文版就在全世界发行了15 万册。该书的两位作者是具有东西方两大文化背景的国际著名学者——美国南加利福尼亚大学教授纳德拉(G. Nalaler)和日本东京大学教授日比野省三。作者提出以七项原则为基础的思维方式，称为"打破现状的思维"。该书通过对大量社会的、产业的、经营管理的、教育的以及医疗、城市开发等众多方面的实例分析，总结了统治人类 400 年之久的笛卡尔思维方式弊端，指出当今人类社会正处在思维范式(Paradigm)变更的时代的。此书的中文版已由中国科技信息所陈颖健、马淑彦翻译，在《科技日报》上连载，自 1995 年 3 月 23 日开始载，此今尚未载完。

我认为，"打破现状的思维"可以看成"创造性思维"的同义语。其特点都是教人们如何面对新情况、适应新形势、发现新问题，从多层次、多方面去看问题、提出问题和解决问题的。打破现状的思维(breakthrough thinking)范式，不是只论述和应用某一种思维方式，不是三大基本思维(抽象、形象、灵感思维)的分别运用，也不同于逆向、纵向、侧向思维等思维方式只论及某一个思维角度。它是综合的、整体的、多层次、多角度、无限度开放的思维方式。因此极为有学习和借鉴价值。这也是该思维理论能风行欧美、日、韩等的原因。作为"打破现状的思维"这种新的思维方式理论基础的七条原则为：①独特性原则；②展开目的原则；③追求"应有状态"原则；④系统原则；⑤收集必要信息的原则；⑥参与、介入原则；⑦继续变革的原则。

以下我对七条原则的要点作一点提示。

(1)独特性原则——指"所有的问题具有独特性"。因此，在解决实际问题时，应该努力寻求适用于每个问题的"独特的解决策略"。这与笛卡尔的寻求问题普遍解的方法有本质的不同。人们在解决问题时经常犯的错误是，把某一个问题与另一个问题看作是相同的。为贯彻独特性原则，必须首先"设定场所"，即解决问题对象的空间、时间、主角的问题。

(2)展开目的原则——目的是一个多义词，适用于很多场合，可以是"效用"、"意图"、"任务"、"目标"等的同义语。"展开目的"原则的中心概念是，某一问题中最初的目的只不过是起因，仔细深入地考虑下去，更多的目的会一个接一个地出现。因此需要展开目的和目的展开图(Purpose array)。

如，彭一刚教授在构思甲午海战馆设计方案时，实际上便采用了展开目的法。他说，建筑师在方案构思中应当千方百计地捕捉各项目的功能性质特点，并力求把它从建筑的这一个族类中分类出来……如甲午海战馆属纪念性建筑，下一个层次属战争纪念馆，再下一个层次属海战纪念馆，再下一个层次属发生于 1894～1895 年在中国黄海和威海卫附近海域内，由中日为敌对方所打的一场海战的纪念馆，这场海战由于中国的惨败而丧权辱国，因而激起国人的义愤。甲午海战馆的方案构思便是循着这一轨迹而刻意捕捉项目的功能性质特点的。(详见《建筑学报》1995 年 11 期)。

(3)追求"应有状态"原则——近似于追求"理想状态"。即，在进行变更或设立的体系中，以将要处理问题的解决方案为基础。认为每一个成功的新产品或体系都不是最终的成果，只是朝下一步发展迈出的一步。该原则能够将人的思维提高到一个超过现有水平的新高度。

(4)系统思维原则——世上存在的几乎所有的东西都可以看作是系统。系统思维指要考虑所面对的某个系统

图 5　科学知识形成过程示意图
(资料来源：[苏] Ⅱ・А・拉契科夫著
《科学学——问题・结构・基本原理》)

"所有的因素"。因此，在处理一个系统时，首先需要将系统的基本要素列举出来，然后再将影响这些基本要素的因素列出来，从而明确每个要素应有的形式和结构，包括它们的基本层次、价值观、标准、管理、关联和将来这 6 个层次的情况。

（5）收集必要信息的原则——指在面对问题时，集中收集那些对利用打破现状思维的其他原则有用的和相关的信息。给现存的信息赋予意义。而不要在收集不必要的信息上花费更多的注意力和时间。只有抓住必要信息这个重点，才能提高思维的效率。

（6）参与、介入原则——指不断给予和变化有关的（如设计变更、施工变更等）或受变化影响的人们参加管理或调整系统以及预防或解决问题的机会。需强调，词语"参与"与"参加"的含义是完全不同的。"参加"和"出席"是同义词，而"参与"则要求参与者必须发表意见，对制定解决方案做出贡献；而且，要求参与成员应理解打破现状思维的原则。

（7）继续变更的原则——即不断贯彻打破现状的原则，继续变更已经取得的成果并且进一步提高它。

【参考文献】

[1] 钱学森. 科学的艺术与艺术的科学［M］. 北京：人民文学出版社，1994.

[2] 中国建筑学会编. 建筑师学术·职业·信息手册［M］. 郑州：河南科学技术出版社，1993.

[3] ［美］刘易斯·芒福德. 城市发展史——起源、演变和前景［M］. 倪文彦，宋俊岭译. 北京：中国建筑工业出版社，1989.

[4] ［英］帕瑞克·纽金斯. 世界建筑艺术史［M］. 顾孟潮，张百平译. 合肥：安徽科技出版社，1994.

[5] ［美］纳德拉，［日］日比野省三. 打破现状的思维［N］. 陈颖健、马淑彦译.《科技日报》自 1995 年 3 月 23 日开始连载，至今尚未载完.

[6] ［美］克里斯托弗·亚历山大等. 建筑模式语言（城镇、建筑、构造）［M］. 王昕度、周序鸿译. 北京：中国建筑工业出版社，1989.

信息海洋中的金字塔——建筑哲学信息篇

顾孟潮

科学技术的加速发展，使当今知识信息呈现爆炸现象，使现在的人们无时无刻不处于信息海洋之中。

在浩瀚的信息海洋之中，怎样学会信息游泳术，建立科学的信息系统观念，形成科学的信息对策，走出信息的误区，这些是笔者经常思考的问题。

在思考中，笔者试画了一个信息系统示意图，对信息系统中不同种类信息之间的上下传承与互动关系，作了定层次、定属性的分析，比较简明直观。笔者称这幅信息系统示意图为信息金字塔。

在信息金字塔中，笔者将信息分为五类，即：原始信息；操作信息；知识信息；理论信息和综合信息(图1)。

这五类信息依次解决的是"有什么"、"怎么做"、"是什么"、"为什么"，以及"价值、效果如何"的问题，简称"5W"，关于这个问题，笔者简要说明如下。

图1 信息金字塔

(1) 原始信息(混沌层次)——此类信息解决"有什么"的问题。它是对客观情况、实例、动态、统计数字等现象进行描述的信息。此类信息有可资参考的成分，但其本身属于"矿砂"式的混沌层次，在使用此类信息时需沙里淘金。

原始信息属于前科学范畴，其特点是原始性、杂乱性、待加工整理。

(2) 操作信息(运作层次)——此类信息解决"怎么做"的问题。包括规章、制度、操作工艺、经验、作法、模式等等，也带有知识性信息的性质，它的优势是能最快地形成直接生产力。这类信息尤其应该重视它的实用价值。值得重视的是，由于有些人对此类信息只知其然而不知其所以然，因此在运用时容易造成重大失误。目前广播、电视、报刊、书籍等信息载体中有这类信息充斥的现象。

操作信息属于准科学范畴，具有经验性、程序性和可操作性，但常常有局限性和盲目性。

(3) 知识信息(认知层次)——此类信息解决"是什么"的问题，它是系统化了的组合起来的信息，是经过专门的加工提炼而成的系统化的知识，可以直接用来提高人们的修养、素质和操作能力。需要指出的是，这里所说的系统化，绝大多数是指已有的学科的基础理论，所以此类信息多为专门知识(如金融学知识、房地产学知识、建筑学知识等等)。目前不断有新学科、新知识涌现出来，值得注意的是，由于有些学科尚未建立或刚刚建立，这类知识往往不够系统和不够完整。

知识信息属科学知识范畴，有它的系统性、明晰性，易于学习和普及。

（4）理论信息（提高层次）——此类信息解决"为什么"的问题。是指那些把基本原理和基本规律系统化、理论化的新观念、新概念。该类信息中有些信息可称为"点金术"，常常能起到"点石成金"的作用，使事物发生质的变化。如钱学森同志近年倡导的建设山水城市的科学构想，便属此类信息。

理论信息属于科学理论范畴，有高度的概括性和规律性，有广泛的适用性和指导性，但有时比较抽象，难于把握。

（5）综合信息（哲学层次）——此类信息解决"向何处去"的问题，它是统观全局、总结历史经验的信息（包括对发展水平和趋势、战略和战术的分析与价值、效果判断等）。其中一些重要的信息甚至具有历史文献价值。如2003年3月12日，世界卫生组织（WHO）第一次向全球发出的非典防疫警报，便属于综合性信息，由于对非典防疫警报这一综合性信息重视程度不同，导致世界各国非典防疫后果迥异。一些会议的主题报告，一些综合性调查等也属于此类信息。

综合信息属于哲学层次，有其综合性、全局性和深刻性，具有战略性指导意义。

综上所述，可以看出，信息金字塔从信息整体和分类上，从定位和定性上，显示了信息是一个什么样的系统，说明了人们与信息系统的认识关系。

从信息论的意义上讲，信息金字塔在信息认知、信息理论和信息运用上，具有它的价值。

一、信息金字塔的认知价值

如前面所谈到的，信息已经成为经济建设的战略资源；信息技术已经成为现代化社会的生产力、竞争力和经济成功的关键；信息产业已经成为经济发展中的主导产业、支柱产业。现今的人们承受着巨大的信息压力。

另一方面，世界正在向信息化社会、知识经济社会快速前进。信息和知识必将成为一切有形资源中最宝贵的要素。今天的人们，渴望学习科学的信息观念、学习信息游泳术（信息对策学），渴望对信息有相应的理论知识，学会选择、吸收、提炼、转化有关信息，创造新的信息就成为很自然的事了。所以说，今天的人们，在承受巨大的信息压力的同时，还存在着巨大的信息需求，信息金字塔的产生，正是对此做出的反应。

二、信息金字塔的信息理论价值

为形象说明信息金字塔的理论价值，我在下文引用了信息球、信息螺旋、信息单元三个示意图。

信息球是依据赵红洲先生关于科学知识结构的描述绘制成的，它与信息金字塔在信息的分类和壳层划分上是异语同构的（图2）。信息螺旋是瑞典科学家Eskil Block Tibor Hottry画的一幅图。它恰好可以说明信息金字塔的内涵（图3）。为叙述方便，我给它起了个名字叫信息螺旋。信息单元是我在绘制信息金字塔时同构的一幅图，它是信息金字塔在微观信息单元结构上的体现（图4）。这一幅图是我用来表达人们研究思考加工信息乃至提炼创造出新信息的动态过程。

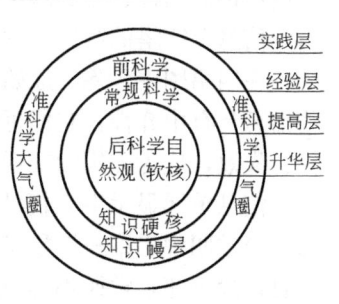

图2 信息球

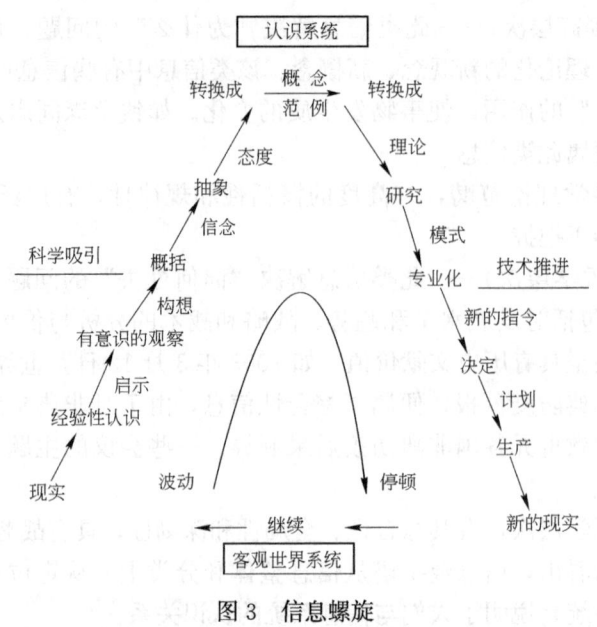

图 3　信息螺旋

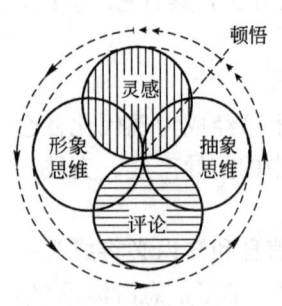

图 4　信息单元

信息金字塔的理论价值首先体现在它对信息属性、信息分类的定位与定性上。

这一点从信息金字塔和信息球上看得很清楚。信息金字塔上的原始信息，它是人们经常面对的信息，在信息金字塔上，从内容上讲，它属于混沌层次，从生长过程讲，它是原生层，处于信息金字塔的边缘地位。在信息球中它处于信息球的最外层，属于实践层，它相对于信息螺旋中的"客观世界系统"。

其次，信息金字塔所展示的信息系统，对于发展学科、产业体系有启示作用。

这一点从信息金字塔、信息球和信息螺旋上看得也很清楚。信息金字塔和信息球告诉我们，整个信息系统是呈层级结构的，要成为完整信息吸收者、运用者，就必须重视吸收各个层级的各类信息。也就是说，既要重视从实践到理论的科学吸引过程，也要重视从理论到实践的技术推进过程，二者不可偏废，我们对基础研究、发展研究、应用研究这三个方面要同样重视就是这个道理。如果只重视需求层次的操作信息，只依靠经验层次的信息，只按提供概括性通则的理论教条办事是不行的。

信息金字塔的第三个理论价值，在于它显示了信息的中介性及信息的提升转化过程。

在四幅图中，除了原始信息处于原生态，其他层级的信息都是信息系统的一部分，这些信息具有中介性，它们可能提升、转化成为新的更高一级、更高层次的信息，也可能退化、失效，成为无用的或者错误的信息。

信息单元显示出人们认识以及创造每一个信息的微观进程，即任何一类信息的形成，都要经过四种思维—形象思维、抽象思维、评论思维、灵感思维。正如古人所说的"行成于思，毁于随，学而不思则罔。"信息单元告诉我们，有信息以后还必须有相应的思维活动，这个信息才能被激活、有用，才能再创造出对人有价值的新信息。

信息螺旋上显示出不同层次信息的联系、提升与转化过程的细节。其右半部分由理论开始，经过研究、生产等环节到创造出新的现实，这是运用已有理论信息开发新产品、创造新现实的过程。透过信息螺旋图的动态示意，我们更容易理解信息金字塔各部分之间可以互为基础和前提，可以相互转化的有联系、有互动的关系。该图既有左面科学吸引抽象的上升部分，又有右面技术推进联系实践的下钻部分，完整地表达出实践→理论和理论→实践的双面互动过程(图3)。

信息螺旋告诉我们，人们从感性、经验性认识，提高到概念、理论性认识，以及人们要解决相应的模式化、技术操作、生产问题等，都必须经过相应的总结，进行有意识的观察、设想以及深入的研究，建立相应的专业学科和应用技术，才能做出正确的决策和计划。如果没有这一切，尽管思想很活跃，不断有所"波动"，也决不会形成信息的良性螺旋——从客观世界系统到认识系统，不断提高、不断形成新的生产力，创造出新的现实来，相反地，会出现低水平的重复或倒退，进入"恶性螺旋"之中。现实中这类实例很多，我们应该防止旧教训的重演。

三、信息金字塔的实践价值

从信息的角度看，每一个人都是信息源和信息载体，而作为信息源和信息载体的人，其信息结构同样是呈信息金字塔状态的，哲学属综合性信息相当于人的头脑。在信息社会，每个人都在信息金字塔所显示的信息系统的海洋中游泳，都要面对大量的原始信息，他必须加工处理这些信息，否则他就无法生存。因此，人本身就有一个信息结构和信息实践的问题。在信息方面，明确自己的信息优势和弱势，才能有正确的信息决策。

信息金字塔的实践价值，体现在以下几个方面。

首先，信息金字塔有助于人们走出信息误区，建立科学的信息理念。

信息论奠基人申农(1948年)认为，消息是信息的外壳，信息不包括消息中的意义和效用，他只讲信息的数理特性。而控制论的奠基人维纳(Morbert Wiener，1894～1964年)则认为，"信息是我们适应外部世界并且使这种适应为外部世界所感到的过程中，同外部世界进行交换的内容和名称"，他强调，"信息就是信息，不是物质也不是能量，不承认这一点，在今天就不能存在下去。"这些观点都印证了信息金字塔所体现的信息系统理念。

在信息观念上，目前突出的问题是，不少人的信息观念仍停留在狭义信息论阶段，主要表现在重视信息速度而不重视信息质量；误认为信息量越大越好；重视求同信息不重视求异信息；误认为信息越新越好；误认为文字信息高于图像、声音信息；重视成文的信息，忽视对话等即兴的信息；重视官方信息，忽视民间信息；重视国外信息，忽视国内信息等等。

信息金字塔上明确了消息与信息的关系和区别，消息经过加工才可能成为信息。把消息误作信息是信息理念上的错误，只会增加更多的信息"噪声"。信息金字塔把人"同外部世界进行交换的内容与名称"作了定性定位的判断，这有助于人们走出信息的误区。

信息金字塔实践价值的另一方面是，它有助于从信息系统的全局出发，学会信息游泳术，形成科学决策。

信息金字塔以及信息球、信息螺旋和信息单元，给了我们一个信息系统的全局形象。

从信息系统的全局出发，才能更好地认识、把握和运用局部的片面的信息。这样，我们在信息的大海中游泳时，就不会一叶障目，被局部的信息迷惑。

信息金字塔有助于扩大人们的专业视野和思维空间，有助于克服"信息孤岛"现象。

当我们把现代科学技术体系图（图5）与信息金字塔相比较时，我们会发现，该图与信息金字塔同构。现代科学技术体系图中的建筑科学，横向与自然科学、社会科学及艺术之间关系密切，它要双向吸收营养；纵向上看，建筑科学像信息金字塔一样，有它的哲学层次、基础理论层次、技术科学层次和应用技术以及前科学层次，因此，建筑科学作为学科和行业要发展，必须在各个层次上下大力气。

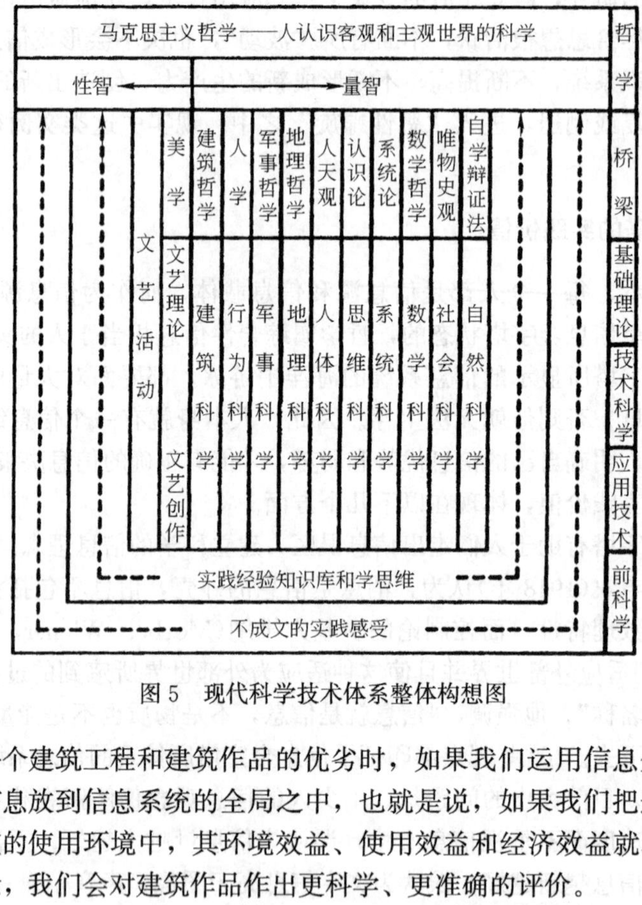

马克思主义哲学——人认识客观和主观世界的科学　哲学

性智 ← → 量智

哲学层次											右侧分层
美学	建筑哲学	人学	军事哲学	地理哲学	人天观	认识论	系统论	数学哲学	唯物史观	自学辩证法	哲学
文艺理论	建筑科学	行为科学	军事科学	地理科学	人体科学	思维科学	系统科学	数学科学	社会科学	自然科学	桥梁 / 基础理论 / 技术科学 / 应用技术 / 前科学
文艺活动											
文艺创作											

实践经验知识库和学思维

不成文的实践感受

图5　现代科学技术体系整体构想图

当我们评论一个建筑工程和建筑作品的优劣时，如果我们运用信息金字塔这个信息系统概念，将局部信息放到信息系统的全局之中，也就是说，如果我们把这个建筑放到相应的城市环境和相应使用环境中，其环境效益、使用效益和经济效益就不言而喻了。运用信息金字塔的理念，我们会对建筑作品作出更科学、更准确的评价。

要克服各行各业目前存在的"信息孤岛"现象，首先要克服狭隘的行业观念和狭隘的专业思路。在信息时代，在各行各业之间都是有共同规律和通则的。比如建筑行业如果能克服当前设计、施工、管理各自孤立的"信息孤岛"现象，扩大专业视野和思维空间，达到设计、施工、管理这三个方面的"信息共享"、"同步优化"，建筑业就会大大改观。

"隔行如隔山"，是一句老话，但从现代信息观念看，隔行应该是不隔山的。这一点在建筑科学技术体系信息系统图（图6）上有明确的提示。建筑科学技术体系的丰富内涵要求我们，要扩大专业视野和思维空间，加强跨专业、跨行业的合作意识，加强"信息共享"意识，才能减少"信息孤岛"现象。

以上是我在构思信息金字塔时所想到的。

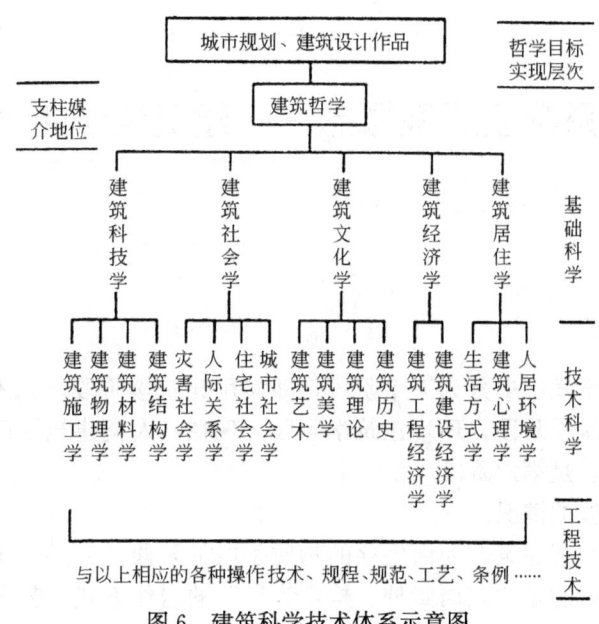

图6 建筑科学技术体系示意图

【参考文献】

[1] 顾孟潮. 信息·思维·创造——空间环境设计的智慧从哪里来 [J], 新建筑, 1994, (4).

[2] 顾孟潮. 信息·思维·创造——空间环境设计思维的类型与特征 [J]. 建筑学报, 1996, (1).

[3] 顾孟潮. 建筑哲学本体论 [J]. 建筑学报, 1997, (1).

[4] 顾孟潮. 学会设计中的信息游泳术 [J]. 建筑学报, 1986, (3).

[5] Eskil Block Tibor Hottry: Future Citics and Information Technology [Z]. The National Swedish Institure for Building Research, 1988, 11.

[6] 顾孟潮. 中国建筑师与21世纪 [J]. 世界建筑导报, 1995, (2).

[7] 顾孟潮. 当代杰出的建筑大师—亚历山大·克里斯托芬 [J]. 建筑学报, 1986, (11).

[8] 顾孟潮. 系统理论与建筑设计创新 [J]. 世界建筑, 1985 (5).

[9] 顾孟潮. 建立建筑信息学 [J]. 建筑, 1986, (3).

[10] 顾孟潮. 信息化的误区与对策 [N]. 科技日报, 1994.06.08.

[11] 顾孟潮. 信息的联系、提升与转化——从培根到邓小平有关论述说起 [Z]. 房地信息.

[12] 顾孟潮. 走出信息的误区——关于信息量与质的思考 [J]. 中国科技信息, 1997, (4).

[13] 顾孟潮. 多听听社会之声 [J]. 新建筑, 1992, (2).

[14] [俄] Н·И·奥夫契尼柯娃(顾孟潮编译). 论建筑理论的研究领域 [J]. 南方建筑, 1998.

[15] [俄] Н·П·奥夫契尼柯娃(顾孟潮编译). 建筑科学的历史 [J]. 新建筑, 1998, (3).

[16] 顾孟潮. 跨世纪的回顾与展望——重读20世纪重要的建筑历史文献 [N]. 中华建筑报, 1999.03.09.

[17] 顾孟潮. 试论钱学森建筑科学思想 [J]. 建筑学报, 2003, (5).

[18] 钱学森. 以人为主发展大成智慧工程 [N]. 文汇报, 2001.03.20.

[19] 卢勇. 信息技术在工程建设领域中应用的发展趋势——信息孤岛与信息集成 [J]. 基建优化, 2003, (1).

[20] Gu Mengchao: Information Science and Chinese Architecture in the 21st century Academic treatises Vol. 2 XXORA Congress Beijing 1999.

[21] 徐冠华. 当代科技发展六大趋势 [N]. 文汇报, 2002.05.27.

建立人类生态系统全环境概念——建筑哲学生态篇

顾孟潮

我曾将人类建筑学发展史分为五个阶段，即实用建筑学阶段，艺术建筑学阶段，功能建筑学阶段，空间建筑学阶段，环境建筑学阶段。现在，人类建筑学已进入到生态建筑学阶段，按以前的分法，是第六阶段。

先简述一下各阶段的情况。

实用建筑学阶段是把建筑作为谋生存的物质手段的阶段。人类为了遮风蔽雨、防野兽侵袭，在这个阶段采取的是"穴居野处、构木为巢"的居住方式；艺术建筑学阶段是把建筑视为艺术之母的阶段。在这个阶段人类将建筑类比为纯艺术作品（如绘画、雕塑、音乐），追求建筑的所谓艺术效果；功能建筑学阶段，是以法国建筑师勒·柯布西耶为代表的、把建筑视为"住人的机器"、特别重视建筑功能的阶段；空间建筑学阶段，是以意大利建筑理论家布鲁诺·赛维"空间是建筑的主角"的理论为标志的、把建筑视为"空间艺术"的阶段；环境建筑学阶段，是以1981年的《华沙宣言》为代表的、强调建筑的环境科学性、环境艺术性和环境社会性的阶段。

可以看出，以上各个阶段的建筑活动都是围绕着建立相应的人类生态系统全环境这一主题的，不过由于当时条件的限制，采取了不同的环境建造方式。

在今天的生态建筑学阶段，人们有了较明确的生态意识：研究生态系统；研究人类生活、生产等一系列行为规律的相应生态学；研究在建筑环境之中具体体现生态的要求等。

这些研究使建筑的研究进入到生态本质的深度，这是建筑学发展史上新的突破。

（一）

相对于人类生态系统而言，全环境是指由自然—社会—建筑—人群等组成的超级复杂的千变万化的生态大系统的环境，它是生态系统和谐存在与全面发展的物质条件。生态建筑学理论要求我们全面考虑人工环境、自然环境、社会环境、经济环境等各个方面，建立人类生态系统的全环境概念，从而逐渐达到人类生态系统全环境要求。

旨在满足人类生态系统全环境要求的生态建筑学理论，属于建筑学的基础理论。作为人类生态系统全环境最基本组成部分的建筑环境，无论其生态性能还是其环境功能，都需要满足人类生态系统全环境的要求。生态建筑学的研究，将从根本上革新我们的建筑学观念，使我们熟悉生态原理，树立完整的生态观念。生态建筑学将会给我们的建筑作品注入生命，使我们的建筑活起来。

（二）

环境意识是当代意识。

环境有生态性，这是环境的本质特征。环境问题说到底还是一个生态问题，生态是构成环境肌体的血肉。因此，研究环境问题一时一刻离不开研究生态问题；反之，研究生态问题也一时一刻离不开研究环境问题，这是环境生态性的本质特征所决定的。

环境有相对性。环境是相对于人和人的需求而言的，每个人都生活在不同层次、不同方位、不同时间、不同空间、不同特点的环境之中。环境的核心是人，环境因人而设，环境因人而变，人们随时都在对自己的环境做出思索和选择。从这个意义上说，环境又具有空间和时间上的无限性，内容上的广阔性和形式上的复杂多样性。

环境有客观性。打个不很恰当的比喻，如果把环境比做是笼子的话，人就是笼中之鸟，笼子的形状、大小和特点决定着笼中之鸟的存在方式。环境这个笼子，对于鸟的活动既有限制作用，也有促进作用。

环境有可塑性。自然生态环境和人工环境要区别对待，这里说的可塑性主要是对人工环境而言，自然生态环境则不能随意改造，因为它是全环境的基础，是第一位的。破坏自然生态环境就会使自然生态环境和全环境失去平衡，人工环境的质量将从根本上得不到保证。

（三）

空间环境也是生态环境，空间环境内充满了各种显形的、隐形的物质流、能量流和信息流这类生态活动，而这三流的存在主要是为了满足空间环境中人流、人群的需要。

生态活动所要求的建筑空间是极其丰富的，包括生活空间、学习空间、工作空间、闲暇空间等。有多少生态现象就会有多少种相应的建筑类型，如居住建筑、教育建筑、交通建筑、生产建筑、体育建筑、医疗休养建筑、宗教建筑、文化娱乐建筑、行政办公建筑、孤儿院、养老院，以及道路、广场、市场、花园、墓地等等。每种建筑都反映着不同年龄、性别、时期、地域、民族等特有的生态本质。这就是环境之所以成为当代使用频率最高的一个词的原因。

我们应该用生态建筑学的观点、从生命圈的角度来考察我们的建筑类型。人类的生命圈（婴儿—儿童—少年—青年—中年—老年—残疾人—亡人）中的每一个环节都会横向提出生活、教育、文化、娱乐、工作等诸方面的生态要求。因此，一幢建筑物不论是何种类型，从满足相应生命圈的生态活动要求考虑，是不会"千篇一律"的。比如，随着人类社会的老龄化趋势，老人住宅和相应的老人环境问题的研究会得到人们的重视。

从生命圈的角度考察我们的建筑会看到，在设计建筑环境时，人们往往只注意到房屋、道路、广场、城市设施等这类硬件部分，却忽视了阳光、空气、水、土地、绿化等生态基础部分（以致造成了这些方面的减少、恶化），忽视了人、人群、自然和社会的环境生态要求，在城市规划建设中造成了许多历史性的失误。如，过去在城市布局上很多城市往往按照功能将城市分成重工业区（钢铁、煤炭等行业所在地，实际成了男人区）、轻工业区（纺织、食品行业所在地，实际成了女人区），集中设立商业区、文化娱乐区、体育场区、行政办公区等等。这些单纯的住宅区和工作区的远离，形成了服务空间和被服务空间的不平衡，给千百万人造成每天往返的烦恼、疲劳，给城市带来车流、人流、噪声、环境污染、能源浪费等等诸多灾难。

还有，我们在城市规划建设与建筑设计等方面，缺乏人类生态系统全环境概念，出现了不少脱离经济基础的、采用单一模式的高消费、高标准、高污染的城市建筑。

（四）

所谓建立人类生态系统全环境概念，目的是要在生命进化和发展的长河中，实现人类生态系统与全环境的平衡。一方面，生态系统中的生物有机不断适应环境，同时又作用于环境；另一方面，不同物种生物之间互相依赖、互相制约，从而使生态系统处于一种微妙的、相对稳定的状态中。这种相对稳定是动态的生态平衡，是生态学中的核心问题。

生态平衡指的是生态系统在一定时间内结构和功能上的相对稳定状态。其物质和能量的输入与输出接近相等，即使受到外来干扰，也能通过自我调节或人为控制恢复到原有的稳定状态。

建筑领域内的生态平衡是建筑活动的本质目的，建筑领域内的生态平衡就是建筑与生命圈的平衡，就是城市与生命圈的平衡。

作为一门学科，近年来国外的生态建筑学研究成果很突出。国外有关城市生态的研究起源于20世纪20年代，从60年代起，城市生态研究在国外很快发展起来，既有理论，又有实践。如前苏联在改善城市气候方面开始实验用生态学方法；美国已从生态学角度考虑确定合理的社区规模；联合国的"人与生物圈"计划已把城市生态列为人类共同的重点研究项目之一等等。

运用生态建筑学原理进行规划设计是古今中外城市规划、建筑设计成功的重要原因。如中国明清时代的北京古城规划设计，美国的世界著名建筑大师弗兰克·赖特的有机建筑设计；芬兰的世界著名建筑大师阿尔托的人性化乡土化建筑设计；后现代主义建筑的代表人物文丘里、约翰逊等人强调重视文脉的建筑作品等，古今中外这类重视建筑生态本质的成功实例很多。

最后，关于如何在我国发展生态建筑学谈几点建议。

1. 参加世界范围的"人与生物圈"的研究，普及生态建筑学知识，使社会各界树立生态建筑学意识。

2. 在建筑院校开设生态建筑学课程。建立生态建筑试点，建立实验基地，开展生态建筑学的研究。

3. 开展相关学科（建筑类型学、人体工程学、行为科学、建筑社会学、环境心理学、环境美学、环境卫生学、环境保护等）的研究。

试论城市发展原则链——建筑哲学城市篇

顾孟潮

城市建设中贯彻科学发展观的集中体现是要遵循"保存、保护、发展"的原则。

"保存"指要妥善保存城市的历史文化遗产；

"保护"指要科学保护城市的自然环境生态资源；

"发展"指要全面发展城市，把城市建设成为让市民安居乐业的现代城市，为市民提供高品质的生活环境。

我将其称之为城市发展原则链，在这个原则链中，保存、保护和发展是辩证统一的，又是缺一不可的。

妥善保存城市的历史文化遗产是首先要解决的问题。

城市的载体中充满了历史信息、现实信息、艺术信息、文脉信息、功能信息等各类知识和信息。历史文化名城保护、文物建筑保护，很大程度上就是在做更深层次的城市信息的保护和保存。因此，城市的文明遗产是人类物质文明和精神文化的重要组成部分。

要把做好文物古建保护工作，作为对地方政府官员的政绩考核指标之一；

要确立城建规划设计人员必须严格执行的保护文物古建的法律；

要将开发拆迁范围内需要保护的文物与古建写入开发建设合同，防止开发商违约开发；

要提高全民保护文物古建的意识。

在妥善保存城市的历史文化遗产方面城市应该有五个并重，即：

城市设计者与城市市民并重；

城市形式与城市内涵并重；

城市内容与城市文化并重；

城市文物与城市非文物并重；

城市物质与城市精神并重。

"保护"指要科学保护城市的自然环境生态资源。

关于保护城市的自然环境生态资源方面，目前最大的问题是城市规划建设与建筑设计缺乏人类生态系统全环境概念，出现了不少脱离经济基础的、采用单一模式的高能耗、高消费、高标准、高污染的城市建筑。

所谓建立人类生态系统全环境概念，目的是一方面生态系统中的生物有机体不断地适应环境，又作用于环境，另一方面不同物种生物之间互相依赖、互相制约，从而使生态系统处于一种微妙的、相对稳定的状态中，也就是要在生命进化和发展长河中，实现人类生态系统与全环境的平衡。

环境意识是当代意识。实现建筑领域内的生态平衡是建筑活动的本质目的。

建筑领域内的生态平衡就是建筑与生命圈的平衡，就是城市与生命圈的平衡。国外有关这方面的研究从 20 世纪 60 年代起很快地发展起来，既有理论，又有实践。如苏联在改善城市气候方面开始实验用生态学方法，美国已考虑从生态学角度确定合理的社区规模，联合国的"人与生物圈"计划已把城市生态列为人类共同的重点研究项目之一等等。近年来，建筑界更有大量的生态建筑、生态小区设计实践和理论著作问世。

运用生态建筑学原理进行规划设计是古今中外城市规划、建筑设计成功的重要原因。古今中外这类重视建筑生态本质的成功实例很多。如明清时代的北京古城规划设计、美国的建筑大师弗兰克·赖特的有机建筑设计、芬兰的建筑大师阿尔托的人性化乡土化建筑设计、后现代主义建筑的代表人物文丘里、约翰逊等人重视文脉的建筑作品等等。

如何在我国科学保护城市的自然环境生态资源？我谈几点建议。

1. 普及生态建筑学知识，参加世界范围的"人与生物圈"的研究，使社会各界树立生态建筑学生态城市意识。

2. 培养生态建筑学人才。在建筑院校开设生态建筑学课程。建立生态建筑试点，开展生态建筑学的研究。

3. 开展相关学科（城市生态学、建筑类型学、人体工程学、行为科学、建筑社会学、环境心理学、环境美学、环境卫生学、环境保护学等）的研究。

4. 制定相应的居住区生态平衡指标、公共活动场所的生态要求规范等。

5. 把生态学的研究与国土整治、区域规划、城市设计、建筑设计等结合进行。

6. 出版生态建筑学、城市生态学的书刊。

对于城市来说，保存和保护是其发展的基础，没有保存和保护，城市就不能保证发展，就不能保证文脉的延续，不能保证自然环境生态资源与生命圈的平衡。

而发展是硬道理，是终极目标，没有发展，保存和保护便失去存在的价值。

把城市建设成为让市民安居乐业的现代城市，在如何贯彻"发展"这一环节的城市原则链上，我着重从正确处理好"全球化"、"地域化"和"民族化"这三者的关系上谈谈我的观点。

我为什么要强调这个问题呢？因为我们有些人处理不好全球化、地域化、民族化这三者的关系，这突出表现在近年来城市建设中常常出现的两种倾向。

一种倾向是，不顾城市的具体条件，不讲地域特色、民族特色，盲目抄袭模仿外国大城市的建设模式，搞大马路、大广场、大立交桥和超高层建筑，使许多地方出现千城一面的现象。

另一种倾向是，过于强调地域化和民族化，片面理解"越是民族的越是世界的"，在城市建设上排斥所谓"西化"的东西，固守旧形式和旧作法，阻碍了城市现代化水平的提高。

城市发展史表明，城市经历了农业城市、手工业城市、工业城市、后工业城市到现在的信息城市、数字城市，这在世界上是普遍的规律。

我国的城市化目前仍处于初级阶段，在补工业城市的课，因此很多地方出现"千城一面"、"千篇一律"不足为怪。而地域化、民族化则常常是带有特殊性的东西，它体现了每个国家、地区自己特有的历史、地理、社会、人文情况，特有的生活习惯和特有的审美需求，是很具体的、很细致的。

城市的发展变迁是在全球化、地域化、民族化的背景下发生的。而这三者也不是对立的，是辩证统一的、相互促进的。

　　全球化常常是带有普遍性的东西，它往往体现时代特征，是先进的、科学的、容易被人们接受的。全球化的东西要想在世界各地生根和发展，被当地人所接受，往往需要经过地域化、民族化的过程，需要与当地的历史地理、社会人文条件相结合。古代是这样，现代也是这样。如以薯片、芯片、大片为代表的所谓"三片"文化风行世界，还有已经进入中国市场的肯德基，为了迎合中国人的口味开始做中餐，都是这种现象。

　　中国城市的发展建设，盲目全球化是不行的，拒绝全球化只搞地域化、民族化也是不行的，必须全球化和地域化、民族化并重，让它们相互促进。我们需要从内容上、功能上、整体上把这"三化"很好地结合起来，使中国的城市和建筑达到既有全球化水平又有中国的地域特色、民族特色的佳境。

解读建筑理论——建筑哲学理论篇

顾孟潮

一、前言

作为建筑人，迄今为止，笔者一直认为建筑界首要做的事仍然还是要树立科学的观念、科学的思想和科学的态度，而后才是科学的决策、科学的方法和科学的措施。

在我国，相当长的时间里，政治可以冲击一切，实践可以代替一切，建筑被简单化、庸俗化、概念化和僵硬化。建筑理论研究领域更是重灾区，真正称得上是原创性的理论研究工作几乎是空白点。

长期以来建筑科学、建筑技术、建筑工程界限不清的问题一直存在。设计者视野狭窄，思路狭窄。建筑管理部门、科研部门、教育文化部门的工作几乎都是以工程为中心，视工程设计高于一切，这也是建筑业"有业无学"的现象长期得不到改进的体制性原因。

经常遇到的建筑形式、工程结构、设计理论等问题，由于其相应的术语、概念、学科系统没有理清，都难以解决。

目前，急需研究解决的建筑理论问题有，建筑学的本质和特征；各类建筑设计原理（新增加的建筑类型很多，原有建筑类型的内容形式也发生了极大变化）；建筑风格理论；建筑评价标准；建筑构图理论；建筑创作理论；城市、建筑、园林的建设模式；城市、建筑的管理模式；建筑专业教育、职业培训标准的管理依据；人居环境学理论，等等。

二、建筑理论[1]

1. 建筑理论的定义及其研究现状

《简明不列颠百科全书》上关于建筑理论的定义反映的是人们对建筑理论的阶段性认识。随着时代的发展，它已经不能涵盖当代人们对建筑理论的深化与发展的认识，需要做大量的补充和改进。

该书[2]曾写道："建筑理论是判断建筑或建筑方案优劣的依据，而这种判断是建筑创作过程中一个必不可少的部分。"该书还说："一般认为，完整的建筑理论不外乎维特鲁威提出的三个拉丁词：'实用、坚固、美观'，即空间布置适当、结构坚固，外形美观。一般认为，只有当建筑的结构形式和外观与结构体系相符时才具有'真实'的美。"该定义基本上是关于建筑物的理论，这一理论对于建筑群、建筑环境、建筑区、城市等这类建筑系统则显得无能为力，它不能涵盖建筑物内部组成要素的内容。

《简明不列颠百科全书》还列举了关于建筑理论的两种相互排斥的见解："一种认为，建筑的基本原理是艺术的一般基本原理在某种特殊艺术上的运用；另一种认为，建筑的基本原理是一个单独的体系，虽然和其他艺术的理论有许多共同特点，但在属性上是有区别的。"

虽然关于建筑理论的这两种相互排斥的见解目前仍然存在，在此基础上后来又派生出形形色色的建筑流派，形成了当前建筑多元化的现实，但笔者认为，这两种见解都只反映了建筑的部分本质，是不够全面、不够深刻的。前一种见解过于强调建筑的艺术性，后一种见解过于强调建筑的特殊性。在建筑理论研究领域至今还存在着许多误区。如：把罗列建筑现象实例误认为是建筑理论；把套用某些建筑理论原则误认为是运用建筑理论；把整理建筑信息资料使之条理化误认为是建筑理论成果；把对于建筑中某些问题的一些想法误认为是建筑理论；把建筑中的一些政治原则、方针政策误当成建筑理论；把重要人物的只言片语误作为建筑理论根据；把形式服从内容误认为是建筑的金科玉律；把对建筑的历史研究等同于建筑的理论研究等等。建筑理论定义不清与建筑理论概念不清是导致建筑理论不清的根源。

我国建筑理论研究工作与兄弟学科相比至今十分落后，据20世纪末全国有关软科学研究的调查统计，建筑科学的排行名次仅次于地质科学，倒数第二(图1)。

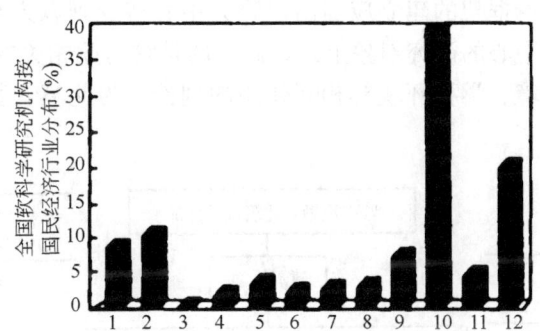

图1　全国软科学研究机构的行业分布[3]

1—农林牧渔；2—工业；3—地质普查；4—建筑；5—交通运输；
6—商业；7—房地产；8—卫生体育；9—教育文化；
10—科学研究；11—金融保险；12—其他

建筑理论研究工作主要包括建筑历史的研究和建筑文化的研究两大类。建筑历史的研究主要还是从事一些考古或历史资料整理工作。建筑文化的研究，主要还是翻译引进一些外国建筑理论著作，而且大多是引进那些有实用价值的外国建筑理论著作，如有关设计原理和设计实例内容的教材、一些介绍外国建筑流派的书籍等。

2. 建筑理论的本质属性和特征及体系框架

那么建筑理论大致会有哪些方面的本质属性和特征呢？建筑理论是针对建筑对象或者建筑系统以及与建筑有关的内部、外部研究对象的定性、定量、定形态的知识体系，也是关于建筑系统的信息体系。

建筑理论大致会有以下10个方面的本质属性和特征。

概括性——以简练准确的建筑术语、概念、法则涵括复杂丰富的内容；

体系性——由建筑对象决定的术语、概念、法则相互补充、联系成的理论系统；

普适性——建筑理论揭示出带有普遍性的内容，源于个性、高于个性、能启示和指导人们对建筑特殊性的认识和把握；

开放性——它既指导建筑实践，又接受建筑实践的检验；

阶段性——建筑理论是一个阶段的相对真理，并非绝对真理，它不具有绝对正确性，不是永远的正确；

局限性——建筑理论的局限性表现在很多方面，如建筑知识的局限性、范围和深度的局限性；

本质属性（统一性）——建筑理论只能揭示建筑对象那些带有普遍性的本质属性，一般不能指出建筑对象的全部具体属性特征；

形态方向性（原则性）——建筑理论的抽象概括特征，决定了它只能大致地指出建筑对象存在形态模式的方向性，而不能确定具体形态形式的细枝末节；

目标属性（目的性）——建筑理论追求的是建筑价值判定、目标选择的问题，实现价值和达到目标尚需要大量实践活动；

多样性——同一个对象或范围可能引发出多种建筑理论，有建筑理论的多样性才有建筑形式的多样性。没有建筑理论指导的建筑多样性是"随意性"，不在此论。

笔者认为，建筑理论框架的建立应当由以物为中心转变到以人与社会的建筑需求、以人与社会的建筑哲学为中心的研究对象上来，研究的是它与此相关的建筑系统、内部要素、外部自然环境、社会环境、学科环境等相互作用的理论。为此笔者曾经试绘了一个建筑科学技术体系图（图2）。

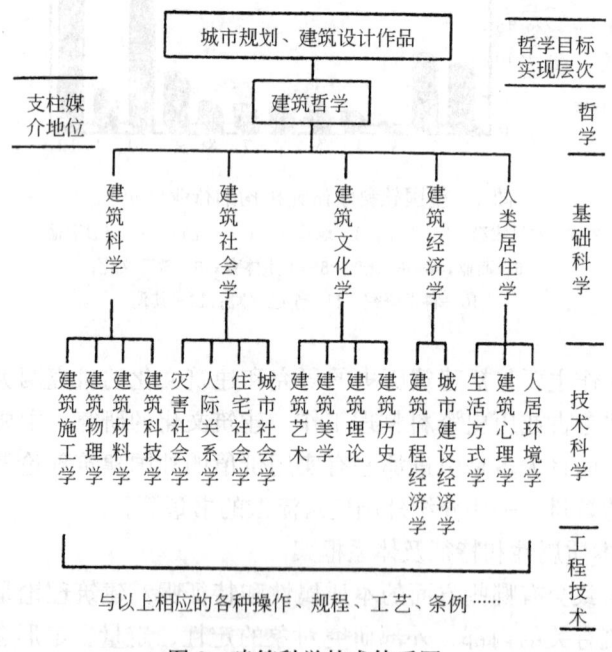

图2　建筑科学技术体系图

在图2中，作为理论整体纵向轴的是一个学科理论的性质层次—建筑哲学、基础科学、技术科学、工程技术层次等；作为理论整体横向轴的是有关建筑学科的基础学科群，而不是建筑类型这样十分具体的内容。

三、建筑理论信息体系

建筑理论体系属于信息体系，建筑理论的研究与建设要有信息意识、信息观念，建筑理论研究要采用信息技术，达到信息科学、信息文明要求的高度。

为了形象地分析信息的属性、层次和结构，决定某种理论的弃取，笔者也曾试绘了一个信息科学金字塔。

信息科学金字塔把信息分为五类(图3)。

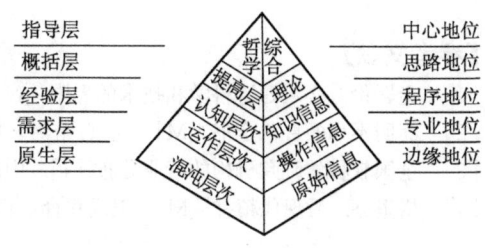

图3　信息科学金字塔

（1）原始信息（混沌层次）。此类信息解决"有什么"的问题。是对客观情况、实例、动态、统计数字等现象进行描述的信息。此类信息有可资参考的成分，但其本身属于"矿砂"式的混沌层次，因此在使用此类信息时需要沙里淘金。原始信息属于前科学范畴，其特点是原始性、杂乱性、待加工整理。

（2）操作信息（运作层次）。此类信息解决"怎么做"的问题。包括规章、制度、操作工艺、经验、做法、模式等等，带有知识性信息的性质，优势是能最快的形成直接生产力。操作信息属于准科学范畴，具有经验性、程序性和可操作性、但常常有局限性和盲目性。

（3）知识信息（认知层次）。此类信息解决"是什么"的问题，是系统化了组合起来的信息，是经过专门加工提炼而成的系统化知识，可以直接用来提高人们的修养、素质和操作能力。知识信息属于科学知识范畴，有它的系统性、明晰性，易于学习和普及。

（4）理论信息（提高层次）。此类信息解决"为什么"的问题，是指那些把基本原理和基本规律系统化、理论化的新观念、新概念。该类信息中有些信息可称为"点金术"，常常能起到"点石成金"的作用，使事物发生质的变化。理论信息属于科学理论范畴，有高度的概括性和规律性，有广泛的适用性和指导性，但有些理论比较抽象，难于把握。

（5）综合信息（哲学层次）。此类信息解决"向何处去"的问题，是统观全局、总结历史经验的信息(包括对发展水平和趋势、战略和战术的分析与价值、效果判断等)。其中一些重要的信息甚至具有历史文献价值。综合信息属于哲学层次，有其综合性、全局性和深刻性，具有战略性指导意义。

综上，信息科学金字塔从信息整体和信息分类的角度，从信息定位和信息定性的角度，都说明了人们与信息系统的认知关系。因此，从信息论的意义上讲，信息金字塔在信息认知、信息理论和信息运用上，都具有它极其有益的价值。

四、建筑理论的起点、终点及其创新[4]

人们对建筑理论的起点和建筑理论的终点总是十分感兴趣。

建筑理论的起点和终点问题是科学学的问题，即科学的哲学问题。因此，建筑哲学是建筑理论的起点和终点。

科学经常是从猜测与假设开始的。

建筑理论的创新是建筑科学发展的关键，它要求我们要站在国际学术的最前沿，紧密结合先进生产力的发展要求，依靠多学科的交叉优势，努力进行建筑理论创新、推动建筑制度创新、建筑科技创新，建筑科技源头创新，让建筑科技成果加速转化为现实生产力。

介于科学和艺术之间的建筑，是大科学部门，发展建筑科学是建筑界责无旁贷的责任，加速实践建筑理论的创新迎接建筑理论的春天，是笔者解读建筑理论的目的。

【参考文献】

[1]　金吾伦. 必须划清科学和技术的界限［N］. 科技日报，2000-12-15.

[2]　简明不列颠百科全书［M］. 北京/上海：中国大百科全书出版社，1985.

[3]　全国软科学研究机构的行业分布［J］. 中国软科学，1996(5).

[4]　格里芬. 后现代精神［M］. 王成兵译. 中央编译出版社，1998.

建筑哲学文献篇

顾孟潮

《建筑哲学概论》从开始讲（写）到现在是第 8 讲（第 8 篇），计划到此告一段落，算是完成概论部分。其余 7 讲（或 7 篇）为：导论篇、例说篇、信息篇、方法篇、本体篇、类型篇。本篇论述的内容有六部分：一、文献与哲学；二、巴塞罗纳会的启示；三、重读刘秀峰的文章；四、5 部建筑经典著作；五、宪章与宣言；六、钱学森论建筑哲学与建筑科学。

一、文献与哲学

如前面所说的，建筑哲学三个基本组成部分，即本体论、价值论、方法论，那我为什么设了 8 篇呢？这里作一点简单说明：1. 导论篇——讲什么是建筑哲学、怎么学建筑哲学？2. 例说篇讲，人人有建筑哲学、人人需要建筑哲学、建筑师尤其需要自觉的建筑哲学；3. 价值篇讲建筑哲学的价值观；4. 信息篇讲作为最高层次的哲学信息是如何形成的；5. 方法篇讲建筑规划设计思维的特点、类型和方法；6. 本体篇讲建筑哲学关注的核心是什么？7. 类型篇——以纪念性建筑为例说明设计哲学的重要性；8. 文献篇——提供学建筑哲学的必读书目、文章篇目。

建筑哲学是对建筑问题的哲学思考。这种思考不是凭空的，需要一系列可供思考的基础信息和资料，需要借鉴前人对建筑问题的哲学思考。这便是我感到要设文献篇的必要性。因为《建筑哲学概论》课讲完了，不等于你的建筑哲学观便建立起来了——你的建筑哲学观必须通过你自己的思考和努力才能形成你自己的自觉的建筑哲学。提供这些参考文献是入门必读的，它们有助于及早站在当代时空的高度上思考建筑哲学问题。一篇论文涉及如此广泛的内容，所以只能是提示性的评述，不可能展开讲。

需要指出，本文的"文献"含意是指具有建筑哲学思考价值的书或文章。不是随意引用的参考资料，即是 literature 而不是 reference，这点请注意。如《辞海》所释：文献指典籍与宿贤。今专指具有历史价值的图书文物资料。设"文献篇"为引起各位对这些文献中的建筑哲学思想结晶给予深刻的重视。

二、巴塞罗纳会的启示

1996 年 7 月 2 日～6 日在西班牙巴塞罗纳召开的国际建协第 19 届世界建筑师大会，是一次开得很好，很重要的会议。了解该会的情况，对于我们全面了解世界当今的建筑科技与文化的现状与发展趋势很有价值，对于我们所面临的挑战会有更清醒的认识。

作为国际建协第 19 次大会的主题是"试图理解在建筑文化与当代城市现实之间存在的

分裂症。"用我们中国大家习惯的说法便是，当代城市的现实表明，我们原有的许多建筑文化观念需要调整或者更新。这次大会的主报告题为："现在与未来：城市中的建筑学"，不像以往的大会发布宣言和结论，而只提供五个平台，让人们可以看到、理解、提高和判断一个复杂网络内的相应作用，以便能够认识到最近时期建筑学的自身地位以及它在世界上任何地区的大城市多维网中进行干预的工具和能力。代表五个平台的关键词是变态（mutation）、流动（flow）、人居（Habitations）、容器（Containers）、模糊地段（terrain vague）。每个词都概括了大量的事实，是有着全新的丰富的文化内涵的概念。这本身就是对我们的文化挑战，表明我们亟需了解新情况，学习新知识。

这次国际建协会议，通过了《国际建协关于建筑职业实践标准的初步协议》、《国际建协建筑师未来相互依赖政策报告》、《建筑教育宪章》三个重要文件。（其中建筑职业实践标准是由美国、中国牵头起草的）这些文件对于我们的实践，既有指导作用也具有"职业挑战"含意。

如文件二，《为全球建筑师未来的一项相互依赖的政策》中，认为当今的建筑学处于十字路口，直接受社会发展的五大要素影响。这五大要素是：人口的显著增加；城市化的主要趋势；城市社会与城市的世界性扩张；创新的技术；世界经济的发展。目前的世界变化与建筑师专业与实践有关的变化主要有四个方面：住房短缺、城市集中过程快、生态不可逆运行、竞争日益扩大。在此转变时期必须建立三个具体概念：持久性、相互依赖性、全球化。并强调，这些概念生成了一系列价值观，它们与建筑学作为一种职业活动密切相关，这促使人们去进一步理解这些活动并加大本职业的文化难度。针对这些情况，文件提出对建筑师素质的"六要"：要有全球观念；要成为高效益的专家，合格与承担各项目及直接性工作、各种规划，并能为人居空间创造新的形象；要成为能同时为业主和社会服务的职业人士；同时要成为文化价值的旗手和保卫者；要保障尊重和改善环境；要成为具有最低能力职业实践标准的协会的成员。

以上便是世界建筑文化的大背景，我们必须从建筑文化这个整体出发，才可能使中国建筑早日走向世界，在科学技术、建筑职业标准等方面与国际接轨。

三、重读刘秀峰的文章

1959年，当时任建筑工程部部长的刘秀峰同志，在上海召开的历时达半个月的《住宅标准及建筑艺术座谈会》上，作了题为《创造中国的社会主义的建筑新风格》的报告，全文发表在《建筑学报》1959年10期上，引起了国内外较大反响，在相当长时间成为指导中国建筑发展方向的纲领性文件。我认为这次会及会上形成的这个总报告，是新中国建筑发展史上理论建设和文化建设的里程碑的贡献。

刘秀峰部长的这个报告是值得关心中国建筑过去与未来的人认真读一读的。最近一次我重读的体会是：它有助于我们了解当代中国建筑的发展历程中极为辉煌的一段历史；知道建筑界有些什么好传统，对比之下更珍惜改革开放以来很好的建筑发展条件和趋势；有些历史教训为我们敲起警钟。

这个有关"新风格"的报告约23500字，共分6个部分：（1）研究建筑问题的几个基本观点；（2）建筑的特点及构成建筑的基本要素；（3）建筑艺术问题；（4）传统与革新、内容与形式问题；（5）学习与创造问题；（6）对建筑师的几点希望。从报告发表之日算，近50年过去了，今天读这篇鸿文仍受到震撼，它的基本观点可以讲是正确的，除个别提法因时过境迁不宜再用。报告所表现出来的对建筑科学技术基本理论的认真研究态度、贯彻百花齐放百家争鸣方针的诚恳、批判错误和不良倾向的精神，以及提出"创造中国的社会主义的建筑新风格"的理论勇气都是令人感动和值得称道的。毋庸讳言，此报告发表后的近半个世纪建筑界的许多学术研究或创作尚未达到报告要求的水平，某些时候，某些项目上重犯报告所批评的错误，这是很可惜又无奈的历史事实。当然，鉴于历史条件，报告中对于资本主义时期的建筑，对于学习苏联的一再强调，突出建筑的阶级性问题不尽全面，这是可以理解的。但此报告是在倾听众多建筑专家的不同意见，认真总结十年建筑历程的经验和教训的基础上完成的，所以才能达到这么高的水平。可惜近50年过去了，建筑界再没出现为此全面、深刻、高屋建瓴的总结，因此，理论水平的提高十分缓慢是意料之中的事情。

下面将几个基本观点和几点希望引述如下供同行思考。

1. 研究建筑问题的几个基本观点

①建筑是具有社会性的；②建筑在阶级社会里反映着阶级性；③研究建筑理论特别是研究建筑历史问题，还要从一个国家、一个民族的经济文化的发展来看问题；④研究解放以来的建筑，总结十年来的设计施工经验的时候，还应该以党中央提出的"适用、经济、在可能条件下注意美观"的方针，作为准则；⑤研究建筑理论问题，和研究其他任何问题一样，都必须用唯物主义观点和辩证方法。

2. 对建筑师的几点希望

①展开学术上的百家争鸣，创作上的百花齐放；②提倡个人创作和集体创作相结合；③设计人员要有群众观点，要有劳动人民的思想感情；④从实际出发，从现实可能出发，从当时当地的具体条件出发来进行创作；⑤进一步学习马列主义理论，提高建筑师的政治思想水平和技术与艺术的素养。

从以上10条看，经过近50年的实践证明其观点的正确性，对于今天的建筑创作和理论研究仍然有指导和借鉴的意义。

四、5部建筑经典著作

国内缺少像Engene P Sheehy著的《参考书指南》（Guide to Reference Books）这种书，对于科研、教学这是极大的缺憾。因此常见的现象是：作为博士或硕士生的论文中所列的参考文献中往往有重要的遗漏——作为必须精读的经典著作没有读或没有认真读，二流、三流或者不入流的著作和文章倒引用了不少。其结果便是，不能"站在巨人肩膀上"作"接力式的思考"，而是"低水平的重复"，甚至重复错误的思路，结成苦果。因此明确那些是代表时代水平的具有权威性的经典著作是非常重要的。我读论文或书籍，首先看它参考了哪些文献？参考的文献的水平在很大程度上决定着一篇论文或一本书的质量和水平。Sheehy的《参考书指南》写得很好，本身就是一本参考书，包括大约7500册图书，涉及专业学科时，列入该领域的学生所需要的一切主要参考书。我们很需要《建筑学参考书指南》这类书，如有，我这个书单也就不用列了。

开书单有导向作用，决定今后著述质量和水平的价值。所以我从研究学习建筑哲学的角度考虑了这几部经典著作：《建筑十书》、《走向新建筑》、《建筑空间论——如何品评建筑》、《建筑的复杂性与矛盾性》、《建成环境的意义》，这些是奠定当今建筑理论的基础性著作。下面我对 5 部书作一点扼要的介绍。

1.《建筑十书》

建筑十书（De Architectura Libri Decem）

古罗马维特鲁威（Marcus Vitruuias Pollio）著。作者是古罗马建筑师，约生活在公元前 1 世纪。本书大约写于公元前 27～前 23 年间。本书分为 10 卷，体系完备，是世界上最著名的建筑经典著作，对后世影响极大。内容包括建筑科学的基本理论、建筑教育、城市规划原理、市政设施、建筑构图基本理论、西方古典建筑型制、各种建筑物的设计原理、建筑环境控制、建筑材料、建筑构造做法、施工工艺、施工机械和设备、建筑经济等内容。各卷内容依次为：

①建筑师的教育、城市规划与建筑设计的基本原理；②建筑材料；③、④庙宇和柱式；⑤其他公共建筑物；⑥住宅；⑦室内装修及壁画；⑧供水工程；⑨天文学、日晷和水钟；⑩机构学和各种机械。这些内容对今天的建筑师仍有启发作用，对于建筑理论及建筑史研究人员、文物研究人员也很有参考价值，因此不断被译成各国文字，流传于世。意大利文艺复兴时期，于 1414 年发现这本书的一个抄本，受到极大关注。1486 年在罗马印行了拉丁文本；1511 年在威尼斯出版了插图本；1512 年出版了意大利文的译本，有插图和注释。以后多次印行，遍及欧洲，成为文艺复兴时期建筑学的金科玉律。学术界公认这部著作在西方建筑发展史上占有重要地位，并在四方面做出了卓越的贡献：

①提出了建筑科学的基本内涵和基本理论，建立了建筑科学的基本体系；②提出了建筑师的教育方法和修养方法；③把建筑技术和建筑艺术结合起来，总结出古希腊、古罗马时代的建筑实践经验，又创立了城市规划和各种建筑物的设计原理；④介绍了当时的唯物主义哲学思想和自然科学成就，并把这些和建筑科学结合起来。著者维特鲁威的生平情况不详，据分析他出身于富有的知识阶层，受过文化教育和工程技术教育，懂希腊语，能直接了解希腊文献；曾为当时两代统治者恺撒和奥古斯都服务过，官职为建筑师兼工程师、军事工程师，由于有功还得过奖金，主要是以建筑著作闻名而受到嘉奖。也有人认为，他曾经建造过罗马城的供水工程和法诺城的一所巴西利卡（长方形会堂）。其《建筑十书》是欧洲中世纪以前遗留下来的唯一的建筑学专著。

本书中文本由高履泰据 1511 年威尼斯版本译出，由中国建筑工业出版社出版。

2.《走向新建筑》

走向新建筑（Vers une Architecture Nouuelle）法国柯布西耶（Le Corbusier. Saugnier, 1887～1965 年）著，1921 年巴黎出版。全书 7 章，附图 212 幅。第一章：工程师的美学与建筑艺术。指出工程师的美学与建筑艺术的相互依赖，相互联系的关系，主张要重视经济法则，数学计算，反映机器时代的美学，第二章；向建筑师指出的三个要点（体量、外观、平面布局）。强调建筑与传统的风格无关，应当从房屋的使用功能出发，所谓"房屋是住人的机器"。平面是根本，体量和外观不可忽视。第三章：视而不见的眼睛，指出一个伟大的时代正在开始，而我们的眼睛却分辨不出来。我们的时代每天都在决定自己的风格，他推崇机器的美，声称"一所房子是一个住人的机器"，建筑师应当向汽车，轮船学习设计；第四章：控制线；第五章：建筑。分析了一些古代罗马实例，介绍柯布西耶的体验。第六章：大量生产的房子。强调住宅的问题是一个时代的问题，今天的社会平衡靠它来维持，为了解决住宅问题，必须采取工业化方法，大量建造廉价住宅，为此他提出了工业化生产大批住宅的种种方案和设计；第七章：建筑与革命。把工业化建筑大量住宅的问题提到建筑界必须革命的高度来认识。该书在建筑理论上提出了许多革新和独特的见解，批评了看不到工业发展和建筑发展必然趋势的古典主义学派，因而对近几十年来世界现代建筑的形成和发展产生了极大影响。特别是当此书 1923 年译成英文后，其影响波及全世界，柯布西耶被尊为现代派建筑大师之一，本书被认为是现代主义建筑理论的奠基之作。勒·柯布西耶 1887 年生于瑞士一个钟表制造商家庭，后因旅居巴黎多年，且许多作品在法国境内一般称之为法国建筑师。他的著名作品有巴黎近郊的萨伏依别墅、巴黎蒙疏利公园的瑞士学生宿舍、马赛公寓、莫斯科苏维埃宫、里约热内卢教育卫生部、朗香教堂等。他写了有关建筑理论、城市规划、雕塑绘画等方面的著作 20 余本，被译成各国文字。

本书中文本由吴景祥译，1981 年 4 月中国建筑工业出版社出版。1991 年 11 月天津科学技术出版社出版陈志华据 1924 年增订版的中译本。

3. 建筑空间论——如何品评建筑

《建筑空间论——如何品评建筑》（Architecture as Space，How to Look at Architecture）

意大利赛维（Bruno Zeui，1918～）著，1974 年纽约版，全书共 6 章，①建筑——陌生的事物；②空间——建筑的"主角"；③空间的表现方法；④历代的空间形式；⑤对建筑的解释；⑥为争取有现代意义的建筑历史研究而努力。布鲁诺·赛维，意大利罗马大学建筑历史教授。1918 年生于罗马一个古老犹太家庭。早年曾从事反法西斯斗争。1939 年离开意大利，1941 年在美国哈佛大学建筑学研究生院获文学硕士学位。1943 年返回意大利，后在威尼斯和罗马大学讲授建筑历史。此书为意大利有机建筑学派的建筑理论名著。作者在书中抨击了用绘画和雕塑等造型艺术的评价方法来品评建筑的现象，强调了空间是建筑的主角，运用"时间——空间"观念去观察全部建筑历史。该书已被译成 10 余种文字出版，并被列为许多国家建筑学课程的基本教材。

中文版由张似赞译，中国建筑工业出版社 1985 年出版。

4.《建筑的复杂性与矛盾性》

建筑的复杂性与矛盾性（Complexity and contradiction in Architecture）

为美国罗伯特·文丘里（Reber venturi）著，1977 年由现代艺术博物馆出第二版。全书共 11 章。(1)错综复杂的建筑：一篇温和的宣言；(2)复杂和矛盾对简单化或唯美化；(3)建筑的不定性；(4)矛盾的层次：建筑中"两者兼顾"的现象；(5)矛盾的层次续篇：双重功能的要素；(6)法则的适应性和局限性：传统的要素；(7)适应矛盾；(8)矛盾并存；(9)室内和室外；(10)对困难的总体负责；(11)作品。文丘里 1925 年生于美国费城，曾就读于基督教主教派教会学院、普林斯顿大学。1950 年改读硕士学位。1954～1956 年在罗马美国学院留学。先后在沙里宁、路易斯·康等大师的建筑事务所工作。1957 年以后在宾夕法尼亚大学、耶鲁大学任教，并与人合开建筑师事务所。文丘里是 20 世纪 60 年代反对功能主义美学的最引人注目而有影响力的理论家之一。被誉为后现代主义建筑派的先锋。他的代表作《建筑的矛盾性与复杂性》一书初版于 1966 年。作者认为，建筑具有不定性，出色的建筑作品必然是复杂的和矛盾的，而不是非此即彼的纯净或简单的。意义的丰富胜于简明，甚至杂乱而有活力胜于明显的统一。他反对密斯"少即是多"的名言，认为"多并不是少"。

此书中文版由周卜颐译，中国建筑工业出版社 1991 年 5 日出版，共 142 页，附图 101 幅。

5.《建成环境的意义——非语言表达方法》

建成环境的意义——非语言表达方法（The Meaning of the Built Environment—A Now-verbal Communication Approach）

美国阿摩斯·拉普卜特（Amos Rapoport）著，圣哲出版社 1982 年版。全书共 7 章。①意义的重要性；②意义的研究；③环境的意义——非言语表达方法初探；④非语言表达与环境的意义；⑤小尺度的应用实例；⑥城市应用实例；⑦环境、意义和交流。阿摩斯·拉普卜特是威斯康星大学（密尔沃基）建筑城市规划系的著名教授。曾执教于墨尔本大学、悉尼大学、加利福尼亚大学（柏克利）和伦敦大学专修部。拉普卜特教授是环境行为学领域的奠基者之一，其代表作是《住宅形式与文化》（1969 年初版，后被译成 5 种语言）和《城市形式的人文方面》，同时他是《城市生态》杂志主编及 8 种国际学术，职业杂志的编辑顾问。1980 年获环境设计研究协会授予的卓越事业奖。本书系关于人与环境关系的理论专著。作者以使用者的意义（相对于建筑师或评论家的）和日常环境（相对于著名地称）为讨论焦点，对建成环境进行了多角度的分析研究，在人与环境关系这一日益延展的年轻领域提出了令人耳目一新的见解。本书涉及环境行为、环境心理学、社会学、符号学等学科，对建筑师、规划师、地理学及其他在志于对环境设计作人文研究者，都为必读之书。

此书中文版由黄兰谷等译、张良皋校，中国建筑工业出版社 1992 年出版，共 242 页，附图 28 幅。

五、宪章与宣言

为什么要把下列宪章与宣言列为学习建筑哲学的必读文献？我有以下考虑。

按照《辞海》和现代汉语辞典的解释：宪章是某个国家的具有宪法作用的文件，或者是规定国际机构的宗旨、原则、组织的文件。

按《辞海》解释：宣言一般指国家、政府、政党、团体或其领导人为说明其政治纲领或对重大政治问题表明其基本立场和态度而发表的文件。由两个以上国家、政府、政党、团体或其领导人共同发表的叫"联合宣言"或"共同宣言"。某些宣言具有条约性质，也有以会议的名义发表的宣言。

本文所引并加评价的建筑宪章与宣言也是属于这类性质的文件，不同的只是主要涉及建筑学学术、科学技术内容，近年来由于政府首脑人物的参与（如《21 世纪议程》、《能源宣言》等）政治内容、社会内容比例才有所增加。因此使人们有一种误解，似乎"宪章"、"宣言"一类文件主要是讲"政治"，从以下分析 5 个建筑宪章和宣言的论述中，可以感觉到其学术价值起码体现在 5 个方面，即：①宪章、宣言是该领域当时最高水平的反映，既有思想性、哲理性、又体现对迫待解决问题的现实性和预见性；②宪章、宣言是高层次对话并取得认同的结果，它体现出各国间的理解和共同需要；③宪章、宣言体现出"对话"是效率最高的信息交流与共享的方式，文字简练，几种语言同时并举；④宪章、宣言的深刻内涵使其可开发潜力大，有的就成为规划设计原理、城市建筑有关法规、条例的原型。

以下对 5 个宪章（或宣言）逐一评介：

1. 雅典宪章（Chartev of Athens）

雅典宪章是 1933 年现代建筑国际会议（国际建筑师协会的前身）于雅典拟订的，现代建筑大师勒·柯布西耶等参与了起草工作。全文共 8 个部分：①定义和引言；②城市的四大活动；③居住是城市的第一个活动；④工作；⑤游息；⑥交通；⑦有历史价值的建筑和地区；⑧总结。

宪章在四个方面的贡献是突出的，表现在雅典宪章的生命力。首先它界定了"城市"与"乡村"的定义——城市与乡村彼此融合为一体，而各为构成所谓区域单位的要素。并且指出"城市是构成一个地理的、经济的、社会的、文化的、政治的区域单位的一个部分、城市即依赖这些单位而发展。"第二大贡献是，明确了城市的四大活动(居住、工作、游息、交通)，抓住了城市最基本的功能内涵，并强调"居住是城市的第一个活动"，作了定性定量的分析；第三大贡献，提出对"有历史价值的建筑和地区"应妥为保存的观念和原则；第四、指出"最急切的需要，是每个城市都应该有一个城市计划方案与区域计划—国家计划"、"必须制定必要的法律以保证其实现"，并告诉从事城市计划的工作者"人的需要和以人为出发点的价值衡量是一切建设工作成功的关键"。

2. 马丘比丘宪章(Charter of Man chu Picchu)

马丘比丘宪章1977年12月，一些城市规划设计师聚集于利马，以雅典宪章为出发点，进行了为时一周的讨论，用四种语言提出来的，包含着若干要求和宣言。全文共12个部分：

①城市与区域；②城市增长；③分区概念；④住房问题；⑤城市运输；⑥城市土地使用；⑦自然环境与环境污染；⑧论文物和历史遗产的保存和保护；⑨工业技术；⑩设计与实施；⑪城市与建筑设计；⑫结束语。

1933年现代国际会议(简称CIAM)通过的《雅典宪章》多少年来一直是欧美高等建筑教育的指针。近45年后的1977年由国际建协(UIA)组织制定的《马丘比丘宪章》，以雅典宪章为出发点，是雅典宪章的继续、补充、深化、突破与超越，今天读起来仍使人感到它对现实的指导意义。

该宪章的贡献与突破是重大的多方面的。

首先，它对《雅典宪章》有许多重大突破。马丘比丘宪章由《雅典宪章》出发但未受其局限，对于雅典宪章中过时、不当和错误的方面旗帜鲜明的指出，又保护和补充、深化其正确的方面。如该宪章体现了对科学理性的反思，一开始便声明，"雅典代表的是亚里士多德和柏拉图学说中的理性主义"，而马丘比丘代表的却都是"单凭逻辑所不能分类的一切。又如在分区概念上，它反对《雅典宪章》设想造成的，"为了追求分区清楚都牺牲了城市的有机构成"错误，使城市生活患了贫血症，城里的建筑物成了孤立的单元，否认人类活动要求流动的、连续的空间这一事实。在住房问题一节强调，"我们深信人的相互作用与交往是城市存在的基本根据"等根本分歧。

第二，它对雅典宪章的补充不仅是枝节技术性，而有许多体现新观念、新情况、新动向的重要补充和发展。如：①宪章明确"规划过程包括经济计划、城市规划、城市设计和建筑设计，它必须对人类的各种需求作出解释和反应"；②指出"宏观经济计划与实际的城市发展规划之间普遍脱节，已经浪费掉为数不多的资源，并降低了两者的效用"的严峻现实；③呼吁重视"三个重要方面造成的严重危机，即生态学、能源和食物供应。"以及相应出现的"城市衰退、住房缺乏、公共服务设施以及生活质量的普遍恶化"的后果；④反对交通取决于私人汽车的观点，主张"应当是使私人汽车从属于公共运输系统的发展"；⑤指出，当前最严重的问题之一是"环境污染的迅速加剧，现在已经到了空前的具有潜在的灾难性的程度。这是无计划的爆炸性的城市化和地球自然资源滥加开发的直接后果；⑥认为，某些地区，工业技术的发展是爆炸性的，技术的扩散与有效应用是我们时代的重大问题之一"等等重要的补充。

第三，特别应当指出，马丘比丘宪章用了1/3还多的篇幅，补充了《雅典宪章》没有涉及的建筑设计，即第十一节城市与建筑设计。该节义正严词地批评了以勒·柯布西耶为代表的现代主义建筑观念、城市观念。即他们认为"建筑是在光照下的体量的巧妙组合和壮丽表演"。"勒·柯布西耶的"太阳城"就是由这样的体量"组成的。他的建筑语言是与立体派艺术相联系的，也是与把城市按功能分隔成不同的元素那种思想完全一致的。"该宪章主张"在我们的时代，现代建筑的主要问题已不再是纯体积的视觉表演，而是创造人们能在其中生活的空间。要强调的已不是外壳而是内容，不再是孤立的建筑（不管它有多美、多讲究），而是城市组织结构的连续性。"目标应当是"把那些失掉了它们的相互依赖性和相互联系性，并已经推动活力的含义的组成部分重新统一起来。"……走向现代运动新的成熟时期。认为"新的城市化概念追求的是建成环境的连续性"。并提出建筑形象"持续原则"，"用户参与"、"摆脱一切老框框，诸如维特鲁威柱式或巴黎美术学院传统以及勒·柯布西耶的5条设计原理"等，具有革命意义的主张。

3. 建筑师的华沙宣言（Warsaw Declaration of Architects）

建筑师的华沙宣言是1981年6月15～21日在波兰举行的国际建筑师协会第14次世界建筑师大会通过的文件。宣言集中反映了会上各种学术报告、论文的主要观点，大会的主题是：建筑——人——环境。全文共5部分：①我们承认人民的基本需要和权利；②我们必须面对现代世界的挑战；③我们号召各国、各国代表和当局在制定和保持对发展的控制；④必须承担更大范围的专业责任；⑤我们接受在差别和变动中的世界上工作的挑战。

该文件主要内容是反映会议三方面的成果，即：认识到为人类居住生活质量有关的建筑活动提供指导和理论基础的义务；并认识到人类——建筑——环境三者之间有密切的相关性；需要向世界全体建筑师、舆论界和所有掌握开发进程的人们宣传我们的认识和主张。因此"宣言"表现出与会建筑师的责任感、义务敬业精神和建筑观念上的巨大进步。我称该宣言为环境建筑学观念形成的重要标志。

该文献最突出的贡献集中在第四部分，我们必须承担更大范围的专业责任这一节的18条论述中，包括对建筑学观念和建筑师的专业责任论述均强调了改善环境、协调环境、提高环境质量这个核心内容。现将有关内容扼要引述如后。

(1) 建筑学是为人类建立生活环境的综合艺术和科学。建筑师的责任是要把已有的和新建的、自然的和人造的因素结合起来，并通过设计符合人类尺度的空间来提高城市面貌的质量。建筑师应保护和发展社会遗产，为社会创造新的形式并保持文化发展的连续性……建筑师应该把自己看成社会的公仆。

(2) 设计专业的职责在于最有效地利用各种不同制度下所拥有的手段去改善人造环境。

(3) 规划必须在当前城市化进程范围内，反映出城市和其周围地区主要的动态的统一体，并在邻里单元、居住区和城市结构的其他组成部分之间确立它们的功能关系。

(4) 人类居住建筑的设计应提供这样一个生活环境，即能保持个人、家庭、社会的特点，有足够的手段保持互相不受干扰，又能进行面对面的交往。

（5）规划和建筑应力求创造出一个完整的、多功能的环境，把每一建筑视为综合体中的一个组成部分，在和其他组成部分的呼应下完成其形象。

（6）交通方针应赞助公共交通工具，以减少机动车的拥挤和污染。

（7）缺乏连续不断的研究工作会严重限制建筑的发展。当前的专业科研力量应予扩充。

（8）建筑师和规划师的作用能否有效发挥，取决于每个社会中政治领导的质量和对于人类居住建设正式承担多少义务。

1/4世纪过去了，仅从摘下的这几条可以看出，实现它们尚需要做多少艰苦的工作。

4. 蒙特利尔宣言——走向制订建筑国策（Montreal Declaration）

蒙特利尔宣言是于1990年5月27日至6月2日的国际建协（UIA）第17次大会和第18次代表大会上通过的。参加大会的代表有来自世界各国和地区的建筑师、专家、学生等近4000人。

宣言中提出保护和改善建筑与自然环境质量，提高建筑师地位与作用，关心人口、住房、文化遗产保护，促进建筑设计水平的提高，建立和加强建筑研究和教育事业等方面的努力目标。会议希望各国政府支持这个宣言，将宣言中的目标列为国家政策。这次大会的学术讨论主题是"文化与技术"。

简短的宣言共分四个部分：①考虑4条——声明基本观念部分；②注意4条——指出新情况、新问题；③建议——提出国家建筑政策的总目标；④第四部分提出国家政策的具体目标。这里引述与建筑哲学关系最密切的第一部分4条：

（1）建筑是文化的表现，它反映了一个社会的形象；

（2）建筑设计、建筑质量，建筑与环境的结合，对自然与城市景观和我们传统的尊重，以上都为公众所关怀；

（3）人们对有足够的住房以及各种适应不同生活方式的社会设施的需要，构成了一种基本目标，这一目标必须在适当尊重个人的权利、习惯、传统以及自由的条件下实现。

（4）建筑师把自己的智力与职业活动视力对地方、民族和国际社会的发展所提供的一种服务。

5. 芝加哥宣言——为争取持久未来的相互依赖（Chicago Declaration）

1993年6月17日～21日，国际建协（UIA）第18届大会和19次代表大会在芝加哥召开。大会主题为"建筑在十字路口——为持久的未来设计"。大会根据联合国环境与发展会议的精神，全面探讨了世界在发展中面临的环境问题，探索既保证全球发展，又保护人类环境的建筑设计方向以及相关措施。

代表大会通过了以《为争取持久未来的相互依赖》为题的芝加哥宣言，号召各国建筑师加强合作，为世界持久的发展做出贡献。我国代表团在会上提出，以"21世纪的建筑学"为1999年大会的主题，得到与会者的赞同。

宣言共13条分三个部分，其中：关于观念、认识的6条；关于持久设计3条；关于建筑师义务的内容5条。鉴于其重要性、文字又不长，这里引下前9条：

（1）一个持久的社会为了所有的生灵（现在的和未来的）的利益而恢复、保护并改善自然及文化；

（2）对一个健康的社会而言，一种多样化及健康的环境具有内在的价值而且是必不可少的；

（3）我们今日之社会却在严重地破坏环境，因而是不能持久的；

（4）我们与整个自然环境在生态上是相互依赖的；

（5）我们与整个人类在社会上、文化上、经济上是相互依赖的；

（6）这种相互依赖的语境（context）下的持久性，要求所有方面建立伙伴的、平等的以及平衡的关系；

（7）建筑物与建成环境在人类对自然环境及生活质量的影响中起着重要的作用；

（8）持久性的设计应当综合考虑到资源和能源利用率，健康建筑与材料，对生态及社会敏感反应的土地利用，以及一种能起到鼓舞、肯定及培育作用的美学灵敏性；

（9）持久性的设计可从一方面大幅度地减少人类对自然环境的消极影响，又可以同时改善生活质量及生活水平。

显然，芝加哥宣言有关人类与自然环境在生态上是相互依赖的认识的及持久设计观念的提出是其最为重要的贡献。

六、钱学森论建筑哲学与建筑科学

最近，在"钱学森论科学思维与艺术思维"一文中（载于《人民日报》，1996 年 11 月 6 日，钱学敏文），披露了钱老近日增补完成的现代科学技术体系的整体构想图。此图创造性地把建筑科学列为第 11 个大科学部门，与自然科学、社会科学等十大部门并列，并加上建筑科学通向马克思主义的桥梁——建筑哲学。钱学森教授这一体系图，有着十分深刻的内涵。它对于作为支柱产业的建筑业、建筑科学技术领域，更有着极大的理论与实践价值和启示意义。

需要说明的是，钱老关于建立建筑科学大部门的思路，首先是在 1996 年 6 月 4 日接见《城市学与山水城市》一书编辑人员谈话中提出的。因此，为了加深对思路的认识必须结合对此次谈话有关内容的理解（见钱学森：《哲学·建筑·民主》一文）。

钱学森教授认为，建筑是科学的艺术，也是艺术的科学。因此把建筑科学列在自然科学和文艺理论之间，既考虑到科学兼有性智和量智的性质，也说明这一思考成果是科学思维和艺术思维的结晶。同时体现出，他"把自然科学、社会科学联系起来，从整个科学技术体系角度来看问题"，整体系统把握研究对象的科学方法。

该图和谈话都再次阐明了钱老关于坚定不移地用马克思主义哲学指导我们工作的主张。同时提出要重视建筑哲学问题。他认为，建筑哲学是连接建筑科学与马克思主义哲学的桥梁。并说，"在今天的中国讲'建筑哲学'意义重大，它与我们提倡'山水城市'有关，我们要用哲学来开拓我们的视野，把一个城市做为一座整体建筑来考虑"（《城市学与山水城市》一书 606 页）。

钱老认为，真正的建筑科学包括三个层次。第一层次属于基础理论是真正的建筑学，第二层次是建筑技术理论，包括现在的建筑学、城市学、第三层次是工程技术，包括现在的建筑设计、城市规划。三个层次，最后是哲学的概括。对建筑用什么指导思想，唯心主义？唯物主义？辩证唯物主义？历史唯心主义？历史唯物主义？这个学问才是真正的建筑哲学。真正的建筑哲学应该研究建筑与人、建筑与社会的关系。

钱老对建筑问题有长期、深入的思考与研究。早在 1982 年便指出，"另一个文学艺术的大部门是建筑艺术。我想这不宜只包含土木构筑，还应把环境包括在内，也就是园林艺

术，它们本来是一个整体，不能分割。"（钱学森："我看文艺学"，载于《艺术界》1982 年
5 期）1980 年曾指出"科学技术现代化一定要带动文学艺术的现代化"（见《科学文艺》
1980 年 2 期，钱学森文）。又说"因为园林艺术是一种改造生活环境的艺术，比建筑艺术综
合性更高"，把园林艺术列为文学艺术的第八个大部门（钱学森："对技术美学的一点认识"，
载于《技术美学丛刊》，1984 年第 1 卷）。由此可以看出钱老关于建筑的认识不断发展的轨
迹。1994 年时钱老已明确指出："建筑这门学问是横跨自然科学、社会科学和艺术的，老一套
体制是无法办好的。幸而现在党中央在邓小平建设有中国特色的社会主义思想指导下，破旧
立新，建筑科学将大有可为了！"（《杰出科学家钱学森论城市学与山水城市》，第 129 页）

  钱老从总览历史文化高度构想的建筑科学体系，目的在于"建立一个大的科学部门，
不只是一、二门学科"，而意在建立一个建筑科学学科群体系。这符合飞速发展的现代科学
技术不断涌现出新学科的总趋向。据我粗略的统计，属于建筑科学技术类的新学科，现在
已有的人居环境学、建筑心理学、生活方式学、城市建设经济学、城市社会学等几十种。
我把它们概括为五大类，即：人类居住学、建筑经济学、建筑文化学、建筑社会学、建筑
科技学。当然我的这种概括是否适当尚需进一步研究。

  正如钱老言简意赅的讲法，"建筑的真正的建筑科学基础要讲环境"。不久前召开的联
合国第二次人类住区大会（简称"人居Ⅱ"）便证实了这一论断。出席此次大会的中国政府代
表团团长，建设部长侯捷在大会上发言，呼吁国际社会对人类住区的关注，并指出，"人居
是人类生存最基本的权利。在人类迈进下世纪之前，如何实现"人人享有适当的住房和日
益城市化世界的人类住区可持续发展"两大目标，已成为国际社会面临的一项紧迫而又重
大的问题，也是"人居Ⅱ"根本目的所在。

  以研究人的环境为主要内容的建筑科学，与最近几年世界上发生的大事基本上都有关
系，如作为时代主题的环境与发展、要持续发展、能源问题、生态问题、人口问题、城市
化问题……无一不与建筑科学有着非常密切的联系，鉴于它的重要性，钱学森教授正式把
建筑科学列为第十一大科学部门，此举堪称对世界建筑文化宝库的一大贡献，对于早日确
立建筑业、建筑科学的支柱产业和支柱学科的地位有着极大的促进作用。

【参考文献】

[1] [古罗马] 维特鲁威著. 建筑十书 [M]. 高履泰译. 北京：中国建筑工业出版社，1986.

[2] 刘秀峰. 创造中国的社会主义的建筑新风格 [J]. 建筑学报，1959(10)：3-12.

[3] [法] 柯布西耶. 走向新建筑 [M]. 吴景祥译. 北京：中国建筑工业出版社，1981.

[4] [意] 布鲁诺·赛维. 建筑空间论——如何品评建筑 [M]. 张似赞译. 北京：中国建筑工业出版
社，1985.

[5] 雅典宪章(1933 年 6 月) [M] //中国建筑学会手册编委会. 建筑师学术·职业·信息手册. 郑州：
河南科学技术出版社，1993，10：725-732.

[6] 马丘比丘宪章(1977 年 12 月) [M] //建筑师学术·职业·信息手册. 郑州：河南科学技术出版社，
1993，10：733-743.

[7] 建筑师的华沙宣言(1981 年) [M] //建筑师学术·职业·信息手册. 郑州：河南科学技术出版社，
1993，10：743-748.

[8] 蒙特利尔宣言——走向制定国策(1990 年) [M] //建筑师学术·职业·信息手册. 郑州：河南科学
技术出版社，1993，10：749-751.

[9] 芝加哥宣言——为争取持久未来的相互依赖(1993年) [J]. 建筑学报，1993(9).

[10] 巴塞罗那(1996年)现在与未来：城市中的建筑学 [J]. 建筑学报，1996，(10).

[11] 钱学森. 社会主义中国应该建山水城市 [J]. 建筑学报. 1993(6).

[12] 钱学森. 关于哲学、建筑科学、学术民主的思考 [N]. 科技日报，1996-7-14(2).

[13] 鲍世行，顾孟潮主编. 城市学与山水城市 [M]. 第二版. 北京：中国建筑工业出版社，1996.

[14] 钱学敏. 钱学森论科学思维与艺术思维 [N]. 人民日报，1996-11-6(10).

[15] 顾孟潮. 迎接建筑文化建设的新高潮 [N]. 建筑报，1996-10-22(3).

[16] 汝信主编. 世界百科著作辞典. 中国工人出版社，1993.

[17] 国际建筑师协会(UIA)第20届代表大会通过的三个文件：1. 建筑教育宪章；2. 关于建筑师实践推荐国际职业标准的认同书；3. 为全球建筑师未来的一项相互依赖的政策(张钦楠译稿).

建筑哲学例说篇

顾孟潮

最近(1996年6月4日),钱学森同志接见我们时提出,建立第11大科学部门——建筑科学的问题。这是钱老多年研究和思考的结果,它大大拓展了我们的思维空间和科学技术的新视野,有助于早日形成完整的建筑科学技术体系,推动建筑科学技术、学术理论研究的发展,为今后建筑事业的科学决策、体制改革和行业发展提供了更加科学的理论根据(详见钱学森《关于哲学、建筑科学、学术民主的思考》,载于《科技日报》,1996年7月14日)。钱老再次强调了建立建筑科学大部门的重要性和迫切性,其中当然包括研究和建立建筑哲学的重要性和迫切性。

《建筑哲学概论》(导论篇)于《新建筑》1996年第2期刊出之后,笔者得到不少学者同仁的鼓励,希望早日看到系列讲座的其他篇章。为满足这一要求,以及促使更多朋友关心和参与现代建筑科学大部门的共建尽一点个人的力量,现拟将自己一系列思考和讲稿整理后陆续刊出。

本篇重点介绍了老子、万里、钱学森等有关城市与建筑问题的哲学思考,以及文学家、国内外建筑师的建筑哲学实例,希望能对我们的建筑哲学研究有所启示。

一、几点思考

20世纪90年代的中国,正处在城市化加速发展的进程之中,迫切需要找到城镇规划与建设的比较科学的思路。鉴于近年接触到国内有些中小城市和特大城市的规划与建设实践,我深深感到有个基本思路问题要研究,遂想到写这篇有关几点思考的文字与同好者探讨。

1. 老子的哲学思考

生于2000多年前的老子,有两句可指导我们规划与建设实践的话:知人者智,自知者明。胜人者有力,胜己者强[1]。

从事城市规划与建设同做其他事情一样,不外乎要知人、知己、胜人、胜己。我们的有些工作水平之所以不高,或者有些失误,往往就是因为这四个环节上的某一方面出现了问题。

2. 万里凝聚新中国城市建设史的思考

万里同志在回顾新中国城市建设的曲折道路时说:"1949年全国解放,我们进了城,但当时不知道怎样管理城市。""经过十几年的学习和研究,我们对城市的建设有了点头绪,正在想把老城市改建研究一下,把现代化城市建设问题,包括供热问题、环境生态平衡问题解决一下,但是'文化大革命'来了……我们落后了。"[2] 新中国城市建设这一历史过程的出现，显然与我们缺乏对城市的性质、科学规律的正确认识有关。因此，万里同志特别指出：城市科学研究工作非常重要，希望科学工作者和城市领导者高度重视。又指出，城市科学是一个宽广的概念，涉及的方面很多，研究工作要注意纵向发展。

李瑞环同志在阐述万里同志这一思路时强调："城市科学的一个特点，是与城市领导紧密相联。""城市科学研究离开城市领导，在很大程度上变成'白研究'"，"城市领导离开城市科学，在很大程度上会出现'瞎领导'"[2]。该讲话深受人们赞许。

3. 钱学森总览历史文化的思考

杰出科学家钱学森同志对中国城市科学的发展十分关心和支持，近年来有关建立城市学和建设"山水城市"的科学构想，有着极大的理论和实践价值。有关山水城市的思考，更对我国城市规划与建设者有直接的指导、启示意义[3]。

这里介绍的主要是集中在钱老的四封信和一篇论文中的部分内容：

"要发扬中国园林建筑，特别是皇帝的大规模园林，如颐和园、承德避暑山庄等，把整个城市建成一座超大型园林。我称之为'山水城市'，人造的山水！"（1992年10月2日钱学森关于山水城市给顾孟潮的信）

"有一个极为重要的建设科技问题似未得到重视，即建设与人的身心状态。在国外不是已有所谓'高楼病'吗？在我国，许多住在高层建筑的人家不也诉苦，望出去一片灰黄吗？所以，的确有个建筑与心态的课题要研究，我倡议'山水城市'也是想纠正此偏差。"（1994年2月20日钱学森关于要重视建设环境与人的身心状态给顾孟潮的信）

"从1978年到现在，我国建筑界真的找到了我国要走的中国新时期建筑文化的道路吗？我看似乎还在求索之中……。贝聿铭先生在谈到中国未来建筑道路时指出：'应走中国的路，与欧美不同。如高层建筑要到美国去看，而基本的东西要看中国的习惯、生活。'这是完全正确的。"（1994年6月8日钱学森关于建筑文化给顾孟潮的信）

"什么是新时期中国建筑应有的特征？……香港建筑师李允鉌认为中国建筑精神（即'华夏意匠'）表现在群体之中，没有群体，中国建筑将失去异彩。我很同意，我的'山水城市'就有此意。"（1994年6月8日钱学森关于建筑文化给顾孟潮的信）

"我想中国城市科学研究会不但要研究今天中国的城市，而且要考虑到21世纪的中国，城市该是什么样的城市……所谓21世纪，那是信息革命的时代了。由于信息技术、机器人技术，以及多媒体技术、灵境技术和遥作技术的发展，人可以坐在居室里通过信息电子网络工作。这样住地也是工作地。因此，城市的组织结构将会大改变：一家人生活、工作、购物，让孩子上学等，都在一座摩天大厦，不用坐车跑了。在一座座容有上万人的大楼之间，则建成大片园林，供人们散步游憩。这不也是'山水城市'吗？"（1993年10月6日钱学森关于21世纪的中国城市给鲍世行的信）

"山水城市的设想是中外文化的有机结合，是城市园林与城市森林的结合。'山水城市'不该是21世纪的社会主义中国城市构筑的模型吗？我提请我国的城市科学家们和我国的建筑师们考虑。"（钱学森：《中国应建山水城市》，载于《文汇报》1994年3月20日）

4. 对深圳建设现代化国际城市的思考

邓小平同志1988年9月提出"科学技术是第一生产力"的著名论断。发挥科学技术第一生产力作用，是我国建设现代化国际城市最重要的发展战略之一。因为科学技术对于城市的发展具有主导、超前、加速的基础作用与意义。

20世纪以来，随着生产过程自动化程度的提高，体力劳动与脑力劳动的比例不断发生变化。两者之比，由机械化初级阶段的9∶1，经中等机械化条件下的6∶4，到全自动化条件下的1∶9。科技型人员成为主体劳动者。

现代科学技术的超前性，使经济的发展按照科学——技术——生产的发展顺序进行。如1982年，美国使用电子计算机完成的工作量相当于4000亿脑力劳动者1年的工作量。仅此一个数字就足以振聋发聩！未来的市场竞争是科学技术的竞争、电子计算机的竞争、人才的竞争。

深圳十几年来的发展成就有力地证明科学技术是第一生产力，科技人才是关键因素。其成功靠的是短时间内，全国各地高级人才、高密度地集中在深圳一点上而形成的巨大爆发力。从而形成深圳现有的经济优势、人才优势、区位优势、信息优势。要保持这些优势并不容易。浦东、山东、辽东颇有后来居上的趋势。必须看清这一形势，采取相应的科学对策，否则便有失去优势的可能。可喜的是，深圳的有识之士，已经明确提出深圳需要下大力气提高全体市民素质的问题，这是很有见地的。

5. 关于思考的思考

根据老子、万里、钱学森思考所启示的思路，再审视目前我们的城镇规划与建设时，便会发现它们共同的一个特点是对城市发展的有关方面认识和思考的深度与广度的严重不足。这不能归咎于某一个人，而直接与我们的建筑教育、建筑师、规划师的培养方式有关，因此造成他们专业知识的狭窄，特别是缺乏社会、人文、经济、生态等方面的知识准备。因此，所完成的城市总体规划，从本质上讲，基本上是建筑规划、土地利用规划、建筑形体、平面布局的规划，或者说基本上是摆房子，划分功能区。因此很难做得比较深入，对城市发展建设有更大的指导作用，也难得形成内涵上的特色，顶多在形式上做些文章，达不到规划与建设优化的目标。优化首先应当是内容、内涵、总体构成上的优化，其次才是形式、手段、方法上的优化，相关指标上的优化。换句话说，首先要有思路上的优化，才能带动其他方面的优化，因为这是起点上的优化。

我认为：城市发展规划要做好，必须把力量和重点放在研究寻找自己城市的生长点和发展动力资源上。

所谓寻找城市的生长点就是做知己、知彼、胜人、胜己的工作。从经济、文化、社会、生态、科技等各个视角寻找自己城市的优势（生长点）所在，发展动力资源所在。对于不能作为生长点的劣势也要有清醒的认识。决不能主观地确定"多大规模"、"多少年不落后"、"国内一流"、"国际一流"等华而不实的发展目标。不可能方方面面都一流，有些方面达到二流、三流，只要发展和前进了就应当肯定。目前突出的问题是制定城市发展规划前的调查研究做得不够，暗于知己知彼，更不要讲胜人和胜己了。

二、几个示例

1. 文学家的建筑哲学示例

如我所讲过的，无论人们是否意识到，人们都需要建筑哲学，并且每个人都有他的建筑哲学，只是其建筑哲学的正误高低因人而异。这里我收集整理了13位主要是60岁以下的文学家（含诗人、美术理论家）反映其建筑哲学的言论（表1）具体说明这一观点。

文学家的建筑哲学示例

表 1

序号	文学家（出生年）	本 体 论	价 值 论	方 法 论
1	王　斌（1955）	建筑是文化的象征和隐喻	建筑对人之情感的规范和诱导	
2	瞿新华（1955）	人类的纪念碑，时代的纪念碑	灿烂辉煌永远的符号	
3	方　方（1955）	日光捕捉的目标	建筑是艺术，丰富感觉，加强想象	
4	刘元举（1954）		实用性，观赏性	用空间语言记录人的存在，抒写人类的精神
5	舒　婷（1952）	建筑是一方风水，一方人的灵气	建筑是安全地堡—巍峨艺术—怪兽	建筑与人可是舟水关系？
6	梁晓声（1949）	是工程还是美学	有历史感、庄严感、神圣感、飘逸感、归隐感、逍遥感、独立感等	倘无创造性则成了沙石的堆砌
7	何西来（1938）		建筑不断引发文学灵感	建筑与文学的结合部正酝酿着学科的突破
8	俞天白（1937）	生存环境	人的精神形成要素，也是人的精神世界的体现	
9	叶廷芳（1936）	居住和活动不可或缺的场所	有丰富的人文内涵，尤其是"后现代"建筑	
10	杨佩瑾（1935）	建筑是历史最悠久的艺术之一	是文明，美的建筑是充满精神文明的物质	期待更多的建筑走进文学，更多的文学走进建筑
11	邵大箴（1934）	要以人为中心，为人服务，尊重和满足人的要求	吸引人在于精神性	
12	公　刘（1927）	建筑是文化	应重视建筑文化	主张文学与建筑联姻
13	林斤澜（1923）	建筑与人文融化在一起	村庄要有文化气息	让建筑与文学对话，无文而筑，行也不远

注：表中内容摘自 1993 年 5 月 26～30 日在南昌召开的"建筑与文学"学术研讨会纪念册所载各位的书面发言，并稍加整理。

　　为了节约篇幅和直观，采用了列表法，根据我的分析和认识，把他们的言论分别填入建筑哲学的三个基本栏目——本体论、价值论和方法论。这种划分和割裂不那么科学和严格，但有助于解说、比较和定性分析。这种方法可能会大大损失原论述的连贯性和语言光彩，只好求得被列入表格各位的谅解及读者的理解。

　　如，诗人舒婷的原话如下：

　　"一个地方的建筑就是一方风水，那地方人的灵气、性情乃至命运，受其遮蔽而不自知。怎能怪上海无大丈夫，君不见其弄堂多幽深曲折，叫人的肚肠七盘九绕十八圈。

　　建筑从人类的安全地堡发展到巍峨艺术，又被现代文明蜕变成怪兽，我们甚至感觉到它热呼呼的哈气已窒到脖子后了。水能载舟亦能覆舟。若我们是舟，建筑是水么？若建筑是舟，我们可是那水？"

　　作为建筑师，要研究、学习、建立自己的建筑哲学，从文学家们的论述中是可以得到不少启示的。

　　2. 中国建筑师的建筑哲学例

　　如前所述，建筑哲学可以分为宏观建筑哲学和微观建筑哲学两个基本部分。宏观建筑哲学研究社会群体或时代共性的部分，而微观建筑哲学则研究建筑家个体的建筑哲学。当然两者不是截然分开的，总而言之，建筑师个人的建筑哲学也脱离不开他所处的历史、社会条件所决定的宏观建筑哲学的影响，但这种影响是以个体哲学多样化的形式表现出来。因此，研究微观建筑哲学，有助于理解和贯彻宏观建筑哲学观念。

表2列举了8位60岁以下的国内建筑师的哲学。这样做只是为了方便，限于手头的资料能查到的列入，而且限于用表格表达，难免挂一漏万，不是作全面评价，只是举例。举眼前的例子会使人们感到亲切一些，可比性强一些，笔者论述时轻松一些。

国内的建筑哲学示例 表2

序号	建筑师(出生年)	本体论	价值论	方法论	备注
1	张永和(1956)	人的活动舞台和背景	人是主体，建筑为客体	恢复建筑和人活动及经验的密切关系	指鹿为马的必要性
2	马国馨(1942)	人生画卷的背景	实用加形式	提高建筑师社会地位，重视理论，植根本土，集体创作和个人并重	
3	王天锡(1946)			用通俗语言表达建筑艺术深远意境	
4	王小东(1939)		用文化拯救建筑	设计中追求个性、创造性、文化素养	群衍性
5	邢同和(1939)	建筑是一棵有根有生命的树，建筑不是产品，而是建筑师创作的作品	以环境为母，以人为本，以文化为根	构思、创意——灵魂；实验、创造——前提；突破、创新——追求；经得起历史考验——目的	建筑创作的无止境，不满足成功与不惧怕失败
6	布正伟(1939)	建筑是以人类精神——理性与非理性的情感共同铸造且又变化莫测的生活容器	没有至高无上的风格，也没有万般灵验的流派，一切都归附于现实环境整体美的动人创造	不"一边倒"，也不"折衷"，在两极并置中明理重情，入境圆融，以达"自在生成"之目标	从不同视角去关注建筑作品在各种自然环境与人文环境中所展示的品格、气质、表情、体态及其整体景象
7	张锦秋(1936)	建筑是一个时代人们活动的场所和背景，城市文化孕育着建筑文化	为人民而创作	不以流派论高低，而是要发扬民族文化，注重地方特色，强调时代精神	
8	陈世民(1935)	建筑以人为主，为人创造生存环境空间	良好的空间既创造社会价值又产生必要的经济价值	不断寻求建筑设计的关键点，前提是分析建筑环境条件	目标：追求新的建筑空间

注：以上据曾昭奋、张在元主编《当代中国建筑师》及"建筑与文学"学术研讨会纪念册，顾孟潮、张在元主编《中国建筑评析与展望》所载各位发言及部分先生来信整理而成。

51位世界名建筑师思想语录 表3

建筑师	国别	语录
1. 建筑工作室，马尔他·罗班(1943～)	法国	今天的建筑设计是社会现象的反映，是人类冲突的结果，是社会舆论的表述
2. 盖·奥兰蒂(1954年大学毕业)	意大利	为了设计出更好的建筑，我一直努力去了解所有的设计领域

建　筑　师	国别	语　　录
3. 戈登·本林和阿兰·福赛斯(1944～)	英国	建筑应唤起人们的审美感觉，满足人们的精神需要
4. 理查德·波菲尔(1939～)	西班牙	建筑是一种永恒的艺术，它要不断地迎合人们对建筑空间永无止境的追求
5. 马里奥·博塔(1943～)	瑞士	自然光线是一种受地理位置限制的独特因素，我喜爱这样一种观点：应透过城市真实的光线来仔细观察展览的艺术作品
6. 圣地亚哥·卡拉塔瓦(1951～)	西班牙	运动存在于日常生活之中
7. 戴维·齐帕菲尔德(1953～)	英国	建筑师的责任就是去设计处理能够被表现出来的任何造型这需要绝对地与现实对应
8. 基·考恩尼(1949～)	荷兰	建筑绝不只是单一存在的个体它与构成自然的许多秩序一样，也是庞大的秩序中的一个
9. 蓝天组，沃尔夫·德普瑞克斯(1942～)	奥地利	为了排除绘图动作带来的干扰，我们在闭上双眼的状态下绘制草图
10. 曼努尔·格拉卡·戴斯(1953～)	葡萄牙	我相信国际主义，怀疑所有关于来源及传统的论述
11. 甘特·杜麦尼格(1934～)	奥地利	建筑师所要表达的建筑风格是由他本人的信念和哲学所决定的
12. 特里·法雷尔(1938～)	英国	追求潮流不是优秀建筑设计的特点，在设计中我致力于创建自己的独特风格
13. 诺曼·福斯特(1935～)	英国	虽是老生常谈，但我仍要说，建筑是一门关于人类及其生命活动质量的艺术
14. 尼古拉斯·格雷姆肖(1939～)	英国	我想建筑最终将能够达到人们对它所寄予的期望
15. 皮尔斯·高夫(1946～)	英国	自20世纪60年代变革以来，日本建筑成了先锋派艺术的主要载体之一，涌现出了许多如槙文彦、矶崎新、丹下健三、安藤忠雄等世界著名的建筑师
16. 扎哈·哈迪德(1950～)	伊拉克	过去我认定有无重力物体存在，而现在我已经可以确信建筑就是无重力的，是可以飘浮的
17. 克里斯琴·豪维特(1944～)	法国	我既不是作家、厨师长，也不是音乐家，我把自己看做是制造文化机器的建筑机械师
18. 佩卡·海林(1945～)	芬兰	建筑不仅仅是一个自由艺术家个人直觉性创作过程的结果，这门艺术具有社会群体性的基础
19. 莱姆·库哈斯(1944～)	荷兰	'新城市主义'不关心行为客体的组织安排，而是孕育着潜在的可能性
20. 利昂·克瑞尔(1946～)	卢森堡	古典建筑和现代建筑是对立的，它们之间相互矛盾、不和谐之处，就在于前者是基于工匠艺术性的创造，而后者却是以制造工业的模式为基础
21. 丹尼尔·里伯斯金(1946～)	波兰	城市是人类最精神化的创造，亦是展示文化、社会和处于时间、空间中个体的综合性艺术
22. 拉斐尔·莫奈欧(1937～)	西班牙	建筑是从具体地域与建筑家们的自由思维之间的对话中脱颖而出的
23. 让·努维尔(1945～)	法国	我每次总是在允许的范围内尽可能地向前发展
24. 伦佐·皮阿诺(1937～)	意大利	建筑是一种需要耐心的游戏，它是一个集体性的工作，而不仅仅是一个有充分创造力的艺术家本能的行为
25. 克里斯琴·包赞巴克(1944～)	摩洛哥	理性出自于场所
26. 理查德·罗杰斯(1933～)	意大利	建筑是一种集体作业，委托人扮演着重的角色，Lloyd's恰好反映了委托人的奉献与建筑师的奉献一样多
27. 马西·斯科拉瑞(1943～)	意大利	所有这些对建筑风格都是必要的，事实上任何事情都与建筑有关
28. 阿尔瓦·希扎(1933～)	葡萄牙	建筑师并没有创造发明，而只是反映现实
29. 艾米利奥·安巴斯(1943～)	阿根廷	既然我提出了建筑是改善未来的一种途径的看法，所以我相信：现在我用朴素方法所进行的设计，提供了面向未来的可能性

建 筑 师	国别	语 录
30. 阿奎泰克托尼卡(1951~)	秘鲁	我们要创造属于迈阿密的建筑，但不需要去模仿属于建筑背景的既存建筑我们的建筑，想更多地捕捉到属于这个地方精神上那些不可捉摸的东西，正是这些东西使它们得到永生
31. 渐近线设计组(1958~)	埃及	我们认为由于城市的需要，建筑将变得更加服从、被动，要确定形成新的多维空间，而这些都表明建筑将构成城市的下一个黄金时代
32. 尼尔·丹尼瑞(1957~)	美国	当代技术那压倒一切的密度和成熟，与过渡使用技术所引发的迷茫之间产生的具有讽刺性的反差让我着迷
33. 蒂勒和斯考菲地奥(1954~)	波兰	由杜尚《大镜子》所创造的舞台道具，是一种间接的解说词。它的目的，是让人感到男性与女性之间情景与台词之间的对立性
34. 彼得·埃森曼(1932~)	美国	不稳定的形态是随意的、不确定的、过度的，并且不具有本体论或目的论的价值，这也就是说：在讲述空间与时间上没有任何强有力的联系
35. 弗兰克·盖里(1929~)	美国	我最喜欢做的事是将一个工程尽可能多地拆散成分离的部分……所以，与其说一间房子是一个整体，不如说是由十几个部分所组成的
36. 斯蒂文·霍尔(1947~)	美国	建筑是受地域限制的一座建筑物(不可动的)不像音乐、绘画、雕塑、电影以及文学那样，它总是与某一个地区的经历纠缠在一起
37. 墨菲西斯(1944~)	美国	建筑学的能力之一就是在认识上是完全独立的，绘图时可以排除或忽略材料和重量，为尚未达到的领域提供见解
38. 埃瑞克·欧文·莫斯(1943~)	美国	建筑是下一个即将诞生的事物的标志。建筑既不是艺术，也不是屏障；既不是发展进步，也不是城市形象，它是什么也没有的道路上的第一个路标
39. 安托内·普瑞道克(1936~)	美国	直到现在，每当我制作一个黏土模型或是画一张草图的时候，我就感到我的手的运动变成了未来建筑的一部分
40. 巴特·普林斯(1947~)	美国	爱因斯坦描述我们这个时代的特征是"手法的完美和目标的混乱"，这肯定是一个被建筑学界所关心的真理
41. 迈克尔·索金	美国	城市又是一个国家，它的空间的存在，是由其边界和城乡间的差别所决定的
42. 伯纳德·屈米(1944~)	瑞士	没有程序就没有建筑，没有事件就没有建筑，没有运动就没有建筑
43. 利伯乌斯·乌兹(1940~)	美国	建筑和战争是不能共存的。建筑学是战争，战争是建筑学
44. 布劳德斯基和尤特金(1955~)	俄国	大城市总是工地的化名，无论你在里面住了一百年，还是一个小时
45. 查尔斯·柯利亚(1930~)	印度	研究和表达我们对不鲜明世界见解的主要媒介是宗教、哲学和艺术，这些包括建筑在内是由神话般的信仰所产生的，它表现一个真实的实际，比隐退的鲜明世界更深奥
46. 泽维·霍克(1930~)	波兰	每一座建筑都是一座要翻译的尚未建成的通天塔
47. 斯梅特·朱姆赛(1939~)	泰国	我敢说，我们要寻找的那种最富于创造性的建筑表达方式应该在日本而不是在欧美
48. 里卡多·列戈瑞达(1931~)	墨西哥	我愿意不失严肃和深刻地抛弃人为的限制，深入地探索所有的设计要素——形式、材料、装饰、色彩、光线。我愿意在其中自由地翱翔
49. 拉兹·列瓦尔	印度	在我们这个时代，建筑是回避不了科学技术和工业化的，但我们的信念是，所有的这些进步都必须与自然生态系统相和谐
50. 摩西·萨夫迪(1938~)	以色列	通过自然界，宇宙的自然界和人类的自然界，我们将找到真理如果我们找到真理，我们将会发现美
51. 杨经文(1948~)	马来西亚	为了未来的需要和当今的高密度发展而设计良好的生态环境

从表2极少的文字便可以显示出，中国当代建筑师，特别是中青年建筑师是有思想、有哲学的，而且在某些方面还有所创见和创造，值得向读者介绍。

如陈世民[4]在改革开放之初的1979年便指出，要作出一个好的设计，首先需要确立一个正确的创作指导思想。他认为"民族形式的提法值得商榷,'民族形式'的提法形成了错误概念",主张多方面的探索。他在思想上较早地明确,环境是建筑创作的起点和归宿,"建筑与环境的关系是构成建筑空间的首要因素",并在1988年写下了他的建筑创作哲学信条:①前提因素——分析建筑的环境条件,因地制宜地组合建筑的平面布局和内外的空间;②思想基础——以人为主,身临其境地构想建筑空间;③经济原则——有效地利用投资,注重成本核算,讲求经济效益;④努力目标——追求新的建筑空间,而不局限于某一种建筑形式或对材料技术的应用。"最高目的乃是争取能为人创造良好的生活和工作环境空间。"随后,他又把此深化为"辅助设计的关键点(key point),即环境、交通、空间和多变的造型,在此基础上形成综合性的设计大纲,以此展开思维,寻找需达到或可能达到的目标"。

又如,表中所列最年轻的建筑师张永和,具有东、西方文化背景,作品频频获奖,对他的建筑哲学这里再注明几句。他的"变"的方法论的表达很有特色。他说:"这不是一个烟斗"——指鹿为马的必要性;"一个男人是女人"——过程的重要性;与真理"逆"行——既不受现有知识之局限,亦有可循之方向感,为求"新"工作的展开创造了条件。他解释说,一旦人们对事物了解太多,便会失去正确清醒的判断能力,通过对现有条件的改"变",亦可帮助人们建立对熟悉事物的新观察点。他的建筑哲学比较集中地反映在下面的一段文字中(1993年4月6日):

"文学作为建筑设计的概念性计划任务书,建筑是人活动的舞台和背景。建筑和人活动形成一个有机的经验整体,其中人活动为主体,建筑为客体。但传统的建筑任务书把人活动处理成抽象的脱离了生活、文化等的'功能',从而切断了建筑与生活、文化的联系,把建筑孤立成了没有主体的绝对客体……建筑师自己的写作有可能成为建立具象生活场景的设计任务书,有助于恢复建筑和人活动及经验的密切关系。希望建筑因此获得诗意和使用。"

再如,布正伟的自在生成论,追求建筑的品格和表情,王小东的群衍性思路等都是具有个人特色的建筑哲学和方法论。

3. 国外建筑哲学示例

国内对国外建筑的研究与借鉴有一个大毛病,便是"见物不见人",重视作品的表层研究,不重视作者、设计者以及作品的文化内涵。国外建筑院校虽然没有建筑哲学这门课,但是对设计思想史的研究则是由来已久的,这实质上已是建筑哲学层次的研究。另外,国外很重视对建筑作品、建筑师的评论,许多评论也是在哲学高度上的。而且,我们也熟知,许多建筑大师都有他们的建筑哲学信条和警句,表3所列举的只是九牛一毛。但是管中窥豹,可见一斑,或许也能给我们以启示。

表4中列举的10位国外建筑师,绝大多数都是国内建筑界熟悉的,或者是见过他们的作品,或者是读过他们的著作。但是据我的观察,从建筑哲学的角度研究还是很不够的,因此笔者从这一特定的角度做一点解说和介绍。

国外建筑哲学示例　　　　　　　　　　　　　　　　　　　　　表 4

序号	建 筑 师	本 体 论	价 值 论	方 法 论	备 注
1	凯文·林奇	聚落为人类实践之空间安排	环境中介与主客体之间,是感觉的价值形式	城市设计	追求空间感觉品质
2	亚历山大	主体与空间结合成的关系模式	单一中心价值	新的设计理论与生产方式	模式语言

序号	建 筑 师	本 体 论	价 值 论	方 法 论	备 注
3	贺龙·巴赫德	作者之死，精致的情感游戏	正文之愉悦	将知识作象征性表现	追求全景视野
4	诺伯格·舒尔茨	存在空间	场所意义	重组存在空间	
5	勒·柯布西耶	住人的机器	住宅还是革命	光明城，现代建筑原则	雕塑感
6	罗伯特·文丘里	建筑的矛盾性、复杂性	人文精神	借用古典语言符号	
7	贝聿铭	建筑是一种社会艺术	创造生活工作环境	空间与形式是本质	建筑与环境的结合
8	菲利浦·约翰逊	建筑都是掩蔽体	建筑都是内部建筑	没有信条，从足迹开始	最难生成雕塑品
9	詹姆士·斯特林		适用、经济、社会功能	从内而外	追求技术表现力①
10	丹下健三	城市、交通和建筑是统一的系统	建筑有物质价值和信息价值	追求适应信息社会即现代文明社会的城市空间秩序	追求信息价值②

①参见窦以德编译《詹姆士·斯特林》，北京：中国建筑工业出版社，1993. ②参见马国馨著《丹下健三》，北京：中国建筑工业出版社，1989.

如，贝聿铭，他认为"建筑是一种社会艺术的形式"，"建筑师的工作是为人们创造生活工作的环境——从公众用的大空间到个人的小天地"，"只要建筑能够跟上社会的步伐，它们就永远不会被人遗忘"。他又说，"空间与形式的美是建筑艺术和建筑科学的本质。""建筑设计中有三点必须予以足够的重视：首先是建筑与环境的结合；其次是空间与形式的处理；第三是为使用者着想，解决好功能问题。"并且强调说，"正是对第一点（即建筑与环境结合）前辈大师们是不够重视的。"他根据建筑业特点，重视采用集思广益的创作方式，因为"建筑业已不仅仅是建造一幢具有历史性或艺术性大厦的事了。目前要解决的问题范围更大，是涉及整个都市的重要问题，这绝不仅仅是一位建筑师所能对付的，需要很多人的通力合作才能解决。"[5]

又如，菲利浦·约翰逊的建筑哲学观[6]也是全面的、丰富多彩的，因此才能完成跨越不同时代、时期的建筑杰作。约翰逊认为，"所有建筑都是掩蔽体。""所有伟大的建筑都是空间设计……器的空虚部分才是其本质。"他同意："所有的建筑都是内部建筑"的观点（诺斯基语）。但是他强调实践的重要性，他说"信念并不与实际结果相关。现代建筑已有了很多信条了。除了独特的谬论'居住的机器'和'少就是多'之外，再回想一下弗兰克·劳埃德·赖特的'水平线就是生命线'，以及路易斯·康的'我的砖它想成何模样'。""我的看法是，我们没有信条。我一个也没有，我对自己说：终于自由了。"他介绍他的设计方法说："每当开始一个建筑设计时，有三个方向——也许可以这么称谓——对我的作品起到一种度量、目标、纪律和希望的作用。第一方面'足迹'（footprint），就是说，从我瞥见一幢建筑的时刻开始，直到我用双脚接近、进入和到达我的目的地这一过程中，空间是如何展开的……一座教堂'足迹'是简单的，即向着圣坛的列队行进……行进过程对多数建筑，包括住宅都是复杂的；并且在不同的时代又有着不同的复杂性……"。

三、几点启示

从以上列举的老子、万里、钱学森等的哲学思考，以及文学家的建筑哲学，国内与国外建筑师(含规划师和城市设计师)的建筑哲学实例，可以给我们许多启示。我认为以下几方面的启示尤其值得做进一步的思考和研究：

1. 人人需要建筑哲学，人人都有建筑哲学

详见《新建筑》1996 第 2 期。

2. 建筑哲学的多层次

对于建筑哲学的需求是多层次的，不仅需要宏观建筑哲学和微观建筑哲学，还需要中观建筑哲学。宏观建筑哲学处于战略地位，解决城市本质、城市体系、城市发展战略与规律等方面的问题；微观建筑哲学解决一城一地一人的个性问题，即因地因城因人而异所需要的建筑哲学；中观建筑哲学则是介乎这两者之间的，如城市规划与设计的哲学，人居环境学便属这个层次。

3. 要重视建筑本体论和价值论的研究

比较上述示例中的国内与国外的建筑哲学，不难发现国内建筑哲学方面的差距，主要表现在建筑本体论和价值论部分，方法论方面虽然也有差距，但差距不是很大，而且比较容易赶上国外水平，有些方法还可以直接借鉴、引用。而目前国内的倾向则是重方法、重技巧，轻本体论和价值论的研究，而这对于转变观念到当代水平上来是最关键的事情。在这个意义上，我们体会钱学森先生提出建立城市学和山水城市模式；吴良镛、周干峙两位院士倡导人居环境学研究，成立人居环境研究中心的深远意义，更应该重视本体观、价值观的转变。

4. 重视对前辈建筑师建筑哲学观的研究

建筑哲学的每一次突破和提高，均是在批判地继承前辈宝贵遗产基础上完成的。如菲利浦·约翰逊成为后现代主义建筑的代表人物之一，是在批判了"居住的机器"、"少就是多"、"水平线就是生命线"、"砖的理想"等前辈建筑大师柯布西耶、沙里宁、赖特、路易斯·康等人的建筑哲学信条，才达到现在的高度，大大继承和发扬了建筑的人本主义传统。但由于他过分强调或追求建筑的雕塑感，使他仍然是一个"大建筑主义者"，未能更好地处理建筑与其环境的关系。贝聿铭在这点上比约翰逊高明，更前进了一大步。贝聿铭强调建筑设计中必须予以足够重视的问题首先是建筑与环境的结合，并且他批评说，"正是在这一点上前辈大师们是不够重视的。"显然，先进的更全面的建筑哲学观念是在批判的基础上建立的。张永和提出与真理"逆"行——不受现有知识局限，又有可循之方向的思路也属此列。

最近，我见到《交流》杂志 1996 年 1 期，刊载了美国著名理论物理学家戴森的文章《科学家的叛逆性》，阐述了他对科学家个人品质和治学之道的看法，颇耐人寻味。

戴森说，科学是一种艺术形式，而不是哲学方法，所以科学家的宇宙观不应该是简化论这个单一的哲学观点。科学泰斗爱因斯坦和奥本海默通过对自然现象的深刻理解，对科学理论做出了重大的贡献。然而，到了晚年，他们都沉溺于简化论哲学，想找出一个基本方程式一劳永逸地解决整个物理学的问题，结果以失败告终。

爱因斯坦和奥本海默晚年的悲剧是十分深刻的。我们尊重真理，尊重大师，但我们决

不能迷信真理、迷信大师，不加分析地接受他们的哲学，特别不能接受简化论的哲学遗产。我们目前偏重方法论而忽视本体论的倾向表明，确实存在着这种危险！试问，为"夺回古城风貌"，北京城市建设中在建筑上滥用大屋顶、小亭子是否便属此列呢？

【参考文献】

[1] 老子. 道德经 [M]. 合肥：安徽人民出版社，1990.

[2] 周干峙，储传亨. 万里论城市建设 [M]. 北京：中国城市出版社，1994.

[3] 鲍世行，顾孟潮. 城市学与山水城市 [M]. 北京：中国建筑工业出版社，1994.

[4] 陈世民. 时代·空间 [M]. 北京：中国建筑工业出版社，1995.

[5] 王天锡. 贝聿铭 [M]. 北京：中国建筑工业出版社，1990.

[6] 张钦哲，朱纯华. 菲利浦·约翰逊 [M]. 北京：中国建筑工业出版社，1990.

论建筑文化学的研究①——建筑哲学文化篇之一

顾孟潮

即将在三门峡市召开的"第二次建筑与文化学术讨论会"的邀请信上，首次以头条位置正式提出了关于"建筑文化学"的研究问题。我认为，这里正式把建筑文化学作为一门学科来研讨是一个历史性的飞跃。它标志着当代中国的建筑文化研究，开始步入更加成熟的阶段，已经意识到需要建立相应的、完整的、系统的新学科的新阶段。

当然，从提出问题到最终解决问题，要经历漫长的历程。要真正把建筑文化学作为一门学科建立起来，尚需要学术界实践家们长期合作甚至是几代人的艰苦努力。

据知，目前国际上，有关当代建筑文化整体的研究也起步不久（系从 20 世纪 60 年代末 70 年代初开始）。即使在发达国家，也还没有人明确提出建立建筑文化学和开展这方面研究的主张。现有的建筑文化研究仍然停留在将各自熟悉的领域向前延伸的阶段，缺乏跨学科的研究。目前只是从居住功能、建筑科学技术、城市规划与设计、人口、经济、历史文脉、地域性、民族性等不同角度，分散地进行深浅程度不一的建筑文化研究。从美国建筑师学会有关建筑未来的 2000 年研究报告中也反映出这种趋势，他们只好请建筑界以外的专家来做些基础性工作。国内前一阶段建筑文化研究也有这个特点，缺乏综合的、本体理论层次上的研讨，主要是联系实例、实际评述建筑文化现象的层次。显然，这是建筑文化研究起步阶段必然经历的过程。认识事物的过程总是由浅入深、由表及里。

为促进建筑文化学的研究，今提出以下看法以求得同行们的指正。建筑文化的基本含义；建筑文化的结构特征；建筑文化学的基本含义；建筑文化学的研究对象；建筑的文化性问题。

一、建筑文化的基本涵义

现代观念认为，建筑学是"为人类建立生活环境的综合艺术的科学。建筑师的责任是要把已有的和新建的、自然的和人造的因素结合起来，并通过设计符合人类尺度的空间来提高城市面貌的质量。建筑师应保护和发展社会遗产，为社会创造新的形式，并保持文化发展的连续性。"（引自国际建筑师协会第 14 次大会发出的《建筑师华沙宣言》，1981 年）宣言明确地指出建筑设计和建筑师任务的文化内涵：不仅仅在于完成一项具体的工程设计任务，而且要对国家和社会负责，负有提高整个人类生存质量、发展社会遗产、创造新的形式、保持文化发展连续性的历史责任。这些内涵比较集中地反映在建筑设计工作和设计作

---

① 本文为作者顾孟潮在"全国第二次建筑与文化学术讨论会"（中国·三门峡市）上的书面发言，在大会上宣读后，又被收入由高介华先生主编的《建筑与文化论集》一书。今发表时稍有更动并加了注解和图片。

品上。而建筑设计工作与其他专业设计工作的不同之处，在于它更具有超前性、综合性、整体性、实践性、随机性的特征。它要求想得更长远，考虑得更全面，需要和更多的专业、学科、社会各方面悉心合作，时刻关注实践中的变化，并及时作出相应的调整和改善。

由上述建筑学的观念和建筑设计工作的特征可以看出，建筑文化的本质在于，它是环境文化、生存文化、社会文化和历史文化，它具有超前性、综合性、整体性、实践性、随机性的特征。

建筑文化的性质和特征决定了它在整个人类文化中的重要地位。这主要表现在可居性、同构性、民族性、地域性。它是人类生活方式不可分离的组成部分。建筑文化，是任何一个人的生存须臾不能离开的生存文化。整个人类的生命圈，由摇篮开始到墓地为止的全过程，都是在建筑环境中演化完成的。建筑环境是社会与生命的大舞台。建筑文化是整个人类文化和社会文化母体的一部分，又与母体同构对应，表现为建筑文化与社会文化的适应性和相似性。在信息社会来临之际，随着人类文明的进步和社会的发展，建筑文化的民族性和地域性，越来越受到人们的重视，人们感到这是对人性和自然的尊重与复归。

另外，需要强调指出的是，所谓建筑文化，不仅仅是有关建筑物、建筑群、建筑环境、城市环境等这些硬件的文化；同时，它更是关于软件的文化，即关于环境的主人、中心——人和社会的文化，关于人的物质、精神需求的文化，关于人和环境相互关系、相互作用的文化。不能设想，作为合格的环境文化的建筑文化，作为人和社会的舞台而可以不关心角色、人物和剧本。

总之，建筑文化，是有关建筑环境一切构成因素(包括人、人造物、自然物)的存在方式、变化规律，以及其适应、控制、调整、创造、保护的文化。

二、建筑文化的结构特征

分析文化的结构是一件极为复杂困难的事，特别是分析建筑文化的结构特征，更让人有力不胜任之感，建筑文化格外宽泛和庞杂。这里只能勉为其难，甘当始作俑者，做些铺路石的工作。

第一，先从科学技术分类角度看建筑文化的结构特征。建筑文化在内容上的综合性、复杂性和丰富性是其最明显的特征之一，它几乎是无所不包，无所不学才成。

钱学森同志把科学技术分为十个大门类：自然科学、社会科学、数学科学、系统科学、人体科学、军事科学、思维科学、行为科学、地理科学、文艺理论。这十类科学中的每一门都与建筑文化紧密相关联。研究建筑文化必须研究或了解各科中相关联的部分。这便是经过建筑学专业本科学习几年，上过几十门课程毕业出来的建筑系学生，仍然会感到学过的东西不够用，甚至缺少极其重要的知识和技能的原因。

近来，我们正在编写的《建筑师学术·职业·信息手册》[①] 一书，就是想从知识结构方面为建筑师尽点义务，补充一些过去在学校里学不到的知识。现将全书分为三篇，依次为学术篇、职业篇、资料篇。其中学术篇分七章，各章的题目分别为：建筑与人，建筑与环境，建筑与社会，建筑与经济，建筑与文化，建筑设计方法论，建筑与科技。仅仅从这些

---

① 建筑师学术·职业·信息手册》，中国建筑学会手册编委会编，河南科学技术出版社，1993年11月出版。

标题就可以想象到其内容的广泛，所涉及的学科门类之多。

第二，从整体构成角度看建筑文化结构，它具有非线性，即混沌性特征。在过去相当漫长的历史时期人们并不认识这一特征，往往相反地认为建筑文化中的问题没有严格的标准，本身就是模糊不清的，或者是一个问题多种答案、多种做法，都有道理，都可行。看起来这些现象好像是非决定性的，是杂乱无章的，实质上并不是真正的杂乱无章，它还是有规律可寻的，只是我们没有掌握这种混沌的理论，把本来复杂的混沌存在的问题不恰当地加以简单化了。

如何还建筑文化以本来应有的面目，这是建筑文化学要研究的一大题目。现代主义建筑派别有他们的历史贡献，但是他们套用工业化观念、机器美学的方法，用几条理性原则衡量建筑，从而导致了国际化和千篇一律的后果。后现代主义者重新肯定建筑的矛盾性和复杂性，实质上便是对建筑文化的混沌性特征有所认识，不再采取简单线性科学的思维方式处理问题，从方法论角度看这是一大进步，从而对通俗化、地方化、历史文脉有了新的肯定。解构主义似乎也是向混沌状况复归的一种探索。后现代主义者和解构主义者，都发现我们的建筑文化受害于简单化的时间太久了，后果太糟了。

在混沌学研究中，有测不准原理和自相似结构等概念[①]，这对于我们理解建筑文化现象是极有启发的概念。过去缺乏混沌概念，限制了我们对建筑文化研究的科学化，似乎约定俗成地认为，建筑文化现象本身不要求那么"科学"，可以有极大的随意性，这在很大程度上是错误概念。

第三，由以上两个特征派生出来的建筑文化结构上的特征是相对稳定性和滞后性。如前所述，建筑文化结构与整个人类社会结构同构，植根于各个学科和社会、政治、经济、文化、伦理各个方面，呈倒 T 型结构。因此，该结构某一个方面的变化难以引起整个建筑文化的震荡和变更。建筑文化发展变化的周期一般都相当缓慢。几十年变一下就算是很快的，往往是过了几百年上千年还没有什么本质上的变化。农业社会，游牧社会的建筑文化模式，曾经在历史上持续几千年不变，直到信息社会来临的现时代，还随处可见农业社会、游牧社会的建筑文化遗迹，这是有目共睹的现实。

三、建筑文化学的基本含义

早在十年前(1982 年)，钱学森同志便建议研究文化学[②]回顾一下他当时的思路对我们是有启发的。他说"……要发展社会主义精神财富创造事业，分散地提教育学、科学家、文艺学、新闻学、体育学或情报学等具体学科不行了，要综合地全面地提，建议称为文化学。它是所有那些学问的综合。"他初步提出了文化学研究的课题。如：精神财富创造的规律；创造事业的体制；精神财富的社会价值；精神财富的保护；多学科"杂交"甚至"远缘杂交"的理论；依靠群众的理论等。

钱学森同志所指出的文化研究方面的类似情况在建筑文化研究上也存在。我国在实行改革开放政策以后的十多年来，建筑文化领域的发展变化是极其活跃的，不断地提出新观念、新理论、新学科的问题。如，建筑业的支柱产业地位问题、建筑产品的商品化问题、

---

① 详见 J·Gleick 原著，卢侃等编译《混沌学传奇》，上海翻译出版公司，1991 年。

② 参见钱学敏：科技革命与社会革命—学习钱学森有关思想心得。载于鲍世行、顾孟潮主编《杰出科学家钱学森论城市学与山水城市》一书，中国建筑工业出版社 1994 年 6 月出版。

设计体制改革问题、繁荣建筑创作问题、发挥土地资源价值问题、建筑立法问题、环境评价问题、历史文化名城和文物保护问题，以及引进、建立和研究一系列新学科的问题。据不完全的统计，与建筑文化有关的新学科也不少于几十种。因此，十分有必要综合地全面地提出建筑文化学研究的问题，把所有相关学问综合起来，将主要问题理出一个头绪来。

总之，建筑文化学，应当是有关建筑、城市、环境的一门总的学科，是从总体上把握建筑文化体系脉络、关节点、关键术语、范畴、规律的学问，属于更高层次的综合学科。它的研究有助于高屋建瓴地总体把握相关学问、基本理论、基础知识，建立相应的法规体系，并且是进行总体发展战略、策略设计的理论根据，有着各分支学科不可替代的作用，应当成为建筑科学技术研究的牵头理论学科。

四、建筑文化学的研究对象

明确学科研究对象是建立一门学科时第一重要的事。如前所述，当代建筑文化的研究在世界范围内均属起步阶段，因而其研究对象也是尚待明确的内容。这里所提出来的，严格地讲，只能算作一个粗略的思路。

建筑文化学的研究对象，我考虑至少应当体现在三个层次上[①]，即：客观存在的物质实体和事实的层次；相关学科知识的层次；以及观念、理论、规律的部分。

1. 物质层次的研究对象：包括使用者、设计者、建设者、管理者，以及其作为使用对象的建筑物、建筑群、建筑空间环境、建筑小品、城市、区域、园林等，相应的接受、欣赏、使用、设计、施工、建设行为等。

2. 相关学科知识的内容：除了目前大专院校建筑学专业已经设置的基础课、专业基础课和专业课几十种课程以外，相关的基础理论、设计规划理论、文艺美学理论、经济学、环境学、生态学等等至少也有 30 几门学科均属建筑文化学要涉猎的对象。至于它们各自在建筑文化学中应占多大比重、涉足多深、其相互关系如何，都是建筑文化学的研究对象。

3. 基本理论部分：应当研究建筑文化观念、内容，及其在整个人类文化中的地位、作用，建筑文化的形成、发展、传播、保护的规律等。包括相应的法规、政策、方针等可操作对象的理论根据的研究。界定共同的术语、概念、学科性质、内涵等也属于理论探讨的对象。

总之，建筑文化学的研究对象，应当包括一切与建筑文化现象以及其发展变化规律有关的内容，包括属于这一范围本文尚未提到的内容。

五、建筑的文化性问题

对于建筑的文化性问题有一种观点我不能同意，故最后说几句。这种观点认为，有的建筑有文化性，而有些建筑（如商业建筑、工业建筑）则没有文化性。

对此问题我是这样看的。既然建筑是人为的环境，环境同其人，本身已反映着人的认识和创造，其文化与人和社会同构。凡是建筑作品和建筑行为都是文化现象，不存在

---

① 今年 2 月 27 日作者在一封复信中谈到对信息属性、分类和对策的思考，认为有必要建立"信息塔"概念。即信息按其属性是有层次的，自下而上依次为原始信息、操作性信息、认识性信息、理论性信息、综合性信息。从运作的角度看，它们分别属于原生层、需求层、经验学科层（应用基础理论）、理论概括层（基础理论）、指导层（哲学、行政层）。抓住哲学、综合指导层，才能使我们抓住"中心地位"、"龙头地位"，而有所突破。

有无文化性的问题，只有高低、文野之分。认为商业建筑、工业建筑没有文化性是不符合事实的。从古代原始的集市贸易到现代的自选市场、购物中心，这是不同时代文化的反映，表现出农业社会和信息社会不同的生产水平和需求水平。工业建筑也是如此，从使用者本身看，已渐渐由蓝领阶层为主变为白领阶层比例、智力密集型作业比例不断增加，工业建筑的环境向高精度、高洁净度、高自动化、电子化迈进，其文化性也是越来越高了。

　　总之，人类进入信息时代，信息爆炸在建筑领域反映得十分突出，今天要成为一个高水平的建筑师，比起古代不知要复杂多少倍，不提高我们自身的文化素质是绝对不行的。现在越来越多的同行关心和参与建筑文化研究，这一趋势是颇让人欣慰的，它预示着建筑界更加美好的未来。

再论建筑文化学的研究——建筑哲学文化篇之二

顾孟潮

　　1999 年在北京召开的第 20 次国际建协大会应当讲是一次世界建筑文化成果展示与交流的大会。会上的主旨报告和许多分题报告都值得从事建筑文化研究同仁的重视，特别是由吴良镛教授主持起草的《北京宪章》，在专设的章节"文化多元：建立全球——地区建筑学"中，提出"现代建筑的地区化，乡土建筑的现代化"这一发展目标；曾坚、邹德侬、张玉坤"开创 21 世纪建筑与文化的新纪元"的分题报告，对 20 世纪的文化环境对建筑发展的影响、20 世纪建筑发展的成就与不足、我们面临的挑战与文化观念的发展作了扼要的概括和总结。应当肯定，这是中国建筑界对国际建筑界的重要贡献。

　　然而，我认为中国建筑界自 1986 年开始的建筑文化研究，特别是始于 1989 年的全国性建筑与文化学术讨论会五次会议具有极大的贡献，提出并且锲而不舍地建构着建筑文化学，取得了丰硕的成果，其意义不可低估；可惜有些情况和成果未能借大会机会向世界介绍。正如笔者 1992 年"论建筑文化学的研究"一文所指出的，国外的建筑文化研究至今"还没有人明确提出建立建筑文化学和开展这方面研究的主张"。在这方面中国是走在前面的，不可妄自菲薄。故撰此"再论"一文，希望能为保持和促进我国建筑文化研究尽点微薄的努力。本文分四部分：①令人鼓舞的中国建筑文化研究；②有待改进的几个方面；③建筑文化学理论建构的必要性；④建构的基本途径与方法。

一、令人鼓舞的中国建筑文化研究

　　自 1986 年算起，特别是 1989～1998 年十年的五次全国性建筑与文化学术研讨会，对推动中国的建筑文化研究、建筑文化学的建立做出了令人鼓舞的贡献，先后经历了普遍发动、学科建构、联系实际、走向国际、深入专题、建立队伍几个阶段，不断扩展、不断深入、取得了三个标志性的成果——1997 年中国建筑文化研究所在河南成立，1998 年中国建筑文化研究文库启动，1999 年建筑文化学实为建筑文化学研究书稿完成。与此同时，五次会议前后团结、吸收和发现了许多热心投入建筑文化研究的老中青专家，完成了很多研究成果，许多都已汇入历届会议文集和选载于多种建筑学术期刊，形成了持续的建筑文化研究气氛。显然，已经取得的成果会不断显出后劲，并还将不断取得更为辉煌的成果。

二、有待改进的几个方面

　　经过十余年开展建筑文化研究的实践，使我们更进一步认识到建筑文化的性质和特征。建筑文化的本质是环境文化、生存文化、社会文化、历史文化，涉及的范围广泛、内容丰富、种类庞杂。此类研究任务繁重、复杂，靠少数人的短时间努力，恐难有所突破。目前达到的水平已属不易。为了总结前一段研究的经验，在这里提几点看法与学界切磋。

1. 当前建筑文化研究现状的特点

鉴于建筑文化研究的重要性和复杂性，此研究应当列入软科学基础研究范围。目前一无经费、二无课题，基本上处于广泛、自发、偶然、个性、局部性的研究状态，往往是"大题小做"和"小题小做"，难成气候。而学术研究贵在"大题大做"和"小题大做"。前者如建筑文化学建构这类大题必须大做，连续地做，争取到一些资金、课题和合作者，把它真正做好。"小题大做"则是以新的突破，更大更深的开拓为特点。建筑文化研究中这类"小题"可以做大文章的内容多得很，如"建筑意"，中国传统建筑中的时间，意境等。

2. 进行跨文件的建筑文化研究

"开创 21 世纪建筑与文化的新纪元"一文的作者指出，"建筑与文化"课题包含三个方面的研究内容：其一，是研究建筑这一文化系统与人类文化大系统的关系问题；其二，是研究建筑与技术、经济、思想意识等文化子系统之间的相互关系问题；其三，是研究建筑作为文化的子系统其自身发生、发展及其演变的规律。目前的建筑文化研究，主要局限于建筑自身的研究，更多地侧重于建筑创作，建筑设计的狭窄领域，文化学研究特色不足，并与一般的设计研究，理论研究雷同或重复。不改变这一点，很难形成建筑文化研究的特色而有所突破。所谓跨文化研究，首先是跨越上述的三个方面。

3. 保持重要课题研究的连续性

五次建筑与文化学术研讨会开下来，发表了几百篇论文，开拓了许多有价值的领域和课题，发现了许多有才华的作者，这是重要的精神文化财富。如何发挥深藏的潜力，选准方向，保持接力式的连续性深化研究，将是值得该次学术活动和《文库》主持者重视的问题。为此，建议历次会议的论文优选集出版有侧重点的论文选集：就已涌现课题的意义和价值开展评论，或者举行一次优秀论文评选，起到导向的作用。如建筑中的大众文化（或俗文化)问题，就是一个很重要的热点和难点问题，就宜深入讨论，展开争鸣。

4. 突出建筑文化研究的自身特色

前面提到建筑与文化研究的三个方面，这样的研究对象决定了建筑文化研究属于综合性的"泛文化研究"，即文化研究的重点和特色在于背景研究、内涵研究和关系研究，而不应以设计创作问题为重点。文化研究更带有回归性、综合性、整合性。因此，不应形成泛论文化研究侧重于解决科学认知问题，应较少地涉及操作层面，它解决的是基本观念、基本思路、基本方法，更带普遍性的问题；不应强求解决创作设计等具体问题。然而，正是这些文化背景、内涵、关系决定着要选择什么技术、何种材料、采取何种对策足见文化研究有助于提高全民族的建筑文化素质。不能苛求人人都成为建筑技术、艺术专家，但是可以从文化角度使全社会更理解、支持和赞赏建筑科学技术的进步和艺术上的创造。

三、建筑文化学理论建构的必要性

首先，从文化本身的性质看。文化是人类特有的存在和发展方式。人作为文化的主体，他不仅创造了文化，也为文化所模塑、所创造。这在建筑文化上表现得尤为明显，人塑造了建筑，建筑也塑造人。故此必须把建筑文化作为一门极为重要的学问来研究。

第二，从建筑文化学的性质看。什么是建筑文化学？高介华先生在其书稿中如是回答：建筑文化学是为探讨建筑"作为人类的一种文化现象的起源、演变、结构构成、本质功能、传播及其进化中的个性与共性、特殊与一般规律的新学科，是研究建筑文化现象和建筑文化体系的新学科。""简言之，建筑文化学是研究建筑文化之学。"他说，建筑文化学的研究模式基于三个观念：文化域观念、文化层观念、文化史概念；建筑文化学的理论框架包括基础理论、结构理论和应用实践三部分。这些都应说是建筑文化学理论建构的重要成果，虽然尚是初步的、粗略的，但已有助于把建筑文化研究的视野打开，把思路引向更高更深入之处的作用。因此亦足可证明采用系统方法，从学科理论建构入手的必要性和迫切性。这样才能有纲可循，全局在胸、局部入手，明确主次先后，轻重缓急。

第三，从建筑文化的文化性质看，它非常复杂。它既属于第一类文化，是人类生存的基础，为人类生活提供了最基本的条件、它又具有第二类文化的性质，它是人类生存的样式和自我完善的方式(表1)。因此需要建构建筑文化学的相关体系，明确其相关的文化学科，否则很难理出头绪，不知从哪里入手。这也是建筑文化研究长期以来滞后于其他文化研究的重要原因。而且作为文化科学在其发展的历史进程中，两类文化是交互作用，相互影响、相互促进的(图1)，对于这些方面以前的建筑研究几乎很少涉及，更谈不到深入。

文化诸现象分类　　　　　　　　　　　　　　　　　　　　　　　表1

文 化 形 态 类 别		文 化 范 畴
第一类文化	智能文化	科学、技术、知识等
	物质文化	房屋、器皿、机械等
第二类文化	规范文化	社会组织、制度、政治和法律形式、伦理、道德、风俗、习惯、语言、教育等
	精神文化	宗教、信仰、审美意识、文学、艺术等

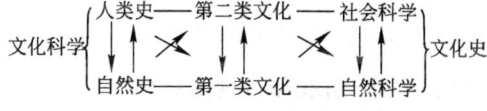

图1　文化诸君形态相互关系

(资料来源：司马云杰：《文化社会学》16、17、201页)

第四，从文化生态系统的结构模式看建筑文化学理论建构的必要性(图2)。建筑文化生态系统与人类文化生态系统是同构的。如图2所示。把人类的活动看是社会的主体，把人类的文化创造划分为科学技术(包括经验、知识等)、经济体制、社会组织和价值观(包括风俗、道德、宗教、哲学等)四个层次(语言作为信息工具暂不包含在内)与自然环境最近、最直接的是科学技术一类智能文化；其次是经济体制、社会组织一类的规范文化；最远的是价值观念，自然环境虽然对它有影响，但关系比较弱，而且往往是通过科学技术、经济体制、社会组织等中

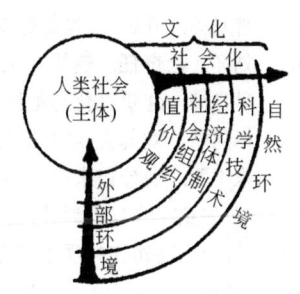

图2　文化生态系统结构模式

间变项来实现的。反之，对人类的社会化影响最近、最直接的却是价值观念，以此类推，最远的是自然环境，自然环境对社会的影响则是通过经济体制等中间变项实现的。而目前我们的建筑文化研究，对两端——建筑和自然环境研究比较多，对中间项研究远远不足。作为建构建筑文化学理论必须看到此文化生态系统结构的全部。在已来临的知识经济(信息社会)时代，这些中间项的文化性质和特征已发生巨大变化，需要我们认真分析和把握。

四、建构的基本途径与方法

笔者认为，研究一门学问，建立一门学科，最基本的途径与方法是抓住四个方面，即：研究对象、研究范畴、研究对象的基本性质与结构，研究对象的历史（发生、发展、变化）的过程与规律。对于建筑文化学的理论建构也是如此。

首先，建筑文化的研究对象是什么？我认为目前的界定还比较笼统和模糊：有必要进一步明确和系统化。

第二，建筑文化研究的范畴也应当有大块的界定。文前列举了建筑文化子系统与人类文化大系统以及子系统之间三方面，也需要具体明确主要的相关子系统，以及和总系统主要存在哪几个方面的关系，另外作为建筑文化子系统内部主要的那些范畴也要明确。我认为建筑科学史（或文化史）的结构内容与内在驱动模型（图3）对此有所提示，可以参考。

建筑科学史（或文化史）
- 建筑哲学、科学、文化、宗教理论、知识、教育、流派、风格等
- 建筑管理体制、社会制度、机制、政策、文化、法规、市场等
- 建筑物、建筑群、建筑环境、场所、建筑过程、建筑管理、建筑活动、事件等

图3　建筑科学史学科结构内容与内在驱动力模型示意

第三，关于建筑文化研究对象的基本性质与结构，包括文化价值、文化走向、经济基础、科技构成等，是国内外共同的薄弱研究环节，还需要加大力度去解决。

第四方面，文化生态系统结构模式已显示，不再赘述。

【参考文献】

[1]　司马云杰. 文化社会学［M］. 济南：山东人民出版社，1990.

[2]　丁恒杰. 文化与人［M］. 北京：时事出版社，1994.

[3]　高介华. 建筑与文化论集［M］. 武汉：湖北美术出版社，1993.

[4]　[美] 刘易斯·芒福德. 城市发展史——起源、演变与前景［M］. 北京：中国建筑工业出版社，1989.

[5]　曾坚等. 开创21世纪建筑与文化的新纪元［J］. 建筑学报，1999(6).

[6]　刘洋，杜奇任. 建筑文化学构思［J］. 华中建筑，1997.

[7]　吴良镛. 建筑文化与地区建筑学［J］. 华中建筑，1997.

[8]　杨阿联，刘起宝. 空间-时间——对中国传统建筑时间型特征的探讨［J］. 华中建筑，1997.

[9]　张正明. 魂兮归来——当代中国建筑门外谈［J］. 华中建筑，1998.

[10]　刘先觉. 当代世界建筑文化之走向［J］华中建筑，1998.

[11]　齐康. 建筑文化现象的态势［J］. 华中建筑，1998.

[12]　施维琳，高介华. 全国第五次建筑与文化学术讨论会综述——从文化角度探索中国建筑创作的未来［J］. 华中建筑，1998.

空间环境设计的智慧从哪里来？——建筑哲学设计篇

顾孟潮

智慧是一个非常重要、既古老又年轻的概念。设计思维一分一秒也离不开智慧，而缺少智慧的设计随处可见，让人目不忍睹。

智慧与知识不同。如果说"知识是力量"，那智慧应当是超级的力量，更加持久的力量。所以我要对智慧"觅踪"，现从五个方面探索。

一、设计哲理的新需求

当前的设计需要大智慧。现代主义、现代派是大智慧，以勒·柯布西耶为旗手开辟了一个建筑的新时代。而后现代主义或后现代派只是一种"修补"的小打小闹，是一种"复归"，"解构"是更激烈的"复归"，但还都没有到位，还没有形成建筑学上的大智慧。因此我们看到的是今日建筑徘徊在十字路口，在有可能做出大建树时刻，却最多玩点新材料、新技术、新样式的小花样，建筑界缺少大的建树。可以用杜乐天的公式来表达[1]：

$$可能性＋不理解＋没本事＝0$$

历史上，或者我们周围不是没有大智慧，只是我们没去汲取，或者是忘记了，或者是知道而没有身体力行，因此没有激发出自己的智慧，只有平庸的操作，而我们更需要的是智慧型的操作。人们熟知的大智慧如：

老子说：知人者智，自知者明，胜人者有力，胜己者强。[2]

培根说：知识就是力量。

毛泽东告诉我们：正确的思想从实践中来。

邓小平强调：科学技术是第一生产力。

这些话是不朽的真理，有着宇宙般的涵盖力、亘古历史的穿透力和科学的概括力，是大智慧的体现，又启示着新的智慧。而且从古至今，一次比一次讲得更深入、更准确。

老子所谓的知、培根说的知识、毛泽东说的思想、邓小平强调的科学技术，以及笔者强调的智慧，都可以用一个词概括它，那就是信息。从信息学的角度重温这些我们耳熟能详又充满智慧的话，便会发现其更为深刻的内涵，发现我们从事空间环境规划设计思维所需要的内涵。即智慧包括些什么，从哪里来到哪里去。

正如老子所说，我们想做成任何事情都逃不出知人、知己、胜人、胜己这四个方面。我们有些设计规划水平之所以不高，或者有些失误，往往就是因为在这四个环节上的某一方面出现了问题。

现代人普遍患浮躁病，忙于操作，疏于思索，还美其名曰"节奏快"是时代特点。实质上高智能才是信息社会的特点。人们寄希望于"手册"、"大全"、"实录"，可以拿来就用，却不思索一下，这些宝贝把你引向何处？（我无意于否定一切手册、大全、实录，因为其中有些内容确实是需要普及的。）计算机够先进吧，但人们已开始意识到"计算机公害"的问题，它使更多的人变得没有头脑或缺少智慧。因此，科学家们致力于计算机的智能化。在这样的背景下，我们的设计思维、设计原理、建筑理论若缺少哲理，达不到概括新情况，预见新动向，引导新思路的层次，便赶不上新时代的新需求。

二、人与环境关系的新阶段

空间环境规划设计从本质上讲就是调整改进人与环境关系的过程。人与环境的关系，由于环境构成本身的变化和人自身的变化，大致经历过这样四个阶段（图1）：

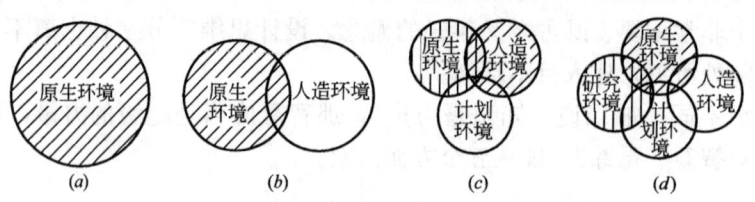

图1　人类居住环境构成变化的四个阶段
(a)适应关系（自然界与动物的关系）；(b)利用关系（环境与半自然、人的关系）；
(c)改造关系（环境与工具人的关系）；(d)融合关系（环境与智能人的关系）

1. 像动物一样适应自然环境的阶段——适应关系。人对自然界的资源直接加以利用，如食用植物、种子、鱼、木材和石头，甚至庇护所也是在自然界发现的。

2. 利用自然环境的阶段——利用关系。人类直觉地仿生制造、建造部分人工环境，耕种和保存谷物；风干或腌制鱼、兽肉，保存水果、浆果，发酵；把木材、金属和石头加工成工具形状，开始能提炼金属，开始建住宅、造船、造车、砍树、修路。

3. 改造自然环境的阶段——改造关系。人类开始有规划、有设计地做每一件事情，包括对人居环境的建设，使有规划建造的人工环境多了起来。

4. 以科学研究带动规划设计的新阶段——融合关系。人居环境的迅速城市化与科学技术、经济发展、人类物质精神要求的增长，若要持续发展必须加强对环境的研究，才能形成高质量的环境。因此出现大量的试验建筑物、试验住宅、试验小区甚至试验城市。用这些科学研究试验点，引导规划设计与建造水平的提高。

有关人与环境的学问实际就是建筑学内容。我1983年时曾将建筑学观念的历史变迁划分为五个阶段，[3] 即①实用建筑学阶段；②艺术建筑学阶段；③功能建筑学阶段；④空间建筑学阶段；⑤环境建筑学阶段。1987年我又预言未来的世纪是生态建筑学时代。[4] 看来这六个阶段与人与环境关系的几个阶段有着相互对应，可以互相参照的关系。而且可以认为，这里的空间建筑学、环境建筑学、生态建筑学三个阶段也可以统一称为智能建筑学阶段。因此现阶段人居环境建设的总体目标是：人与自然的高度和谐、持久发展以及高智能、高情感特征。

三、当代科学技术发展的新特点

对于科学技术怎样成为第一生产力，《现代科学技术基础知识》一书作者，从主导、超前、动力、高技术产业崛起四个方面进行了分析：[5]

1. 科学技术成为生产力诸要素的主导要素。这主要由于20世纪以来，随着生产自动化程度的提高，劳动力结构向着智能趋势发展，体力劳动与脑力劳动的比例不断发生变化。两者之比，由机械化初级阶段的 9∶1，经中等机械化条件下的 6∶4，到全自动化条件下的 1∶9，脑力劳动者人数远远超过体力劳动者。科技型人员成为主体劳动者；智能型机器体系日益成为最重要的劳动工具；再生型和扩展型资源正在成为主要劳动对象；科学管理水平不断提高。

2. 现代科学技术明显的超前性。在当代，生产、技术、科学的相互作用机制已经完全逆转过来。科学理论不仅走在技术和生产前面，而且为技术生产的发展开辟了各种可能的途径，形成了科学—技术—生产的发展顺序。比如，先有量子理论，尔后才有半导体能带模型理论技术和电子计算机的发展。

3. 科学技术已成为现代经济发展中最主要的驱动力。该书从产业高次化、产品科技含量高密化、科技应用于生产的周期大为缩短三个方面证实，科学技术对经济增长有决定性影响。

4. 高科技及其产业的崛起和发展，是"科学技术是第一生产力"的重要体现。20 世纪80 年代这已经成为一股世界性潮流。如 1982 年，美国使用电子计算机完成的工作量，相当于 4000 亿脑力劳动者 1 年的工作量。仅此一个数字足以使人振聋发聩！然而电子计算机对建筑、城市乃至各种人居环境的影响如何，人们的重视和研究显得实在太不够了。信息产业正在逐渐成为经济发展的主导产业、支柱产业，即将成为支柱产业建筑的主柱和主导。

王兴田、徐苏斌从科学技术角度将建筑分为五个阶段的提法值得重视(图 2)。[6]

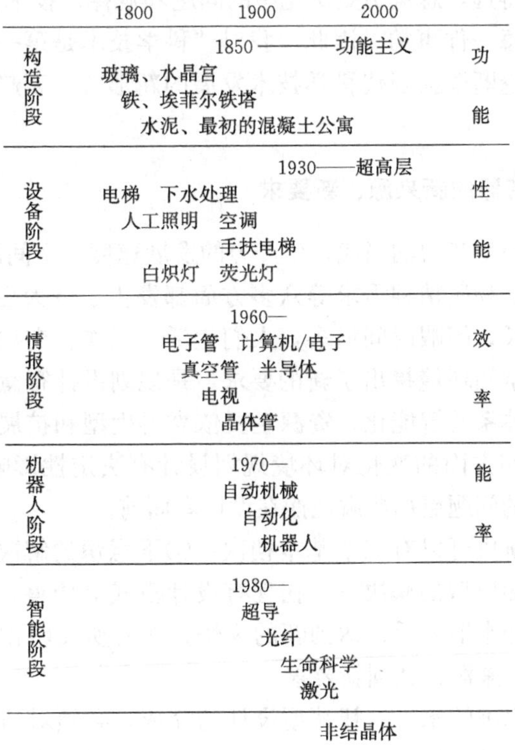

图 2　建筑的五个阶段

从图 3 信息螺旋示意图上，可以十分明确地看出邓小平有关"科学技术是第一生产力"论断的科学正确。从左半部的科学进程可以看到，逐渐形成的科学的巨大智慧吸引力，不断把人类的认识提升到更高的层次；从右半部的技术过程可以看到，有了正确的理论，还必须有应用技术的推进，才能变成巨大的技术推动力量，创造出新的现实来。简而言之，

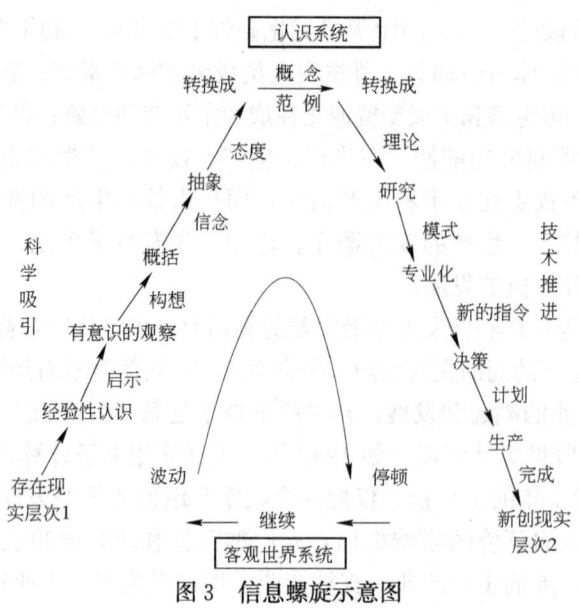

图3 信息螺旋示意图

科学让我们站得高、看得远，总览历史文化中的问题和规律；技术使我们钻得深、抓得细，具体完成人类需要办的每一件事情。因此，我对"科学技术是第一生产力"如此精炼深刻的概括心悦诚服，这一论断根据当代科学技术发展的新形势、新趋向，揭示出当代科学技术发展的最大特征。

四、空间环境设计智慧的新来源、新要求

在科学技术成为第一生产力的当代，生产力的发展速度、空间距离、人们的时间观念、寿命、知识、智能水平、物质精神需求等众多方面都发生了巨大变化。地球、区域、城市在缩小，人的寿命在延长，闲暇时间增多，人们生活、工作、交往的方式有极大改变……这一切都对人类居住的空间环境提出了新的要求，是规划设计智慧的新来源。特别是人的科技化、智能化，机器体系的智能化，资源主要依靠再生型和扩展型的，生产体系和组织管理也更加科学化，这四方面的变化对环境规划设计有决定性影响。拓展人类生存空间，改善提高人居环境质量的问题更加严肃地摆在设计者面前。

当然，设计问题的解决可以有三个基本档次：①下意识的解决——人云亦云，模仿盲从，只操作不思考；②知识型的解决——在现有设计模式上调整、重组、修修补补；③智慧型解决——从提高认知水平入手，达到新的灵悟，而有所发明创造。我们追求的是智慧型设计，因而必须认识新来源、达到新要求。

智慧水平即认知与思维的水平。智慧型设计的完成，必须对信息、对思维规律有一些基本认识与了解。正如钱学森指出的，信息离不开认识过程，信息对认识过程有着非常重要的意义，研究信息和信息过程的学问称为信息学，是思维科学的基础科学之一。[7]

我这里强调智慧型设计，就是希望有更多人重视设计思维的过程（简称"思路"）。思路要有一个较高的起点，才能作出水平较高的设计。规划设计是用一套形式符号（或称语言）表达的，但关键不在于语言的形式而在于无声的言语——思维。可是人们往往只重视语言而忽视言语的背景——思维的依据。一时有关建筑设计语言的著作蜂拥而起，如《后现

代建筑语言》、《现代建筑语言》、《古典建筑语言》、《建筑模式语言》、《图式思维理论》等书，都对这种倾向有不同程度的推波助澜作用，试图用一种思路代替另一种思路，殊不知这是不可能的。因此，我也更赞赏如爱德华·T·霍尔《隐藏的量度》（The Hidden Dimension）、卢原义信《隐藏的秩序》（The Hidden Order）这类对人更有启发的智慧型著作。

五、设计观念新思维觅踪

曾有人讲过："新东西不一定是好的东西。"这话可能是没有错，但我不同意这种看问题的角度，我主张争取达到新而好。好，可以有多种标准，起码有新旧两种标准。用旧标准就会对新事物看不惯，百般挑剔、求全责备；而以新标准看问题就不一样了，应当讲，新东西不一定不是好东西，它可能是不成熟的东西，但不一定是没有生命力的东西。因此我十分欣赏《新建筑》这个"新"字。十分热衷于觅新、创新，提倡"不成熟思考"，赞成淡化权威意识，进行无头衔思考、多角度读书、逆向思维、非历史思维、非仿生思维、异构思维、非零起点思维和超前思维。总之，千方百计希望激发出新的思想火花来。这类火花属不属智慧先让它冒出来再分辨。本文所列举的信息塔、信息螺旋、知识球、环境创作的金字塔、创作单元、情绪球便是这类火花，也可以叫做我觅踪的记录，欲与各位交流。

从信息螺旋示意图（图3）上，我们可以看到信息提升、转化、运转的全过程，以及每一个阶段人们要进行的有意识的加工与提炼。如，图中从左半部到右半部的全过程为：从现实中获取经验—得到启示—经有意识的观察—形成新的构想—进行必要的概括—形成某种信念—进行抽象—明确态度—提炼出概念—建立理论—深入研究—提出模式—形成专门化技术—根据新的指令—作出决策—制定计划—进行生产—最终产生新的现实。这里从感性、经验性认识，提高到概念、理论认识，以及提出相应的模式，解决技术操作、生产的问题，都必须经过分析、总结、归纳，进行有意识的观察、设想、概括、抽象的努力，以及深入的研究和建立相应的专业应用技术，作出正确的决策和计划。如果没有这一切，尽管一个人思想活跃，不断有所"波动"，但如图3下方曲线所示意的，这种"波动"只会不断地"停顿"，于事无补，决不会形成信息的良性上升——大循环螺旋，即不能从客观世界系统到认识系统不断提高，不断形成新的生产力，创造出新的现实来。

为了便于认识、掌握信息的属性和分类，我绘成一个"信息塔"模型，可以一目了然（图4）。信息塔分五层，由下至上依次为：原始信息、操作性信息、知识性信息、理论性信息、综合性信息。这五类信息分别属于不同的层次，从运作的角度，由下至上为原生层、需求层、经验学科层（应用基础理论）、理论概括层（基础理论）、指导层（哲学、行政层）。从空间地位来分析：原生层处于边缘地位；操作层处于专业地位；认知层处于程序地位；理论提高层处于思路地位；哲学、综合、指导层才是我们所要追求的中心地位——大智慧地位。

知识球是我根据科学史专家赵红洲先生关于知识系统的壳层结构的论述[8]绘成的示意图（图5），并作了一些发挥性的阐释。即：我的信息塔是此知识球的一个部分，只是用语不同，可谓"异曲同工"。而且从信息形成的角度，我把此球的四层由外至内称之为：实践层、碰撞层、结晶层、升华层。

赵红洲先生原文如是说：

现代科学的知识系统如同一个壳层结构。它的最核心是一种由后科学所提炼出来的自然观（软核），以外就是由常规科学结晶成型的知识硬核，再外层是前科学知识对流所造成

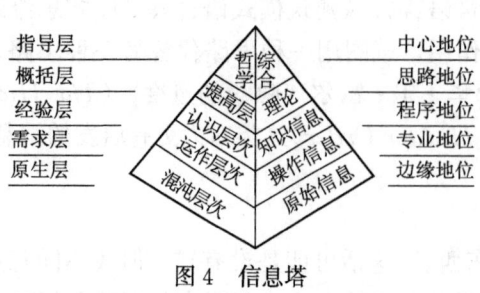

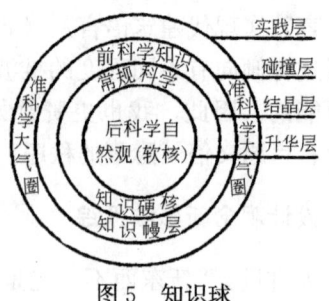

图4 信息塔　　　　　　　　　　　　　　图5 知识球

的知识"幔层",最外层便是弥漫于整个知识空间的准科学"大气圈"。

在整个科学知识系统里,核心的智力强度最大,随着向外扩延,其强度逐渐降低。但知识创新的程度却相反,其核心部最低,愈外愈高,以致于在知识的"大气圈"里,科学创造力达到极值。这个知识球依靠自身不同壳层之间的矛盾运动,不断成长壮大,推动小科学向大科学转化。

著名建筑大师菲利浦·约翰逊设计构思的三方面追求中,我最感兴趣的是足迹(footprint)[9]。从人开始想起,从脚下起步的。他抓住了衡量环境质量的三个尺度(人的尺度、空间尺度和雕塑尺度),因此常常能抵达构思金字塔的顶点(图6)。而许多设计人所进行的则往往是短路的构思。这种情况与图3中的波动—停顿的曲线类似。

用信息论观点能比较客观地理解创作实践的结构和过程。我认为,创作行为从微观的单元结构到广义的创作概念,都应当包括有四个环节(图7)。设计创作实践从性质上分为两类:一类是重复性实践的信息(标准图、通用图、习惯作法中所体现的适用、成熟技术);另一类属创造性实践的信息,即产生的新信息,属于创新的部分。

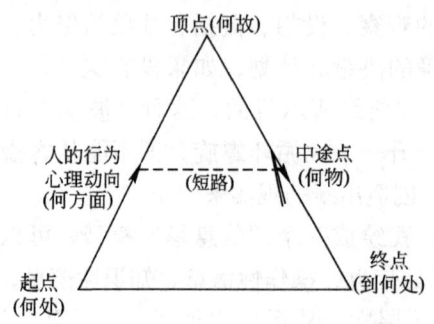

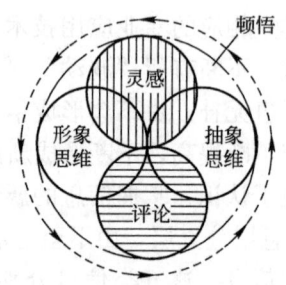

图6 环境创作构思进程的金字塔　　　　　图7 创作单元结构示意图

建筑或城市艺术是集科学技术与艺术于一身的,因而建筑、规划设计创作有其不同于一般自然科学技术的复杂性,它需要注入创造者的情感,运用带有感情色彩的艺术语言和手法。之所以能这样做的原因是:"艺术和科学的共同基础是人类的创造力。它们追求的目标都是真理的普遍性。艺术,例如诗歌、绘画、音乐等等,用创新的手法去唤起每个人的意识或潜意识中深藏的已经存在的情感。情感越珍贵,唤起越强烈,反响越普遍,艺术就越优秀。科学,例如化学、物理、生物等等,对自然界的现象进行新的准确的抽象,这种抽象通常被称为自然定律。定律的阐述越简单,应用越广泛,科学就越深刻。尽管自然现象不依赖于科学家而存在,它们的抽象是一种人为的成果,这和艺术家的创造是一样的。"[10]

科学和艺术是不能分割的,并且它们是与智慧和感情密切相关联的。伟大艺术的美学鉴赏和伟大科学观念的理解都需要智慧，但是，随后的感受升华和情感又是分不开的。没有情感的因素，我们的智慧能够开创新的道路吗？没有智慧，情感能够达到完美的境界吗？它们很可能是确实不可分的。（李政道语）我认为这种设想是正确的，以上的几个示意图（图3～图7）已经孕含着这个意思。这里再补充一个情绪球（图8）。

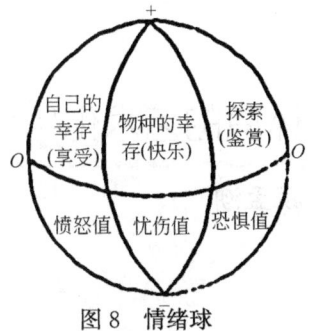

图8 情绪球

图8将情感表示为"情绪球"的生物学值。把情感物化和量化了，使人们更易于理解和把握。图上的北半球表示正的情感，南半球表示负的情感。赤道是中性的，没有生物学的紧迫感（缺乏艺术感受上的"张力"）。人的这种情绪反应会通过大脑的反射脑、情感脑传递到思维脑。

据脑科学的研究，人的大脑由三个主要部分组成：思维脑、情感脑、反射脑。从生理组织和功能的角度看，思维脑是大脑中最新进化的新皮层，它以有意识的语言进行思维；情感脑是大脑较老的边缘系统，它以释放"化学语言激素"的方式进行工作；反射脑是与大脑紧密相连的更老的基底神经，它起控制人的本能的作用。

六、结语

通过以上的分析和论述，我们对人的智慧这类核心信息的生理基础、心理基础、运行机制有了一些概略的了解，但尚未来得及结合空间环境设计作更为细致的研究与分析。这只好另写专文或由同好者来完成。但我想强调一下，智慧和灵感不是秘不可测、玄而又玄的东西，它不仅可遇而且可求，甚至可以发挥人的主观能动性把它激发、"制造"出来。

用通俗易记的话讲，智慧（灵感）来源甚多：①从脚底板的体验（footprint）来；②从实践操作中来；③从有意识的观察中来；④从当代巨人的肩膀上（现有的观念体系）来；⑤从历史的台阶（历史的观念体系）来；⑥从直觉的感受（个人的爱好、选择）来；⑦从下意识的反射中来；⑧从模仿（某人、某事、某物）上来；⑨从科研（对新情况、新问题的研究）中来；⑩从对未来的想象和预测上来；⑪由对生态原型的搜寻（如民居）上来；⑫从新技术、新设备、新材料、新工艺、新能源的运用中来……

总之，让我们充满创造的信心和勇气，增添更多的智慧和力量，创造出更加美好丰富的未来吧？

【参考文献】

[1] 杜乐天. 科学研究智能化［N］. 科技日报，1994-5-8（2）.

[2] 老子. 道德经［M］. 合肥：安徽人民出版社，1990.

[3] 顾孟潮. 新时期中国建筑艺术观念的变迁［J］. 美术，1986（2）：16-20.

[4] 顾孟潮. 21世纪是生态建筑学时代. 中国科学基金会，1988（1）：32-35.

[5] 宋健，惠永正. 现代科学技术基础知识［M］. 北京：科学出版社，中共中央党校出版社，1993.

[6] 王兴田，徐苏斌. 信息时代与中国建筑的前景［J］. 建筑学报，1994（2）：38-41.

[7] 钱学森. 关于思维科学［J］. 思维科学，1985（1）：24-31.

[8] 赵红洲. 知识系统的壳层结构［N］. 科技日报，1993-11-14（2）.

[9] 张钦哲，朱纯华. 菲利浦·约翰逊［M］. 北京：中国建筑工业出版社，1990.

[10] 李政道. 论科学与艺术［N］. 文汇报，1993-6-16（3）.

环境的艺术化与艺术的环境化——建筑哲学环境艺术篇

顾孟潮

在研究环境艺术时笔者提倡要做到四个"树立"：树立当代建筑学观念，明确建筑是为人类创造生存环境的科学和艺术；树立为人们创造高品质的人居环境的职业责任目标，使环境的质量和品位达到"令居之者忘老，寓之者忘归，游之者忘倦"的"三忘"境界；树立向社会普及当代建筑环境艺术理念、知识和方法的意识，通过众多建筑界内外有识之士的努力，改进我们的建筑文化、环境艺术设计创作环境；树立重视研究和继承我国优秀的建筑文化艺术遗产的观念，在环境艺术文化方面，中国有着丰富优秀的遗产，有待于我们去继承和发扬。

一、为什么要研究环境艺术

环境艺术乃是绿色的艺术与科学，是创造和谐与持久的艺术与科学。城市规划、城市设计、建筑设计、室内设计、城雕、壁画、园林、建筑小品等都属于环境艺术范畴，它与人们的生活、生产、工作、休闲的关系十分密切。随着人民生活水平、居住水平的提高，人们对各类环境艺术质量的要求越来越高，环境艺术的理念和实践，就是在这样的背景下，在我国崛起和发展的。

建筑是为人类创造生存环境的科学和艺术，是环境艺术的主要载体，而建筑师的责任是把已有的和新建的、自然的和人造的因素结合起来，通过设计符合人类尺度的空间，来提高城市面貌的质量。因此，具有当代建筑艺术和环境艺术观念的建筑师和设计师，他们的职业准则是创作有利于人与人的接触、有利于人与大自然的接触的建筑作品，我将他们的建筑作品称为"绿色建筑"。

二、什么是环境艺术

环境艺术（Enviromental art）又被称为环境设计（Enviromental design）。它是一个尚在发展的学科。关于它的学科研究对象和设计的理论范畴以及它的工作范围，包括定义的界定，目前没有比较统一的认识和说法。

著名环境艺术理论家、八卷环境艺术丛书主编多伯（Richad P·Dober）论及环境艺术时说，环境艺术"作为一种艺术，它比建筑艺术更巨大，比规划更广泛，比工程更富有感情。这是一种重实效的艺术，早已被传统所瞩目的艺术。环境艺术的实践与人影响其周围环境功能的能力，赋予环境视觉次序的能力以及提高人类居住环境质量和装饰水平的能力是紧密联系在一起的。多伯的环境艺术概念，是迄今为止我所见到的具有权威性，比较全面、比较准确的环境艺术概念。它已经远远超出了过去门类艺术的陈腐观念。多伯明确指出，环境艺术范围广泛、历史悠久，不仅具有一般视觉艺术特征，还具有科学、技术、工程特征。

在多伯的环境艺术概念基础上，我将环境艺术的定义概括为：环境艺术是人类与周围的人类居住环境相互作用的艺术。环境艺术是一种场所艺术、关系艺术、对话艺术和生态艺术。

（一）场所艺术

场所艺术不仅指物质实体、空间外壳这些可见的部分，还包括不可见的、但是确实对人起作用的部分，如氛围、活动范围、声、光、电、热、风、雨、云等，它们是作用于人的视觉、听觉、触觉和心理、生理、物理等方面的诸多因素。形成"场所感"的关键问题是经营位置和有效利用自然和人文的各种材料和手段，如光线、阴影、声音、地形、历史典故等，最终形成这一环境特有的性格特征。

（二）关系艺术

关系艺术是指进行环境艺术设计时必须恰当地处理各方面的关系，如人与环境的关系，环境诸因素之间的关系，因素内部组成之间的关系等。关系可以分成不同层次、不同范畴，如人—建筑—环境；人—社会—自然；人—雕塑—背景……，诸关系的核心是人。衡量这些关系处理好坏、水平高低的标准是尺度（Scale 或尺度感）。尺度（或尺度感）在这里主要是从视觉角度讲的，它不同于尺寸，尺寸是客观地度量出来的，而尺度（或尺度感）是主观的度量，即人所具有的感受，不是具体的尺寸。

中国园林景观不同景观层次、景观尺度及其观赏特征　　　　　　表1

景观层次	景观内容	景观尺度	观赏特征
零层次	接触行为感受	零的尺度，亲切的尺度	身体接触的感受
第一层次	盆景艺术	几十厘米	神游、静观
第二层次	园林里的窗景	几米	站起来，移步换景
第三层次	庭院园林	几米至几百米	漫步、闲庭信步
第四层次	北京颐和园、北海	几千米	走走路、划划船，花十大半天其至一天
第五层次	风景名胜区	几十千米	乘交通工具（毛驴、汽车），多布置公路
第六层次	风景旅游区	几百千米	不但设公路，更有直升飞机等
无限大层次	联想无限景观	无限大尺度，无限美	浮想联翩

（三）对话艺术

对话艺术体现在两个方面，一方面，人们普遍希望"对话"，人们已经不满足于仅仅是物质的丰富和表层信息变化的享有，人们追求深层心理的满足、感情的交流和陶冶，追求美和美感的享受，更不能容忍那种非人性的压抑人的环境，这是当代环境以人为主的民主性特征。另一方面环境所包括的"关系"无穷之多，必须把它们有机地组合起来，彼此"对话"。既然是对话艺术，就发生如何处理好人与环境对话的问题。

（四）生态艺术

生态是环境的本质，它包括自然生态，也包括社会人文生态。环境艺术从本质上讲，就是环境生态的艺术，环境艺术要考虑各方面生态现象的影响，考虑自然生态、社会生态、人文生态的平衡与发展问题。目前建筑科学领域已经形成了建筑生态学和生态建筑学这类学科，专门研究与建筑有关的生态问题。

三、环境艺术的观赏层次

环境艺术可以根据观赏尺度、远近程度分为不同观赏层次与环境艺术的观赏层次，不仅可以做定性分析，也可以做定量分析。

我国著名科学家钱学森先生曾提出中国园林是景观、园技、园艺三个方面的综合，并且分析了中国园林不同的观赏尺度和层次，将中国园林景观分为 6 个观赏层次。受钱学森这一思想的启发，笔者又增加了"零"层次和"无限大"层次。"零"层次，指人与某个景观对象（如栏杆）的距离为零，是人用身体接触景观对象的感觉和体验。"无限大"层次，指景观对象的意境能够使观赏者产生无穷的想象，这种想象使观赏者不仅能超越眼前对象的几何时空，而且能超越眼前对象的历史时空。这就是笔者增加这两个景观层次的原因。

著名的城市设计专家诺伯特·舒尔茨提出的"城市意象"，我国建筑学家梁思成提出的"建筑意"，都是对环境艺术综合效果提出的高层次的目标，追求相应的意境，即不但要有"境意"，更要有"意境"，达到"精神家园"的层次。

四、环境艺术观念的变迁

城市、建筑是环境艺术的主要载体，环境艺术观念变迁与建筑观念的变迁是同步的，因此，可以从建筑艺术观念的变迁中看到环境艺术观念变迁的足迹。从建筑诞生之日起，建筑便是作为人的环境出现的，只不过人们真正认识到建筑作为环境艺术的性质比较晚。

建筑价值观的演变大致经历了 6 个阶段：

（一）实用建筑学阶段：追求适用、坚固、美观的建筑；

（二）艺术建筑学阶段：视建筑为"凝固的音乐"；

（三）机器建筑学阶段：把建筑看作"住人的机器"；

（四）空间建筑学阶段：认识到"空间是建筑的主角"；

（五）环境建筑学阶段：认为"建筑是环境的科学和艺术"；

（六）生态建筑学阶段：20 世纪，建筑价值观已开始进入第六个阶段。

自有人类以来，人类经历了适应环境、利用环境、改造环境的几个阶段，后来发展到污染环境、破坏环境。

随着社会文明程度的提高，人类才意识到要保护环境，要保护自然生态环境和历史人文环境。正是在这样的背景下，人们的当代环境艺术观念逐渐形成和发展。美术界、环境界、建筑界的有识之士纷纷行动起来，探索环境艺术问题。建筑界对环境艺术的研究，是从研究环境行为与环境设计效果的关系开始的，是从研究社会生态学、研究人对环境的心理行为要求，包括艺术审美需求开始的。这是 20 世纪 50 年代后期的事情。

五、环境艺术在中国

1. 环境艺术在中国的崛起和发展

我国环境艺术作为学科和行业，是从 1985 年起步的。1985 年，中国建筑学会在北京召开了中青年建筑师座谈会，建筑作为环境艺术的性质，在会上引起广泛的重视。与会的建筑师重温了 1981 年第 14 届世界建筑师大会通过的主题为"建筑·人·环境"的《华沙宣言》，会后，各届有识之士纷纷撰文探讨有关环境艺术的问题。1987年，建筑界和美术界的一些专家开始筹建中国环境艺术学会；1988年，《环境艺术》丛刊创刊号问世；1989年，中国环境艺术学会（筹）等举办"中国80年代优秀建筑艺术作品评选"；1992年10月8日，中国建设文化艺术协会环境艺术委员会成立。该会宗旨为："建筑设计、城市规划、环境科学、美学、造型艺术以及社会科学和人文科学各届人士携起手来，为提高人民生活环境质量，创造中国当代环境艺术，保障人类健康永续发展而努力。"；1995年1月，中国建设文协环境艺术委员会主办了"中国当代环境艺术优秀作品"（1984～1994年）的评选，引起较大反响。

2. 我国环境艺术的现状

我国城市公共环境艺术已经崛起，目前处于"正在上路"的发展阶段。为什么说我国城市公共环境艺术处于"正在上路"的发展阶段？因为，我国近年来虽然有大量环境艺术的实践，但环境艺术在我国还没有成为成熟的行业，环境艺术作为一个行业和学科，在我国尚没有公认的科学的行业标准，行业规范，更缺乏相应的学科理论建设，因此，我国城市公共环境艺术处于"有行无学"、"有行无业"、尚未成熟的状态。

值得重视的是，城市公共环境艺术是综合艺术，其主角是建筑和城市环境，所以，规划师、建筑师在城市公共环境艺术设计中的主导作用和规划设计立意就显得格外重要。而现在有些重要的环境艺术项目，因为对此认识不足，致使这些项目完成的不够好，这是令人遗憾的。

六、提高环境艺术水平的四个要点

要提高我国的整体环境艺术水平，从观念上理论上解决问题十分重要。我这里提出提高环境艺术水平的4个要点。

1. 要有明确的环境艺术创作起点

有人问现代主义和后现代主义的建筑大师菲利浦·约翰逊："您的建筑创作是从哪里开始呢？"约翰逊答："从脚底板（footprint）开始。"这不愧是大师的回答。可以看到，大师体验未来空间环境的主人角色是从脚下开始的。

环境艺术的创作从脚底板开始，也意味着从阅读大地、体验环境的需求和可能开始。中国园林、中国建筑十分重视脚底板的感觉，特别是纪念性建筑极重视地面的做法、材料的选择。从景观尺度层次来说，脚底板的感觉不是视觉的感受，而是接触的感觉，是"零层次"。

2. 要树立正确的环境艺术的理念

我认为，根据城市公共环境艺术本身的性质，可以给环境艺术下一个广义的定义和一个狭义的定义。广义上讲，城市公共环境艺术是使城市公共环境艺术化的工作。狭义上讲，城市公共环境艺术是使环境中的每个环境艺术对象环境化的设计。

3. 要认清环境艺术的范畴和特点

环境艺术的范畴是十分广泛的。它包括城市公共环境的城市空间、道路、广场、桥梁、建筑物、建筑群、园林、雕塑、绿化、纪念碑、建筑小品，甚至橱窗、广告、栏杆、花池、台阶、路沿等人造景观；包括天空、山脉、地形、水面、河流、树木、草地等自然景观；包括人们的行为心理需求、习惯模式、人口构成特点、生产、生活、文化、交际要求等人文因素这些在城市环境中起作用但不是固定有形的东西。

环境艺术在对象、空间、时间上的广泛性，决定了它具有许多其他艺术门类不同的特点。环境艺术不是建筑艺术、园林艺术、雕塑、壁画等机械的合成，也不等同于某一种艺术，它是多种艺术组成的有机整体。

环境艺术最大的特点是环境的艺术化和艺术的环境化，是环境与艺术的互动。这种互动处于最佳状态时的环境艺术作品，方是成功的环境艺术作品。

4. 要有科学的环境艺术的评价标准与条件

环境艺术的评价标准具有一定的模糊性和无定性。一个环境艺术作品，不会像一幅画、一尊雕塑、一栋建筑物那样，评价标准比较明确。环境艺术作品的评价比较复杂，它的评价涉及多种评价标准。因此，迫切需要建立环境艺术的综合评价体系，才能协调多种标准各持己见的分歧。为了能在多种评价标准下做出适当的选择，我们要有多元化，多样化与一元化、主流化辩证统一的思想，在这里，以人为本应该是第一标准、主流标准。

总之，高水平的环境艺术作品要做到"两化"，即"艺术的环境化"和"环境的艺术化"。

钱学森建筑科学思想的由来与发展

鲍世行　顾孟潮　涂元季（2001 年春）

21 世纪是知识经济时代，高科技的时代；21 世纪是城市化的世纪，建筑科学大发展的世纪。

在新世纪来临之际，我们面临着许多新的机遇和挑战。因此，深入领会钱学森建筑科学思想的由来与发展，将会给我们许多重要的启示。这也是我们编辑《论宏观建筑与微观建筑》这本书的初衷。

追溯钱学森建筑科学思想发展的历程，不仅具有科学理论学术的意义，而且对我们的研究方法、学术风气的改进也有指导意义。这集中体现为他对建立园林学、城市学、山水城市构想、建立建筑科学大部门四个方面的论述与思考。钱学森科学思想发展的历程表明，他在这四个方面的贡献是开创性的、巨大的。

一、钱学森建筑科学思想的形成，是从中国园林的研究起步的。他对中国园林学做了系统的梳理和科学准确的定性

钱学森教授在与学者、专家交往和讲学中，先后发表了几篇对我国园林学、园林艺术颇具创见卓识的文章，探讨有关中国园林的理论与实践问题。他系统地论述了中国园林的不同观赏尺度和层次，明确了中国的园林是 Landscape、Gardenging、Horticrlture（即景观、园技、园艺）三个方面的综合，而且是经过扬弃，达到更高一级的艺术产物，从而在理论上首次阐明了中国园林何以堪称"世界园林之母"。

二、钱学森提出建立城市学，并且指出研究城市学的方法

钱学森对城市学的研究具有如下特点：

1. 强调理论探索的重要性。他在《关于建立城市学的设想》一文中，开宗明义地讲到："我觉得要解决当前复杂的城市问题，首先得明确一个指导思想——理论。因为按照马克思主义原理，实践是要在理论指导下，理论要联系实际，但必须有理论。"

2. 强调必须用马克思主义的哲学来指导城市学的研究，也就是要从辩证唯物主义与历史唯物主义的观点来看待城市中的问题。他认为，要把城市看作变与不变的统一，一方面城市随着科学技术的发展、生产力的提高和社会的进步，一定要成长发展；另一方面，城市的功能又是比较稳定的。也就是在研究城市时，需要建立功能稳定与迅速发展相统一的理论。

3. 强调要用系统科学的观点来研究城市，把现代城市看作是开放的复杂巨系统。所谓"开放的"（是对相对封闭系统而言）是指系统本身与系统周围的环境有物质的交换、能量的交换和信息的交换；所谓"巨系统"是指系统包含很多子系统，有自然系统和人造系统，有动态系统和静态系统，有生命系统和非生命系统等。还有，就是开放的复杂巨系统有许多层次，研究城市要用从定性到定量综合集成的方法。

4. 钱学森十分关注重视研究城市发展中出现的新事物和新问题。例如，他建议关于"轿车文明"的讨论、关于"立交桥是现代城市一景"的讨论等都是针对当前城市发展中出现的新事物而提出的。

钱学森还十分重视从实践中不断总结经验来提高认识。例如，谈到回顾总结建国以来建设新工业城市的经验时，他说："现在我们要认真总结那样拔地而起、从无到有地建设一座工业城市的经验，这是城市科学的重要内容。"他认为正是这些经验"反回来可能充实与深化马克思义哲学"。

5. 钱学森不仅重视国内城市发展中的经验，同时也十分重视外国的经验，他向我们推荐巴西东南的 200 万人口的库里巴蒂，启发我们"要走出一条中国自己的城市建设道路来"。

6. 钱学森不仅重视经验的总结，还十分重视对未来的探索。他指出："我觉得我们今天研究城市学必须看到今天生产力的发展，而且为了搞好规划，还不能光看到今天生产力的发展，还要看到现在的科学革命、技术革命会导致什么样的生产力的发展，也就是说看看这些发展到 21 世纪将会如何。由于通信技术与交通运输技术的发展，人的聚集会达到什么程度？人聚集在一起是为了信息传递和物质运输的方便，但由于通信技术与交通运输技术的发展，这些情况是否会有所变化？"

三、关于山水城市的构想与实践是钱学森近年在研究建筑科学时论述最多的内容

1990～2000 年，钱学森十年来的书信、著作、谈话，绝大部分与此有关。从问题的提出，认识的深化，到一些城市的实践，山水城市构想已成为吸引国内外许多有识之士参与探索的一种理论学说，正在成为许多城市的规划建设实践。

山水城市概念、模式和学说，表现出"四高"、"三性"和一个基本特色。

四高——高文化、高技术、高情感、高级生态城市（包括自然生态、社会生态、人的行为心理状态）。众所周知，水是生命之源，山是长寿之本。"仁者乐山、智者乐水"，"寄情于山水之间"，追求"天人合一"等，这是我们中华民族的优秀传统，也是当今世界各国人民普遍追求的保持生态平衡、保护环境、节约资源和能源等可持续发展的时代要求。山水城市"不只是利用自然地形、依山傍水，而是人造的山和水。"

三性——科学性、民主性、时代性。山水城市观念主张用现代科学技术，把整个城市建成一座大型园林，让现代中国的居民百姓能享受到"回归自然"、"天人合一"的美好境界。

一个基本特色——山水城市构想具有鲜明的社会主义中国特色。正如有的专家所指出的，"园林化"是"山水城市"的基础，"山水城市"是"园林化"的升华。山水城市的思想源于山水画的意境，是我国人民自古以来关于山水城市和人居环境的理想，也体现了现代人与自然、城市、乡村建筑之间的关系，具有共生、共存、共荣、共乐、共雅五大基本特征，即：体现出生态关联的自然性、环境容量的合理性、构成因素的协同性、景观审美的和谐性和文脉经营的承续性。

山水城市构想的核心，是要建设有利于人的身心，有利于自然生态，有利于社会、经济、科技文化可持续发展的人类聚居环境。本质上，山水城市是规划、设计、建设人类城市(包括正在城市化进程中的乡村)居住生活环境的大问题。各地在建设自己的山水城市实践中，既要考虑到共同性、普遍性的一面，又要考虑到特殊性、区域性、民族性、历史性、多样性等差异的一面。因此，山水城市没有通用模式，我们建设山水城市时，必须发挥各地的主动性和创造性。这将有助于我们克服城市千城一面，建筑千篇一律，各国全球化趋同的问题。

四、钱学森提出建立建筑科学大部门的思想，其形成过程大致经历了四个阶段

①思想理论准备阶段(1958~1990年)；②探索未来城市阶段(1990~1993年)；③理论发展与实施推动阶段(1993~1996年)；④理论升华阶段(1996~2000年)。

钱学森教授对建筑与城市的研究始于20世纪50年代，最早可以追溯到他在1958年3月在《人民日报》上发表的《不到园林，怎知春色如许——谈园林学》一文。钱学森自幼酷爱绘画艺术，他中学时代的美术老师高希舜是我国一代国画大师，钱学森的画作曾受到他的表扬。钱学森的学术思想还源于他对祖国的热爱。只要细细咀嚼这篇他回国后不久发表的文章的标题和内容，从诗一样的语言中，就可以感受到他对祖国的炽热情怀。这一期间，他撰文探讨园林学和城市学，从而为后来"山水城市"的构想作了充分的思想理论准备。

自1990年7月以后，钱学森先后给吴良镛等四人写了关于山水城市的信函。他说关于菊儿胡同危旧房改建实践的指导，引发了他近年来的想法和对21世纪中国城市向何处去的大方向的思索，进而建议召开"山水城市讨论会"。从而引发了一场对社会主义中国未来城市模式的大讨论。在这次讨论会上，钱学森的《社会主义中国应建山水城市》一文，全面地阐述了他对山水城市的观点。

在1993年2月召开的"山水城市讨论会"上，钱学森发表的书面发言为山水城市的概念奠定了坚实的基础。此后，钱学森又对山水城市的理论发展和实施推动提出了一系列构想。在这期间，包括《杰出科学家钱学森论：城市学与山水城市》在内的不少有关著作的陆续出版，自贡、重庆、武汉等一些城市开展的有关山水城市建设研究和专题研讨会的召开，大大推进了山水城市的理论研究及其实践的深化。

各地山水城市的实践经验，大大丰富发展了山水城市的理论。正是在这样的背景下，钱学森于1996年6月4日接见我们时，提出了建立建筑科学大部门的思想，突出了建筑是科学与艺术的结合这一特点。此后，他又以系统科学的观点阐述了有关宏观建筑与微观建筑的概念。这是钱学森总览建筑科学历史文化进行研究与思考的结果。钱学森关于建立建筑科学大部门思路的提出，是他对现代建筑理论的升华，在建筑科学发展历史上具有里程碑的意义。

回顾钱学森建筑科学思想发展过程的轨迹，可以看出，这一科学思想是深深扎根在深入的理论研究与广泛的群众实践之上的，它的成长与发展经历了实践与理论不断反复、不断深入、不断提升的过程。

为了深入领会钱学森关于建立建筑学大部门的思想意义，很有必要从以下四个方面深入研究思考：

1. 钱学森是在构建了现代科学技术体系之后才提出了建筑科学技术体系问题。他在1994年3月1日的信中，正式向建筑界提出要重视现代科学技术体系的问题，并且推荐《科学革命与社会革命》一文供大家学习参考。显然，钱学森是从现代科学技术体系整体及科技革命、社会革命的发展规律出发，审视和界定建筑科学的性质，认为应当像重视自然科学、社会科学那样重视建筑科学，把建筑科学列为第十一个大科学部门。

2. 钱学森提出建立建筑科学大部门是有着充分的理论根据的。他在1996年6月4日那次谈话中，阐明了他的理论根据：①"建筑真正的科学基础要讲环境等"；②"建筑与人的关系，实际上是讲建筑科学技术的基础理论，即真正的建筑学"；③"真正的建筑哲学应该研究建筑与人、建筑与社会的关系"；④"建筑是科学技术"；⑤"这一大部门学问是把艺术和科学揉在一起的，建筑是科学的艺术，也是艺术的科学"；⑥"我们中国人要把这个搞清楚了，也是对人类的贡献"。

3. 钱学森认为，马克思主义是人类科学知识的最高概括，每个科学大部门必须用马克思主义哲学作指导。他认为，从这些科学部门到马克思主义哲学之间都应有各自的桥梁。作为建筑科学大部门的桥梁就是建筑哲学。他还认为，所有这些桥梁都是马克思主义哲学的基础构成部分。它们与马克思主义哲学的核心——辩证唯物主义一起，组成了马克思主义的哲学大厦。这就是钱学森提出建立建筑科学大部门、强调研究建筑哲学的原因。

4. 宏观建筑与微观建筑的理论与实践问题。1998年5月5日钱学森在谈到关于"宏观建筑"与"微观建筑"的信中说："我近日想到一个问题是如何把建筑和城市科学统归于我们所说的'建筑科学'，同时又提高山水城市概念到不只是利用自然地形、依山伴水，而是人造山和水，这才是高级的山水城市。我建议将'城市科学'，改称为'宏观建筑(Macro-architecture)'而现在通称的'建筑'改称为'微观建筑(Microarchitecture)'。这是提高一步，二位以为如何(人造山即大型建筑)?"显然，钱学森这里是为建立建筑科学大部门，在理顺建筑科学内的层次关系，具体界定建筑科学技术体系之中的建筑科学定义的内涵和外延，对建筑科学基础理论研究作出开创性的工作，值得建筑界的朋友足够的重视和研究。钱学森创议的这一理论有四方面的内涵：

1. 它体现了"科学是内在的整体"的普遍规律。正如德国著名物理学家普朗克认为："科学是内在的整体，它被分解为单独的整体不是取决于事物的本身，而是取决于人类认识能力的局限性。"我们过去对建筑与城市科学的划分何尝不是如此呢？

2. 钱学森的创议在建筑科学范畴内，对待科研对象要把还原观和系统观结合起来，既重视还原分析也重视系统综合地处理科研对象。

3. 确立了建筑哲学在建筑科学大部门中的领头学科地位。钱学森在1997年3月16日的信中强调，"建筑哲学是建筑科学技术大部门的领头学科，大家要好好思考。"钱学森此前已把建筑哲学看作建筑科学通向马克思哲学的"桥梁"和建筑艺术的"最高台阶"。

4. 钱学森主张，研究建筑科学必须定量与定性相结合，正确处理开放的复杂巨系统及其众多子系统的关系，因为"现代城市是一个开放的复杂巨系统"，建筑科学大部门理所当然的更是开放的复杂的巨系统。

三、附 录 篇

《城市学与山水城市》第一版前言

20 世纪 90 年代初期，在城市化逐步进入高速发展阶段之际，著名科学家钱学森倡导的关于城市学和山水城市的探讨，正在华夏大地热烈展开，并得到有关专家、学者的广泛响应。目前这一研究正在不断向广度和深度推进。作为历史的记录，也为了便于大家开展系统研究，我们编辑了这个集子，收集了钱学森有关的论述和大家在研讨中撰写的初步成果，其中钱学森的论述大量地是以书信的形式出现的。

书信，是一种古老而至今仍然十分重要的信息传递方式。当文明尚处于人类的襁褓时期，人们已开始用实物进行通信。这是因为，通信能够以简朴、鲜明、准确、迅速的方式传递重要的信息。本书收入杰出科学家钱学森教授关于城市学与山水城市的 20 余封信件，再次证明书信是人类文化的瑰宝。钱老的这些书信，对于我国城市科学理论的建构与城市建设的实践均有着极为重要的学术理论指导价值和历史文献史料价值。为了尊重历史原貌，我们将有关资料按时间顺序排列的方式收入本书，并为这些信件加上了标题和必要的注解。

学科的建立及其领域的发现与开拓，常常始于学术讨论。关于城市学和山水城市的学术讨论，在钱老的直接关怀和指导下已取得了积极的成果。本书汇编了几次学术讨论会的主要成果，并补充了一些切合本书主题的有关论文，为了反映当时的一些背景情况，也收集了当时报刊的有关报道。在此特别要说明的是，在编辑此书过程中，我们贯彻了钱老强调的"这是一本各家言的文集，我的东西千万不应压倒大家的"思想，才作了如是的安排。

钱学森所倡导的建立城市学和山水城市探讨，有着极为深远的历史意义，其内涵是极为丰富的，它决不是一两次会和一二本书所能概括的。我们编辑此书只是尽一点绵薄之力，如果受到读者欢迎，能为大家进一步研究作一点贡献，便实现了我们的初衷。

当我们整理好书信、文稿，撰写前言之际，正值举国上下隆重纪念毛泽东诞辰 100 周年，我们的心情是十分激动的。自 1978 年改革开放以来，我们已经历了这辉煌的 15 年。我们坚信，有着规模如此宏大、内容如此丰富的城市建设实践的中国人民，必将会对人类城市科学的理论和实践作出巨大的历史贡献。

最后，诚挚地感谢对我们给予各种支持的作者、热心者、出版者。

鲍世行　顾孟潮

1993 年 12 月 26 日于北京

《城市学与山水城市》再版前言

　　《城市学与山水城市》一书于 1994 年 9 月在北京问世。仅仅过了一年多时间，一本纯学术理论著作得以有再版的机会实在值得庆幸，作为编者和作者之一的我们真有点喜出望外。但静而思之，这不正表明，以杰出科学家钱学森同志为首的专家作者群的辛勤劳动和苦心诣旨得到一定程度的社会认同，增强了该书的生命力所致，因而才未被世人忘却。

　　过去的五年，即"八五"期间，我国城市化进程空前地加速，城市化水平已从 1990 年的 26.4％提高到 1994 年的 28.6％。并且表现出相当多的城市领导者城建意识加强，以往城建投资渠道单一的情况正在改变，适应市场机制的多元化、多渠道的城建投资体制，正在逐步建立起来，因此能涌现出一些好的典型。有些城市还明确地提出建设生态城市、山水城市的战略目标，这都说明城市学和山水城市理论正在成为我国从事城市科学研究、城市规划与建设实践的众多有识之士必须研究的方面。

　　我国关于"山水城市"的讨论也引起了国际学术界的重视和高度评价（见《城市学与山水城市》首版 106～107 页，著名德国城市生态专家 Frederic Vester 教授的评价）。1995 年世界公园大会宣言中，再次强调建设山水城市的观点。表明"山水城市"模式对于提高城乡环境建设质量，保证良性生态循环，可持续发展有着不可小视的重要意义。而且极其需要具体研究如何体现"山水城市"构想的社会、文化、生态等多方面内涵。

　　这次再版，在征求作者、读者意见后确定，保持首版体例，只增补了相关的信件 42 封（其中钱老的信件 24 封）以及钱老来信中所介绍的文章和相关的材料，仍按时间前后排序。为了体现尊重作者和文责自负的精神，在编辑过程中对所有文章、材料未加任何评述。我们相信读者自会有自己的判断和结论。不同的观点和结论只会有助于认识的深化和理论水平的提高，并且有助于形成学术争鸣的环境和气氛。

鲍世行　顾孟潮

1996 年春节前·北京

《山水城市与建筑科学》前言

诚如 Jose Goldemberg 所言，在发展中国家，往往缺乏"政府的目标"和"需求方"的推动。其结果，大学和研究中心变得处于"象牙塔"之中与国家的其他部门相隔绝，而不是与他们自己国家在工业、农业和教育方面的明显需求息息相关。科学和技术的预算很少来自私营部门的支持，而是依赖国家的拨款(见《Science》1998 年 2 月 15 日)。据此，他认为，科学在发展中国家能起的作用主要体现在 3 个方面：①促使技术与当地的环境相适应；②使新的科学同教育融为一体；③参与政务活动，促进科学决策。因为，对于一个发展中国家向发达国家转变的推动力，不仅来自科学家，而且也来自社会的其他部门。我们觉得，这也正是我们编辑出版《山水城市与建筑科学》一书的真正目的，希望借此能在科技本土化、教育高新化、决策科学化和民主化三个方面起一点推波助澜的作用。途径是在得到更广泛的理解和支持的基础上，吸引更多的同道者参与共同建设我们的事业和学科。

令我们特别受到鼓舞而由衷感谢的是，在"科教兴国"的大好背景下，继《城市学与山水城市》一书的一版再版之后，我们启动《山水城市与建筑科学》一书的关键时刻，得到了著名科学家钱学森的大力支持和悉心指导。进而又幸运地得到了建设部主要领导俞正声部长、叶如棠常务副部长以及中国建筑工业出版社刘慈慰社长和众多专家、教授，各地城市科学、规划建设、建筑科研、设计、大专院校的同行们的理解和支持。从而使我们能够在较短的时间内完成这一宏篇巨制，及时在 1999 年北京世界建筑师大会前夕出版，并与国际同行交流，向世界展现中国在城市科学、建筑科学与实践方面的诸多成果。

我们认为，值得在这里向各位读者朋友推荐的是，收入本书的近百篇论述，均具有同时重视理论和实践的特色，以及注重科技中国化、本土化的特色。如我们所期望和看到的那样，在杰出科学家钱学森的倡导下，山水城市与建筑科学的理论与实践，自诞生之日起，便得到了国内外的广泛反响和高度评价，并且不断有新情况、新经验、新理论涌现出来。我们考虑，之所以如此，其中具有这两个特色是极为重要的原因，才能使山水城市和建筑科学的理论与实践具有长久的生命力，使它不仅在中国大地上是可行的、有益的探索，对世界上其他国家和地区也有一定的借鉴意义。

值得欣慰的是，本书不仅包含了大陆数十个城市关于山水城市的探索和实践，而且海峡对面的台湾省也提出要建设"青山青水"的山水城市。著名美籍华裔城市规划师卢伟民先生不仅深入探索山水城市理论与实践，还为本书撰写专稿。

最后，诚挚地感谢对我们给予各种支持的作者、热心者、出版者。

鲍世行　顾孟潮

1998 年 11 月 16 日于北京

《论宏观建筑与微观建筑》前言

在新世纪的钟声敲响的时刻，我们把这部钱学森《论宏观建筑与微观建筑》郑重地奉献给尊敬的读者。

这是我们有幸参与编就的钱老论述城市科学与建筑科学的第四部专著。前三部是：《杰出科学家钱学森论：城市学与山水城市》（1994 年 6 月）、《杰出科学家钱学森论：城市学与山水城市》（二版增补本 1996 年 5 月）、《杰出科学家钱学森论：山水城市与建筑科学》（1999 年 6 月）。

六年来，这四本专著几乎是接踵而至，受到中外读者和学术界的普遍欢迎，书一出版，每每售罄。这一现象，从一个侧面反映了我国城市与建筑科学技术领域，对科学理论的广泛需求和巨大进步。

《论宏观建筑与微观建筑》的书名，是根据钱老来信："建议将'城市科学'改称为'宏观建筑'，而现在通称的'建筑'为'微观建筑'"的意见，并征得钱老同意后确定的。

与前三本书不同的是，《论宏观建筑与微观建筑》以更加精粹的面目问世。它只收入钱学森有关城市与建筑的论述，全书分为园林学、城市学、山水城市、建筑科学和其他五个部分。每个部分均以钱老的经典文章带头。这样研读起来眉目清晰、重点突出。此外，辅以少量必要的注释、大事记、简历和书前的导读性文章。书即将出版之际，我们于 2001 年 3 月 14 日收到钱学森教授来函：由鲍世行同志代表您们三位就《论宏观建筑与微观建筑》一书给我的两封信和所附材料："前言"、"序"、"钱学森简历"、"关于建筑科学的大事记"、"后记"等我都看了。书的目录顾孟潮同志在去年 11 月份也送我阅过，后又经涂元季同志补充。这些材料我都同意。周干峙院士为本书所写序言很好。在此我要对您们表示感谢，并祝本书顺利出版。也请您们转达我对广州市房地产业协会和杭州出版社的谢意。这是钱老对我们工作的鼓励和肯定。

2001 年，杰出科学家钱学森进入九秩高龄，我们祝敬爱的钱老健康长寿！

鲍世行　顾孟潮　涂元季

2001 年 1 月

《论宏观建筑与微观建筑》序①

周干峙

鲍世行、顾孟潮、涂元季等三人编辑了钱学森院士关于城市与建筑的文集——《论宏观建筑与微观建筑》一书，并索序于我。为钱老的文集作序，实在不敢当。我只能从自己近年来的学习和工作谈几点体会。

此文集包括了钱老自 1958 年以来近两百篇论文和书札，由此可见钱老在研究建筑科学方面浸注的心血，这些文章和信件大多集中在 20 世纪 90 年代以后，说明这些年来，钱老虽已步入耄耋之年，但对建筑科学与山水城市问题仍十分关注。从书中可以看出钱老和三十余位学者、专家通信、共同讨论、切磋、研究，仅从这种学术民主作风，就值得我们学习。近年来，由于钱老的推动，使建筑科学，不论从深度上或广度上都上了一个新的平台。

下面我主要谈点对山水城市的认识，看能否作为进一步探讨这一问题的序言。

我讲三点认识：第一，山水城市提出的学术背景；第二，如何正确理解山水城市；第三，如何实事求是地发展山水城市建设。

（一）

山水城市的提出是现代科学技术发展到一定程度的产物。这个问题由我国著名科学家钱学森同志提出来，不是偶然的。很多同行会问，像钱老这样的科学家怎么能提出城市发展的思想？我的理解是，因为钱老是近代科学的大师，在 20 世纪 40 年代，他首先在研究控制论的基础上，创立了工程控制论，我们现在往往讲信息论、控制论、量子论……这是现代科学中非常重要的几大发现，钱老很大的贡献就是创立了工程控制论，他在研究控制论的基础上进一步研究了系统论。现在还有好多分支都是在控制论的基础上产生的。

作为一个大科学家，他往往既研究宏观又研究微观，探索人类认识的一些根本性问题。所以钱老在总结近代科学的普遍规律时，指出一定要突破长期以来科学家中间的"还原论"的思想。他总结长期以来人类的科学研究思想，特别是在西方形成的传统的观念，就是认为要认识一个问题，就要认识它的各个部分。如果你认识了各个部分，就等于认识了全部。这叫"还原论"的思想。他首先提出局限于这种思想是阻碍科学发展的，不能准确地更深入地认识事物。钱老的科学思想就强调不仅要分析，还要综合。所以，引出了系统科学在现代科学中的重要性。

多年前，钱老一直在思考研究一个问题，就是我们有那么多科学，它们之间总有一个

---

① 2001 年 3 月 14 日钱学森给鲍世行、顾孟潮、涂元季的信中说："周干峙院士为本书(指《论宏观建筑与微观建筑》)所写序言很好。"

系统的关系，构成我们人类智慧的总体。所以，他跟他的学生们在香山开了好几次学术会议，探讨怎样才能集人类智慧之大成。他认为很多科学都有它自身的特点，每门科学都有它自己的哲学思想作为基础。人的认识离不开哲学，每门学科也离不开学科的哲学思想，不同的学科有不同的哲学思想。所以，他把现在所有的学科归纳为 11 个大科学部门，认为我们现在的知识离不开这 11 个大的部门，突破了过去我们讲的数、理、化、天、地、生是一切基础科学的观念。以前认为这些就是自然科学。

他分析了 11 个大部门，把社会科学也放在里面，把军事科学也放在里面，把建筑和城市也作为单独的一个大部门放在里面。他的根据就是发现建筑和城市科学的哲学基础和其他学科是不一样的，它既有艺术，又有科学。钱老强调建筑科学是一门融合科学与技术的大部门。建筑是科学的艺术，也是艺术的科学。

正是在这样一个思路下，钱老提出了中国的城市应该建山水城市这个方向和道路的问题。这是因为任何学科从自然科学来讲，都要用数学来表达，任何艺术都要用形象来表述。综合概括各个方面，中国城市的基本特色离不开中国的形象的山山水水，山水城市是他的一个学术观点，是一个学术思想，是从大科学部门中间延伸出来的。

我想，我们应该了解这个背景，才能理解为什么山水城市从钱学森那里提出来。这是因为他站在一个比较高的角度。那么，这个问题提出来以后，当然会引起建筑界的热烈讨论。大家就有两种理解，一种非常赞成，另一种是有点怀疑，即在中国能不能实现这个方向。

（二）

问题是如何正确理解山水城市这个思想。山水城市的提出是在 20 世纪 90 年代初。当时城市快速的发展还没有开始，1992 年和 1993 年以后才开始快速的发展。对于城市化、城市环境等问题也没有今天这样的认识。我理解对山水城市问题重要性的认识，是建立在以下五个方面的基础上，不然就不好理解：我们现在土地这么紧张，为什么还要强调与自然环境和山水结合？为什么城市都已经成为水泥森林了，怎么还要恢复到与自然结合？

第一，就是我们还必须从宏观上去认识我们城市应该有的特点。我们国家的一个明显的特点，就是山多田少，全国是七山、一水、两分田，城市和自然山水的结合大概无处不在，无处不是紧密结合的。这个问题要从一个城市的地图上来看，就可以看出来我们的城市很少离开山、离开水的。当然有的地方平原多一点。这是我们的自然特色。我们要强调城市不能破坏生态环境，不能破坏自然环境，跟自然环境相结合，最根本的就是离不开我们的山水特点。首先就是处理好人工环境与自然环境的关系，处理好与山水的关系。

第二，是要理性地来看待这个问题。山水城市，它是一种学术思想。一种理念。它不同于一个具体的设计项目。在一种思想理念下，形式可能是多种多样的。对山水城市问题，不能形式主义地去理解，必须理解它的精神实质。而且我们讲的理念思想不同于政策。政策是有一定时间性的，具有更强的实践性、针对性。而一种学术思想，它往往是长期的。另外，政策是规定性的，约定以后大家必须共同遵守，不能你说你的，他干他的；学术思想可不一样，学术上还是要百花齐放，所以学术思想是可以讨论的，而且要不断讨论，使他更加接近真理。当然，学术思想是可以指导政策、指导决策的。但这是两个不同的方面。

第三，山水城市问题是长远的，不是一时的。山水城市提出以后，比较具体地按照山水城市要求做规划和指导规划的城市到现在，大概只有二十多个城市。很多城市，从北京到上海，现在谁也不敢讲我是完全按山水城市的要求来作规划的。我们认识环境问题的重要性是很不容易的，我们走过很多弯路，现今全人类都把它作为20世纪的一个重大的成果。但要改善环境，就不是一天两天的事情，而是长远的事。如果是正确的，还要作为方向，坚持这个方向。简而言之，就像我们认识共产主义，研究了几百年了，都认为这是社会发展的方向，但现在不能马上实行，可你不能说它不对，不按这个方向做。

第四，我觉得山水城市涉及一个表述方法的问题。城市是一个复杂的事物，要有一个形象而又科学的表达是不大容易的。很多科学的表达，要求准确不容易，要求普及也不易。如果要表达得容易懂，往往又不全面，表达得形象一点又不太准确。比如"信息高速公路"，从科学的角度来讲，叫"高速公路"是不准确的，只能说这是一种形象的表达。我们现在理解的"信息高速公路"，实际是计算机加网络系统，是计算机跟网络系统的结合，但是这种表述人家就不容易懂了。所以"山水城市"这个提法，应给以正确的含义和正确的理解。

第五，我们理解山水城市不能理解为只是与自然关系问题。自然因素是重要的一个方面，但还要理解它的文化艺术方面的内涵。因为钱老说的山水，不仅仅是讲自然界的山水，中国传统文化中"山水"二字代表了我们的绘画的特点。中国绘画有很多种，但是山水画是最代表中国特点的。一提到山水画，我们脑子里都有一个很具体的艺术形象。从历史、文化角度看，"山水城市"很好地概括了我国的城市特色问题。我们现在常常要求城市具有高度的艺术水平，具有自然的特色，这个问题其实跟我们要重视与自然结合是一样的，我看通过山水城市的宣传，我们完全应该大大提高我们国家城市的环境质量、艺术风格、城市面貌和城市特色。

（三）

"山水城市"讲的是一种思想理念，是城市的一种形态模式。就是要建设具有中国特色的，跟自然环境结合的，具有高度文明水准的城市。因为它是一种思想，一种学术观点，不是政策，不是千篇一律的，也不强求统一。恰恰要求因城制宜，各有不同。如果这样讲，就可以开拓我们的思路，可以通过这些认识来影响我们的决策，使我们的决策更加符合实际，符合本城市的特点，推动我们城市建设水平的提高。所以，我是很赞成这个提法的。

举个例子，拿广州来讲，广州是一个迅速发展的大城市，这些年来重要的教训之一就是对城市环境问题注意得不够，城市建设得很快，但是环境条件不如以前了。两个月以前，在广州修改总体规划的时候，从市领导到各位同行专家们都强调了山水城市对广州是有用的。因为以前广州市很小，广州本来就是一个山水城市，北面紧挨着白云山，南面就是珠江，所以就叫"青山半入城，六脉皆通海"。山水交相辉映。但是随着发展，城市越来越往外扩展，现在"六脉皆通海"还是对的，青山却被包在城里面了，山水跟城市不成比例。

我们既然认识到这个问题，要改善我们的环境，把"山水城市"作为一种发展方向、一种理念来建好我们的城市，还是有必要的。

我们搞规划的大概都知道，城市从来没有永远不变的，今天我们觉得环境不好，就可想办法改善。现在广州建筑盖得非常密，没有好的户外环境。我看未必见得这些房子就永远存在。上次开会就讨论到广州现在每两栋房子如果能去掉一栋，就不再是什么"握手楼"、"亲嘴楼"了。当然现在不能这么干。但是，我相信有朝一日是会这么干的。原因就是我们的经济条件会不一样，我们对问题的认识也会不一样。

不久前，巴黎为了改善环境，就把相当规模的十几层楼的房子炸掉了。当然这样的事情还是不多的。既然是认识了这个问题，肯定会逐步地改善，慢慢地达到理想的境界。我们讨论山水城市问题，实际上是探讨我们未来城市的模式问题。如果我们没有远见，肯定要犯错误。也许我的想法不全面，或者脱离实际，但也提出来供大家参考。

最后我还想讲一点，一定要保护好山水城市的名誉。我们现在讨论和宣扬山水城市问题，不要轻易地给城市加上"山水城市"的帽子，千万不要把山水城市的名誉搞坏了。如果把名誉搞坏了，就像我们搞高科技开发区，如果每个县都有高科技开发区，恐怕就把高科技开发区庸俗化了，搞个电话也算是高科技了。还有现在老讲智能化住宅，我们很愿意用"智能化"的名义吸引人，家里仅仅有个电脑，有一个可视门铃，加上抄表不进屋等，这就叫智能化吗？商品要讲包装，要讲宣传效果，但千万得讲科学，不然的话把名声搞砸了，我们建设山水城市的愿望是不能实现的。

《城市学与山水城市》跋

当《杰出科学家钱学森论：城市学与山水城市》，这本不足 500 页的珍贵小书即将付梓之际，我们怀着崇敬、感激与喜悦的心情想到必须再写几句话，以志不忘师长、朋友、同道以及我们正在生长的崭新的事业。

文章千古事，得失寸心知。这本小书可能会有这样那样的不足，然而，它毕竟是经过我们的艰苦努力凝聚了众多人的智慧、汗水、艰辛的花朵与果实，这才能使我们有今天的笑颜。此书从设想、建议、构思开始，到编辑、印刷、出版的全过程，始终得到来自各个方面的真挚关怀和切实的支持，使我们十分感动。更重要的是，通过工作使我们的心灵经历了一次洗礼和升华，它使我们认识到，钱学森所倡导的城市学和山水城市是新学科、新的事业的生长点。它们将有着旺盛的生命力和光辉的前景。

首先，使我们永志不忘的是钱学森先生。他作为 20 世纪有杰出贡献的大科学家，不仅在自然科学方面作出了卓越的贡献，而且近年来在城市科学方面也发表了一系列真知灼见。他的名字不仅和"两弹一星"联系在一起，而且也和城市科学紧紧相联，他已成为建立城市学和山水城市建设理论与实践的奠基人和开拓者。选编这位科学巨匠的有关论述，本身便是我们学习如何"站得高、看得远、总览历史文化"的思想升华的历程。通过多次聆听和领会钱老那些朴实无华的教诲和文字，使我们感受到巨大的鼓舞和力量。

我们也不会忘记城市科学界前辈的支持。中国城市科学研究会发起人之一曹洪涛顾问，是最早关心建立城市学的老领导之一。细心的读者会发现，曹老关于建立城市学的信写在 1992 年元旦，正值节日。郑孝燮老先生得悉我们正在选编钱老的论述，就立即寄来了钱老赞扬他为保护历史文化而作的努力的信函。合肥市原副市长吴翼为编写本书亦给予了大力支持。中国建筑工业出版社领导主动表示愿意出版此书，并将它列入 1994 年的重点书籍，全力给予支持，社里各级领导一路开绿灯，这才使它能如此迅速、顺利得以出版和读者见面。

最后，对于为本书撰稿和给予帮助的各位先生、女士的理解、支持和合作，在此再次表示衷心的感谢。

编著者识

1994 年 3 月 8 日于北京

《山水城市与建筑科学》跋

新年伊始，又欣逢世纪之交，《杰出科学家钱学森论：山水城市与建筑科学》一书，可望于 1999 年 6 月 23 日在北京召开的第 20 届世界建筑师大会前夕，与更多的中外读者见面，这是一件让作者和读者都高兴的事。此刻，作为编者和作者的我们，情不自禁地要回想起此书出版尚比较顺利的原因和过程，并试想着这本情同骨肉的合作成果未来的社会效益与学术效益。

书一旦问世便属于社会，编作者对其今后的命运基本上是无能为力的。但当我们想到该书的姊妹书《城市学山水城市》二版问世前后的情况，我们对这本书的命运也充满信心。因为它是由以杰出科学家钱学森同志为首的近百位著名专家共同努力的成果，能忠实反映国内在城市学、山水城市、建筑科学领域的理论、科研与实践所达到的水平和高度。

1996 年 6 月 4 日钱学森同志亲切地会见了我们，建设部领导亲自出席《城市学与山水城市》一书的首发式并发表重要讲话，与会的许多专家发言给予热情鼓励，这一切成为孕育此书的酵母和原动力，两年之后才会有今天这本书出版。所以我们顺理成章地把钱老的谈话放在最前面，让它继续起着承前启后的深刻启示作用。并再次衷心感谢钱老和建设部领导、各位专家、作者以及为本书出版、发行做出贡献的朋友们、同志们。

细心的读者会发现本书的结构也依照前书的模式，按时间顺序排列书信，论文分门归类到各篇之中，以便大家能摸到中国社会主义山水城市和建筑科学发展的轨迹，明瞭建立建筑科学大部门的建议缘起及其科学内涵的界定。但需要说明，本书虽然在结构上与前书类似，但内容则是全新的，特别是书信篇收入书信 168 封，其中钱老亲笔写的信 75 封，均是以前未予披露的，殊为珍贵。

《城市学与山水城市》（1994 年版）前言中关于书信有一段话，对于本书也是适用的，现引述如后。

书信，是一种古老而至今仍然十分重要的信息传递方式。当文明尚处于人类的襁褓时期，人们已开始用实物进行通信。这是因为，通信能够以简朴、鲜明、准确、迅速的方式传递重要的信息。本书收入杰出科学家钱学森教授关于城市学与山水城市的 20 余封信件，再次证明书信是人类文化的瑰宝。钱老的这些书信对于我国城市科学理论的建构与城市建设的实践均有着极为重要的学术理论指导价值和历史文献史料价值。

鉴于以上原因，在首版收入钱老 20 余封信，再版增补 24 封信之后，本书又收入 75 封，两书共计收入钱老书信 119 封。当我们做这个小统计时，不免为之深深地被感动了。对于一位德高望重、年事已高、日理万机的杰出科学家，能在如此短短时间里亲笔写了这么多高瞻远瞩、思想深邃、感情真挚的信需要何等的毅力、何等高尚的科学与民主精神。

读钱老的每一封信我们如闻其声，如见其人。在深受教育的同时，我们为一位本世纪中国伟大的科学家能与我们普通的专业工作者平等切磋讨论城市建筑科学理论与实践的问题而深深地被感召了：必须响应钱老的召唤！必须贯彻钱老谆谆的教导，发展科学技术不可或缺的学术民主与科学的实事求是精神！遵此，我们在本书中再次贯彻了钱老强调的"这是一本各家言的文集"的指示精神，寄希望吸引和团结更多学术知音共同创建建筑科学大部门，为世界城市、建筑科学事业做出中国人应有的贡献。

当今世界上对于钱老城市学、"山水城市"等理论的认同、中国近年来在山水城市方面的实践，已经使我们看到了 21 世纪城市发展五彩缤纷的曙光！让我们继续努力吧！

鲍世行　顾孟潮

1999 年元旦

《论宏观建筑与微观建筑》后记

《论宏观建筑与微观建筑》一书收入钱老 197 篇文章和书信。这些文章和信件，记录了钱老研究和探索建筑科学的历程，展示了他深邃的学术思想。

书中文字大部分形成于 20 世纪 90 年代。有人说：近年来，建筑科学成了钱老学术研究的兴奋点，这句话不无道理。

在编辑这本书的过程中，我们不遗余力地收集相关资料，不少是过去未曾披露过的宝贵材料。除了大家熟知的关于山水城市的一些信外，这次又收入了钱学森给吴良镛、陈从周等多封信。

在此，我们要感谢陈从周先生的女儿陈胜吾先生，她给我们寄来了在整理陈从周遗物时发现的钱老给陈从周先生的信函。

遗憾的是，由于梁思成先生的信件全部毁于文革浩劫之中，我们未能收集到钱老给梁先生的信。

此书编辑过程中，我们不仅得到钱老本人的亲切指导，而且还得到许多与钱老通信交往的朋友的大力支持。

衷心感谢吴翼、高介华、梅保华、钱学敏、陈秉钊、张嘉宾、陈明松、罗来平、曹家骧……等各位先生，他们寄来钱老给他们的信件和有关注释的材料。感谢《光明日报》刘新武先生提供钱老的近照。这些材料弥足珍贵。

他们的支持对我们是极大的鼓励。来信认为：收集、整理、研究、宣传钱老的建筑科学思想非常有价值、有意义，是功德无量的大事。

还要特别感谢周干峙院士在百忙之中为本书撰写序言。

在本书编辑出版中，还得到杭州市市长仇保兴、杭州出版社社长钟高渊、责任编辑周昆和特约审稿陈洁行等许多同志的鼎力协助，还得到广州市房地产业协会和广州市房地产学会的资助，特在此一并表示谢意。

鲍世行　顾孟潮　涂元季

2001 年 5 月

《城市学与山水城市》（增补版）内容提要与目录

钱学森教授倡导建立城市科学的牵头学科——城市学以及探讨具有中国社会主义特色的 21 世纪城市模式——山水城市得到了有关各方专家和各层领导人的响应，并掀起了一场讨论热潮。《杰出科学家钱学森论：城市学与山水城市》一书是在上述背景下产生的。该书概括地反映了 20 世纪 90 年代中国处在城市化加速发展的进程中，对城市科学基础理论的迫切需求，以及相应的城市科学研究与实践的初步成果。

这是一本各家言的文集。本书第一版分上、中、下篇及附录。上篇收录著名科学家钱学森有关城市学和山水城市的论述；中篇是各方专家关于城市学的著述；下篇则是各方专家关于山水城市的著述；附录收入海内外有关报道。本书第二版保持首版体例，增加了增补篇，补充了第一版印刷后收集到的相关信件及信中所涉及的文章和材料。

本书收入的钱学森教授关于城市学与山水城市的信件共 40 余封，均有着极为重要的理论指导价值和历史文献史料价值。

目　　录

中　篇

■各方专家论城市学

下　篇

■各方专家论山水城市

《山水城市与建筑科学》内容提要与目录

20世纪80年代中，钱学森教授首倡建立城市科学的牵头学科——城市学；90年代初提出具有中国特色的21世纪城市模式——山水城市的科学构想；90年代中，钱老又提出建立建筑科学大部门的建议，对于建筑科学学科体系的深化有着极大的推动作用，在国内外学术界、城市建设与建筑业领导层得到热烈响应和高度评价。这成为《杰出科学家钱学森论：山水城市与建筑科学》一书产生的深厚基础。该书概括地反映了20世纪80、90年代中国处于城市化加速发展的进程中，对于城市学、建筑科学和山水城市发展模式等基本理论研究的成绩与付诸实践的丰硕成果。

本书乃是《杰出科学家钱学森论：城市学与山水城市》（鲍世行、顾孟潮主编，中国建筑工业出版社1994年首版，1996年增补版）一书的续集。考虑到读者阅读的方便和连续性，编纂方式采取与前书同一体例，仍作为各家言的文集。全书共5篇，依次为书信篇、城市学篇、山水城市篇、建筑科学篇、反馈篇。

本书收入的钱学森教授关于城市学、山水城市、建筑科学的书信及文章70余件，均有着极为重要的理论参考价值和历史文献史料价值，同时收入各方专家、领导人给钱学森的信近百件。山水城市篇除收入有关理论研究成果外，还有近年来重庆、武汉、自贡、章丘等20余个城市研究、规划、建设、创造山水园林城市的宝贵实践，可供借鉴。

本书仍为鲍世行、顾孟潮主编，收入各方专家论文60余篇。

目　　录

前言

第一篇　书　信　篇

第二篇　城　市　学　篇

第三篇　山 水 城 市 篇

第四篇　建　筑　科　学　篇

第五篇 反 馈 篇

《宏观建筑与微观建筑》目录

三、山 水 城 市

四、建 筑 科 学

五、其　他

附　录

钱学森与建筑科学大事记

- 1954 年，钱学森著《工程控制论》(英文版)出版。
- 1955 年 10 月 8 日，钱学森回国。
- 1955 年，钱学森提出开展运筹学研究的设想。
- 1956 年，钱学森《论技术科学》一文发表，阐述了科学的三个层次。
- 1956 年 5 月 10 日，钱学森受命组建我国第一个火箭、导弹研究院——国防部第五研究院，担任首任院长，成为中国航天事业发起人、奠基人。
- 1958 年 3 月 1 日，《人民日报》发表钱学森《不到园林，怎知春色如许——谈园林学》文章。该文指出："我国的园林设计比建筑设计更带有综合性"，"我国的园林学是祖国文化遗产里的一颗明珠"，"在新的社会、新的环境、新的时代……把园林学的内容更加丰富起来"，"应该更广泛地和更深刻地来考虑发展我国园林学的问题。"
- 1960 年，根据钱学森创议，中国科学院成立运筹所，运筹学正式在中国创立。
- 1963 年 11 月，钱学森在论述科学技术的组织管理工作时阐明，现代科学技术的特点之一是分工细、专业多和研究工具的复杂化、大型化。他指出，在组织管理工作中应充分利用现代科学技术的成果。
- 1979 年 10 月，钱学森在《大力发展系统工程，尽早建立系统科学体系》一文中，建立了从马克思主义哲学，经自然辩证法和社会辩证法(历史唯物主义)到自然科学、数学、社会科学，再到技术科学，最后是工程技术的五个层次的现代科学技术体系的雏形。还提出十四门系统工程专业及相应的专业的特有学科基础，把工程系统工程、环境系统工程纳入他的科学技术体系。
- 1980 年 1 月 20 日，钱学森发表《谈园林艺术》一文，此文提出中国园林的六个层次，即盆景艺术—窗景—庭院园林—公园—风景区—大风景游览区。
- 1980 年，钱学森创导的中国系统工程学会成立。
- 1982 年 3 月，1983 年 3 月 3 日，1983 年 3 月 28 日，钱学森先后三次论述"现代科学的结构——再论科学技术体系学"，提出现代科学技术体系六大部门的学说，六大部门即自然科学、社会科学、数学科学、系统科学、思维科学、人体科学。
- 1982 年 5 期《艺术世界》载钱学森《我看文艺学》一文，该文说，"我想文学艺术也有六大部门"，建筑艺术是其中的一个文学艺术大部门，"我想这不宜只包含土木构筑，还应把环境包括在内，也就是园林艺术，它们本来是一个整体，不能分割"。
- 1982 年 11 月 2 日，钱学森在中共中央党校作"研究和创立社会主义现代化建设的科学"讲座时，强调"环境管理是国家的一个重要功能"，"环境管理非常重要，工作也很复杂、艰巨，是一次复杂的系统工程技术——环境系统工程技术"。

●1983 年，钱学森提出："我国需要建立国民经济和社会发展的总体设计部。"

●1983 年 6 月出版的《园林与花卉》（1983 年 1 期）发表了钱学森《再谈园林学》一文。

●1983 年 12 月 7 日，钱学森发表《园林艺术是我国创立的独特艺术部门》（《城市规划》1984 年 1 月），文中系统地论述了中国园林的不同的观赏尺度和层次，明确了中国园林是景观、园技、园艺三个方面的综合，经过扬弃，达到高一级的艺术产物，从理论上阐明了中国园林何以堪称"世界园林之母"。

●1984 年 1 期《技术美学丛刊》中发表了钱学森《对技术美学和美学的一点认识》一文，该文讲到建立马克思主义的、科学的美学，要开展三个方面的工作：一是从部门艺术美学中提炼；二是从思维科学以至人体科学吸取营养；三是从文艺学，特别是从社会主义文艺学中找美的社会实践规律。

●1984 年 2 月 14 日，钱学森在一次题为"生态经济学必须关心长远的环境"讲话中，认为："真正关心我们的生活环境，只讲生物圈，讲人与生物圈，概念似乎不很确切。""要考虑的问题，是整个地球的表层。""研究生态经济学，我们要考虑现在和子孙后代，就是要考虑资源怎么不断为人类利用，做到永续利用的问题。"

●1984 年 11 月 21 日，在《新建筑》1985 年 1 期上，钱学森发表致《新建筑》编辑部的信，题目为《为了 2000 年，我想到的两件事》，其中"第二件事是构建园林式的城市"。信中还介绍了在市区发展立体农业的情况。

●1985 年 4 月 17 日，中国科协在北京召开了"全国交叉科学讨论"，钱学森出席了讨论会，出席会议的还有钱三强、钱伟长、马洪等著名专家。

●1985 年 5 月 17 日，钱学森在《交叉学科：理论和研究的展望》一文中指出："所谓交叉学科是指自然科学和社会科学相互交叉地带生长出的一系列新生学科。有些人对交叉学科是有看法的，好像交叉学科总有点不正规。其实，就是一般公认的那些所谓正规学科也是交叉的，也是既有自然科学又有社会科学。""各学科部门之间是不是有交叉？显然是有的。因为人类的知识、现代的科学是一个整体。如果说到九个科学的实际应用，那其中交叉就是更甚了，所以，交叉学科的发展是历史的必然，具有强大的生命力。"

●1985 年 8 月，钱学森发表《关于建立城市学的设想》，他说："我觉得要解决当前复杂的城市问题，首先得明确一个指导思想——理论。"有了城市学，城市的发展规划就可以有根据了。"建立从城市规划—城市学—数量地理学这样一个城市的科学体系。"

●1985 年 9 月 23 日，钱学森就曾指出："……我讲的九大部门、九架桥梁和一个马克思主义哲学最高概括。这就是现代科学技术。一切不能纳入这个体系的知识就不能算是现代意义上的科学。"又说："我们也要清楚地认识到：不能纳入现代科学技术体系的知识是很多很多的，一切从实际总结出来的经验，即经过整理的材料，都属于这一大类。我称之为'前科学'，即待进入科学技术体系的知识。""科学技术的体系决不是一成不变的，马克思主义哲学也在不断充实、发展、深化。……人认识客观世界的过程：实践—前科学—科学技术体系。所以我们决不能轻视前科学（经验科学），没有它就没有科学的进步；但也决不能满足于经验总结出来的科学而沾沾自喜，看不到科学技术体系还要改造和深化，因此要研究如何使前科学进入科学技术体系。"

●1986 年，《文艺研究》1 期载钱学森《关于马克思主义哲学和文艺学美学方法论的几个问题》的文章，他说：我不大赞成所谓"交叉科学"这个概念。所有学科都是交叉的，相互联系的。我也不赞成"边缘科学"的说法。有边缘，还有中心呢。你就是中心，他就是边缘？任何一门学科都是根据实际需要建立的。有的是老的，有的是新的。老的也可能经过换装变成新的。总之，各个科学部门是个整体。

● 1988 年，钱学森作题为《社会主义建设的总体设计部——党和国家的咨询服务工作单位》的学术报告。

● 1988 年 9 期，《求是》杂志刊载钱学森与孙凯飞的文章《建立意识的社会形态的科学体系》，文章最后指出，研究意识的社会形态的科学体系，在宏观高度上总揽全局的精神文明学。下面分两大部分，研究思想建设的行为科学，研究文化建设的文化科学。这就不只是一门学问，而是科学的一个部门。在文化科学中，综合全局的是文化学，作为文化学基础的有教育、科技、文艺、建筑园林、广播电视、新闻出版、体育、图书馆博物馆（展览馆科技馆等）、旅游、花鸟虫鱼、美食、群众团体和宗教十三个方面的学问。

● 1990 年，钱学森提出开放的复杂系统概念，把系统分为简单系统和复杂系统，小系统和巨系统，提出研究开放的复杂巨系统的方法，应是定性定量相结合的综合集成方法。因为，"在科学发展的历史上，一切以定量研究为主要方法的科学，曾被称为'精密科学'，而以思辩方法和定性描述为主的科学则被称为'描述科学'。自然科学属于'精密科学'，而社会科学则属于'描述科学'。"

● 1990 年 7 月 31 日，钱学森在给吴良镛的信中提出能否创立"山水城市"的概念。信中说"能不能把中国的山水诗词、中国古典园林建筑和中国的山水画融合在一起，创立'山水城市'的概念？人离开自然又要返回自然。社会主义的中国，能建造山水城市式的居民区。"在此信中，"山水城市"的概念首次见诸文字。

● 1991 年 4 月 27 日，继《城市规划》1985 年 4 期钱学森《关于建立城市学的设想》一文后，钱学森在给鲍世行的信中，再次谈建立城市学的问题。

● 1991 年，钱学森向政治局常委作"关于建立国家总体设计部体系"的汇报。

● 1991 年 12 月 16 日，钱学森给梅保华的信中，再次谈建立城市学问题。

● 1992 年 3 月 14 日，钱学森给吴翼写信，提出把一个现代化城市建成一大座园林的想法。信中说，"在社会主义中国有没有可能发扬光大祖国传统园林，把一个现代化城市建成一大座园林？"

● 1992 年 8 月 14 日，钱学森给王仲的信，提出开创一种以中国社会主义城市建筑为题材的"城市山水"画，促进现代中国的"山水城市"建设。

● 1992 年 10 月 2 日，钱学森给顾孟潮的信，提出把整个城市建成一座超大型园林即山水城市的问题，并建议以此为题，开个山水城市讨论会。

● 1993 年 2 月 27 日，中国城市科学研究会、中国城市规划学会、中建文协环境艺术委员会，根据钱学森建议，联合召开了"山水城市"讨论会。会上宣读了钱学森的书面发言"社会主义中国应该建山水城市"。由此开始一场研讨山水城市构想的热潮。

● 1994 年 4 月，上海《文汇报》辟专栏讨论"中国应建山水城市"。

● 1994 年 9 月，鲍世行、顾孟潮主编的《杰出科学家钱学森论：城市学与山水城市》一书由中国建筑工业出版社出版，全书 33 万字。

● 1994 年 10 月 19 日，在钱学森的提议下，"立交桥——现代城市一景"座谈会由中国城市科学研究会、中国城市规划学会和中国园林学会联合主办，在北京召开。会后，钱学森来信说："'立交桥——现代城市一景'座谈会，由周干峙院士主持，开得很成功！引起专家们的认真议论实一幸事。"

●1994年12月，人民出版社出版由钱学森著《科学的艺术与艺术的科学》一书，《社会主义中国应该建山水城市》、《不到园林，怎知春色如许——谈园林学》、《园林艺术是我国创立的独特艺术部门》等文章收入此书。

●1995年3月16日，中国城市科学研究会在京召开"轿车与城市发展"学术讨论会。钱学森来信说："我近见报纸上对'轿车文明'有热烈讨论，我读后也颇有感慨！""但这是城市学的一个大课题，您的研究会不该考虑吗？"这次讨论会就是根据他的意见召开的。会后《瞭望》1995年18期报道了讨论会。

●1996年3月28日，重庆市城市科学研究会召开"创建山水园林城市学术研讨会"。钱学森在给重庆市城市科学研究会秘书长的信中说：重庆市开展建设重庆市山水园林城市的研究工作，这在我国是有始创性的！建"山水城市"将是社会主义中国的世纪性创造。

●1996年5月，鲍世行、顾孟潮主编的《杰出科学家钱学森论：城市学与山水城市》(第二版)由中国建筑工业出版社出版。该书设增补篇，比首版增加20余万字。

●1996年6月4日，钱学森会见鲍世行、顾孟潮、吴小亚，就哲学、建筑、民主讲了一些意见。钱学森提出，要坚定不移地用马克思主义哲学指导我们的工作，建议建立一个大科学部门——建筑科学，强调学术民主非常重要。

●1996年6月20日，中国建筑工业出版社组织了《杰出科学家钱学森论：城市学与山水城市》再版发行座谈会。邀集在京的中央和地方有关领导、专家和主要新闻单位进行座谈。建设部侯捷部长到会讲话，祝贺这一重要科学著作的再版问世。

●1996年6月，由湖南大学等29个单位共同发起的"建筑与文化"国际研讨会在长沙举行。会议把山水城市作为讨论的主题之一。钱学森对这次会议很重视，他在一封信中说：明年6月将举行的"建筑与文化国际学术讨论会"是一次有重要意义的会议。会上传达了钱学森1996年6月4日的讲话。

●1996年10月，中国城市规划学会风景环境规划学术委员会在成都举行以"山水城市和风景区规划"为主题的年会。会上传达了钱学森1996年6月4日的讲话。

●1997年11月中国城市规划学会风景环境规划学术委员会在厦门举行以"山水城市与城市山水"为主题的年会。

●1998年3月，武汉市城市规划设计院编制了《创建山水园林城市综合规划纲要》(1998~2002)，并与《长江日报·长江周末》举行"山水园林城市"专家研讨会。

●1998年10月，自贡市完成了《建设自贡山水城市研究》课题。

●1998年4月25日，《中国环境报》整版刊发有关山水城市、园林城市的报道。据统计，1992~1997年已获国家园林城市称号的城市有12个：北京、合肥、珠海(1992年)，深圳(1994年)，中山、威海、马鞍山(1996年)，大连、南京、厦门、南宁(1997年)。

●1998年5月5日，钱学森给顾孟潮、鲍世行的信中说，"我近日想到的一个问题是如何把建筑和城市科学统归于我们说的'建筑科学'，同时又提高山水城市概念到不只是利用自然地形，依山伴水，而是人造山和水，这才是高级的山水城市。我建议将'城市科学'改称为'宏观建筑(Macroarchitecture)'，而现在通称的'建筑'为'微观建筑(Microarchitecture)'。这是提高一步，二位以为如何？（人造山即大型建筑)"

● 1998 年 8 月 12 日，钱学森给鲍世行的信中提出：要用马克思主义哲学的观点来考察我国的城市科学与建筑科学，并且认为建国后城市发展的第一步是园林城市，现在计划设计中的是第二步：山水园林城市，第三步是山水城市。

● 1999 年 1 月，陇海兰新城市建设联合会与郑州城市科学研究会编的《钱学森论山水城市》出版，全书共 6 万字。

● 1999 年 6 月，鲍世行、顾孟潮主编的《杰出科学家钱学森论：山水城市与建筑科学》一书，由中国建筑工业出版社出版，全书 95 万字。

● 2000 年 8 月，在成都举行的"建筑与文化"学术研讨会（第五次），以"山水城市"作为会议的主题。

● 2000 年 10 月 29 日，"广州山水城市建设论坛"在广州举行。钱学森给论坛发来贺信。国内一批城市规划专家、建筑学家、社会学家、经济学家、环境及生态园林专家，围绕广州山水城市建设的主题进行研讨，为政府科学决策提供参考。两院院士吴良镛、周干峙，在穗的中国工程院院士莫伯治、容柏生、何镜堂等均在大会上发言。这次论坛由南方日报报业集团和中国城市科学研究会主办。

● 2000 年 12 月，广州市房地产业协会、房地产学会在广州举行以"山水城市·山水楼盘与广州房地产业发展"为主题的年会，探讨山水城市与房地产开发结合的问题。

鲍世行简历

鲍世行，1933 年出生于浙江绍兴。1952 年进入北京清华大学建筑系学习，后转入城市规划专门化，是中华人民共和国成立后，第一批学习城市规划的毕业生。毕业后长期从事城市规划工作，是我国资深城市规划工作者。为中国城市科学研究会研究员，教授级高级城市规划师。

1959 年毕业后，先后在原建筑工程部、原国家基本建设委员会、原国家计划委员会等国家机关参加过政策制定、法制建设、规划审批等城市规划宏观管理工作。1962 年后，在四川省城市规划设计院工作，参加过众多省内城市规划实践。1972 年后，在攀枝花城市规划设计院、攀枝花城市建设委员会工作，主持过攀枝花城市总体规划。该规划因具有新的设计理念而博得规划界好评，曾获省级和部级奖。1976 年唐山地震后，以国家基本建设委员会专家组成员身份，参加唐山和天津两地震后恢复重建规划。1981 年回到北京，在原国家城市建设总局、中国城市规划设计研究院工作，长期从事学术刊物编辑工作。先后主持过《城市规划》、《城市规划(英文版)》《城市发展研究》等城市规划界三大学术期刊工作。1990 年调中国城市科学研究会任副秘书长，主持日常工作，从事城市科学理论研究，多次参加国际、国内学术活动，发表学术论文，在国内外学术刊物上发表论文 80 余篇。

主要著作有：《城市规划新概念新方法》、《跨世纪城市规划师的思考》、《城市科学：希望与未来》、《城市环境美学研究》、《中国历史文化名城词典》、《中国国家历史文化名城》、《宏观建筑与微观建筑》、《城市学与山水城市》、《山水城市与建筑科学》、《攀枝花开四十年》等。

顾孟潮简历

顾孟潮，教授级高级建筑师。建设部建设杂志社原副社长、副总编，中国建筑学会编辑工作委员会原副主任。现任中国建设文化艺术协会环境艺术委员会常务副会长，中国基本建设优化研究会专家委员会专家，中国建筑学会人类居住学术委员会委员。东南大学、天津大学、厦门大学、广州大学、福州大学、哈尔滨工业大学、兰州交通大学等多所高等院校兼职教授。我国建筑科学理论、建筑评论与环境艺术理论等领域颇有影响的学者和专家。

主要著作有：《当代建筑文化与美学》、《世界建设科学技术发展水平与趋势》、《中国建筑评析与展望》、《奔向 21 世纪的中国城市》、《宏观建筑与微观建筑》、《现代住宅的科学与艺术》、《城市学与山水城市》、《山水城市与建筑科学》、《现代信息海洋中的金字塔》、《建筑哲学概论》等。其著作多次获得国家和省部级奖项并在国内外多次出版。

主要译著有：《世界建筑艺术史》、《建筑构图概论》等。

Socialist China must build "Shan-shui cities"

Qian Xuesen(11 Feb, 1993)

The building of cities in Socialist China should be carried out under the guidance of Marxism-Leninism-Mao Tsetung Thought, with definite purpose and feasible plans; in doing so, we must sum up scientifically and learn from our past experiences, especially the splendid cultural tradition of the Chinese people. A great deal of works and urgent tasks heavily loaded us in the past decades, as we should be concerned mainly with the urgent basic necessities of our people; having not enough time to consider carefully the overall development of our cities, which must be planned scientifically and laid out rationally, we had committed such mistakes as to locate the Beijing Iron and Steel Industry and the Beijing Petrochemical Works on the Windward side of our capital; and in many instances, some, new buildings are impairing or even damaging the beautiful scenery and precious style of our cities, Of course, such mistakes must be prevented in the future.

The overall planning of cities

In dealing with the development of cities, our first thought before was the construction of roads, communication networks, houses, plants, schools, office buildings, commercial districts and so forth; we were concerned about particular problems, without paying much attention to a overall issue of utmost importance: What is the nature or function of the city we are building? Is it a mational capital? Or is it a big harbor, a frading port, a provincial capital, a cultural city, a city of fourism, an industrial city, or something else?

After determining the function of a city, and defining the purpose of its deveopment, the next problem is to make an appraisal of existent buitdings, whether they are cultural relics and whether they must be preserved and kept in good conditions wisely (instead of gloss them over like new buildings). It is a pity that the city walls and gate towers of Beijing were pulled down so completely! But of course the Imperial Palace is finally preserved, and the Tian An Men square looks very magnificenrt after reconstruction!

Only by settling the two problems afore mentioned, can we start the overall planning of a city. The master plan of a city must have farsightness and sagacity, in combination with ambitious conception and with step by step development program. At the beginning of the founding of our People's Republic, Mr. Liang Sicheng had put forward an amazing proposal concerning the planning of Beijing. He suggested to put down a North to South central axis of Beijing, using the Feng Tai Road and Wu Ke Song Road of today, the northern extremity of the axis being the Summer Palace; on the eastern side of this central axis would lay the preserved old city of Beijing, while the New Beijing would be erected on the western side of the axis. Although the suggestion was not accepted, but the daring thinking of such grand prospect should be encouraged. After all we must face the world, we must face the future!

I have explained my point of view in 1985[①] stating that the Theory of cities belongs to a higher scientific level than the so-called city planning which deals only with the details of the building of cities. The Theory of cities is a science pertaining to the overall study of urban problems with the aid of systems engineering. But I wonder whether in recent years there is any further development in this field.

City parks, city forests and "Shan-shui city"

What I notice is the lack of progress in the study of the Theory of cities, while something incompatible with our civilized ancient country happened, such as to fabricate false "historic monuments" in the heart of cities, and to set up vulgar and cheap "Electronic Recreation Palaces" in urban areas and so on; we should no longer give free rein to these things uglifying our cities. Besides, there is nowadays a prevailing tendency to build the so-called "Garden Villages", these installations warrant our careful consideration; we should not be seeing only short-term success and quick profits, and bring calamity upon our successors. Furthermore, everywhere in the urben areas, we can see "Square box" shaped high buildings, this widespread practice is turning our cities into grey and yellowish worlds of bare concrete.

The advent of such situations tells us that the planning and designing of cities in Socialist China is still a problem waiting our solution.

Since we are dealing with the cities of Socialist China, these cities must have their characteristic cultural style of China, they should be beautiful, and the daily life of the citizens as well as their works, educations and recreations should be efficiently organized. By "the characteristic cultural style of China", we mean the assimilation of our traditional outstanding building experiences in planning our cities, a good example is the reconstruction of unsafe buildings of Ju Er Hutung in Beijing, under the direction of Prof. Wu Liang Yong. This project, incorporating the rational aspects of the old quadrangle of Beijing, and integrating the technique of multi-story housing, has put forth a new style of "many storeyed building quadrangle".[②] Let us try to visualize such quadrangles adorned with the flower pots, lotus water vats and goldfish bowls of "old Beijing style". How beautiful these courtyards would be!

If we have to construct high-rise buildings due to today's highly concentrated working and living conditions, is there no alternative but to rely on the "Square box" shaped structures? Couldn't we draw on the experience of the Chinese traditional landscape architecture, arranging platforms and terraces on high buildings as well, and planting shrubs and flowers there, high up in the open air? In doing so, the high building dwellers, looking out from their windows, would no longer see the same desolate expanse of grey and yellow landscape. In addition, the architectural complex should have buildings wisely arranged and uneven in height, with roof gardens and greenery patches on terraces and platforms. Such a community could be the basic component of our city, where people would live and work, and there would be schools, markets, restaurents recreation places nearby, and where residents could move around on foot in their daily activities, and they could have plenty of gardens and green areas for relaxation. Those nice buildings and gardens. were provided only for the enjoyment of anciente rich merchants and monarchs, and they would be available then to the common Chinese people of our Republic. Such environments would be the enlargement of private gardens of individual households in Suzhou and Yangzhou, and the enhancement of imperia gardens as well The utopian towers and pavilions depicted in the gold and green hued Shan-shui landscape paintings by Li Si Xun[3] in Tang Dynasty could be realised at last! And new cities of this Kind, the Shan-shui cities, will be constructed in Socialist China!

The aforesaid community is but a component part of a city, between these communities the city planner should arrange vast stretches of forest lands, and residents of the communities would then have a nice place for strolling and recreation. If every inhabitant had an average of 70, sq. m. of wood. land, the figure would be on a par with that of Kiev in Ukraine, of that of Warsow in Poland, Vienna, in Austria, of Canberra in Australia, and a place with such communities could be considered as a forest city. [4]

Therefore, the conception of Shan-shui city is an organic integration of Chinese and foreign cultures, as well as a combination of urban parks and urban forests. Shouldn't we then regard the Shan-shui city as the prototype of city structure of Socialist China in 21 st century? We appeal to urban scientists and architects of our country to think over this problem.

注释：

① Qian Xuesen: Conception on the initiation of a Theory of cities——"City Planning", No. 4, 1985.

② "Beijing Daily" 25/26 July, 1990, Page 1.

"The People's Daily" 30 July, 1990, Page 2.

③ Li Sixun (651～716): Artist of Tang Dynasty. Great painter of natural landscape, who originated the gold and green hued painting of Shan-shui sceneries, which was widely imitated.

④ Wang Wenyi: Urban forest lands——an important index of city modernization.

"Forest and Mankind" No. 5, 1992.

Philosophy, Architecture and Democracy——Some opinions of Dr. Qian Xuesen, While interviewing the editors Bao Shixing, Gu Mengchao and Wu Xiaoya

Qian Xuesen(June 4th, 1996)

(1) We should firmly make use of the Marxist philosophy as the guide for our works.

In my early years, I was a student of railway mechanical engineering in the Jiaotong University at Shanghai, and I remember that my graduation project was the design of a railway locomotive. Afterwards, under the influence of the ideology of "National Salvation with scientific knowledge", I went to the Massachusetts Institute of Technology to study the aeronautical engineering. But upon graduation, the American companies in those days did not offer working opportunities to Chinese applicants, so I had no alternative but to attend the California Institute of Technology, and to make a fresh start on the study of aeronautical theories in the Department of aviation. The California Institute of Technology had an academic distinguishing feature: every doctoral student must furthermore learn some courses of basic theory. So, at that time, I took Mathematics as an elective course, and in addition, I became an auditor in many courses of physics, such as quantum mechanics, statistical mechanics, the theory of relativity, etc. My professor, the famous Dr. Theodore von ka'rma'n, maintained that a student must have a wide range of knowledge, and he himself was also an erudite scholar, taking interest in every thing. The institute, likewise, was in favour of interchanges between different branchs of learning, in order to broaden the intellect of the student. However, that was only interflows between courses of technology and basic theories of natural sciences, but was not yet relating to the social sciences.

Back to my country, as I was always fully occupied, I had seldom time for deep meditations, and had not thought about the problem of intellectual systems; nevertheless, the "Cultural Revolution" had actually given me an enormous impetus. The "Cultural Revolution" helped me to realize that we must understand the social sciences, as well as the Marxist philosophy, which I endeavored then to study somewhat on my own. After some studies, I became aware that the instructions of Marx, Engels and Lenin are really playing a positive role in inspiring and guiding our scientific and technological works. From then on, I came to integrate the natural sciences with the social sciences, and to consider issues from the views of the whole system of science and technology. This is precisely the emancipation of the mind, and besides, one must also in many ways consult the experts of all walks of life; the same holds true when I am discussing with you.

Among the working personnels of China in the field of social science and philosophy, there are two kinds of people who do not meet my approval: one kind of people relies mechanically on book learning and becomes dogmatist; another kind of people is worshiping the western countries and is having blind faith in things foreign. Both are incorrect. As for the bookishness of certain social science working personnels, I have had a personal experience. More than 20 years ago, we once invited a comrade coming from the organization we worked in, to give us a lecture on the dialectics of nature by Engels. When he talked about science and technology, he wholly repeated the author's writing, reading item by item from the text. Unable to endure this anymore, I told him that the science and technology of today are, long ago, inconsistent with what he said, but he replied that it was printed as such in the books! Another comrade told me that in the 50s, he once attended a lecture delivered by an expert of Soviet Union. Sensing that he was already quite familiar with the content of the lecture, he compared the printed teaching materials with the writings of Marx and Lenin, and finally discovered that the whole paragraph was copied from the original works of Marx and Lenin; it seems that this Soviet expert was only a bookworm. The learning of Marxism is out of question without first grasping its essentials, and it is no good to go in for metaphysics. We must make use of the philosophy of Marxism and MaoZedong Thought to guide our works, this is my firm and unshakable attitude. But in the meantime, we should have in mind that the Marxist philosophy is in the course of development, it is not static or immutable, it is developing along with the deepening of our experiences and social practices, so we should not rely mechanically on book learning. Moreover, in the present situation, while some people are unremittingly adhering to the Marxism, some others are deviating from the right direction and are going against the Marxist philosophy, they are following an even more erroneous line than the doctrinists. At the present stage, to persist in Marxist philosophy means that we should have a correct understanding of Deng. Xiaoping. Theory in building socialism with Chinese characteristics. Our archiecture, likewise, must take the socialist road with Chinese characteristics. We must neither mimic the style of ancient times and be conservative, nor follow blindly in the footsteps of foreign countries; we ought to have original creations of our own.

(2) Could we establish a major department of learning——the Science of Architecture

Recently, the reading of the essays of Mr Gu Mengchao(editor's note: refering here to the lecture "Introduction to the Philosophy of Architecture" and the article entitled "Information, Thinking and Creation——the characteristics of creative thinking and the patterns of thinking in the design of spatial environment", Journal of Architecture, No 1, 1996)and this book (editor's note: refering to the book entitled "Architecture and Philosophical Concept", written by Professor Ye Shu Yuan of Taiwan)somewhat inspires me that the real scientific basis of architecture must attach importance to environmental problems and so forth.

This viewpoint should be considered seriously, only then we can really broaden our mind.

At the present time, what is deemed as the basic theories in architectural science, is in fact, according to my version, knowledge of second order, remaining on the technological and scientific level, and its objective is the application of basic theories to actual constructions; in other words, it belongs to the intermediate transitional order. Nowadays, the curriculums of the students in the Department of Architecture, lay stress on the actual use of technique and artistry, which belongs to the knowledge of third order, being on the level of practical engineering and technology.

The writings of Mr Gu Mengchao and Prof. Ye Shuyuan are enlightening: the relationship between buildings and people is practically the basic theoretical problem of architectural science, it is just architecture in its true sense. Going further, we could enhance the architectural science to the realm of philosophy, generalizing it in philosophical thinkings, and it is what I said in the letter adressed to Prof. Ye: After all, are you whether an idealist or a materialist?

The true architectural philosophy should consider the relationship between buildings and people, between buildings and society. In the past, how the emperors of feudal societies looked upon the building constructions? Their viewpoints were obviously different from that of ours, for they were the lords of feudalism. I have been living in the U. S. for such a long time, so I am fully aware that in a country of monopoly capitalism like the U. S, it is the big capitalist and not the people who really has the last word. The big capitalists have their own manors, the same as the garden palaces of feudal lords. And what kind of building is the tenement of common people? Even the living conditions of the middle class are on a far lower level. I had a personal experience of such a life. I was a professor at that time, but my wife and I still had to clean the house and do the cooking every day. As for the poor people, one can well image what their situation is like, because it is the capitalist society. The buildings of such a society are giving priority to the capitalists. When Mrs Zhang Jin Fu, former secretary of the Chinese Academy of Sciences, held later the post of Minister of Finance, he got in touch with the U. S. He once visited this country, and returning from abroad, he told me that this time, he really knew what a country as the U. S. is like: he was invited as a guest to visit the manor of a big capitalist, and was introduced to the latter's own staff group——which was actually the flower of the nation. He found that the persons of the second and third leading posts were all having quits advanced cultural levels, and if they take up appointments in government circles, they could at least hold such positions as ministers of state; the first man in the staff group did not appear in public, but only gave counsels in the service of his boss. By the same token, their buildings are also in the service of such social system, while ours are for the people, in the service of people.

Besides, the construction of buildings is a subject of science and technology. The structure of buildings is evolving from the earlist adobe and stone to brick and stone, to brick and timber etc……and what kind of structure we have at the present time? Our science is developing continuously. A few days ago, an article on the Economic Daily talked about the "Plastic Windows". As you see, the windows of my house were made in the 50s, they are wooden windows, and now we have plastic windows, alloy aluminium windows and so forth, and with the development of science and technology in the coming years, we will have other novel materials. The construction of buildings is closely related to science and technology.

Now, I would like to ask everyone of you to consider whether we could establish a department of scientific learning, a true Science of Architecture, It should embody, as its highest first order, the Architecture in the true sense; its second order should be the technological theories of building construction, including the Theory of Cities; and its third order is the technology of building construction, including city Planning Finally, in addition to these three orders, there should be philosophical generalizations and summations. In this major department of learning, art and science will blend into a unity, Architecture will become scientific art, as well as artistic science. Therefore, to exercise the profession of architecture will be a matter of utmost importance, and it is a great mission. If we Chinese peole could work out a clear idea on this issue, it would be also a contribution to humanity. We have a long history of civilization of 5000 years, we must look at problems from the historical point of view, we should understand the people and notice what kind of buildings they need. The establishment of a major department of scientific learning is not confined to the initiation of only one or two subjects of study. I had proposed to establish ten major departments of scientific learning, it seems now that we would have eleven. I hope all of you to think over the problem.

(3) Academic democracy is of prime importance

In the past, I have been working for several years at the China Association for Science and Technology, and I found that there was not enough democracy in academic discussions, for some professors and persons of authority were stifling sternly differing opinions. In the meetings of the China Association for Science and Technlogy, I had talked about this matter several times, but still we were unable to solve the difficurlty. This is a serious problem in the forward development of science.

With regard to the academic democracy, I have had an intimate knowledge of it, in the California Institute of Technology. At that time, the Institute was holding frequently science symposiums. Usually, a speaker made first a statement——it was the so called "Introduction of a theme"——in which he gave a presentation on the situation of his academic sphere. The speech lasted about 40 minutes, then there was a discussion for one hour, and every participant was free to get a word in the discussion. I was then only a graduate student, but I attended also these discussions, as students were permitted to take part in such activities.

The professor who presided over the symposium made also his comments sometimes, discussing together with the participants. Occasionally, in the course of debating, the professor would declare that the argument he stated a moment ago was wrong, and took back what he said. Thus the symposium was conducted with much concern for academic democracy, and finally there was a centralization. How to achieve the centralization? At the end of the discussions, the professor made a summing-up for 10 to 15 minutes, explaining which problems had been resolved this time, and which others were awaiting solution and calling hereafter for further researchs. He never jumped to farfetched conclusions, but he must make plain in his summary what answers we had got on the settled questions, and how well we understood them.

Academic democracy is of prime importance. By democracy, we mean that it must conform to the principle stipulated by the Party Constitution, namely democratic centralism. For instance, in a symposium, we should have a topic for discussion, and this is precisely the guided democracy. We should strive for centralism on the basis of democracy, and for democracy under central guidance. We should not give up centralism as soon as we attach importance to democracy, or give up democracy as soon as we pay attention to centralism. Such is the dialectical relationship between these two opposites of contradiction.

(English translation by Gu Qiyuan)

A New Discipline of Science——The Study of Open Complex Giant System and Its Methodology

Qian Xuesen

Abstract: This paper introduces the conception of open complex giant system and the methodology for dealing with the system, with stress on its profound significance in development of science and technology. The authors conclude that the reductionism underlying the exact science is not suitable to open complex giant system, and the only feasible alternative is the meta-synthetic engineering from the qualitative to the quantitative.

In the last twenty years, systems science, evolving from concrete applications of systems engineering, has gradually developed into a new discipline of modern science and technology[1]. Notably in recent years a large new field emerges, i. e. the research of open complex giant system. The aim of this paper is to discuss this. system and its methodology.

1. Classification of Systems

System science takes systems as its object of research. Systems exist everywhere in nature and in human society. For example, the solar system, the human body, a family, and a manufacturing enterprise are all systems. To facilitate research, systems can be divided on different principles into different class types. They can be classified as natural or man-made, open or closed, dynamic or time-invariant, living or inanimate, etc.

The classifications above are rather straight-forward, but the point of view stresses too much on the concrete intension, so the essence of the system is thereby neglected. And the essence is of supreme importance to systems science research. So a new classification has been brought up in[2] as follows:

Depending on the quantity and the interactive complexity of the subsystems and variety of subsystems contained in the systems, systems can be divided into two large groups: simple systems and giant systems. Simple system denotes there comprising relatively fewer subsystems with simpler interrelations. Some inanimate system, such as a measuring instrument, is a small system. If the number of subsystems is comparatively large (e. g. a hundred), such as a manufacturing plant, it can be called a large system. No matter which it is, small or large, such a system can be studied, starting from the interaction of the subsystems, then directly synthesizing the dynamic function of the complete system. This can be called the direct method. At most, a large computer or a supercomputer is needed to process such a system.

If the number of subsystems is extremely large (e. g. thousands to trillions), then it is called a giant system. If the variety of the subsystems is not too diffuse (several, or tens of different kinds), and their interrelation is not too complex, then this can be called a simple giant system, e. g. a laser system. Naturally, approaches for treating simple small or large systems cannot be applied to the study of such giant systems, even a supercomputer won't suffice, and no anticipated computer will have adequate capacity to meet the needs of such mode of study. Direct synthesis won't do, so the great achievements of statistical mechanics are brought to mind, where giant system consisting of billions of elements is generalized by statistical methods with details neglected. This contribution is made by Prigogine and Haken. They called their work, theory of Dissipative Structure and Synergism respectively.

2. Open Complex Giant System

If there is a large variety of subsystems with hierarchical structure and complex interrelations, then the aggregate is called a complex giant system. As examples, there are the biological system, human brain system, somatic system, geographical system (including ecological system), social system, celestial system, etc. Their structure, function, behavior and evolution are all complex and not yet well understood today. Take the human brain as an example. It has more than 10^{12} neurotic cells and their interaction is much more complex than an electronic switch. It has been noted by E. Clementi[3], the human brain is like a huge computer network consisting of 10^{12} supercomputers, each working at 1000mhz, in parallel.

On a higher level are systems with human beings as their main subsystems. For such, "open" and "complex" have newer and broader connotations. Here, openness denote energy, information, or material exchange with the outside world. To be more exact, (1)system and its subsystems exchange information with the outside world; (2)the subsystems acquire knowledge by learning. A human being is a complex giant system. Society takes enormous quantity of such complex giant systems as its subsystem. The complexity of such systems can be outlined as thus: (1)between the subsystems there are many modes of communication; (2)subsystems are of many varieties; (3)the subsystems have different ways of expressing and acquiring knowledge; (4)the structure of the subsystems change with evolution, so the structure of the system is in a state of flux.

This classification of system clearly depicts complex levels of the system. It is of great significance to research of the theory and application of systems science and this can also be seen from recent studies of social system. Studying human beings, the complex giant system, can be regarded as micro research of social systems, while in the field of macro research of social systems, it is well known that any society is of three social formations, i. e. the economic social formation, the political social formation and the ideological social formation. Social system can be divided into three integral parts, i. e. the social economic system, the social political system and the social ideological system. Corresponding to these three social formations, there should be three civilization constructions, i. e. material, political and spiritual. The socialist civilization construction should be the coordinating development of these three aspects. This conclusion is of significance both in theory and in practice. From the angle of practice, what guarantees coordinating development of these three civilization constructions is the social systems engineering. According to the definition of systems engineering given by Qian et al[4], the technique of organizing and managing the social economic system is the economic systems engineering, the technique of organizing and managing the social political system is the political systems engineering and the technique of organizing and managing the social ideological system is the ideological systems engineering. And then the social systems engineering is the organizing and managing technique which makes coordinating developments among these three subsystems and between the social system and its environment. Seeing from the reality of our reform and opening policy, not merely the economic systems engineering is necessary, but, more importantly, the social systems engineering is needed. Carrying on the economic system reform alone and not paying attention to the interrelation and interaction of the other two subsystems, the economic system reform is difficult to succeed. For example, official profiteer, some corrupting phenomena in the party and unhealthy social tendency produced so serious impact to the economic system reform that the government has to administer the economic environment and rectify the economic orders. All this shows that the one-track mind and piecemeal reform just does not work. Reform needs overall analysis, overall design, overall coordination and overall plan. This is the realistic significance of the social systems engineering to the reform and opening policy in China.

From examples of the open complex giant system illustrated above, it can be seen that they involved biology, noetic science, medical science, geoscience, astronomy and social science theories. So this system is a really giant field for scientific research. It is worth to point out that theories of these disciplines originally distributed in different branches of science and even in different scientific and technological domains. They are of rather a long history and they do express in some extent the idea of the open complex giant system with their own languages. The theory of the traditional Chinese medical science can be taken as one example, but today they can be summarized in the concept of the open complex giant system and even more clearly and more profoundly. This fact inspires us that the raising of the concept of the open complex giant system and its theoretical research will not only promote the development of theories of different disciplines, but also opens up new inspiring prospects for linking-up of these theories.

3. Methodology of Studying Open Complex Giant System

Up till now, researches of open complex giant system have not as yet achieved the theory from microcosm to macrocosm and there was no theory of statistical mechanics constructed from interrelation of subsystems. Then, is there any research method? Some persons thought it rather simple. They copied mechanically methods for dealing with simple systems or simple giant systems to deal with open complex giant systems. They did not notice restrictions and applicable range of these theoretical methods, but copied them mechanically, thus running counter to their desires. For example, so far as its theoretical frame is concerned, game theory in operations research is a very good tool for studying the social system, but its level attained and results achieved today is far from dealing with complex problems of the social system. The reason is that, in game theory, human sociality and complications and uncertainty of human psychology and behavior were oversimplified so that problems of complex giant system became those of simple giant system or simple system. Similarly, this is the same reason why it was not a success when applying system dynamics and self-organizing theory to the study of open complex giant system. The originator of system dynamics, J. Forrester, himself pointed out[5] that it should be prudent in utilizing his method and the convincibility of models built should be studied. However, some persons at home paid no attention to his words, but utilized it "boldly".

On the other hand, still others just raised problems of complex giant system to the level of philosophy and indulged in talking in the air that system movement was dominated by subsystems, microcosm dominated macrocosm, etc., one typical example is "unified holographic theory of the universe"[6]. They did not see that human beings can not recognize subsystems completely, and there is deeper and finer subsystems within subsystem. If you discuss unknown with incomplete knowledge, then what can it do? They even erroneously announced that: "the part included total information of entirety" and "part is entirety and entirety is part. These two are identical absolutely". This is contrary to objective facts completely.

Studies and practices have clearly proved that the only feasible and effective way to treat an open complex giant system is a metasynthesis from the qualitative to the quantitative, i. e. the meta-synthetic engineering method. This method has been extracted, generalized and abstracted from practical studies, especially of the following three complex giant systems.

(1) Social system: studies and applications of systems engineering technique for social systems, such as a social economic system which would be described by hundreds or thousands of variables.

(2) Human body as a system: a combined study of physiology, psychology western medicine, traditional Chinese medicine, Qigong (a traditional Chinese meditation exercise for the healing and prevention of illness), psychokinesis, etc.

(3) Geographical system: study of geographical science by synthesis of ecological system, environmental protection and regional planning.

In these studies and practices, scientific theory is usually combined with empirical knowledge and expert judgement. Empirical hypothesis (judgement or conjecture) are put up which cannot be proved by rigorous scientific methods. They are qualitative knowledge, but their accuracy can be checked on models built from empirical data and reference material, with hundreds and thousands of parameters. The models are based on experience and practical knowledge of the system. Through quantitative calculation and repeated collation, conclusion is finally reached. This conclusion is the best to be found at this stage of knowledge of reality. This is quantitative knowledge arising from qualitative understanding.

Thus metasynthesis from qualitative to quantitative approach is to unite organically the expert group, data, all sorts of information, and the computer technology, and to unite scientific theory of various disciplines and human experience and knowledge. This makes a system in itself. Successful application of the method depends on giving full play to the synergetic advantages of the system.

In recent years, some scholars proposed to use meta-analysis methods[7—10] for carrying out trans-field analysis and synthesis of information in different fields. However, the method is not mature and too simple while the meta-synthetic engineering from the qualitative to the quantitative is the real meta-analysis method.

4. An Example of The Application of the Meta-Synthetic Engineering

Now, we will describe this method and its application by an example from the social economic systems engineering: a synthetic study of financial subsidy, price and wage in China economic construction. This case is successful.

Since 1979, as a result of the policy of raising the purchasing prices of farm and sideline products and giving extra pay for extra purchase, income of farmers increased. This increment came from government financial subsidy. But at that time, there was no corresponding adjustment on the selling prices. The result was, with good harvest year after year, government subsidy increased rapidly, thus became government heavy financial burden. This was the main source of deficit in our national budget and induces a very incongruous financial problem. As a result, the rate of increase of our national financial revenue was manifestly lower than that of the national income. Percentage of financial revenue in national income decreased yearly.

Problems arising from governmental subsidy attracted great concern from the goverment. Departments in charge proposed the use of two economic levers, price and wage, to gradually reduce and then remove this subsidy. But adjusting the prices of retailed commodities will inevitably affect the living standards of the people. If this is accompanied by wage adjustments, then problems of financial load, market balance, currency issue and savings will be involved. These problems again affect the production, consumption, circulation and distribution aspects of the economic system.

Financial subsidy, price, wage and other directly and indirectly related economic components form an interrelated, interacting system with certain functions. Adjusting prices and wages, and then eliminating financial subsidy is, in fact, to modify and regulate the interrelation and interaction of the system, so as to make the system possess our desired function. This is a typical proposition of systems engineering.

This problem will be studied first by economists, management specialists, and system engineers. Applying their knowledge and experience, they clarify the crux of the problem, make qualitative assessment (empirical hypothesis) on ways and means to be used to solve the problem, and then put the problem in a system frame, determine its boundaries and specify the state variables, environment variables, control variables (policy variables) and output variables (observation variables). This step is of prime importance in determining system modeling concept, modeling requirements and function.

System modeling is the use of a mathematical or logic model to describe the structure, function and input/output relationship of a real system. Study on the model reflects study of the real system. Modeling procedure requires both theoretical method and experience. Real statistical data and related material are all necessary.

With a system model and the help from a computer, system and its function can be simulated. This is like experimentation in a laboratory. By means of system simulation, reaction under different inputs, dynamic characteristics and future behavior prediction of the system can be studied. This is systems analysis. Based on such analysis, system optimization can be worked out. The aim of optimization is to find out the optimum, sub-optimum or satisfactory policy or strategy to help the system obtain the desired function.

Quantitative results obtained by means of the procedure above are again put under discussion by the experts to make some decision. The result may be plausible or doubtful. If the later, the model must be modified and the parameters readjusted. Then the procedure is repeated. There can be many repetitions until all experts agree on the reliability of the result. Then conclusions and policy proposals are made. Now, there are both qualitative description and quantitative base. The conclusions will have sufficient scientific foundation, not only as a prior assessment and conjecture. The above steps are shown as a block diagram in Figure 1.

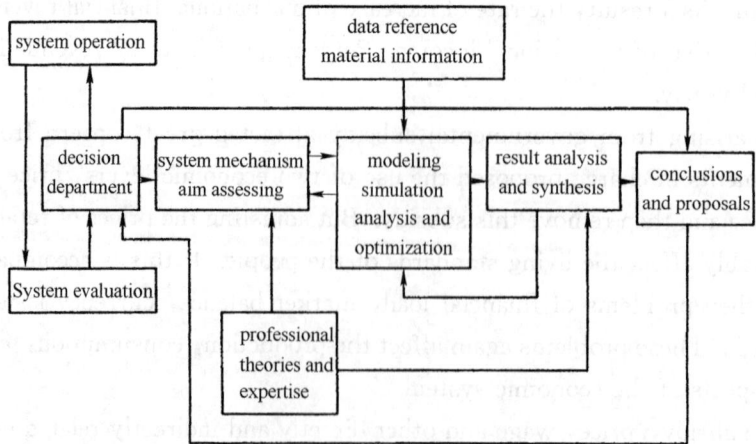

Figure 1　Application of meta-synthetic engineering

5. Knowledge Engineering Is Applicable to Meta-Synthesis

Meta-synthetic engineering as sketched above is quite effective. In the process of solving the problem, the experience and knowledge of the expert group contributed much to its success. Expert system is a representative knowledge type system and it is a subsystem of the large system. In the above discussion, open and markedly complex giant system ranks highest in the hierarchy. System with human being, expert system and intelligent macine as subsystems must be a man——machine system. The subsystems are interrelated and have to be coordinated. Men guide and decide the key points, machines carry out the repetitive and tedious work.

The kernel of knowledge engineering is knowledge expression. That is, how to express various kinds of knowledge, such as book knowledge, relevant knowledge in special fields, empirical knowledge, common sense knowledge, etc. , in a form that can be accepted and treated by a computer. Knowledge type system is different from the usual dynamic system. The distinguishing feature of the knowledge type is in solving problems by knowledge-controlled inductive method rather than precise quantitative procedure. This is because a great part of knowledge is empirical and cannot be described with precision. For knowledge type system, we cannot build quantitative mathematical models as we used to do. Only qualitative method is suitable. If the system contains some elements which can be described quantitatively, then system synthesis can only be carried out by qualitative and quantitative coordinated method. There has been a lot of work done on utilizing qualitative physics conception and model-building method to establish qualitative models and thereby study qualitative reasoning[11]. Qualitative model-building is a method of coding deep underlying knowledge, which only takes care of the trend of change like increment, decrement and invariance. Qualitative reasoning denotes operation on qualitative model and from which system behavior is understood or predicted. Up to now, work has been done on three fronts. De kleer et al of Xerox brought out a component centered model. They consider combinability as the chief attribute of a system. Structurally, system is a combination of parts. Behavior of a system can be deduced from the behavior of its parts. They are trying to establish a qualitative physical system that can make explanation and prediction. In another front, kuiper of the Computer Science Laboratory, MIT, proposed a constraint centered model. Thirdly, Forbus of the Artificial Intelligence Laboratory, MIT, built up a proeess centered model. He called the sources that induce motion and change as processes and is trying to form a theory to show the influence of process on physical procedure. The motive of studying qualitative model building and deduction is to study common sense knowledge and resolve the problems of expression, storage and deduction of such knowledge. Many experts think work on the method and theory of qualitative modeling and deduction will probably pave the way to utilize common sense knowledge. European Convention of Artificial Intelligence 1988, confers the Best Thesis Award to a paper on qualitative physical model and computational model. This indicates the expectation men placed on such study.

In fact a lot of important work on artificial intelligence is considered from the system aspect. Some maintain that study on artificial intelligence can be generalized as the knowledge of studying the computational methods of the acquisition, expression and application of various qualitative models (physical, perceptive, cognitive and social models)[12]. This is a reflection of systems science. At present, attention is paid to the synthetic trend in artificial intelligence. The Computer Integrated Manufacture System (CIMS) is an example. Product design and manufacture are two important aspects of industrial production. Each comprises many links which perform work with modern technology through man——machine interaction. Formerly design and manufacture were separately considered. Now there is a tendency to merge them together and feed back in time information relating to product quality during manufacture to the design department, thus making the whole production process flexible and effective, and assuring high grade production. This scheme of over-all planning of the design and manufacture, and even management and sales activities is exactly the embodiment of synthetic thought of an open complex giant system.

In short, after extending the conception of "openness" and "complexity" of a system, the understanding of the system becomes deeper and the range of contents generalized wider. This width is obtained by abstracting and generalizing the development of modern science and technology and especially the newly emerging knowledge engineering, and has a sound bases. After expounding the proposition that the open, extremely complex, giant system is in the highest hierarchical level in the system classification, the two large fields of systems science and artificial intelligence is in fact interlinked. Thus all kinds of intelligent systems characterized by knowledge, such as cooperative artificial intelligence systems, distributed AI systems, and real-time intelligent systems are grouped into a unified distinct category. This facilitates the establishment of theoretical basis to the open complex giant system. This is the inevitable outcome of the development of modern science.

6. Implication of The Study of Open Complex Giant System

From the above, characteristics of the meta-synthetic engineering from the qualitative to the quantitative can be summarized as follows:

(1) Based on the characteristics of complex mechanism and large number of variables of the open complex giant system, qualitative study and quantitative study are united organically; qualitative comprehension is raised to quantitative comprehension.

(2) Owing to the complexity of the system, scientific theory and empirical knowledge must be combined, and piecemeal of knowledge of the object world must be collected to solve problems.

(3) With systems in mind, various scientific disciplines are studied as group.

(4) According to the hierarchical structure of complex giant system, macroscopic study and microscopic study are united.

(5) Application of this method should be supported by a computer system, which has not only the function of management information system (MIS) and decision support system, but also the function of meta-synthesis. Therefore, we have to use the newest techniques such as KE, AI, information technique, etc. .

It is these characteristics that make the method capable for solving complex problems in the open complex giant system. Therefore it is of great significance.

What modern science and technology explores and studies is the whole objective world, but when studying different problems in the objective world from different sights, with different view points and methods, different science and technology domains formed in modern science and technology. For instance, natural science studies objective world from the view of material movement, different levels of material movement and relations between different levels. ; social science studies objective world from the view of studying human social movement and the effect of objective world upon the humanity; and mathematics science studies objective world from the view of quantity and quality and their mutual conversion.

In the same context, systems science studies objective world with systems viewpoints and systems methods. As one of science and technology domains, systems science takes systems as its study object from its applications to the basic theory research. In macro world i. e. , on our earth where lives and living beings exist, human beings and human society emerge and there is also the open complex giant system. This kind of system exists in cosmic world too. For example, the Milky Way system is an open complex giant system Thus, the open complex giant system is beyond the macro world into a broader field. Therefore, the open complex giant system and its research is of common significance. However, as mentioned before, all the past science theories could not solve problems of the open complex giant system. As for the reason, we can find it in history.

It is well known that rules governing the living system and the inanimate system are distinctly different. The inanimate system obeys the Second Law of Thermodynamics, the system always intrinsically tends to be in a state of equilibrium and disorder, and disorder will never automatically change to order. This is the irrevocability and stability of equilibrium state of the system. But the living system is just the reverse, evolution of living things and development of society are always from simple to complex, from low-level to high-level, and the system becomes more orderly. Such system can spontaneously form an orderly and stable structure.

Is there any innate relation between these two contradictory systems? In the sixties of this century, the appearance of the theory of dissipative structure and synergism proposed a scientific frame for solving this problem. These theories consider rules brought out by the Second Law of Thermodynamics referring to isolated systems (no material or energy exchange with the environment)in a state of equilibrium or near equilibrium (state of linear non-equilibrium). But the living systems are usually open systems and are far away from equilibrium(in a state of nonlinear non-equilibrium). Under these conditions, the system brings in negative entropy through material and energy exchange with the environment. Though positive entropy is produced inside the system, the net entropy decreases. Under certain conditions, it is possible for the system to change automatically from the originally disorderly state into a state of order with respect to time, space and function. This, Prigogine called a dissipative structure. Thus without contradicting the Second Law of Thermodynamics, the theory of dissipative structure links up the innate relation between these two systems[13]. Haken made a further step forward by pointing out, the crux of system turning from disorder to order is not whether the system is in equilibrium or not, nor how far it is from the state of equilibrium, but is in the interaction between the subsystems making up the system. By their nonlinear interaction, they cooperate and, under favorable conditions, spontaneously produce a stable and orderly structure. This is a self-organizing structure[14].

This achievement of modern science in recent 20 years is very important. It expounded the riddle which has puzzled scientists for a long time. But the success of the theory of dissipative structure and synergism made some persons to be over-optimistic. They thought this quantitative methodology based on the reductionism that underlies the modern science can be applied to the open complex giant system too but failed.

In the history of scientific development, the science with quantitative research as its main method once was called "exact science" while the science with speculation and qualitative description as its main method was called "descriptive science". Natural science belongs to exact science while social science to descriptive science. Social science is a kind of science which takes social phenomena as its studying objects. Complexity of social phenomena makes it difficult to describe quantitatively and this is possibly the main reason why it cannot become exact science. Though scientists did great effort to make social science to transit from descriptive science to exact science and achieved some results, for instance, in the field of economic science. But the entire social science system is far from exact science.

From the above discussion, we can see that the study of open complex giant system and its methodology is, in fact, to collect the great amount of dispersed knowledge into a whole structure. It is a leap from quality to quantity. When each facet of the problem has been thus studied, the accumulation of the results will heighten our knowledge of the problem as a whole and make another leap.

The famous German physicist Max Planck realized that science is an inherent entity and its being resolved into isolated entities does not depend on things themselves but on limitations of human cognitive ability, that there actually exists an interlocking chain from physics to chemistry and through biology and anthropology to sociology, and that such a chain that can not be ruptured anywhere. Researches in natural sciences and social sciences covered the whole chain, but study on systems science is a kind of science that connects this chain.

We call this process the unification of natural science and social science. We can say that the research on open complex giant system and its methodology establishes scientific and feasible approaches and methods for realizing this unification.

In conclusion of this discussion, we need to point out that the meta-synthetic engineering method from the qualitative to the quantitative referred here not only is the sole feasible method for dealing with and studying open complex giant system, but also can be used to deal with millions of mass's individual opinions, congressman's suggestions and motions and experts' views, and even decisions of individual leaders thus attaining really the goal of *making a mickle with many a little*. Its significance is far above the progress and development of science and technology.

References

[1] Qian Xuesen et al. "On Systems Engineering", Hunan Science & Technology Press, 1988.

[2] Qian Xuesen, Journal of Philosophy, October, 1989, 3.

[3] New Scientist, Jan. 21, 1988, 68.

[4] Qian Xuesen, Xu Guozhi and Wang Shouyun, "Technology of Organization and Management—Systems Engineering", Wen Hui Bao, September 27, 1978.

[5] Forrester, J. W., "Theory and Application of System Dynamics", New Times Press, 1987.

[6] Wang C. Z. and Yan C. Y., "Unified Holographic Theory of the Universe", Shantung People's Press, 1988.

[7] Hedges L., Olk I., "Statistical Methods for Meta-Analysis", Academic Press (1985).

[8] Wolf F. M., "Meta-Analysis: Qualitative Methods for Research Synthesis", Sage (1986).

[9] Rosenthal R., "Meta-Analytic Procedures for Social Research", Sage (1984).

[10] Light R., Pillemer D., "Summing up: the Science of Reviewing Research", Harvard University Press(1984).

[11] Wang Jue and Cai Qi, China Computer User, 8(1989) 22.

[12] Dai Ruwei, China Computer User, 8(1989) 14.

[13] G. Nicolis & I. Prigogine, "Exploring Complexity", Freeman, New York, 1986.

[14] H. Haken, "Synergetics", Springer—Verlag, Berlin, Heideberg (1977).

On Shan-Shui City

Bao Shixing

Recently a hot topic goes to Chinese researchers of urban sciences, which is "Shan-Shui City". What is a "Shan-Shui City"? "Shan" means mountains or hills, and "Shui" means "Water". "Shan-Shui City" means that, while engaged in urban planning and urban construction projects, we should blend Chinese ancient poetic flavor, classical gardening design and traditional paintings of natural landscape into our city conceptual model.

1. Background

The concept of "Shan-Shui City" was first put forward by a famous scientist, Professor Qian Xue-sen who has made great achievements in the fields of aerodynamics, system science and engineering cybernetics. In early 1980s, he pointed out in a national training course for mayors that there is necessary to establish a discipline of urban systems science according to theories and methodologies of holism and system science. He later emphasized that we needed to further develop such a Chinese gardening architecture as the Summer Palace, Chengde Summer Resort, and reform city into Chinese style supergarden, which he referred to the "Shan-Shui City".

The presentation of such a conceptual model of "Shan-Shui City" by Prof. Qian provoked a hot discussion among Chinese urban planners, urban geographers, urban ecologists, horticulturists, writers as well as artists. The primary subject in the discussion is how to integrate Chinese traditions of culture and architecture into an ecologically sound model. We have prepared a collection of the papers to dedicate it to those persons at home and abroad(especially Chinese scholars in Taiwan)who are interested in this topic and welcome them to express their opinions about the "Shan-Shui City".

2. Features of "Shan-Shui City"

(i) "Shan-Shui City" has a deep philosophical connotation of ecology, that is man should live in harmony with nature. While sharing economic benefits from the industrialization and urbanization at global scale, we are facing more and more urban ecological problems. To return to nature and become its part is an ideal of modern Chinese people. "Shan-Shui City" is a kind of incarnation of such an effort.

(ii) "Shan-Shui City" model puts an emphasis on local history and culture, which is a kind of comprehension of natural ecological processes, historical source and cultural veins. To go to a unification of man, its society and nature and to realize a kind of visual and psychological sense of beauty to their living and cultural environment are basic goals of building a "Shan-Shui City".

(iii) "Shan-Shui City" possesses strong Chinese style of culture which should be blended together with typical artistic conception of Chinese poetry, paintings, gardening architecture. This is the quintessence of Chinese culture.

In some traditional gardens of Chinese cities and scenic spots, we often see some so-called "Ten-spots" and "Eight-spots" which indicate traditional features at deeper and inner level of culture. For example, in "Ten-spots of West Lake" in Hangzhou city, "Autumn moon on quiet lake" is appreciated comprehensively as a kind of typical natural landscape of "autumn moon" and "quiet lake"; "Seeing fish at flower port" is a vivid description of flowers in Spring falling onto fish in the water and fish eating fallen flowers. These kinds of landscape are a figurative and dynamic combination of local phenology, environment, sound, animals and plants.

More than one thousand of years ago, Chinese people liked to appreciate natural stone bodies. Carved with words "Hard Stone nodding to You", a stone block may let you feel that the stone really nods to you. In Chinese gardening, natural stone is emphasized as an architectural importance and often plays a key role in gardening, which is rarely used in western countries.

In ancient times, Chinese writers and painters made a lot of poems and paintings describing natural mountains or water bodies, which indicated a kind of profound understanding of nature and Chinese cultural preference.

3. Several actual examples of "Shan-Shui City" construction

To deeply understand the conceptual model of "Shan-Shui City", We would like to make discussions about some successful efforts of urban construction in the course of Chinese urban development.

Beijing city is a typical "Shan-Shui" city with an excellent natural environmental amenities, backing northwest on to mountains and in its west part streams lying. A lot of imperial gardens were built there, and the principle of axial symmetry was strictly followed by the layout of imperial buildings. Nearby the groups of palace buildings are some gardens with streams going through, this is a perfect combination of artificial and natural environment.

In Nanjing, Jiangsu province, there are mountains in its northeast part, the Yangtze River running through its west part, lakes in its north and south parts and Qinhuai River flowing through the inner area of the city. This is an entity of mountain-water-city.

Jinan, Shandong province, was established facing mountains to the south and lakes to the north as a city with "mountainous landscape" and "colors of lotus".

4. Conclusion

Through at present the concept of "Shan-Shui City" is explained differently, we will find a common definition for it in the future after deeper discussions.

There is a common opinion upon "Shan-Shui City" concept which claims that the "Shan-Shui City" should become an urban development model for Chinese urban construction in the 21st century, and a key characteristics of future urban development is to probe into how to integrate natural and artificial environment. We need to follow a famous word: "Live in harmony with nature".

Five Theories on Architectural Sciences by Qian Xuesen

Gu Mengchao

1　Introduction

Qian Xuesen, a great master in sciences of the 20th century, has also made important successes in the field of architectural sciences by his initiative contribution.

Qian Xuesen made explicit positioning for the architectural science as a major sector in sciences, positioning for the academic system of architectural sciences. He also made lucid anticipation of *shan-shui* city as a model for the architectural sciences to follow in future Chinese urban growth. Also very implicitly, he set three sciences as guide for architectural sciences: architectural philosophy, urbanology and landscape architecture.

To trail his ideological development in architectural sciences, I divide it into four stages: the ideological embryonic stage (1958—1990); conceptual formation stage (1990—1993); theoretical growth and practical implementation stage (1993—1996); theoretical sublimation stage (1996 till today). [1]

Qian Xuesen laid great stress on basic theories and leading sciences in the theoretic innovation for the whole comprehensive sciences. In every of his scientific activities and for every of the research objects he studied, Qian Xuesen consistently followed the ideological principle of practice-theory-practice. [2]

The author of this article has divided the changes in values for architecture over the past 6000 years into six milestone-like epochs: the epoch of practical architecture, the epoch of artistic architecture, the epoch of machine architecture, the epoch of spatial architecture and the epoch of environmental architecture. Each of these six epochs has its own outstanding representative. For instance, the practical architecture found its representative in Vitruvius Pollio, artistic architecture in Michelangelo, Laphael, Leonardo Da Vinci, mechanic architecture in Le Corbusier, spatial architecture in Bruno Zevi, and so on and so forth.

These masters, representative of their respective epoch, have made milestone-like contribution to architecture with their philosophy for architecture or their buildings and structures, thus advancing the development of. architectural technology and art.

As an outstanding scientist, Qian Xuesen also made his magnificent contribution to the historical development of architecture in 20th century.

2　Setting up a mega sector for sciences——the sciences of architecture

Qian Xuesen said, "It is imperative to set up the architectural sciences as a mega academic sector in modern sciences and technology. Additionally, this sector should be guided by Marxist philosophy so that it can open up new horizons. Personally, I think this is a task that my colleagues in the field of architecture and urban sciences could not decline. Thanks for consideration. "[4] He also appealed that: "A new mega sector is being added into the system of modern sciences and technology, the eleventh sector, that is the architectural sciences. "[5]

Qian Xuesen expounded the structural levels in this system of the sciences of architecture, where the first level that architecture should contain is the genuine architecture, the second is architectural and technological theories, including urbanology, then, the third level of engineering and technology, including city planning. To top off these three levels, we have philosophy as a generalization (Table 1). [4]

Table 1　The levels of the sciences of architecture

Marxist philosophy——the science to perceive objective and subjective world	Philosophy
Architectural philosophy	Bridge
Architecture	Basic theories
Modern architecture、urbanology	Technological sciences
Existent building and design、city planning	Engineering technology

Qian Xuesen deems that within the frame of the sciences of architecture, architectural philosophy(including micro and macro buildings)is the bridge leading to the Marxist philosophy.

Qian Xuesen emphasized that the sciences of architecture, as academic mass, is mixed up with art and science. While architecture is scientific art creation, it is also artistic manifestation of sciences. He holds, "we have a civilization of 5000 years in history, thus we must view the issue from historic perspective. We need to set up a mega sector in sciences, not merely a couple of academic subjects. "[6]

Qian Xuesen gradually completed this theory by a panoramic observation of historical development of sciences and culture by his probing and contemplation for many years.

In 1982, Qian Xuesen proposed to categorize architecture as a mega sector in the professional realm of culture and arts[7]; In 1983, Qian Xuesen proposed to set up gardening science in China[8]; In 1985, he proposed to set up urbanology as an academic subject[9]; In 1990, Qian Xuesen proposed *Shan-shui* city as the model for future urban growth[10]; In 1994, he said it was important to emphasize the leading role of architectural philosophy in the system of the sciences of architecture[11]; In 1996, Qian Xuesen proposed the issue of the system of sciences and technology in architecture, and the issue of setting up the mega sector of sciences of architecture[3]; In 1998, Qian Xuesen proposed the conception of micro architecture and macro architecture[12] .

To follow all these, Qian Xuesen had formulated a conception for the whole framework of modern sciences and technology to contain Marxist philosophy, ten bridges, and ten scientific sectors: natural sciences, social sciences, systematic sciences, mathematic sciences, ideological sciences, human body sciences, behavior sciences, military sciences, geographical sciences, and theories on literature and art. In 1996, Qian Xuesen formally contained the sciences of architecture as the eleventh sector into his holistic diagram for modern sciences and technology. (Fig. 1)[13]。

Philosophy		Bridge	Basrc theories	Technological sciences	Applies technologies	Future sciences
Marxist philosophy as a science by which man perceives the objective and subjective world	Intellectuality	Dialectics of nature	Sciences of nature			Pool of knowledge and practical experiences & philosophical thinking / Unwritten feeling and perception
		Historical materialism	Social sciences			
		Mathematical philosophy	Science of math			
		Cybernetics	Systematic science			
		Epistemology	Science of thinking			
		Outlook of man and nature	Science of human body			
		Geographical philosophy	Science of geography			
		Military philosophy	Military sciences			
		Sciences of man	Science of behavior			
		Architectural philosophy	Sciences of architecture			
	Sensuality	Esthetics	Heories on literature & art	Creation of literature and arts		
		Literary and artistic activities				

Fig. 1 An overal conception of modern science and technology system

I think several points are very important in his theories for positioning sciences of architecture as a mega sector in the academic field.

In his theories for positioning, he made sufficient evaluation for the roles played by architecture in historical culture. It bears a significance of breaking through for the sciences of architecture that he paralleled architecture and natural sciences and social sciences; and he categorized it as the eleventh sector into the framework of modern sciences and technologies.

Qian Xuesen merged the sciences of architecture into the framework of modern scientific and technological field, and perceived it from the context of the holistic framework of it. He emphasized holism for sciences, the integration and interrelationship among the branches and sectors, instead of being separated. Therefore, the sciences of architecture as a sector is no longer viewed as an isolated item from the other mega fields. On the contrary, it absorbs huge amount of academic benefits from the other fields, thus this sector of architecture can become very dynamic and buoyant in its rapid growth.

In terms of dividing the sciences of architecture into different levels, Qian Xuesen clearly broke it down to three levels: the level of basic theories, level of technological sciences and that of the practical applied technique. In addition, he made further explanation for the principles by which to separate them: "Man perceives the objective world via sciences in order to transform it. Thus we can categorize sciences in terms of their interrelationship with this transformation, direct of relatively indirect. That will inevitably divide sciences into theoretical sector as the direct level and applied practical technologies as the indirect levels. Additionally, there is one in between, the engineering technologies. [12]

Qian Xuesen regarded sciences of architecture as a mixture of sciences with art. He said, "This sector is an academic mass, blended up by art and science. While architecture is scientific art creation, it is also artistic manifestation of science. [4]

In positioning the system of the sciences of architecture, Qian Xuesen very much emphasized the role played by architectural philosophy in the sciences of architecture. He pointed out, "The task of architectural philosophy is to approach architecture from the perspective of a world outlook and methodology of Marxism, and to handle relevant issues in light of dialectical materialism, thus to solve the fundamental issue of whom to serve. Thus, architectural philosophy is a bridge leading to Marxist philosophy. " He emphasized that "The genuine architectural philosophy is aimed to study the interrelationship between architecture and man, and that between architecture and society. "[14][3]

In his theories about architecture, Qian Xuesen proposed a conception of macro-architecture and micro-architecture. This is a deepened and sublimed ideology about architecture. He said, "It occurred to me recently how architecture and relevant urban sciences could be generalized into one academic sector in sciences and technologies. Thus, my suggestion is to name urban sciences as macro-architecture, while naming the conventional architecture and sciences of building as micro-architecture. "[12] While regulating the sequential order of the sciences of architecture, Qian Xuesen specifically defined the sciences of architecture in its connotation and extension. This is another break-through contribution he made to the theories and sciences of architecture.

Following is the significance of his theoretical positioning for the sciences of architecture:

1) the role as initiative: His theoretical positioning for the sciences of architecture greatly raised its academic position, greatly broadened its vision and field, putting its research on an unprecedented altitude. This shed a new light on the position and role in the history of human civilization played by sciences of architecture.

2) the role as foundation: His theoretical positioning for the sciences of architecture had laid the foundation for development for the whole set of the sciences of architecture, as it provided people with a new general framework about the system for sciences of architecture. This makes it possible to widely broaden the ideological space for theories on the sciences of architecture.

3) the role as pilot by his methodology: Prof. Qian's theoretical positioning for the sciences of architecture is derived from holism of modern sciences and technologies. Methodologically, Qian Xuesen combined reduction and holism in handling the mega sector of the sciences of architecture, equally treating analytical reduction as well as holistic observation. This serves as a methodological pilot for those who major in architecture and the theories on architecture.

4) the role of openness: Prof. Qian's theoretical positioning for the sciences of architecture bears the significance of openness. He put forth a general framework for architecture and buildings in a broad sense, which is open and needs those who are willing to follow up in further pursuits in light with democratic discussion. In this term, he set up an example for such a democratic practice for academic probing.

3 "The highest plateau" of the sciences of architecture——Qian Xuesen's positioning for architectural philosophy[15]

On November 4th of 1994, Qian Xuesen suggested that architectural philosophy be taught for university students of architecture in China, as architectural philosophy, he said, is the science to take the lead for the whole sector. [11]

This is another important theory he formulated for the sciences of architecture to define the leading post of architectural philosophy in the sciences of architecture, and to advance this academic field by its philosophical theories.

It can be seen in analyzing his ideologies that a theoretical trinity is formed by architectural philosophy, urbanology and gardening sciences in positioning the sector of sciences of architecture. Thus, it is a prerequisite for capturing a broadened vision of the sciences of architecture to comprehend these three theoretical cornerstones in its holistic ideology. And true enough there is such a disparity from his aspiration in today's professional fields of construction and building that architectural theories are often overlooked. Many hold construction means nothing more than building houses. How can we hopefully find anything philosophical and sophisticated in bricks, tiles, sands, stones and cements? This is typical of the conventional viewpoints to exclude human requirement and values, to exclude ideological concerns in architectural practices... Here just lies the deep-rooted reason why the building fields are for long detained from advancement.

Therefore, for a long time now, China has not yet formed architectural theory of its own. This is seen in the variable conceptions about buildings, such as "architecture is house", "architecture is painting", "architecture is sculpture", "architecture is machines to house human architecture" ... architecture is spatial arts" ... Yet, no one has called architecture as architecture should be called.

In a final analysis, Qian Xuesen pointed out, "the genuine scientific foundation for architecture, in its final analysis, is environment. "[3]

This conforms the spirit of the famous Warsaw Manifesto, passed by International Architects Association at its 14th session in 1981, announcing "Architecture means the comprehensive arts and sciences to build environment for survival of human beings. "[16]

These also conform the aspiration of the Chinese grassroots in thousands of years for living space. Wen Zhenheng, a Chinese scholar in Ming dynasty, aspired some 400 years ago a desirous living environs for human beings as being "three forgets": that is "it makes those living in it forget about their getting aged, those staying in it forget to withdraw, and those touring in it forget about feeling tired. . . "[17]

What roles can it produce for the sciences of architecture to emphasize the position of architectural philosophy?

Being the philosophical generality for the sciences and technologies of architecture, architectural philosophy defines the holistic characters and attributes of the sciences of architecture.

Being the practically philosophical implementation of its maternal Marxist philosophy in the scientific fields of architecture, this architectural philosophy embodies a guiding and leading role seen in various academic sectors.

I had diagrammatized this context in a chart (the chart was agreed upon by Qian Xuesen), where it shows very clearly the position of architectural philosophy in the academic system of the sciences architecture. [18]

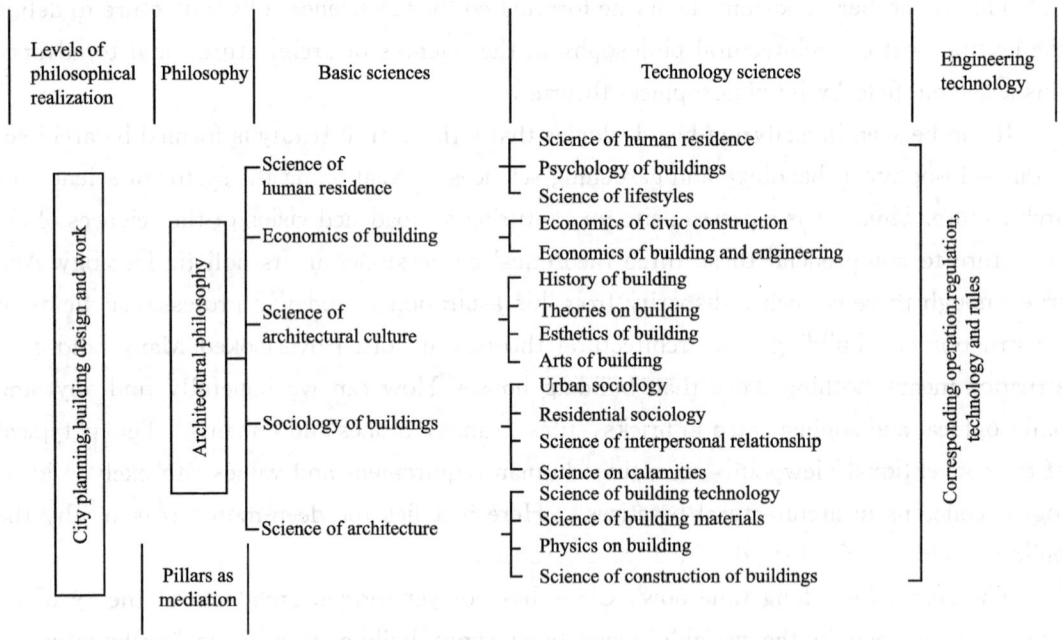

Fig. 2　System of architectural sciences and technologies

Qian Xuesen has many times expounded his philosophy on the sciences of architecture by saying, "Architectural philosophy is the leading science for the mega system of sciences and technologies of architecture, the ultimate sophisticated generalization and the highest plateau[3]

For many times, Qian Xuesen emphasized the importance of architectural philosophy. He holds that this philosophy is also the philosophy of sciences and technologies, and the philosophy for arts and society as well, playing the role of a viaduct and a guide for configuration and advancement of the whole system of architectural sciences and technologies.

Qian had many times explicitly pointed out, the only feasible way to guide architectural sciences by Marxist philosophy is to implement architectural philosophy for this purpose. He said, "I have always emphasized the guiding significance of Marxist philosophy, that is, the dialectical materialism. In the case of sciences of architecture, mounted on this architectural philosophy, we still have the philosophy of Marxism."[14] As a bridge leading to the Marxist philosophy, architectural philosophy bears the mission to define the process and generalization of the whole system of this sector. This determines that architectural philosophy has both wide contents and philosophical depth.

Qian Xuesen has many times shown his determination to have Marxist philosophy as a guide in architectural sciences and practices. He said, "In terms of life outlook and world outlook, we can have architectural philosophy as a bridge to the highest plateau of Marxist philosophy. If we study the architectural philosophy well enough, we can broaden our vision, so that we would be able to observe and handle a city as a whole, instead of a mass pieced up by numerous components."[19]

In response to Prof. Ye Shuyuan's argument on architectural philosophy, Qian Xuesen went on to analyze the position in the whole context of sciences of architecture. He said in a letter to Prof. Ye:

"I am grateful to your book entitled<Building and the relevant Philosophical Issues>, and I feel enlightened in reading it. Personally, I am a layman in the field of architectural sciences and technologies. Here I would like to share my thoughts after reading your book. I hope to be further benefited by your thoughts."[20]

1) I think your book actually tried to define architecture, and its interrelationship with man, additionally, with the effect architectural space is suppose to produce. So, rather than dealing with philosophical outlook, your book actually dealt with the rudimentary theories for architecture. That is, the science of architecture in its real sense. To my understanding, this belongs to the field of basic knowledge on the rudimentary level.

2) To follow this level of rudimentary theories, we still have the level of technological sciences, required by engineering and techniques as direct guiding knowledge. In the case of the technological and scientific field of architecture, this is what is now conventionally called "architecture". And additionally, we still have urban sciences and so on and so forth.

3) Still as the tertiary to follow this level of architectural sciences and technologies, we have design of buildings. That is to design and construct individual buildings.

4) "To top off all these three levels, we still need a general guiding theory to solve issues like what is the guiding ideology for architecture? Materialism or idealism? Or dialectical materialism? Historical materialism or historical idealism? This is what we call architectural philosophy."

What are the practical values embodied in his architectural philosophy?

It is appropriate and pertinent that he positioned architectural philosophy as guiding role in the sciences of architecture. He timely appealed for greater efforts for research in architectural philosophy and its popularization. We need to formulate theories of architecture with Chinese characteristics, and form academic system for sciences of architecture that has Chinese characteristics for advancing academic cause of sciences of architecture in China.

It enables us to see the importance of architectural philosophy in transforming conventional ideas to understand his accounts of architectural philosophy as the highest plateau leading to Marxist philosophy.

We used to neglect human beings when dealing with architecture, failing to realize we had been misled. In the classroom practices, students were taught as often as not to imitate the existent buildings. In teaching history and theories of architecture, much time was devoted to abstract forms to the exclusion of ideological origins, philosophical basis for building.

Conceptual changes are often fundamental. Architectural philosophy plays decisive role in transforming conceptual changes, as it deals with the nature of building, values, orientations and methodologies for buildings.

Qian Xuesen's remarks greatly expanded our ideological dimensions by his philosophical teachings on building and man, on the interrelationship between building and society. It benefits overcoming the existing backward situation in sophisticated software science research on architecture, including rudimentary theories, architectural theories and comments on buildings. Also, it will benefit modification on the existent numerous academic subjects, now prolifically branched off but submissive to none in the sector of building. It is beneficial to improve the existent stagnant situation in this sector, And furthermore, it is advantageous for forming the mega-system of sciences of building as a whole that he proposed to categorize building conception as macro and micro buildings.

It gives us a better perception of the nature of this philosophy that he positioned architectural philosophy as the guiding role in the system of modern sciences and technologies. It shed new light on its sophistication, importance, openness, furthermore, it should absorb nutrients from the academic fields of social sciences and philosophy of art. It was shown in the evolution of sciences that new growth in academic fields usually commenced at the areas bridging different subjects, so will some of the new subjects in the sector of building.

The theoretic field in architecture of China will start the research of architectural philosophy. A correspondingly large numbers of researchers are yet to be mobilized. It is imperative to shift the current situation of scattered probing on a narrow scale.

4 "To be able to appreciate its magnificence only when one is merged in this magnificent garden"——Qian Xuesen's theories on the sciences of gardening[21]

On March 1st, shortly after his returned to China, Qian Xuesen published an article in 《Renmin Ribao》, entitled "My discussion on the sciences of gardening". In this article he praised the high achievements of China's gardening technologies as a brilliant pearl in the legacies of Chinese traditional culture. We should widely and deeply probe the issues on how to advance our sciences of gardening.

26 years later, in June 1983, he published another article on this topic, "More of my thoughts on sciences of gardening"[22] . He further broke the space in China's gardening down into a number of levels for the sake of visual appreciation, for each of which he made analysis in quantities and qualities. These creative arguments amazed some of his audience. He also published his lecture for the mayors' training course, entitled "China created a unique sector by its arts of gardening"[23] . Clearly, he hoped mayors responsible for the work in relevant fields would actively participate in and promote the construction and research of gardening.

In 1990, Qian Xuesen argued, "to formulate the conception of *shan-shui* city by uniting and intermingling China's *shan-shui* poem, China's classical gardening and *shan-shui* painting[24] ", and "to build the city as a super mega-sized gardening"[25]

4.1 Scientifically defined the conception of China's gardening arts

Qian Xuesen argued, "It is necessary to clarify the conception of *yuan-lin* and the arts relating to *yuan-lin*, to understand *yuan-lin* as a conception still higher. In this term, none of the English words like landscape, gardening, or horticulture... can characterize China's *yuan-lin*. China's *yuan-lin* is an excellent generalization of these three items. And more, it is sieved and purified to be etherized as something more artistic and loftier... "[23] "Therefore, none of the English words such as landscape, gardening, or horticulture... are entitled to stand equal to *yuan-lin* in Chinese. We should not mingle China's *yuan-lin* with these foreign conceptions, none being on equal footing. "[23]

4.2 *Yuan-lin* as a unique sector of arts created in China

Qian Xuesen expounded and proved that China's *yuan-lin* "as the maternal origin of the gardens in the whole world", "maternal root of gardens". He proposed a notion for *yuan-lin* advancement that contains both inheritance and innovation. Many times he praised China's *yuan-lin*, saying "China's gardening technologies is a brilliant pearl in the legacies of Chinese traditional culture. "[21] "China is called the maternal origin of garden, with numerous well-known gardens all over the country, bearing good fame in the whole world. "[22] "China's *yuan-lin* arts is a precious treasure in our motherland, with thousands years of glorious history"[23]

He made a solemn suggestion: "We need to study this art of *yuan-lin* very seriously so that we can carry it forward. And we can absorb so many useful things from it for our future benefits. "[23]

4.3 China's *yuan-lin* science as an academic subject of fine-arts on equal footing with architecture

Qian Xuesen said, "A characteristic feature of Chinese gardens lies in the striking contrast between the regularity of buildings and the irregularity in the surrounding rocks and trees, in the whole contexture of harmony, symmetrically or asymmetrically, thinly or thickly arranged. It seeks to realize by artistic creation of, so to speak, equilibrium in constant changes, and changes on constant equilibrium, sort of a dynamic equilibrium. In this term, it is also pertinent to compare Chinese gardens to our traditional *shan-shui* or *hua-niao* (flora-bird) paintings, so subtle in character with its creation to imitate the nature while transcending it. It surely contains condensed a esthetical trueness that is also above the nature".

"Most of the gardens in the world is heavily hinged on buildings, with trees and woods as the setting against it. Or, they are simply arranged quite even, lacking alteration in altitude. While Chinese gardens are mostly laid in conformity with original topographical features, with slight changes and modification, thus breaking up formality in flat-layout pattern. Chinese gardens realize its esthetic touches by buildings, artifacts, rocks, trees and woods. Thus, so to speak, foreign gardens are roughly an extension of architecture, an attachment to the main architectural design, and their science of gardening is only a subtopic branched off from architecture. Whilst Chinese science of gardening is more comprehensive than architectural design, for it is a branch of fine-arts, rather than the branch of architecture."[21]

4.4　Scientifically defined the research on science of gardening in quantities and qualities, and the methodology on spatial dimensions of gardening

Qiang Xuesen said, "There is a series of levels in visual appreciation of Chinese gardens. Starting from the miniature, the first level is the potted landscape, which has a dimension of only about a couple of decimeters; The second level is the window-framed visions, having about a couple of meters in visional depth, as landscape seen from the window-frames in Suzhou Gardens wall; then, The third level is the yard-scale landscape, ranging from tens to hundreds of meters; The fourth is the garden-scale landscape, ranging within several kilometers, as seen in the well-known gardens of the Summer Palace, Beihai Park; The fifth is the scenic areas, such as in Huangshan Park or Lake Tai Area, ranging in a dozen or dozens of kilometers. Do we have a sixth level for visional appreciation of hundreds of kilometers in visional depth? That is seen in such national parks in the USA?. There is still a similarity although the dimension jumps over six rungs of ladder-like sequential dimensions in space. Theoretically, they exclusively belong to the science of gardening, submissive to the science and art for gardening."[22]

Table 2 is designed to clearly illustrate his theories of the spatial sequence of Chinese gardens.[26]

Table 2　Levels of landscape, dimensions and visional features in gardens

Visional gradation	Visional contents	Visional scale	Visional features
Level 1	Potted landscape	Several decimeters	Imagination observation
Level 2	Window framed landscape	Several meters	Standstill walking and admiring
Level 3	Courtyard landscape		Stroll stroll and enjoy
Level 4	Beihai and Summer Palace in Beijing	Several kilos	Walking rowing boatsfor haif a day or a whole day
Level 5	Scenic spota	Dozens of kilos	By bus ride a donkey mostly equipped with paved way system
Level 6	Tourist regions	Hundreds of kilos	Highway as well as helicopter service

4.5 Qian scientifically defined similarity and dissimilarity between architecture and science of gardening

Qian Xuesen emphasized it was imperative to raise the level of China's gardens in design by the knowledge of modern sciences, engineering technologies and fine arts. He said, "The science of gardening has a similarity with architecture, i. e. , both of them intermediate between esthetic arts and technologies, both are sciences in fine arts based on engineering technologies. If lakes are to be contained in the gardens, you got to know such factors as local water surface, you got to know the relevant infiltration of the soils, water source flow capacities, evaporation of local water surface...

If artifact mounts are to be constructed, you got to have knowledge of concerned soil mechanics, so that you know where to build a wall enclosure to ward off soil collapses. Also, we got to know what kind of trees are the right species for forestation in a given place[21]. For example, one important thing is absent in Chinese gardens, the fountains. One reason is we did not have sufficiently advanced technique for water treatment. So, for the future we can surely install floating waters in our gardens. But, we are not to imitate or replicate foreign architectural counterparts, as those were beneath ours, not lofty as models in classical Chinese gardens. [23] All in all, *yuan-lin* design requires relevant knowledge in natural sciences and technologies. We can also call our experts on this theme artistic engineers, can't we[21]?

4.6 Qian proposed *shan-shui* city as a model for future urban growth in China

Qian Xuesen applies the essences in Chinese classical gardening to the practices of modern Chinese urban growth and development. He said that Chinese *yuan-lin* served the feudal lords in the royal courts. They can still serve common people for their daily life in the new era. China is now actually in an era of rapid urbanization, hence there is inevitably such construction like an opening or greenery spots in residential areas for recreation and leisure consumption. And some of the *yuan-lin* are being reconstructed. [21] He said, all such new undertakings broke up its conventional setting only to serve a handful of profligates of the royal families in old times. They are now built to serve people at large[22] . His aspiration is to build our city like a mega, super-sized *yuan-lin*, so is our aspiration for the future urban development.

5 "Open mega system"[27] as Qian Xuesen's theories on cities

The term of urbanology was first created by Patrick Geddes, a Scottish biologist and forerunner in urban studies, who published his outstanding monograph 《Cities in evolution》 in 1915. Urban sciences are organic combination of natural and social sciences, of rudimentary and practical sciences, a comprehensive science aimed at the research of cities. It studies such general issues from the macro perspective and strategy in urban growth. At the present, it focuses on the major issues like the principles and roads for urban growth, and cities' posts and roles in national economies.

For decades now, there has been an argument on whether to set up a new academic subject on urban studies. Some thought, urbanology as a new individual subject has already been formed to deal exclusively with cities. Another viewpoint is that cities can be comprehensively approached now only by joint efforts from multiplied subjects. To have an individual academic subject takes not only a lucid object for studies but also relevant rudimentary theories and methodology. Urbanology, however, being too unripe, does not have these prerequisites to stand as an individual subject. Still another viewpoint held that cities are constantly changing in nature. Thus there is no ultimate truth about it to be exposed by an individual subject. [28]

Qian Xuesen held "The Association of Urban Sciences in China has a job to study all the academic subjects relating cities in general. This is indeed a proliferated realm of academic subjects on cities, such as civic architecture, urban road system, city communication science, environmental esthetics of cities, etc.. Experts on these can do their work on their own, but in the end you need a science to generalize all whatever they produce, isn't it?" "And this is the subject of urbanology that I mentioned earlier, to deal with the metropolitan issues, also to deal with small cities and towns in terms of their holistic functions and growth. "[29]

Qian Xuesen proposed in his writing "my thoughts on urbanology" the academic structure of this urbanology. He wrote, "It is common for all academic subjects to have these three levels: one level is the operational realm to deal with the physical world directly; The second level is technologies that guide the practical operation; And the third level is rudimentary theories. In the case of urbanology, we have the corresponding series as city planning, urbanology, quantities geography. We got to have such a subject to do a better job in city planning, city construction and development strategy. "[30]

Qian Xuesen does not agree with some foreign scholars in their viewpoints on urbanology. He said, "It is pretty tough to write a book on urbanology, as this is a subject only now in embryonic stage, too early to take clear frame. Additionally, there is interference with their concept of urbanology from abroad. "[31]

He made following pithy instruction for the subject of urbanology in a letter[31]:

Being the rudimentary level of each and every member in the relevant subjects of urban sciences, urbanology should stand higher than all others.

First of all, it deals with systematic matter, that is the communities of in given country, and the layout of a residential area in a neighborhood in the interrelationship. So, it focused on systems.

It is necessary to do away outdated ideologies in setting up urbanology of the new conception, to criticize the spontaneity, anarchism and subjectivism with Marxist viewpoints. However, we admit history is no transcendent of its limitations, for it did not produce a concept of urbanology to deal with society as a whole. But, muddled things should not reoccur.

Urbanology as a subject is supposed to categorize the numerous cities in their different functions, dealing with their striking features. Qian Xuesen emphasized five items in the studies of urbanologies. He specially emphasized the importance of theoretic request. [32]

5. 1　Qian Xuesen is greatly concerned about academic discussions and building on urbanology

In his writing "My thoughts on urbanology", Qian Xuesen openly said, "I think we need first of all to have a clear guide by theories in order to solve the existent complicated problems in cities. This is in accordance with Marxism, practices must be guided by theories. "[9]

Qian Xuesen is extraordinarily concerned about academic discussions and construction on urbanology. In 1997, Zhou Ganshi, one of the academicians, proposed on a conference about urbanology to perceive cities and its surrounding areas from the perspective of systematic engineering. Mr. Zhou made a comparative research of ancient and modern cities, foreign and Chinese cities. Qian Xuesen greatly appreciated his speech, saying "... his viewpoints shed new lights on cities and its environs from the perspective of a mega system. "[33]

5. 2　To perceive city from the perspective of dialectical materialism and historical materialism

Qian Xuesen said cities should be regarded as a unity of change and non-change. That is to day, a city is on one hand in constantly changes along with technological and social advances, and on the other hand it remains unchanged in its basic functions. In other words, a theory should be set up to contain a unity of the stable function and the constant, speedy changes in cities.

5. 3　To study city via scientific perspectives and methodologies for a system

Qian Xuesen stressed that modern cities should be viewed as an open complex giant-system. By open, he means the exchange of materials, energy and information between this system and its environs. By giant-system, he means there is a series of subsystems contained in this giant system. He holds there is numerous levels within an open complex giant-system. Thus, urban studies should be carried out both in qualities and quantities.

5. 4　Emphasis on studies on new growth and issues in urban development

Qian Xuesen had advocated the discussion on "civilization on cars", "Cloverleaf junction as a view in cities". All these issues were raised as the urgent problems in urban development.

5. 5　Emphasis on summing up experiences

Qian Xuesen not only stressed experiences be summed up for and in China, but also paid attention to experiences of urban development in foreign countries. He said, "We must now pay attention to the experiences in construct industrial cities on the wilderness, where there was nothing but salty sands and barren moors... [34] Such experiences can enrich and deepen Marxist philosophy, he said. [9]

He pointed out, "I think we should carry out the studies on urbanology in combination with the advances of productive forces today. Moreover, we should take into consideration the potential development for productive forces in the future. These can be realized by the great creativeness of sciences and technologies. We should be able to foresee things in the 21st century, when people will be agglomerated in new ways that would be possible by new advances in sciences and technologies for information, communication and shipping industries."[9]

Qian Xuesen had recommended Curitiba, a city of two million people in southwest Brazil, as a model for Chinese colleagues to consider its experiences. He said, "we should take a road with Chinese characteristics in urban growth"[35].

6 "Build the city like a super-sized garden"[36] ——Qian Xuesen's *shan-shui* theories on urban growth

Qian Xuesen is an initiator and advocate for *shan-shui* city, also the inventor of this conception. The essence of this concept is:

it combines China's *shan-shui* poetry, classical gardening, and the *shan-shui* painting, letting people away from and back to the nature.

it organically combines Chinese and foreign culture, combines China's gardens with natural forests in cities;

it is the model for China's future urban growth in the 21st century;

For years now, the concept of *shan-shui* city sparked a series of discussion among academics in city planning, gardening and architecture. The connotation and extension of this concept were constantly expanded and deepened, and Qian himself has also repeatedly complemented it.

Qian Xuesen said, "The conception of *shan-shui* city is an organic combination of Chinese and foreign culture, the combination of China's gardens with natural forests in cities. It should be the model of cities of socialist China in the 21st century. I should ask our architects and planners to consider it."[37]

Qian Xuesen argued on a seminar on *shan-shui* city, he said, "Since the topic we have here is city in socialist China, it should have the following characteristics, firstly, it has the style of Chinese culture; secondly, it is esthetical; thirdly, it is able to organize daily life, work, studies and recreation. By the style of Chinese culture, it is meant to sum up and absorb experiences in magnificent traditional buildings in classical China. A successful example is the project by Prof. Wu Liangyong to transform local hazardous housings in Ju'er Hutong of Beijing. The project absorbed rational contents of quadyard houses, while combining with buildings, resulting in quadyard building series. We can well imagine what cozy housing yard it would make with such quadyard buildings, dotted with potted flowers, lotus plants in vats, golden fish in urns, and all sort of such tastes we used to have in the old days..."[37].

Qian Xuesen said, "Don't we have no choice but to build those numerous cubic-box-like buildings, in order to meet the requirements of agglomerated residential areas and working areas employment in cities? Is this really inescapable? Why can't we borrow the ideas in our classical gardening to have those terraced arrangement of roofs, open-air woods, fauna and flora on roofs, so that people can enjoy greeneries instead of endless gray-and-yellowishness in our cities. Such a neighborhood can be one rung of a city system, with shops and schools in it, restaurant and recreational locations, pedestrian transportation and conveniences, all the sorts... This is actually to transplant the royal luxuries into our grassroots' community, making it available for ordinary people. To some extent, this is to enlarge the private gardens, that were once conventionally seen in Suzhou and Yangzhou, or, to upgrade the royal gardens. Such garden-like *shan-shui* cities can and will be built up in socialist China. [37]

In 1992, in a letter to the author, Qian Xuesen figuratively illustrated his idea about *shan-shui* city. He said, "We got to develop the idea of Chinese classical parks and gardens, especially those by the royal courts, like the Summer Palace, the Chengde Mountain Resort, etc. , thus we could build the whole city as a super-sized garden, that I would like to call *shan-shui* city, man-made *shan-shui*. He urged to convene a seminar on this topic to attract attention from architects and planners. [36]

Qian Xuesen delivered his written speech on a seminar convened by the Building Ministry in February 1993. His speech was entitled 《Socialist China should build *shan-shui* cities》, in which he pointed out that Beijing city planning and layout and civic visional profiles should be modified and improved. He stressed a holistic design for the city, illustrating his proposition for civic gardens, civic forests and *shan-shui* city.

Qian Xuesen outlined four different points in his *shan-shui* city from the conventional conception of cities:

The starting point is different. The concept of *shan-shui* city is relatively ahead of time. Basing itself on natural environment, *shan-shui* city tries to present wider horizons for urbanization, while the current civic construction and plan starts only from status quo and is based on it, thus narrow-minded;

The objects for operation and treatment are different. The concept of *shan-shui* city handles similar as well as different objects in practices of planning, design and construction. It also handles human beings, flora and fauna, animals, climate in terms of option, arrangement and treatment. Thus, Qian holds that holistic design is of utmost importance.

The model of city is different. For *shan-shui* city is a model in the sense of ecology as well as humanities. It aims at mobilizing natural potentials and creativity of man into full swing.

The impact is different. The concept of *shan-shui* city is aimed at creating utmost benefits for man by minimum expenses, via a design with nature.

Along with the ever evident and deep-going studies of this conception, *shan-shui* city is now turning from its earliest notion to a practical road for civic design and construction in Chinese cities. It embodies both notional writings as well as urban planning practices. The concept itself is greatly enriched and perfected by massive participation and suggestion from the numerous experts and scholars of all walks.

For instance, Shanghai has proposed a long-term plan to build itself by the model of *shan-shui* and garden-like city. Chongqing also established its conception for its future urban construction in the model of *shan-shui* garden city. Guangzhou declares to have *shan-shui* garden city as the future model for its civic growth and constrnction, while Wuhan committed itself to building itself into a *shan-shui* garden city within five years. There is more of such examples.

In 1992, the Ministry of Building hosted a nationwide activity of "National Garden-like Cities" to promote the construction of such cities. It is estimated that in 2000, 12 cities were granted the titles of this reputation(Table 3).

Table 3　Cities given the title of garden-like city by central government

Year	Cities
1992	Beijing, Hefei, Zhuhai
1994	Hangzhou, Shenzhen
1996	Zhongshan, Weihai, Maanshan
1997	Dalian, Nanjing, Xiamen, Nanning

Theoretically, Qian Xuesen's conception on *shan-shui* city could be boiled down to the following pithy outline, and *shan-shui* city is the product of civic construction in the historical epoch of knowledge economies. [39]

Qian Xuesen's conception of *shan-shui* city contains four heights: the heights in culture, technology, emotion and high levels in city building. Ecological city, including natural ecology, social ecology, the conditions of human behavior and psychological existence. As is well known, water is said to be the origins of life, while mountains are the foundation of longevity. Also, as Chinese say goes, "a true man loves the mountain, while a wise man loves the sea. " People often choose to indulge themselves in natural mountains and waters(*shan-shui*), seeking to merge themselves in nature. All these are typical expression of our traditional culture. This is also the realm aspired by people the world over. These are in keeping with the modern requirements to save energy and resources, preserve ecological balance, protect the environment, so as to realize a sustainable development.

Qian Xuesen's conception of *shan-shui* city contains three attributes: scientific, democratic, and pertinent to our time. By building the Chinese cities like gardens, it can realize the aspiration and dreams long cherished by Chinese people to live in close combination and harmony with nature.

His notion has a basic feature, as it has a prominent feature of Chinese culture in socialist China.

The conception of *shan-shui* city proposed by Qian Xuesen cherishes its essence in that it can build a humanistic city that is beneficial to man for the health in their spiritual physical being. Additionally, it is beneficial for the society and nature by economic, technological growth in a sustainable pattern. This helps overcome such problems as the repetitive models and faces in current cities and buildings, and the divergent trends alongside globalization. It stimulates mutual existence of man with nature, city with countryside by its symbiosis. Thus, it presents characteristics of naturalness in ecological context, rationality of volume by environment, synchronization for all components and items in maternal mega system of the society. Also, it increases harmony of estheticism in visions, and hereditariness in cultural context of the given country.

The history of urban sciences and architecture demonstrated that *shan-shui* city belongs to an advanced perception and model for cities, belonging to sustainable civic pattern. There have been such products and experiment as the garden city, ecological city and green city. However, this concept of *shan-shui* city can contain all the foregoing merits, while allowing sufficient modification to meet existent requirements by man and local cities.

7 The summary

The creative theoretical contribution by Qian Xuesen to the sciences of architecture finds expression in five categories:

To position the sciences of architecture, to position architectural philosophy, to set up the theories for science of gardening, to set up the theories on urbanology and the theories on *shan-shui* city.

"Architecture is scientific art, while it is also artistic science. It is exciting to do jobs with architecture, as it bears indeed a great mission." So Qian Xuesen ardently encouraged us.

"We would make contribution to mankind, if we can solve this issue properly." This is an eager expectation what Qian Xuesen cherishes for us[3] .

References

[1] Gu Mengchao. Qian Xuesen and *shan-shui* city and architectural science [J]. Architectural Journal, 2000, (7): 12-13.

[2] Gu Mengchao. By systematology, theory of information and cybernetics [J]. Architectural Journal, 1985, (4): 17-18.

[3] Qian Xuesen. Shan-Shui City and Science of Architecture [M]. Beijing: China Architecture Building Press, 1999.

[4] Qian Xuesen. Letter to Gu Mengchao [21 July 1996] [A] Ref. ditto [3].

[5] Qian Xuesen. Letter to Gu Mengchao [23 June 1996] [A] Ref. ditto [4].

[6] Gu Mengchao. Introduction to The Philosophy of Architecture [noumenal section] [A] Ref. ditto [5].

[7] Qian Xuesen. The Fine Arts with Science and the Science of Fine Arts [M]. Beijing: People Literature Press, 1994.

[8] Qian Xuesen. The theory of cities and Shan-shui city [M]. Beijing: China Architecture Building Press, 1994.

[9] Qian Xuesen. Conception the initiation of theory of cities [A], Ref. ditto [8].

[10] Qian Xuesen. Letter to Wu Liangyong, on the subject of "Shan-Shui City" [31 July 1990], Ref. ditto [8].

[11] Qian Xuesen. Letter to Gu Mengchao [4 Nov. 1994] Ref. ditto [8].

[12] Qian Xuesen. The Macroarchitecture and Microarchitecture [M]. Hangzhou: Hangzhou Press, 2001.

[13] Li Ruihuan. On City Contruction [M]. Tianjing: Tianjin Academy of Social Science Press, 1989.

[14] Qian Xuesen. On arts and literature, Ref. ditto [7].

[15] Architects Handbook on academic theories professional practice and useful information [M]. Zhengzhou: Henan Science and Technology Press, 1993.

[16] Wen Zhenheng. "ChangWuZhi" [M], Ming Dynasty.

[17] Qian Xuesen. Letter to Gu Mengzhao [26 Oct 1995] Ref. ditto [12].

[18] Qian Xuesen. Letter to Ye Shuyan [7 May 1996], Ref. ditto [3].

[19] Qian Xuesen. How to enjoy such beautiful spring sceneries without getting touch landscape architecture? [A]. Ref. ditto [8].

[20] Qian Xuesen. A second talk on landscape architecture [A]. Ref. ditto [8].

[21] Ref. Ditto [8].

[22] Ref. Ditto [10].

[23] Qian Xuesen. letter to Gu Mengchao [2 Oct 1992] [A]. Ref. [8].

[24] Gu Mengchao. To environment art [J]. South Architecture, 2002, (3): 1-6.

[25] Qian Xuesen. Letter to Gu Mengchao [23 Feb 1994] [A]. Ref. ditto [12].

[26] Yang Guozhang. Handbook of Contemporary New Discipline [M]. Shanghai: Shanghai People Press, 1985.

[27] Qian Xuesen. Letter to Bao Shixing [27 April 1991] [A]. Ref. ditto [8].

[28] Ref. Ditto [9].

[29] Qian Xuesen. Letter to Mei Baohua [16 Dec. 1991] [A]. Ref. ditto [8].

[30] Bao Shixing, Gu Mengchao, Tu Yanji. Origin and Develop of Qian Xuesen's Theories on Architectural Science. Reference ditto [12].

[31] Qian Xuesen. Letter to Gu Mengchao [12 Jan 1997] [A]. Ref. ditto [3].

[32] Qian Xuesen. Letter to Bao Shixing [12 June 1999] [A]. Ref. ditto [12].

[33] Qian Xuesen. Letter to Bao Shixing [10 March 1996] [A]. Ref. ditto [12].

[34] Ref. Ditto [23].

[35] Qian Xuesen. Socialist China must build "Shan-Shui" Cities [A]. Ref. ditto [8].

[36] Gu Mengchao, Qian Xuesen's conception of Shan-Shui city and the trend of development of urban construction [A]. Ref. ditto [8].

[37] Gu Mengchao. Shan-Shui city-mode of city construction in the times of knowledge intensive economy [J]. South Architecture, 2001.

Decoding the Architectural Theory

Gu Mengchao

1 Introduction

As an architectural professional, the author always believes that the prior task of the professionals should be the establishment of scientific concept, scientific thought and scientific attitude, and then the scientific decision, scientific method and scientific measure.

In China, for a very long period, the politics could crush anything and the practice could take place of everything. The architecture has been simplified, vulgarized, conceptualized and rigidified. The theoretical research field of architecture is especially in the central area of the disaster. The real original theoretical research field is almost a void.

For a relative long time, there is no clear boundary among the architectural science, the architectural technology and the architectural engineering. Designers have a narrow view and a narrow thought. The work of the architectural authorities, research departments and educational or cultural departments were almost oriented to engineering, taking engineering design as the top priority. That is the systematical reason why the absence of science in the building industry could not be improved for a long time.

The most common problems such as the architectural form, engineering structure and design theory are difficult to be solved due to the lack of clarification of terms, conceptions and discipline systems.

At present, the architectural theory problems which should be urgently studied and solved are as follows: the nature and feature of architecture, the design principles of various architectural types(There are many architectural types newly emerged and the content and form of the old architectural types have had great changes also.), the theory of architectural style, the construction mode of city, building and landscape, the management mode of city and building, the management basis of the architectural education and professional training standards, the theory of human settlement environment, etc.

2 Architectural theory[1]

2. 1 The definition of architectural theory and the status quo of Its research

The definition of the architectural theory in Concise Encyclopedia Britannica reflects the people's phased understanding of the architectural theory. As the era developed, it cannot cover the contemporary people's understanding of the deepening and development of the architectural theory. It needs a lot of supplements and improvements.

It is stated in the Encyclopedia[2] that the architectural theory is the criteria for judging the quality of an architecture or an architectural scheme. This kind of judgment is an indispensable part of the architectural creation process. It is also sated that generally speaking, the complete architectural theory is nothing more than the 3 Latin words raised by Vitruius: convenience, durability and beauty, namely the proper space layout, solid structure and beautiful appearance. It continues that the building could only have the real beauty when the structural form and the appearance of the building are in accordance with the structural system. This definition seems completely a theory about the building itself. It has nothing to do with those architectural systems such as a group of buildings, the built environment, the constructed area, city, etc. It can not cover the intrinsic factors of a building either.

Concise Encyclopedia Britannica also presents two kinds of controversial understanding about the architectural theories. One understanding believes that the basic principals of architecture are the implementation of the general basic principals of arts on a special art. The other thinks that the basic principals of architecture are a separate and independent system. Although it has many common features with other theories of arts, it has natures different from them.

Although the two kinds of mutually exclusive understanding of architectural theories still exist and there are more various architectural schools deriving from them and forming the present reality of diversities of architecture, the author thinks that both of them only partially reflect the nature of architecture, not comprehensively and deeply enough. The former overstates the artistry of the architecture whereas the latter overstates the particularity of it. There are still a lot of misunderstandings in the research field of the architectural theories. Following are some examples of them: taking the listing of architectural phenomenon and cases as architectural theories, taking the application of some architectural principles as the application of architectural theories, taking the filing of architectural information as the result of architectural theories, taking some thoughts about architectural problems as architectural theories, taking some political principles, directions and policies as architectural theories, taking some words of VIPs as the theoretical basis of architectural theories, taking "form follows content" as the golden rule of architecture, taking the research on architectural history as the theoretical research of architecture, etc.. The fuzzy understanding of architectural theoretical definition and concept is the root of the fuzzy understanding of architectural theory.

Compared with the fraternal disciplines, the architectural theoretical research work in China is less developed. According to a survey on relative soft scientific researches in China in the end of 20th Century, the architecture science is the second countdown in the rank, only above the geologic science(Fig. 1).

The architectural theoretical research work is mainly composed of two categories: the architectural history research and the architectural culture research. The architectural history research mainly deals with the archaeology or the finishing of historical documents. The architectural culture research mainly imports and translates foreign publications of architectural theories, but most of them are the ones with practical values, such as the textbooks about design principles and cases, as well as publications introducing the foreign architectural schools.

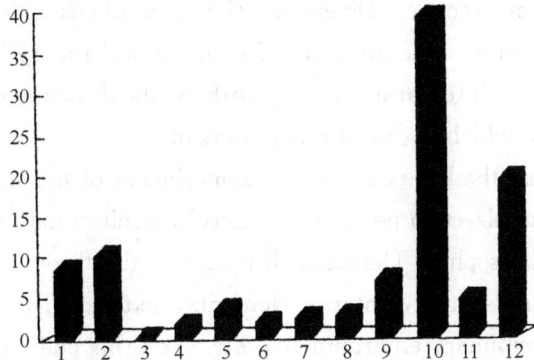

Fig. 1 Industry distribution of soft science research organizations in china[3]

1—Agriculture, forestry, animal husbandry and fisheries; 2—Industry; 3—Geological survey; 4—Architecture; 5—Communication and transportation; 6—Commerce; 7—Real estate; 8—Health and sports; 9—Education and culture; 10—scientific research; 11—Finance and insurance; 12—Others

2.2 The essential features and characters and systematic framework of architectural theory

So, what are the essential features and characters of architectural theory approximately? The architectural theory is a knowledge system of quality, quantity and form which is directed against the architectural objects or architectural systems, as well as the interior or exterior research objects relative to architecture. It is also a information system about the architecture system.

The architectural theory approximately has the following 10 aspects of essential features and characters:

Generality—it covers and reflects rich content by simple and accurate architectural terms, concepts and codes. Systematism—the terms, concepts and codes determined by the architectural objects mutually relate and make up with each other and form the theoretical system. University—the architectural theories uncover the contents of university, coming from individuality but surpassing it, to enlighten and direct the people's understanding and ability against the specialty of architecture. Openness—it will direct the architectural practices but will also accept the examination of the architectural practices. Stageness—architectural theory is a relative truth in a certain stage, not the absolute truth. It does not have the absolute correctness, is not always correct either. Limitations—the limitations of architectural theory are reflected in many respects, such as the limitation of the architectural knowledge, the limitation of its extension and depth. Essential characters (unitiness)—architectural theory can only uncover the universal essential characters of the architectural objects. Normally it can not reflect the full concrete features and characters of the architectural objects. Form and direction(principality)—the abstractive generalization of the architectural theory determines that it can only point out the direction of the from mode of the architectural objects existing. It can not be certain of the details of the concrete forms. Objectiveness(aimness)—the architectural theory pursues the evaluation of the architectural value and the choice of objective. But the realization of value and achievement of the goal will need a lot of practice. Diversity—the same object or extension could develop various architectural theories. The diversity of architectural theory leads to the diversity of architectural form. The architectural diversity without the direction of the architectural theory is of "randomness", which is out of our argument.

The author thinks that the key point of the establishment of the architectural theory framework should transmit from object to people and society's architectural need, to the research objects with architectural philosophy. The research is against the theory of interactions between it and the relative architectural system, interior elements, exterior natural environment, social environment and the disciplinary environment, etc. For this end, the author once tried in drawing a graph on the architectural scientific and technological system(Fig. 2).

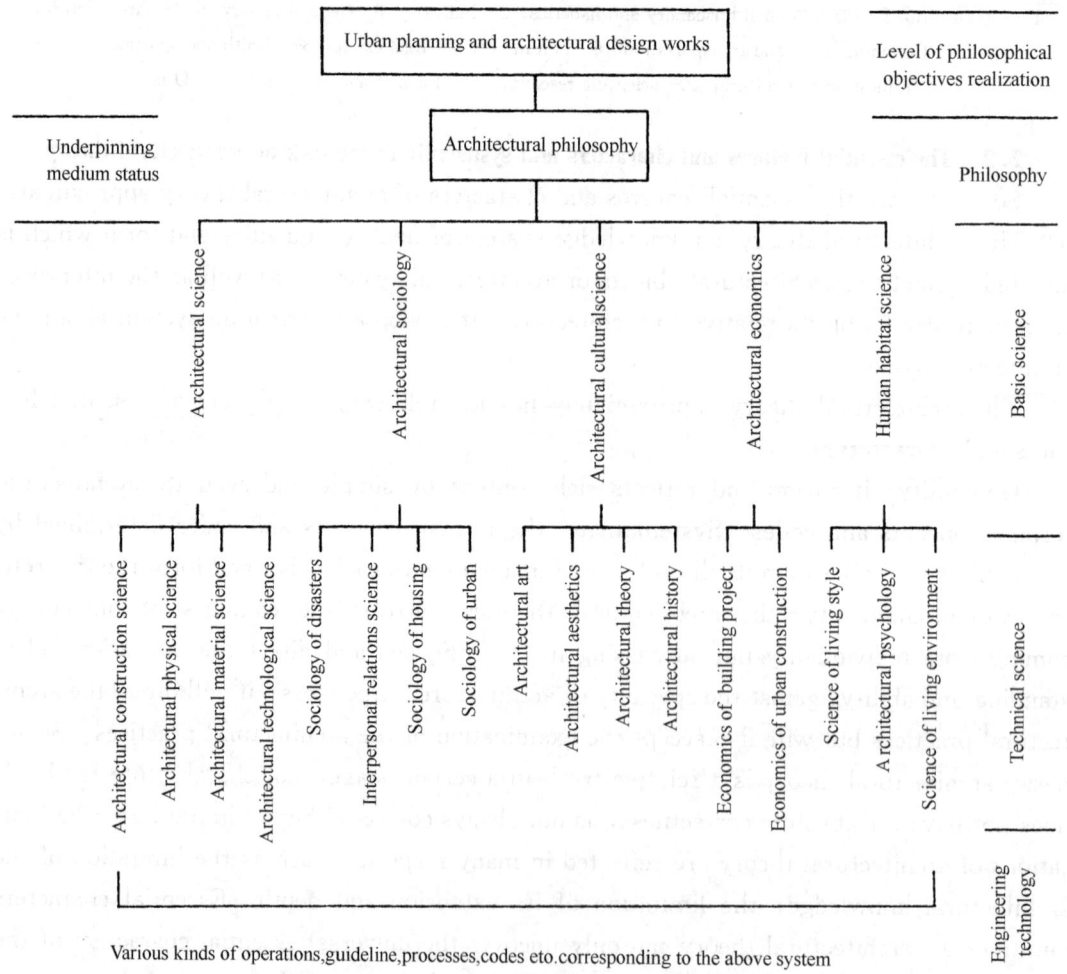

Fig. 2   System of building science and technology

In Fig. 2, the vertical axis is the levels of the nature of a disciplinary theory—architecture philosophy, basic science, technical science, engineering technology level, etc. The horizontal axis is those basic disciplinary groups which are related to the architecture discipline but not the concrete contents such as the architectural forms.

3　Information system of architectural theory

The architectural theory system belongs to the information system. The research and construction of architectural theory must take account of the information knowledge and concept. The architectural theory research must employ the information technology and reach the high level required by the information science and civilization.

In order to analysis the nature, level and structure of information visually, to determine the taking or discarding of a certain theory, the author once tried in drawing a pyramid of information science.

The pyramid of information science divided information into five categories(Fig. 3).

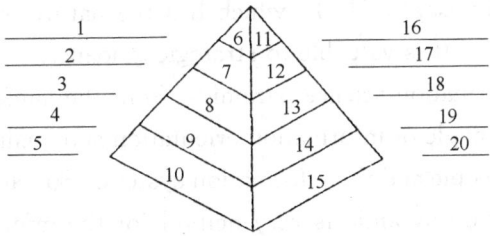

Fig. 3　Information science pyramid

1—Directing level; 2—General level; 3—Experience level; 4—Needs level; 5—Original level;
6—Philosophy; 7—Promotion level; 8—Knowledge; 9—Operation level; 10—Chaos level;
11—Synthesis; 12—Theory; 13—Knowledge information; 14—Operational information;
15—Original information; 16—Central status; 17—Thinking; 18—Proocedure status;
19—Professional; 20—Edge status

1) Original information(chaos level). This category deals with the problem of "what we have". It is the description on phenomenon such as the subjective situation, real cases, movements and statistics. These information is helpful for reference, but itself belongs to chaos level just like raw materials. So it needs to be refined whenever to be used. The original information belongs to the pre-science area, with the characters of originality, chaos, and needs to be processed and reorganized.

2) Operational information(operation level). This category deals with the problem of "how to do". It includes rules, systems, process, experience, method, mode etc., and those natures with knowledgeable information. The advantage of this category is that it could be transmitted into direct productivity very fast.

3) Knowledge information(understanding level). This category deals with the problem of "what it is ". It is the systematic combination of information and the systematic knowledge which have been specially processed and refined. It could be used directly to improve

people's accomplishment, quality and operational ability. The knowledge information belongs to scientific information area, which has its own system and clarity. It is easy for learning and popularizing.

4) Theoretical information(improvement level). This category deals with the problem of "why it is ". It is the new ideas and new concepts which systematize and theorize the basic concepts and the basic regularities. Some information in this category is somewhat "golden sticks", which usually could "spin straw into gold", and be able to trigger the qualitative change of stuff. The theoretical information belongs to the scientific theory area, which has high level of generality and regularity. It has a wide range of applicability and guidability. But some theories are relatively too abstractive to be grasped.

5) Synthesis information(philosophy level). This category deals with the problem of "where to go ". It looks over the whole picture and concludes the historical experience(including the analysis, evaluation and judgment about the development level, trend, strategy and tactics). Some of them even have the historical document value. The comprehensive information belongs to philosophy level, which has the nature of generality, comprehensiveness and profoundness. It is valuable to strategic guidance.

To sum up, the information science pyramid, from the angle of information integrity and categories, from the angle of information orientation and qualitiveness, shows the cognitive relations between people and the information system. So, to the interests of information theory, the information pyramid is very helpful for the information cognition and the application of information.

4　The starting point, destination and innovation of architectural theory[4]

People are always interested with the starting point and the destination of the architectural theory.

The problems about the starting point and the destination of the architectural theory are the science of science, namely the philosophy of science. So, the architectural philosophy is the starting point and the destnation of the architectural theory.

Science usually starts from conjectures and assumptions.

The innovation of architectural theory is the key of the development of architectural science. It requires us to stand at the frontline of the international academy, to meet the development requirement of the advanced productivity, to count on the advantage of multidisciplinary interaction, to make innovation of architectural theory, to promote the innovation of architectural system and technology, to initiate the innovation of the architectural technological origin, to accelerate the transformation of the architectural technological achievements into real productivity.

Architecture, intervenient between science and art, is a major section of the science. To develop the architectural science is the undeniable responsibility of the architectural professionals. To accelerate the practice of the architectural theory innovation and to welcome the spring of the architectural theory are the author's objectives for decoding the architectural theory.

References

[1] Jin Wulun. Must Clarify the Boundary between Science and Technology [N]. Science and Technology Daily, 2000-12-15. (in Chinese)

[2] Concise Encyclopedia Britannica [M]. Beijing/Shanghai: Encyclopedia of China Publishing House, 1985. (in Chinese)

[3] The sectional distribution of national soft science research organizations [J]. China Soft Science, 1996 (5). (in Chinese)

[4] Griffin D. Spirituality and Society: Post modern Vision [M]. Beijing: The Central Compilation and Translation Press, 1998.

SHAN-SHUI CITY AND SCIENCE OF ARCHITECTURE

Editors in Chief
Bao Shixing Gu Mengchao

In the 1980s, Prof. Qian Xuesen proposed to initiate a leading course in the field of urban sciences-the Theory of Cities; in the beginning of 1990s, he proposed the city pattern of 21st century with Chinese characteristics-the scientific conception of Shan-shui Cities; in the midnineties, our revered Prof. Qian made again the suggestion to establish a major department of learning-the Science of Architecture; these propositions give great impetus to the system of scientific studies in architecture. and is getting enthusiastic responses and high appraises from personalities of academic circles at home and abroad, as well as from the leading cadre of urban construction and architectural engineering. This provides a solid basis for the publication of the book "Shan-shui City and Science of Architecture." The book is a report of studies on basic theories in the field of Theory of Cities, Shan-shui City's development pattern, and Science of Architecture, with an outline of research achievements and experiences in practical works during the 1980s and 1990s when China is in the course of accelerated urbanization.

This volume is the sequel of the book "The Theory of Cities and Shan-shui City" (Editors in Chief: Bao Shixing and Gu Mengchao, China Architecture and Building Press, First editoin 1994, Enlarged edtion 1996). For the convenience of our readers and in line with the style of the previous editions, this book remains to be a compilation of selected works from various authors. It consists of 5 parts, which are successively: correspondence of Dr. Qian Xuesen, Articles on the Theory of Cities, Articles on Shan-shui City, Articles on Science of Architecture, and Repercussions.

In this volume, more than 60 letters and articles written by Prof. Qian Xuesen pertaining to the Theory of Cities, Shan-shui City and Science of Architecture have great value as theoretical reference materials and historical documents. Moreover, there is a collection of over 90 letters addressed to Prof. Qian from various experts and leaders. As for the articles on Shan-shui City, besides the account of research achievements on related theories, including here are the records of the urban plannings and constructions in recent years of more than 20 cities(such as Chongqing, Wuhan, Zigong, Zhangqiu, etc.), in the creation of Shan-shui garden cities, these valuable experiences in practical works could be used for reference and would be an inspiration to many renders.

In addition, the editors in chief Bao Shixing and Gu Mengchao have compiled in this book over 60 essays by experts of various circles.

Contents

Preface of the second edition

Preface

Introduction

Part one

Discussions about the Theory of cities and "Shan-shui city" by Dr. Qian Xuesen

16. Letter to Wu Yi, on the subject of "Shan-shui city".   (14 march 1992)

    Appendix:

        Reply to the letter of Qian Xuesen, form Wu Yi, dated 16 Fed. 1993.

17. Letter to Wang Zhong, on the subject of "Shan-shui city".   (14 Aug. 1992)

18. Letter to Gu Mengchao, on the subject of "Shan-shui city".   (2 Oct. 1992)

    Appendix:

        Letter to Qian Xuesen from Gu Mengchao, dated 24 Sept. 1992.

19. Letter to Bao Shixing, about the present urban problems.   (29 Nov. 1992)

    Appendix:

        Letter to Qian Xunsen from Bao Shixing, dated 20 Nov. 1992.

20. Letter to Gu Mengchao about the "Symposium on Shan-shui city" and his uncertain at-
    tendance.   (7 Feb. 1993)

    Appendix:

        Letter to Qian Xuesen from Bao Shixing and Gu Mengchao, dated 31 Jan. 1993.

21. Letter to Gu Mengchao to congratulate the success of the "Symposium on Shan-shui city"

                                                                        (11 Feb. 1993)

    Appendix:

        Reply to the letter of Qian Xuesen, from Gu Mengchao dated 17 Feb. 1993

22. Socialist China must build "Shan-shui cities".   (11 Feb. 1993)

23. Letter to Gu Mengchao, on sending by post the data of shen Zhen about enhencing the
    city's cultural level.   (18 Feb. 1993)

    Appendix:

        Letter to Qian Xuesen from the Comprehensive Exploitation Research Institute of
        Shen Zhen, dated 14 Feb. 1993

24. Letter to Xie Ninggao, about the construction of a prototype of Shan-shui city.

                                                                        (8 March 1993)

    Appendix:

        Letter to Qian Xuesen from Zhu Changzhong, Xie Ninggao and Dong Liming,
        dated 27 Feb. 1993.

25. Letter to Bao Shixing about the integration of the art of classical gardening and cultural
    traditions in building cities.   (11 April 1993)

    Appendices:

        a) Letter to Qian Xuesen from Bao Shixing dated 3 March 1993.

        b) Letter to Qian Xuesen from Bao Shixing, dated 10 march 1993.

        c) Letter to Qian Xuesen from Bao Shixing, dated 7 April 1993.

        d) Letter to Qian Xuesen from Bao Shixing, dated 17 April 1993.

        e) Letter to Bao Shixing from Tu Yuanji, dated 24 April 1993.

26. Letter to Bao Shixing about the construction of several Shan-shui cities.

                                                                        (24 May 1993)

Appendix:

> Letter to Qian Xuesen from Bao shixing, dated 20 May 1993.

27. Letter to Bao Shixing on finding ways to make use of urban spaces. (28 July 1993)
28. Letter to Bao Shixing about the cities of China in the 21st century. (6 Oct. 1993)
29. Letter to Bao Shixing about the conception of Shan-shui cities. (23 Oct. 1993)
30. Suggestions on how to restore the elegant style and appearance of our ancient capital. (19 Nov. 1993)
31. Letter to China Architecture and Building Press on the reason of being interested in Chinese ancient architecture. (22 Dec. 1993)

Appendix:

> Reply to the letter of Qian Xuesen, form China Architecture and Building Press, dated 20 Jan, 1994.

32. Letter to Bao Shixing and Gu Mengchao, on the book "Theory of cities and Shan-shui city" (6 Jan. 1994)

Appendix:

> Letter to Qian Xuesen from Bao Shixing and Gu Mengchao, dated 2 Jan. 1994.

33. Letter to Bao Shixing, about the layout of landscaped areas of multi-level crossing. (16 Jan. 1994)

Appendix:

> Reply to the letter of Qian Xuesen, from Bao Shixing, dated 19 Feb. 1994.

34. Letter to Gu Mengchao on the necessity of paying attention to the influence of built environments on people's body and mind. (20 Feb. 1994)

Appendix:

> Reply to the letter of Qian Xuesen from Gu Mengchao, dated 27 Feb. 1994.

35. Letter to Gu Mengchao about the system of modern science and technology. (1st March 1994)
36. Letter to Qian Xuesen from Bao Shixing and Gu Mengchao, dated 24 March, 1994.
37. Qian Xuesen's instruction on the letter of Gu Mengchao (6 May 1994)

Appendix:

> Letter to Qian Xunsen fron Gu Mengchao, dated 27 April 1994.

Part Two

Experts' dissertations about the Theory of cities

Bao Shixing: Letter to Cao Hongtao. (New Year's Eve, 1991)

Cao Hongtao: Reply to the letter of Bao Shixing. (New Year's day 1992)

Bao Shixing et al. : Let us initiate as soon as possible the study of the Theory of cities of China—excerpts from a speech in the symposium on the establishment of the Theory of cities.

Zhou Yongyuan et al. : The study of the Theory of cities, main objects and methods—symposium on the establishment of the Theory of cities, sponsored by the Beijing Urban Science Research Conmmittee.

Lin Zhiqun: Let us make great efforts to establish the Theory of cities of China.

Chen Minzhi: To study the city as an entirety.

Hu Kaihua: The leading role of the Theory of cities in urban sciences.

Gu Mengchao: Ideas and objectives in the study of the Theory of cities.

Mei Baohua: Nature of the Theory of cities and its objectives.

Yan Jiazhuo: The connotation of the Theory of cities and method of study.

Song Junling: Modernization, urbanization and the study of the Theory of cities.

Ye Yaoxian: Let us understand afresh the city.

Cheng Weibang: New tasks of urban science in the nineties.

Bao Shixing: New trends in the study of urban sciences.

song Junling: The development of urban science in the western world and the initiation of the Theory of cities in China.

Qian Xuemin: The scientific and technological revolution and the social revolution-what one has gained from learning the thinking of Qian Xue Sen.

Mei Xin: The super-city of tomorrow.

Xiong Shide: How to make use of the urban spaces:

Part Three

Specialists' papers on Shan-shui city

Wu Liangyong: Shan-shui city and the urban development of China in the 21st century——on the occasion of the symposium on Shan-shui city.

Bao Shixing: Shan-shui city——the pattern of Chinese cities in the coming age.

Gu Mengchao: Characteristics of cities, research and creation.

Lian Zhong: Views on Shan-shui city and suggestions.

Zheng Xiaoxie: The cultural environment of Shan-shui city.

Zou Deci: Urban construction should show consideration for the natural world.

Wang Rusong and Ouyang Zhiyun: Harmonious combination of nature and city, the principle of human ecology in the construction of Shan-shui city.

Gu Mengchao: Qian Xuesen's conception of Shan-shui city and the trend of development of urban construction.

Ma Guoxin: Shan-shui city and environmental design.

Cheng Chuankang: From the building of parks by the cities to building cities into parks.

Luo Zhewen: The protection and reconstruction of historic cultural cities——an urgent task.

Bao Shixing: What one learns from Qian Xue Sen's dissertations on the protection of historical culture.

Li Xiankui: The creation of Shan-shui city and renewed conception of geomantic practice.

Wang Dehua: The ancient culture and the Shan-shui city.

Wu Yi: Landscaping and Shan-shui city.

Sun Xiaoxiang: City dwellers have the right to enjoy the natural sceneries.

Wang Juyuan: Landscaping the earth and the landscaped city.

Zhao Zhijing: The construction of green belt around the urban district of Beijing.

Zhou Yongyuan: Urban constructions, man made environments and natural surroundings should be ingeniously integrated.

Zhu Changzhong: Landscaped Shan-shui city——planning, design and practice.

Li Chang Jie and Chang Ke Jian: The environment, style and characteristics of cities—— better understanding and higher requirement.

Xu Xinjian, Zhao Haiming, Tang Huijian, Long Long: Seeking for dual resurgence on economy and culture——on the significance of making preparation to build the Chinese cultural exposition city of Shen Zhen.

Xie Ninggao: Bring natural sceneries to Shanghai——conception on the layout of parks in Shanghai.

Xie Ninggao: The characteristics of natural scenery in the ancient landscaped city Gan Zhou.

Gu Mengchao: The construction and protection of characteristic urban style and appearance——about the sceneries of the City of Overseas Chinese in Shen Zhen.

Lu Dewei: The construction of the landscaped city Zi Gong.

Wang Hongjian: Architectural composition should comply with the tendency of the day—— impressions from reading the letters of the eminent scientist Qian Xue Sen.

Zhu Changzhong: Natural sceneries and the Shan-shui city

Appendices

Wang Mingxian: A prospect of Chinese cities in the 21st century:
Report from the symposium on "Shan-shui city"
("Space" No 6, 1993 Taiwan)

Wu Yali: Qian Xue Sen proposes the construction of Shan-shui cities.
(Guang Ming Daily, lst Feb. 1993)

Xin Wen: The opening of the Symposium on Shan-shui city.
(Science and Technology Daily. 12 April 1993)

Lu Caiyong: The architectural circles appeal for improvement of ecological environment in our cities. (Guang Ming Daily, 4 March 1993)

Zhong Yaping: Let us modernize and civilize our urban construction.
(Daily dispatch, Hsinhua News Agency, 3 May, 1993)

Zhu Zhiguo: The "Symposium on Shan-shui city" takes place in Beijing.
(City Appearance Journal, 4 March 1993)

Hua Cheng: The symposium on "Shan-shui city——prospect of Chinese cities in 21st century" takes place in Beijing. (Urban problems, No 2, 1993)

Bao Shixing: The development of cities in China should not follow again the Paths trodden before. (Bulletin of Situa tions, The Ministry of Construction, 3, Feb. 1993)

Supplement

1. Thinking about year 2000, two things come to my mind——Letter to the editorial department of "New Architecture".   (21 Nov. 1984)

2. Letter to Bao Shixing about the necessity to call on the relevant experts for a thorough discussion of Shan-shui city.   (21 March 1994)

    Appendix:

        Reply to the letter of Qian Xuesen from Bao Shixing, dated 4 April 1994.

3. Letter to Gu Mengchao on the Cultural implications of architecture.

4. Letter to Wang Mingxian on carrying forward the longstanding cultural tradition of our country.   (21 July 1994)

5. Letter to Bao Shixing on the task of making overall plan in the construction of a city.

                                                                (28 July 1994)

    Appendices:

        a) Letter to Qian Xuesen from Bao Shixing, dated 25 July 1994.

        b) Letter to Qian Xuesen from Bao Shixing, dated 11 Aug. 1994.

        c) Letter to Qian Xuesen from Bao Shixing, dated 14 Sept. 1994.

6. Letter to Bao Shixing on the planning of Beijing.   (15 Sept. 1994)

    Appendix:

        Reply to the letter of Qian Xuesen form Bao Shixing, dated 31 Oct. 1994

7. Letter to Bao Shixing about the successful convening of the Symposium on "Multi-level crossing——a scenery of modern city".   (4 Nov. 1994)

    Appendix:

        Reply to the letter of Qian Xuesen from Bao Shixing, dated 15 Nov, 1994.

8. Letter to Gu Mengchao on the subject of architectural philosophy.   (4 Nov. 1994)

9. Letter to Gu Mengchao about "The Sensual City".   (23 Nov. 1994)

    Appendix:

        Reply to the letter of Qian Xuesen from Gu Mengchao, dated 6 Dec. 1994.

10. Letter to Bao Shixing about the discussion on "Car civilization".   (4 Dec. 1994)

    Appendices:

        a) Zheng Yefu: Critique of the so-called "Car civilization".

        b) Fan Gang: Car civilization; differentiation and analysis.

        c) Yuan Zheng: Blessings foreshadowing Misfortunes——anxiety about the intrusion of private cars into our homes.

        d) He Zuoxiu: Should China preach the so-Called "Car civilization" with such fanaticism?

        e) Reply to the letter of Qian Xuesen from Bao Shixing, dated 6 April 1995.

        f) Letter to Qian Xuesen from Bao Shixing, dated 4 May 1995.

11. Letter to Bao Shixing about the unlikeness of being unrealistically optimistic.

                                                                (25 Jan. 1995)

Appendix:

    Letter to Qian Xuesen from Bao Shixing, dated 14 Jan. 1995.

12. Letter to Gao Jiehua on the Culture of architecture.   (19 April 1995)

    Appendix:

    Letter to Qian Xuesen from Gao Jiehua, dated 10 April 1995.

13. Letter to Gu Mengchao about the Shan-shui city and modern science and technology.

                                          (1st May 1995)

    Appendices:

        a) Letter to Qian Xuesen from Gu Mengchao, dated 24 April 1995.

        b) Ivan Amato: The Sensual City.

14. Letter to Gu Mengchao about aesthetic feeling and architectural aesthetics.

                                          (4 July 1995)

15. Letter to Gu Mengchao about urban Vertically arranged greeneries. [1]   (5 July 1995)

    Appedndix

    Big cities are looking forward to Vertically arranged greeneries.

16. Letter to Bao Shixing on the article "Water Bodies of Beijing".   (14 July 1995)

    Appendix

    Tan Xuming: Water bodies in the shaping of Beijing.

17. Letter to Gao Jiehua about the conception of Shan-shui city.   (22 Oct. 1995)

    Appendices

        a) Hu Zhaoliang: Exploration of the ecological city——inspiration from the city of
           Overseas Chinese in Shen Zhen.

        b) Zhuo Chengdong: A first-rate freehand brush painter of pavilions and Shan-shui
           sceneries——He Jinghan.

        c) Zhou Jiping: The Japanese conception on the constructin of fomorrow's cities.

        d) Letter to Qian Xuesen from Gao Jiehua, dated 7 Oct. 1995.

        e) Letter to Qian Xuesen from Gao Jiehua, dated 6 Nov. 1995.

18. Letter to Bao Shixing on the necessity of thorough inquisition about the Shan-shui city.

                                          (25 Oct. 1995)

    Appendices:

        a) Letter to Qian Xuesen from Bao Shixing, dated 11 Oct. 1995.

        b) Letter to Qian Xuesen from Bao Shixing, dated 13 Oct. 1995.

        c) Memorandum of Chen Xiaoli, addressed to the presider of the World Park Festival.

        d) World Park Festival'95——The World Conference Declaration.

19. Letter to Gu Mengchao on the need of broadening one's vision with the aid of philosophy.

                                          (26 Oct. 1995)

    Appendix:

---

[1] i. e. greeneries of the roofs, balconies and walls of buildings.

Letter to Qian Xuesen from Gu Mengchao, dated 24 Oct. 1995.

20. Letter to Bao Shixing about "The Chinese Shan-shui Culture". (7 Nov. 1995)

Appendix:

Jiang Rong: Meditations on the ravage to Chinese Shan-shui culture.

21. Letter to Gao Jiehua about the socialist connotation of Shan-shui city. (14 Nov. 1995)

22. Letter to Bao Shixing on the article "The aesthetic of urban environment".

(2 Jan. 1996)

Appendix:

Peng Lixun: The aesthetic of urban spatial environment and the creation of environmental art.

23. Letter to Bao Shixing about the Second Edition of 《THEORY OF CITIES AND SHAN-SHUI CITY》 (31 Jan. 1996)

Appendix:

Letter to Qian Xuesen from Bao Shixing, dated 22 Jan. 1996.

24. Letter to Bao Shixing on the topic that urban contruction should be conducted with dual emphasis on material civilization and spiritual civilization. (4 Feb. 1996)

Appendix: Letter to Qian Xuesen from Bao Shixing, dated 31 Jan. 1996.

THE THEORY OF CITIES AND SHAN-SHUI CITY(Second Edition)

Bao Shixing　Gu Mengchao

The theory of cities provides the basis for all urban sciences, and cities can be planned reasonably only on such fundamental principles.

The term "Shan-shui" (literally Hills and Waters) has many implications. It not only means natural landscape, but also has association with the art of Chinese classical gardening and the ideals of Chinese ancient poetry and traditional landscape painting, which express the beauty of natural world and advocate the spirit of harmony between Man and Nature. Therefore, a "Shan-shui city" is a place where urban planning projects and built environments should conform to such ideals reflecting the traditional wisdom and culture of the Chinese people.

This book is a selection of papers by various authors. It consists of three parts and a series of appendices. Part one is a collection of the discussions about the Theory of cities and "Shan-shui city", by our Dr. Qian Xuesen, valuable guiding principles are stated in these discussions. Part two comprises essays on the Theory of cities contributed by experts of various circles. Part three is a compilation of papers on "Shan-shui city" by scores of specialists. The second edition comprises a Supplement with new papers and materials concerning the Theory of cities and Shan-shui city.

Shan-shui City and the Science of Architecture Contents

Preface

Philosophy，Architecture and Democracy

——Some opinions of Dr. Qian Xuesen while interviewing the editors Bao Shixing，Gu Mengchao and Wu Xiaoya. (4 June 1996)

Bao Shixing：An interview with our revered Dr. Qian.

Gu Mengchao：Enlightenment and Summons.

Bao Shixing：An unforgettable moment.

Gu Si：A forum held in Beijing on the publication of the second edition of the book 《The Theory of Cities and Shan-shui City. 》

Part 1——Correspondence of Dr. Qian Xuesen

1. Letter to Gu Mengchao about the necessity for the new architecture to make full use of new technology. (4 Feb. 1995)
   • Letter to Qian Xuesen from Gu Mengchao，dated 12 Feb. 1995.
   • Letter to Qian Xuesen from Gu Mengchao，dated 27 Feb 1995.
   • Letter to Qian Xuesen from Gu Mengchao，dated 30 June 1995.
2. Letter to Gao Jiehua for declining the invitation to assume the position of honorary president of the International Academic Conference. (2 May 1995)
   • Letter to Qian Xuesen from Gao Jiehua，dated 28 Nov. 1995.
3. Letter to Gao Jiehua about the cooperation between architects and experts on the theory of cities. (2 April 1995)
4. Letter to Gao Jiehua about the letter and the paper written by Hu Zhaoliang.

   (3 April 1995)
5. Letter to Gu Mengchao suggesting that architectural designers could use the technique of virtual reality. (9 July 1995)
6. Letter to Gu Mengchao about the contents of the enlarged edition of the book "Theory of cities and Shan-Shui city". (20 Nov. 1995)
7. Letter to Gao Jiehua sending him the essay by Peng Lixun. (2 Jan. 1996)
   • Letter to Qian Xuesen from Gao Jiehua，dated 13 Jan. 1996.
8. Letter to Gao Jiehua about the tourism of the common people. (21 Jan. 1996)

9. Letter to Bao Shixing about two articles on the science of cities. (6 Feb. 1996)

10. Letter to Gu Mengchao about the leter and an annex received from Sun Gimin.
(27 Feb. 1996)

11. Letter to Bao Shixing about the convening of the "Symposium on Shan-shui Cities"
(29 Feb. 1996)

   • Letter to Qian Xuesen from Bao Shixing, dated 24 Feb. 1996.

   • Letter to Qian Xuesen from Bao Shixing, dated 26 Feb. 1996.

12. Letter to Bao Shixing about the English translation of the article "Socialist China must build Shan-shui cities." (3 March 1996)

   • Letter to Qian Xuesen from Bao Shixing, dated 27 Feb. 1996.

13. Letter to Bao Shixing about the article "Urban Planning in Curibita."
(10 March 1996)

14. Letter to Bao Shixing about a mail sent to the Forum on the Construction of Chongqing into a Shan-shui and garden city. (15 March 1996)

15. Letter to Li Honglin about the construction of Chongqing into a Shan-shui and garden city.
(15 March 1996)

   • Letter to Qian Xuesen from Bao Shixing, dated 12 March 1996.

   • Letter to Qian Xuesen from Bao Shixing, dated 13 March 1996.

16. Letter to Bao Shixing about a letter adressed to Li Honglin. (28 April 1996)

   • Letter to Qian Xuesen from Bao Shixing, dated 24 April 1996.

17. Letter to Gu Mengchao on the book entitled "Architecture and Philosophical Concept".
(7 May 1996)

   • Letter to Qian Xuesen from Gu Mengchao, dated 11 Jan. 1996.

   • Letter to Qian Xuesen from Gu Mengchao, dated 29 April 1996.

18. Letter to Ye Shuyuan about Architecture in the true sense. (4 May 1996)

19. Letter to Bao Shixing about the conception of "Shanshui City" being well received by personalities of various circles. (23 May 1996)

   • Letter to Qian Xuesen from Bao Shixing, dated 20 May 1996.

   • Letter to Qian Xuesen from Bao Shixing and Gu Mengchao, dated 30 May 1996

20. Letter to Gao Jiehua about the problem of establishing the Science of Architecture.
(9 June 1996)

   • Letter to Qian Xuesen from Gao Jiehua, dated 27 May 1996.

21. Letter to Bao Shixing about the notes of conversation of Qian Xuesen, in an interview with the chief editors of the book "The Theory of Cities and Shanshui City".
(14 June 1996)

   • Letter to Qian Xuesen from Bao Shixing, dated 10 June 1996.

22. Letter to Gu Mengchao about the amendments of the article "Philosophy, Architecture and Democracy."

23. Letter to Bao Shixing on the Key Spirit of "Shanshui City". (23 June 1996)

• Letter to Qian Xuesen from Bao Shixing，dated 19 June 1996.

24. Letter to Gu Mengchao on the establishment of the Science of Architecture as a major department of learning. (23 June 1996)

   • Letter to Qian Xuesen from Gu Mengchao，dated 11 June 1996.
   • Letter to Qian Xuesen from Gu Mengchao，dated 13 June 1996.

25. Letter to Bao Shixing about the mail of Yang Guoquan. (30 June 1996)

26. Letter to Yang Guoquan expressing that the "Shan-shui City" is also a city of advanced technology. (30 June 1996)

   • Letter to Qian Xuesen from Yang Guoquan，dated 23 June 1996.

27. Letter to Bao Shixing about some newspaper clippings on the design deficiencies of multi-level crossings. (4 July 1996)

28. Letter to Gao Jiehua about the needlessness to publish again the article "Philosophy, Architecture and Democracy." (7 July 1996)

   • Letter to Qian Xuesen from Gao Jiehua，dated 30 June 1996.
   • Letter to Qian Xuesen from Gao Jiehua，dated 17 July 1996.

29. Letter to Bao Shixing to acknowledge the receipt of the texts of speeches in a discussion pertaining to the publication of the second edition of the book "The Theory of Cities and Shanshui City." (9 July 1996)

   • Letter to Qian Xuesen from Bao Shixing，dated 5 July 1996.
   • Letter to Qian Xuesen from Bao Shixing，dated，10 July 1996.

30. Letter to Gu Mengchao about an important research topic in the major department of "Science of Architecture". (14 July 1996)

   Appendix——Liang Yili，Wang Jiahong：A preliminary analysis about the design of the landscape of dams.

   • Letter to Qian Xuesen from Gu Mengchao，dated 11 July 1996.

31. Letter to Bao Shixing on the necessity to establish promptly the Science of Architecture as a major department of modern science and technology. (21 July 1996)

   Appendix：

   Cong Yaping：The difficult and Puzzled position of "three dimensional musical notes".

   • Letter to Qian Xuesen from Bao Shixing，dated 15 July 1996.
   • Letter to Qian Xuesen from Bao Shixing dated 19 July 1996.

32. Letter to Gu Mengchao on the necessity to establish promptly the Science of Architecture as a major department of modern science and technology. (21 July 1996)

33. Letter to Bao Shixing about the mail received from Yang Guoquan. (2 Aug. 1996)

   • Letter to Qian Xuesen from Yang Guoquan，dated 10 July 1996.
   • Letter to Qian Xuesen from Bao Shixing，dated 25 July 1996.
   • Letter to Qian Xuesen from Bao Shixing，dated 9 Aug. 1996.

34. Letter to Gu Mengchao about the amendment of Gu's essay. (4 Aug. 1996)

   • Letter to Qian Xuesen from Gu Mengchao，dated 31 July 1996.

- Letter to Qian Xuesen from Tu Yuanji, dated 10 Sept. 1996, and Qian's written comments.
- Letter to Qian Xuesen from Gu Mengchao, dated 11 Sept. 1996.
- Letter to Qian Xuesen from Gu Mengchao, dated 27 Sept. 1996.
- Letter to Qian Xuesen from Gu Mengchao, dated 9 Oct. 1996
  Appendix——Gu Mengchao: A decade's record of Chinese contemporary architectural culture(1986~1996).
- Letter to Qian Xuesen from Gu Mengchao, dated 17 Oct. 1996.
- Letter to Qian Xuesen from Gu Mengchao, dated 7 Nov. 1996.
- Letter to Qian Xuesen from Gu Mengchao, dated 30 Nov. 1996.

35. Letter to Bao Shixing explaining why our people pay attention to the "Shanshui City" and the Science of Architecture. (15 Sept. 1996)
    - Letter to Qian Xuesen from Bao Shixing, dated 5 Sept. 1996.

36. Letter to Gu Mengchao on the basic theories of the Science of Architecture as a subject of study. (26 Sept. 1996)

37. Letter to Bao Shixing about the socialist China in 21st century. (29 Sept. 1996)
    - Letter to Qian Xuesen from Bao Shixing, dated 25 Sept. 1996.
    - Letter to Qian Xuesen from Bao Shixing, dated 15 Oct. 1996.

38. Letter to Gao Jiehua on the necessity to make thorough inquiries into the subject of "Shanshui City." (22 Dec. 1996)
    - Letter to Qian Xuesen from Gao Jiehua, dated 8 Nov, 1996.

39. Letter to Gu Mengchao on the problem of democracy and centralization in academic discussions. (2 Jan. 1997)
    - Letter to Qian Xuesen from Gu Mengchao, dated 29 Dec. 1996.

40. Letter to Gu Mengchao about the article "A trial dissertation on the scientific concept and methology of Dr. Qian Xuesen". (9 Jan. 1997)
    - Letter to Qian Xuesen from Gu Mengchao, dated 6 Jan. 1997.

41. Letter to Gu Mengchao on the article "Let us regard the city and its region as an open complex macro-system." (12 Jan. 1997)

42. Letter to Gao Jiehua on the book "Urban Construction of Chu". (16 Feb. 1997)
    - Letter to Qian Xuesen from Gao Jiehua, dated 8 March 1997.
    - Letter to Qian Xuesen from Gao Jiehua, dated 18 June 1997.
    - Letter to Qian Xuesen from Gao Jiehua, dated 2 Jan. 1998.

43. Letter to Bao Shixing on the necessity to make a thorough study on the conn otation of "Shan-shui City". (2 March 1997)
    - Letter to Qian Xuesen from Bao Shixing, dated 10 Dec. 1996.
    - Letter to Qian Xuesen from Bao Shixing, dated 24 Dec. 1996.
    - Letter to Qian Xuesen from Bao Shixing, dated 19 Jan. 1997.
    - Letter to Qian Xuesen from Bao Shixing, dated 30 Jan. 1997.

• Letter to Qian Xuesen from Bao Shixing，dated 12 Feb. 1997.

44. Letter to Gu Mengchao refering to the Philosophy of Architecture as a leading course in the Science of Architecture. (16 March 1997)

   • Letter to Qian Xuesen from Gu Mengchao，dated 16 Jan 1997.

   • Letter to Qian Xuesen from Gu Mengchao，dated 4 March 1997.

   Appendix——Gu Mengchao：The art of architecture must break away from the misleading thinkings.

45. Letter to Bao Shixing about the distinction between city planning construction and territory renovation construction. (6 April 1997)

   • Letter to Qian Xuesen from Bao Shixing，dated 16 march 1997.

46. Letter to Bao Shixing about the building of Shan-shui city at Changshu.

   (13 April 1997)

   • Letter to Qian Xuesen from Bao shixing，dated 4 April 1997.

   • Letter to Qian Xuesen from Bao shixing，dated 23 April 1997.

   • Letter to Qian Xuesen from Peng Lixun，dated 13 April 1997.

47. Letter to Bao Shixing refusing to assume again the position of consultant.

   (20 April 1997)

48. Letter to Zhang Ren and Zhu Ying refusing to assume again the position of consultant.

   (20 April 1997)

   • Letter to Qian Xuesen from Bao Shixing，dated 16 April 1997.

   • Letter to Qian Xuesen from Bao Shixing，dated 6 May 1997.

49. Letter to Gu Mengchao about the necessity to give full play of new and advanced technology. (30 June 1997)

   • Letter to Qian Xuesen from Gu Mengchao，dated 3 June 1997.

50. Letter to Bao Shixing about the mail sent to Liu Ciwei and the letter in reply sent to Zhu Changzhong. (7 Aug. 1997)

51. Letter to Liu Ciwei on the publication of the sequel of the book "The Theory of Cities and Shan-shui City". (7 Aug. 1997)

52. Letter to Zhu Changzhong about the building of Shan-shui city as a major issue in our new century.

   • Letter to Qian Xuesen from Bao Shixing，dated 1st Aug. 1997.

   • Letter to Qian Xuesen from Zhu Changzhong，dated 27 July 1997.

53. Letter to Bao Shixing about the building of Shan-shui city at Zhangqiu.

   (31 Aug. 1997)

   • Letter to Qian Xuesen from Bao Shixing，dated 21 Aug 1997.

54. Letter to Bao Shixing explaining that the Shan-shui city belongs to the broad masses of common people. (7 Sept. 1997)

   • Letter to Qian Xuesen from Bao Shixing，dated 26 Aug. 1997.

   • Letter to Qian Xuesen from Bao Shixing，dated 8 Sept. 1997.

55. Letter to Gu Mengchao about the most importance of governmental administration on landholding and housing problems. (5 Oct. 1997)
   • Letter to Qian Xuesen from Gu Mengchao, dated 29 Sept 1997.
   • Letter to Qian Xuesen from Gu Mengchao, dated 28 Oct. 1997.
   • Letter to Qian Xuesen from Gu Mengchao, dated 17 Dec. 1997.
56. Letter to Gu Mengchao on the book "Almanac of Chinese Architecture in 1996". (20 March 1998)

   • Letter to Qian Xuesen from Gu Mengchao, dated 18 March 1998.
57. Letter to Bao Shixing about the progression from garden cities to Shan-shui cities. (21 Sept. 1997)

   • Letter to Qian Xuesen from Bao Shixing, dated 10 Sept. 1997.
   • Letter to Qian Xuesen from Bao Shixing, dated 17 Sept. 1997.
   • Letter to Qian Xuesen from Bao Shixing, dated 4 Nov. 1997.
   • Letter to Qian Xuesen from Bao Shixing, dated 6 Nov. 1997.
   • Letter to Qian Xuesen from Bao Shixing, dated 11 Dec. 1997.
   Appendix:
   Sun Guoying, Cheng Ming: Let us construct a big cultural touristy district of historic sites at Guangzhou.
58. Letter to Bao Shixing to cherish the memory of Prof. Zhu Changzhong. (5 April 1998)

   • Letter to Qian Xuesen from Bao Shixing, dated 23 March 1998.
59. Letter to Gu Mengchao and Bao Shixing about the "macroscopic architecture" and the "microcosmic architecture." (5 May 1998)
   • Letter to Qian Xuesen from Bao Shixing, dated 10 April 1998.
   • Letter to Qian Xuesen from Gu Mengchao, dated 29 April 1998.
   • Letter to Qian Xuesen from Bao Shixing and Gu Mengchao, dated 26 May 1998.
60. Letter to Bao Shixing on the necessity to make, in due course a summary of Shan-shui city. (24 May 1998)
   • Letter to Qian Xuesen from Bao Shixing, dated 12 May 1998.
61. Letter to Bao Shixing indicating that the publication of the book "Shan-shui City and Science of Architecture" is a good deed. (31 May 1998)
   • Letter to Qian Xuesen from Bao Shixing, dated 19 May 1998.
   • Letter to Qian Xuesen from Bao Shixing, dated 20 May 1998.
   • Letter to Qian Xuesen from Bao Shixing, dated 12 June 1998.
62. Letter to Yang Hongxun on the book "A treatise on the gardens and parks of the South". (1st June 1998)
   • Letter to Qian Xuesen from Yang Hongxun, deted 27 May 1998.
63. Letter to Tang Huiyi on the book "Theory of Cities." (28 June 1998)
   • Letter to Qian Xuesen from Tang Huiyi, dated 5 July 1998.

64. Letter to Bao Shixing about Shan-shui garden cities. (4 July 1998)
    • Letter to Qian Xuesen from Bao Shixing, dated 23 June 1998.
    • Letter to Qian Xuesen from Bao Shixing, dated 30 June 1998.
    • Letter to Qian Xuesen from Bao Shixing, dated 2 July 1998.
    Appendix:
    Qu Feng: Let us bring the forest into our cities.
    Er Dong: The retaliation of the forest.
65. Letter to Gu Mengchao about a manuscript of Shen Fuxu. (6 Aug. 1998)
66. Letter to Shen Fuxu on the necessity of theoretical guidance in the building of Shan-shui cities. (6 Aug. 1998)
    • Letter to Qian Xuesen from Shen Fuxu, dated 22 July 1998.

Supplement

1. Letter to Chen Mingsong about the landscape architecture. (20 Jan 1980)
2. The management of environment is an important function of the nation. (2 Nov. 1982)
3. Letter to Chen Mingsong about the landscape architccture as a branch of art.
   (20 July 1983)
4. The ecologic economy must care for permanent protection of our environment and ever sustaining natural resources. (14 Feb. 1984)
5. Letter to Gu Mengchao on the culture of architecture. (4 May 1987)
6. Letter to Gu Mengchao about I. M. Pei. (6 Aug. 1993)
7. Letter to Gu Mengchao about the information revolution. (14 June 1994)
8. Letter to Gu Mengchao about the term "Shanshui City" and when it was proposed.
   (19 Nov. 1995)

Part 2——Articles on the theory of Cities

1. On the environmental science of human nabitat. Wu Liangyong
2. Development of the environmental science of human habitat——a historic mission.
   Zhou Ganshi
3. The city and its region——an open and particulary complex macrosystem. Zhou ganshi
4. Discussion on the composite urban spaces. Yu Haiyi
5. The growth of the cities and the quality of its development. Tao Songling
6. A tentative idea about the initiation of the "Theory of cities". Tang Huiyi
7. Urban aesthetics——object and range of study. Peng Lixun
8. The Philosophy of City. Fumihiko Maki
9. Ecological principles and the design of "green" cities. Wang Jianguo
10. A treatise on the development of small towns. Fei Xiaotong
11. Let us offer more space for outdoor activities to our city dwellers. Bao Shixing
12. The coming of cars into the household will influence the layout of urban districts at

Shanghai.   Ni Qianlong

13. Elevated roads and urban landscape.   Sun Honggang，Yan Fang

14. The practice and research works of tree planting around elevated urban roads.

               Cheng Weiliang，Xu En-zhu，Lu Quanyuan

15. Development of underground spaces and building of Shan shui garden cities.

                                        Zhu Daming.

16. Urban Planning in Curitiba   Janas Rabinovitch，Josef Leitman

Part 3. Articles on Shan-shui City

1. An inquiry about "Shan-shui City".   Zhu Changzhong

2. Chinese cities in 21st century, what course they are following? ——Another inquiry about "Shan-shui City".   Bao Shixing

3. Shan-shui City and ecological civilization.   Gu Mengchao

4. Inquiry about the problem of ecological urban environment.   Zheng Xiaoxie

5. Shan-shui City——ecological city with Chinese characteristics.   Wang Rusong

6. Shan Shui Ren Qing city——Re-envisioning Asian Cities Weiming Lu(U. S)

7. The concept of Shanshui City: A traditional measure in the protection of Chinese urban environment.   Li Dezhu

8. Shan - shui City and the City's Shan-shui.   Yang Laili

9. The new century is calling for Shan-shui City.   Cui Zhenxuan

10. Concept of "Shanshui City" of Dr Qian Xuesen.   Bao Yilai

11. Geomancy: original thinkings relating to Shan-shui City.   Yang Liu，Huang Guangyu

12. Space patterns of geomancy: influence upon the Chinese traditional city planning.

                                Liu Peilin，Chen Hong

13. Shan-shui City: The best development pattern of future cities.

                        Zhou Jianjun，Ou Yaxiong.

14. The understanding of Shan-shui city.   Jin Xianlin

15. Scholars of ancient times and the culture of their abodes.   Zhao Hongbao

16. Chinese poetry and Chinese gardens.   Meng Dan

17. The characteristics of Shan-shui landscape of Chinese traditional cities. Cai Yunnan

18. A discussion on the Culture of chinese Shanshui.   Li Wenchu

19. Culture of Chinese Shanshui and the planning of cities.   Wang Dehua

20. Ebenezer Howard and the garden cities.   Chai Xixian

21. The Meanings of Chinese Gardens.   Charles Jencks(U. K.)

22. Some letters relating to Shanshui City.   Bao Shixing

23. Basic thinking in the building of Shanshui garden city at Chongqing.   Liu Chengyi

24. The building of "Shanshui garden cities" in China is the call of our time.

                                  Xiang Peilun

25. My view about the Shanshui City.   Wang Qunsheng

26. The Yuzhong district of Chongqing is building Shanshui garden urban quarters.

Dao Xiyin

27. Building of Shanshui garden city at Hechuan—the trend of city development.

Jiang Yuanxiao

28. A tentative idea of the planning and building of Shanshui landscape at Zigong.

Liu Lianghui, Chen Shaoxian

29. Inquiry on the characteristics of the connotation and practice of Shanshui City—and a discussion on the building of Shan-shui City at Wuhan.　　Chen Shiping, HuYidong

30. The characteristics of the planning of greenery patches system at Zhangqiu.

He Lüping

31. Conception of Shan‐shui City Planning at Suzhou.　　Yu Shengfang

32. To build an ecological municipality at Kunming, in line with the pattern of Shan-shui garden city.　　He Dequan(Actual writer)

33. Building of Shan-shui City at Changchun—objective and countermeasure.

Zhao Guohua

34. Shan-shui, Human feelings, Temperament—Recreating the new look of Taibei municipality.　　Weiming Lu(U.S.)

35. Shanshui City at Changshu—the way of urban development.　　Dai Yue

36. The coures of urban modernization at Xuanzhou: the city amid Shan-shui and Shan-shui amid the city.　　Xu Yan, Chai Xixian

37. Shanshui City at Zhaoqing—the future of sustaining developments.　　Liu Yan

38. Yantai is planning to build a Shan-shui City with unique characteristics.

Liu Yang, Lü Guangming

39. Shanshui City at Wuyuan—Planning of scenic views.　　Zhu Guanhai

40. Conception of Shan-shui City planning at Liyang.　　Xiong Guoping

41. Pattern of Shanshui City at Yiyang.　　Jiang Jianping

42. The planning of "Forest City" at Fuxin.　　Zhu Zhiming, Hu Chengze

43. Tuojiang Town of Fenghuang County: to create a new atmosphere of small Shan-shui town.

Wei Yili

Part 4. Articles on Science of Architecture

1. Architecture　　Dai Nianci, Qi Kang

2. Conception on the learning of the Science of Architecture.　　Qi Kang

3. There is art in the buildings, the strect landscape represents our culture, So we must attach great importance to these issues.　　Li Ruihuan

4. The coming century is the age of ecological architecture.　　Gu Mengchao

5. Architectural researches and Architectural theories.　　Xia Zhujiu(Taiwan)

6. Some suggestions on the initiation of architectural theories with Chinese characteristics.

Zhang Qinnan

Bao Shixing's biographical note

Bao Shixing, born in Shaoxing in east China's Zhejiang province in 1933, enrolled in the Department of Architecture at prestigious Tsinghua University in Beijing in 1952, and later was transferred to study the specialized urban planning. He was among the first batch of university graduates majored in urban planning after the founding of the People's Republic of China in October 1949.

Bao, who has long been engaged in urban planning since his graduation, has now become one of China's senior city planners. He is currently a researcher at the Chinese Society for Urban Studies, and a senior city planner at the professorship level; he also serves as chief editor of the "Urban Studies" journal and advisor to the "Urban Transport of China" journal.

After his graduation from Tsinghua University in 1959, he involved himself in macro-urban planning management, working successively on the formulation of related policies, the improvement of legality, and the examination and approval of urban planning in the State Construction Engineering Ministry, the State Capital Construction Commission and the State Planning Commission.

Bao was assigned to work at the Sichuan Provincial Institute for Urban Planning and Design after 1962 and participated in a lot of urban planning practices in many cities of Sichuan province. Ten years later, he was transferred in 1972 to the Panzhihua Urban Planning and Design Institute and the Panzhihua Urban Construction Commission, and he once took charge of the overall urban planning in Panzhihua. The urban planning work he did there was well commended in China's urban planning circle for his state-of -art design ideas and won prizes awarded at the provincial or ministerial level. His feats of designing were incorporated as fine, successful examples into the book titled "China Encyclopedida: Architecture, Landscape and Urban Planning".

After the devastating Tangshan earthquake of 1976 jolted north China, Bao partook in the rehabilitation and reconstruction planning of Tangshan and adjacent Tianjin municipality in his capacity as a member of the expert team dispatched by the State Capital Construction Commission. A macro layout for Tangshan's urban planning was defined for the post-quake reconstruction of the city, whereas the urban planning for Tianjin enunciated a range of major issues concerning its urban development and laid down the basis for the macro decision-making for Tianjin's future development. Urban planning for both quake-affected cities has contributed a great deal to the post-quake reconstruction in the two cities.

Bao returned to Beijing in 1981. After working in the State Urban Construction General Administration and the Chinese Academy of Urban Planning and Design, he worked for a long period of time as chief editor of academic journals, taking charge of the "City Planning Review", the "City Planning Review(English edition)" and the "Urban Studies," the three leading academic journals popular in the urban planning circle. In 1990, he was transferred to serve as the executive deputy secretary-general of the Chinese Society for Urban Studies in charge of day-to-day work and engage in theoretical studies of the urban science. Meanwhile, he took an active part in international and domestic academic exchanges and published more than 80 academic theses in both Chinese and overseas academic journals.

The main works he has compiled include the "New Ideas & New Ways of Urban Development", "Panderations of the Cross-century City Planners", "The Hope and Future of the Urban Science", "Aesthetic Studies of the Urban Environment", and the "Dictionary of China's Historical and Cultural Cities" and "China's Historical and Cultural Cities at the National Level", both are related to prestigious historical and cultural cities in the country.

Around the Nineties of the 20th century, Bao kept up correspondence for years with Professor Qian Xuesen, an ace Chinese scientist and a top academician of the Chinese Academy of Sciences(CAS)to explore the Shan-Shui City Idea, a development mode for cities in the 21st century, and his works in this regard comprise the "Theory" of Cities and Shan-Shui City, "Shan-Shui City and Science of Architecture" and the "Macro-Architecture and Micro-Architecture".

Meanwhile, Bao has assumed respectively as an executive council member and a council member of the Chinese Society for Urban Science Studies, the Chinese Society for Urban Planning, the Chinese Society for the Zoning of Administrative Regions, the Chinese Metropolis Anthropology Society and the Chinese Urban Biological Society, and a senior member of the Chinese Society of Urban Planning; he is a member of the compilation committee of the "Urban Problems", "China's Historical and Cultural Cities", "Historical and Cultural Cities News", the "Underground Architectures" and other publications. He also concurrently serves as a part-time professor at elite Henan University in central China.

Gu Mengchao's biographical note

Gu Mengchao, male, born in 1939, graduated from Tianjin University in 1962 and now is a senior architect with professor title. He is the former Deputy Director of the Editorial Committee of the Architectural Society of China. Now he is the Standing Deputy Director of Environmental Arts Committee of the China Construction Culture and Art Association, the expert of the Chinese Institute of Basic Construction Optimization Research, the member of Human Settlement Committee of the Architectural Society of China. He is the visiting Professor of South East University, Tianjin University, Xiamen University, Guangzhou University, Fuzhou University, Harbin Institute of Technology, Lanzhou Jiaotong University. Mr. Gu has published over 100 papers such as *On the Five Major Theories of Qian Xuesen's Architectural Science*, *the Art of Environment and the Environment of Art*, and over 20 academic works such as *the Contemporary Architecture culture and Aesthetics* and *The Development and Trend of the World Consitruction Science*. His translation works include *the World Architectural Arts History and the Introduction on Architectural Picture Composition*. He is the leading researcher and expert on the architectural science theory, architectural critique and the environmental art theory in China.

后　记

21世纪，就世界来说被称为"城市的兴纪"。进入21世纪，中国的城市发展发生了新变化，出现了新形势。城镇化的高潮已经来临，城市建设出现了飞速发展的态势，城市迅速膨胀，城市与建筑的面貌正在发生巨大变化。巨大规模的城市与建筑实践需要科学的思想和理论的指导。

正是在这样的大好形势下，钱学森建筑科学思想的研究掀兴起了新的热潮。这是由于城市向纵深发展，使城市与建筑工作者的视野扩大了。新的巨大的人工环境，如何融入更大的自然山水环境之中，成为城市与建筑工作者的新课题。城市发展中出现的一个个问题，迫切需要解决。

由于新材料、新技术的应用和新的建筑类型不断涌现，如何在新的形势下使科学与艺术完美结合，成为建筑工作者思考和探索的新问题。

人们对居住环境品质的要求不断提高，使有见识的城市开发者，把注意力转向住区与山水环境的结合，以提升住区的环境品质。

科技史表明，科学技术的发展具有连续性，需要几代人锲而不舍地接力奋斗才能有所成就。因此，以钱学森为代表的前辈学术遗产有着不可低估的奠基意义。为适应近年来学术界新老交替的需要，让年轻的学者了解有关城市与建筑科学方面已有的和最新的研究成果，本书梳理和整合近年的学术成果。

本书分为三个部分：即书信、论文和附录。

第一部分是钱学森和大家来往的信件，共收入来往书信近480封，其中包括钱学森给大家的信件233封。

在《城市学与山水城市》第一版中，我们收入了钱老与建筑科学相关的书信20余封，第二版时增补了24封，《山水城市与建筑科学》一书出版时又收入了75封，三本书共收入钱老书信近120封。《论宏观建筑与微观建筑》一书收入钱老书信183封。本书收入钱学森给大家的书信近240封，收信人涉及40余人。

钱学森经常通过书信和大家平等地讨论学术问题，书信成了钱老和大家交流学术思想、学术心得的重要载体。这些收信人和钱老探讨、切磋学术问题，从这些书信中我们能看到钱学森建筑科学思想发展的过程和轨迹。

第二部分是论文。本书收入钱学森院士有关建筑科学的著作9篇，从这些论文中我们领会到钱学森建筑科学思想的精髓。本书也收入了我们撰写的文章，反映我们对钱学森建筑科学思想的研究和探索。

最后部分是附录。作者在本书中对过去出版的《城市学与山水城市》、《山水城市与建筑科学》和《论宏观建筑与微观建筑》等书的要点做了扼要的整合和提示便于读者查阅。

我们由衷感谢周干峙院士在百忙之中关心和支持本书的编辑和出版，并作序。

我们也要感谢中国建筑工业出版社吴宇江编审，是他首先提出编写本书的倡议并大力协助本书的编辑工作，才使本书能在很短的时间里和大家见面。

鲍世行　顾孟潮

2008 年 9 月于北京